Dierk Walter

Organisierte Gewalt in der europäischen Expansion

Gestalt und Logik des Imperialkrieges

Hamburger Edition

Hamburger Edition HIS Verlagsges. mbH
Mittelweg 36
20148 Hamburg
www.hamburger-edition.de

© 2014 by Hamburger Edition
Verlag des Hamburger Instituts für Sozialforschung

Umschlaggestaltung: Wilfried Gandras
Typografie und Herstellung: Jan und Elke Enns
Satz aus Stempel-Garamond von Dörlemann Satz, Lemförde
Druck und Bindung: CPI – Clausen & Bosse, Leck
Printed in Germany
ISBN 978-3-86854-280-6
1. Auflage September 2014

Für Birgit, Charlotte und Pauline,
in Dankbarkeit für ihr Verständnis
und ihre Liebe

Inhalt

Einleitung 9

1. Krieg an der Peripherie 25
Raum 27; Logistik und Mobilität 34; Die Gegner der Imperien 42; Die Macht der Imperien 57; Die Grenzen der Machtprojektion 62; Truppenzahlen, Bevölkerung und Raum 68; Raumbeherrschung 76; Grauzonen 79; Entscheidung um jeden Preis 86; Kooperation 90; Politische Kriegführung 109; Fazit 117

2. Ziele und Legitimationen 119
Begrenzte Ziele 122; Strafexpeditionen 125; Gehorsamserzwingung 127; Regimewechsel 130; Unterwerfung 132; Raub und Zerstörung 134; Totale Kriegsziele 139; Opportunismus 142; Indigene Motive 143; Fazit 147

3. Grenzüberschreitungen 150
Krieg ohne Regeln 156; Militärische Notwendigkeit 161; Härte und Entschlossenheit 166; Kulturdistanz 170; »Indianerland« 176; Vergeltungsdiskurse 180; Gewalttraditionen 183; Institutionelle Dynamiken 187; Ausnahmezustände 188; Fazit 190

4. Asymmetrie, Anpassung und Lernen 193
Streitkräfte 195; Taktik 207; Technik 212; Festungen 221; Seekrieg 223; Luftkrieg 226; Gewaltkulturen im Konflikt 229; Wissen und Ignoranz 233; Lernen 240; Fazit 255

Schluss 258

Danksagung 272
Anmerkungen 274
Literaturverzeichnis 367

Einleitung

Afghanistan seit 1999, Irak seit 2003, Mali seit 2013 – die anhaltenden militärischen Interventionen westlicher Mächte in der Dritten Welt zu Beginn des 21. Jahrhunderts machen mittlerweile nurmehr selten Schlagzeilen. Wir haben uns wieder daran gewöhnt, dass westliche Truppen – auch deutsche – dauerhaft in Asien und Afrika stehen, und selbst der Begriff »Krieg«, in Deutschland vor allem aus verfassungsrechtlichen und historischen Gründen lange Zeit geächtet, wird für solche bewaffneten Einsätze zunehmend Konsens.
Allerdings ist mit dieser Anerkennung des Faktischen gleichzeitig die Vorstellung eines tief greifenden Wandels in unserer Begrifflichkeit von Krieg verknüpft. Die peripheren Konflikte der Gegenwart haben mit dem überlieferten Kriegsverständnis der westlichen Moderne, das sich am symmetrischen Großmächtekonflikt im Stil der Weltkriege des 20. Jahrhunderts orientiert, offenbar wenig gemeinsam. Die Streitkräfte der USA und Westeuropas, jahrzehntelang ausgerüstet und ausgebildet für die hochintensive mechanisierte Kriegführung im Schatten taktischer Atomwaffen, befinden sich nach wie vor in einer mentalen und organisatorischen Reorientierung, da stark politisch geprägte Einsätze mit geringen Truppenzahlen in wenig erschlossenen Gebieten mit schwacher Staatlichkeit für vom Kriegsbild des Kalten Krieges geprägte Führungseliten eine neue und fremde Herausforderung sind. Es gibt unter Journalisten, Politikwissenschaftlern, Militärs und Verteidigungspolitikern wenig Zweifel, dass wir es bei den peripheren Interventionen des 21. Jahrhunderts mit »neuen Kriegen«[1] zu tun haben.
Der historisch informierte Blick auf diese Konflikte allerdings legt das Gegenteil nahe: Die gegenwärtigen Militäreinsätze westlicher Streitkräfte in der Dritten Welt stehen in einer langen Tradition. In den prägenden Determinanten der Kriegführung, in Erscheinungsform und Konfliktlogik haben sie erstaunlich viel gemeinsam mit den Gewaltkonflikten zwischen europäischen Mächten und nichteuropäischen Gesellschaften seit Beginn der europäischen Ausbreitung über die Welt. Die Eroberung Amerikas und die maritime Expansion

in Asien im 15./16. Jahrhundert, die nordamerikanischen Indianerkriege des 18. und 19. Jahrhunderts, die klassischen Kolonialkriege im »Zeitalter des Imperialismus«, die großen Dekolonisationskonflikte nach 1945, die »heißen Kriege« des Kalten Krieges in der Dritten Welt: Sie alle teilen sich mit den Interventionen der Gegenwart eine ausgeprägte Familienähnlichkeit, die das Konzept »neuer« Kriege als im besten Fall kurzsichtig, geprägt von einer Fixierung auf das kerneuropäische Kriegsbild des 20. Jahrhunderts, und im schlimmsten Fall als publizistischen Sensationalismus entlarvt.

Dass diese Familienähnlichkeit meist unbemerkt bleibt, hat seinen Grund. Die akademischen Epochengrenzen sperren sich gegen eine Zusammenschau auch nur frühneuzeitlicher Konflikte und solcher des 19. und 20. Jahrhunderts. Das Jahr 1945, das den Kalten Krieg und die Dekolonisation einläutete, ist eine derart konstitutive Zäsur für die Welt der Gegenwart, dass Kontinuitäten über diesen Einschnitt hinaus kaum wahrgenommen werden. Und Imperialismus, Kolonien, Kolonialherrschaft und Kolonialkrieg haben inzwischen eine so schlechte Presse, dass aktuelle Konflikte schon aus legitimatorischen Gründen jeden Bezug zu diesen älteren Strukturen und Präzedenzfällen vermeiden müssen. Entsprechend würden wohl die meisten informierten Zeitgenossen zustimmen, dass die »humanitären Interventionen« und der »Krieg gegen den Terror« der letzten Dekaden kaum Parallelen zu den kolonialen Eroberungsfeldzügen und Strafexpeditionen des »Zeitalters des Imperialismus« aufweisen. Schon allein deswegen, weil es heute keine westlichen Imperien mehr gibt, die in Übersee Kolonien in Besitz nehmen. Selbst bei faktischen Schutzherrschaften wie im Irak oder Afghanistan nehmen die westlichen Nationen inzwischen davon Abstand, im Stil des späten 19. Jahrhunderts die Weltkarte umzuzeichnen.

Aus der Sicht der längerfristigen globalen Macht- und Gewaltgeschichte der Moderne kaschieren aber solche staatsrechtlichen Unterscheidungen wesentliche strukturelle Kontinuitäten. Man muss kein Neomarxist sein, um zu erkennen, dass die Welt der Gegenwart weiterhin von der politischen, wirtschaftlichen, militärischen, rechtlichen und kulturellen Dominanz der Kernmächte des Westens geprägt ist.[2] Die globale Reichweite des »Weltsystems«[3] ist heute nahezu absolut; und die westlichen Industrienationen legen (zusammen mit einzelnen Regionalmächten in der Dritten Welt) in diesem System die Regeln fest, nach denen die übrigen Staaten zu spielen haben oder widrigenfalls mit politischem und wirtschaftlichem Druck und in letzter Instanz mit Waffengewalt dazu angehalten werden. Insgesamt ist das zweifellos eine imperiale Struktur, eine Machtbeziehung zwischen starken und schwachen Kollektiven, zwischen politisch, wirtschaftlich und kulturell expansiven und dominanten Kerngesellschaften einerseits und strukturell von ihnen abhängigen Peripheriegesellschaften andererseits. Und die militärischen Interventionen in diesem Kontext haben im Kern den Sinn, die Einbindung oder Wiedereinbindung dieser peripheren Gesellschaften in das globale System sicherzustellen und dessen Regeln (Völkerrecht) und Werte (Demokratie, Kapitalismus und Liberalismus) durchzusetzen. Ob dabei Kolonien entstehen, tut analytisch wenig zur Sache, zumal in der Gesamtgeschichte der europäischen Expansion formelle Kolonialherrschaft immer nur die glänzende Vorderseite der imperialen Medaille war, deren weniger auffällige Rückseite in ausgedehnter, mit politischen und militärischen Mitteln durchgesetzter wirtschaftlicher Dominanz des Westens über weite Teile der Welt bestand.

Diese Perspektive, die statt der globalen Zäsuren des 20. Jahrhunderts in den Beziehungen des Westens zur übrigen Welt vielmehr die strukturellen Kontinuitäten in den Vordergrund stellt, entspricht vielleicht nicht dem politischen Bewusstsein und den Legitimationsbedürfnissen der Gegenwart, wohl aber dem Stand der Imperialismusforschung, die zunehmend die gesamte Moderne als eine 500-jährige Geschichte der europäischen Durchdringung der Welt in den Blick nimmt. Wurden früher dramatische Ausschnitte aus diesem Prozess, vermeintliche Verdichtungen, als »(Zeitalter des) Imperialismus« herausgehoben, so haben in den letzten Dekaden die Forschungen von Ronald Robinson und John Gallagher sowie Peter Cain und Anthony Hopkins[4] wenigstens für den britischen Imperialismus die Kontinuitäten mit früheren Epochen belegt, und in Deutschland hat Wolfgang Reinhard[5] die gesamten 500 Jahre der »europäischen Expansion« seit der Eroberung Amerikas als empirische Einheit beschrieben. Auch die imperiale Geschichte Spaniens lässt langfristige Kontinuitäten erkennen.[6]

Weniger die stark zeitdiagnostisch und politisch geprägte Theorie von »Neokolonialismus« und Dependenz,[7] wohl aber der »periphere Ansatz« Ronald Robinsons, demzufolge Imperialismus vorzugsweise auf der Zusammenarbeit mit indigenen Eliten basierte und formelle Kolonialherrschaft nur ein Notbehelf war,[8] lässt die Frage zu, ob diese Machttechnik überhaupt mit der Dekolonisation geendet hat.[9] Die jüngste vergleichende Imperienforschung legt nahe, dass die globale Dominanz des Westens nicht allein kulturell, sondern auch machtpolitisch kein ausschließliches Phänomen der Vergangenheit ist; dass vielmehr die Welt der Gegenwart sowohl von modernen Imperien wie den USA und Russland als auch von global dominanten überstaatlichen Zusammenschlüssen geprägt ist, die kollektiv in ihren Außenbeziehungen und Binnenstrukturen wie Imperien agieren.[10] Es ist mithin zulässig, den wirtschaftlich-politischen Entstehungsprozess der modernen »globalisierten« Welt insgesamt als gedankliche Einheit zu betrachten[11] – was ja nicht heißt, dass man deswegen Zäsuren in diesem Prozess ignorieren muss. Ob man für den Gesamtprozess dann den Begriff des Imperialismus trotz seiner jahrhundertlangen Geschichte als politischer Kampfbegriff[12] verwenden möchte oder die anscheinend deskriptivere »europäische Expansion« vorzieht, tut wenig zur Sache.

Dieser Prozess der westlichen Durchdringung der Welt war, wie oft angemerkt worden ist, außerordentlich gewaltsam: »Die Geschichte des Imperialismus ist die Geschichte des Krieges«, so Daniel Headrick.[13] Schon der Startschuss der europäischen Expansion, die Eroberung Mittelamerikas, begann mit der faktischen Ausrottung der indigenen Bevölkerung der meisten karibischen Inseln durch die Spanier (und die von ihnen eingeschleppten Seuchen),[14] und seitdem gehörten tödliche Demonstrationen der Wirkung von Feuerwaffen zur Einschüchterung und Erpressung, gehörten Menschenraub, Landbesetzung, die Vernichtung von Wohnstätten und Ressourcen, Plünderung, Strafexpeditionen, Aufstandsbekämpfung, regelrechte Kriege, Massaker, Vertreibungen und sogar Völkermord zu den Mitteln der Expansion – und mehrheitlich auch zu ihren Gegenmitteln. Gewalt war in der Ausweitung der europäischen Macht allgegenwärtig, war geradezu Dauerzustand – ab dem späten 19. Jahrhundert gibt es entsprechende Statistiken, die eine dichte Folge von Militäroperationen selbst in angeblich befriedeten Kolonien belegen, oft Dutzende im Zeitraum weniger Jahre. Folgt man Gallagher und Robinson mit der einleuchtend simplen Definition von Imperialismus als der politischen Funktion der Eingliederung neuer Gebiete in eine expandierende Wirtschaft,[15] so baute diese politische Funktion ihrerseits ganz klar auf ein prominentes Gewaltelement auf. Das heißt nicht notwendig, dass die europäische Durchdringung der Welt eine militärische Eroberung war – dazu fehlten nicht zuletzt die Mittel. Aber sie war andererseits von Gewalt und Krieg nicht zu trennen.

Versteht man den Prozess der europäischen Expansion also als gedankliche Einheit, so ist es sinnvoll, auch seine Gewaltgeschichte insgesamt zu betrachten und zu fragen, ob dabei übergreifende Muster erkennbar werden – ob es sich bei der Gewaltkomponente des Imperialismus etwa um eine Konfliktart *sui generis* handelt. Diesen Versuch unternimmt das vorliegende Buch. Inspiriert allerdings ist es nicht primär von dieser deduktiven Perspektive, sondern ganz induktiv von empirischen Beobachtungen: von der eingangs erwähnten auffälligen Familienähnlichkeit der im Rahmen der europäischen Durchdringung der Welt seit dem 16. Jahrhundert ausgetragenen Gewaltkonflikte.

Diese Familienähnlichkeit fängt an bei metropolitanen Grundvoraussetzungen wie dem außerordentlich begrenzten Mittelaufwand für periphere Konflikte und setzt sich fort in der großen Bedeutung des fernen und unerschlossenen Raumes an der Peripherie für die Kriegführung, von Operationen und Logistik bis zur Taktik. Die meist sehr ausgeprägte Asymmetrie der beiderseitigen gesellschaftlichen und militärischen Organisationsformen, der jeweiligen Fähigkeiten zur Ressourcenmobilisierung und die stark unterschiedlichen Kriegführungsstile fallen ebenso unter die Familienähnlichkeit wie der Charakter des Krieges als Zusammenstoß unterschiedlicher Gewaltkulturen. Krieg und Frieden waren an den Rändern der Imperien kaum voneinander zu trennen; Konflikte hatten oft weder Anfang noch Ende und keine klaren Fronten. Gar nicht denkbar ist die europäische Durchdringung der Welt ohne transkulturelle Bündnisse, und diese geben den Gewaltkonflikten in diesem Kontext einen primär politischen Charakter. All diese Umstände haben massive Auswirkungen auf die Struktur der Kriege im Rahmen des Imperialismus und erweisen sie als grundsätzlich anders gelagert als die gleichzeitig geführten europäischen Großkriege. Insbesondere tragen diese Umstände in hohem Maße dazu bei, die auffällige Brutalität dieser Gewaltkonflikte ohne Rückgriff auf nationale Idiosynkrasien zu erklären – nämlich weil ähnliche Probleme immer wieder zu ähnlichen Lösungen führten, und zwar über die Imperien- und Epochengrenzen hinweg.

Es ist also weniger der theoretische Blick auf die Gesamtgeschichte organisierter Gewalt in der europäischen Expansion, der hier im Vordergrund steht. Es ist vielmehr der Versuch, in der Zusammenschau empirischer Beobachtungen Muster zu finden, aus denen sich die Gewaltkomponente des Imperialismus als identifizierbares historisches Strukturphänomen erweist, und dessen Konfliktlogik schlüssig zu erklären. Das unternimmt Kapitel 1 des Buches. Kapitel 2 befasst sich mit der Frage der beiderseitigen Kriegsziele und entsprechend mit einer tentativen Typologie der Konfliktmuster organisierter Gewalt in der europäischen Expansion. Die häufige Annahme, es ginge an der Peripherie stets um umstandslose Eroberung und totale Beherrschung, versperrt eher den Blick auf Kontinuitäten, da sie allenfalls in der Hochphase des formellen Imperialismus zutrifft, aber nicht einmal dort durchgehend. Auch hinsichtlich impliziter und expliziter Legitimationen für Interventionen in der nichtwestlichen Welt relativieren sich bei genauerem Hinsehen vorgebliche Diskontinuitäten.

»Was geschieht, wenn asymmetrische Militärkulturen aufeinandertreffen? Diese Frage kam in den vier Jahrhunderten nach 1500 wieder und wieder auf, als die Europäer sich aggressiv über die Weltmeere nach Amerika, Südasien und Afrika ausbreiteten und auf Staaten, Gesellschaften und Militärsysteme trafen, die von ihren eigenen sehr unterschiedlich waren.«[16] Dieser Hinweis Gerald Bryants beschreibt die Problemstellung für Kapitel 3 und 4 dieses Buches. Tatsächlich ist die Differenz der Gewaltkulturen neben der allgemeinen Logik des Imperialismus und der Machtprojektion in fernen, unerschlossenen Räumen wohl das auffälligste Merkmal der imperialindigenen Gewaltbegegnung im Rahmen der europäischen Expansion. Wo die Kriegsgegner so völlig unterschiedliche Vorstellungen von der Rolle der Gewalt im menschlichen Dasein, von ihrer erlaubten Reichweite und ihren Grenzen hatten, wie der Westen und der größte Teil der übrigen Welt in der Neuzeit, wo Gewaltmittel und Organisationsformen so unterschiedlich waren,[17] da lagen essenzielle Abgrenzung und Missverstehen nahe und trugen zur Gewaltentgrenzung bei. Davon handelt Kapitel 3.

Wie Adam Hirsch für Neuengland im 17. Jahrhundert konstatiert, führte Krieg zwischen sehr unterschiedlichen Gegnern zu einem hohen Anpassungsdruck: »Da Militärkulturen ihren Ausdruck meist nur in den Zeiten tatsächlicher Kriegführung fanden [...], war der

Anpassungsprozess nicht graduell, wie in den meisten anderen Kulturbereichen, sondern ›explosiv‹ und trat nur in einzelnen Zeitspannen auf. Diese Charakteristik vergrößerte die Orientierungslosigkeit und die Missverständnisse, die das Treffen zweier verschiedener Kulturen unweigerlich begleiteten.«[18]

Stellt Hirsch hier die negativen Konsequenzen in den Vordergrund, so betont Robert Utley die Chancen der transkulturellen Begegnung (und ihren Reiz für die Geschichtswissenschaft): »Krieg ist eine Aktivität, die stark von kulturellen Einflüssen geprägt ist. Menschen aus verschiedenen Kulturen führen daher auf sehr unterschiedliche Weise Krieg. Wenn zwei solche Völker einander bekämpfen, stellen sie dem am Militärwesen Interessierten neue und faszinierende Forschungsgebiete zur Verfügung. Die Herausforderung ist besonders einladend, wenn der kulturelle Abstand groß ist, wenn ein Volk mit einfacher Technologie und Gesellschaftsorganisation auf eines mit komplexer Technologie und Gesellschaftsorganisation trifft.«[19] Was natürlich in der europäischen Expansion sehr häufig der Fall war. Kapitel 4 zeigt entsprechend die Entwicklungspotenziale auf, die sich aus diesem Anpassungsdruck ergaben: Wie sich die Konfliktparteien zumindest längerfristig aneinander bzw. an die Umstände der Kriegführung anpassten, Waffen, Taktiken und Methoden neu entwickelten oder voneinander übernahmen, wie sie dauerhaft und über den Fall hinaus lernten, wobei imperiale Militärapparate ein Stück weit ein Verständnis dafür entwickelten, den Krieg gegen indigene Gesellschaften an der Peripherie eben als Konfliktform *sui generis* zu betrachten – und wie beide Seiten unter bestimmten Umständen regelrechte Gewaltkultursynthesen hervorbrachten.

Der Versuch, die Gewaltkomponente des westlichen Imperialismus über Imperiengrenzen und Epochenzäsuren hinweg zu untersuchen, ist bisher kaum unternommen worden. Einem übergreifenden Blick auf die Gewaltgeschichte der europäischen Expansion insgesamt scheinen bislang nicht nur die älteren Periodisierungen (Kolonialismus – Imperialismus – Dekolonisation) und die akademischen Epochengrenzen im Wege gestanden zu haben, sondern auch eklatante Zäsuren wie die Entwicklung der Waffentechnik: Ob der Westen der nichteuropäischen Welt mit Arkebusen, Maschinengewehren, Phantom-Jagdbombern oder Drohnen gegenübertritt, macht offenbar einen großen Unterschied. Ähnliches gilt für die internationale Konstellation und für den Wandel von Kriegslegitimationen, der seit 1945 besonders auffällig ist.

Entsprechend sind selbst vergleichende Studien der Konfliktmuster in der Gewaltgeschichte der europäischen Expansion meist eng epochal gebunden. Das stark theoretisierende Paradigma der »asymmetrischen Kriegführung« wird fast ausschließlich auf die jüngste Zeit nach 1990 angewandt[20] und ist eng verwandt mit dem plakativen Begriff der »neuen Kriege«. Für beide Termini ist der (negative) Referenzpunkt der hochintensive und totalisierte symmetrische Großkrieg in der nördlichen Hemisphäre, verkörpert in den beiden Weltkriegen des 20. Jahrhunderts und im ausgebliebenen Dritten Weltkrieg zur Zeit des Kalten Krieges. Dass nach 1990 ein Wandel im Kriegsbild konstatiert wird, entspricht der Wahrnehmungsverschiebung in der westlichen öffentlichen Meinung vom Zentrum – wo Hochrüstung und militärische Krisen weggefallen sind – zur Peripherie – wo die bewaffneten Konflikte anhalten –, steht aber der Einsicht in längerfristige Kontinuitäten der Kriegführung *an der Peripherie* eher im Wege.

Für die Epoche der Dekolonisationskriege von 1945 bis ungefähr 1975 beschränken sich vergleichende Forschungen in der Regel auf die Entwicklung der westlichen Doktrinen der Aufstandsbekämpfung wie Counterinsurgency und Guerre révolutionnaire. Wenn ältere Entwicklungen einbezogen werden, dann meist allein im nationalen Kontext und nicht weiter zurück als in die Zwischenkriegszeit.[21]

Am ehesten hat sich die vergleichende Gewaltgeschichte des Imperialismus dessen »klassischer« Phase ungefähr zwischen 1880 und 1920 angenommen, wobei aber in der Regel die kontinentale Expansion der USA und Russlands unter den Tisch fiel. So offenbare Parallelen, wie sie zwischen den Indianerkriegen der USA und der westlichen Eroberung Afrikas bestanden, blieben dabei mit wenigen Ausnahmen unerwähnt. Für die Frühe Neuzeit oder das frühe 19. Jahrhundert sind vergleichende Studien der Gewaltkomponente der Expansion außerordentlich rar.

Erschwerend kommt die nationale Fragmentierung der Forschung hinzu, aus der nicht zuletzt die anhaltenden Versuche resultieren, die Gewaltsamkeit der deutschen Kolonialkriege aus der deutschen Militärtradition, deutschen rassistischen Prädispositionen oder deutschem genozidalem Gedankengut zu erklären.[22] Legt man neben solche Ausführungen etwa den Versuch Olivier Le Cour Grandmaisons, die Brutalität der Kolonialkriegführung in Algerien und anderen französischen Kolonien vom 19. bis zum 20. Jahrhundert als französischen Sonderweg der Kolonialkriegführung zu interpretieren,[23] fällt die Sinnlosigkeit derart eng nationaler Zugänge besonders ins Auge. Selbst wenn Susanne Kuß für den deutschen Fall auf die Spezifika jeweiliger peripherer Kriegsschauplätze als Erklärung für den Charakter der Kriegführung verweist,[24] so reduziert das lediglich das Gewicht national-metropolitaner Interpretationsansätze, ohne aber den wesentlichen Hinweis hinzuzufügen, dass es überhaupt die *Gesamtkonstellation* der westlichen Durchdringung der Welt gewesen ist, die koloniale Situation,[25] die für die Konfliktlogik und damit auch für die Gewaltsamkeit des Imperialismus verantwortlich gewesen ist, und zwar weitgehend unabhängig von den nationalen militärischen und ideologischen Traditionen einzelner Imperien.[26] Was die gedanklichen Voraussetzungen und die gewaltsamen Methoden des Imperialismus betrifft, muss man eher, mit Robert Gerwarth und Stephan Malinowski, von einem internationalen »kolonialen Archiv« ausgehen[27] – aber auch das vernachlässigt mit seiner Fixierung auf die intentionale westliche Täterschaft wesentliche Rahmenbedingungen des Einsatzes organisierter Gewalt in der europäischen Expansion, die aus deren Gesamtlogik als historischem Strukturphänomen[28] resultierten.

Gelegentlich gibt es zwar in der Forschung kursorische Hinweise auf die längerfristigen Kontinuitäten von Gewalt in der europäischen Expansion, insbesondere auf die anhaltende Aktualität entsprechender Kriegsformen.[29] Ernst zu nehmende Ansätze, diese Gewalt als Epochen und Imperiengrenzen überschreitendes historisches Muster zu analysieren, sind aber rar. Tatsächlich kann man konstatieren, dass sich die westliche Militärgeschichte traditionell[30] wenig für Kriege an der Peripherie interessiert. Das monumentale Werk Azar Gats »War in Human Civilization« widmet dem Phänomen kaum zwei oberflächliche Seiten (von insgesamt 822), und in John Keegans nicht weniger umfassend intendierter »History of Warfare« kommt es nur in einzelnen Nebensätzen vor.[31] Die moderne Imperialismusforschung geht dem Thema Kriegführung fast völlig aus dem Weg.[32] Der einzige Versuch, sich der europäisch-außereuropäischen Kriegführung über Kontinente und Epochen hinweg in Buchform systematisch anzunähern, stammt von dem Ethnologen Lawrence Keeley.[33] Diachrone

Darstellungen zum Guerillakrieg beziehen zwar in der Regel Konflikte an der Peripherie ein, ohne aber systematisch auf deren Besonderheiten einzugehen.³⁴ Bruce Vandervort hat in zwei getrennten Studien die imperiale Kriegführung in Afrika und Nordamerika im 19. Jahrhundert analysiert und auf entscheidende Parallelen verwiesen.³⁵

Fast alle anderen übergreifenden Zugänge sind Synthesen in Form von Sammelbänden, von denen die meisten auf die Hochphase des Imperialismus beschränkt bleiben,³⁶ einige (mehrheitlich mit einzelnen thematischen Akzenten) auf die Frühe Neuzeit³⁷ und nur ganz wenige zumindest dem Anspruch nach epochenübergreifend.³⁸ Es gibt gelegentlich aufschlussreiche Aufsatzsammlungen oder sogar Monografien zu einzelnen Regionen, Kolonialreichen oder Epochen³⁹ sowie wichtige, jedoch kurze Beiträge mit einem systematischen Anspruch.⁴⁰

Im Wesentlichen aber überwiegt in der Literatur zu Gewaltkonflikten im Rahmen der europäischen Expansion bei Weitem – wie es Jürgen Osterhammel für den etwas engeren Begriff der Intervention konstatiert hat – die »monographische Fallstudie«,⁴¹ die ja überhaupt dem jüngeren Spezialisierungstrend der Geschichtswissenschaft entspricht.⁴² Derselbe Trend behindert offenbar auch die Suche nach Verallgemeinerungen über den Fall hinaus, scheint doch jede solche Abstraktion bereits mit der einzelnen Fallstudie zu kollidieren, von mehreren zu schweigen. Die Suche nach Mustern oder Parallelen,⁴³ nach der »Ordnung großer Fallmengen«⁴⁴ hat in der Geschichtswissenschaft heute einen schweren Stand.

Die Literatur zu einzelnen Gewaltkonflikten im Rahmen des Imperialismus ist nahezu unüberschaubar. Entsprechend kann und will dieses Buch keine »Geschichte« der organisierten Gewalt in der europäischen Expansion sein – zumal eine solche Darstellung angesichts der Allgegenwart des Phänomens von einer Geschichte der Expansion selbst kaum zu unterscheiden wäre. Vollständigkeit wäre bei einem Unterfangen wie diesem nicht erreichbar, selbst wenn man Jahrzehnte mit dem Zusammentragen und Auswerten von Forschungsliteratur zubrächte. Vollständigkeit ist aber auch in der Logik des Projekts gar nicht angelegt, da ich nicht behaupte, dass *jeder einzelne* Gewaltkonflikt im Rahmen des Imperialismus in allen Einzelheiten so funktioniert wie hier erörtert. Ich bin sicher, dass Hunderte von empirischen Fällen *einzelne* der hier diskutierten Merkmale nicht aufweisen. Vermutlich gibt es Dutzende, die gleich in *mehrfacher* Hinsicht der hier vorgeschlagenen Interpretation von Gewaltkonflikten in der europäischen Expansion nicht folgen. Andererseits wäre ich ausgesprochen überrascht, wenn mehr als eine Handvoll empirischer Fälle der in diesem Buch entwickelten Konfliktlogik *insgesamt* widerspräche.

Der Gedanke des Buches ist es also nicht, für jeden Fall verbindliche Antworten zu geben, sondern vielmehr eine Art Idealtypus (mit Variablen) zu entwickeln, der Forschungsfragen aufwirft. Die Dichte wiederkehrender empirischer Beobachtungen in der Gewaltgeschichte des westlichen Imperialismus legt nahe, dass auch die sie verbindende Interpretation des großflächigen Konfliktmusters, der Funktionsweise, der inneren Logik dieser Geschichte, die ich hier versuche, verallgemeinerbar ist. Das Buch macht ein Angebot für die Einordnung solcher Beobachtungen in der künftigen empirischen Aufarbeitung weiterer Konflikte, davon ausgehend, dass die Logik der Gewaltkomponente der europäischen Expansion übertragbare Rückschlüsse zulässt. Ich schlage einen Interpretationsrahmen für künftige Forschungen vor, der diese der Notwendigkeit entheben soll, das Rad immer wieder neu zu erfinden, und speziell, sich immer wieder über die scheinbare Unregelmäßigkeit und die überbordende Brutalität peripherer Konflikte zu wundern.

Dementsprechend operiert das Buch mit keiner klaren Definition, keiner ausdrücklichen Abgrenzung der empirischen Fälle, die der Betrachtung zugrunde liegen. Den Rahmen gibt das historische Strukturphänomen des Imperialismus oder der europäischen Expansion ab, und die vielgestaltigen Gewaltkonflikte in diesem Rahmen bilden die Fallmenge der Untersuchung. Allerdings gilt mein Interesse im Kern der *organisierten* und der transkulturellen, asymmetrischen Gewalt, wie sie klassischerweise im Konflikt zwischen dem Westen und staatlich oder tribal organisierten indigenen Kollektiven auftreten. Betrachtet man das Gesamtspektrum der Gewalt im Kontext der europäischen Expansion als ein Kontinuum der Intensität, so stehen an dessen einem Ende die kriegerischen Auseinandersetzungen des Westens mit großen, vergleichsweise wohlorganisierten und mächtigen Reichen wie dem chinesischen oder dem osmanischen oder im 20. Jahrhundert mit Nationalstaaten zumindest oberflächlich westlicher Ausprägung wie Nordvietnam oder dem Irak: annähernd symmetrische Konflikte, die dem zwischenstaatlichen Krieg der abendländischen Neuzeit in vieler Hinsicht nahekommen. Am anderen Ende des Kontinuums findet sich kaum strukturierte Alltagsgewalt zwischen Individuen oder allenfalls kleinen Gruppen in staatsfernen Räumen,[45] die zwar zur europäischen Expansion gehört, sich aber unserem Verständnis von Krieg entzieht. Zwischen diesen Extremen, also in der breiten Mitte des Spektrums, dort wo die militärischen Vertreter der Kernstaaten der westlichen Welt gegen auf die eine oder andere Weise organisierte außereuropäische Gesellschaften kämpfen – Stämme, Feudalherrschaften, Proto-Staaten, indigene Reiche, antikoloniale Widerstandsbewegungen –, wo dieser Kampf eine erkennbare Einheit, Logik, Struktur hat, und vor allem wo er der Machtausdehnung oder dem Machterhalt der westlichen Welt dient, wo die Gewalt organisiert und instrumental ist: Da liegt das primäre Erkenntnisinteresse dieses Buches.

Grenzfälle werden dennoch in die Diskussion einbezogen, sofern strukturelle Ähnlichkeiten erkennbar sind. Zu solchen Grenzfällen gehören neben den bereits genannten Extremen des Spektrums – indigene Großreiche und kaum strukturierte Alltagsgewalt – etwa
- Konflikte zwischen westlichen Imperien mit massiver indigener Beteiligung (die Weltkriege des 18. Jahrhunderts, insbesondere in Nordamerika);
- Konflikte mit westlichen Siedlern (Amerikanischer Unabhängigkeitskrieg 1775–1783, Unabhängigkeitskriege Lateinamerikas Anfang des 19. Jahrhunderts, Südafrikanischer Krieg 1899–1902);
- Konflikte mit anderen nicht-autochthonen Bevölkerungen (antikoloniale Aufstände afrikanischstämmiger Sklaven und Freigelassener in der Karibik Ende des 18. und Anfang des 19. Jahrhunderts); oder
- Konflikte in den imperienartigen Frontierzonen postkolonialer Nationalstaaten (vor allem in Südamerika im 19. und 20. Jahrhundert).

Ganz verzichtet habe ich auf die Diskussion der gewaltsamen imperialen Expansion nicht westlicher oder verwestlichter Imperien wie etwa Chinas. Dies schien mir den Rahmen zu sprengen und von der Geschlossenheit des Phänomens abzulenken. Die Beschränkung auf Gewaltkonflikte im Rahmen der europäischen Expansion scheint mir gerechtfertigt, weil dieser Expansionsprozess der welthistorisch umfangreichste, längste, in seiner langfristigen Wirkung bedeutendste und prägendste war, der einzige globale und der einzige kollektive, zudem aufgeladen mit dem wirtschaftlichen Impetus des Kapitalismus und dem ideologischen von Religion, Zivilisierungsmission und Rassismus sowie untermauert von einer diskriminatorischen globalen Rechtsordnung, die in ihrer Universalität historisch einmalig ist: alles intensivierende Momente, die die europäische Expansion unter anderen imperialistischen Prozessen als besonders weit reichend und tief greifend hervorheben.[46]

Die hier diskutierten Konflikte haben mithin keine scharfe Außengrenze; sie entziehen sich einer eindeutig historischen Abgrenzung über ihre Verortung als Gewaltinstrumente der europäischen Durchdringung der Welt hinaus. Ihre Familienähnlichkeit macht sie ähnlich, aber nicht kongruent. Nicht nur gibt es im Kontext der europäischen Expansion, wie eben gezeigt, zahlreiche Grenzfälle; sondern umgekehrt treffen Charakteristika der hier diskutierten Konflikte etwa auch auf andere Feldzüge in großen Räumen (Napoleon in Russland 1812), andere Kämpfe zwischen Staaten und substaatlichen Akteuren (den Vendéeaufstand 1793–1796 oder den Guerillakrieg in Spanien 1808–1812), andere transkulturelle (den Pazifikkrieg 1941–1945) oder als transkulturell konstruierte Konflikte (den deutsch-sowjetischen Krieg 1941–1945) zu.

Ich halte dennoch, und gerade wegen der Familienähnlichkeit, daran fest, dass das Phänomen, so unscharf es abgegrenzt sein mag, existiert. Die dynamische Mischung, in der sich die jeweiligen Charakteristika der eben genannten Konfliktformen bündeln, gegenseitig bedingen und verstärken, ist in den Gewaltkonflikten im Rahmen der europäischen Expansion einmalig. Um einen simplen Vergleich zu bemühen: Der Blick auf eine Farbtafel zeigt, dass es eine unendliche Zahl von Mischtönen mit der Farbe Grün gibt – Grasgrün, das man als Gelb, Türkis, das man als Blau, Graugrün, das man als Grau, Schmutzgrün, das man als Braun sehen kann. Und selbst wenn die Sprachwissenschaft gezeigt hat, dass es Sprachen gibt, die kein Wort für »Grün« haben, so hat sie doch gleichzeitig erwiesen, dass auch die Sprecher dieser Sprachen Grün eindeutig erkennen können.[47] Die Mischtöne zeigen lediglich, dass man Grün nicht scharf abgrenzen kann – aber es existiert, weil es im erkennbaren Kern nichts anderes ist als eben Grün. Auf dieselbe Weise existiert – so jedenfalls die Annahme dieses Buches – der Gewaltkonflikt im Imperialismus als

Konfliktmuster *sui generis*, als Schnittmenge jener Konflikte in diesem Kontext, die mit keiner anderen Konfliktform so viel gemein haben wie miteinander.

Haben wir ein Wort für das hier diskutierte Phänomen? Von »organisierter Gewalt im Rahmen der europäischen Expansion« kann man notfalls immer sprechen, nur wird es auf Dauer ermüdend. »Kleine Kriege«[48] – im 19. Jahrhundert in Großbritannien ein gängiger Begriff[49] – birgt das Problem, nicht nur pejorativ zu wirken, sondern auch im deutschen Verständnis keinen Verweis auf die periphere Konstellation zu beinhalten; »kleiner Krieg« ist die seit dem 18. Jahrhundert im Deutschen eingeführte Übersetzung des französischen »petite guerre« als irregulärer Krieg schlechthin, auch am Rande des europäischen Großkrieges. »Asymmetrischer Krieg« trifft die Sache ziemlich gut, verweist aber für das Allgemeinverständnis primär auf die Militärpotenziale und nicht auf den transkulturellen Aspekt und ist außerdem durch die politikwissenschaftlichen Diskussionen der letzten beiden Dekaden stark zeitgebunden. »Kolonialkrieg« ist allgemein verständlich, aber zwangsläufig mit der Eroberung oder Befriedung von Kolonien, also mit formeller Herrschaft, verknüpft und beschwört zudem für das deutsche Geschichtsbewusstsein unvermeidlich die kurze Epoche der deutschen Kolonialgeschichte herauf, also die gut vier Jahrzehnte vor dem Ende des Ersten Weltkrieges – zeitlich und strukturell eine erhebliche Einschränkung der 500-jährigen Gesamtgeschichte der europäischen Expansion, die ja über weite Strecken informell verlief, also ohne die Errichtung direkter Herrschaft, aber deswegen nicht weniger gewaltsam.

Ich werde in diesem Buch der Einfachheit und Kürze halber die Gewaltkonflikte im Rahmen des westlichen Imperialismus summarisch als »Imperialkriege« bezeichnen.[50] Für den Kontext dieses Buches ist der Begriff jedoch nicht zentral – er soll lediglich als unbelasteter Neologismus für den Versuch stehen, die Geschichte organisierter Gewalt in der europäischen Expansion insgesamt als gedankliche Einheit zu verstehen.

Zwangsläufig ist dieses Buch tendenziell eurozentrisch. Es handelt von den Gewaltakten im Rahmen eines komplexen Prozesses, der zwar Akteure und Handlungsspielräume auf beiden Seiten hat oder vielmehr: der deutlich mehr als nur zwei Seiten hat, denn er ist von transkulturellen Interaktionen und Allianzen ebenso geprägt wie von intrakulturellen Spaltungen. Aber der Prozess selbst und der grundlegende Antrieb zur Gewalt gehen im Ursprung von den Kernmächten der westlichen Welt, von den Imperien, aus. Die Europäer sind nach Amerika, Asien und Afrika gekommen, nicht die amerikanischen Indianer, die Asiaten oder Afrikaner nach Europa, und damit ist jede indigene Aktion in diesem Prozess zumindest in ihrem letzten Grund eine Reaktion auf die Realität der europäischen Expansion. Auch quantitativ »dominieren die Handlungen europäischer Akteure die Geschichte kolonialer Gewalt«, wie Benjamin Brower feststellte.[51]

Dennoch habe ich mich bemüht, die indigene Seite, ihre Gewaltkultur, ihr Gewalthandeln, ihre Handlungsspielräume und ihre Anpassung an die Herausforderung durch die Imperien in die Darstellung so weit als möglich einzubeziehen. In der Intention handelt dieses Buch von der Interaktion von Gewaltkulturen. Aber die indigenen Gesellschaften, die im Verlauf der europäischen Expansion mit den westlichen Reichen zusammenstießen, waren überwiegend vorschriftlich, und was man über sie weiß, stammt daher – von mündlicher Überlieferung bei noch existierenden Ethnien abgesehen, die von Ethnologen ausgewertet werden kann und worden ist[52] – meist aus der Feder europäischer Beobachter,[53] auch wenn diese im glücklicheren Fall immerhin ihrerseits *oral history* betrieben hatten, wie die Spanier nach der Conquista.[54]

Diese Quellenlage macht unsere Sicht nicht nur zwangsläufig parteiisch,[55] sondern sie bedeutet zugleich, dass unser Bild außereuropäischer Gewaltkulturen bereits von deren Reaktion auf die europäische Expansion geprägt ist. Kein westlicher Beobachter hat je über eine indigene Gesellschaft berichtet, die nicht schon von den Schockwellen der gewaltsamen Ausbreitung der Imperien geprägt und strukturiert war. Handelsgüter, Wanderungsbewegungen, Seuchen, sekundäre Verdrängungskriege eilten den Europäern in indigene Welten voraus, bevor sie selbst einen Fuß dorthin setzten. Von wenigen archäologischen Hinweisen abgesehen, entzieht sich die Kriegführung der präkolumbianischen Indianer Nordamerikas historischer Erkenntnis, und noch viel mehr gilt das für die Alte Welt, die viel früher mit den Ausläufern der europäischen Expansion in Kontakt kam.[56]

Der Einfachheit und der lexikalischen Varianz zuliebe werden im Folgenden »westlich«, »imperial« und »europäisch« in der Regel nahezu austauschbar gebraucht, um den global expansiven Akteur in der Gewaltbegegnung zu kennzeichnen, auch wenn nicht alle diese Begriffe gleichermaßen auf europäischstämmige Siedlergesellschaften wie die Vereinigten Staaten (nicht europäisch), europäisierte Imperien wie Japan (nicht westlich) oder westliche Akteure nach dem Ende der Kolonialreiche (mehrheitlich allenfalls kollektiv imperial) passen und Russland zumindest seit dem Ost-West-Konflikt 1917–1991 weniger mit »westlich« als mit »östlich« konnotiert ist (was aber globalhistorisch angesichts seiner eindeutig abendländischen Kultur eher in die Irre führt). Umgekehrt stehen »nichteuropäisch«, »indigen« oder »autochthon« relativ unterschiedslos für den örtlichen, global defensiven Akteur, für den es wenig andere kollektive Synonyme gibt, die nicht weithin als pejorativ empfunden werden.[57] Wie einheimisch die lokalen Kriegsparteien jeweils tatsächlich waren, kann man angesichts von indigenen Expansionsschüben und Wanderungsbewegungen (nicht zuletzt durch den westlichen Imperialismus selbst ausgelösten) natürlich trefflich hinterfragen. Die nichteuropäische Welt war keineswegs statisch.

Von den nicht-europäischstämmigen Einwohnern Amerikas vor dem 20. Jahrhundert als »native Americans« zu sprechen, schiene mir anachronistisch, zumal der Begriff – anders als in Deutschland meist angenommen – auch in den USA *nicht* mehrheitlich zur Fremd- oder Selbstbeschreibung der Bevölkerung indigener Abkunft verwendet wird.[58] Ich belasse es daher beim im Deutschen eingeführten und zudem knappen Begriff der »Indianer«.

Alle im Original fremdsprachigen Zitate sind vom Verfasser ins Deutsche übersetzt worden.

1. Krieg an der Peripherie

»Der Krieg in Afrika hatte einen ganz anderen Charakter. Er war durchaus ein Krieg, ein echter Krieg, sehr hart, sehr mühsam, sehr schwierig, aber *sui generis*.«[1] Was eine populäre Memoirengeschichte des französischen Algerienkrieges hier schon in der Einleitung postuliert, ist signifikant. Organisierte Gewalt in der europäischen Expansion – der Imperialkrieg, Kolonialkrieg, kleine Krieg – funktioniert anerkanntermaßen anders als der konventionelle Großkrieg zwischen westlichen Mächten, ist geradezu als sein strukturelles Gegenteil beschreibbar.[2] Die Definition *ex negativo* ist seit Langem der charakteristische Einstieg für jede Analyse des Imperialkrieges, wie einige einschlägige Stellungnahmen aus den letzten gut hundert Jahren illustrieren:

»Das vergleichende Studium von Kolonialkriegen erfordert zwei Prämissen. Die erste ist, dass Kolonialkriege eine separate Kategorie bilden. Das bedeutet, dass sie etwas gemeinsam haben, was sie von anderen Kriegen unterscheidet – kurz: dass sie *sui generis* sind.« (Hendrik Wesseling)[3]

»Kolonialkrieg ist ganz anders als das, was gemeinhin als konventioneller Krieg bekannt ist.« (Jean Gottmann)[4]

»Der Kolonialkrieg unterscheidet sich vom gewöhnlich in Europa praktizierten Krieg durch eine Anzahl besonderer Bedingungen seiner Ausführung [...].« (Albert Ditte)[5]

»Kleiner Krieg ist ein Begriff, der in den letzten Jahren sehr in Gebrauch gekommen ist und der zugegebenermaßen etwas schwierig zu definieren ist. Praktischerweise kann man sagen, dass er alle Feldzüge einschließt außer denen, in denen beide gegnerische Seiten aus regulären Truppen bestehen. [...] Die Lehren der großen Meister der Kriegskunst und die Erfahrungen, die aus jüngsten Feldzügen in Amerika und auf dem europäischen Kontinent gewonnen worden sind, haben bestimmte Prinzipien und Präzedenzfälle etabliert, die das Fundament des gegenwärtigen Systems regulärer Kriegführung bilden. [...] Aber die Bedingungen der kleinen Kriege sind so unterschiedlich, die Kampfweise des Feindes oft so eigentümlich und die

Kriegsschauplätze weisen so einmalige Eigenschaften auf, dass irreguläre Kriegführung allgemein nach einer vom formelhaften System völlig abweichenden Methode betrieben werden muss.« (Charles Callwell)[6]

Worin bestehen diese »besonderen Bedingungen«, durch die der Krieg im Rahmen der europäischen Expansion zum diametralen Gegenteil des Großkriegs der abendländischen Moderne wird? Gottmann verwies diesbezüglich recht klassisch auf ferne Länder, große, unbekannte Räume, numerisch überlegene, landeskundige Feinde, ein großes Zivilisationsgefälle zwischen den Gegnern sowie auf gänzlich anders geartete Kriegsziele,[7] und die anderen drei zitierten Autoritäten führten im Prinzip Ähnliches aus. Neuere Definitionen des Phänomens Kolonialkrieg lehnen sich daran an.[8] Allen gemeinsam ist allerdings, dass sie sich zumindest vorrangig auf die klassische Epoche der jüngeren europäischen Kolonialreiche und ihrer Expansionskriege in Übersee beziehen, also auf den Zeitraum vom mittleren 19. bis zum frühen 20. Jahrhundert. Tatsächlich aber sind viele der »besonderen Bedingungen« verallgemeinerbar für die Gesamtgeschichte der gewaltsamen Etablierung und Aufrechterhaltung der Vorherrschaft der westlichen Imperien in der übrigen Welt.

Wie also gestalteten sich diese »besonderen Bedingungen« in fünf Jahrhunderten europäischer Expansion? Die physische Geografie des Kriegsschauplatzes bestimmte den Charakter der Kriegführung und erschwerte insbesondere die imperiale Logistik. Die Gegnerkonstellation war hoch asymmetrisch: Fragmentierte indigene Gesellschaften mit extensiver Gewaltkultur trafen auf globale Imperien mit potenziell nahezu unbegrenzten Ressourcen und dem Willen zum intensiven Gewalteinsatz im Stil der abendländischen entscheidungssuchenden Kriegführung. Faktisch aber begrenzten die Logik des imperialen Systems und die Schwierigkeiten peripherer Machtprojektion den Mitteleinsatz an der Peripherie. Eine schnelle militärische Entscheidung wurde dadurch häufig unmöglich; typisch für die Ränder der Imperien waren vielmehr dauerhafte extensive Gewaltzustände. Von diesen Umständen, und den Lösungsversuchen der Imperien, handelt dieses Kapitel.

Raum

Um sich zunächst die Dimensionen des geografischen Raumes zu vergegenwärtigen, in dem sich Imperialkriege oft abspielten, muss man nicht gleich die über 13 Millionen Quadratkilometer des von einigen wenigen Russen eroberten Sibiriens als Maßstab nehmen oder die 8000 Kilometer vom Ural bis zur Beringstraße.[9] Schon die Ausdehnung des Kongobeckens, dessen größter Teil dann belgische Kolonie wurde, entsprach der Europas von London bis zur Wolga.[10] Das aufständische Algerien der 1950er Jahre war fünfmal so groß wie das französische Mutterland, seinerseits damals das größte Land Europas westlich der UdSSR.[11]

Den Räumen entsprachen die Distanzen. Francisco Pizarros kleine Truppe legte 1533 während der Eroberung Perus von Cajamarca bis zur Inkahauptstadt Cuzco 1200 Kilometer den Andenhauptkamm entlang zurück.[12] Die Goldfelder von Cuiabá an der brasilianischen Frontier, über die Ende des 17. Jahrhunderts erbitterte Kämpfe mit den dortigen Indianern ausbrachen, waren von der nächstgelegenen größeren Ansiedlung, São Paulo, 3500 gewundene Flusskilometer entfernt, und der Weg führte durch tiefe Schluchten und durch den Pantanal, eines der größten Feuchtgebiete der Erde.[13] Die französische Foureau-Lamy-Expedition von 1898 marschierte von Algerien bis zum Tschadsee fast die gleiche Entfernung, allerdings zu Fuß durch die Sahara.[14] Noch 1870 – im Zeitalter der Eisenbahnen – führte der Feldzug gegen die separatistische Métis-Republik am Red River in Kanada eine britische Kolonne unter dem späteren Feldmarschall Sir Garnet Wolseley 1000 Kilometer durch weglose Wildnis mit moskitoverseuchten Sümpfen und Wäldern.[15]

Auch wenn nicht alle Kriegsschauplätze riesig waren,[16] so waren viele Hunderte von Kilometern lange Nachschublinien durch feindliches Gebiet im Krieg an der Peripherie eher die Regel als die Ausnahme.[17] Und »feindliches Gebiet« darf man dabei in vielen Fällen durchaus wörtlich nehmen und nicht etwa nur als metaphorisches Kürzel für »vom Feind beherrschtes Gebiet«. Wie der britische Oberst Charles Callwell festhielt, dessen um 1900 mehrfach aufgelegtes Handbuch »Small Wars« für Jahrzehnte die Bibel des Imperialkrieges blieb, waren Kriege an der Peripherie »vor allem Feldzüge gegen die Natur«.[18] Natürlich fanden manche Konflikte unter gemäßigten Naturbedingungen statt, aber viel häufiger waren unwirtliches

Gelände, extreme klimatische Bedingungen und eine feindselige Fauna und Flora. In der Sahara etwa wechselten weit über 50 Grad Hitze bei Tag mit Nachtfrösten ab, und kurz nach Sonnenuntergang koexistierten mitunter beide Extreme: Der von der Sonne erhitzte Sand verbrannte die Füße, während die Ohren bereits in der eisigen Nachtluft abzufrieren drohten. Dazu kamen tagelange Sandstürme, Taranteln, Sandflöhe, Läuse, Skorpione, Giftschlangen, Schakale und Hyänen sowie Durchfall, Cholera und Malaria.[19]

Klimatische Ausnahmebedingungen zeichneten auch viele Feldzüge im Westen der USA aus. Die Apachenkriege fanden in den verbrannten Malariagefilden Arizonas statt, wo es bei Temperaturen zwischen 40 und 50 Grad kaum Wasser gab, dafür aber Dornengestrüpp, Schlangen, Skorpione, Tausendfüßler, Taranteln und die giftige Gila-Krustenechse,[20] und die Gewehre so heiß wurden, dass man sie nicht mehr anfassen konnte.[21] Dafür boten die Feldzüge gegen die Sioux im Norden oft Umstände wie im Winter 1876/1877, als Blizzards mit Temperaturen von 40 bis 45 Grad unter null die Luft mit schneidenden Eiskristallen erfüllten und die Soldaten dicke Eisklumpen im Bart, die Pferde Eiszapfen an den Nüstern hatten.[22] In den Seminolenkriegen Floridas in den 1840er Jahren waren es Hitze, Seuchen, das stinkende stehende Wasser in den Everglades und die dort heimische Schneide (*Cladium jamaicense*), ein gezahntes Grasgewächs, das entzündliche Verletzungen verursacht, die den amerikanischen Truppen den Einsatz zur Hölle machten.[23]

Auch die Karibik bot neben feuchttropischer Hitze eine ungewöhnliche und feindselige Flora und Fauna: Kakteen und andere Dornensträucher, Moskitos, Skorpione, Riesenkrabbenspinnen und Tausendfüßler, allesamt giftig.[24] In Südamerika, Afrika und Südostasien dominierte vielerorts der lichtlose Dschungel den Kriegsschauplatz, wo Unterholz und Schlingpflanzen die Sicht auf nahezu null reduzierten.[25] Im Kongobecken waren die Bäume 60 Meter hoch, das dichte Unterholz 5 Meter. Die belgischen Soldaten, die diesen Urwald kontrollieren sollten, kämpften sich durch Mangrovensümpfe und versunkene Wälder, aber auch durch Trockensavannen. Zu den Begleitumständen gehörten erneut Hitze, Fieberkrankheiten, Insekten, mit Krankheitserregern infiziertes Trinkwasser sowie permanente Feuchtigkeit, die Schuhe und Kleidung auflöste.[26]

Die Uniformen und Ausrüstung zumindest der regulären Truppen der Imperien waren für solche extremen Umgebungen oft ungeeignet.²⁷ Das mussten nicht nur die Konquistadoren Pedro de Alvarados bei der Invasion Perus von 1534 erfahren, die neben den Begleitumständen des Dschungelkrieges und dem Vulkanascheregen, mit dem sie eingedeckt wurden, auch ihren Waffen und Rüstungen beim Verrosten zusehen konnten, bevor sie dann in den Kordilleren zum erheblichen Teil an Höhenkrankheit und in Schneemassen zugrunde gingen, zusammen mit den meisten ihrer Pferde.²⁸ Die französischen Truppen auf Haiti 1802 waren dem feuchtheißen Tropenklima ohne Regenmäntel, Sonnenhüte, Zelte oder Schuhe ausgesetzt, trugen dafür aber schwere Wolluniformen,²⁹ was überhaupt symptomatisch war für die Gedankenlosigkeit westlicher Militärapparate: Die Standardwolluniform der US-Armee war lange Zeit für den Krieg im Süden zu heiß, für den im Norden zu kalt, bevor dann um 1880 im einen Fall Tropenhelme und Baumwollstoff, im anderen Fellüberbekleidung und lange Unterwäsche eingeführt wurden.³⁰ Des ungeachtet waren die amerikanischen Freiwilligen im Philippinenkrieg 1899–1902 immer noch in dicken Wollstoffen unterwegs.³¹ Auch während der Intervention in Ägypten 1882 erwiesen sich der massive Waffenrock, die Wollhosen und die Flanellhemden der britischen Garde als suboptimal und waren für zahlreiche Ausfälle durch Hitzschlag mitverantwortlich.³²

Andere Ausrüstungsgegenstände eigneten sich ebenfalls oft nicht für extremes Klima. In den britischen Feldzügen in Afrika im 19. Jahrhundert verdarb bei großer Hitze das Büchsenfleisch, und das Trinkwasser war oft kochend heiß, weil es in metallenen Wassertanks auf Kamelen transportiert wurde.³³ In der Sahara legte Sand die Mechanik von Maschinengewehren lahm.³⁴ Noch im späten 20. Jahrhundert wurde im feuchten Klima Guinés (Guinea-Bissau) die portugiesische Logistik durch den Zusammenbruch von Maschinen und Gerät behindert.³⁵ Im 3. Golfkrieg, wo die Hitze amerikanischen Kriegsteilnehmern zufolge jeder Beschreibung spottete, erlagen die Panzermotoren Überhitzung und Sand.³⁶

Viele Schauplätze von Imperialkriegen waren Horte tropischer Krankheiten. Notorisch war Westindien, wo während der Napoleonischen Kriege britische und französische Soldaten wie die Fliegen starben.³⁷ 70 Prozent der französischen Verstärkungen für Haiti im Sommer 1802 fielen binnen weniger Monate einer Gelbfieberepidemie zum Opfer.³⁸ Bei den spanischen Verbänden in Venezuela Anfang des 19. Jahrhunderts waren die Verluste durch Pathogene nahezu total – 90 bis 96 Prozent. Im kubanischen Unabhängigkeitskrieg der 1890er Jahre starben immer noch 22 Prozent der eingesetzten spanischen Soldaten (und fast ebenso viele ihrer kreolischen Gegner) an Seuchen.[39] Nirgendwo aber wüteten die Erreger schlimmer als in Westafrika, wo Malaria, Gelbfieber und Magen-Darm-Infekte eines der für Europäer tödlichsten Klimata der Welt produzierten. Jedes Jahr erlagen hier noch im 19. Jahrhundert rund 20 Prozent aller Europäer Tropenkrankheiten, in Hochphasen von Gelbfieberepidemien sogar 60 Prozent und auch mehr: In Sierra Leone waren es 1825 und 1826 86 bzw. 73 Prozent der eingesetzten Truppen. Lokal und speziell auf Feldzügen konnte die Todesrate 100 Prozent erreichen. Die Seuchenmortalität wurde bis Mitte des 19. Jahrhunderts durch den Erkenntnisstand der Medizin eher noch erhöht. Für Malariakranke, die ohnehin an Blutarmut und Dehydrierung zugrunde gingen, waren kräftiger Aderlass und Abführmittel zur Reinigung des Körpers jedenfalls fatal.[40] Auch als die Tropenmedizin dann über Chinin zur Malariaprophylaxe und über grundlegende Einsichten in die Notwendigkeit von Hygiene verfügte, kam es immer noch sehr auf die Umsetzung vor Ort an. Im britischen Ashantikrieg 1873/74, wo angeblich peinliche Gesundheitsvorsorge getroffen wurde,[41] starben zwar nur 50 von 2500 eingesetzten europäischen Soldaten an Tropenkrankheiten,[42] aber über 1000 wurden invalide.[43] Und im französischen Feldzug gegen Madagaskar mehr als zwei Jahrzehnte später erlag noch immer ein Drittel der Soldaten Malaria, Typhus und Durchfall, vermutlich wegen mangelnder Hygiene und einer zu niedrigen Chinindosis, deren Einnahme noch dazu nicht überwacht wurde.[44]

Auch in weniger extremen Einsatzgebieten sorgten in vielen Imperialkriegen die klimatischen Bedingungen und Krankheitserreger für hohe Ausfälle unter den eingesetzten europäischen Truppen.[45] Abgeschnittene Fortbesatzungen in Nordamerika (aber auch in Australien) erlitten noch im 19. Jahrhundert mitunter hohe Ausfälle durch die Vitaminmangelkrankheit Skorbut als Folge von Mangelernährung zu Zeiten von Salzfleisch und Zwieback als normale Diät für Soldaten an der Frontier.[46]

Tödlich waren extreme klimatische Bedingungen und Seuchen nicht allein für die Soldaten, sondern auch für Reit- und Lasttiere, auf denen die Logistik an der Frontier bis zum späten 20. Jahrhundert fast ausschließlich basierte. Hernán Cortés, der Eroberer Mexikos, verlor 1525 in einer strapaziösen Passüberquerung in den Maya-Bergen 86 seiner kostbaren Pferde.⁴⁷ Beim Durchmarsch durch die lebensfeindlichen Little Missouri Badlands verdursteten 1864 Pferde und Zugochsen der Sully-Expedition gegen die Sioux, zumal Heuschrecken das Land kahl gefressen hatten.⁴⁸ In zwei französischen Sahara-Feldzügen 1900/01 starben von 35 000 eingesetzten Kamelen 25 000, übrigens mit katastrophalen Folgen für die lokale Wirtschaft.⁴⁹ 1839 gingen in der ersten britischen Invasion Afghanistans die indischen Kamele ein, da sie das Gebirgsklima nicht gewohnt waren und aus Unkenntnis giftige Pflanzen fraßen.⁵⁰

Mitunter waren die Auswirkungen des Klimas auf an der Peripherie eingesetzte Armeen so dramatisch, dass sie kriegsentscheidend wurden. Die erste britische Expedition nach Nepal 1767, unklugerweise zur Monsunzeit losgeschickt, verlor zwei Drittel ihrer Truppenstärke durch Malaria und wurde daraufhin von den Gurkhas relativ mühelos vernichtend geschlagen.⁵¹ Ähnlich erging es der britischen Strafexpedition gegen die Ashanti 1864, die ebenfalls in der Regenzeit von Durchfall und Fieber so dezimiert wurde, dass sie den Rückmarsch antrat, ohne einen einzigen Feind gesehen zu haben – besiegt allein von der feindlichen Natur.⁵² Das war die Unternehmung, die den Ashantikönig Kwaku Dua zu dem denkwürdigen Kommentar veranlasste: »Der weiße Mann bringt seine Kanonen in den Busch, aber der Busch ist stärker als die Kanonen.«⁵³ Kein Wunder, dass die Gegner der Imperien gelegentlich die Auswirkungen von Klima und Pathogenen in ihr strategisches Kalkül einbezogen.⁵⁴

Mindestens so schwierig wie die klimatischen Bedingungen war in vielen Feldzügen an der Peripherie das Gelände. Nur selten ähnelte es den offenen Ebenen, den sanften Hügeln und Flusstälern der Mutterländer mit ihrer intensiven Landwirtschaft und ihrem dichten Verkehrsnetz, wo Kriegführung westlichen Stils so einfach war: Dieser Traum eines jeden Kolonialoffiziers ging für die britischen Generale im Krieg gegen die Maori Neuseelands zumindest zeitweise in Erfüllung.⁵⁵ Sonst aber waren die Schauplätze von Imperialkriegen im Regelfall unzugänglich und unerschlossen.

An der Peripherie operierten Armeen mitunter in Hochgebirgen, die an landschaftlicher Dramatik kaum zu überbieten waren. So etwa in der Abessinienexpedition 1867/68, wo die Gebirgsfestung Magdala gestürmt wurde, ein »unerreichbares Adlernest« auf über 100 Meter hohen Klippen an der Kante eines Hochlandes, das sich 3000 Meter über der Ebene erhob.⁵⁶ Auch an der Nordwestfrontier

Indiens herrschten »steile, jäh abfallende Berghänge, unterbrochen von messerscharfen Kämmen, zerklüfteten Felsvorsprüngen, Klippen und Abgründen«.[57] Das unferne afghanische Hochgebirge war noch in diesem Jahrhundert für die US-Kriegführung nur auf Geißenpfaden über Hunderte von Metern hohen Steilabhängen zugänglich.[58] In Neumexiko widerstanden die Hopi und Zuñi bis ins 18. Jahrhundert der spanischen Eroberung durch Rückzug auf die steilen Tafelberge, die sogenannten Mesas.[59] Im Modoc-Krieg von 1872/73 in Nordkalifornien erwies sich ein Lavabett, das Zeitgenossen zufolge einer in Stein erstarrten Ozeanbrandung ähnelte, als für die US-Armee selbst gegen geringen Widerstand uneinnehmbar.[60] Auch anderswo profitierten die indigenen Verteidiger von unwegsamem Berggelände.[61]

War das Hochgebirge der eine klassische Albtraum westlicher Eroberungsarmeen an der Peripherie, so war der andere der Dschungel. In Malaya bedeckte er 80 Prozent des Landes (das die halbe Größe Italiens hatte); die Sicht war hier auf 20 bis 30 Meter beschränkt, in sekundärem Bewuchs auf praktisch null, und die Marschgeschwindigkeit unter Gefechtsbedingungen rangierte von einem Stundenkilometer in relativ offenem Wald zu 200 Meter pro Stunde im Unterholz, durch das man sich mit der Machete schlagen musste.[62] Dschungel prägte auch zahlreiche andere Imperialkriege, und zwar nicht allein in Südostasien, Afrika und Brasilien:[63] Undurchdringlicher Urwald bedeckte bis Anfang des 19. Jahrhunderts große Teile Nordamerikas östlich des Mississippis und war taktisch entscheidend für solche imperialen Urkatastrophen wie die vernichtende Niederlage des britischen Oberbefehlshabers in Nordamerika, Edward Braddock, am Monongahela 1755.[64]

Prägend für Imperialkriege war ferner die Wüste, erneut nicht nur in Nordafrika,[65] sondern auch bei der ersten britischen Invasion in Afghanistan, wo die Verbindungslinien nach Indien auf lange Strecken durch die Wüste liefen,[66] und natürlich, wie schon erwähnt, im Südwesten der Vereinigten Staaten.[67] Hatte die abseits von Sandstürmen relativ transparente Wüste keine wirklichen taktischen Vorteile für die indigenen Verteidiger, so war ihre schiere Lebensfeindlichkeit strategisch ein entscheidender defensiver Faktor, wie Douglas Porch anmerkt: »Die Tuareg brauchten nicht einmal eine Politik der verbrannten Erde anzuwenden; das hatte die Natur schon für sie getan.«[68]

Prägend waren schließlich auch Sumpfgebiete, von den Waldebenen Kanadas, wo sie die Niederschlagung der Métis-Republik 1870 behinderten,[69] und den atlantischen Südstaaten der USA, wo sie im Unabhängigkeitskrieg den Truppen des britischen Generals Charles Cornwallis zum Verhängnis wurden,[70] über die ausgedehnten Sumpfgebiete Javas[71] und die Küstensümpfe Westafrikas[72] bis zu den teilweise gigantischen Feuchtwäldern im Tiefland des Amazonas.[73] Auf Haiti kamen gar von labyrinthartigen Schluchten durchzogene Gebirge und sumpfige Mangrovenwälder zusammen.[74]

Diese schwierigen Geländetypen waren kaum besiedelt, boten meist nur karge Nahrung, teils kein Trinkwasser und wenig sonstige Ressourcen. Das betraf zwar nicht die westlichen Truppen allein, aber da sie nicht landeskundig und nicht akklimatisiert waren, betraf es sie erheblich stärker, insbesondere wenn sie in großen Armeen organisiert waren, die lokale Ressourcen schnell erschöpften. Schwieriges Terrain erschwerte die Orientierung. Es begünstigte die Verteidigung, insbesondere durch einen Gegner, der das Gelände defensiv nutzte und die offene Feldschlacht vermied. Es war durchweg praktisch wegelos und behinderte damit Armeen westlichen Stils, die häufig mit schweren Waffen und aufwendiger Logistik unterwegs waren, auf vielfältige Weise. Das bedeutete, dass in solchem Gelände nur kleine Armeen operieren konnten.

Im Gebirge wie im Wald oder Sumpf war die Sicht stark beschränkt. Der indigene Gegner konnte sich, zumal dank seiner überlegenen Landeskenntnis, leicht verbergen und jederzeit aus der Deckung und nächster Nähe angreifen; dieses Terrain war daher prädestiniert für Überfälle aus dem Hinterhalt. Wege durch solches Gelände, soweit sie überhaupt existierten, waren unweigerlich schmal, gewunden und von Hindernissen gesäumt und zwangen den Armeen der Imperien die ebenfalls schmale, lange Kolonne auf, die leicht zu stoppen und an den Flanken verwundbar war. Der Raum, sich zum Gefecht zu entwickeln, fehlte meist, und die Zeit im Falle eines Überraschungsangriffs erst recht.

Im Feuergefecht boten Berge, Wald und Sümpfe nicht nur der indigenen Seite Deckung, sie erschwerten im Falle des taktischen Erfolgs auch die Verfolgung.[75] Im Gebirge konnte der Gegner seine Unabhängigkeit von schwerem Gerät nutzen, um die Streitkräfte der Imperien von oben unter Feuer zu nehmen.[76] Noch während der sowjetischen Intervention in Afghanistan 1980–1988 behinderte das

Gebirgsgelände den wirksamen Einsatz der Kampfpanzer, die ihre Geschützrohre nicht weit genug nach oben richten konnten, um die Mudschahedin auf den Hängen zu beschießen.[77] Hier half lediglich der Luftangriff, so erstmals in der Endphase der Eroberung Marokkos 1926–1934.[78]

Auch für Pferde war schwieriges Terrain ein großes Problem.[79] Im Falle Perus erwiesen sich im Gebirge die vorhandenen Straßen als nutzlos, weil die Inkas weder Pferd noch Wagen kannten und daher eher gewundene Treppen als Straßen im westlichen Sinne bauten.[80] Für schwere Waffen wie Geschütze[81] oder gepanzerte Fahrzeuge war durchschnittenes Terrain oft nahezu unzugänglich.[82]

Wollte der Gegner der Schlacht mit der Streitmacht des Imperiums völlig ausweichen oder sich auf einen Kleinkrieg der Nadelstiche im Guerillastil beschränken, war schwieriges Gelände der beste Ort dafür,[83] wie etwa das Hügelland Zentralmexikos im 16. Jahrhundert,[84] die Sumpfwälder Floridas im Seminolenkrieg[85] oder der Dschungel Burmas, in dem in der Wahrnehmung der imperialen Kommandeure die indigenen Kämpfer einfach verschwanden.[86] Besonders galt das in Kombination mit der Weite des Raumes. Sie ließ die Suche nach einem Gegner, »der schwer greifbar war und der einem unter den Fingern verkrümelte«,[87] oft der nach der sprichwörtlichen Nadel im Heuhaufen gleichen,[88] wie Curt von François, ehemaliger Kommandeur der deutschen Schutztruppe in Südwestafrika, ausführte: »So ein kleiner Eingeborenenstamm verschwindet ganz in seinem Gebiet. Soll derselbe bekriegt oder gezüchtigt werden, und will er sich nicht finden lassen, so ist dies eine der schwierigsten Aufgaben für eine Truppe. Nie ist in diesen menschenleeren Räumen mit Sicherheit die Richtung zu bestimmen, in der der Feind zu erwarten ist.«[89]

Auch in den späteren Indianerkriegen im amerikanischen Westen machte sich der Gegner rar und verließ sich auf die feindselige Landesnatur und die großen Räume, um der US-Armee »zu erlauben, sich selbst zu besiegen«.[90]

Logistik und Mobilität

Abseits von ohnehin seltenen Gefechten waren schwieriges, unerschlossenes Gelände und große Distanzen für die Armeen der Imperien vor allem ein logistisches Problem. In der Regel operierten sie in dünn besiedelten Gebieten, wo die einheimische Bevölkerung im besten Falle Subsistenzlandwirtschaft betrieb. Sehr kleine Kolonnen mochten sich durch rücksichtslose Plünderung der örtlichen Nahrungsressourcen ernähren, wie das schon die spanischen Konquistadoren in Nordamerika taten, dessen Eroberung ohne die Kornfelder der Indianer unmöglich gewesen wäre.[91] Gelegentlich waren die Zielgebiete imperialer Invasionen auch so ressourcenreich, dass eine Armee ohne ausgebaute Logistik überleben konnte, wie 1779 bei der amerikanischen Zerstörung der Irokesennation.[92] Aber mehrheitlich waren die Streitkräfte der Imperien an der Peripherie auf Nachschub von festen Basen – Hafenstädte an der Küste oder Forts im Binnenland – angewiesen.[93] Feuerwaffen brauchten Munition, die lokal meist nicht zu beschaffen war. Verlässliche Verkehrswege und umfangreiche Wagenkolonnen zur Mitführung des Nachschubs waren daher für westliche Armeen in Imperialkriegen unverzichtbar.

Von ausgebauten Kunststraßen im modernen Sinn war aber an der Peripherie der Imperien meist keine Rede. Bei den in Karten verzeichneten Verkehrswegen handelte es sich lediglich um die landesüblichen Fußpfade von A nach B. Dementsprechend waren solche »Straßen« für größeres Verkehrsaufkommen ungeeignet und verwandelten sich spätestens beim ersten Regen in bodenlose Moraste.[94] In der Realität waren Nachschubkolonnen und schwere Waffen daher Fußfesseln, die imperiale Expeditionen zum Schneckentempo verdammten. Das gängige Bild des Imperialkrieges mag die gut bewaffnete und disziplinierte europäische Truppe sein, die im Gefecht indigene »Horden« relativ mühelos zurückschlägt, etwa im Stil des klassischen Gemäldes »The Battle of Abu Klea« von William Barnes Wollen (1896). Aber Gefechte waren Ausnahmesituationen. Historisch zutreffender wäre es, den Imperialkrieg als endlose Ochsenwagenkolonne zu visualisieren, die sich im Schritttempo querfeldein durch tiefen Schlamm schleppt.

Die britische Invasion Zululands 1879 etwa spielte sich in einem Gebiet von immerhin der Größe Mecklenburg-Vorpommerns ab, in dem es keine Straßen oder Wege irgendeiner Art gab – »der Kriegsschauplatz war, was moderne Verkehrswege betrifft, größtenteils ein Vakuum«.[95] Da Dürre herrschte und die Zulus ihre Rinderherden fortgetrieben hatten, konnte die Armee Lord Chelmsfords nicht aus dem Lande leben und häufte erst einmal Nachschub für 45 Tage auf, bevor sie in Zululand einfiel. Dazu kam die aufwändige Ausrüstung einer regulären Armee des 19. Jahrhunderts auf dem Marsch: Jedes Linienbataillon führte neun Tonnen Gepäck mit, allein die Zelte wogen vier Tonnen, die Reservemunition zwei Tonnen. Ochsen sind verlässlich und genügsam, aber ungeheuer träge, und müssen täglich längere Zeit grasen. Die Armee quälte sich im Tempo des langsamsten Ochsenwagens durch das schwierige Terrain. Flüsse und Felsspalten, die die Ebenen durchzogen, produzierten chaotische Ochsenwagenstaus. Und wegen der Dürre verendeten die Zugtiere im Verlauf der Invasion zu Hunderten.[96]

Ungeheure Mengen an Zugtieren waren erforderlich, um eine Armee in Indien im 18. Jahrhundert mobil zu machen. Sechs Ochsen erforderte schon das Gepäck und die Fourage eines Reiters oder Offiziers. Ein leichtes Sechspfündergeschütz brauchte 35 Zugochsen, ein 24-pfündiges Belagerungsgeschütz aber 155. Hinzu kamen im ersteren Fall 105 Ochsen, im zweiten 620 für das Futter der Zugtiere – jeweils für ein einziges Geschütz.[97] Die Krux der Logistik mit Muskelkraft ist, dass sie sich durch den Nahrungsbedarf potenziert. Wo eine Expedition logistisch autark sein musste, trugen die Lasttiere zuallererst ihre eigene Fourage, und ihre Traglast begrenzte daher die Reichweite der Expedition: Auf einen Monat, wenn jedes Packtier ausschließlich seine eigene Subsistenz transportierte,[98] was ja aber nicht der Sinn des Transportwesens ist; sehr viel weniger, wenn die Tiere tatsächlich noch militärische Lasten trugen.

Entsprechend riesig waren die entstehenden Kolonnen, zumal in Indien, wo die »Prozessionskriegführung« im Stil der indischen Fürstenstaaten zu wahren Völkerwanderungen von Bediensteten, Arbeitern und fahrenden Händlern im Kielwasser einer Armee führte, die pauschal als »camp followers« gezählt wurden und um ein Vielfaches zahlreicher sein konnten als die Soldaten – Verhältnisse von 6:1 bis 8:1 sind aktenkundig.[99] Die Indusarmee, die 1838 zur ersten Invasion Afghanistans aufbrach, marschierte mit 9500 Mann Kampftruppen und 6000 verbündeten Afghanen aus. Aber die Soldaten waren praktisch unbeweglich, weil sie einen immensen Tross von Packtieren (allein 30 000 Kamele) und Schlachtvieh mitführten und von rund 38 000 Zivilisten begleitet wurden.[100] Solche Trosse sorgten dafür, dass die Armee sich im Schneckentempo vorwärtsbewegte.[101] Die britisch-indische Armee exportierte dieses System auch an andere Peripherien des Imperiums. Sir Robert Napier landete 1867 in Äthiopien mit 3000 Pferden, 16 000 Maultieren und Ponys, 8000 Kamelen, 5000 Ochsen, 44 Elefanten, 2000 bengalischen Arbeitern und 14 500 Mann »Gefolge«. Allein der Train seiner 5000 Mann starken Kampfkolonne war 11 Kilometer lang.[102]

Ähnlich war der logistische Aufwand in den Indianerkriegen im Westen der USA, wo die schweren Kavalleriepferde aus Gründen des Kriegsbildes (die US-Armee hielt sich wahrheitswidrig für eine Großkriegsarmee) mit Getreide ernährt wurden.[103] Ein Pferd, das sonst von Getreide lebt, geht beim Grasen ein. Daher brauchte die Kavallerie bei Märschen im Westen zur Mitführung des Pferdefutters erneut große Ochsenwagenkolonnen, die ihrerseits von Infanterie bewacht werden mussten, mit absehbaren Folgen für die Mobilität der Kolonnen (aber immerhin konnten in diesem Fall wenigstens die Ochsen grasen).[104]

In der frühen Eroberung Spanisch-Amerikas traten an die Stelle der Ochsenwagen meist indigene Träger.[105] Dasselbe galt in Südostasien[106] sowie in den Malariaregionen Afrikas,[107] wo die Trägerkolonnen ebenfalls Kolonnen aufblähten und massiv verlangsamten, »so sehr, dass einige Expeditionen den Anschein gemütlicher Spaziergänge bekamen«.[108] In diesem Zusammenhang muss erwähnt werden, dass die sozialen Folgekosten für die Heimatregionen der fast immer zwangsrekrutierten und meist miserabel behandelten Träger angesichts von Todesraten von 10–20 Prozent in der Trockenzeit und bis zu 40 Prozent in der Regenzeit immens waren, zumal die Armeen der Imperien die Träger zu Zehntausenden, im Ersten Weltkrieg in Ostafrika teils zu Hunderttausenden aushoben.[109]

Allgemein muss die imperiale Armee an der Peripherie zumindest bis zum 20. Jahrhundert als operativ vergleichsweise immobil gelten. Wie ein schwerfälliger Lindwurm quälte sie sich durch das unwirtliche weite Land. Das war primär, wie gesehen, eine Folge großer Distanzen bei fehlenden lokalen Ressourcen und miserablen Verkehrswegen. Verantwortlich war aber auch, das mag ebenfalls bereits deutlich geworden sein, die imperiale Gewaltkultur.

Der hochintensive Kriegführungsstil der abendländischen Moderne war bestimmt von der Suche nach einer schnellen, abschließenden Entscheidung in offener Feldschlacht. Er setzte dazu operativ auf die Konzentration überlegener Machtmittel zum Gefecht, taktisch auf eine Kombination von moralischem Schock (verkörpert *par excellence* im Bajonettangriff geschlossener Infanteriekörper, in der Attacke massierter schwerer Kavallerie mit der Blankwaffe) und intensiver Feuerkraft (verkörpert in den Peletonsalven der regulären Infanterie, in den Geschützen der Artillerie, später in Maschinenwaffen und Fliegerbomben).

Und diese Entscheidungssuche durch intensive Feldschlachten nahm zumindest bis tief ins 20. Jahrhundert hinein auch eine hohe Zahl eigener Verluste in relativ kurzer Zeit in Kauf.[110] Das hat sich inzwischen geändert: Seit etwa 1945 steht zumindest für Regierungen westlicher Demokratien die Vermeidung von Verlusten aus legitimatorischen Gründen immer mehr im Vordergrund.[111] Stattdessen wird die Entscheidungswirkung im noch intensiveren Einsatz von Feuerkraft gesucht.[112] Das beste Beispiel für beide Bedingungen ist historisch der Vietnamkrieg,[113] aber auch wer sich an den vor allem aus der Luft geführten Kosovokrieg 1999 und die Bombenteppiche der amerikanischen B-52 in der Anfangsphase des Afghanistankrieges 2001 erinnert,[114] hat ein Bild davon, welche Rolle Feuerkraft in modernen Imperialkriegen spielt.[115]

Die westliche Art der Kriegführung geht daher historisch primär einher mit hohem Materialaufwand und sekundär und vor allem in früheren Zeiten (da Material bei wachsender Feuerkraft Truppenzahlen ersetzen kann) mit der Konzentration vergleichsweise großer Armeen zur Entscheidungssuche. Unter den Bedingungen der imperialen Peripherie bedeutete das, dass diese Armeen unter der Last ihrer schieren Masse und ihres Materials und Trosses nahezu unbeweglich wurden. Der paradoxe Effekt war, dass der imperiale Kriegführungsstil auf der Suche nach einer schnellen Entscheidung *in der Schlacht* abseits des Schlachtfeldes so schwerfällig wurde, dass die Schlacht selbst ganz unwahrscheinlich wurde, wenn nicht der Gegner sie suchte.

Ja, teilweise galt dasselbe noch auf dem Schlachtfeld. Der schwere Infanterist des Westens, der schwere Kavallerist auf seinem massigen Schlachtross waren auch taktisch vergleichsweise immobil. Unter schwerem Feuer stoisch vorzurücken, um einen standhaltenden Gegner vor allem moralisch niederzuringen, brauchte viele Qualitäten, nicht zuletzt rücksichtslose Disziplin, aber Agilität war dafür nicht vonnöten. Entsprechend schleppten noch die sowjetischen Infanteristen in Afghanistan in den 1980er Jahren neben unbequemen Uniformen und klobigen Stiefeln 16 Kilo schwere Schutzwesten und große Mengen Munition ins Gefecht, nicht zu reden von Unterstützungswaffen wie Maschinengewehren oder Granatwerfern, die schon ohne Gestell und Munition jeweils auf das Gewicht zweier voller Getränkekisten kamen.[116] Dass man auf diese Weise einen Gegner nicht ohne dessen Kooperation angreifen konnte, dürfte augenfällig sein.

Die westliche Gewaltkultur war also an der Peripherie der Imperien, in weiten Räumen, in schwierigem Gelände und konfrontiert mit einem beweglicheren, die Schlacht nicht suchenden Gegner logistisch, operativ und taktisch häufig kontraproduktiv. Es gab natürlich Reformversuche und Verbesserungen. Das von den Indianern übernommene Birkenkanu revolutionierte die Beweglichkeit und Versorgung der frühen europäischen Truppen in Nordamerika, wovon vor allem die Franzosen in Kanada profitierten, wo Siedlungen und Straßen fern, Wasserwege aber allgegenwärtig waren.[117] In den späten Indianerkriegen der USA reduzierte George Crook das Gepäck seiner Truppen auf das Nötigste und packte es auf Maultiere, was die Mobilität und Geländegängigkeit seiner Kolonnen stark erhöhte.[118] Die französische Kolonialarmee führte in den 1880er Jahren einachsige Maultierkarren ein, die bei geringfügiger Verringerung der Mobilität die Traglast eines einzelnen Maultiers verdreifachten.[119] Es ist allerdings nicht ohne Weiteres ersichtlich, dass sich durch solche Mechanisierung der logistische Aufwand deutlich verringert hätte. Noch für die französische Invasion Madagaskars 1895 wurden 5000 leichte Wagen, 6000 Maultiere und 7300 Fahrer zusammengezogen, für eine Truppe von nur 18000 Mann.[120]

Vor allem gab es unzählige Versuche, die Beweglichkeit westlicher Truppen durch organisatorische Maßnahmen zu erhöhen: den Verzicht auf schwere Waffen und auf unnötiges Gepäck, die Bildung kleinerer, womöglich berittener Einheiten. All das hatte gewisse Effekte, bedeutete aber oft auch eine Verringerung der unmittelbar verfügbaren militärischen Schlagkraft und damit eine mental schwierige Abkehr vom westlichen Kriegführungsideal.[121] Vor allem deswegen blieben solche Experimente meist auf speziell für den Kolonialeinsatz gebildete Einheiten beschränkt, die lediglich als kompensatorischer Appendix, als von der Konflikt- und Landesnatur erzwungene Gehilfen der eigentlich kriegsentscheidenden regulären schweren Truppen galten.[122] Und das Problem der immensen Weite des Raumes lösten auch solche Versuche nicht.

Ein wichtiges Mittel zur Verbesserung der Mobilität und Logistik war der Straßenbau in der Wildnis. In vielen Fällen waren imperiale

Armeen gezwungen, sich Straßen durch den Dschungel zu schlagen, Brücken über Flüsse und Sümpfe zu bauen und zum Teil sogar Gebirge befahrbar zu machen, bevor sie überhaupt den Kampf mit dem militärischen Gegner aufnehmen konnten.[123] Straßenbau war aber nicht allein eine logistische Notwendigkeit. Er kann als symbolische und praktische Überwindung des fremden, dem einheimischen Gegner zugeeigneten Raumes gelten. Mit Straßen stellte das Imperium gegenüber der Umwelt die Chancengleichheit wieder her.

Das musste nicht Kunststraßen im modernen Sinne heißen; im Urwald genügte bereits eine breite Schneise, um viele der taktischen und logistischen Nachteile des Terrains und der Weite des Raumes zu überwinden. Straßen durch den Dschungel waren daher die Vorboten der letztlichen Überwindung des indigenen Widerstandes, wie unter anderem in Yucatan schon im 17. Jahrhundert.[124] Der Straßenbau stellte ein wichtiges Mittel der britischen Kriegführung an der nördlichen Frontier New Yorks im 18. Jahrhundert dar (wo sich ein Zeitgenosse aber fragte, ob das Holzverhau, das beim Schlagen der Schneise entstand, Indianerhinterhalte nicht erst recht begünstigte),[125] er erschloss im 19. Jahrhundert die Urwälder Brasiliens für den Unterwerfungskrieg gegen die Indianer,[126] im 20. Jahrhundert die Nordwestfrontier Indiens sowie das Hochland Algeriens für Motortransporte und schwere Waffen.[127] Dass der Bau von Verkehrswegen in modernen Kriegen an der Peripherie bei aller Counterinsurgency nicht allein dazu dient, die Sympathien der Bevölkerung vor Ort zu gewinnen, sondern auch ganz praktische Gründe der Durchdringung zum Zwecke der Machtprojektion hat, ist eine zutreffende und vermutlich übertragbare Beobachtung Bernd Lemkes.[128] Die Ibu Südostnigerias wurden nach ihrer Unterwerfung durch Großbritannien 1901/02 postwendend gezwungen, Straßen durch den Dschungel zu schlagen, »um die Aufgabe künftiger Befriedungsstreitkräfte einfacher zu machen«.[129]

Straßen konnten geradezu kriegsentscheidend sein: Der Kleinstaat Naning nahe Malacca in Malaya demoralisierte 1831 eine britisch-indische Invasionstruppe von 150 Mann durch Belästigungsangriffe im Dschungel so sehr, dass diese ihre Geschütze unbrauchbar machte und die Flucht ergriff. 1832 wurde daraufhin eine 35 Kilometer lange und 200 Meter breite »Straße« durch den Dschungel gebaut (die Breite deutet darauf hin, dass es auch hier vor allem um eine Schneise durch den Urwald ging), und Naning fiel.[130]

Mitunter ging die aktive Überwindung der widrigen Landesnatur über den Straßenbau (der die Kulturgeografie doch bereits erheblich veränderte) noch hinaus. So wurden sowohl in der russischen Eroberung des Kaukasus[131] wie auch in der Niederschlagung des Mau-Mau-Aufstandes in Kenia 1952–1960[132] (und in einem obskuren Fall auf den britischen Andamanen[133]) Urwälder geradezu abgeholzt, um dem Feind Zufluchtsorte zu entziehen. Im späten 20. Jahrhundert machte die chemische Entlaubung aus der Luft dasselbe Ziel wesentlich zugänglicher. Sie wurde in Malaya erwogen,[134] bekanntlich in großem Stil in Vietnam eingesetzt (wo aber weiterhin auch mechanisch gerodet wurde)[135] und, vielleicht weniger bekannt, auch in Algerien, das angeblich rund 70 Prozent seiner Wälder einbüßte.[136] Der Feldzug gegen die Natur wurde hier, anders als bei Callwell, aktiv verstanden. In letzter Instanz hörte der feindliche Raum an der Frontier auf, feindlich zu sein, wenn er – wo das möglich war – durch westliche Besiedlung und intensive Landwirtschaft erschlossen wurde, womit die Straßen und alles andere automatisch kamen.[137]

Später vereinfachte die Eisenbahn[138] die Logistik auf Kriegsschauplätzen an der Peripherie,[139] allerdings nur im engeren Umfeld der besiedelten Gebiete. Noch im Krieg gegen die Herero und Nama in Deutsch-Südwestafrika 1904–1907 waren die Operationen abseits der Bahnlinie von Ochsenwagen abhängig.[140] 4000 Mann Kampftruppen mit 40 Geschützen brauchten in diesem Konflikt Tausende indigener Arbeiter und Träger und 20000 Lasttiere.[141] Die britische Armee tat sich Ende des 19. Jahrhunderts durch den Bau von Feldeisenbahnen zur logistischen Absicherung ihrer Militäreinsätze vor allem in Afrika hervor,[142] ein Mittel übrigens, mit dem auch die mexikanische Armee ihren späten imperialen Eroberungskrieg gegen die Maya in Yucatan gewann, wo der Eisenbahnbau die Unzugänglichkeit des Dschungels neutralisierte wie in früheren Zeiten die Straße.[143]

Die US-Armee im Westen verließ sich in späteren Jahren gern auf Dampfschiffe, was die Logistik aber an schiffbare Flüsse band und nicht immer unbedingt schneller machte.[144] Im subsaharischen Afrika wurden Dampfschiffe zeitgleich zum eigentlichen Mittel der logistischen Durchdringung des Hinterlandes.[145] Motorfahrzeuge kamen im frühen 20. Jahrhundert auf, aber ihr Nutzen war wegen ihrer mangelnden Geländegängigkeit und der fehlenden oder jedenfalls unbefestigten Verkehrswege an der Peripherie oft beschränkt.[146]

Noch in den Dekolonisationskriegen Portugals waren Naturstraßen ein logistisches Problem, selbst abgesehen davon, dass sie vom Gegner vermint wurden. Motorkonvois legten daher im Schnitt weniger als 20 Kilometer pro Tag zurück.[147] Dafür braucht man keine Kraftfahrzeuge, und die 15 Kilometer pro Tag mit Ochsenwagen[148] oder selbst die 10 Tageskilometer, mit denen Braddocks Kolonne sich 1755 durch den Urwald nach Fort Duquesne quälte,[149] sehen im Vergleich gar nicht so schlecht aus.

Wirklich revolutioniert wurde die Logistik und Beweglichkeit imperialer Armeen an der wegelosen Peripherie erst durch taktischen Lufttransport im späten 20. Jahrhundert: Die Franzosen hatten zuletzt 400 Hubschrauber in Algerien[150] und die Sowjetunion setzte im afghanischen Gebirge stark auf Luftbeweglichkeit.[151] Er blieb aber immer zu wartungsintensiv, knapp und teuer, um alltagstauglich zu sein.[152] In jedem Fall lassen sich große Truppenkörper nicht längerfristig wirksam aus der Luft versorgen, zumal nicht, wenn die Lufthoheit nicht gesichert ist, was *par excellence* die französische Niederlage bei Dien Bien Phu 1954 beweist.[153] Immerhin erhielten die abgeschnittenen französischen Posten an der Nordgrenze Marokkos im Rif-Krieg im extrem heißen Sommer 1925 auf kreative Weise Nachschub an Trinkwasser, nämlich indem Flugzeuge aus der Luft Eis abwarfen.[154]

An der schieren Weite des Raumes aber änderte alle Technik nur wenig. Die 900 Kilometer von St. Louis an der Atlantikküste zur französischen Hauptnachschubbasis Kayes am Senegal blieben auch mit Dampfschiffen 900 Kilometer. Dass der Senegal nur am Ende der Regenzeit kurzfristig schiffbar war und auch das nicht jedes Jahr, änderte sich nicht. Und in Kayes fing der immense Kriegsschauplatz des westlichen Sudan ja überhaupt erst an. Von dort ging es mit Wagenkolonnen weiter in die Tiefe des Raumes, ab 1887 immerhin mit der Eisenbahn.[155]

Die Gegner der Imperien

Neben dem Raum bestimmten natürlich die beiderseits zum Einsatz gebrachten Machtmittel den Charakter der Kriegführung an der Peripherie. Betrachten wir daher nun kurz die Staats- und Kriegsorganisation sowie die Ressourcenmobilisierung der Konfliktparteien.

»Wir müssen uns hier einen flüchtigen Blick auf die Geschichte erlauben. Halbgebildete Tataren, Republiken der alten Welt, Lehnsherren und Handelsstädte des Mittelalters, Könige des achtzehnten Jahrhunderts, endlich Fürsten und Völker des neunzehnten Jahrhunderts: alle führen den Krieg auf ihre Weise, führen ihn anders, mit anderen Mitteln und nach einem anderen Ziel.«[156] Was der preußische Kriegstheoretiker Carl von Clausewitz hier schon für die relativ überschaubare Alte Welt Europas konstatierte, gilt natürlich weit mehr für die Gegner der Imperien in Kriegen auf den vier anderen Kontinenten. Die Ressourcenmobilisierung für den Krieg, die Organisation von Streitkräften, das Durchhaltevermögen von Gesellschaften in längeren Konflikten und nicht zuletzt die Art und Weise der Kriegführung, sie alle sind in hohem Maße abhängig von der staatlichen Verfasstheit der Akteure.[157] Von den Großreichen der Alten und der Neuen Welt bis zu den zahlreichen staatenlosen Gesellschaften an den Rändern der jeweiligen Regionalsysteme war und ist die Spannweite des politischen Organisationsgrades enorm. Und für den Konflikt mit den expansiven Imperien des Westens brachten die betreffenden Gesellschaftsverfassungen jeweils spezifische Stärken und Schwächen mit.

Für die Zwecke dieses Arguments lassen sich die Gegner der Imperien vielleicht in vier große Gruppen unterteilen:
1. Indigene Großreiche und Militärmonarchien;
2. andere Monarchien und Fürstentümer aller Art;
3. staatenlose Gegner sowie
4. moderne (Proto-)Staaten;
wobei Letztere teils aus sekundären Widerstandsbewegungen hervorgegangen sind und dann eine unintendierte Folge imperialer Herrschaft waren.

Von den außereuropäischen Großreichen bildeten vier, nämlich das Osmanische Reich, das Mogulreich, China und Japan, eine Sonderklasse: Sie waren so gewaltig, dass jede militärische Konfrontation mit einem westlichen Imperium tendenziell auf Augenhöhe stattfand und damit das Konzept von Imperialkrieg zu sprengen droht. Allerdings fallen drei der vier Reiche ohnehin aus der Betrachtung als Gegner der Imperien heraus: das Osmanische Reich, weil seine direkten militärischen Konflikte mit dem Westen nicht an der Peripherie, sondern als klassischer Großmächtekonflikt im frühneuzeitlichen Europa stattfanden; das Mogulreich, weil es keine Seemacht war und zerfiel, bevor die europäischen Imperien auf dem Festland des indischen Subkontinents expandierten; und Japan, weil es für alle praktischen Zwecke selbst zum Imperium westlichen Stils wurde, bevor es 1904/05 erstmals mit einem westlichen Reich (nämlich Russland) Krieg führte. Japan versteht man daher besser als imperialen Akteur denn als indigenen Gegner der Imperien.[158] Damit verbleibt für diese Betrachtung China als einziges indigenes Großreich in einer Klasse für sich: ein Reich, das zwar so gewaltig und volkreich war, dass seine endgültige Unterwerfung durch expansive westliche Imperien faktisch ausschied,[159] das aber in den Opiumkriegen und im Boxerkrieg durchaus auch das Ziel imperialer Gewalt war,[160] und nicht zuletzt Mitte des 20. Jahrhunderts durch Japan zum Opfer des »gigantischsten aller Kolonialkriege« wurde.[161]

Zu den klassischen Gegnern der Imperien an der Peripherie zählten aber auch abgesehen vom Sonderfall China durchaus eindrückliche indigene Reiche mit oft hoher staatlicher Kohäsion. Das Azteken- und das Inkareich waren nicht nur fast unbestrittene Vormächte ihres Kulturkreises, sondern auch hochzentralisierte, bürokratische Staaten mit professionellen Armeen.[162] Es gab in Mittelamerika auch andere Monarchien dieses Typus, so das hochgradig hierarchische Itza-Reich der Maya, das in einer abgelegenen Region Yucatans bis in die letzten Jahre des 17. Jahrhunderts überlebte.[163]

Vor allem in Afrika nördlich der Sahara traf die Expansion der Imperien im 19. Jahrhundert auf die aggressiven Dschihadreiche, über die Alexander Kanya-Forstner urteilt: »Muslimische Gemeinwesen mit ihren Schriftsprachen, ihrer Staatsbildungstradition und der Bindungskraft einer Universalreligion, die die Bruderschaft aller Gläubigen predigte, konnten im Allgemeinen Widerstand in größerem Umfang mobilisieren als politische Einheiten, deren Ausdehnung durch die Bande gemeinsamer Abstammung beschränkt war. Muslime hatten außerdem einen starken Anreiz, den Vormarsch der christlichen Macht zu behindern.«[164]

Was hier unerwähnt bleibt, ist, dass Religion oft nur den Katalysator für einen im Kern sozialrevolutionären Anstoß der Staatsbildung abgab. Daher auch der ausgesprochen aggressive Impetus, der diese Bewegungen zumindest in den Anfangsjahren auszeichnete. Die Dschihadreiche waren expansive Militärmächte, die mitunter binnen weniger Jahre auf Kosten politisch weniger straff organisierter Gegner riesige Gebiete unterwarfen. Zu den im Westen bekanntesten Reichen dieses Stils gehört das des Mahdis im Sudan.[165] Aber der Kernbereich dieser Staatsidee lag in Westafrika, wo das Tukulor-Reich in Mali, das Sokoto-Kalifat in Nigeria und das stark personalisierte Staatswesen Samori Tourés in Guinea die archetypischen Dschihad-Imperien repräsentieren.[166] Sie waren um die Armee herum aufgebaut, und ihre *raison d'être* war die militärische Expansion – ein Hauptgrund dafür, dass ihr Niedergang begann, sobald die Eroberungswelle des Anfangs in die Herrschaftssicherung einer etablierten Elite überging.[167]

Auch ohne den Antrieb von Islam und Sozialrevolution gab es in Afrika wie in Asien ausgesprochene Militärmonarchien, in denen eine stark zentralisierte Königsherrschaft durch die Verfügung über die militärischen Machtmittel den Staat zusammenhielt und ihre Position durch Expansion nach außen stabilisierte. Zum Teil waren diese Staaten regelrechte Modernisierungsdiktaturen, die erstaunliche Anpassungsleistungen im Militärbereich hervorbrachten. Die härtesten Gegner der Europäer in Indien gehörten zu dieser Kategorie: die Marathen, Mysore und die Sikhs.[168] Ähnliche Militärmonarchien gab es in Südostasien: Burma, Aceh, Mataram.[169] An der Guineaküste waren Ashanti und Dahomey Beispiele von expansiven, auf das Militär zentrierten Staaten älteren Stils, die als regionale Vormächte zum Teil über gigantische Massenheere verfügten, ohne durch ausgesprochene Modernisierungsprogramme mit dem Westen Schritt zu halten zu suchen.[170] Aus tribalen Verbänden hervorgegangen waren schließlich die zum Zeitpunkt ihrer Kollision mit dem Westen meist erst jungen Militärstaaten der Bantu, deren hierarchische Zentralisierung aber des ungeachtet sehr hoch war: Nicht nur das Zulureich mit seinen hochmobilen, kohäsiven und motivierten Altersregimentern, 1879 für eine der schwersten Niederlagen der Briten in einem Imperialkrieg verantwortlich, gehörte zu dieser Kategorie,[171] sondern auch die Reiche der Nguni (im Hinterland der portugiesischen Kolonie Moçambique) und der Hehe (im Inneren Deutsch-Ostafrikas) waren nach diesem Muster der südostafrikanischen Stammesverbands-Militärmonarchie organisiert.[172]

Waren Großreiche und Militärmonarchien sozusagen die Elite indigener Staatlichkeit unter den Gegnern der Imperien, so muss man sich mit der zweiten Gruppe nicht lange aufhalten. Große Teile der außereuropäischen Welt waren natürlich in irgendeiner Weise staatlich organisiert und in aller Regel als Königreiche, Fürstentümer,

Feudal- und Adelsherrschaften und so fort, ohne aber die Kohäsionskraft der großen Reiche oder den expansiven Impetus der Dschihadstaaten und anderer Militärmonarchien aufzuweisen.[173] Das muss nicht bedeuten, dass diese Staaten *per se* unkriegerisch waren: Mitunter waren sie nur in stark fragmentierten regionalen Machtsystemen gefangen, in denen kein Staat eindeutig die Vorherrschaft erringen konnte, wie das für die durchaus militärzentrierten Staaten Javas in der Frühen Neuzeit der Fall war.[174]

Einen ähnlichen Status durchschnittlicher staatlicher Kohäsion und Macht nehmen die Raub- und Handelsreiche ein, die etwa für die Küstenregionen Afrikas Ende des 19. Jahrhunderts typisch waren. Meist basierten sie auf der Verfügung über Sklaven, doch konnten andere rare Güter wie Palmöl das Geschäftsmodell auch nach der Abschaffung des Sklavenhandels am Leben halten.[175] Ohne Staatstradition oder Staatsidee, die über wirtschaftlichen Profit hinausging, fehlten diesen Gebilden aber wesentliche Stabilitätselemente, die sie zu dauerhafter Kriegführung befähigt hätten, auch wenn das arabische Sklavenhandelsimperium im Ostkongo, das belgische Kolonialtruppen 1891–1893 in einem der blutigsten Imperialkriege aller Zeiten niederschlugen, nicht nur auf einer florierenden Landwirtschaft basierte, sondern auch angeblich 100 000 Mann ins Feld stellen konnte.[176]

Die weitaus meisten Gewaltkonflikte an der Peripherie trugen die Imperien mit indigenen Gruppen aus, deren politische Organisation deutlich unterhalb der Staatsebene blieb. Dabei reichte die Spannweite von nur in Familienverbänden strukturierten Jäger- und Sammlergesellschaften mit äußerst niedriger Bevölkerungsdichte wie in Amazonien, Australien, Sibirien oder an der Pazifikküste der USA[177] bis zu größeren Verbänden, die sich teilweise in durchaus hierarchischen Strukturen in dauerhaften Clan- und Bündnissystemen zusammenfanden.[178] Die Details sind Sache der Ethnologen, und es ist hier belanglos, ob man diese ausgeprägteren und dauerhaften Gesellschaftsstrukturen »Stämme« nennen muss oder darf.[179] Interessant ist, dass diese straffere soziopolitische Organisation eigentlich staatenloser Gesellschaften oft schon eine Reaktion auf den Kontakt mit expansiven Reichen war: Wer bedroht ist, muss sich zusammenschließen, und wer mit einem starken Gegner verhandeln will, braucht eine politische Organisation.[180] Staatenlose Gesellschaften waren nicht selten nomadisch wie die Steppenvölker Asiens oder die Tuareg der Sahara.[181]

Eine Sonderform des nichtstaatlichen oder in diesem Fall vielleicht präziser substaatlichen Gegners war (und ist) die sekundäre Widerstandsbewegung gegen eine bereits etablierte Fremdherrschaft, und zwar dann, wenn sie über Einzelaktionen autonomer Lokalgruppen hinausging und eine überregionale und transethnische Klientel mobilisierte. Bis an die Schwelle des vergangenen Jahrhunderts hatten solche großen Aufstandsbewegungen meist einen religiösen Hintergrund und gingen oft mit nativistischen und millenarischen Erweckungsbewegungen einher, die eine Rückkehr zu einer idyllisch verklärten Vergangenheit vor der Ankunft des weißen Mannes versprachen: Paradebeispiele sind der Puebloaufstand in Neumexiko Ende des 17. Jahrhunderts,[182] die Prophetenbewegung der nordamerikanischen Waldlandindianer, die sich Anfang des 19. Jahrhunderts um Tecumseh und Tenskwatawa sammelte,[183] oder der Ndebeleaufstand im heutigen Südrhodesien 1896.[184] Wichtig für solche Sammlungsbewegungen waren fast stets Rituale, die ihre Anhänger gegen die überlegenen Waffen des Westens immun machen sollten, vom »sprechenden Kreuz« der Mayas Mitte des 19. Jahrhunderts[185] über die »Geisterhemden« der letzten Aufstandsbewegung der Sioux Ende des Jahrhunderts[186] bis zum Wasserkult der Maji-Maji-Bewegung in Ostafrika.[187] Ein spätes Beispiel einer solchen rückwärtsgewandten und weitgehend ethnisch basierten Aufstandsbewegung war die Mau-Mau-Revolte in Kenia 1952–1960.[188] Wegen ihrer schnell zu enttäuschenden Heilsversprechungen und der Heterogenität der Ziele ihrer Anhänger waren solche Zusammenschlüsse aber meist nur kurzfristig wirksam.[189]

Deutlich anders strukturiert waren die modernen politischen und proto-nationalen Aufstandsbewegungen, die ungefähr ab Anfang des 20. Jahrhunderts den Beherrschungsaufwand für die Imperien mitunter massiv erhöhten.[190] Ein frühes Beispiel einer solchen indigenen Bewegung, die ihr Ziel nicht in der Rückkehr zu vormodernen Traumwelten, sondern in der Überwindung der westlichen Fremdherrschaft mit den Mitteln der westlichen Moderne sah, ist die philippinische Republik, die 1899–1900 von den USA militärisch niedergeschlagen wurde.[191] Moderne Widerstandsbewegungen, archetypisch verkörpert in den nationalen Befreiungsfronten Indochinas[192] und Algeriens,[193] waren stets auch auf die Aufmerksamkeit und womöglich die Sympathie der Weltöffentlichkeit ausgerichtet, deren Erlangung ab 1919 durch den Grundsatz des Selbstbestimmungsrechts der Völker erleichtert wurde[194] und ab 1945 zusätzlich und viel massiver durch die allgemeine Delegitimation der Kolonialherrschaft, die Blockkonfrontation des Kalten Krieges und die Bühne der Vereinten Nationen:[195] internationale Faktoren, die – zusammen mit der öffentlichen Meinung im Mutterland, die sich zunehmend mehr für Konsumgüter als für Kolonien begeisterte[196] – für den Erfolg solcher Unabhängigkeitsbewegungen jedenfalls weit relevanter waren als deren politische Organisation oder militärische Schlagkraft.[197] Die Schaffung einer parallelen Staatlichkeit für die beherrschte Mehrheitsbevölkerung war für solche Bewegungen entsprechend nicht nur ein Mittel des (Volks-)Krieges,[198] sondern auch ein wichtiges Instrument der Herstellung von Herrschaftslegitimität:[199] der Dekolonisationskrieg als Staatsbildungskrieg,[200] um ein Paradigma der Frühen Neuzeit aufzugreifen.[201] Zu dieser Legitimitätssuche gehörte irgendwann immer auch der Übergang zu konventioneller Kriegführung mit demonstrativer Einhaltung der westlichen Kriegsregeln: die Widerstandsbewegung als Kriegspartei auf Augenhöhe.[202]

Spätestens ab diesem Punkt sind selbst substaatliche Gewaltakteure, die als Terrorzellenstruktur begonnen haben, im Zustand moderner (Proto-)Staatlichkeit und damit am Übergang zur vierten Kategorie der Gegner der Imperien. Neben den modernen Widerstandsbewegungen gehören vielleicht auch temporär erfolgreiche Sezessionen wie die kommunaldemokratische Yaqui-Republik im mexikanischen Bundesstaat Sonora 1875–1887[203] oder der Rif-Staat Abd-el-Krims in Spanisch-Marokko in den 1920er Jahren[204] zu dieser Mischgruppe – Proto-Staaten, bei denen die nationale und internationale Legitimität tendenziell niedriger war, auch wenn sie im Gegenzug durch die ausschließliche Verfügung über ihr Territorium viel näher an der tatsächlichen Staatlichkeit waren.

Regelrechte unabhängige Staaten moderner Ausprägung waren als Gegner der Imperien in Imperialkriegen selten, und wenn sie es waren, so war der resultierende Konflikt in vieler Hinsicht nahezu symmetrisch und damit ein ausgesprochener Grenzfall. Man denkt hier primär an den international anerkannten und mit westlichen Waffenlieferungen hochgerüsteten Zentralstaat Äthiopien, der nach seinem Sieg über Italien 1896 als einziger autochthoner Staat Afrikas bis zum Zweiten Weltkrieg unabhängig blieb,[205] und an die südafrikanischen Republiken der europäischstämmigen Buren[206] oder nach 1945 an die Ausnahmesituation der nordvietnamesischen Beteiligung am Bürgerkrieg in Südvietnam sowie an den Irak in den konventionellen Kriegen von 1991 und 2003. Die Unabhängigkeitsbewegung der Vereinigten Staaten hingegen, einen anderen Grenzfall, wird man eher der Mischgruppe substaatlicher Gewaltakteure mit demonstrativer Legitimitätssuche durch parallele Staatlichkeit zuordnen müssen.[207]

Welche Rolle spielte nun Staatlichkeit für die Widerstandsfähigkeit indigener Gesellschaften in Konflikten mit den Imperien? Auf den ersten Blick würde man sagen: Staaten stiften Stabilität und Legitimität. Sie akkumulieren und organisieren menschliche und materielle Ressourcen. Sie bilden professionelle administrative und militärische Apparate aus. Staatlichkeit müsste daher die Widerstandskraft indigener Gesellschaften enorm gestärkt haben. Mitunter stimmte das; es traf insbesondere dort zu, wo eine indigene Staatsbildung über einen zusätzlichen identitätsstiftenden Impetus verfügte, wie im Fall der Dschihadreiche, oder wo die Ressourcenakkumulation durch eine Modernisierungsdiktatur direkt in militärische Macht umgesetzt wurde. Aber letztlich trat ein indigener Staat auf diese Weise in einen symmetrischen Konflikt mit den Imperien des Westens ein. Und dabei erwies sich, dass Stabilität, Legitimität, Ressourcenmobilisierung, Bürokratie und professionelles Militär Vorteile nur relativ zum indigenen Umfeld der Staaten waren: Der Westen war auf all diesen Feldern in der Regel deutlich überlegen.

Die interne Legitimität indigener Staatlichkeit (die externe war für die Imperien ohnehin allenfalls situativ akzeptabel) war oft vom militärischen Erfolg abhängig. Indigene Staaten waren häufig jung, schwach und dezentral; gerade die größeren waren eigentlich kleine Imperien, die kraft Eroberung oder Allianzen über ethnisch heterogene Bevölkerungen herrschten. Im Falle einer militärischen Niederlage, die an sich gar nicht kriegsentscheidend hätte sein müssen, kollabierten diese Staaten oft von innen heraus, weil der herrschende Clan oder die führende Ethnie den Nimbus der Macht einbüßte und Lokalgruppen es für nützlich befanden, sich mit der prospektiven neuen Vormacht zu verbünden.[208] Letztlich war der indigene Staat oft ein Papiertiger, zumindest im Vergleich mit der stabilen Staatstradition der Kernstaaten der westlichen Imperien.[209]

Für einige besonders hierarchische indigene Gesellschaften wurde eine entwickelte Staatlichkeit im Konflikt mit den Imperien gerade zur Achillesferse. Das fast unglaubliche Muster der praktisch vollständigen Übernahme eines komplexen Staates durch Geiselnahme des Herrschers, improvisiert von Cortés in Mexiko und perfektioniert von Pizarro in Peru, konnte nur in einem Zentralstaat funktionieren, in dem der Monarch gottgleich und sein Wort Befehl war. Im vollen Wissen, dass ihr Herrscher nicht Herr seiner Entschlüsse war, funktionierte die Verwaltung der amerikanischen Reiche trotzdem klaglos weiter und lieferte den Staat an die Konquistadoren aus – das perfekte Kollaborationsregime.[210]

Nicht zuletzt aufgrund dieser Erfahrung zogen fortan und für Jahrhunderte die Imperien Staaten als Gegner vor. Ein Staat war identifizierbar. Er hatte eine Herrschaftsstruktur, eine verantwortliche Führung, mit der man verhandeln, die man unter Druck setzen, die man schlimmstenfalls durch eine Intervention auswechseln konnte, um so den Staat intakt zu übernehmen – vorzugsweise durch indirekte Herrschaft, das war billiger. Er hatte Städte, Festungen, Kultorte, deren Besetzung ihm die administrativen, wirtschaftlichen, militärischen und legitimatorischen Grundlagen entzog. Er hatte eine Armee, die als solche erkennbar war und mit der man Entscheidungsschlachten schlagen konnte.[211] Und er war meistens dennoch nicht stabil und kohärent genug, dass sich nicht im Inneren Bündnispartner gefunden hätten, die man für die eigenen Zwecke einspannen konnte.

Der ideale Staat als Gegner war also schwach genug, um instrumentalisierbar zu sein, aber gerade stabil genug, um im Fall der Niederlage weiter zu funktionieren, um den Sieg der Imperien abschließend zu machen und die Folgekosten gering zu halten. Die Realität sah – nicht überraschend – häufig anders aus: Der indigene Staat erwies sich als Chimäre. Er brach zusammen und ließ einen Flickenteppich von zerstrittenen Lokalgruppen zurück, deren Befriedung nach dem überraschend schnellen Sieg über den Staat oft langwierig und mühsam war. Das ist ein Grund, warum der zweiphasige Imperialkrieg, erst Staatenkrieg, dann Guerillakrieg auf der substaatlichen Ebene, ein solches Standardmodell des indigenen Widerstandes gegen Imperien war[212] (der andere Grund war, falls der Kollaps ausblieb, taktische Anpassung des Gegners). War die indigene Gesellschaft zu einer solchen Fortführung des Kampfes auf eigene Faust nicht imstande – wie man es über die Rifrepublik sagen kann, deren ethnische Zersplitterung in Kombination mit dem schwierigen Gelände eigentlich einen solchen Ausgang nahegelegt hätte[213] –, dann hatte sie die Staatlichkeit offenbar zu weit getrieben.

Traditionelle Staatlichkeit war daher für indigene Gesellschaften im Gewaltkonflikt mit Imperien auf Dauer mindestens so sehr eine Schwäche wie eine Stärke. Hingegen waren nichtstaatliche Gegner, zumal nomadische, aus der Sicht der Imperien oft die reinsten Terrorzellen. Sie hatten keine überlokale politische Struktur, keine professionelle Armee, keine ortsgebundenen Herrschaftsressourcen, keine komplexen Wirtschaftssysteme; sie boten Druck oder Eroberung wenig Anhaltspunkt.[214] Und sie siedelten häufig in unzugänglichem Gelände an der Peripherie der Peripherie: in Wäldern, Bergen, Sümpfen, Wüsten, dort wo der Mangel an Ressourcen und Verkehrswegen höhere gesellschaftliche Organisation und organisierte Kriegführung im westlichen Stil so unnötig wie unpraktisch machten. Der nichtstaatliche Gegner war für die Imperien ein Eroberungsalbtraum.[215] Positiv war lediglich, dass seine Zersplitterung in kleinste Gruppen theoretisch das *divide et impera*, das Finden von Bündnispartnern erleichterte[216] – aber faktisch hatten nichtstaatliche Gruppen oft so wenig zu verlieren, dass sie von einer Allianz auch nichts zu gewinnen hatten.

Es ist daher zutreffend angemerkt worden, dass es oft die nichtstaatlichen, die »primitivsten« Völker waren, die der Eroberung am längsten Widerstand leisteten.[217] Nicht immer allerdings lag das primär an ihrer intrinsischen Verteidigungsfähigkeit. Mitunter hatte die Eroberung marginaler Gebiete ohne starke staatliche Strukturen für die Imperien auch einfach nur eine niedrige Priorität.[218] Dass die Azteken Anfang des 16. Jahrhunderts unterlagen, die Apachen am Rande immerhin desselben Kulturraums aber erst Ende des 19. Jahrhunderts, hatte sicher auch damit zu tun, dass es in Zentralmexiko fruchtbare Landwirtschaft und Berge von Gold gab, im Apachenland hingegen vertrocknete Gebirgstäler mit kleinen Gruppen bitterarmer Viehräuber.[219]

Schwache oder ganz fehlende autochthone Staatlichkeit hatte noch eine weitere Konsequenz: Es gab oft keine klare funktionale Differenzierung zwischen legitimen Kombattanten und Nichtkombattanten. Was das für das Kriegsrecht im Imperialkrieg bedeutete, liegt nahe und gehört zum Thema eines späteren Kapitels.[220] Hier ist wichtig, dass in Ermangelung eines offiziellen Gewaltakteurs auf der Gegenseite die Imperien letztlich häufig mit dem konfrontiert waren, was man in Europa im 19. Jahrhundert als Volkskrieg bezeichnet hat,[221] wie Hew Strachan ausführt: »Viele Gegner außerhalb Europas waren nicht Soldaten, sondern Krieger. Sie kämpften nicht als Berufssoldaten, getrennt von ihren Trägergesellschaften, sondern als Repräsentanten dieser Gesellschaften. [...] Zudem waren viele Stammesgemeinschaften primär für die Anforderungen des Krieges geformt und auf sie ausgerichtet. Wenn Europäer gegen sie kämpften, dann fochten sie nicht gegen Armeen, sondern gegen ganze Gesellschaften.«[222]

Und das war ein entscheidender Unterschied für die Aussicht, einen Krieg siegreich zu beenden, denn ein Staat hat verantwortliche Organe und kann kapitulieren – und tat es auch nicht selten –, aber ein ganzes Volk kann das nicht: Für einen dauerhaften Frieden muss es niedergekämpft werden – was nur mit ausreichenden Machtmitteln möglich ist – oder anderweitig unter Kontrolle gebracht. Auf die daraus resultierenden Probleme komme ich zurück.[223]

Der Volkskrieg leitet über zu der Frage, welches Verständnis von Gewalt und Krieg die indigenen Gegner der Imperien hatten, welchen Stellenwert Waffengewalt in ihrem Weltbild einnahm und wie sie eingehegt und abgegrenzt war. Verallgemeinern lässt sich das freilich kaum. Die Gewaltkultur von Großreichen mit professionellen Heeren wie Mexiko und Peru hat mit der einer staatenlosen Indianergruppe von 50 Personen zwangsläufig wenig gemein – und dabei koexistierten beide im selben Kulturraum in, global gesprochen, marginaler Entfernung voneinander. Dennoch lassen sich einige Muster beobachten. Sie fallen im Wesentlichen unter das, was unter anderem Jürg Helbling als den »tribalen Krieg« beschrieben hat[224] (einige Jahrzehnte früher sprach Harry Turney-High politisch weniger korrekt vom »primitiven Krieg«[225]).

Westlichen Beobachtern fiel an indigenen Gesellschaften häufig die scheinbare Allgegenwart von Gewalt auf, deren Formen das Maß an Brutalität weit überstiegen, das in Europa zumindest ab der späteren Frühen Neuzeit noch als zulässig galt. Folter, Verstümmelungen bei lebendigem Leib, Leichenschändung, Kannibalismus, das Töten von Frauen und Kindern – solche Gewaltpraktiken etwa der nordamerikanischen Indianer entsetzten Europäer[226] und verleiteten sie zu dem Schluss, in indigenen Gesellschaften herrschten Sodom und Gomorrha, habe völlig regellose Gewalt freien Lauf,[227] ein Bild, das noch heute zumindest populär verbreitet ist.[228]

Richtig war, dass für viele indigene Gesellschaften Waffengewalt ein integrierter Bereich des täglichen Lebens war. Eine vom zivilen

Alltag säuberlich getrennte Sphäre des Krieges wie in der westlichen Moderne war großen Teilen der Welt fremd; Krieg war ein Dauerzustand.[229] Für nordamerikanische Waldlandindianer hatten Gewalt gegen Menschen und Gewalt gegen Tiere den gleichen Stellenwert, war Krieg ein Teil des Lebens wie die Jagd.[230] Und selbstverständlich war »tribaler Krieg« immer auf die gegnerische Gesamtgesellschaft ausgerichtet,[231] zielte im Zweifelsfall auf deren völlige Überwindung, allerdings nicht durch Massenschlachten, sondern durch Absorption.[232]

Was den Beobachtern aber meist völlig entging, waren die kulturellen Beschränkungen, denen diese Gewalt gerade wegen ihrer Integration in den Alltag unterworfen war. Wenn Konflikt mehr oder weniger auf Dauer gestellt war, musste er demografisch handhabbar bleiben. Hätten sich staatenlose Gruppen mit jeweils nur geringer Bevölkerungszahl permanent unkontrolliert abgeschlachtet, wäre die außereuropäische Welt schon lange vor der Ankunft der Imperien entvölkert gewesen.

Indigene Kriegführung war daher meist strengen, oft religiös kodierten Regeln unterworfen, die vor allem dem Ziel der Verlustvermeidung dienten.[233] Das hieß nicht unbedingt, dass es tabu war, dem Gegner schwere relative Bevölkerungsverluste zuzufügen. Aber das kam vor allem dann vor, wenn die Möglichkeit der Vergeltung ausgeschlossen werden konnte: daher die Präferenz der indigenen Kriegführung für den nächtlichen Überfall oder den Hinterhalt, für Situationen, in denen eigene Verluste minimiert und die des Gegners mit guter Chance maximiert werden konnten.[234]

Ausgesprochene Feldschlachten, wie sie die abendländische Kriegskultur des Westens favorisierte, erfüllten diese Bedingungen nicht. Wenn sich indigene Armeen daher im offenen Feld gegenüberstanden, so führten sie entweder eher rituelle Schaugefechte,[235] oder es handelte sich um Machtdemonstrationen im Sinne bewaffneter Diplomatie, in denen der Gegner durch Zurschaustellung überlegener Truppenstärke oder beeindruckender Waffen zur Verhandlung bewegt werden sollte, wie das etwa auf die indische Kriegführung bis ins 18. Jahrhundert zutraf.[236] Selten ging es hingegen um intensive Kriegführung mit der Chance hoher und womöglich gar symmetrischer Verluste – ein Konzept, das indigenen Gesellschaften mit wenigen Ausnahmen als ganz absurd und geradezu demosuizidal erscheinen musste.[237] Und dieses Gebot der Verlustvermeidung gilt –

abgeschwächt, kein Zweifel – letztlich selbst für die meisten derjenigen Großreiche und Militärmonarchien unter den indigenen Gegnern der Imperien, die meist aus legitimatorischen Gründen eine gewaltkulturelle Präferenz für die offene Feldschlacht hatten, wie etwa die Azteken: Deren Taktik zielte, wo immer möglich, auf die Überflügelung und Umfassung des Gegners.[238]

Mit frontalem Massengemetzel wie in den großen Schlachten der europäischen Frühen Neuzeit – wo im Jahrzehnt der Eroberung Mexikos die Spanier und die päpstlichen Truppen 1512 bei Ravenna 65 Prozent Verluste erlitten und die Schweizer 1515 bei Marignano 50 Prozent[239] – hatte diese Form der Feldschlacht allenfalls am Rande zu tun. Der Ausnahmen vom Diktat der Verlustvermeidung sind wirklich wenige. Man denkt primär an die Zulu, die hohe Ausfälle auf dem Schlachtfeld in Kauf nahmen, um ihren Gegner zu überwinden,[240] aber selbst deren Enthusiasmus im Gefecht blieb hinter dem stoischen In-den-Tod-Gehen der europäischen Linieninfanterie der Moderne zurück.[241] Auch für das frühneuzeitliche Südostasien ist in jüngerer Zeit mit Verweis auf indigene Quellen bestritten worden,[242] dass Schlachten relativ verlustarm im Stil des »tribalen Krieges« abliefen.[243] Das mag dann eine weitere Ausnahme sein; wahrscheinlich finden sich noch mehr. Mit Sicherheit ist die Verharmlosung der Schlachtengewalt im »tribalen« Krieg zumindest historisch auch Folge einer Quellenlage, die den hochintensiven Schlachtenkrieg europäischen Stils als Vergleichsmaßstab nimmt und für Verlustvermeidung in der Feldschlacht nur Spott übrig hat. Als typisch dafür kann der neuenglische Beobachter indigener Kriegführung des 17. Jahrhunderts Hauptmann John Underhill gelten, der den Pequot- und Narraganset-Indianern nachsagte, ihre Gefechte seien »mehr als Freizeitvergnügen denn zur Eroberung und Unterwerfung von Feinden« gedacht, und stichelte, »sie könnten sieben Jahre kämpfen und nicht sieben Männer töten«.[244]

Des ungeachtet ist klar, dass die indigenen Gegner der Imperien, und zumal (aber nicht nur[245]) die nichtstaatlichen, mehrheitlich einem Gefecht im Zweifelsfall lieber auswichen, als hohe eigene Verluste in Kauf zu nehmen, und sich stattdessen auf Geländedeckung, Hinterhalte und Überfälle verließen, auf Finten und Scheinrückzüge, auf Umfassungen und das »Abschneiden« des Gegners.[246] Und taten sie das schon in Kriegen innerhalb ihres eigenen Kulturkreises, so war es gegen die oft besser bewaffneten und ausgebildeten Armeen der Imperien erst recht naheliegend. Wie die Turkmenen, die auf ihren leichten Pferden angesichts der russischen Armee »wie eine Schar Wildgänse« davonstoben,[247] so gingen viele indigene Gegner dem ungleichen Kampf einfach aus dem Weg und verlegten sich auf Angriffe aus dem Hinterhalt,[248] und zwar schon lange vor dem klassischen Zeitalter der Guerilla[249] wie in Südafrika[250] und den Philippinen 1899–1902,[251] dem Rifkrieg der 1920er Jahre,[252] den Dekolonisationskriegen[253] oder den peripheren Kriegen der jüngsten Zeit.[254] Wie Evan Connell in seinem dokumentarischen Klassiker »Son of the Morning Star« die entsprechende Erfahrung des US-Generals George A. Custer, des tragischen Helden der Niederlage am Little Bighorn 1876, mit der Verfolgung von Indianern illustrierte: »Feindliche Indianer erwiesen sich als schwer zu finden und noch schwerer in Gefechte zu verwickeln, weil sie sich nicht stellten und kämpften. [...] Sie taten, was sie oft taten, wenn sie bedrängt wurden: Wie eine Amöbe teilte sich jede Gruppe, teilte sich wieder und wieder und hinterließ eine weniger und weniger erkennbare Fährte, mit dem Ergebnis, dass [Custers] blauröckige Ritter nie jemanden erwischten, den sie zur Rechenschaft ziehen konnten.«[255]

Dieses ganz nachvollziehbare, zweckrationale Verhalten war es, das dem Militär der Imperien so gerne als unfair und hinterhältig erschien,[256] was immer noch anklingt in der leicht abschätzigen Bemerkung von Walter Laqueur, immerhin einem der einflussreichsten Kenner des Guerillakrieges: »Allgemein gesprochen hatten primitive Völker eine Abneigung gegen das offene Gefecht.«[257]

Indigene Kriegführung war zudem nicht selten auf eine dem westlichen Militär ganz unverständliche Weise extensiv. Sie suchte nicht die schnelle, sondern die sichere Entscheidung ohne großes Risiko. Sie war abwartend; sie zog sich hin;[258] Frieden und Krieg wechselten sich zwanglos ab,[259] oft über Jahrzehnte,[260] ja waren oft kaum unterscheidbar.[261] Sie kam ohne großen logistischen Aufwand aus, musste das schon deswegen, weil schwache staatliche Organisation und große Räume meist ohne intensive Landwirtschaft die Konzentration großer schwerfälliger Heere nur im Ausnahmefall und für kurze Zeit ermöglichten.[262]

Und entsprechend war indigene Kriegführung schließlich auch auf hohe Mobilität ausgerichtet,[263] die in Abwesenheit einer komplizierten Logistik nicht nur möglich war, sondern für den verlustvermeidenden Kriegsstil der meisten Gesellschaften auch notwendig:

Wer einem Gefecht ausweichen, seinem Gegner zuvorkommen und einen Hinterhalt legen, ihn umfassen oder ihn überraschen will, der muss vor allem schnell sein. Die indigenen Krieger waren das. Sie waren mit leichtem Gepäck unterwegs, lebten aus dem Lande, in der Regel durch Plünderung,[264] waren sehr beweglich und oftmals beritten: Sie waren leichte Infanterie und leichte Kavallerie. Entsprechend fand ihr Krieg auch nicht in geschlossenen, dichten Formationen statt, sondern klassischerweise in aufgelöster Ordnung, im lockeren Schwarm,[265] was nicht zuletzt eine Hauptwaffe westlicher Entscheidungssuche, die Artillerie, frustrierte.[266] Der indigene Krieger, das ist klischeehaft der leichtfüßige Waldlandindianer oder Gebirgsbewohner, der aus dem Sattel bogenschießende zentralasiatische Nomade, der hochmobile leichte Reiter der Sahara, der großen Ebenen Indiens oder des amerikanischen Westens,[267] und wie an allen Klischees stimmt auch an diesem vieles. Sogar die Zulu, die zu Fuß in dichten Formationen kämpften, waren trotzdem leicht bepackt und operativ wie taktisch äußerst beweglich.[268]

Natürlich gab es Gegenbeispiele. Aztekische Armeen bewegten sich offenbar im Schneckentempo fort, und das trotz ausgebauter Straßen.[269] Auch den Massenarmeen der indischen Fürstenstaaten,[270] der südostasiatischen Monarchien[271] und einiger anderer muslimischer Reiche wie Marokko[272] fehlte wohl die operative Mobilität (wobei es auch da erstaunliche Ausnahmen gab[273]), aber selbst sie waren auf dem Schlachtfeld, verglichen mit regulären europäischen Gegnern, leicht und schnell. Auch bei der schweren Infanterie, die den Kern frühneuzeitlicher Armeen in der Kongoregion ausmachte, kann man in Abwesenheit von Rüstungen wohl davon ausgehen, dass sie – erneut im Vergleich mit europäischen Gegnern – noch vergleichsweise agil war.[274] Im Gegenzug hatte die Armee der Inkas angeblich eine exzellente operative Mobilität gerade *wegen* einer ausgebauten Logistik mit Lagerhäusern voll Nahrung und Militärmaterial im ganzen Reichsgebiet.[275]

Es gab regressive Entwicklungen. Je mehr sich seit dem 18. Jahrhundert indigene Armeen an den europäischen Kriegführungsstil anpassten, Armeeorganisation, Waffen und Ausrüstung der Imperien annahmen,[276] desto schwerfälliger wurde zwangsläufig ihre eigene Logistik und desto geringer ihre Beweglichkeit. Wie immer ging die Symmetrisierung der Kriegführung mit einem Bedeutungsverlust der für den Imperialkrieg typischen Charakteristika einher. Allerdings war diese Entwicklung oft nur eine Tendenz, weil die Anpassung selten vollständig war, sondern die westlichen Elemente eine Synthese mit den indigenen eingingen. Selbst in der symmetrischen Schlussphase des Indochinakrieges beispielsweise war die operative Beweglichkeit der Vietminh immer noch erheblich höher als die der französischen Streitkräfte: ein wichtiger Grund für die Niederlage von Dien Bien Phu.[277]

Waren allerdings die Gegner der Imperien durch ihre unaufwändige Logistik und ihre unkomplizierte Beweglichkeit im Gelände operativ und taktisch oft im Vorteil, so fehlte vielen von ihnen strategisch das Durchhaltevermögen. Relativ kleine, nicht auf intensiver Landwirtschaft basierende und politisch wenig oder instabil organisierte Gesellschaften konnten Ressourcen für die Kriegführung selten in großem Umfang und nachhaltig mobilisieren. Insbesondere war Subsistenzlandwirtschaft, wie sie in großen Teilen der außereuropäischen Welt vorherrschte, außerstande, große Nahrungsüberschüsse zu erwirtschaften oder bedeutende Anteile der männlichen Bevölkerung für längere Feldzüge zu entbehren.[278] Gerade auf diesen Gebieten waren die Kernstaaten der westlichen Imperien schon lange vor der Industrialisierung weit überlegen.

Die Macht der Imperien

Der kapitalistische Zentralstaat der westlichen Moderne ist eine hoch leistungsfähige bürokratische Ressourcenmobilisierungsmaschine mit dem zentralen Ziel der politischen, wirtschaftlichen und militärischen Machtprojektion. Bis tief ins 19. Jahrhundert war die Mobilisierung von Menschen, Material und Finanzen für den Krieg nahezu die einzige Existenzberechtigung des Staates. Das Ergebnis waren Machtmittel, die in der Weltgeschichte ihresgleichen suchten. Selbst Mittelstaaten unterhielten schon im 17. Jahrhundert stehende Heere fünfstelligen Umfanges; die europäischen Großmächte hatten zeitgleich bereits Hunderttausende dauerhaft unter Waffen. Im 19. Jahrhundert ermöglichte die allgemeine Wehrpflicht die Bildung umfangreicher Reserven militärisch ausgebildeter Mannschaften; für die Großkriege des 20. Jahrhunderts wurden viele Millionen Menschen mobilisiert. Die Seemächte verfügten über Schlachtflotten mit Hunderten von Kriegsschiffen. Die Kriegsfinanzierung durch ein System staatlicher Anleihen, die Wirtschaftskraft großer kapitalistischer Volkswirtschaften und eine effiziente Bürokratie als zentrales Steuerungsinstrument zur Mobilisierung und Verteilung dieser Ressourcen befähigten den modernen westlichen Staat, auch lange Kriege durchzuhalten.[279]

Ein derartiger kapitalistisch-bürokratisch-militärischer Staat bildete den Kern aller Imperien der westlichen Moderne. Mit Reichweite, Effizienz und Nachhaltigkeit dieser Ressourcenmobilisierung konnten außerhalb Europas nur sehr wenige Gesellschaften mithalten. Die Imperien genossen also gegenüber ihren indigenen Kriegsgegnern in der Regel einen immensen Startvorsprung. Ihre personellen, materiellen und finanziellen Ressourcen gaben ihnen den längeren Atem in anhaltenden Konflikten, die weniger organisierte Gesellschaften überfordern mussten.[280] Wie Brian Ferguson und Neil Whitehead feststellten: »Der wichtigste militärische Vorteil jeden Staates ist seine Fähigkeit, massive Gewalt zuverlässig gegen ein Ziel zu richten und sie aufrechtzuerhalten. Selbst wenn indigene Kämpfer staatliche Streitkräfte in offener Feldschlacht zurückwerfen können, kann ein Staat mehr Truppen schicken, und immer mehr Truppen, bis die eingeborenen Streitkräfte in die Flucht geschlagen sind. Europäische Kolonial- und moderne Staatsarmeen haben den zusätzlichen Vorteil, vom Arbeitsbedarf für Subsistenzproduktion unabhängig zu sein, der für nichtstaatliche und antike staatliche Streitkräfte eine große Einschränkung darstellte.«[281]

Denselben Punkt unterstrich Jaap de Moor am Beispiel der niederländischen Eroberung Indonesiens im 19. Jahrhundert: »Es war klar, dass die Holländer geschlagen werden konnten, trotz ihres Einsatzes großer Truppenzahlen und schwerer Artillerie. Aber es war noch klarer, dass sie die Kraft hatten, nach zwei, drei oder noch mehr Niederlagen auf das Schlachtfeld zurückzukehren. Waren vor Ort keine Garnisonen verfügbar, dann forderten sie neue frische Truppen aus Java oder gar aus Europa an. Die holländischen Ressourcen schienen unerschöpflich.«[282]

Wie hier schon angedeutet, mussten die Imperien häufig gar nicht auf Truppen und Geld aus dem Mutterland zurückgreifen, sondern konnten die Ressourcen ihrer eigenen überseeischen Gebiete für weitere militärische Expansion aufbieten. So schon während der spanischen Unterwerfung Amerikas, in der die jeweils besetzten Gebiete in einer permanenten Expansionsdynamik zur personellen und finanziellen Grundlage neuer Eroberungen wurden.[283] Seinen Kulminationspunkt fand dieses System in der britischen Unterwerfung Indiens, in der das Steueraufkommen bezwungener Fürstenstaaten die Aufstellung noch größerer Armeen ermöglichte, die dann weiter expandieren mussten, als eine Art fiskalisch-militärisches Perpetuum Mobile bis zum Himalaya.[284] Im weiteren Verlauf wurde Britisch-Indien dann aufgrund seiner eigenen Ressourcentiefe nicht nur selbst durch indigene Nachbarstaaten praktisch unbesiegbar,[285] sondern auch über den Subkontinent hinaus zum Mannschaftsreservoir der britischen Eroberung Südostasiens.[286]

Überhaupt ermöglichten es bürokratische Organisation, kommunikative Vernetzung und Seeherrschaft den europäischen Imperien, in überseeischen Krisen schnell Verstärkungen aus anderen Peripheriegebieten zusammenzuziehen. Schon mit der vergleichsweise archaischen Transport- und Kommunikationstechnik des 16. Jahrhunderts gelang es Francisco Pizarro, in relativ kurzer Zeit Soldaten aus ganz Mittelamerika und selbst aus Spanien zur Wiedereroberung Perus nach dem Aufstand Manco Incas aufzubieten.[287] In späteren Jahrhunderten waren solche Konzentrationen überseeischer Ressourcen in Krisen wesentlich schneller und wirksamer zu bewerkstelligen, so etwa für den britischen Einsatz im Ostsudan 1884/85.[288] Eine der fundamentalen Asymmetrien des Imperialkrieges[289] liegt darin, dass regelmäßig eine Einzelgesellschaft mit allenfalls regionalen Ressourcen den globalen Ressourcen eines Weltreiches gegenüberstand. Und diese Ressourcen waren immer mehrheitlich hinter dem Horizont, dem Zugriff des Gegners unerreichbar entzogen; spätestens sobald im 16. Jahrhundert die außereuropäischen Mächte die Kontrolle über die Hochseeverbindungen endgültig an die Flotten des Westens verloren hatten.[290]

Und darin liegt eine weitere Asymmetrie begründet, die des Risikos. Während die Fähigkeit zur Machtprojektion weit über die eigenen Grenzen hinaus genuin zum Konzept eines modernen Imperiums gehört, waren die maritimen Weltreiche ab der Frühen Neuzeit umgekehrt gegen Angriffe ihrer indigenen Gegner zumindest im Kern vollständig immun. Verwundbar waren allenfalls ihre Ableger in Übersee, wie die britischen Siedlungskolonien in Nordamerika, und, in geringerem Maße, Landimperien, deren Metropole kein Ozean schützte (wohl aber die Weite eines Kontinents). Die russische Frontier war über Jahrhunderte durch Raids aus der Steppe bedroht.[291]

Der Puebloaufstand vertrieb 1680 die Spanier vollständig aus Neumexiko; ein Fünftel der Siedler kam ums Leben.[292] Die britische Siedlungsgrenze in Nordamerika wurde in Auseinandersetzungen mit indianischen Gesellschaften mehrmals massiv zurückgerollt, und zwar nicht nur im 17. Jahrhundert, als die Siedlung auf schmale Küstenenklaven beschränkt war:[293] Der Yamasee-Krieg 1715 »wischte South Carolina um ein Haar von der Landkarte«,[294] und noch im Siebenjährigen Krieg wurde ein Gebiet von der Größe Schottlands nach Indianerangriffen panisch wieder aufgegeben (wenn auch nur vorübergehend).[295]

Aber im Kern waren die maritimen Reiche durch überseeische Lokalmächte unverletzlich. Das Risiko, das sie in militärischen Auseinandersetzungen außerhalb Europas eingingen, war stets vergleichsweise gering, während es für ihre Gegner meist ums Überleben ging.[296] Schon für Spanien in der Eroberung Amerikas stand wenig mehr auf dem Spiel als einige leicht erübrigbare Konquistadoren, die sich zudem jederzeit auf ihre Schiffe zurückziehen konnten, was ein Grund gewesen sein mag, dass Cortés die seinen zerstörte, bevor er nach Tenochtitlan aufbrach.[297] Und letztlich gilt das bis heute: Bei aller Fähigkeit globaler Terrornetzwerke, das Schlachtfeld auszudehnen, dem Westen auch in der Heimat direkten Schaden zuzufügen,[298] sind selbst Anschläge wie die vom 11. September 2001 letztlich Nadelstiche, die allenfalls das Sicherheits*gefühl* der betroffenen Gesellschaft berühren. Das ist nicht unwichtig, insbesondere nicht in seinen Auswirkungen auf die innere Verfasstheit dieser Gesellschaften; aber es ändert nichts daran, dass die Vereinigten Staaten mit entscheidender militärischer Macht in Afghanistan einfallen können, aber nicht umgekehrt.

Das Imperium kann also als praktisch unverletzliche und nahezu unerschöpfliche Ressourcenproduktionsmaschine gelten – und dabei ist die Natur der Ressourcen, die häufig (wenn auch nicht für alle Zeiten zutreffend) konstatierte Überlegenheit professioneller westlicher Truppen und westlicher Militärtechnik, noch unerwähnt.[299] Und noch dazu hatten die Imperien aufgrund der bürokratischen Organisation und institutionellen Stabilität moderner Staatlichkeit – der »Ewigkeit« des Staates[300] – den längeren Atem. Sie konnten Expansionskonzepte langfristig mit großer Konsequenz verfolgen. Der wiederholte Versuch der Eroberung, der dauernde Imperialkrieg (bei nahe gelegenen und/oder nichtstaatlichen Kontrahenten) oder

der Serien-Imperialkrieg (bei fern gelegenen und/oder staatlichen Kontrahenten) mit zunehmendem Aufwand und kontinuierlicher Schwächung des Gegners ist charakteristisch für das institutionelle Durchhaltevermögen des »ewigen« imperialen Staates. Siege der Gegenseite waren fast immer nur Verzögerungen des Unvermeidlichen; das Imperium schlug früher oder später mit doppelter Kraft zurück. Serienkriege eroberten Mitte des 18. Jahrhunderts Ostsibirien für Russland[301] und zwangen Ende des 18. Jahrhunderts die indischen Fürstenstaaten in die Knie.[302] Die moderne Militärmonarchie der Sikhs wurde 1846 einem Protektorat unterworfen, 1849 nach einem zweiten Krieg annektiert.[303] Die Eroberung Indonesiens dauerte das ganze 19. Jahrhundert;[304] schlugen etwa die Balinesen 1848 eine holländische Flotte zurück, so kam 1849 postwendend eine größere.[305] Fünfzehn Jahre Dauerkrieg brauchten die Franzosen, um 1898 das westafrikanische Reich Samoris zu unterwerfen.[306] Die britische Niederlage im ersten südafrikanischen Krieg 1881 galt schon zeitgenössisch nur als Vorspiel für die entscheidende zweite Runde 1899–1902.[307] Die gewaltsame Niederwerfung der Pampa-Indianer Argentiniens, die ebenfalls um diese Zeit abgeschlossen wurde, hatte 350 Jahre gedauert.[308] Ähnliches galt für die Eroberung Mexikos, die, 1519 begonnen, erst im 19. Jahrhundert wirklich beendet war.[309] Über 200 Jahre Serienkriege und Dauergewalt niedriger Intensität benötigten die britischen und amerikanischen Siedler und Streitkräfte für den Sieg über die nordamerikanischen Indianer.[310]

Vielleicht noch stärker als die nummerierten Serien-Imperialkriege, die für das lange 19. Jahrhundert so typisch geworden sind,[311] sind es solche Zeiträume, die auf die erstaunliche Fähigkeit des »ewigen« imperialen Staates zur Dauerkriegführung im Dienste der Expansion verweisen. Wie im Römischen Kaiserreich, so waren auch in den modernen Weltreichen die Pforten des Janustempels nie geschlossen. In Kombination mit ihrer globalen Ressourcentiefe und ihrer weitgehenden Immunität gegen Gegenangriffe sicherte vor allem dieser lange Atem, die »größere Hartnäckigkeit im Abschlachten ihrer Feinde«[312] den Imperien für Jahrhunderte ein deutliches militärisches Übergewicht über ihre indigenen Kontrahenten, denen neben den Ressourcen nicht zuletzt die institutionelle Stabilität für die Führung derartiger Dauerkriege fehlte. Im Grunde war das Imperium also potenziell unbesiegbar – es kam nur auf den Willen an; daran lässt die einschlägige Literatur keinen Zweifel:

»Widerstandskriege endeten fast immer mit einem Sieg des Kolonialstaates, vor allem wenn dieser eine klare waffentechnische Überlegenheit erlangt hatte, eine Divide-et-Impera-Strategie verfolgen konnte sowie zur Unterwerfung einer indigenen Bevölkerung entschlossen war und keine Kosten scheute.« (Jürg Helbling)[313]

»Langfristig konnten die wirtschaftlichen und technologischen Ressourcen eines modernen europäischen Staates immer in überwältigende militärische Überlegenheit vor Ort übersetzt werden, wenn der Staat bereit war, den nötigen Aufwand zu betreiben.« (A. S. Kanya-Forstner)[314]

»Wenn die Europäer bereit waren, ausreichende Anstrengungen zu unternehmen, war der endgültige Erfolg normalerweise nicht zweifelhaft.« (P. J. Marshall)[315]

Die Grenzen der Machtprojektion

Ganz so einfach war es denn aber doch nicht. Die gleichen Jahreszahlen, die gerade zur Illustration der Fähigkeit der Imperien zur Dauerkriegführung bemüht wurden, zeigen ja auch gleichzeitig, dass viele Imperialkriege für die expansiven westlichen Reiche alles andere als Spaziergänge gewesen sein müssen. Denn warum sonst hätte es so lange gedauert, ungleich schwächere Gegner niederzuwerfen? Tatsächlich war das Imperium an der Peripherie oft alles andere als ein ressourcenschleudernder Titan. Die gewaltige Machtakkumulation der Imperien war real auf Verpflichtungen in der ganzen Welt verstreut und vor Ort häufig ganz theoretisch. Historisch ist an der imperialen Präsenz an der Peripherie vor allem ihre Schwäche auffällig.[316]

Das fängt schon mit der Kontrolle an, die das imperiale Zentrum über seine Peripherien ausübte. Bevor die Weltmeere im späten 19. Jahrhundert mit Telegrafenkabeln durchzogen wurden, mussten die Vertreter der Imperien vor Ort zwangsläufig mit umfangreichen Handlungsvollmachten ausgestattet sein.[317] Noch 1870 dauerte es acht Monate, bis die britischen Autoritäten in Neuseeland aus dem Mutterland Antwort auf eine Anfrage bekommen konnten,[318] und das war im Dampfschiffzeitalter. Weniger als ein Jahrhundert früher musste ein indischer Generalgouverneur eine Wartezeit von zwei Jahren oder mehr einkalkulieren, wenn er sich an London wandte.[319]

Die militärische Reaktion auf lokale Krisen war unter solchen Umständen der Entscheidung durch die metropolitane Regierung faktisch völlig entzogen und lag zwangsläufig in der Hand der Gouverneure oder Militärbefehlshaber vor Ort. Kein Wunder also, dass die Initiative zu gewaltsamer Expansion fast immer von der Peripherie ausging. Die »men on the spot« nutzten dabei nicht nur ihre faktische Handlungsfreiheit aus, um vollendete Tatsachen zu schaffen, sondern auch ihr Informationsmonopol hinsichtlich der lokalen Bedingungen, um die Bedrohungslage im Vorfeld zu übertreiben oder ihre Aktionen nachträglich gegenüber einer oft expansionskritischen mutterländischen Regierung oder Öffentlichkeit zu rechtfertigen.[320]

Und eine ähnliche Asymmetrie der Entscheidungsprozesse zuungunsten zentraler politischer Kontrolle regierte auch noch einmal an der Peripherie selbst, wo sich Beamte oder Offiziere an der Frontier ihrerseits als »men on the spot« der politischen Lenkung der Gouverneure entzogen und auf eigene Faust militärische Konflikte vom Zaun brachen. Unmittelbarere Bedrohungswahrnehmung vor Ort und der militärische Drang nach »Endlösungen«[321] spielten dabei eine Rolle, aber auch der Wunsch, sich durch erfolgreiche Aktionen auszuzeichnen und durch Kriegsbeute zu bereichern. Die französische Kolonialarmee des späten 19. Jahrhunderts erhob, der Analyse von Kanya-Forstner zufolge, dieses Muster der Karriereförderung geradezu zum Prinzip und eroberte auf eigene Faust die Sahara.[322] Wie Porch schrieb: »Falls England ein Weltreich ›in einem Anfall von Geistesabwesenheit‹ erworben hat, wie oft behauptet worden ist, so wurde das französische Weltreich in einer Orgie militärischer Disziplinlosigkeit erworben«.[323]

Die französischen Offiziere in Afrika scheinen sich dabei auf geistreiche Ausreden spezialisiert zu haben, wie die Oberst Louis Archinards, der 1889 befehlswidrig die Tukulor-Festung Koundian im heutigen Mali eroberte und nachträglich mitteilte, er habe sie für eine Sicherheitsgefahr gehalten, aber aus Geheimhaltungsgründen keinen Befehl von oben einholen können.[324] Oder Hauptmann Gaston Cauvet, der 1902 eigenmächtig eine Expedition ins Ahaggar-Gebirge schickte (die dort um ein Haar zugrunde gegangen wäre) und hinterher argumentierte, er habe keine Befehle überschritten, da er gar nicht erst um welche nachgesucht habe.[325] Das entwaffnend hemdsärmelige »peccavi«, mit dem Sir Charles Napier 1843 seine unautorisierte Annexion des Königreichs Sindh (im heutigen Südpakistan) nach London gemeldet haben soll, ist offenbar apokryph und vielleicht ein satirischer Einfall der mutterländischen Presse.[326] Schade eigentlich; man hätte den Prokonsuln des »zweiten Roms« diesen humanistischen Pennälerwitz gerne zugetraut.

Der ultimative »man on the spot« war vielleicht der spanische Konquistador, dessen unbedingter privatwirtschaftlicher Expansionswille von jeder Moderation durch ein Schiffsjahre entferntes imperiales Zentrum ideell und kommunikativ völlig losgelöst war.[327] Der Legalismus des spanischen Regierungssystems ermöglichte dabei selbst Beauftragten der Krone, ausdrückliche Eroberungsverbote durch rechtliche *faits accomplis* zumindest auf dem Papier auszuheben: Als Cortés 1519 befehlswidrig in Mexiko einfiel, gründete er die Stadt Veracruz und besorgte sich von dieser selbstgestifteten Autorität die Legitimation für seine Invasion[328] – in der Wichtigkeit, die rein formalen Rechtsakten im spanischen Weltreich zugeschrieben wurde, sicher nicht weniger signifikant als das absurde Instrument des *Requerimiento*, mit dessen Verlesung die Bekriegung der Indianer legal wurde.[329] Dennoch kam Cortés natürlich nicht primär deswegen mit seiner Insubordination davon, sondern weil er Erfolg hatte, und das über die Maßen.

Und diese Aussicht motivierte letztlich alle »men on the spot«, sich expansiv selbstständig zu machen.[330] Im Zweifelsfall konnte man ja immer behaupten, man sei angegriffen worden oder einem (schlimmstenfalls selbst provozierten) Angriff präventiv zuvorgekommen; das war vom Mutterland aus schwer zu überprüfen – und vor allem nicht schnell.[331] Entsprechend findet sich das Muster der expansionslustigen »men on the spot« von den frühesten portugiesischen Abenteuern in Afrika[332] über die russische Sibirienfrontier[333] bis nach Indien, wo ein ganzer Kontinent mit Millionen von Einwohnern letztlich durch lokale Initiative erobert wurde,[334] und darüber hinaus.[335] Erst verbesserte Kommunikationstechnik reduzierte die Handlungsspielräume der »men on the spot« ab Ende des 19. Jahrhunderts etwas.[336]

Immerhin waren die Administratoren und Militärs an der Peripherie, sowenig sie faktisch am kurzen Zügel zu führen waren (für Jahrhunderte kaum an irgendeinem Zügel), doch grundsätzlich rechenschaftspflichtig und wenigstens im Prinzip nachträglich zur Verantwortung zu ziehen. Das galt nicht für die eigentlichen Unruhestifter vieler imperialer Peripherien: europäische Siedler.[337] An frühen Frontiers lebten sie oft isoliert am Rande der Wildnis, von jeder politischen Organisation faktisch abgeschnitten, und ihre Gewaltakte gegen die indigene Bevölkerung – motiviert primär vom Hunger nach Land oder Arbeitskraft – blieben meist völlig unbemerkt.[338] Waren die Kolonisten politisch organisiert, wurde die Überwachung ihrer expansiven Kriegführung auf Privatrechnung dadurch nicht einfacher; im Gegenteil stärkte Selbstregierung die Siedlerlobby und machte die Zentralregierung abgeneigt, sich ihren Anliegen zu verschließen.[339] In diesem Fall war das Problem bekannt, aber es wurde ignoriert – jedenfalls solange die gewaltsamen Übergriffe der Kolonisten nicht eine organisierte indigene Reaktion provozierten. Dann allerdings verlangten die verängstigten Siedler lautstark nach militärischem Schutz oder gar einer Endlösung der »Eingeborenenfrage«.[340]

Und das war letztlich die Krux an der von »men on the spot« ausgelösten Gewalt, mochten sie Beamte, Soldaten oder Siedler sein: Sie basierte auf den lokalen Machtressourcen der imperialen Peripherie, glich aber mitunter einem Griff ins Wespennest. Die militärischen Konsequenzen überforderten schnell die Machtmittel der ursprünglichen Initiatoren der Gewalt, und dann war die Kolonialregierung gefragt und letztlich das Mutterland.[341]

Man darf sich also das Imperium nicht als einen monolithischen Gewaltakteur mit dem zentral gelenkten Einsatz von unerschöpflichen Ressourcen vorstellen. Wir haben es im Gegenteil mit einer oft ausgeprägten Interessendivergenz zwischen Zentrum und Peripherie zu tun, im imperialen Maßstab ebenso wie vor Ort zwischen Kolonialregierung und Akteuren an der Frontier. Die expansive Dynamik, die Gewaltkonflikte auslöste, ging im Regelfall von der Peripherie aus. Aber über die militärischen Mittel zur schnellen Beendigung ernsthafter Konflikte verfügte primär das Zentrum. Und diese Mittel waren, gemessen an den globalen Aufgaben, knapp. An jeder Peripherie tobten ständig Gewaltkonflikte, ausgelöst von landhungrigen Siedlern, ruhmsüchtigen »men on the spot« und natürlich den allgemeinen Verwerfungen von Fremdherrschaft und wirtschaftlicher Ausbeutung, mit denen der Imperialismus einherging.[342] Alle diese Konflikte konkurrierten um die Ressourcen des Imperiums nicht allein miteinander, sondern vor allem mit den Anforderungen der Verteidigung des Mutterlandes in einem Großkrieg mit anderen Imperialmächten. Und diese Sicherheit des imperialen Zentrums war immer die oberste Priorität der imperialen Verteidigungsstrategie. Verglichen damit waren alle Konflikte an der imperialen Peripherie – die ja, wie bereits ausgeführt, für das ferne Mutterland kaum je ein ernsthaftes Risiko bedeuteten – im wahrsten Sinne des Wortes peripher.[343]

Hinzu kam, dass die imperiale Expansion im langfristigen Kern ein wirtschaftliches Motiv hatte – Bereicherung durch ungleichen Handel und Ausbeutung von Rohstoffen – und kostspielige Militäroperationen diesem Ziel manifest zuwiderliefen. Umso mehr, als sie durch ihren destabilisierenden Effekt die Tendenz hatten, auf Dauer in formaler Herrschaft zu resultieren,[344] die zumindest für die Staatskasse meist ein Verlustgeschäft war. Von Siedlungskolonien absehen, basierte das imperiale System in der Neuzeit vorzugsweise auf informeller Vorherrschaft, auf der Durchsetzung wirtschaftlicher Interessen mit politischen Mitteln und militärischem Druck, aber – wo immer möglich – ohne die Unkosten militärischer Besetzung und bürokratischer Administration. Die ausgedehnten Kolonialreiche, die Ende des 19. Jahrhunderts entstanden, waren vor allem ein welthistorisches Zufallsprodukt, eine Folge einer diplomatisch relativ einmaligen, chauvinistisch aufgeladenen Konkurrenzsituation mit starken peripheren Pull-Faktoren; sie widersprachen eigentlich der inneren Logik des Imperialismus, die hier nur zeitweise außer Kraft gesetzt war.[345]

Deswegen geizten nicht alle imperialen Akteure mit militärischen Mitteln so entschlossen wie die semistaatlichen privilegierten Handelsgesellschaften der Frühen Neuzeit, für die Krieg (wie Herrschaft) geradezu Anathema war, sofern er nicht direkte wirtschaftliche Vorteile erbrachte.[346] Aber dass die Vorherrschaft an der Peripherie womöglich viel einbringen und jedenfalls wenig kosten sollte, diese Maxime galt für die Imperien der Moderne ziemlich universell. Deswegen wurde auch allgemein erwartet, dass Peripherien möglichst mit ihren eigenen finanziellen und personellen Ressourcen auskamen und nicht auf die der Zentrale zurückgreifen mussten[347] – was zusätzlich den willkommenen Effekt hatte, dass die imperiale Expansion von einer vielleicht kritischen Öffentlichkeit im Mutterland weitgehend unbemerkt vonstatten gehen konnte.[348]

Übrigens gab es durchaus Imperien, deren militärische Mittel für den Einsatz an der Peripherie ganz real knapp waren. Spanien, schon im späten 16. Jahrhundert strategisch überdehnt,[349] war im 17. Jahrhundert eine Weltmacht im Niedergang, die mit Kriegen gegen europäische Mächte, Inflation und Staatsbankrott so überfordert war, dass ihr keine Ressourcen mehr für die Niederhaltung ihrer amerikanischen Herrschaftsgebiete zur Verfügung standen.[350] Portugal hatte im späten 20. Jahrhundert eines der größten verbleibenden Kolonialreiche, war aber eine der kleinsten und ärmsten Nationen Europas und nur mit beispielloser Kraftanstrengung imstande, in seinen afrikanischen Besitzungen drei Imperialkriege gleichzeitig zu führen.[351] Und die Vereinigten Staaten des 18. und 19. Jahrhunderts hingen einer Staatsideologie an, die große stehende Heere im Frieden als Instrument der Despotie verteufelte. Die Vormacht der westlichen Hemisphäre unterhielt daher und aus fiskalischen Gründen eine Miniaturarmee, derer sich ein deutsches Duodezfürstentum geschämt hätte und die der Bewachung der Indianergrenze – ihrer einzigen ernsthaften Aufgabe – kaum gewachsen war.[352]

Selbst wenn das Mutterland jedoch fähig und willens war, in einem Konflikt an der Peripherie überlegene militärische Ressourcen zum Einsatz zu bringen, so war dieser Einsatz alles andere als unkompliziert. Die Schwierigkeiten der transozeanischen Machtprojektion waren gewaltig. Bis zum Aufkommen verbesserter Takelagen im 18. Jahrhundert kam Hochseefahrt mit großen Kriegsschiffen faktisch nur in den Sommermonaten infrage. Vorherrschende Windrichtungen beschränkten die Operationsziele für größere Unternehmungen: So war von Europa aus die Karibik gut zu erreichen, das Festland Nordamerikas hingegen weniger. Die Distanzen waren enorm, interkontinentale Seereisen dauerten Monate, und die Nahrungsversorgung für solche Zeiträume war schwer sicherzustellen, besonders für größere Truppenkörper. Skorbut und Seuchen forderten ihren Tribut. Tatsächlich mussten beim Seetransport europäischer Verbände nach Asien noch im 18. Jahrhundert solche Verlustzahlen allein durch den langen Transport einkalkuliert werden, dass das Unternehmen im Regelfall keinen Sinn ergab.[353] Wo natürliche Häfen fehlten und die Küstengestalt zur Anlandung nicht taugte, wie das in Westafrika auf weiten Strecken der Fall war, stieß maritime Machtprojektion für lange Zeit an ihre Grenzen.[354]

Dampfschiffe vereinfachten die Situation,[355] aber noch 1870 galt die Seereise einer Einheit von England nach Neuseeland in etwas unter drei Monaten als ausgesprochen schnell.[356] Schiffsraum blieb knapp, Ozeanfahrten waren weiterhin strapaziös und die Entladekapazitäten am Ankunftsort abseits ausgebauter Hafenanlagen immer ein Nadelöhr.[357] Die britische Armee brauchte zum Transport von 62 000 Menschen und 36 000 Tieren für die Abessinienexpedition von 1867 fast 300 Schiffe. Für die Entladung in der flachen Zulabucht mussten mehrere kilometerlange Landungsbrücken und eine Feldeisenbahn gebaut werden.[358] Im Grunde wurde erst durch die Verfügbarkeit strategischen Lufttransports die schnelle interkontinentale Verlegung größerer militärischer Verbände im Krisenfall praktikabel, und das war nicht vor dem späten 20. Jahrhundert der Fall und überforderte selbst dann noch die Möglichkeiten praktisch aller Kriegführenden außer den beiden Supermächten.[359] Vielleicht muss man sich vor Augen führen, dass noch für den 3. Golfkrieg 2003 nur ein sehr kleiner Teil der US-Streitkräfte luftverlegt wurde. Die Masse kam über See, und ihre Entladung wurde durch die geringen Kapazitäten der kuwaitischen Häfen stark behindert.[360]

Was transozeanisch schwierig war, grenzte transkontinental mitunter ans Unmögliche. Vor dem Bau der transkaspischen und transsibirischen Eisenbahnen zwischen 1880 und 1904 brauchten russische Truppen ein Jahr, um Zentralasien, und eineinhalb Jahre, um die sibirische Ostgrenze zu erreichen. Angesichts von Quellen, die nur wenige Hundert Mann pro Tag mit Wasser versorgen konnten, waren die logistischen Beschränkungen des Einsatzes größerer Verbände in Zentralasien unüberwindlich.[361]

Truppenzahlen, Bevölkerung und Raum

Die Machtprojektion der Imperien an der Peripherie war also erheblich schwieriger als oft angenommen. Streitkräfte an der Peripherie blieben stets klein: gemessen an den Truppenstärken in den Metropolen und in Kriegen der Imperien mit anderen Großmächten sowieso, aber auch relativ zur Zahl ihrer Gegner, zu den Bevölkerungen, die sie beherrschen, vor allem aber zum Raum, den sie dominieren sollten.

Einige Zahlen führen vor Augen, was das in der Praxis bedeutet hat. Um 1900 unterhielt das Vereinigte Königreich eine Armee von gut 200 000 Mann auf dem indischen Subkontinent – die größte Kolonialarmee aller Zeiten. Aber Indien hatte 300 Millionen Einwohner.[362] In all seinen subsaharischen Kolonien, vom Sudan bis Südafrika, verfügte Großbritannien 1902 über ganze 11 500 Mann.[363] In

Nigeria »kontrollierten« 3000 Mann Kolonialtruppen 775 000 Quadratkilometer mit 24 Millionen Einwohnern.³⁶⁴ Und in ganz Französisch-Westafrika einschließlich des Kongos, einem Gebiet weit größer als Europa, standen 1910 weniger als 13 000 Soldaten.³⁶⁵ Ebenso in den deutschen Kolonien: 250 Polizeisoldaten »beherrschten« Togo, ein Gebiet von der Größe Bayerns und Baden-Württembergs;³⁶⁶ in Kamerun waren drei Kompanien für etwa die Fläche des Deutschen Reiches zuständig, und in Ostafrika 14 Kompanien für ein Territorium der siebenfachen Größe Englands, um einen Vergleich von Lewis Gann und Peter Duignan zu bemühen.³⁶⁷ Die US-Armee hatte Mitte des 19. Jahrhunderts im Westen im Durchschnitt einen Soldaten auf gut 100 Quadratkilometer.³⁶⁸ An der Pazifikküste waren 6000 reguläre Soldaten für ein Drittel der Landfläche der USA mit über 3 Millionen Quadratkilometer zuständig.³⁶⁹

Das taktische Zahlenverhältnis sah oft nicht viel anders aus. Zwei US-Kavallerieregimenter (weniger als 2000 Mann) und 1000 mexikanische Soldaten machten 1879/80 Jagd auf den Apachenführer Victorio in einer weitflächigen Suchaktion, die sich auf die US-Bundesstaaten New Mexico und Texas sowie die mexikanischen Staaten Chihuahua und Sonora erstreckte, ein Gebiet von schätzungsweise einer Million Quadratkilometern.³⁷⁰ In Angola war einmal ein portugiesisches Bataillon für 12 000 Quadratkilometer zuständig.³⁷¹ Einer der frühesten lokalen Administratoren Kenias hat die enorm dünne Präsenz imperialer Machtmittel vor Ort auf den Punkt gebracht: »Hier also sind wir, drei weiße Männer im Herzen Afrikas, mit 20 Negersoldaten und 50 Negerpolizisten, 68 Meilen [110 Kilometer] von Ärzten oder Verstärkungen entfernt, verwalten und überwachen einen Distrikt, der von einer halben Million gut bewaffneter Wilder bewohnt ist, die erst ganz kürzlich mit dem weißen Mann in Berührung gekommen sind, und sind verantwortlich für die Sicherheit in einem Gebiet von der Größe Yorkshires.«³⁷²

Selbst die hohen Truppenzahlen, die für die großen Imperialkriege des 20. Jahrhunderts aufgeboten wurden, waren gemessen am Raum oft nicht beeindruckend. Wohl unterhielten die USA auf dem Höhepunkt über 500 000 Mann in Vietnam, und Südvietnam hatte kaum die halbe Fläche Deutschlands. Aber die Franzosen hatten ungefähr dieselbe Zahl Soldaten in Algerien, und Algerien war mehr als 14-mal so groß wie Südvietnam. Afghanistan hat immerhin fast die vierfache Fläche Südvietnams,³⁷³ und dort standen in den 1980er Jahren nie mehr als 100 000 sowjetische Truppen gleichzeitig – also relativ zum Raum ungefähr 20-mal weniger als die USA in Vietnam hatten. Kein Wunder, dass es der Sowjetunion nie gelang, das Land wirklich militärisch zu beherrschen.[374] »Das ungeheure und kahle Territorium Afghanistans verschluckte die Eindringlinge.«[375] Wie der jüngste Konflikt beweist, gilt das für 50 000 NATO-Soldaten auf demselben Gebiet umso mehr.[376]

Angesichts dieser für die Situation an der kolonialen Peripherie recht typischen Verhältnisse der imperialen Machtmittel zu Raum und Bevölkerung der Einsatzgebiete wird es nicht wundern, dass die Streitkräfte der Imperien in der Regel auch ihrem militärischen Gegner numerisch massiv unterlegen waren. Entsprechende Zahlen sind zwar immer etwas mit Vorsicht zu genießen, da sie auf den Angaben der Zeitgenossen beruhen, die ein begreifliches Interesse daran hatten, die Übermacht des Gegners herauszustellen, um ihren eigenen Ruhm zu überhöhen[377] (oder Niederlagen zu beschönigen). Gerne wird daher bis heute Ungleichartiges verglichen, etwa die tatsächliche Einsatzstärke der imperialen Truppen vor Ort mit der potenziellen militärischen Gesamtstärke einer gegnerischen Gesellschaft, die so nie realisierbar war und schon gar nicht gleichzeitig an einem Ort. Das gilt etwa für Hinweise wie dass die Armee der niederländischen Ostindiengesellschaft im 17. Jahrhundert 10 000 Mann umfasste, allein die Kriegerkaste der Bewohner der Malabarküste aber eineinhalb Millionen Menschen zählte;[378] dass die Briten mit einer Truppe von 600 Mann Sokoto unterwarfen, »und doch hatte Sokoto eine Armee, die auf 30 000 Mann geschätzt wurde«;[379] dass die belgische Kolonialtruppe im Kongo mit 10 000 Söldnern und Milizen das Sklavenhandelsreich der Araber bezwang, »das die Fähigkeit hatte, 100 000 Mann ins Feld zu stellen«;[380] oder dass Südrhodesien von weniger als 700 britischen Siedlern und Polizeisoldaten erobert wurde, »obwohl [der Ndebelekönig Lobengula] über 17 000 Krieger hatte«.[381] Die Formulierungen zeigen bereits, dass es sich dabei für die Gegenseite um eher hypothetische Zahlen handelt. Eine Rolle spielt auch stets das literarisch-mythologische Motiv der »Magie der Minderheit«, wie Osterhammel das treffend genannt hat,[382] die zu Gründungslegenden führt wie der von den 800 Russen, die unter Ermak Sibirien unterworfen haben sollen,[383] oder zu der klassischen Frage: »Wie konnten 500 Europäer Mexiko erobern?«[384]

Ungeachtet dieser Vorbehalte gibt es vergleichsweise verlässliche

Zahlen, die eine deutliche numerische Unterlegenheit imperialer Armeen an der Peripherie belegen. So wissen wir aus Angaben beider Seiten, dass die Portugiesen 1511 tatsächlich um die 1000 Mann gegen Melaka (Malakka) führten, das von 20000 Mann verteidigt wurde.[385] Klar ist auch aus den deutschen Kolonialkriegen, dass anfangs in Südwestafrika 1904/05 die Herero der Schutztruppe etwa um das Doppelte überlegen waren; dass einige Tausend deutscher Soldaten in Ostafrika 1905–1907 mit einem Volkskrieg konfrontiert waren, dessen Niederschlagung nach den verlässlichsten Angaben rund 180000 Afrikaner das Leben kostete; und dass die europäischen Truppenkontingente in China natürlich gemessen an der chinesischen Armee insignifikant waren.[386] Im indonesischen Unabhängigkeitskrieg 1945–1950 waren 140000 Soldaten der niederländischen Armee mit rund 350000 indigenen Kämpfern konfrontiert.[387]

Nicht immer allerdings waren die Imperien an der Peripherie massiv unterlegen. Unter besonderen Bedingungen konnten die Zahlenverhältnisse nahezu symmetrisch und mitunter gar umgekehrt sein. Zu diesen Gegenbeispielen gehörten historisch einmal die meisten der älteren Siedlerkolonien. Wo die geringe indigene Bevölkerungsdichte die Besiedlung in erster Instanz überhaupt erst praktikabel machte,[388] wie in Nordamerika, am Kap der Guten Hoffnung oder in Australien, war der demografische Sieg der Siedler im Grunde präjudiziert. Seuchen taten dann das Ihrige dazu.[389] Auch wenn die zeitweilig beliebte Vorstellung, dass aus Europa importierte Infektionskrankheiten binnen weniger Jahre ganze Kontinente mit Millionen Einwohnern entvölkert haben, inzwischen nicht zuletzt von Mikrobiologen als unrealistisch revidiert worden ist,[390] so haben es doch zum Beispiel in Neuengland lokale Epidemien den Kolonisten deutlich erleichtert, Fuß zu fassen und mittelfristig das demografische Übergewicht zu erlangen.[391] Erst die Konsequenz dieses Sieges, die massive Ausdehnung des Siedlungslandes auf Kosten der örtlichen Bevölkerung, führte zur ernsthaften militärischen Konfrontation, deren Ausgang zu diesem Zeitpunkt meist schon wenig zweifelhaft sein konnte. Wo die Imperien *vor Ort* demografisch massiv überlegen waren, war es sehr viel einfacher, diese Überlegenheit auch taktisch umzusetzen.

Das bestdokumentierte Beispiel für diese Umstände sind die britischen Kolonien in Nordamerika, die späteren Vereinigten Staaten.[392] Bereits 1640 (nach nur drei Jahrzehnten) gab es in Virginia deutlich mehr Kolonisten als Powhatan-Indianer, über 8000 gegenüber nurmehr 5000.[393] Im König-Philip-Krieg (1675–1676) hatten die Neuenglandsiedler gegenüber den Indianern »einen überwältigenden zahlenmäßigen Vorteil«,[394] da ihre Bevölkerung in den 50 Jahren seit Beginn der Besiedlung auf 52 000 angestiegen, die der Indianer aber von 144 000 auf 10 000 gesunken war.[395] Um 1770 gab es zwischen Mississippi und Appalachen noch rund 150 000 Indianer, darunter vielleicht 25 000 Krieger;[396] zur selben Zeit hatten die USA bereits 2 Millionen Einwohner.[397] Um 1860, vor Beginn der großen Indianerkriege, gab es allein im Staat Kalifornien schon etwa so viele Weiße wie im ganzen Westen Indianer (je etwa 360 000). Die europäischstämmige Gesamtbevölkerung der USA betrug zu dieser Zeit 27 Millionen.[398]

Ähnlich lagen die Verhältnisse im kleineren Maßstab in Tasmanien: Als die dortige Regierung 1830 die Endlösung der Eingeborenenfrage ausrief und 2000 Soldaten, Polizisten, Siedler und Sträflinge die Insel durchkämmten, lebten nur noch gut 200 von vordem einigen Tausend Tasmaniern.[399] Nicht ganz so dramatisch sah es in Neuseeland aus, wo es 1840 nur 1000 Siedler auf 100 000 Maori gab, 1856 aber auch schon 40 000 auf nurmehr 50 000.[400] In den Maorikriegen der 1860er Jahre kämpften 18 000 Soldaten des Imperiums gegen 5000 Krieger.[401]

Im Grunde war die demografische Entwicklung in solchen Fällen allein ausschlaggebend, die bewaffnete Konfrontation nurmehr Nachvollzug. Nicht nur hob die europäische Bevölkerungsexplosion vor Ort die üblichen numerischen Beschränkungen der Peripheriesituation der imperialen Machtprojektion weitgehend auf. Die Siedlung veränderte auch das Lebensumfeld der indigenen Bevölkerung so radikal, dass ihre sozioökonomische Struktur einfach unterging und in deren Gefolge ihre politische Organisation und gesellschaftliche Identität. Dazu bedurfte es noch nicht einmal eines tatsächlichen Genozids mit großen Bevölkerungsverlusten, auch wenn diese auf Dauer in der Regel nicht ausblieben. Im Grunde war die Gewinnung des demografischen Übergewichts und die Europäisierung des Landes durch massive Besiedlung und Zerstörung der Lebensgrundlagen ihrer indigenen Gegner der einzige Weg für die Imperien, einen dauerhaften und irreversiblen Sieg davonzutragen.[402] (Dass die siegreichen Siedler sich dann meist ihrerseits vom Mutterland loslösten, steht auf einem anderen Blatt.)

Auf kolonisatorischem Wege besiegt wurden so außer den Indianern der USA, bei denen neben den demografischen Faktoren der Eisenbahnbau im Westen und die Zerstörung der Büffelherden den Ausschlag gaben,[403] denen Mittelamerikas, die durch die Zerschlagung ihrer Kultur und demografisch vor allem infolge von Mischehen untergingen,[404] sowie denen Südamerikas, bei denen Seuchen, Zwangsarbeit und die allgemeine Zerrüttung der Gesellschaften die entscheidenden Faktoren waren,[405] auch die San der Kapkolonie,[406] die australischen Aborigines[407] sowie die Nomaden der russischen Steppengrenze.[408] All diese Prozesse waren selbstverständlich nicht gewaltfrei – im Gegenteil. Aber die Entscheidung fiel letztlich nicht aufgrund militärischer Auseinandersetzungen, und die Peripheriesituation wurde durch die demografischen und sozioökonomischen Entwicklungen weitgehend aufgehoben.

In etwas geringerem Maße galt das auch für Algerien, wo zwar die französische Besiedlung unter der Kolonialherrschaft explodierte, und das besonders in ihren letzten Jahren: Mitte des 19. Jahrhunderts gab es 100 000 Colons, 1870 schon 250 000,[409] 1926 waren es 833 000 und 1954, beim Beginn des Algerienkrieges, 984 000 (von denen 79 Prozent im Lande geboren waren).[410] Allerdings erreichten die Siedler nie auch nur ansatzweise eine demografische Mehrheit: Die indigene Bevölkerung sank zwar infolge des Eroberungskrieges Mitte des 19. Jahrhunderts zunächst von rund 3 auf gut 2 Millionen,[411] aber in den 1920er Jahren betrug sie schon wieder 5 Millionen und zur Zeit des algerischen Unabhängigkeitskrieges 9 Millionen.[412] Die Besiedlung machte Algerien zum Herrschaftsproblem, aber sie gewann die Kolonie nicht für Frankreich.[413] Ähnliches kann man über praktisch alle anderen jüngeren Siedlungskolonien sagen, wo die Siedler stets eine Bevölkerungsminderheit blieben.[414]

Der zweite Fall, in dem ein Imperium an der Peripherie numerisch nicht unterlegen war, lag dann vor, wenn die metropolitane Regierung in Umkehrung der Logik des Imperialkrieges massive militärische Kräfte entsandte, um eine abschließende Niederlage zu vermeiden. Frühe Beispiele waren Frankreich, das schon 1847 Algerien mit mehr als 100 000 Mann – einem Drittel seiner Armee – gegen die kaum 50 000 Abd-el-Kaders niederzuhalten suchte,[415] und Russland, das zeitgleich den islamischen Muridenaufstand im Kaukasus mit 150 000, vielleicht auch 200 000 Mann gegen kaum 20 000 indigene Kämpfer niederschlug.[416]

Aber vor allem die großen Kolonialkriege des (langen) 20. Jahrhunderts fallen in diese Kategorie: der Kubanische Unabhängigkeitskrieg 1895–1898, in dem Spanien 200 000 Soldaten gegen selten mehr als 50 000 »Patrioten« aufbot,[417] der Südafrikanische Krieg 1899–1902, wo 450 000 Mann für das Imperium gegen vielleicht 60 000 bis 70 000 Buren kämpften,[418] der Rifkrieg in Spanisch-Marokko, den Spanien anfangs mit 150 000 Mann nicht gegen einige Tausend Berberkämpfer entscheiden konnte und den es schließlich 1926 im Verein mit Frankreich mit dem unglaublichen Aufwand von 500 000 Mann gegen 12 000 Gegner gewann,[419] und die italienische Eroberung Äthiopiens 1935/36, für die 400 000 Mann und Unmengen von Großkriegsgerät aufgeboten wurden, unter anderem 250 Panzer, 350 Flugzeuge, 1100 Geschütze und 10 000 Maschinengewehre.[420] Weiter ging es nach 1945 mit dem Malayischen Aufstand (120 000 Soldaten und Polizisten gegen 10 000 Insurgenten[421]), dem Indochinakrieg (456 000 gegen 350 000[422]), dem Unabhängigkeitskampf Algeriens (462 000 gegen 60 000 bis 90 000[423]) und dem Vietnamkrieg (500 000 gegen 240 000[424]). In den Unabhängigkeitskriegen der portugiesischen Kolonien in Afrika suchte das Mutterland mit zuletzt 150 000 Mann (70 Prozent seiner gesamten Armee) nur 27 000 Aufständischer Herr zu werden.[425] Ein weniger einschlägiger Fall sind vielleicht die 60 000 britischen Truppen, die Ende der 1930er Jahre vergeblich versuchten, die Nordwestfrontier Indiens gegen kaum 4000 Stammeskrieger zu befrieden.[426]

Was hatten diese Konflikte gemeinsam? In fast allen hatten die Imperien es mit (Proto-)Staaten oder transethnischen, protonationalen Unabhängigkeitsbewegungen zu tun, deren Unterdrückung einen hohen Aufwand erforderte (und häufig dennoch scheiterte). Zudem handelte es sich ab Mitte des 19. Jahrhunderts um Kriege, die unter erheblich verbesserten Kommunikations- und Transportbedingungen stattfanden, was die Machtprojektion auf große Entfernungen tendenziell vereinfachte. Beides erklärt allerdings noch nicht, warum die Imperialmächte bereit waren, im Widerspruch zur üblichen Logik des Imperialkrieges diesen Preis zu zahlen. Die Motivation spielt die weit größere Rolle.

Erstens handelt es sich häufig um Konflikte, die für ein abstiegsbedrohtes oder aufstiegssuchendes Imperium mit hohem außenpolitischem Prestige belegt waren: Für Spanien, Frankreich, Portugal, in Maßen Großbritannien nach 1945 ging es darum zu beweisen, dass man weiterhin eine erstklassige Macht war;[427] für Italien 1935 darum, das erstmals zu werden. Zweitens waren die betreffenden Gebiete teilweise Festlandsperipherien (Kaukasus, Nordwestfrontier) oder solche, die wie Algerien nahe am Mutterland lagen und/oder als dessen Teil verstanden wurden;[428] das erhöhte das Sicherheitsrisiko und den Herrschaftsanspruch (und erleichterte die Machtprojektion). Drittens schienen in vielen der genannten Konflikte übergreifende strategische Interessen bedroht, die über die lokale Bedeutung der Beherrschung des betreffenden Gebietes weit hinausgingen: so in Südafrika, wo es in der Wahrnehmung des britischen »official mind« um nicht weniger ging als um die weiträumige Sicherung des Seeweges nach Indien,[429] und ähnlich an der Nordwestfrontier, die als Teil des »Great Game in Asia«, des kontinentalen Imperienkonflikts mit Russland, Indien gegen Zentralasien absicherte. Und ganz besonders galt das natürlich nach 1945 für alle Länder, in denen die westliche Vormachtstellung durch eine kommunistische nationale Aufstandsbewegung bedroht war: Der Kalte Krieg erhob mit Denkfiguren wie der Dominotheorie fast jeden kolonialen Unabhängigkeitskampf zu einer weltpolitischen Entscheidungssituation.[430]

Man darf sich allerdings auch von den genannten Zahlen nicht täuschen lassen. Bereits in den großen Nationsbildungskriegen des Westens Mitte des 19. Jahrhunderts standen sich Millionen ausgebildeter Soldaten gegenüber, und in den beiden Weltkriegen des 20. Jahrhunderts waren es zweistellige Millionenzahlen. Mochten die mit intensiverer Machtentfaltung geführten Imperialkriege derselben Ära einige Hunderttausende aufbieten, so blieben diese Zahlen klein nicht nur relativ zum Aufwand für einen Großmächtekrieg der Mutterländer, sondern vor allem auch gemessen am immensen Raum und den Bevölkerungszahlen an der Peripherie. Ein Land von der mehrfachen Fläche einer europäischen Industrienation ließ sich auch mit sechsstelligen Zahlen militärisch nicht niederhalten, insbesondere nicht gegen einen Guerilla- und Volkskrieg der indigenen Bevölkerung. Und im Übrigen waren diese Kriege lediglich Ausnahmen in einer Zeit, in der die meisten imperialen Militäreinsätze an der Peripherie weiterhin sehr viel kleiner ausfielen.[431]

Raumbeherrschung

Mit den ebengenannten (wenigen) Einschränkungen aber waren die imperialen Machtmittel an der Peripherie im Verhältnis zur Gegnerstärke und zum Raum stets ausgesprochen knapp. Das wäre schon in einem symmetrischen Feldkrieg eine Herausforderung gewesen. Der Imperialkrieg aber verschärfte die Knappheit der Mittel durch die Kombination der Weite des Raumes mit der gewaltkulturellen Präferenz des indigenen Gegners. Führte dieser einen »tribalen«, also einen Guerillakrieg, dann mussten die Armeen der Imperien ihre Verbindungslinien, ihre Nachschubdepots militärisch schützen, sonst konnte ein Militärunternehmen allein am Zusammenbruch der Logistik scheitern: So geschehen beispielsweise in der britischen Strafexpedition gegen die Cherokee 1760/61.[432] Und angesichts der immensen Distanzen nahm dieser Schutz der Logistik oft solche Truppenzahlen in Anspruch, dass für den eigentlichen Kampfeinsatz nur Bruchteile verblieben. Ein Extrembeispiel ist vielleicht der Südafrikanische Krieg 1899–1902, in dem 400000 Mann die Verbindungslinien bewachten, während 40000 kämpften.[433] Aber auch in anderen Feldzügen (genaue Zahlen sind vor allem für das 19. Jahrhundert verfügbar) erforderte die Nachschubsicherung oft über die Hälfte der Kampftruppen auf dem Kriegsschauplatz und mitunter erheblich mehr.[434]

Und das ist vielleicht der richtige Ort, auf das überraschende Phänomen zu verweisen, dass in Imperialkriegen westliche Kommandeure ihre ohnehin kleinen Armeen häufig noch teilten, in eklatanter Verletzung der üblichen Vorsichtsmaßregeln europäischer Kriegführung und in Abkehr von der Maxime der Konzentration der Machtmittel, die der abendländischen Kriegstradition eigentlich zugrunde lag. Das hatte im Wesentlichen drei Gründe, von denen zwei mit Logistik und Mobilität zu tun hatten: Zum einen waren kleinere Kolonnen an der Peripherie leichter zu versorgen, weil sie die Nahrungsressourcen des Landes nicht so sehr überforderten. Man verbreiterte durch geteilten Vormarsch also die logistische Basis und erhöhte zugleich durch die Reduktion des Trosses die Beweglichkeit. Zum anderen war die Teilung der Armee oft eine funktionale, indem nämlich die schwerfälligen Trosse und das schwere Gerät unter Bedeckung zeitweilig zurückgelassen wurden, um aus den Kampftruppen eine leichte oder »fliegende Kolonne« zu bilden, die für einige

Zeit logistisch autark war oder aus dem Lande lebte und dadurch wesentlich schneller und beweglicher war.[435] Allein der dritte Grund war im engeren Sinne ein operativer, nämlich wenn es darum ging, den Gegner zwischen mehreren Kolonnen in die Zange zu nehmen, um ihn zur Schlacht zu stellen (besonders beliebt in den Indianerkriegen der USA[436]). Das damit oft einhergehende Problem kommentierte Porch hinsichtlich der französischen Eroberung der südmarokkanischen Chaouia-Ebene 1907/08: »Konvergierende Kolonnen funktionierten nur, wenn es etwas gab, worauf sie konvergieren konnten.«[437] Häufig war der Feind längst nicht mehr da, wo die Abteilungen sich trafen.[438]

Sinn der Kolonnenteilung war also, die Trägheit der imperialen Armee unter den logistischen Bedingungen an der Peripherie zu überwinden und die Chance zu erhöhen, den beweglicheren Feind zur Schlacht zu stellen. Was im europäischen Krieg Anathema war, galt im Imperialkrieg geradezu als guter Stil.[439] Schiefgehen konnte es natürlich trotzdem, speziell wenn die manchmal wiederholt geteilten Kolonnen irgendwann so klein wurden, dass selbst ein Gegner, der sonst vielleicht das Gefecht nicht unbedingt gesucht hätte, eine Gelegenheit für einen leichten Erfolg sah.[440] Oder wenn die Annahme, der Gegner wolle die Schlacht vermeiden, von vornherein falsch war, wie in zwei klassischen Niederlagen des Westens in Imperialkriegen. Sowohl George Armstrong Custer, der vielleicht bekannteste US-General in den Indianerkriegen, als auch Lord Chelmsford während der britischen Invasion Zululands zersplitterten auf der Suche nach dem Feind ihre Streitmacht in winzige Häufchen, die einem konzentrierten Gegner, der in Wahrheit keinen Grund hatte, der Schlacht auszuweichen, am Ende nicht mehr standhalten konnten. Chelmsford verlor auf diese Weise 1879 bei Isandlwana die Hälfte seines Kommandos,[441] Custer 1876 am Little Bighorn in Montana den größeren Teil und dazu sein eigenes Leben.[442]

Vermied es der Gegner konsequent, sich zur Schlacht zu stellen, oder konnte in einer existierenden Kolonie das Imperium auf seinen Herrschaftsanspruch nicht verzichten, wurde die imperiale Armee mit einer Aufgabe konfrontiert, die über den Schutz ihrer eigenen Logistik, so aufwändig dieser bereits war, sogar noch weit hinausging. Faktisch war sie dann gezwungen, durch physische Präsenz die indigene Bevölkerung und den Raum, in dem sie lebte, flächig zu kontrollieren, gegnerische Angriffe zu unterbinden sowie die eigenen Regierungseinrichtungen, Wirtschaftsunternehmen, Infrastrukturanlagen und Siedlungsbevölkerungen statisch zu schützen. Um diesen Schutz zu gewährleisten griffen die Imperien häufig zu Befestigungsanlagen, die mit derselben Ratio wie in der europäischen Frühen Neuzeit – Raumkontrolle durch relativ kleine Truppenzahlen – auch an der Peripherie sinnvoll waren. Angefangen von Spanien im 16. Jahrhundert in Mexiko versuchten eigentlich alle Imperialmächte, ihre Frontiers durch Forts oder befestigte Blockhäuser zu sichern oder gar auszudehnen.[443] Diese Einrichtungen blieben bis ins 20. Jahrhundert hinein Stand der Kriegskunst, wo sie dann häufig durch Drahtzäune und Minengürtel verbunden wurden. Im Südafrikanischen Krieg kamen die Briten in ihrem Versuch der flächigen Raumbeherrschung auf 8000 Blockhäuser und 6000 Kilometer Stacheldraht.[444] In Algerien artete der Versuch der Raumkontrolle Ende der 1950er Jahre in einen über 300 Kilometer langen, mit elektrischer Hochspannung geladenen Grenzzaun zu Tunesien aus, der mit Minen, Stacheldraht und Artilleriestellungen verstärkt und von 80000 Mann mit Panzern und Hubschraubern verteidigt wurde: die sogenannte Ligne Morice, benannt nach dem damals amtierenden französischen Verteidigungsminister.[445] Die Italiener bauten in Libyen ebenfalls einen Zaun; ihrer war 270 Kilometer lang.[446]

Statische Defensivaufgaben und Befestigungsanlagen banden natürlich Truppen. Zumal für Siedlungskolonien waren zahlreiche winzige Garnisonen oder Forts typisch, nach denen die Kolonisten vehement verlangten.[447] 1857 gelang es den Briten für lange Zeit nicht, größere militärische Verbände gegen den Indischen Aufstand zu konzentrieren, obwohl 40000 Mann europäischer Truppen in Indien standen und aus dem Empire permanent Verstärkungen nachgeführt wurden, da der Schutz der nicht vom Aufstand erfassten Gebiete Vorrang gegenüber seiner Niederschlagung hatte.[448] Ähnlich standen den Spaniern im kubanischen Unabhängigkeitskrieg wegen des Schutzes der Zuckerrohrplantagen und der nötigen Besatzungen statischer Befestigungsanlagen kaum 2500 Mann für die eigentliche Aufstandsbekämpfung zur Verfügung.[449]

In den großen Imperialkriegen des 20. Jahrhunderts gegen substaatliche Guerillabewegungen stieg der militärische Beherrschungsaufwand ins Unrealistische. In Palästina Ende der 1940er Jahre versuchten 90000 britische Soldaten, Eisenbahnen und Ölpipelines vor Attentaten zu schützen.[450] In Indochina verfügte der französische

Oberbefehlshaber Henri Navarre am Ende über die immense Zahl von 456 000 Soldaten, die aber so vollständig durch statische Besatzungsaufgaben gebunden waren, dass für Offensivoperationen praktisch nie Truppen zur Verfügung standen – die imperiale Armee immobilisierte sich durch die physische Beherrschung des Landes selbst.[451] Derselbe Zustand herrschte ein Jahrzehnt später in Algerien, wo auf dem Höchststand rund 470 000 Mann nie ausreichten, das Land wirklich zu kontrollieren.[452]

Die Sicherung eines großen Raumes gegen einen Volks- und Guerillakrieg, der nicht durch Feldschlachten zu entscheiden ist, ist letztlich immer eine truppenintensive und dem militärischen Denken fremde, eher polizeiliche Aufgabe. General Charles Gwynn, der 1934 mit »Imperial Policing« das erste Standardwerk der britischen Armee zur Aufstandsbekämpfung veröffentlichte, anerkannte deshalb zwar auch die Notwendigkeit der breitflächigen Stationierung von Truppen zum Schutz von Regierungseinrichtungen und Menschenleben, warnte aber zugleich davor, darob auf die militärische Entscheidung zu verzichten: »Die militärische Ansicht ist, dass, sobald die unverzichtbaren Sicherheitsmaßnahmen getroffen sind, weiterer Schutz und die Verhinderung von Unordnung am besten durch das Ergreifen positiver Maßnahmen gegen die feindlichen Elemente erreicht wird. Alles, was nach passiver Verteidigung schmeckt, ermutigt die andere Seite und verschwendet Kraft.«[453]

Und das neueste Counterinsurgency-Handbuch der US-Armee von 2006 enthält prominent die Einsicht, dass es zur Beherrschung eines fremden Landes weniger auf das Verhältnis der eigenen Truppenzahl zur Zahl der Insurgenten als auf das Verhältnis der Truppenzahl zur Gesamtbevölkerung ankommt.[454] Wo ein Konflikt nicht durch Entscheidungsschlachten entschieden wird – und das ist an der Peripherie charakteristisch –, ist Imperialkrieg der Versuch der militärischen Raumbeherrschung und der Bevölkerungskontrolle.

Grauzonen

Unter all diesen Umständen war es naturgemäß für Imperien schwer, einen Konflikt an der Peripherie schnell und dauerhaft zu entscheiden. Tatsächlich war es oft schon für die Zeitgenossen schwierig zu sagen, wann ein Krieg begann und wann er endete, ja ob er überhaupt je endete, letztlich gar, was ein Krieg eigentlich war; und analytisch besteht diese Schwierigkeit vielfach bis heute. Die zeitliche und definitorische Entgrenzung ist ein wichtiges Charakteristikum von Imperialkriegen.[455] Ein Hauptgrund dafür ist der bereits konstatierte geringe Grad zentraler Organisation auf beiden Seiten. Die Imperien hatten nur eine sehr schwache Kontrolle über ihre Frontiers, zumal über Siedler; und die indigene Seite war meist entweder nichtstaatlich, oder ihre Staatlichkeit war schwach und dezentral. Das sind an sich schon keine idealen Voraussetzungen für die Einhegung von Gewalt, die an der Frontier jederzeit aus Konflikten über Land, Ressourcen oder Arbeitskräfte resultieren konnte, selbst wenn den potenziellen Gegnern an dieser Einhegung gelegen gewesen wäre. Tatsächlich aber war, wie bereits gesehen, für außereuropäische Gesellschaften, zumal nichtstaatliche, Gewalt oft in den Alltag integriert und nicht wie im modernen Europa durch ein staatliches Gewaltmonopol in eine separate politische Sphäre entrückt.

Auf Seiten der Imperien entsprach dem, dass imperiale Peripherien regelmäßig wie Frontgebiete, allenfalls wie Besatzungsgebiete behandelt wurden: Eine geordnete zivile Verwaltung wurde oft erst sehr spät eingerichtet und war dann in aller Regel numerisch wenig umfangreich und im Alltag kaum präsent – in der Tat noch weniger präsent als die bewaffnete Macht. Das angeblich französische Algerien ähnelte noch nach Jahrzehnten einem »Leopardenfell«, auf dem die wenigen französischen Städte die zivilen Flecken darstellten – die Fläche war Militärgebiet,[456] und in großen Teilen des Landes sahen die Bewohner vor dem Unabhängigkeitskrieg 1954–1962 nie einen Europäer.[457] Nigeria wurde 1900 von ganzen 9 britischen Beamten regiert; 1903 waren es immerhin schon 40 – zuständig für 24 Millionen Einwohner. Selbst als Mitte des 20. Jahrhunderts die kolonialen Verwaltungen aller Imperien massiv ausgebaut wurden, wurden große Kolonien von einigen wenigen Hundert politischen Administratoren verwaltet; zählte man Ärzte, Lehrer, Förster, Vermesser und andere nur eingeschränkt exekutive Staatsdiener sowie indigene Angestellte mit, so waren die Zahlen allenfalls niedrig vierstellig – vergleichbar dem Personalumfang des öffentlichen Dienstes einer deutschen Mittelstadt. Kamen im Schnitt auf einen imperialen Soldaten einige wenige Tausend Einwohner, so waren es auf einen Zivilbeamten mehrere Zehntausend – 54000 etwa in den 1930er Jahren in Nigeria.[458]

Der koloniale Staat war daher auf lange Zeit ein Militärstaat. Faktisch regierte an der imperialen Frontier über lange Strecken das Militär, nahmen Offiziere Verwaltungsaufgaben wahr, galten Administration und Pazifikation als zwei Seiten derselben Medaille, waren Militär- und Polizeiaufgaben kaum unterscheidbar.[459] Diese Umstände machten Gewalt an der Peripherie im Grunde zum Gesellschaftszustand. Für den imperialen Machtapparat war schon wegen seiner numerischen Schwäche vor Ort der Griff zur demonstrativen und exemplarischen Gewalt das wichtigste und oft das einzige Herrschaftsmittel, und angesichts der Dominanz des Militärs lagen gewaltsame Lösungen für alle Probleme oft besonders nahe.[460] Siedler fühlten sich ohnehin im permanenten Verteidigungszustand und brauchten meist überhaupt keinen besonderen Grund, gegen die indigene Konkurrenz um knappe Ressourcen zur Waffe zu greifen. Und die zahlte natürlich nicht selten mit gleicher Münze zurück, während der koloniale Staat hilflos zu- oder vielmehr wegsah.[461] Wo die Kolonialwirtschaft auf Zwangsarbeit basierte, war Erzwingungsgewalt gegen die indigene Bevölkerung ebenfalls ein alltägliches Phänomen.[462] Und mit der Sklaverei existierte in der westlichen Hemisphäre bis tief ins 19. Jahrhundert eine permanente Gewaltstruktur der kolonialen Ordnung.[463] Individuelle, strukturelle und kollektive Gewalt waren mithin an der Frontier endemisch und mussten keineswegs in offenem Krieg resultieren.[464]

Kein Wunder also, dass es bis heute analytisch schwerfällt, den Beginn eines eigentlichen Krieges aus dem Gemisch permanent hoher Gewaltsamkeit oder jedenfalls Gewaltbereitschaft an einer imperialen Frontier herauszufiltern. Nehmen wir die spanischen Konquistadoren in Neumexiko, für die es normal war, ihre Forderung nach Nahrung, Gold oder sexuellen Diensten in indianischen Pueblos auch mit Waffengewalt durchzusetzen, was verständlicherweise gelegentlich zu Gewaltakten gegen einzelne Spanier führte, die wiederum mit der Ausrottung ganzer Dörfer beantwortet wurden.[465] Nehmen wir die brasilianischen Küstensiedlungen im 17. Jahrhundert, wo die kriegerischen Tupi sich der faktischen Versklavung für die Arbeit in den portugiesischen Zuckermühlen mit Übergriffen gegen Kolonisten widersetzten, die zu Strafexpeditionen gegen ganze Gemeinschaften führten (bei denen als Nebenprodukt auch wieder Sklaven abfielen);[466] oder die Umstände, die zum Cherokee-Krieg 1759–1761 führten, nämlich individuelle Gewaltkonflikte zwischen

Siedlermilizen und mit Großbritannien verbündeten Cherokee-Kriegern, die sich über Blutrache und Angriffe auf einzelne Siedler zu Geiselnahmen und Strafexpeditionen steigerten, die mit Überfällen auf Frontiersiedlungen beantwortet wurden, bis schließlich die britische Armee eingriff.[467] Nehmen wir die Indianerkriege der USA, die oft durch Banalitäten wie Diebstahl oder Meinungsverschiedenheiten über den Ausgang eines Sportwettbewerbs ausgelöst wurden;[468] oder Sierra Leone, wo passiver Widerstand gegen die neu eingeführte Hüttensteuer 1898 über Steinewerfen gegen Polizeitruppen zum offenen Angriff auf eine britische Kolonne führte.[469] In Tunesien kamen 1951/52 Generalstreik, Massenarreste, Sabotage, gewaltsame Zusammenstöße zwischen Demonstranten und Militär, politische Morde, Gewaltaktionen von Siedlermilizen zusammen.[470] Wann und wo begann da der Krieg? Erklärt wurde er jedenfalls nie, und ob man überhaupt im Kriegszustand war, lag im Auge des Betrachters. Man muss daher die tatsächlichen Imperialkriege wohl besser als temporäre zeiträumliche Verdichtungen einer ohnehin endemischen alltäglichen Gewaltsamkeit an der imperialen Frontier betrachten.

Das legt auch die Dichte der registrierten Militäraktionen nahe, die im Grunde einen dauerhaften Kriegszustand beschreiben. Die britisch-indische Armee schlug während der Kolonialherrschaft gezählte 77 größere Rebellionen nieder.[471] Immerhin 30 Militäreinsätze verlangte die Befriedung der britischen Kolonie Kenia zwischen 1893 und 1911.[472] 60 größere Feldzüge sind für Deutsch-Ostafrika allein für den Zeitraum 1891–1897 aktenkundig,[473] 231 sollen es zwischen 1889 und 1910 gewesen sein.[474] Die Annalen der US-Armee registrieren zwischen 1866 und 1891 mehr als 1000 Gefechte gegen Indianer.[475] Die West African Frontier Force, die britische Kolonialtruppe Nigerias, verzeichnet in ihrer offiziellen Geschichte allein für die Jahre 1900–1906 neunzehn nummerierte Feldzüge für so fundamentale und diverse Ziele wie »die Munshi zu unterwerfen«, »den sklavenjagenden Emir von Yola zur Strecke zu bringen«, »den Tod des ehrenwerten D. Carnegie zu rächen und durch rasches Handeln Nachwirkungen zu vermeiden«, »Ausbrüche intertribaler Kriegführung zu verhindern und zu bestrafen«, »einen Piratenhauptmann zu ergreifen«, »den Dakakeri-Stamm wegen seines gesetzlosen Verhaltens im Angriff auf Karawanen niederzuwerfen« oder »das Land südlich 6°30' nördlicher Breite unter Kontrolle zu bringen«.[476] Diese bunte Mischung aus Flächenkontrolle, Krieg, Abschreckung und

Polizeiaktion war die Realität für die bewaffnete Macht der Imperien an der Peripherie. Imperiale Herrschaft war eine Herrschaft durch Gewalt, stets niedriger und nicht selten auch höherer Intensität, und eigentliche Imperialkriege blieben eher eine Sache der Wahrnehmung, wie Hendrik Wesseling unterstreicht: »Vermutlich ist es nicht zutreffend, sich koloniale Expansion als eine Reihe einzelner Kriege vorzustellen. Tatsächlich war sie ein dauerhafter Prozess der Kriegführung, der sich gelegentlich in einer Serie eindrucksvoll gewalttätiger Vorfälle entlud, die die Vorstellungskraft der europäischen Öffentlichkeit beflügelten und daher als Kriege registriert wurden.«[477]

Schwer definitorisch fassbar wird der Imperialkrieg zusätzlich dadurch, dass die rechtlichen Bedingungen für die Abgrenzung eines Kriegszustandes an der Peripherie oft fehlten oder von den Imperien bewusst verschleiert wurden. So bestanden die imperialen Autoritäten schon in der Frühen Neuzeit meist darauf, ihre indigenen Gegner als Aufständische gegen eine legitime Herrschaft zu brandmarken,[478] deren Legitimität, oder zuwenigst Legalität, sie durch einseitige oder jedenfalls für die Gegenseite unverständliche Rechtsakte überhaupt erst herstellten. Zu diesen gehörte etwa der spanische *Requerimiento*, die Aufforderung zur sofortigen Unterwerfung unter die historisch begründete und kanonisch rechtmäßige Herrschaft der kastilischen Könige. Dessen pure Verlesung – im Zweifelsfall für die intendierten Rezipienten schon akustisch und sprachlich unverständlich, vom Wissen um die Rechtsfolgen zu schweigen – machte einen Vernichtungskrieg gegen die nunmehrigen Aufständischen automatisch gerecht,[479] »sicherlich das krasseste Beispiel von Legalismus in der modernen europäischen Geschichte«[480]. Zu diesen Rechtsakten gehörten die Verträge, mit denen sich die Indianer Louisianas Ludwig XIV. unterwarfen, von dem sie nie gehört hatten und nie wieder hören würden.[481] Dazu gehörte das Konstrukt der *terra nullius* (des eigentümerlosen Landes), das alle indigenen Souveränitätsrechte ignorierte und für Siedlerkolonien typisch war.[482] Und dazu gehörte schließlich und vor allem die Grenzziehung durch interimperiale Abkommen – in großem Stil natürlich nach 1882, vor allem in Afrika[483] –, die indigene Gesellschaften gegen ihren Willen und meist ohne ihr Wissen rechtlich zu Untertanen eines Imperiums machte und ihnen damit das *ius ad bellum*, das Recht auf legitime Kriegführung, juristisch entzog[484] (und mit diesem meist zugleich die Privilegien des *ius in bello*, des Kriegsbrauches[485]).

Diese Ausweitung juristischer Herrschaftsansprüche auf uneroberte und nicht selten unbekannte Gebiete und Bevölkerungen verwirrt bis heute die Begriffe. Sie suggeriert eine scheinbare rechtliche Eindeutigkeit, wo der Übergang von außen nach innen, von der Hegemonie zur Herrschaft – wie an allen imperialen Frontiers[486] – letztlich fließend war. Die gängige Unterscheidung zwischen zwischenstaatlichem Eroberungskrieg einerseits und (anschließender) Pazifikation oder Aufstandsbekämpfung im Inneren andererseits, wie sie klassisch von Callwell formuliert wurde,[487] basiert auf einer völkerrechtlichen Fiktion, die vor der effektiven Besetzung schon am grünen Tisch in Europa wenig Bedeutung hatte und für die Konfliktstruktur vor Ort fast keine. Ein Konflikt, den man normalerweise zutreffend als Krieg mit einer indigenen Gesellschaft beschrieben hätte: Wird der allein durch ein Grenzabkommen zwischen Imperien, durch den Kollaps eines indigenen Staates oder durch ein mit Gewaltdrohung aufgezwungenes Protektorat plötzlich zur Polizeiaktion? Etwas anders sieht das vielleicht mit einem Aufstand nach mehreren Jahrzehnten in der Praxis anerkannter kolonialer Herrschaft aus – aber dann war koloniale Herrschaft eben abseits von Siedlungskolonien mit demografischem Übergewicht der Kolonisten kaum je wirklich anerkannt. Was für die imperialen Autoritäten eine Rebellion war, mochten die Akteure als legitime Ausübung des nie abgetretenen Rechts auf Kriegführung einer souveränen Gesellschaft verstehen.

Für die Realität der Machtverhältnisse und der Kriegführung vor Ort hatten und haben solche semantisch-juristischen Feinheiten mithin wenig Erklärungswert.[488] Aber sie haben eine Denktradition begründet, die bis ins späte 20. Jahrhundert dazu führte, dass bewaffnete Konflikte in existierenden Kolonien, mitunter sogar Interventionen jenseits davon, imperienseitig nicht als Krieg, sondern eben als kriminelle Aufstände (so der Philippinenkrieg[489]), als bloße »Wirren« oder *affaires* (der Boxerkrieg[490]), »Ausnahmezustand« (der Malayische und der Mau-Mau-Aufstand) oder »Ereignisse« (Algerien) beschrieben wurden, um den Gegner nicht aufzuwerten (und um Schaden von der kolonialen Volkswirtschaft abzuwenden, da Versicherungen bei Kriegen üblicherweise nicht zahlen).[491] Das Kriegsvölkerrecht unterstützte das scheinbar durch die auf den Staatenkrieg fixierten Haager Landkriegsordnungen von 1899 und 1907.[492] Erst mit der Anerkennung substaatlicher Gruppen in Befreiungskriegen

als legitime Kriegführende durch die Vereinten Nationen nach 1945 hat diese juristische Augenwischerei zumindest auf dem Papier ihr Ende gefunden[493] – nur um in den Kriegen der Gegenwart, die ebenfalls mitunter offiziell keine sein dürfen, mit Konstrukten wie dem der »unrechtmäßig Kriegführenden« zurückzukehren.[494]
Auch die Gegenseite legte der klaren Abgrenzung von Krieg und Frieden Steine in den Weg. Speziell die US-amerikanischen Indianer »konnten mit verwirrender Geschwindigkeit von Freund zu Feind zu neutral wechseln, und selten war das eine zuverlässig vom anderen unterscheidbar«.[495] Häufig gab es in derselben Kleingruppe eine Friedens- und eine Kriegspartei, von denen die eine verhandelte und die andere Raubüberfälle verübte. Dass die US-Streitkräfte irgendwann dazu übergingen, die ganze Gruppe für Übergriffe haftbar zu machen, war verständlich, wenn auch nicht immer hilfreich; aber auf lange Strecken war wirklich nicht zu sagen, ob eine bestimmte Gruppe im Frieden oder im Krieg mit den Vereinigten Staaten lebte.[496] Dass mit dem verwirrenden Konstrukt der »abhängigen Nationen im Inneren«[497] die US-Politik die Indianer zugleich international zu Untertanen und intern zum vertragsberechtigten Völkerrechtsakteur machte, trug zur Verwirrung bei, und offiziell waren, natürlich, auch die Indianerkriege keine Kriege.[498]
Waren also Frieden und Krieg an der Peripherie rechtlich und praktisch kaum voneinander abzugrenzen,[499] nimmt es auch nicht Wunder, dass sich viele Kriege über Jahre, Jahrzehnte, ja Jahrhunderte hinzogen, ohne zu einem klaren Abschluss zu kommen. In Mexiko war die Serie von Unterwerfungsfeldzügen und Aufständen, die direkt mit der Conquista begann, im 19. Jahrhundert noch immer nicht beendet. Die Befriedung dauerte zumindest in Yucatan bis in die 1930er Jahre.[500] In Brasilien widersetzten sich die kriegerischen Chavante und Canoeiro der Kolonialherrschaft vom späten 18. bis zum mittleren 20. Jahrhundert.[501] In Algerien herrschte vom Beginn der französischen Besetzung Mitte des 19. Jahrhunderts bis zu deren Ende über ein Jahrhundert später praktisch permanent Krieg,[502] »ein Krieg ohne Ende, der die Unterscheidung zwischen Kriegszustand und Friedenszustand aufhob«.[503] Ähnlich Marokko, wo die Unterwerfung 1844 begann und 1934, nach 90 Jahren, offiziell abgeschlossen war – kurz vor dem Ende der Kolonialherrschaft.[504] Frontierkonflikte in Australien zogen sich teils über Jahrzehnte mit niedriger Intensität hin.[505] Selbst einige Dekolonisationskonflikte des späten

20. Jahrhunderts endeten erst nach Dekaden (und lange nach dem Abzug der ursprünglichen Kolonialmacht). 27 Jahre Krieg waren es immerhin in Angola und 30 in Indochina.[506] Viele etwas klarer abgegrenzte Imperialkriege gingen über ihr offizielles – meist von der Imperialmacht einseitig festgesetztes – Ende hinaus Jahre oder gar Jahrzehnte lang weiter.[507] Das galt etwa auch für die italienische Eroberung Äthiopiens 1935/36, die Mussolini aus Prestigegründen schon nach sieben Monaten für abgeschlossen erklärte[508] – »mission accomplished«, hätte George W. Bush gesagt.[509]

Dass so viele Imperialkriege nicht enden wollten, lag auch daran, dass für eine Verhandlungslösung meist die Grundlagen fehlten. Häufig gab es niemanden, mit dem man verantwortlich über ein Kriegsende hätte verhandeln können, und wenn es Verhandlungen gab, hatten deren Ergebnisse selten dauerhaft Bestand: Weil der zugrunde liegende strukturelle Konflikt ungelöst blieb, weil eine der Parteien die Einhaltung der Vereinbarungen nicht kontrollieren konnte oder wollte oder weil sie mit dem Kollaps des indigenen Staates obsolet wurden. Insbesondere die Interessenkonflikte zwischen Siedlern und Indigenen, die Kompromisse ihrer Natur nach nicht zuließen, waren weder dauerhaft durch Verhandlungen zu lösen, noch konnten die Siedler in der Realität an die Abmachungen gebunden werden.[510] Wie die Einhegung von Gewalt, so setzte auch das Ende von Kriegen eine verantwortliche Staatlichkeit mit Gewaltmonopol voraus, die es an der Peripherie meist beiderseits nicht gab. Kein Wunder, dass Friedensschlüsse oft eher den Charakter eines Waffenstillstandes hatten.[511] Im Übrigen waren es nicht selten die Imperien selbst, die, sosehr sie einerseits einen Krieg eindeutig beenden wollten, dies andererseits durch die Delegitimierung ihres Gegners und durch unannehmbare Bedingungen verunmöglichten. Die besten Chancen hatten Friedensverträge vermutlich in relativ symmetrischen Situationen, also zwischen lokal vergleichsweise schwachen Imperien und starken Gegnern, wie in der Frühen Neuzeit in Afrika.[512]

Entscheidung um jeden Preis

Im portugiesischen Dekolonisationskrieg in Moçambique hieß 1970 eine vergebliche Großoperation gegen die Widerstandsbewegung FRELIMO tatsächlich »Nó Górdio«, Gordischer Knoten: Ein geradezu freudscher Hinweis auf die Geisteshaltung der Planer.[513] Konflikte an der Peripherie der Imperien entzogen sich meist einer klaren und schnellen militärischen Entscheidung. Die hoch militarisierte Frontier aber war die Domäne der Militärs der Imperien. Und als Erben einer Gewaltkultur, die sich die rasche Entscheidungssuche durch intensive militärische Operationen zur *ultima ratio* des Krieges gemacht hatte und langwierige Kriege perhorreszierte, war es ihnen in aller Regel nicht gegeben, diese Umstände klaglos zu akzeptieren. Das »military mind«[514] rebellierte gegen die Anerkennung der faktischen Machtlosigkeit des Militärs und widersetzte sich politischen Lösungen;[515] es suchte mit allen Mitteln den schnellen »KO-Schlag«,[516] und das gilt im Grunde bis heute.[517] »Militäroffiziere möchten ›rasche Entscheidungsoperationen‹ durchführen, um ›Entscheidungssiege‹ zu produzieren. Hohes Gewicht wird auf ›Offensivgeist‹ gelegt. Schließlich, wer würde schon ›langsame, entscheidungslose Operationen‹ durchführen wollen [...]?«[518] Wie Kanya-Forstner über die französischen Offiziere im Sudan sagte: »Ihr vorrangiges Interesse war Sicherheit; und der einzige Weg, Sicherheit sicherzustellen, argumentierten sie, bestand darin, jeden Gegner, ob wirklich oder nur eingebildet, zu zermalmen.«[519] Das klingt nach dem Vietnamkrieg, wo der Operationschef der amerikanischen Streitkräfte die militärische Ratio so zusammenfasste: »Die Lösung in Vietnam sind mehr Bomben, mehr Granaten, mehr Napalm ... bis die andere Seite zusammenbricht und aufgibt.«[520] Die zwanghafte Entscheidungssuche um jeden Preis wurde die eigentliche Signatur des Imperialkrieges.

Obsession der Militärs war es, die Schlachtentscheidung zu erzwingen: den Gegner zur Schlacht zu stellen und diese Schlacht so entscheidend, das heißt so vernichtend wie möglich zu gestalten. All ihr Denken und Handeln drehte sich um das Ziel, den Teufelskreis von schwer fassbarem Gegner, nicht zu beherrschendem Raum und langwierigen Kriegen zu durchbrechen. Was Charles Callwell um 1900 dekretierte, »der Feind muss zur Schlacht gestellt werden, und zwar so, dass seine Niederlage entscheidend ist«,[521] war die Quintessenz aller militärischen Logik für Imperialkriege schon in den Jahrhunderten davor. Callwell weiter: »Schlachten sind also das Ziel, das die regulären Truppen [der Imperien] anstreben müssen, und da der Feind sich in aller Regel vor dem offenen Gefecht drückt, gibt es allen Grund, ihn zum Kampf zu verleiten [...]. [...] Da Schlachten so erstrebenswert und so schwierig zu erreichen sind, leuchtet es ein, dass, wenn ein Kampf tatsächlich eintritt, diese Gelegenheit voll ausgenutzt werden sollte. Es muss ganz klar erfasst werden, dass die Niederlage des Gegners allein nicht ausreicht; die gegnerische Streitmacht muss so gründlich geschlagen werden, dass sie keinen weiteren Widerstand leisten kann. Sie muss, wenn möglich, in einem militärischen Sinne zerstört werden. Ein entscheidender Sieg ist anzustreben und nicht nur ein Erfolg.«[522]

Wenig erklärt so viel vom Handeln imperialer Kommandeure an der Peripherie wie die Angst, der Gegner könne dem Gefecht wirksam aus dem Weg gehen und den Krieg in die Länge ziehen. »Denn nichts ist schlimmer als ein langer afrikanischer Krieg«, begründete ein Kompaniechef der Schutztruppe seine Präferenz für den »scharfen Schlag«.[523] Daher die sture Überzeugung, »der Feind muss zur Schlacht gestellt werden«, eine Maxime, der die militärischen »men on the spot« sogar dann blind folgten, wenn der indigene Gegner gar keine Anstalten machte, einem Gefecht auszuweichen. »Der Feind muss zur Schlacht gestellt werden« hieß, stereotyp immer anzugreifen, nicht nur notfalls, sondern sogar bewusst ohne jede Aufklärung, um dem Gegner keine Vorwarnung zu geben, und natürlich ohne jede Rücksicht auf seine Stärke oder Intentionen. Dass die Gegenseite zahlenmäßig überlegen war, galt ohnehin als ausgemacht, und jede Chance, sie zum Gefecht zu verleiten, war einfach zu gut, um sie auszulassen: »Was für eine wunderbare Gelegenheit«, jubelte Oberst Dixon Miles, als eine Gruppe Mescalero-Apachen sich im Januar 1855 der US-Armee ergeben wollte; »die Truppen werden nie wieder eine solche bekommen«.[524] Wohlgemerkt: Nicht eine Kapitulation anzunehmen, sondern einen konzentrierten und sichtbaren Feind in der Schlacht zu besiegen, um die Frustration der Entscheidungslosigkeit endlich wettzumachen.

Kein Wunder, dass die fanatische Offensive, die Jagd auf einen stets als ausweichend imaginierten Gegner für einige der katastrophalsten taktischen Niederlagen der Imperien an der Peripherie verantwortlich war,[525] zuvorderst erneut die von Custer 1876 und Chelmsford 1879. Beide jagten einen numerisch massiv überlegenen Feind mit zersplitterten Verbänden und ignorierten stur jeden Hinweis darauf, dass ihr Gegner sich vielleicht nicht auf der Flucht befand, sondern sich womöglich gegen sie wenden könnte.[526] Die Angst, der Feind könne entkommen, war für die westlichen Befehlshaber in Imperialkriegen so groß, dass alle militärische Vernunft in den Wind geschlagen wurde.[527] Im Burenkrieg – immerhin gegen einen europäischstämmigen Gegner mit taktischer Kohäsion und ausgezeichneten Feuerwaffen – hatte diese Angst massive Verluste der Briten in sinnlosen Frontalangriffen auf befestigte Stellungen zur Folge.[528]

Operativ führte die zwanghafte Suche nach der Entscheidungsschlacht, wie bereits gesehen, zum konzentrischen Vormarsch in geteilten Kolonnen, zum Versuch, Fläche zu kontrollieren, zu rastlosen Dauerfeldzügen, auch im subtropischen Hochsommer, in der tropischen Regenzeit oder im nordischen Winter unter härtesten Strapazen, um des Gegners um jeden Preis habhaft zu werden.[529] Zwanghafte Entscheidungssuche stand aber auch hinter dem wahnwitzigen Plan des französischen Oberbefehlshabers in Indochina, Henri Navarre, Tausende von Fallschirmjägern 450 Kilometer hinter den feindlichen Linien in Dien Bien Phu abspringen zu lassen, um die Vietminh zur Schlacht zu stellen und ihnen eine entscheidende Niederlage zuzufügen – das Erstere gelang, das Letztere bekanntlich nicht.[530] Jenseits der engeren militärischen Sphäre war die fanatische Suche nach einer militärischen Entscheidung ein wesentlicher Grund für die Entgrenzung der Kriegführung: Die Ausweitung der Kriegsanstrengungen auf Nahrungsressourcen, Siedlungen und Zivilbevölkerung des Gegners, bis hin zum totalen Krieg gegen ganze Gesellschaften.[531]

Strategisch schließlich stimulierte der Wahn, mit einem Befreiungsschlag aus dem Teufelskreis der Entscheidungslosigkeit ausbrechen zu können, die Suche nach Endlösungen, nach der völligen Zerschlagung der indigenen politischen Organisationen und nach totaler Unterwerfung. Unannehmbare Ultimaten und die Weigerung, auf Friedensverhandlungen diesseits bedingungsloser Kapitulation einzugehen, waren vor allem für die Endphase der Aufteilung der Welt Ende des 19. Jahrhunderts charakteristisch.[532] Als etwa die Franzosen 1893 in Dahomey einfielen, wiesen sie zunehmend verzweifelte Zugeständnisse der Fon-Monarchie immer wieder zurück und gaben sich schließlich erst mit der Vertreibung des Königs, der Annexion des halben Landes und der Einsetzung einer Marionettenregierung in der anderen Hälfte zufrieden.[533] Aber schon in den Neuseelandkriegen der 1840er Jahre beantworteten die Briten die begrenzte Kriegführung der Maori mit einer intransigenten Unterwerfungskampagne.[534] In der Eroberung Amerikas griffen alle Imperien, zumal aber die englischen Siedler, beim geringsten Anlass zu kompromisslosen Vernichtungskriegen[535] gegen ihre indianischen Nachbarn.[536] Zumindest bei staatenlosen Gegnern konnte die Vertreibung oder physische Elimination als Ziel an die Stelle der politischen Unterwerfung treten.[537]

Kooperation

Als Lösung für die Schwierigkeiten imperialer Kriegführung an der Peripherie war der Versuch der Entscheidungserzwingung um jeden Preis zumindest problematisch. Die Gewaltintensität wurde in jedem Fall massiv erhöht, die Erfolgsaussichten waren düster, und selbst im besten Fall erkaufte man mit unerwünscht hohem Mittelaufwand eine Friedhofsruhe. Dennoch haben die Imperien anscheinend regelmäßig Imperialkriege »gewonnen« (was das genau bedeutet, werde ich noch diskutieren), und sie haben auch im Imperialkrieg immer wieder Schlachten gewonnen – wenn es denn dazu kam. Und das trotz der geringen Stärke ihrer Streitkräfte im Vergleich zum peripheren Raum und erst recht auf dem Gefechtsfeld.

Nur in den älteren Siedlungskolonien, wo die indigene Bevölkerung bereits demografisch an den Rand gedrängt worden war, gelang es dem Westen, taktisch eine zahlenmäßige Parität (wie etwa in den USA[538]) oder gar Überlegenheit (wie in der Kapkolonie und in Neuseeland[539]) zu erlangen. Ansonsten war der indigene Gegner auch auf dem Schlachtfeld in der Regel massiv in der Überzahl. Dafür gibt es zahlreiche Belege, wobei es zu bedenken gilt, dass sie überwiegend aus Angaben der imperialen Kommandeure stammen. Selbst in Anbetracht dessen sprechen sie eine deutliche Sprache. Man kann durch die Geschichte zurückgehen von den Dekolonisationskriegen, wo 1954 bei Dien Bien Phu zuletzt 7000 französische Truppen gegen 50 000 Vietminh kämpften, die zudem die vierfache Zahl an Geschützen hatten,[540] über zahlreiche Gefechte in der Eroberung Afrikas, in denen europäische Soldaten fünf- bis zehnfacher Überzahl gegenüberstanden (und mit wenigen Ausnahmen obsiegten),[541] und ähnliche Fälle in Ostasien[542] bis ins 18. Jahrhundert in Südasien, wo die Truppen der britischen Ostindiengesellschaft wiederholt indische Armeen bezwangen, die ihnen im Verhältnis 7:1 bis 10:1 überlegen waren,[543] und ins 17. Jahrhundert in Südostasien, wo das der holländischen Konkurrenz ebenfalls gelang.[544] Immerhin, so beeindruckend solche Zahlenverhältnisse sind, sie bewegen sich im Rahmen des Glaubhaften und vor allem Erklärbaren. Disziplin, Drill und moderne Feuerwaffen ermöglichten es Armeen europäischen Stils durchaus, zahlenmäßig deutlich überlegene, aber weniger gut vorbereitete und ausgerüstete Gegner zu besiegen.[545] Nicht immer mag die ganze gegnerische Armee ins Gefecht gekommen sein, jedenfalls nicht zur gleichen Zeit; eine große Truppe ist stets schwerer zu koordinieren als eine kleine, und die Führungstechnik auf indigener Seite war nicht immer sehr ausgereift. Und dann sind, wie gesagt, die Angaben zur Gegnerzahl keine Statistiken.[546] In der Regel wird es eher so funktioniert haben, wie G. J. Bryant zu bedenken gibt: »Die berichteten Zahlen für [indigene indische] Armeen in den Standarddarstellungen müssen immer mit größerer Vorsicht behandelt werden als die besser dokumentierten Zählungen britischer Truppen, da die statistische Quelle häufig die Schätzung eines Offiziers der Ostindiengesellschaft war, der ein ureigenes Interesse hatte, die Größe der Streitmacht zu übertreiben, die er gerade geschlagen hatte oder die ihn gerade geschlagen hatte, oder der irrtümlich die Lagerbummler mitgezählt hatte, die in [indischen] Armeen von wirklichen Soldaten oft nicht gut zu unterscheiden waren.«[547]

Ferner gab es vermutlich nicht nur in Indien Ereignisse wie Plassey 1756, wo die bengalische Armee, die 3000 Soldaten der Ostindiengesellschaft gegenüberstand, tatsächlich nahe 50000 Mann gezählt haben mag, aber bereits zu Beginn des Gefechts durch Uneinigkeit, Verrat und Desertion zerfiel (wobei britische Bestechungsgelder eine Rolle spielten).[548] Das ist ein politisch-moralischer Sieg, den man nicht taktisch erklären wollen muss.

Man muss also nicht grundsätzlich die Vorstellung von sich weisen, dass es westlichen Armeen an der Peripherie wiederholt gelungen ist, numerisch fünf- oder selbst zehnfach überlegene Gegner zu besiegen. Das Problem ist nur, dass aus der Gewaltgeschichte der europäischen Expansion auch regelmäßig Zahlenverhältnisse berichtet werden, die in der Tat Zweifel aufkommen lassen, ob der Berichterstatter bei Sinnen war. Es gibt zwar dokumentierte Fälle wie das vielleicht stereotypisierteste Gefecht des klassischen Kolonialkrieges überhaupt, die Verteidigung der Missionsstation von Rorke's Drift in

Natal am 22. und 23. Januar 1879, wo gezählte 152 britische Soldaten in der Tat drei Zuluregimentern widerstanden, die rund 4000 Mann stark gewesen sein dürften.[549] Aber anders als zeitgleich bei Isandlwana hatten die Verteidiger hier improvisierte Befestigungsanlagen und eine sehr kleine Frontausdehnung, Umstände, die die defensive Feuerkraft ihrer Martini-Henry-Gewehre potenzierten.[550] Das Mutterland, das angesichts des Desasters bei Isandlwana Helden bitter nötig hatte, verlieh nicht weniger als elf der Sieger die höchste britische Tapferkeitsauszeichnung, das Viktoriakreuz – mehr als in jedem anderen Gefecht der britischen Geschichte.[551]

Es mag den einen oder anderen ähnlichen Fall aus dieser Epoche geben, wo hoch disziplinierte und perfekt gedrillte professionelle westliche Truppen mit modernen Waffen auf relativ locker organisierte Gegner trafen, die ihnen zahlenmäßig haushoch überlegen, aber insgesamt dennoch nicht gewachsen waren.[552] Aber wollen wir wirklich glauben, dass in der Frühen Neuzeit wiederholt einige Dutzend europäische Soldaten winzige Festungen wochenlang gegen Zehntausende indigener Gegner verteidigt haben?[553] Wenn 1517 bei Chanponton in Yucatan über 20000 Mayas gut 100 Spanier im Freien – also ohne den Schutz von Befestigungsanlagen – eingeschlossen hatten, ist es auch nur vorstellbar, dass 50 Spanier die Umklammerung durchbrachen und überlebten?[554] Es geht aber noch absurder. Bei Vega Real auf Hispaniola sollen am 27. März 1495 200 Spanier zu Fuß und 20 zu Pferde, zusammen mit 20 gepanzerten Kriegshunden, 100000 Indianer im Lager überrascht, umzingelt (!) und vernichtet haben – nicht nur sicher eine militärische, sondern ganz offenbar eine geometrische Unmöglichkeit.[555]

Mit besonderer Dichte findet man derartig absurde Zahlenverhältnisse aus der spanischen Eroberung Perus. Wenn man den spanischen Quellen glauben will und den Darstellungen, die auf ihnen aufbauen (und andere Informationen gibt es ja nicht[556]), so hat Pizarro mit 106 Mann zu Fuß und 62 zu Pferde ein aggressives Großreich erobert, das mindestens zwei und vielleicht neun Millionen Einwohner hatte und eine professionelle Armee von 100000 Soldaten ins Feld stellen konnte.[557] Bei Cajamarca sollen diese rund 170 Spanier nicht nur in Gegenwart seiner Hauptarmee von 80000 Mann Stärke den Inka Atahualpa gefangen genommen haben, sondern dabei auch noch binnen einer Stunde den größten Teil der Adligen des Reiches und insgesamt rund 7000 Menschen getötet haben.[558] Jeder Spanier hätte also in dieser kurzen Frist gut 40 Menschen abgeschlachtet: wie George Raudzens anmerkt, wohl der Nahkampftötungsrekord der Weltgeschichte.[559] In den Gefechten von Vilcashuamán und Vilcaconga beim Vormarsch auf Cuzco griffen, so will man uns glauben machen, mehrere Tausend Indianer überraschend und hangabwärts das Häuflein Spanier an und durften sich glücklich schätzen, im einen Fall ein spanisches Pferd zu töten und im anderen fünf Spanier, während sie selbst jeweils hoch dreistellige Verluste erlitten.[560] Bei der Belagerung von Cuzco durch Manco Inka sollen 190 Spanier 100000 Indianern, wenn nicht gar 400000, ein Jahr lang standgehalten haben,[561] und die Schlacht wurde angeblich entschieden durch den Ausfall von 62 spanischen Reitern, die in einer Attacke bergauf die riesige Festung Sacsahuaman einnahmen und mindestens 5000 Verteidiger hinmetzelten.[562]

Diese Zahlen können einfach nur als fantastisch gelten, und es ist wahrhaft schwer zu verstehen, wie sie sich bis heute in der Literatur halten. Indigene Hunderttausend-Mann-Armeen in der Frühen Neuzeit sind schon organisatorisch und logistisch eine Unmöglichkeit. Noch Mitte des 19. Jahrhunderts, als es Eisenbahnen und Telegrafen gab, war es selbst in den hochentwickelten Gebieten intensiver Landwirtschaft und dichter Verkehrsnetze Mitteleuropas oder der Atlantikküste der USA über die Maßen schwierig, Heere im sechsstelligen Bereich zu koordinieren und vor allem zu ernähren.[563] Niemand, der sich dessen bewusst ist, wird auch nur einen Augenblick lang glauben, es sei im 16. Jahrhundert im Hochland Perus möglich gewesen.

Wie Wolfgang Gabbert darlegt, fehlte den Spaniern ohnehin »in der Regel die Möglichkeit, die Anzahl ihrer Gegner genauer zu bestimmen. Diese Zahl hoch anzusetzen, entsprach ihrem Interesse, die eigenen Verdienste als möglichst groß erscheinen zu lassen. Schließlich handelte es sich bei vielen spanischen Quellen um Schriften, welche das eigene Tun gegenüber der Krone rechtfertigen und Ansprüche auf möglichst große Belohnungen begründen sollten.«[564]

Hinzu kam religiöses Sendungsbewusstsein. Für die Spanier des 16. Jahrhunderts, geistige Erben der Reconquista, der Wiedereroberung Spaniens von den muslimischen Mauren, war es einfach ein Glaubensartikel, der ihre Gottgesandtheit bewies, dass sie in kleinen Häufchen über die mindestens hundertfache Zahl von Feinden siegten, und deswegen schrieben sie das in ihre Berichte.[565] Und seitdem ist dieses unglaublich eingängige Bild, das »flexible, aber stark archetypische Narrativ«[566] des dramatischen Kampfes der »Handvoll gegen die Horde«,[567] zum Leitthema des europäischen Triumphs in der Eroberung der Welt geworden und setzt sich noch in der Alltagskultur fort bis zum Western des 20. Jahrhunderts[568] und darüber hinaus: Man denke etwa an den US-Spielfilm »Black Hawk Down« von 2001, der als Individuen herausgestellte, natürlich heldenhaft bis zum Schluss kämpfende amerikanische Soldaten mit indistinkten, fanatisch Unverständliches schreienden, mörderischen arabischen Massen kontrastiert.[569] Man wird die Zahlenangaben für den Gegner in den meisten frühneuzeitlichen Fällen von einfach unmöglichen Hunderttausenden auf ein vernünftiges Maß von Tausenden reduzieren können, ohne dem Vetorecht der Quelle Gewalt anzutun. Es gibt auch ein Vetorecht des gesunden Menschenverstandes, und diese Zahlen waren mit hoher Sicherheit nie wörtlich gemeint.[570]

Dennoch ist man weiterhin damit konfrontiert, dass in der Eroberung Perus, und nicht nur dort, eine sehr kleine Zahl Spanier offenbar recht große indigene Armeen geschlagen hat. Einer der besten Kenner der frühneuzeitlichen Militärgeschichte, John Guilmartin, der die Zahlenangaben der Quellen übrigens nicht ernsthaft in Zweifel zieht, hat das erklärt mit der Durchschlagskraft von Stahlschwertern, dem Schutz, den Stahlpanzer gegen im Kern steinzeitliche peruanische Schlagwaffen und Steinschleudern gewährten, der spanischen Kunstfertigkeit im Schwertfechten sowie der Initiative, Kohäsion und taktischen Integration der Handvoll Spanier. Hinzu kamen Guilmartin zufolge die Schockwirkung, die Mobilität und die faktische Unverwundbarkeit der spanischen Pferde wegen des Fehlens von Piken (für die das Holz mangelte[571]) auf der Gegenseite.[572]

Aber selbst wenn Pizarros Konquistadoren stahlschwertwirbelnde Terminatoren waren, die am laufenden Band Indianer hinmetzeln konnten, bis sie vor Erschöpfung zusammenbrachen, wie Guilmartin glauben machen möchte,[573] so war ihre quellenmäßig verbürgte Zahl doch so winzig, dass sie einem Feind, der auch nur den hundertsten Teil seiner berichteten Stärke hatte, auf Dauer hätten unterliegen müssen. Welche Vorteile ein Stahlschwert auch immer bot, es war kein Maschinengewehr, sondern eine Nahkampfwaffe, und ein Spanier konnte mit einem Schwert zur gleichen Zeit jeweils nur einen Indianer töten. Was taten die anderen Tausende (wenn schon nicht Hunderttausende) in der Zwischenzeit? Warteten sie geduldig ab, bis sie an die Reihe kamen? Wohlgemerkt, die Armee Atahualpas war nicht ein leicht demoralisierbares Aufgebot von Stammeskriegern, sondern ein hochkohärentes Berufsheer, das gerade einen Bürgerkrieg gewonnen hatte und das nicht etwa beim ersten Zusammentreffen mit den Eindringlingen davonlief, sondern ihnen auf Jahre hinaus entschlossen Widerstand leistete. Diese Armee soll die taktische Kohäsion und das geringe erforderliche Maß an Koordination nicht aufgebracht haben, um das Häuflein Spanier einfach mit ihrer schieren Masse zu erdrücken?

Und selbst die Schockwirkung der spanischen Pferde: Können zehn entschlossene Männer nicht ein Pferd zu Fall bringen? Zumal mit Seilen, die die Inkas ausweislich ihrer Hängebrücken nun zweifellos kannten? Und wenn es zehn nicht können, dann doch sicher 100? Und können zehn oder 100 Männer nicht einen, der am Boden liegt, erwürgen, erschlagen, zertrampeln, wenn er auch Rüstung und Schwert hat? Statt Pizarros Konquistadoren zu Ein-Mann-Militärmaschinen hochzustilisieren, sollte man vielleicht nach einer etwas simpleren Erklärung suchen.

Womöglich waren es nämlich gar nicht 170 Spanier, die das Inkareich erobert haben – jedenfalls nicht 170 Spanier allein. Es gibt versteckte, aber verräterische Hinweise in den Quellen und der auf ihnen basierenden Literatur. Der Inkageneral Quisquis griff Anfang 1534 mit rund 7000 Mann in zwei Kolonnen die kleine spanische Garnison in der strategisch gelegenen Stadt Jauja an. Die Koordination misslang, und die 1000 Mann starke Umgehungskolonne erreichte Jauja zuerst. Sie wurde an einer Brücke von »zehn leichten Reitern« und »einigen Armbrustschützen zu Fuß« zurückgeworfen, die dann über den Fluss hinweg zum Gegenangriff übergingen[574] – sagen wir 15 bis 20 Mann gegen 1000 oder ein Verhältnis von 1:65 bis 1:50.

So weit alles wie von Cajamarca über Vilcashuamán bis Cuzco bereits bekannt. Als allerdings am nächsten Tag Quisquis' Hauptmacht aus der anderen Richtung eintraf, traten ihr »zwanzig leichte Reiter und zwanzig Fußsoldaten *mit zweitausend befreundeten Indianern* entgegen«.[575] Diese Verbündeten reduzierten das Zahlenverhältnis auf glaubwürdigere 1:3. Dass 2000 Indianer als Masse mit einer Speerspitze von 40 wild entschlossenen, schwer bewaffneten und voll gerüsteten Konquistadoren 6000 Peruaner zurückwerfen konnten, noch dazu in der Defensive in einem Gebirgstal, das kann man sich durchaus vorstellen.

Bei den »befreundeten Indianern« handelte es sich um die lokale Ethnie der Huanca, die sich gegen die Inka-Herrschaft auflehnten und deshalb auf die Seite der Spanier traten. Und das ist der entscheidende Faktor: Pizarro fiel mit dem Spielerglück des großen Abenteurers just zu dem Zeitpunkt in Peru ein, als das Inkareich am Abschluss eines Bürgerkrieges stand. Nach dem Seuchentod des Inkas Huayna Capac war die Nachfolge zwischen dem Armeebefehlshaber Atahualpa und seinem Bruder Huascar strittig; Atahualpa triumphierte kurz vor der Ankunft der Spanier, aber das Reich war zerrissen, und die Wunden, die Atahualpas Rachefeldzüge geschlagen hatten, waren noch offen. Es brauchte für viele Anhänger Huascars (den Atahualpa hinrichten ließ, als er selbst bereits Cortés' Gefangener war) und für lokale ethnische Gruppen, die der Inkaherrschaft ohnehin ablehnend gegenüberstanden, wenig, um die Spanier als willkommene Verbündete zu begrüßen.[576]

Es kann mithin keine Rede davon sein, dass 170 Spanier das Inkareich erobert haben. Sie hatten nur das Glück, als signifikanter politischer Faktor nicht zuletzt infolge ihres kühnen Handstreiches gegen Atahualpa und aufgrund der militärischen und psychologischen Bonuswirkung ihrer modernen Waffen und ihrer Pferde in einem peruanischen Bürgerkrieg das Zünglein an der Waage spielen zu dürfen. Ihr Sieg war nicht direkt ein militärischer, sondern vielmehr eine politische Manipulation der militärischen Machtverhältnisse. Alle Logik spricht dafür, dass die absurden Zahlenverhältnisse, die bis heute nachgebetet werden, neben maßloser Übertreibung der Gegnerstärke einfach dadurch zustande gekommen sind, dass die Spanier in großer Zahl indigene Verbündete hatten. Dass sie von denen nicht gerne sprachen,[577] sondern lieber an der Legende strickten, dass mit der Gnade Gottes eine Handvoll Spanier 100000 Indianer besiegen konnte, ist für den Historiker bedauerlich, aber menschlich verständlich. Es gab gegenüber der spanischen Öffentlichkeit keinen Grund, die indigene Kooperation zu erwähnen. »Zweitausend befreundete Indianer« ist eine Art freudscher Versprecher. Mit ähnlich nonchalanter Inkonsistenz sprach Pedro de Alvarado, ein Weggefährte von Cortés, wenn er über Gefechte in der Eroberung Mexikos schrieb, mal nur von seinen 250 Spaniern, um bei nächster Gelegenheit beiläufig 5000 bis 6000 indianische Verbündete zu erwähnen. Matthew Restall stellt dazu fest:

»Es gibt keinen Zweifel, dass die Spanier auf dem Schlachtfeld durchgängig den indigenen Feinden zahlenmäßig unterlegen waren. Aber was so oft ignoriert oder vergessen worden ist, ist der Umstand, dass die Spanier ihren indigenen Verbündeten zahlenmäßig meist ebenso unterlegen waren.«[578] Auch Mexiko wurde daher nicht von 500 Spaniern erobert (die ohnehin eher 1500 waren). Das Aztekenreich war, wie das der Inkas, eine nicht allzu stabile Hegemonialstruktur, in der zahlreiche Teilgesellschaften ihre erst kurze Zeit zurückliegende Einbindung noch nicht verwunden hatten und neue Bündnispartner – zumal solche mit Feuerwaffen, Stahlrüstungen und Pferden – enthusiastisch begrüßten. Die Eroberung Mexikos entschied sich in dem Moment, als der zweitmächtigste Stadtstaat, Tlaxcallan, ein Bündnis mit Cortés einging. Die Azteken wurden von Hunderttausenden ihrer indigenen Nachbarn und Vasallen zu Fall gebracht, denen die Konquistadoren, die weniger als 1 Prozent der verbündeten Armeen ausmachten, lediglich als Schocktruppe dienten.[579]

Und dieses Muster ist verallgemeinerbar, schon deswegen, *weil* die Nachfolger von Cortés und Pizarro (und jeder koloniale Eroberer auf Jahrhunderte hinaus sah sich irgendwie in deren Nachfolge) fortan überall nach der indigenen Spaltung suchten, nach den örtlichen Tlaxcalteken, die sich gegen die jeweilige Vormacht in Stellung bringen ließen.[580] Und sie fanden sie – jedes Mal. Kein indigener Staat in der Neuen Welt – und was das betrifft, kaum einer in der übrigen außereuropäischen Welt – war so stabil, keine Herrschaft so unbestritten legitim, dass sich nicht Gruppen gefunden hätten, die in der Ankunft schwer bewaffneter, offenbar gewaltgewohnter fremder Abenteurer die Chance sahen, die Karten neu zu mischen. War es nicht eine kürzlich unterworfene Ethnie oder eine aufstiegswillige soziale Gruppe, so war es eine Machtpartei bei Hofe, oder – ganz häufig – ein Konkurrent um den Thron. Und ließ sich ein Staat einmal nicht spalten, so hatte er jedenfalls neidische Nachbarn, die sich gerne gegen ihn verbündeten. Ein Bürgerkrieg oder ein Machtkonflikt findet sich fast überall.[581]

Dass die willigen Alliierten der Imperien dabei ein Bündnis mit dem Teufel eingingen, versteht sich. Denn sosehr sie anfänglich profitiert haben mögen:[582] Nach dem Wegfall des lokalen Hegemons oder jedenfalls nach dem Ende ihrer Nützlichkeit wurden sie regelmäßig das nächste Opfer,[583] wie beispielsweise in Brasilien, wo es geradezu ein erklärtes Patentrezept der Kolonisten war, eine Indianergruppe gegen die andere aufzuhetzen, um dann das Land der durch den Kampf geschwächten Verbündeten zu besetzen, notfalls mit Hilfe der ursprünglichen Gegner.[584] Zwar hatte die Undankbarkeit der Imperien nicht immer gleich die völlige Unterwerfung der vormaligen Freunde zur Folge. Sie konnte auch wachsende Unselbstständigkeit und langsame Unterwanderung bedeuten, wie im Fall der mit der britischen Ostindiengesellschaft alliierten indischen Fürstenstaaten.[585] Aber nur selten machten die Verbündeten der Imperien auf Dauer ein gutes Geschäft.

Die Kooperation von Untergruppen oder Individuen zahlte sich häufig schon deswegen nicht aus, weil die Siedler und Militärs der Imperien an der Peripherie im Krisenfall oder jedenfalls danach zur Kollektivstrafe griffen und zwischen Freund und Feind nicht mehr unterscheiden wollten. In der Niederschlagung des Puebloaufstandes brannten die Spanier zuerst die Pueblos im Süden Neumexikos ab, die mit ihnen im Frieden lebten oder zumindest neutral geblieben waren, allein weil die das leichteste Ziel abgaben.[586] Nach dem Sieg über die Creek 1814 verloren die mit den USA verbündeten Lower Creek ihr Land ebenso wie die Upper Creek, die gegen sie gekämpft hatten.[587] Mit dem Apachenführer Geronimo wurden 1883 auch gleich die Apachenscouts nach Florida deportiert, die der US-Armee geholfen hatten, ihn gefangenzunehmen.[588] In Süd- wie in Nordamerika wurden häufig die Indianer, die sich mit den Kolonialmächten gut stellten, schon deswegen im Krisenfall die ersten Opfer von Siedlergewalt, weil man ihrer leichter habhaft werden konnte: Sie lebten nahe den europäischen Stützpunkten und hatten scheinbar keinen Grund, bewaffnet und argwöhnisch zu sein. Den Skalps, die gegen Prämien bei den Behörden abgeliefert wurden, sah man nicht an, dass sie häufig von Menschen kamen, die leichtsinnigerweise geglaubt hatten, mit dem Imperium im Frieden zu leben.[589]

Durch die Bank haben die indigenen Bündnispartner die Imperien unterschätzt, weil sie meist keinerlei Vorstellung davon hatten, wie unbedingt der Beherrschungswille der anfangs zahlenmäßig ja nicht sehr eindrücklichen Neuankömmlinge war, wie sehr er die lokalen diplomatischen Gebräuche und Machtstrukturen sprengte, und vor allem, welche ungeheuren Ressourcen, welche Stabilität von Herrschaft dahinter standen. Der dauerhafte, kompromisslose Eroberungswille[590] des ewigen imperialen Staates war in dem Häuflein Konquistadoren selbst mit viel Phantasie nicht erkennbar.[591] Das von

Cortés verfolgte Ziel völliger Unterwerfung und territorialer Herrschaft über Mexiko überstieg offenbar das Vorstellungsvermögen der mexikanischen Eliten, die in der Balance loser Hegemonialsysteme dachten.[592] Und auch später noch, als die Europäer mit großen Armeen kamen, hat ihre skrupellose Bereitschaft, etablierte Systeme umzustürzen und rücksichtslos die Vorherrschaft anzustreben, das kulturelle Fassungsvermögen vieler indigener Gegnergesellschaften überfordert, wie Dirk Kolff für die britische Eroberung Indiens um 1800 ausführt: »Während die Briten die Unterwerfung und Entwaffnung der indischen Fürsten und Warlords anstrebten, konnten diese sich Militärunternehmungen nur als Mittel zur Überarbeitung der Bündnissysteme vorstellen, die seit je das Wesen indischer Politik ausgemacht hatten.«[593]

Man hat im Zusammenhang mit indigenen Bündnissen mit den Imperien gerne von der »Uneinigkeit«[594] der indigenen Bevölkerung gesprochen. Nicht nur ist das eine *post-festum*-Erkenntnis, die sich noch dazu aus einer Idealisierung des modernen Nationalstaates speist, sondern der moralisierende Unterton ist auch wenig hilfreich für das Verständnis der Eroberungssituation. Die Imperien drangen als Außenstehende in etablierte regionale Diplomatiesysteme, Macht- und Hegemonialstrukturen ein, in denen sie ein fremder und zunächst peripherer Faktor waren. Die eigenen Konfliktlinien waren den Akteuren vor Ort vertraut und erheblich relevanter als das Verhältnis zu den Neuankömmlingen.[595] Ein Konzept indigener Solidarität gegenüber dem neuen Machtfaktor zu entwickeln, hätte erfordert, alles machtpolitische Denken schlagartig auf die neue Situation auszurichten, und dazu gab es für die Akteure meist keinen unmittelbar erkennbaren Anlass.[596] Für einen Tlaxcalteken war ein Spanier nicht auf Anhieb fremder und auf jeden Fall nicht gefährlicher als ein Azteke.[597] Soweit die Konquistadoren überhaupt als wesentlicher Machtfaktor wahrgenommen wurden, waren sie in einer fragilen Machtbalance vor Ort eher eine Chance als eine Bedrohung. In jedem Fall galt es zu verhindern, dass sie sich mit dem indigenen Gegner zusammentaten.[598] Die nordamerikanischen Indianer des 18. Jahrhunderts, die bereits länger in Kontakt mit den Imperien waren, waren schon etwas gewitzter und zogen es vor, Allianzen mit der jeweils lokal schwächeren Macht einzugehen.[599] Die Arikara, Pawnee und Crow verbündeten sich in den 1870er Jahren nicht aus Mangel an innerindianischer Solidarität mit der US-Armee, sondern weil sie ein halbes Jahrhundert lang vom expansiven Imperium der Sioux auf den großen Ebenen geplündert und unterdrückt worden waren. Für sie waren die Vereinigten Staaten ganz real der weniger gefährliche Nachbar.[600] Es brauchte lange Zeit, oft Jahrhunderte, bis sich die Notwendigkeit intraindigener Allianzen gegen die Imperialmacht abzeichnete, und in manchen Fällen war es dann schon zu spät.[601]

Als Vorwurf also taugt die »Uneinigkeit« der Gegner der Imperien wenig. Analytisch kann man natürlich festhalten, dass die außereuropäische Welt verglichen mit den auf moderne westliche Staaten zentrierten Imperien auf weite Strecken geradezu atomisiert war – eine Handvoll vergleichsweise instabiler Großreiche und fragiler Hegemonialstrukturen, wenige und meist kleine und heterogene Staaten und unzählige nichtstaatliche Gruppen, die miteinander oft im Dauerkampf lagen. Diese Welt war eminent spaltbar, oder vielmehr, sie war bereits gespalten, bevor die Imperien die Bühne betraten und die Ausnutzung der Spaltung zum Regelinstrument der Expansion machten. Der Imperativ der Herrschaft Weniger über Viele, »divide et impera«, suggeriert ein Übermaß manipulativer Macht, das der Realität vor Ort oft Unrecht tut. Fast jeder Imperialkrieg war lokal zuallererst, und oft für lange Zeit, ein intraindigener Bürgerkrieg.

Durch die Bank basierte die imperiale Durchdringung der Welt auf der Ausbeutung innerindigener Konflikte – und auf indigener Manpower.[602] Das lässt sich durch die Jahrhunderte der europäischen Expansion mit Zahlen belegen. Spanier, Portugiesen und Holländer setzten in der Frühen Neuzeit in Amerika wie in Asien routinemäßig Armeen ein, die aus einigen Dutzend bis wenigen Hundert Europäern einerseits und aus vielen Tausenden, mitunter auch 10 000 bis 20 000 indigenen Verbündeten oder Hilfstruppen andererseits bestanden – noch ungerechnet Träger und Sklaven.[603] Man fragt sich mitunter geradezu, wer eigentlich wessen Hilfstruppen waren.

Die Massenarmeen, die in Indien ab dem 18. Jahrhundert zum Einsatz kamen, bestanden ganz überwiegend aus Sepoys. Schon 1783 verfügte die britische Ostindiengesellschaft über mehr als 100 000 Mann, von denen 90 Prozent auf dem Subkontinent rekrutiert waren.[604] In der Schlacht von Baksar (Buxar) 1764, die ihnen die Herrschaft über Bengalen sicherte, stellten die Briten 900 Europäer und 7000 Sepoys ins Feld.[605] Im 19. Jahrhundert blieb das Zahlenverhältnis für Indien insgesamt grob in dieser Größenordnung von 1:5 bis

1:6. 1808 kamen 25000 britische auf 155000 indische Soldaten; kurz vor Beginn des Indischen Aufstandes 1857 waren es 45000 auf 232000. Nach dem Aufstand wurde der europäische Truppenanteil aber drastisch angehoben, »um die Wächter der britischen Herrschaft zu bewachen«, so David Omissi. 1863 standen 62000 europäische Soldaten 125000 Sepoys gegenüber, und diese Relation von 1:2 blieb trotz des Anwachsens der indischen Armee bis ins 20. Jahrhundert so, wo sie dann langsam wieder auf 1:3 absank.[606] Dieser relativ hohe Anteil europäischer Truppen machte – natürlich als Folge des Aufstandes – Indien in der Imperialgeschichte relativ einmalig.

Die militärische Durchdringung Afrikas Ende des 19. Jahrhunderts beruhte ebenfalls im großen Stil auf indigenen Truppen. Allenfalls gab es einen harten Kern europäischer Einheiten, vor allem in Französisch-Westafrika (10–20 Prozent),[607] aber im Regelfall waren nur die Kader Europäer – typisch etwa die belgische Force Publique im Kongo mit am Vorabend des Ersten Weltkrieges 18000 Mann unter 400 europäischen Offizieren und Unteroffizieren.[608]

In der Karibik rekrutierten alle Imperien in großem Umfang Hilfstruppen und reguläre Einheiten unter der afrikanischstämmigen Bevölkerung, sowohl zur Aufstandsbekämpfung als auch für den interimperialen Konflikt während der Revolutions- und Napoleonischen Kriege 1792–1815.[609] Etwas anders sah es in Nordamerika aus, wo es mangels starker Siedlerpräsenz[610] vor allem die Franzosen waren, deren Imperium und deren Kriegführung auf Allianzen mit der indigenen Bevölkerung basierte.[611] Der Hinterhalt, in dem 1755 Braddocks Armee zugrunde ging, wurde entsprechend von 100 französischen Soldaten mit 150 kanadischen Siedlern und über 600 Indianern gelegt.[612] Aber dann ist Nordamerika im 18. Jahrhundert ohnehin ein Sonderfall, weil es hier vor allem die Konfrontation der Imperien war, die für den Einsatz metropolitaner und starker Siedlertruppen verantwortlich war.[613]

Insgesamt waren die meisten älteren Siedlerkolonien auf transkulturelle Bündnisse und indigene Manpower zumindest langfristig weniger angewiesen. Je stärker das demografische Übergewicht der Europäer ausgeprägt war, desto mehr konnten sie auf indigene Kooperation verzichten. Das heißt nicht, dass es in Siedlungskolonien transkulturelle Allianzen mit der Imperialmacht nicht gegeben hätte. Ob man es brauchte oder nicht, ein Bündnis war immer billiger und zumindest temporär hilfreicher als eine indigene Einheitsfront. Aber die Neuenglandkolonien im 17. Jahrhundert misstrauten indianischen Verbündeten, und die Briten in Nordamerika setzten sie im 18. Jahrhundert zumindest deutlich zögerlicher und in geringerem Umfang ein als die Franzosen (mit Ausnahme des amerikanischen Revolutionskrieges).[614] Auch die neuen Vereinigten Staaten kamen im Westen meist ohne indigene Hilfstruppen und immer ohne regelrechte Kolonialtruppen aus. Zwar gab es in der US-Armee in der Endphase der Indianerkriege in geringem Umfang Versuche mit Kompanien von Indianerscouts, die aber schnell wieder aufgegeben wurden.[615]

In den Neuseelandkriegen spielten 1000 Maori, die für die Krone kämpften, angesichts von 17000 metropolitanen und imperialen Truppen allenfalls eine untergeordnete Rolle.[616] Ein analytisch besonders verwirrender Fall ist der Südafrikanische Krieg, in dem für die britische Armee zuletzt 5500 Buren fochten (immerhin ein Drittel so viele als noch gegen sie im Feld standen) und 120000 Afrikaner – aber 14000 Afrikaner kämpften *für* die Buren *gegen* die Briten.[617] Zu Abstrichen vom Prinzip der Eroberung durch Stellvertretung führten auch gelegentlich Ende des 19. Jahrhunderts, als derlei Dinge zählten, Vorstellungen, das Prestige des weißen Mannes erfordere einen Sieg weißer und eben nicht farbiger Truppen, die unter anderem den hohen Anteil metropolitaner Truppen im Ashantikrieg 1873/74 bestimmten und den Einsatz italienischer Wehrpflichtiger in Äthiopien.[618] Ähnliches bewegte offenbar den US-General Nelson Miles, der die Indianerscouts abschaffte, damit weiße Truppen im Westen siegen konnten.[619]

Der Einsatz indigener Manpower war in vieler Hinsicht ein sehr ökonomisches System, fast ein Selbstläufer, wie in Indien,[620] das sich nach John Robert Seeley »selbst erobert« hat,[621] oder das frühe Spanisch-Amerika, über das Philip Powell schrieb: »In einem sehr realen Sinn waren die Indianer Amerikas die Eroberer – oder Zerstörer – ihrer eigenen Welt, zum Vorteil der europäischen Eindringlinge. Ein ums andere Mal wiederholte sich die Geschichte: Indianer unterwarfen andere Indianer, um es Europäern zu ermöglichen, große Gebiete der Neuen Welt zu kontrollieren. Ein großer, wenn nicht der größte Teil der europäischen Eroberung Amerikas wurde unterstützt und begünstigt durch Indianer, die gegen ihre eigene Rasse fochten – ein Kampf, der von einer Handvoll weißer Männer überwacht wurde, die geschickt von den seit Langem bestehenden Rivalitäten zwischen den Eingeborenen oder von der Grundfeindschaft zwischen nomadischen und sesshaften Indianervölkern profitierten.«[622] Ebenso sah es in Afrika aus, so David Killingray: »Tatsächlich wurde der größte Teil Westafrikas erobert, unterworfen und überwacht von schwarzen Armeen, die von einer Handvoll Europäer geführt wurden.«[623]

Wenig entsprach so sehr der übergreifenden imperialen Ratio, dass Peripherien sich vor allem lohnen und wenig kosten sowie das Mutterland möglichst wenig betreffen sollten, wie die Eroberung durch Stellvertretung. Die indigene Bevölkerung stellte die Masse jeder imperialen Armee, die wenigen Europäer bildeten die Sturmtruppe,[624] die »Speerspitze«,[625] die »Schneide«,[626] den »disziplinierten, uniformierten Kern der Gewalt«.[627] Dabei bestand der Vorteil der indigenen Manpower nicht allein darin, dass sie in großer Zahl vor Ort vorhanden, anspruchslos[628] und vergleichsweise billig war,[629] was der Logik des imperialen Systems entsprach.[630] Verbündete waren außerdem akklimatisiert und für Tropenkrankheiten deutlich weniger anfällig (was in Westindien und Westafrika entscheidend war).[631] Sie waren ortskundig und mit Terrain und Naturbedingungen, lokalen Sitten und Gewalttraditionen vertraut, denen die Europäer oft recht unverständig, wenn nicht gar hilflos gegenüberstanden: Sie waren indigene Spezialisten für den Imperialkrieg.[632] Und, unter dem Aspekt *divide et impera* sehr wichtig: Ihre Zusammenarbeit mit dem Imperium stabilisierte die Fremdherrschaft und entzog jedem Konzept intraindigener Solidarisierung gegen sie ein Stück weit die Legitimation.[633] Davon zu schweigen, dass jeder, der vor Ort *für* das Imperium kämpfte, nicht *gegen* es kämpfen konnte.[634]

Mit der Etablierung der imperialen Präsenz durchliefen die indigenen Verbündeten der Imperien Entwicklungsstufen abnehmender Selbstständigkeit.[635] Sie begannen als Verbündete auf Augenhöhe und mit eigenen politischen Zielen, solange die Imperialmacht schwach war. Wurde das Imperium vor Ort stärker, büßten sie zunehmend ihre Verhandlungsposition ein und sanken auf den Status von irregulären Hilfstruppen herab – in eigenen, ethnisch homogenen Verbänden kämpfend, aber nicht mehr für kollektive politische, sondern allenfalls noch für persönliche wirtschaftliche Ziele, wie die Plünderung gegnerischer Ressourcen.[636] Am Ende stand der im Kontingent oder sogar ganz individuell rekrutierte reguläre Kolonialsoldat, der als Söldner in europäisch ausgebildeten und geführten, oft bewusst ethnisch gemischten Truppenteilen diente.[637] Das Modell dafür gaben die Sepoys der französischen und dann vor allem der britischen Armee in Indien ab.[638] Dass mit dieser Regularisierung der indigenen Soldaten ihre individuellen Qualitäten als lokale Gewaltspezialisten zwangsläufig weitgehend verloren gingen, führte vor allem angesichts von auf Geländekenntnis gestützten Guerillakriegen ihrer indigenen Gegner später mitunter zu interessanten Diskussionen im kolonialen Militär.[639]

Sosehr der Kolonialsoldat übrigens eine Stütze des imperialen Systems war, so eifrig wurde ihm misstraut, und das nicht erst seit der Sepoymeuterei, die 1857 im großen Indischen Aufstand resultierte. Neben einem im 19. Jahrhundert sich verdichtenden Rassismus ist natürlich dieses Misstrauen der Grund dafür gewesen, dass Kolonialsoldaten meist Unteroffiziere, aber selten Offiziere werden durften (und dann meist nur Subalterne[640]); dass ihnen moderne Feuerwaffen und zumal Maschinenwaffen vorenthalten wurden (die Ausnahme war offenbar die Force Publique im belgischen Kongo[641]); und vor allem dafür, dass sie gerne heimatfern eingesetzt wurden.[642] Insbesondere war diese Geisteshaltung für die Obsession des imperialen Militärs mit sogenannten »Kriegerrassen« verantwortlich, worunter faktisch meist Gruppen von der Peripherie der Peripherie verstanden wurden: Hinterwäldler, die dem imperialen System fernstanden, von seinen Städten und seinen Herrschaftskonflikten unberührt waren und deswegen zu seinen willigen Büttein wurden – eine pragmatische Herrschaftslogik, die aber mit rassischen Stereotypen und romantischen Fantasien über unberührte Naturvölker kaschiert wurde.[643] Abstriche von diesen Vorsichtsmaßnahmen machten die Imperien häufig erst gegen Ende ihrer Herrschaft, als auf indigenen Nationalismus Rücksicht zu nehmen war und im Zeitalter der Weltkriege und des Kalten Krieges äußere Gefahren indigene Massenarmeen in den Kolonien zu erfordern schienen.[644]

Mitunter wurden Kolonialtruppen noch stärker in das imperiale Militärsystem hineingezogen und wurden zu Imperialtruppen – zur Manpowerreserve eines Imperiums für den Einsatz jenseits ihres Herkunftsgebietes.[645] Das Paradebeispiel ist die britisch-indische Armee, die »Fremdenlegion des Empires«[646] für den ganzen Raum des indischen Ozeans (auch wenn die Hindus in der bengalischen Armee religiöse Vorbehalte gegen Seereisen hatten, was zum Beispiel vor dem Burmakrieg 1825 zu Militärstreiks führte[647]), die in zwei

Weltkriegen vom Mittelmeer bis nach Ostasien für Großbritannien gekämpft hat;[648] und in dieser insbesondere die nepalesischen Gurkhas, die bereits an der Niederschlagung des indischen Aufstands beteiligt waren.[649] Aber auch Afrika war ein wichtiges Mannschaftsreservoir für das Empire: 120 000 Afrikaner waren im Zweiten Weltkrieg in Asien eingesetzt, und nach dem Wegfall des indischen Rekrutierungspools wurde kurzfristig die Errichtung einer stehenden afrikanischen Imperialarmee diskutiert.[650] Schon im frühen 19. Jahrhundert verwendete das britische Empire in Westafrika afrikanischstämmige Soldaten aus der Karibik, und zwar wegen ihrer verglichen mit europäischen Truppen erheblich geringeren Seuchenmortalität.[651]

Das späte spanische Imperium nutzte Filipinos als imperiale Hilfstruppe.[652] Soldaten aus Moçambique dienten Anfang des 20. Jahrhunderts in allen portugiesischen Kolonien bis nach Ostasien.[653] Die Franzosen setzten ihre Kolonialtruppen nicht nur auf anderen Kontinenten ein, vornehmlich in Asien, sondern regelmäßig in Großkriegen auf dem europäischen Kriegsschauplatz, so schon 1870 wie auch in beiden Weltkriegen[654] (215 000 allein im Ersten, für den die Rekrutierung der westafrikanischen Tirailleurs Sénégalais eigens um 1300 Prozent gesteigert wurde, von 13 000 auf 180 000[655]) und übrigens in der Zwischenkriegszeit als Besatzungstruppe im Rheinland.[656] Nach 1945 sorgten sich die Imperien dann allerdings auch, dass die Abhängigkeit von indigener Manpower in den Weltkriegen und vor allem deren Einsatz gegen europäische Kriegsgegner zur Unterminierung des Prestiges des weißen Mannes beigetragen haben könnte. Der Zusammenbruch der Kolonialreiche gab dafür das *quod erat demonstrandum* ab.[657]

Es gab aber schon Beispiele für den transkontinentalen Einsatz imperialer Verbündeter oder Hilfstruppen lange vor der Etablierung formeller überseeischer Imperialarmeen: An der portugiesischen Eroberung Melakas (Malakkas) 1511 nahmen indische Söldner teil,[658] und Sklavenkrieger aus Westafrika verteidigten 1622 die portugiesischen Besitzungen Ormuz und Macao.[659] Tupi aus Brasilien kämpften in Angola und El Salvador für Holland,[660] mittelamerikanische Indianer in Peru und sogar auf den Philippinen für Spanien,[661] und Manco Inka schickte nach seinem Bündnis mit Pizarro 12 000 Mann unter spanischem Befehl nach Chile.[662]

Bündnisse mit der Imperialmacht bestimmten das imperiale System und die organisierte Gewaltanwendung in seinem Rahmen bis zum Schluss, bis in die Zeit, als transethnische, protonationale Unabhängigkeitsbewegungen der Kolonialherrschaft und damit auch der indigenen Zusammenarbeit mit ihr zunehmend die Legitimation zu entziehen begannen.[663] Das stereotype Gegenmittel der Imperien bestand darin, Widerstandsbewegungen propagandistisch zu tribalisieren, um ihnen den Charakter einer legitimen Nationalbewegung abzusprechen, oder sie politisch zu delegitimieren (etwa im Kalten Krieg als Kommunisten).[664] Und oft zunächst erfolgreich: Insbesondere sozialkonservative Bevölkerungsschichten zogen nicht selten die paternalistische imperiale Ordnung den radikalen Vorstellungen sozial oft marginaler Nationalbewegungen vor, zumal wenn diese auf Terror als Überzeugungsinstrument setzten.[665] Noch mehrheitsfähiger wurde die Zusammenarbeit mit dem Imperium, wenn dieses seine Absicht kundtat, zu einem späteren Zeitpunkt die Unabhängigkeit zu gewähren. Dann ging es nicht mehr um die Unterstützung einer Fremdherrschaft, sondern um den Kampf für eine gemäßigte statt einer radikalen Variante des Nationalismus.[666]

Entsprechend waren auch die Dekolonisationskriege primär intraindigene Bürgerkriege, in denen lokale Akteure eigene politische Ziele verfolgten und die Imperien bei allem Aufwand, den sie mitunter für die größeren dieser Konflikte trieben, lokal vor allem das Zünglein an der Waage waren.[667] Von den etwa 375 000 Mann, die im Sommer 1953 in Indochina für Frankreich kämpften, kamen nur rund 80 000 (21 Prozent) aus dem Mutterland. 66 000 (18 Prozent) waren Afrikaner und Fremdenlegionäre – mithin Imperialtruppen. Die Masse aber, fast 230 000 (61 Prozent), waren Vietnamesen, Laoten und Kambodschaner, die für ihre eigene Vision Indochinas ins Feld zogen.[668] Ähnlich sah es im selben Jahr in Malaya aus.[669] In Algerien standen mindestens 1,5 der 9 Millionen Muslime auf Seiten Frankreichs, und 1961 trugen tatsächlich mehr Algerier für Frankreich Waffen als für die Unabhängigkeitsbewegung[670] – auch wenn dieser Krieg mehrheitlich von mutterländischen Wehrpflichtigen ausgetragen wurde: Von 415 000 Mann in Algerien im Herbst 1957 waren 86,1 Prozent Franzosen.[671] Dasselbe galt schon vorher für den indonesischen Unabhängigkeitskrieg, in dem zwei Drittel der 140 000 holländischen Truppen der regulären Armee und nur ein Drittel der Kolonialarmee angehörten, von der ihrerseits nur 60 Prozent indigen rekrutiert waren – was aber immer noch heißt, dass fast 30 000 Indonesier gegen die Unabhängigkeit fochten, und außerhalb Javas und Sumatras fast nur diese.[672] Auch der Vietnamkrieg wurde nicht primär von der US-Armee geführt; ihren gut 500 000 Mann entsprach eine südvietnamesische Armee, die 1970 eine Million stark war.[673] In den portugiesischen Kolonien in Afrika kämpften Anfang der 1970er Jahre neben 150 000 mutterländischen Soldaten noch einmal so viele indigene Hilfstruppen.[674] Auf die rund 100 000 Mann, die die Sowjetunion nach Afghanistan schickte, kam mindestens die doppelte Zahl von Truppen, die das sozialistische Regime in Kabul unterhielt.[675] Tatsächlich kann man noch über jüngste Konflikte wie den Afghanistan- und den Irakkrieg sagen, dass sie primär indigene Bürgerkriege mit Einmischung der Kernmächte des westlichen Weltsystems sind. Bündnisse und Hilfstruppen spielen in diesen Konflikten eine ebenso große Rolle wie in früheren Jahrhunderten.[676]

Allerdings waren Bündnisse nicht allein die Prärogative der Imperien. Wie bereits gesehen, gab es wiederholt intraindigene Allianzen, teils großen Umfanges und überregionaler Bedeutung, auch wenn sie sich auf Dauer meist als heterogen und labil erwiesen, nicht zuletzt, weil sie oft eine späte Reaktion auf eine seit Langem etablierte imperiale Vorherrschaft waren.

Ungleich wichtiger aber war es für indigene Gesellschaften im Kampf mit Imperien, wenn sie einen mächtigeren Bündnispartner fanden: andere westliche Mächte. Das war vor allem in Gegenden und Zeiten intensiver und offener Konkurrenz zwischen den Imperien der Fall.[677] Klassische Beispiele sind Nordamerika und Süd- und Südostasien im 17. und 18. Jahrhundert, wo sich Briten und Franzosen, Spanier und Holländer erbitterte Machtkämpfe lieferten, die indigenen Gesellschaften große Handlungsspielräume eröffneten.[678] Aber es gab auch andere Fälle, wie den holländisch-portugiesischen Krieg um Brasilien Ende des 17. Jahrhunderts, der die Indianer scheinbar von ihrer wehrlosen Auslieferung an Portugal befreite, allerdings nur temporär und mit nachfolgender blutiger Rache für ihren »Verrat« – abgesehen davon, dass die Holländer sie während ihrer kurzen Herrschaft letztlich nicht anders behandelten als vorher die Portugiesen.[679]

In den beiden Weltkriegen des 20. Jahrhunderts konnten antikoloniale Aufstandsbewegungen sich an die Mittel- bzw. Achsenmächte anlehnen, deren Unterstützung aber vor allem in den 1940er Jahren eher hypothetisch war.[680] Wirksamere Bündnisoptionen bot der Kalte Krieg, als die beiden Blöcke um Klientelregime in der Dritten Welt konkurrierten und damit ihren indigenen Gegnern in Imperialkriegen jeweils fast automatisch ein starker Bündnispartner zur Verfügung stand.[681] Gleichzeitig sorgte ab 1945 die Bühne der Vereinten Nationen dafür, dass Dekolonisationskonflikte nicht mehr automatisch als innere Konflikte und damit als Angelegenheit einer einzelnen Kolonialmacht galten.[682]

Vom Anfang des 19. bis zur Mitte des 20. Jahrhunderts allerdings war es die Regel, dass die Imperien sich ihre peripheren Einflusssphären nicht aktiv streitig machten und darauf verzichteten, die »Eingeborenen« gegen die westliche Konkurrenz aufzuhetzen. Faktisch ergab sich damit für große Teile der nichteuropäischen Welt die Monopolisierung der Außenbeziehungen, die Johan Galtung als wesentliches Strukturmerkmal des Imperialismus beschrieben hat:[683] die völlige diplomatische Isolierung einer Peripherie.[684] Starke Bündnispartner waren der indigenen Seite so nicht mehr zugänglich, und die einzige diplomatische Option war das entmündigende Bündnis mit der Imperialmacht selbst, wenn man denn nicht gegen sie kämpfen wollte. Dieser Zustand trat für die nordamerikanischen Indianer zumindest östlich des Mississippis bereits Ende des 18. Jahrhunderts ein, als 1763 Frankreich und Spanien von der Bühne abtraten und dann 1783, endgültig 1795 mit dem Vertrag von Grenville, auch Großbritannien, sodass die indigene Bevölkerung auf Gedeih und Verderb den Vereinigten Staaten ausgeliefert war.[685] In der Inselwelt Indonesiens waren die indigenen Gesellschaften bereits im 18. Jahrhundert durch die Seemacht der Holländer von der Welt isoliert.[686] Der britisch-amerikanische »Bündnisimperialismus« ab 1898 überschrieb Lateinamerika praktisch der alleinigen Vorherrschaft der USA.[687] Auch im Kalten Krieg war es übrigens mit etwas Anstrengung durchaus möglich, zumindest kleinere Konflikte von der Weltöffentlichkeit abzuschirmen.[688]

In der Realität ging die Kooperation der Imperien untereinander manchmal sogar über die Nichteinmischung hinaus. Nicht nur gegenüber dem von einer einzelnen Macht praktisch nicht zu besiegenden China kam es zur aktiven Zusammenarbeit der Imperien gegen nichteuropäische Gesellschaften.[689] Auch in kleineren Kriegen, unter anderem in Afrika, leisteten die Imperien sich gegenseitig begrenzte Militärhilfe,[690] und zumindest in einigen Fällen kam es auch außerhalb Asiens zu multilateralen Kriegen, so Ende des 18. Jahrhunderts in Südbrasilien (wo aber zeittypisch sonst eher die Konkurrenz zwischen Portugal und Spanien mit entsprechenden Handlungsspielräumen für die Indianer die Regel war),[691] beim gemeinsamen Einsatz US-amerikanischer und mexikanischer Truppen gegen die Apachen in den 1870er Jahren,[692] 1926 bei der Zerschlagung des Rifstaates durch Frankreich und Spanien[693] (wobei das dabei eingesetzte Giftgas übrigens aus Deutschland kam[694]) sowie 1957/58 in der gemeinsamen Verteidigung der westafrikanischen Kolonien derselben Mächte gegen die Expansion Marokkos.[695] Und seit dem Ende des Kalten Krieges finden wir die Kernmächte der westlichen Welt tendenziell wieder im selben Lager vereint gegen Versuche von peripheren Staaten wie dem Irak, Afghanistan[696] oder Libyen, aus dem Weltsystem auszuscheren.

Politische Kriegführung

Die Problematik der Abgrenzung von Krieg und Frieden an der Peripherie, die Schwierigkeit, Konflikte militärisch zu lösen, und nicht zuletzt die Wichtigkeit lokaler Kooperation verweisen auf die große Bedeutung der politischen Sphäre für Führung und Entscheidung dieser Kriege. Denn letztlich waren selbst mit indigener Waffenhilfe größere Gebiete, zumal gegen nichtstaatliche Gegner in schwierigem Gelände, nicht in einem rein militärischen Sinne zu erobern und noch weniger dauerhaft besetzt zu halten. Der Aufwand dafür wäre prohibitiv gewesen. Keine Fremdherrschaft einer winzigen demografischen Minderheit über eine überwältigende Mehrheit – und das war die Realität der Kolonialherrschaft überall außer in einigen älteren Siedlungskolonien – ist dauerhaft vorstellbar ohne Kooperation zumindest eines signifikanten Teils der Beherrschten. Der koloniale Staat basierte angesichts der numerischen Schwäche seiner Administration und seiner Gewaltmittel vor allem auf Herrschaftsallianzen mit Teilen der indigenen Gesellschaft.[697]

Ziel jeden Imperialkrieges war daher letztlich die Schaffung von Bedingungen, die eine prinzipielle Anerkennung der westlichen Vorherrschaft ohne *permanenten* Gewalteinsatz ermöglichten – auch wenn diese Vorherrschaft fragil genug blieb, um in der Praxis den gelegentlichen *exemplarischen* Gewalteinsatz zu ihrer Unterstreichung zu benötigen: Durchherrscht wie ein westlicher Staat der Moderne war eine Kolonie nie.[698] Ausnahmen wie das für lange Zeit mit vergleichsweise großem administrativem und militärischem Aufwand von Großbritannien beherrschte Indien[699] bestätigen durch die hohe Rolle, die selbst dort Erzwingungsgewalt spielte,[700] die Regel; noch mehr aber durch den schnellen Zusammenbruch der Kolonialherrschaft gerade in Indien, sobald Mitte des 20. Jahrhunderts die gesellschaftliche Kooperation ausblieb.[701] Letztlich funktionierte Imperium an der Peripherie immer durch eine prekäre Balance aus Zuckerbrot und Peitsche, aus mehr oder weniger freiwilliger Kooperation von gesellschaftlichen Eliten oder einzelnen Ethnien einerseits und der permanenten Drohung mit sowie dem gelegentlichen demonstrativen Gebrauch von physischer Gewalt zur Unterstreichung der prinzipiellen und ultimativen westlichen Dominanz andererseits.[702]

Diese Balance aus politischen und militärischen Maßnahmen in der allgemeinpolitischen Sphäre ragte in den militärischen Bereich selbst auf zweierlei Weise hinein: einmal, wie gesehen, durch militärische Kooperation indigener Gruppen oder Individuen – als Verbündete, Hilfstruppen oder Kolonialtruppen – und zum anderen durch flankierende politische Maßnahmen für militärische Operationen – mithin durch politische Kriegführung. Mit politischer Kriegführung versuchte das Militär auf verschiedenste Weise, die politischen Bedingungen für einen militärischen Sieg zu schaffen; für einen Sieg, der im Imperialkrieg mangels Mitteln und Möglichkeiten sonst oft nicht oder jedenfalls nicht schnell zu erringen war.

Zweierlei Missverständnissen gilt es hinsichtlich politischer Kriegführung in Imperialkriegen aus dem Weg zu gehen. Das eine Problem geht mit dem modernen Etikett für politische Kriegführung, Counterinsurgency, einher, insbesondere mit dem im Malayischen Aufstand vom britischen Militär dafür geprägten Slogan vom »winning the hearts and minds«[703] der indigenen Bevölkerung. Das ruft irgendwie die Vorstellung ab, das Ziel politischer Kriegführung sei, ein kooperatives Verhältnis mit der Zivilbevölkerung herzustellen, ihre Kultur zu verstehen, sie durch Freundlichkeit zu gewinnen und von der wohlwollenden Nützlichkeit der Kolonialherrschaft zu überzeugen. Diese Annahme wäre nicht nur unrealistisch, sondern ginge auch am Aufgabenprofil und am Selbstverständnis des Militärs vorbei. So verstanden, wäre politische Kriegführung ein langwieriger administrativer und sozialer, nicht ein kurzfristiger militärischer und politischer Prozess und könnte nicht ernst gemeint und damit glaubwürdig sein, ohne die Fremdherrschaft insgesamt infrage zu stellen.

Geht man an die Wurzel der Überlieferung des Schlagwortes von den »hearts and minds« – und im erkennbaren Kern stammt es nicht aus Malaya und auch nicht von der indischen Nordwestfrontier,[704] wohl aber aus dem britischen Offizierkorps –, so wird die Doppelnatur der politischen Kriegführung deutlich. Im Amerikanischen Unabhängigkeitskrieg sprach der britische Oberbefehlshaber, Sir Henry Clinton, von der Notwendigkeit, »to gain the hearts & subdue the minds of America«,[705] die Herzen zu gewinnen *und den Verstand zu unterwerfen*. Das klingt schon weniger idyllisch. Politische Kriegführung ist, wie imperiale Vorherrschaft und koloniale Herrschaft insgesamt, die Kombination aus Zuckerbrot und Peitsche. Bei Counterinsurgency geht es, abseits aller Mythenbildung von wohlwollender militärischer Entwicklungshilfe, darum, eine Fremdherrschaft oder jedenfalls Vorherrschaft politisch so tragbar zu machen, dass das Militär den Rest tun kann, das heißt die Durchsetzung punktuell erzwingen.

Spezifischer ist das Ziel von Counterinsurgency, eine transethnische, schichtenübergreifende, protonationale Solidarisierung der indigenen Bevölkerung gegen die imperiale Herrschaft zu verhindern, indem einigen strategisch ausgewählten Gruppen Anreize zur Kooperation geboten werden (und wenn diese negativer Art sind, also in der Vermeidung von Sanktionen bestehen) und der Bevölkerungsmehrheit insgesamt glaubwürdig der Wille und die Fähigkeit der imperialen Macht zur Aufrechterhaltung ihrer (Vor-)Herrschaft unter Beweis gestellt wird. Und das (neben Propaganda und psychologischer Kriegführung[706]) vorzugsweise mit militärischen Mitteln, denn diese unterstreichen nun einmal am schnellsten und klarsten den imperialen Machtanspruch; zumal unter der Prämisse, dass der »Eingeborene« sowieso nur die Peitsche verstehe, eine Vorstellung, in der sich viele Kolonialherren einig waren.[707] Beides – die Kooperation und der Beweis der Glaubwürdigkeit – dienen letztlich dazu, die Bevölkerungsmehrheit von der Weisheit der Zusammenarbeit mit der Imperialmacht zu überzeugen und die sich aktiv widersetzende Minderheit – die Insurgenten – zu isolieren,[708] wie Gwynn klassischerweise ausführte: »Die Vermischung von Rebellen mit einem neutralen oder loyalen Element trägt zur Schwierigkeit der Aufgabe bei.

Exzessive Härte kann dieses Element zum Feind machen, die Rebellen verstärken und ein dauerhaftes Gefühl der Verstimmung und Erbitterung hervorrufen. Andererseits müssen die Macht und Entschlossenheit der Regierungskräfte zur Schau gestellt werden. Alles, was als Schwäche verstanden werden könnte, ermutigt die Unentschlossenen, sich mit den Rebellen gut zu stellen.«[709] Und schließlich ist das Ziel einiger politischer oder administrativer Maßnahmen auch wirklich ein ganz schlicht militärisches, wie zum Beispiel Siedlungsstrukturen zu schaffen, die den Insurgenten die Unterstützung entziehen.

Deutlich wird dabei, dass Counterinsurgency ein politisches Mittel zur Erreichung eines militärischen Zieles ist: Sie soll militärische Lösungen eines politischen Problems – Fremdherrschaft durchzusetzen – ermöglichen. Und das ist das zweite Missverständnis, das es zu vermeiden gilt: Politische Kriegführung ist nicht etwa ein Sieg der Politik über das Militär, nicht ein Einknicken des Militärs vor politischer Logik. Im Gegenteil ist politische Kriegführung der Sieg des Militärs über die Politik. Counterinsurgency inkorporiert politische Maßnahmen in die militärische Sphäre, unterwirft sie militärischer Logik, macht sie zu flankierenden Mitteln des militärischen Sieges – nirgendwo so ausgeprägt wie in der französischen Tradition:[710] »Politik wird ein aktives Mittel der [militärischen] Operation.«[711] Politische Kriegführung nimmt die gesamte indigene Zivilbevölkerung als Objekt militärischer Operationen ins Visier, nicht primär durch Waffengewalt, wohl aber durch militärische Verfügung über die zivile Sphäre. Im Grunde folgt politische Kriegführung damit derselben Logik wie die Entgrenzung der Kriegführung durch physische Gewaltmaßnahmen gegen ganze indigene Gesellschaften[712] – sie ist deren mythologisch aufgehellte, weniger blutige (nicht aber unblutige) Kehrseite.

Politische Kriegführung kann man lesen als die Politisierung des Militärs; aber diese geht zumal unter den Bedingungen der imperialen Peripherie so weit, dass sie eigentlich einer völligen Militarisierung der Politik entspricht, zumindest im Krisenfall: Counterinsurgency ist letztlich der Militärstaat in Reinkultur, die Perfektionierung eines Zustandes, der an der hochmilitarisierten Frontier ohnehin bereits angelegt ist. Kein Wunder, dass die Zusammenlegung von Ziviladministration und Militär bis hin zur Ernennung von militärischen Oberbefehlshabern mit diktatorischen Vollmachten, im Englischen

»Supremo« genannt, so typisch für den kolonialen Ausnahmezustand ist.[713] Dass das Militär dabei in einem funktionierenden westlichen Staatswesen natürlich trotzdem in letzter Instanz ziviler Kontrolle untersteht, spielt für seine Ermächtigung vor Ort keine große Rolle.[714]

Was sind die praktischen Mittel politischer Kriegführung? In einem unspezifischen Sinn zählen dazu sicher alle Maßnahmen, die darauf zielen, den indigenen Gegner zu spalten, Anreize zu schaffen, bestimmte Segmente aus dem Widerstand herauszulösen, Unentschlossene auf die eigene Seite zu ziehen, die Insurgenten zu isolieren. Klassisch ist dabei der Plot, der Bevölkerungsmehrheit Vergünstigungen zu gewähren, die das Joch der Kolonialherrschaft temporär etwas erträglicher machen, und gleichzeitig gegen einzelne Gruppen und vor allem gegnerische Anführer exemplarische Grausamkeit anzuwenden.[715] Wenn die indigene Bevölkerung überzeugt werden kann, dass Kooperation belohnt, Widerstand aber blutig bestraft wird, fällt den meisten nicht allzu Entschlossenen die Wahl leicht. Die Versöhnungsangebote können dabei vielfältiger Natur sein, angefangen bei kostenlosen Würden und Ehrungen und materiellen Geschenken[716] über administrative Erleichterungen,[717] die lokale Aufhebung des Ausnahmezustands für kooperative Regionen – ein Mittel aus der Trickkiste der Counterinsurgency in Malaya[718] – und politische Partizipation sowie das Versprechen der Selbstverwaltung[719] bis hin zu teuren Modernisierungsmaßnahmen wie Straßenbau, Wasserversorgung, Krankenhäusern, Schulen und subventionierten Märkten.[720]

Diese letztgenannten Mittel sind natürlich doppelbödig – über den materiellen Anreiz für die Zivilbevölkerung hinaus zielen sie bereits auf einen bewusst geplanten sozialen Wandel, um die militärischen Beherrschungsprobleme an der Peripherie zu reduzieren. Hier öffnet sich ein weites Feld militärischen *social engineerings*,[721] in dem wirtschaftliche Vorteile nicht allein dazu dienen sollen, eine Bevölkerung für die Imperialmacht zu gewinnen, sondern ihre gesamte Lebensweise zu verändern: nomadisierende Gruppen sesshaft zu machen und zur Landwirtschaft oder Lohnarbeit zu bewegen, sie von Märkten und gesicherten Handelsverbindungen abhängig zu machen, sie durch Religion, Ideologie oder Wirtschaftssystem auf die westliche Lebensweise zu verpflichten.[722] Kein Wunder übrigens, dass nicht allein die iberische Kriegführung in Amerika so lange mit der Mission

Hand in Hand ging, die zudem ein wunderbares Mittel war, indigene Bevölkerungen zu spalten.[723]

Ein wesentlich invasiveres Standardmittel politischer Kriegführung an der Peripherie der Imperien war für Jahrhunderte die Zwangsumsiedlung. Die indigene Zivilbevölkerung wurde aus schwierigem Gelände, das den Widerstand begünstigte, verschleppt und in agrarischen Bevölkerungszentren konzentriert, die primär danach ausgewählt waren, dass sie dem Krisenherd fern und leicht zu überwachen waren – weswegen sie nicht selten Gefangenenlagern ähnelten –, und erst in zweiter Instanz danach, ob sie sich für Landwirtschaft und die Lebensweise der Zwangsumgesiedelten überhaupt eigneten. Dieses System, das in einigen Fällen Millionen von Menschen betraf,[724] war in der Intention tendenziell kulturgenozidal[725] und faktisch für menschliche Tragödien enormen Ausmaßes verantwortlich – von den süd- und mittelamerikanischen Missionssiedlungen der Frühen Neuzeit[726] und den nordamerikanischen Indianerreservaten des 19. Jahrhunderts[727] über die katastrophalen Rekonzentrationen auf Kuba in den 1890er Jahren[728] und die Konzentrationslager im Südafrikanischen Krieg, in denen 10 Prozent der burischen Bevölkerung ums Leben kamen,[729] bis zu den Lagern und »neuen Dörfern« in den großen Dekolonisationskriegen der 1950er Jahre, von denen die in Kenia inzwischen als der britische Gulag angeprangert worden sind.[730] Die Bevölkerungskonzentration ist sogar als »das moralische und militärische Äquivalent der Städtebombardierungspraxis des Zweiten Weltkrieges« beschrieben worden.[731]

Für die Täter aber handelte es sich bei den Umsiedlungen vor allem um ein Breitbandinstrument politischer Kriegführung. Die Betroffenen wurden ihrem angestammten Umfeld entfremdet, ihre Sozialstrukturen wurden zerschlagen, sie wurden zwangsmodernisierbar und kontrollierbar – letztlich war die Umsiedlung auch ein Mittel der Raumkontrolle. Vor allem aber wurde dem Widerstand am Herkunftsort die Grundlage entzogen, nämlich die Verankerung in der Bevölkerung, samt wirtschaftlicher Unterstützung und Schutz vor Identifikation. Zwangsumsiedlungen waren für die imperialen Militärbefehlshaber das ultimative Mittel, den Teich trockenzulegen,[732] in dem nach einem Mao zugeschriebenen Bonmot der Insurgent schwamm wie der Fisch im Wasser.[733] Zwangsumsiedlungen waren ein militärischer Machbarkeitstraum der gewaltsamen Zerschlagung von Strukturen, die einen schnellen Sieg auf dem Schlachtfeld verhinderten, und gleichzeitig als gewaltsame Durchsetzung der Zivilisierungsmission eine Investition in die Zukunft.[734]

Es gab auch Fälle gewaltsamer Deportation oder Vertreibung, wo die Zerschlagung (fast) ohne den zwangsmodernisierenden Wiederaufbau auskam,[735] aber das gehört schon eher zur Entgrenzung der Kriegführung. An dieser Stelle zeigt sich einmal wieder die Parallele, dass politischer und totaler Krieg gleichermaßen die gegnerische Gesamtgesellschaft zum Ziel der Kriegsanstrengungen machen. Nur am Rande sei erwähnt, dass Bevölkerungskontrolle – auch wenn sie jetzt ohne groß angelegte Umsiedlungen auskommt und eher auf administrativen und technologischen Mitteln basiert – noch heute zum Repertoire des Imperialkrieges gehört.[736]

Angesichts solch gewaltsamer Veränderungen der Humangeografie verblasst die schon früher erwähnte Kriegführung gegen die Natur selbst, auch wenn sie in denselben Kontext gehört. Hingegen gab es ein noch drastischeres Mittel politischer Kriegführung: die Siedlungspolitik. Sie zielte auf die dauerhafte Überwindung der Peripheriesituation durch die Ansiedlung entweder mutterländischer Kolonisten oder wenigstens sesshafter indigener Wehrbauern, die der Imperialmacht verpflichtet waren.[737] Auf diese Weise wurden Peripherien zunächst in ein freundlicheres Umfeld für imperiale Militärexpeditionen verwandelt und auf Dauer zu fest etablierten Außenposten des Imperiums. Von allen Maßnahmen der politischen Kriegführung ging allein die Siedlungspolitik (wenn sie erfolgreich war) über den engeren Bereich der Flankierung militärischer Operationen hinaus: Sie schuf langfristig Bedingungen, unter denen Imperialkriege auf Dauer immer weniger nötig wurden, weil das Imperium den demografischen Sieg über den indigenen Gegner errang, der entweder verdrängt oder assimiliert wurde.[738]

Natürlich war politische Kriegführung kein Wundermittel. Sie war (und ist[739]) nicht immer und überall durchzusetzen, im Gegenteil: Da sie zumindest teilweise auf Zwang basierte, wie im Fall von Umsiedlungen, erforderte sie oft zunächst militärische Gewalt, bevor sie dem Militär nutzen konnte. Und ihre Wirksamkeit war eher langfristig angelegt und in ihrer Dauerhaftigkeit nicht abzuschätzen. Wenn etwa später die Indianer die Missionare umbrachten, um Reste ihrer eigenen Lebensweise zu schützen, wurde die vermeintliche politische Lösung erneut zum militärischen Problem.[740]

Politische Kriegführung, auch wenn sie unter militärischer Ägide stattfand und militärischen Zwecken diente, war ein Lernprozess.[741] Sie widersprach in der Tendenz dem militärischen Denken. Verglichen mit dem raschen Schlachtensieg erschien sie als indirekt, langwierig, unmilitärisch. Es überrascht daher kaum, dass Militärapparate sich immer wieder in unterschiedlichem Maße gegen die Versuchung selbst militärisch gesteuerter politischer Kriegführung resistent gezeigt haben. Insbesondere gilt das für metropolitanes Militär, das auf die getrennte militärische Sphäre der Entscheidungssuche im Großkrieg verpflichtet ist und dem beim Einsatz an der Peripherie ganz offenbar das Verständnis für die zwangsläufig primär politische Natur solcher Konflikte fehlt.[742] Das Paradebeispiel ist und bleibt die US-Armee, die politische Kriegführung selbst in so offensichtlich politischen Kriegen wie Vietnam und Afghanistan an den Rand des militärischen Aufgabenspektrums verwiesen hat.[743] Für die französische und die britische Armee des späten 20. Jahrhunderts hingegen gilt das nicht. Sosehr Guerre Révolutionnaire[744] und Counterinsurgency letztlich auf Zwang und Militärherrschaft basierten und sowenig sie Patentrezepte für jede Situation waren (über beides wird man sich nur wundern können, wenn man der Mythologisierung scheinbarer Wunderlösungen bereits heillos verfallen ist), so zeigten sie doch, dass das Militär beider großen Kolonialmächte zumindest anerkannte, dass im Imperialkrieg andere Parameter galten.[745] Ähnliches kann man ansatzweise über Portugal sagen, auch hier mit der Einschränkung, dass politische Kriegführung weiterhin mit brutaler Gewalt gegen Zivilisten einherging.[746]

Und das ist vielleicht die Quintessenz, die man über den Krieg an der Peripherie festhalten muss: Er ist der politische Krieg *par excellence*.[747] Die selbstgestellte Aufgabe der Imperien, Fremdherrschaft auf weitem Raum und über große Bevölkerungen mit geringen Machtmitteln dauerhaft herzustellen, ist immer notwendig primär eine politische. Die clausewitzsche Rationalität der Kriegführung – »den Gegner zur Erfüllung unseres Willens zu zwingen«[748] – funktioniert in Abwesenheit verantwortlicher westlicher Staatlichkeit und massiver Truppenstärken nur selten. Militärische Operationen konnten an der Peripherie allenfalls die Bedingungen schaffen, in denen Bündnisse mit der Imperialmacht aussichtsreich erschienen – oder größere Veränderungen von Naturraum und Demografie durchsetzbar wurden. Sie entschieden fast nie allein über den Ausgang imperialer Konfrontationen.[749]

Letztlich gilt es anzuerkennen, dass zumindest unter bestimmten Bedingungen Imperialkriege selbst mit flankierender politischer Kriegführung nicht in einem militärischen Sinne zu gewinnen waren. So wurde der Malayische Aufstand – letztlich bis heute der Archetyp militärischer Counterinsurgency – politisch durch das Versprechen der Unabhängigkeit gewonnen, das zentrale Teile der malayischen Eliten auf die Seite der Briten zog und die Mehrheitsbevölkerung zumindest neutralisierte. Den Abzug der Kolonialmacht als Sieg zu verstehen, dazu muss man schon etwas um die Ecke denken – auch wenn es in diesem Fall Sinn ergibt, denn im Kontext des Kalten Krieges war ein befreundetes unabhängiges Malaya einem sozialistischen Malaya bei Weitem vorzuziehen. Aber dieses war primär eine politische Lösung, die auch militärisch durchgesetzt wurde, und allenfalls sekundär ein militärischer Sieg.[750]

Umgekehrt wird man über den algerischen Unabhängigkeitskampf sagen müssen, dass der militärische Sieg Frankreichs mit solchen Mitteln erreicht wurde, dass er unter den innen- und außenpolitischen Bedingungen der 1960er Jahre zur politischen Niederlage wurde.[751] Und der portugiesische Beinahe-Sieg in Angola und Guiné blieb abseits politischer Lösungen zumindest bedeutungslos.[752]

Fazit

Organisierte Gewalt im Rahmen der europäischen Expansion folgte einer eigenen Logik, die mit wenigen Abstrichen bis heute die Gestalt westlicher Militäreinsätze in der übrigen Welt prägt. Schwieriges Terrain, das die Defensive begünstigte, und die Abwesenheit ausgebauter Verkehrswege und ausreichender Nahrungsressourcen erschwerten die Logistik, beschränkten die Armeegrößen und führten zu einem hohen relativen Aufwand für die Sicherung von Nachschub und Verbindungslinien. Sicherheitspräferenzen, die Vorgabe, dass imperiale Vorherrschaft an der Peripherie vor allem lohnen und nicht kosten sollte, und die Schwierigkeiten der Machtprojektion auf große Entfernungen führten dazu, dass imperiale Streitkräfte an der Peripherie stets vergleichsweise klein waren. Aufgrund seiner gewaltkulturellen Präferenz und pragmatischer Erwägungen wich der indigene Gegner dem Gefecht mit dem Eindringling meist aus und verlegte sich auf einen Krieg aus dem Hinterhalt. Deswegen und mangels ausgeprägter indigener Staatlichkeit war es den Streitkräften der Imperien meist nicht möglich, eine rasche und nachhaltige militärische Entscheidung zu erzwingen. Als Resultat all dieser Umstände war das westliche Militär an der Peripherie damit konfrontiert, mit geringen Truppenzahlen weite Räume und große Bevölkerungen kontrollieren zu müssen, ohne einen Krieg zu einem schnellen Abschluss bringen zu können. Charakteristisch für Imperialkriege war daher die zeitliche Entgrenzung: lang gezogene Gewaltkonflikte, die auch häufig in Serie ineinander übergingen. Dies umso mehr, als angesichts eines permanent hohen Gewaltlevels an einer stark militarisierten Frontier und aufgrund der Weigerung, indigene Gesellschaften als legitim kriegführend anzuerkennen, Beginn und Ende von Kriegen schwer auszumachen waren.

Diese Umstände hatten drei weit reichende Konsequenzen für den Charakter der Kriegführung an der Peripherie. Erstens versuchten westliche Kommandeure mit aller Gewalt, den Teufelskreis der Entscheidungslosigkeit zu durchbrechen und eine klare militärische Entscheidung zu erzwingen – das wird uns noch beschäftigen. Zweitens spielte die Kooperation indigener Gesellschaften und Individuen eine ungleich größere Rolle für Führung und Entscheidung von Kriegen als technologische Überlegenheit und Operationen des westlichen Militärs selbst. Und drittens (teilweise als Folge von zweitens) waren Konflikte an der Peripherie als primär politische gekennzeichnet, in denen Waffengewalt stets der Einbettung in nichtmilitärische Maßnahmen bedurfte, um zur Entscheidung beizutragen – eine Erkenntnis, die das Ausgreifen des Militärs in die politische Sphäre im Rahmen der politischen Kriegführung begünstigt hat – und in denen dauerhafte Konfliktlösungen durch militärische Operationen allein praktisch nie zu erreichen waren.

2. Ziele und Legitimationen

Die ersten Europäer in Neuseeland wurden von den Maori getötet und gegessen.[1] Aber diese spontane und hungrige Xenophobie war nicht die Regel. Viele der frühesten Kontakte zwischen den Vorposten der westlichen Imperien und indigenen Gesellschaften waren eine Zeit lang ausgesprochen friedlich;[2] ja, die ersten Europäer in Nordamerika hätten ohne die zumindest teilweise freiwilligen Nahrungsspenden ihrer indigenen Nachbarn nicht überleben können.[3] Irgendwann jedoch kam immer der Punkt, an dem die Vertreter der expansiven Imperien mehr wollten, als die außereuropäischen Gesellschaften bereit waren zu geben: mehr Nahrung, mehr Land, mehr Rohstoffe, mehr Kontrolle. Misstrauen und Missverständnisse zwischen Kulturen führten zu Übergriffen, individueller und schließlich kollektiver Gewalt.[4] Kein Kontakt blieb dauerhaft friedlich, und manche eskalierten zu fundamentalen Konflikten, in denen die imperialen Außenposten zumindest in ihrer Imagination, die indigenen Gesellschaften aber nicht selten ganz real ums Überleben kämpften.

Ich habe im vorigen Kapitel vom unbedingten Eroberungswillen der Imperien gesprochen, der oft das kulturelle Fassungsvermögen indigener Gesellschaften überstiegen hat, deren Kriegsziele meist viel begrenzter waren. Das ist insofern richtig, als für viele nichteuropäische Gewaltkulturen der Krieg nicht die gewaltsame *ultima ratio* jenseits der Diplomatie war, sondern vielmehr ein Teil derselben. Feldzüge waren im frühneuzeitlichen Indien eher Demonstrationen und Einschüchterungen als der Versuch gewaltsamer Konfliktlösung.[5] Für die nordamerikanischen Indianer waren kleinere Gewaltakte mitunter ein Verhandlungsangebot im Sinne des »Wir können auch anders« – sprecht also bitte mit uns.[6] Kein Widerspruch in einer Kultur, in der Waffengewalt ohnehin Teil des Alltags war.

Und richtig ist auch, dass sich solche Feinheiten den Europäern an der Peripherie oft nicht mitteilten; oder sie ignorierten sie und griffen beim geringsten Anlass zu intransigenten Vernichtungsfeldzügen, nicht zuletzt auch infolge der grundsätzlichen Verletzlichkeit ihrer Minderheitensituation vor Ort. Ein gutes Beispiel ist der Nordkrieg in Neuseeland 1845/46, in dem die Maori einen eher symbolisch gemeinten Kampf gegen Beschränkungen ihrer administrativen Autonomie führten und gleichzeitig die Wirtschaftsbeziehungen mit den Briten aufrechterhalten wollten, während die Briten diesen »Aufstand« gegen ihre Vorherrschaft umstandslos mit einem (militärischen) Vernichtungsfeldzug beantworteten.[7] Es scheint daher leicht, Feststellungen zuzustimmen wie der von Wesseling: »In Kolonialkriegen waren die Ziele absolut. Kolonialeroberer kamen, um zu bleiben. Ihr Ziel war die dauerhafte und völlige Unterwerfung der Bevölkerung.«[8] Dennoch ist die Vorstellung vom unbedingten Eroberungswillen der Imperien insgesamt allenfalls langfristig verallgemeinerbar. Die Motive, die hinter einzelnen Waffengängen standen, die Umstände, die den gewaltsamen Konflikt auslösten, und die Kriegsziele waren im Einzelfall häufig viel begrenzter, auch seitens der Imperien; dies nicht zuletzt deswegen, weil militärische Eroberung und kostspielige formale Herrschaft, wie bereits ausgeführt, nicht unbedingt die primäre Präferenz imperialer Dominanz an der Peripherie war. Im Gegenzug gab es gelegentlich auch einen unbedingten Vernichtungswillen seitens des indigenen Gegners; zumindest lag dieser rhetorisch den nativistischen und millenarischen Erweckungsbewegungen zugrunde, die als Reaktion auf eine bereits existierende Vorherrschaft das Ziel proklamierten, alle Europäer zu vernichten oder zu vertreiben.[9]

Kommt hinzu, dass sich Ursachen, Motive und Anlass von Konflikten im Einzelfall durchaus komplex gestalten konnten. Der Yamasee-Krieg in South Carolina etwa war eine Folge der langfristigen wirtschaftlichen Abhängigkeit der betroffenen Indianergruppen von britischen Händlern. Tatsächlicher Auslöser für seinen Ausbruch 1715 aber war der ganz situative Zusammenbruch der transkulturellen Diplomatie, letztlich eine Konsequenz des Umstands, dass zwei britische Indianeragenten einander nicht grün waren.[10] Ein anderes einschlägiges Beispiel ist der Maji-Maji-Krieg in Ostafrika 1905–1907, an dem sich indigene Gruppen quer durch die Kolonie aus ganz unterschiedlichen Gründen beteiligten, die teils mit der deutschen Präsenz gar nichts zu tun hatten, sich diese aber als natürlichen Fokus suchten.[11]

Diese Komplexität der Ursachen gilt natürlich für jeden Krieg, und Verallgemeinerungen lassen sich daraus nicht gewinnen. Ein weiteres Problem besteht darin, dass die wirklichen Motive der

Kriegführenden sich teilweise historischer Analyse entweder ganz entziehen, weil sie sich quellenmäßig nicht niedergeschlagen haben oder jedenfalls von den offiziell erklärten Gründen schwer zu trennen sind, wie Osterhammel zu Recht unterstreicht: »Die größte Unsicherheit der Interpretation entsteht aus der Nicht-Kongruenz von Zielen, Ideologien und Ergebnissen. Die wahren Absichten waren oft nicht die öffentlich proklamierten und plakatierten, und das tatsächliche Resultat konnte in der Weise unbeabsichtigter Handlungsfolgen in eine abermals andere Richtung führen.«[12] Insbesondere gilt das für diejenigen Gewaltkonflikte, die imperienseitig mit einem großen Rechtfertigungsaufwand einhergingen und nicht selten den Eindruck erweckten, man führe mehr oder weniger altruistisch Krieg – den betroffenen Bevölkerungen an der Peripherie zuliebe, ob die das nun einsehen mochten oder nicht.

Schließlich wird die Generalisierung auch dadurch erschwert, dass wir es mit (mindestens) zwei Seiten zu tun haben. Sicherlich waren strukturell häufig die Vertreter der Imperien die ursprünglichen Initiatoren der Gewalt, allein schon, weil sie mit durchzusetzenden Interessen und Machtansprüchen nach Amerika, Afrika oder Asien gekommen waren, und nicht Abgesandte der dortigen Gesellschaften zu ihnen. Das ändert allerdings nichts daran, dass es die Imperien nicht zuletzt angesichts ihrer geringen Machtmittel vor Ort im Zweifelsfall vorzogen, ihre Ziele ohne offenen Konflikt durchzusetzen, sodass es häufig die indigene Seite war, die in Reaktion auf diese Ziele zuerst zur Waffe griff. Das macht die Identifikation klarer Konfliktmuster schwieriger, als es zunächst scheint. Denn während etwa zum gewaltsamen »Aufstand« der indigenen Bevölkerung fast zwingend die gewaltsame »Befriedung« durch das Imperium gehört – Aktion und Reaktion –, ist das umgekehrt nicht unbedingt der Fall: Eine »Befriedung« kam auch ohne (akuten) gewaltsamen Aufstand aus, konnte präventiv gedacht sein oder der Herstellung und Legitimation von Herrschaft dienen. Eine Typologie von Konfliktmustern sollte zwar prinzipiell von beiden Konfliktparteien her gedacht sein, aber es gab nicht in jedem Fall Gewaltmotive beider Seiten.

Grundsätzlich ist jedenfalls nicht nur der mangels Quellen oft geringe Kenntnisstand über die eigentlichen Motive der indigenen Seite dafür verantwortlich, dass Typologien imperialer Gewaltkonflikte ausnahmslos von der Imperienseite her konstruiert sind, sondern auch die scheinbare Diffusität dieser Motive. Selbst bei konkreten

Auslösern waren sie mitunter in einem unspezifischen Sinne defensiv, zielten auf die Verteidigung einer angestammten Lebensweise und Handlungsautonomie, deren Bedrohung oft eher strukturell war, auch wenn die Vertreter der Imperien vor Ort die sichtbare Manifestation dieser Bedrohung waren. Letztlich ist es daher richtig, dass Reichweite und Zielsetzung der imperialen Gewalthandlung zuverlässiger unterscheidbar und klassifizierbar sind und sich daher für eine Typologie eher anbieten als die der Gegenseite. So ist denn auch die einschlägige Literatur bisher vorgegangen. Charles Callwell unterschied klassischerweise zwischen 1. Eroberungsfeldzügen nach außen, 2. Aufstandsbekämpfung nach innen, 3. Vergeltungs- und Straffeldzügen, 4. Einsätzen zum Sturz einer feindlichen Militärmacht (beide ohne Eroberungsabsicht) und 5. »Zweckmäßigkeitskriegen, die für irgendein politisches Ziel geführt werden«.[13] John Bodley kannte nur Strafexpeditionen und Vernichtungskriege.[14] Osterhammel hat Interventionen an der Peripherie in besitzergreifende, »Big-Stick-«, sezessionistische und humanitäre unterteilt,[15] und Michael Hochgeschwender trennte jüngst Kolonialkriege in Eroberungs-, zwischenstaatliche und »Befreiungs- oder Dekolonisierungskriege«.[16]

Einige dieser Kategorisierungsversuche haben das Problem gemeinsam, dass sie der Unterscheidung zwischen innen und außen zu große definitorische Bedeutung beimessen. Wie im vorigen Kapitel bereits angemerkt,[17] war diese Differenzierung ein vom Imperium verordnetes legalistisches bzw. legitimatorisches Konstrukt, das für das Konfliktmuster vor Ort jenseits der juristischen Rechtfertigung der Verweigerung des *ius in bello* für den »inneren« Gegner eigentlich keine große Rolle spielte. Statt auf innen und außen, Eroberung versus Aufstandsbekämpfung, sollte man primär auf die Ziele und die Reichweite sowie Dauerhaftigkeit der imperialen Militäraktion schauen und sekundär auf die Motive der indigenen Gegner. Was also wollten die Imperien mit dem Gewalteinsatz an der Peripherie erreichen?

Begrenzte Ziele

Vielleicht ergibt es Sinn, die Kriegsziele der Imperien danach zu ordnen, was sie mit der indigenen Gesellschaft vorhatten, gegen die sie ins Feld zogen: wie invasiv und wie permanent die intendierten Folgen der Gewalthandlung waren. Die »permanente Präsenz« und »totale Unterwerfung« war es nämlich durchaus nicht in jedem Fall, ja noch nicht einmal im Regelfall.

Nein, im Gegenteil begannen (in aufsteigender Ordnung der Invasivität) die Ziele imperialer Militäreinsätze an der Peripherie bei ganz peripheren und nicht primär politisch-herrschaftlichen Motiven. Vergessen wir nicht, dass abseits von Siedlungskolonien die Vertreter der Imperien vor allem dem wirtschaftlichen Profit zuliebe vor Ort waren. Entsprechend gab es, zumal in der Frühen Neuzeit, durchaus Militäraktionen, die allein dazu dienten, die politischen Rahmenbedingungen für den Handel zu verbessern. So verdingten sich die ersten Europäer in Westafrika den indigenen Reichen als Söldner für innerafrikanische Kriege, um die Gunst lokaler Herrscher zu erlangen, auf die sie für die Etablierung von Stützpunkten angewiesen waren.[18] Samuel Champlain zog mit den Algonkin, Innu und Huronen, auf die der französische Pelzhandel angewiesen war, in einen Krieg gegen die Mohawk, und seine Nachfolger bauten das kanadische Imperium Frankreichs durch Allianzen und Waffenhilfe gegen die expansiven Irokesen auf.[19] Die Holländer mischten sich auf Java wiederholt in Erbfolgestreitigkeiten ein, um sich den Sieger geneigt zu machen, was nicht in jedem Fall von Erfolg gekrönt war: König Amangkurat II., weit davon entfernt, der holländischen Ostindiengesellschaft für ihre Unterstützung im Krieg von 1677/78 dankbar zu sein und ihr Handelsprivilegien zu gewähren, trug ihr nach, dass sie ihm – geschäftstüchtig wie immer – die Krone für seine Krönung überhaupt erst verkaufen wollte.[20] Im 18. Jahrhundert waren die Holländer mit ihren Interventionen etwas erfolgreicher und kamen zumindest in die Nähe dessen, was man später ein Kollaborationsregime nennen würde.[21] Auf dem indischen Subkontinent mischten sich verschiedene privilegierte Handelsgesellschaften – am erfolgreichsten die britische – mit Waffenhilfe in Erbfolgestreitigkeiten ein, was die Begünstigten ihnen zunächst gern mit Geld und vorteilhaften Handelsbedingungen vergalten, auf Dauer aber mit dem Verlust ihrer Unabhängigkeit bezahlten.[22] Ja, selbst abseits von unmittelbaren wirtschaftlichen Vorteilen konnten einzelne Militäraktionen primär den Grund haben, sich einen Bündnispartner geneigt zu machen, so im Fall von Cortés, der zweifelsfrei mit dem Ziel der Eroberung nach Mexiko gekommen war: Dass seine Konquistadoren in der aztekischen Vasallenstadt Chollolan ein Gemetzel unter der unbewaffneten Bevölkerung anrichteten, war – so zumindest die Interpretation von Ross Hassig – ein Loyalitätstest für die Spanier, der sie unwiderruflich auf die Sache ihres mächtigen Verbündeten Tlaxcallan verpflichten sollte.[23]

Nicht unüblich war es für Handelsgesellschaften, später teilweise auch für die Streitkräfte der Imperien namens ihrer Kaufleute, eine wirtschaftliche Vormachtstellung vor Ort mit Gewalt gegen Konkurrenten durchzusetzen. Dieses Interesse hatte recht begrenzte Militäreinsätze zur Folge, in denen Häfen blockiert oder überfallen, Stützpunkte errichtet oder die der Konkurrenz abgefackelt wurden, Feldfrüchte vernichtet und Kriegsschiffe zur Durchsetzung lokaler Handelsprivilegien in Stellung gebracht wurden. Typisch war diese bewaffnete Verfolgung wirtschaftlicher Interessen vor allem für das frühe Indien und Indonesien sowie die Frühphase der europäischen Penetration Westafrikas.[24]

Minimal invasiv waren auch militärische Demonstrationen, deren alleiniges Ziel darin bestand, die Macht der Imperien vorzuführen, um sie nicht einsetzen zu müssen – ein zentrales Instrument der Kontrolle großer Gebiete mit minimalen physischen Zwangsmitteln. So zog Cortés 1525 mit 230 Spaniern und 3000 Mexikanern vergleichsweise friedlich durch Yucatan, um einen Herrschaftsanspruch zu untermauern, den vorläufig niemand infrage stellte, weil ihn keiner ernst nahm.[25] Die Briten marschierten Ende des 18. Jahrhunderts gerne mit Patrouillen durch den Busch im Hinterland ihrer australischen Kolonie,[26] die US-Armee jagte wiederholt zur Einschüchterung der Indianer Tausende von Kavalleristen über die großen Ebenen,[27] und die Franzosen schickten um 1900 Expeditionen in das unzugängliche Ahaggar-Gebirge allein mit dem Ziel, den dortigen Tuareg zu beweisen, dass es so unzugänglich nicht war und sie besser mit der Macht Frankreichs rechnen sollten.[28] In Afrika war es Ende des 19. Jahrhunderts üblich, auf anlasslosen Buschfeldzügen die indigene Bevölkerung mit der Feuerkraft von Maschinengewehren zu beeindrucken.[29] Auch die westlichen Kanonenboote auf den Inlandgewässern Chinas im 20. Jahrhundert waren letztlich vor allem präventive Machtdemonstration.[30]

Deutlich begrenzte Ziele bestimmten prinzipiell auch die gelegentlichen imperialen Militärinterventionen an der Peripherie, die dem Schutz eigener Staatsbürger und ihres Eigentums dienten,[31] wobei hin und wieder Aufwand und unintendierte Nebenwirkungen der Aktion die erklärten Ziele *ad absurdum* führen konnten. So 1867/68, als zur Befreiung einiger Geiseln eine umfangreiche britische Invasionsstreitmacht in Äthiopien einfiel und den Großkönig Theodor stürzte;[32] so 1907, als nach Angriffen auf Europäer französische Truppen in Casablanca landeten, womit die Eroberung Marokkos begann;[33] oder 1915, bei der ungefähr 20. Intervention USamerikanischer Truppen zum Schutz westlicher Staatsbürger auf Haiti, die in einem Protektorat resultierte.[34] Diese Expeditionen leiten daher über zu Imperialkriegen mit immer noch eher begrenzten Zielen, aber in deutlich invasiveren Formen.

Strafexpeditionen

Tatsächlich war der Krieg gegen Abessinien 1867/68 in der Anlage eine klassische – wenn auch mit Tausenden von Truppen ungewöhnlich umfangreiche – Strafexpedition. Sie hatte neben der (mit Militärmacht ja auch eher unwahrscheinlichen) Geiselbefreiung kein anderes Ziel, als das Prestige des britischen Empires zu wahren und einen »Emporkömmlingsherrscher zu bestrafen«, und auch kein anderes Ergebnis – die Armee zog wieder ab und überließ das Land dem Herrschaftschaos, das der Tod Theodors hervorrief.[35]

Und das sind denn auch die Charakteristika der Strafexpedition, die für die organisierte Gewalt im Rahmen der europäischen Expansion so typisch ist: Strafe und Prestigewahrung als Ziele; exzessive Gewalt, die zum Anlass in keinem Verhältnis steht, ganze Gruppen für einzelne Übergriffe haftbar macht und allein der Einschüchterung und dem *encourager les autres* dient; und völliges Desinteresse an den Konsequenzen der Intervention. Zumindest in der Intention der Imperien war die Strafexpedition langfristig minimalinvasiv; sie ließ die indigene politische und Gesellschaftsordnung unberührt. Sie diente einzig und allein der demonstrativen und exemplarischen Unterstreichung der imperialen Gesellschaftsordnung, der gewaltsamen Illustration des Oben und Unten in den Beziehungen zwischen Imperium und Peripherie, was das Wort »Strafe« ja nur allzu deutlich unterstreicht.

Strafexpeditionen waren das klassische Herrschaftsinstrument an der militarisierten Frontier, und ihr auffälligstes Merkmal ist die exzessive Gewalt.[36] Ob die Spanier in Neumexiko 1599 das Pueblo

Acoma erstürmten und für den Tod einer zehnköpfigen Requisitionstruppe 800 Indianer hinmetzelten, 80 Männer verstümmelten und 500 Frauen und Kinder versklavten;[37] ob die portugiesischen Autoritäten in Brasilien im 16. Jahrhundert bereits auf Angriffe auf das Hab und Gut der Siedler mit der Zerstörung ganzer Indianerdörfer reagierten;[38] ob die Holländer Anfang des 17. Jahrhunderts auf der Gewürzinsel Ambon Widerstand gegen Fronarbeit mit der Zerstörung von Schiffen und Dörfern und nicht zuletzt 10000 Nelkenbäumen bestraften (wobei Letzteres den willkommenen Zusatzeffekt hatte, das holländische Gewürzmonopol zu untermauern);[39] ob die Buren 1772 im südafrikanischen Roggeveld den Raub von 100 Rindern und 500 Schafen als hinreichenden Grund ansahen, über 50 Khoisan zu töten;[40] ob US-Präsident Andrew Jackson 1832 den Tod zweier amerikanischer Handelsschiffsmatrosen bei einem Raubmord auf Sumatra mit dem Niederbrennen einer Stadt beantwortete, wobei 200 Menschen ums Leben kamen;[41] ob Richard Meinertzhagen 1902 in Kenia als Vergeltung für einzelne Morde jeweils ganze Dörfer abfackeln und zumindest in einem Fall alle Bewohner massakrieren ließ:[42] Der Zweck der demonstrativen Bestätigung der imperialen Vorherrschaft heiligte in jedem Fall die Mittel. Dass die eigentlichen Urheber des strafwürdigen Vergehens oft nicht unter den Opfern der Strafexpedition waren, war systemimmanent (da Unbeteiligte immer weniger argwöhnisch und damit leichter zu erwischen waren), und im Sinne einer Gruppenverantwortlichkeit übrigens für die Urheber der Gewalt auch unerheblich.[43] Überhaupt trafen Strafexpeditionen offenbar mit einer gewissen pragmatischen Perfidie diejenigen Bevölkerungsgruppen, die das Pech hatten, den imperialen Militärstützpunkten am nächsten zu leben.[44]

Die gigantischste Strafexpedition der Moderne war sicherlich die alliierte Intervention im Boxerkrieg 1900/01, in der ein ganzes Volk für den Mord an einigen Diplomaten »bestraft« wurde.[45] Aber auch die Invasion in Afghanistan 2001 hatte offiziell unter anderem das Ziel, »den Führern der Taliban und ihren Unterstützern klarzumachen, dass Terroristen Unterschlupf zu gewähren nicht hinzunehmen ist und einen Preis hat«[46] – auch hier ist das Strafmotiv unübersehbar.

Gehorsamserzwingung

Strukturell nahe an der Strafexpedition, aber in den Zwecken schon etwas weiter gehend, war die Intervention zur Gehorsamserzwingung. Auch hier war das unmittelbare Ziel noch nicht die Zerstörung oder Unterwerfung einer indigenen Gesellschaft. Wohl aber ging es um die zwangsweise Durchsetzung von Maßnahmen, die zumindest langfristig den Charakter oder die Herrschaftsstruktur der indigenen Gesellschaft berühren konnten. Die tatsächliche Gewaltanwendung war übrigens gerade bei der Gehorsamserzwingung nicht immer notwendig: Dies ist das klassische Feld der »Kanonenbootdiplomatie«, wo einige gut platzierte Schiffsgeschütze oder Maschinengewehre oder eine Landungsabteilung Marineinfanterie äußerst überzeugend wirken konnten: Ein gutes Beispiel ist die amerikanische Öffnung Hawaiis Ende der 1880er Jahre.[47]

Zu den direkten und einfachen Zielen der Gehorsamserzwingung gehörten etwa Umsiedlungen[48] oder kollektive Arbeitsleistungen.[49] Aber Gehorsamserzwingung öffnet ein weites Feld, denn unter sie fallen vor allem diejenigen Interventionen westlicher Mächte in der nichteuropäischen Welt, die (anders als die Strafexpedition) konkrete politische Ziele verfolgten, aber zumindest *prima facie* nicht der Herrschaftserrichtung oder Herrschaftssicherung dienten. Dies waren die Militäreinsätze, bei denen ein Imperium häufig reklamierte, in Wahrheit nicht zum Eigennutz zu handeln, sondern höheren Zielen zuliebe, im Interesse der Weltgemeinschaft insgesamt oder jedenfalls des Westens, wenn nicht überhaupt der betroffenen indigenen Gesellschaften selbst, also geradezu altruistisch. Zu den klassischen Motiven, die in diesem Kontext vorgetragen wurden, gehört vor allem die facettenreiche Missionierungs- und Zivilisierungsmission,[50] mit der schon die spanische Unterwerfung und Bekehrung der Indianer und die russische der Sibirier[51] begründet wurde. Im 19. und frühen 20. Jahrhundert wurde die *mission civilisatrice* zur wohlfeilen Rechtfertigung zahlreicher gehorsamserzwingender Interventionen in der nichteuropäischen Welt,[52] inklusive absurderweise der Versklavung brasilianischer Indianer[53] und der tragischen und zumindest kulturgenozidalen Verschleppung der »Fünf Zivilisierten Stämme« im Süden der USA in den 1830er Jahren.[54] Die Zivilisierungsmission konnte auch die Herstellung von Herrschaft legitimieren.[55]

Spezifische Ziele gehorsamserzwingender Militäraktionen waren insbesondere die Unterdrückung des Sklavenhandels,[56] die Entwaffnung indigener Kämpfer,[57] die Herstellung von Handelsfreiheit,[58] Ordnung und Stabilität,[59] die Schaffung von Rechtssicherheit vermittels der Durchsetzung westlicher Rechtsnormen[60] und nach 1945 die Einführung und Sicherung der Demokratie und des Kapitalismus (westlicherseits) oder des Sozialismus (östlicherseits).[61] Das zumindest paternalistische, oft aber auch klar eigennützige Moment all dieser hehren Ziele ist natürlich unübersehbar, denn um Handelsfreiheit, Stabilität und Rechtssicherheit für wen ging es denn? Welchem Kulturkreis entstammten die durchzusetzenden Werte? Von der katholischen Religion über das abendländische Völkerrecht bis zu den dominanten Gesellschaftsmodellen des 20. Jahrhunderts waren sie Exportprodukte des Westens. Eklatant ist das beim Boxerkrieg, der wohl größten Gehorsamserzwingungsexpedition aller Zeiten, die heute in der Forschung üblicherweise in den Kategorien der Einbindung Chinas in die »imperialistische Weltordnung«[62] oder das »westlich geprägte Weltsystem«[63] beschrieben wird.

Man wird ohnehin nicht fehlgehen, wenn man solchen Berufungen auf höhere Ziele gegenüber generell misstrauisch ist. Bei diesen imperialen Militäreinsätzen sind Motivation und Legitimation schon logisch kaum zu trennen. Wie Osterhammel einräumt, ist die wahre »humanitäre Intervention« historisch ausgesprochen selten und setzt eigentlich »funktionierende internationale Organisationen sowie die Anerkennung entsprechender Völkerrechtsnormen« voraus – also die Verfasstheit der Welt der Gegenwart –, weil sonst die Akteure letztlich immer nur im Eigeninteresse handeln.[64] Das heißt doch wohl mit zweierlei Maß messen – den Legitimationsdiskursen der Vergangenheit misstrauen, weil wir die praktischen Folgen aus historischer Perspektive abschätzen können, denen der Gegenwart aber glauben, weil wir es noch nicht (ausreichend zuverlässig) können. Ob nur früher, wie Osterhammel suggeriert, die Gemengelage mit egoistischen Motiven häufiger war,[65] wage ich zu bezweifeln. Wir leben ja immer noch in einer Welt, in der die Weltgemeinschaft aus letztlich nach Abwägung ihrer eigenen Sicherheitsinteressen handelnden Nationalstaaten besteht. Wie Thoralf Klein und Frank Schumacher zu Recht angemerkt haben, erinnern »die Legitimationsstrategien, die zur Bekämpfung des islamistischen Terrors herangezogen werden, [...] verdächtig an Argumentationsmuster, die der europäischen Expansion im Zeitalter des Hochimperialismus zugrunde lagen. Während man früher von der Ausbreitung der westlichen Zivilisation sprach, steht heute die Verbreitung von Demokratie und Menschenrechten im Vordergrund der Rechtfertigungsdiskurse.«[66] Und tatsächlich war zumindest George W. Bush anlässlich seiner zweiten Amtseinführung 2005 ernsthaft oder jedenfalls öffentlich der Auffassung, die US-Truppen seien zur Sicherung von Freiheit und Demokratie und zum Kampf gegen die Tyrannei im Irak.[67] Wer außer US-amerikanischen Neokonservativen will das glauben? Und auch in Afghanistan und seit 2013 in Mali sind die westlichen Truppen nicht primär zur Befreiung der Frauen vom Joch der Islamisten[68] und zur Rettung des Weltkulturerbes,[69] noch waren sie in den 1990er Jahren zur Einführung der Mülltrennung im Kosovo.[70] Die formale Legitimation durch die Weltgemeinschaft schafft vorläufig nur einen prozeduralen Schleier für die Durchsetzung von nationalen oder kollektiv westlichen Wirtschafts- und Sicherheitsinteressen, deren altruistische Verbrämung heute nicht *per se* einen höheren Glaubwürdigkeitsanspruch hat als die Einbindung in die christlich-abendländische Wertegemeinschaft in der Frühen Neuzeit oder die Zivilisierungsmission des 19. Jahrhunderts. Der Beweis des Gegenteils durch historische Forschungen scheint mir jedenfalls auszustehen.

Eine argumentativ ähnlich verwirrende Kontrastierung moderner Rhetorik mit der (vermeintlichen) Praxis vergangener Jahrhunderte liegt meines Erachtens übrigens bei der Einsicht von Odd Arne Westad vor, die Supermächte des Kalten Krieges seien bei ihren Interventionen von einem genuinen, antiimperialistischen Verantwortungsgefühl für die Völker der Dritten Welt getragen gewesen: »Anders als in der europäischen Expansion, die in der Frühen Neuzeit begann, waren die Ziele von Moskau und Washington nicht Ausbeutung oder Unterwerfung, sondern Kontrolle und Verbesserung.«[71] Aber hatten US-amerikanische Interventionen in der Dritten Welt im Kalten Krieg wirklich primär das Wohl der betroffenen Bevölkerungen im Auge – oder nicht doch vor allem die Sicherung der betreffenden Gebiete für den Westen im Nullsummenspiel des Kalten Krieges?[72] Die Eindämmung des Kommunismus im Zeichen der Dominotheorie spielte für das US-amerikanische Engagement in Südostasien jedenfalls eine weit größere Rolle als Demokratie und Menschenrechte, die dafür vor allem das langfristige Mittel abgaben.[73] Und für die Kolonialmächte Frankreich, Großbritannien und Portugal war dieses Ziel der Westintegration bei Drittweltinterventionen im Kalten Krieg jedenfalls nach außen das dominante, zumal man es gegenüber einem nationalen Eigeninteresse schon als höheres, gemeinwestliches Gut verkaufen konnte.[74] Zumindest im Fall Frankreichs in Algerien kam die modernisierende Zivilisierungsmission im Rahmen der Zwangsumsiedlungen hinzu, die das Gebiet zusätzlich und in einem tieferen Sinn für den Westen sichern sollte.[75]

Wie Westad selbst einräumt, war die Unterscheidung zwischen »Ausbeutung« und »Verbesserung« am »Empfängerende« jedenfalls ziemlich akademisch,[76] und das galt auch schon für frühere Jahrhunderte – die angebliche Zivilisierungsmission des Westens wurde von den intendierten Nutznießern selten so empfunden,[77] speziell nicht, wenn sie sich hinter einem Maschinengewehr verbarg. Im Übrigen waren, wie die vorangegangenen Abschnitte zeigen, »Ausbeutung und Unterwerfung« (speziell Letztere) wahrhaft nicht die einzigen Motive imperialer Militäreinsätze in früheren Jahrhunderten, auch wenn sie immer wieder, und mitunter unintendiert, darin resultierten, weswegen natürlich die »offen kolonialen Verhältnisse«[78] keine Voraussetzung für imperiale oder westliche Zivilisierungsmissionen sind – nicht heute und nicht vor 100 Jahren. Es handelt sich hier um einen argumentativen Strohmann, bei dem die historische Praxis in ein Klischee gepresst wird, um unsere eigene Zeit positiv davon abzuheben.

Regimewechsel

Der Sturz von despotischen Unrechtsregimen wie zuletzt in Afghanistan[79] und im Irak[80] – aber die Rechtfertigung wurde auch schon bemüht für die Unterwerfung der Azteken 1519, der Maya von Itza 1697[81] sowie Benins 1896 (Menschenopfer bzw. Kannibalismus)[82] oder für die Wiedereroberung des Sudans 1898 (tyrannische und brutale Herrschaft muslimischer Fanatiker)[83] – ist eigentlich schon ein Sonderfall der scheinbar altruistischen Gehorsamserzwingung. Als erklärtes Ziel einer Militäraktion ist es deutlich invasiver als andere Formen der Gehorsamserzwingung, die im Normalfall die indigene politische und Gesellschaftsordnung prinzipiell intakt lassen – sieht man von den sozioökonomischen und politischen Folgen tief greifender Veränderungen wie Umsiedlungen oder der Abschaffung des

Sklavenhandels ab,[84] die aber meist unintendiert sind. Ein Regimewechsel hat demgegenüber den Zweck, ein dauerhaftes Abhängigkeitsverhältnis herzustellen, um die Gehorsamserzwingung ohne dauernden Militäreinsatz zu perpetuieren.[85]
Im Grunde handelt es sich dabei um ein klassisches Instrument der Imperienerrichtung: die indirekte Herrschaft, die der imperialen Präferenz für kostengünstige Lösungen entsprach. Die militärisch unterstützte (Wieder-)Errichtung oder Sicherung kooperativer Regierungsstrukturen – sogenannter Kollaborationsregimes oder -eliten[86] – deckt ein weites Feld ab. In der Reihenfolge zunehmender Abhängigkeit beginnt es bei der am Beispiel der Javanesischen Erbfolgekriege schon erwähnten Militärhilfe zur Erlangung der Gunst eines Thronkonkurrenten[87] – die davon noch nicht dauerhaft garantiert war[88]. Das Spektrum setzt sich fort mit der (Wieder-)Einsetzung einer dem Imperium oder in einem weiteren Sinne dem Westen freundlich gestimmten Regierung in einem prinzipiell weiter unabhängigen Land, in der Regel ausweislich von Handelsvorteilen, politischen Reservatsrechten oder Militärstützpunkten. Das Paradebeispiel ist Ägypten 1882,[89] aber auch die US-Interventionen in Panama 1903[90] und im Irak genau 100 Jahre später folgten diesem Muster.[91] Am Ende stehen Systeme zunehmender Unselbstständigkeit, die vom Verzicht auf eine eigenständige Außen- und Sicherheitspolitik – dem Protektorat[92] – bis zur vollständigen abhängigen Eingliederung in ein Imperium reichen, nur eben unter Erhaltung der inneren Herrschaftsstruktur.[93] Trennscharf sind diese Kategorien alle nicht, zumal es sich um einen Prozess schleichenden Autonomieverlusts handelte, der lange nach der ursprünglichen militärischen Intervention weiterging. Auch die Einsetzung (dem Imperium) verantwortlicher »Häuptlinge« als Mittel der Kontrolle über nichtstaatliche Gesellschaften war ein übliches Ziel imperialer Militäraktionen.[94]
Mehr noch als die gehorsamserzwingende Intervention hatte der Regimewechsel das Potenzial, durch unerwünschte Nebenwirkungen zum Eigentor zu werden. Die Militäraktion selbst hatte häufig schon eine sehr destabilisierende Wirkung auf ohnehin nicht allzu gefestigte indigene politische Ordnungen. Ein Regime ist immer leichter zerschlagen als wiederaufgebaut, und ist der Intervent mit den örtlichen Bedingungen nicht wirklich vertraut, so ist die Gefahr hoch, mit der vermeintlichen Befreiung der Unterdrückten einen soziopolitischen Erdrutsch auszulösen.[95] Besonders schwierig ist es –

wie der Westen nicht zuletzt gerade erst im Irak erfahren hat –, Demokratie und Menschenrechte zu erzwingen, ohne die Stabilität der Region zu gefährden.[96] Auch bei weniger invasiven Interventionen als dem Irakkrieg besteht aber das Problem, dass das kooperative Regime der indigenen Bevölkerung hinterher leicht als bloße Marionette des Imperiums oder des Westens erscheint, dessen Militäreinsatz es seine Existenz verdankt, sodass es mangels Rückhalt in der Bevölkerung zunehmend seine Nützlichkeit verliert oder in einem Aufstand gestürzt wird. In jedem Fall wird dann eine zweite Intervention zur direkteren Machtübernahme notwendig.[97]

Als Sonderfall der Einsetzung eines kooperativen Regimes wird man in der Regel die Dekolonisationskriege nach 1945 verstehen können. Zwar nahmen die Kolonialmächte angesichts schwindender Machtmittel, erstarkender protonationaler Unabhängigkeitsbewegungen und einer zunehmend antikolonial eingestellten Weltöffentlichkeit mit der zusätzlichen Bühne der Vereinten Nationen irgendwann *nolens volens* davon Abstand, ihre direkte Herrschaft militärisch aufrechterhalten zu wollen. Stattdessen verlegten sie sich aber darauf, den militärischen Kampf (auch mit politischen Mitteln) zu gewinnen, um zu kontrollieren, *wem* sie die Herrschaft übergaben: nämlich einem Regime, das dem Westen in Gesellschaftsmodell und politischer Ausrichtung nahestand.[98] Es ging mithin um die Wiedereinsetzung eines kooperativen Regimes für die Zeit nach der formellen Kolonialherrschaft:[99] Das Paradebeispiel ist Britisch-Malaya.[100] Frankreich misslang derselbe Versuch in Nordafrika, wo seine ehemaligen Kolonien in verschiedenem Maße im gegnerischen Lager endigten.[101] Strukturell ähnlich gelagert waren teils auch die Kriege der Supermächte: In Korea und Vietnam hatten beide Seiten, in Afghanistan 1980–1988 die Sowjetunion das Ziel, ein bereits bestehendes Kollaborationsregime zu verteidigen.[102]

Unterwerfung

Konnte die Einsetzung oder Verteidigung von kooperativen Regierungen als kostengünstiges Herrschaftsmittel unfreiwillig dennoch in direkter Herrschaft resultieren, so gab es auch zahlreiche Imperialkriege, die von vornherein auf die Ausweitung, Intensivierung oder Verteidigung imperialer Kontrolle in einem peripheren Gebiet zielten: auf Unterwerfung, Befriedung oder die Niederschlagung von Aufständen. Direkte Herrschaftsübernahme mit militärischen Mitteln war immer kostspielig und riskant. Das erklärt, warum Unterwerfungsfeldzügen so oft ein Moment erschöpfter Geduld innewohnt, der Impetus der achselzuckenden Herstellung einer Friedhofsruhe, um ein Dauerproblem, das sich weniger invasiven Zugängen entzieht, endlich zu lösen:[103] »Lasst uns diese Landplage ein für allemal beseitigen und die Siedler vor ihrer Bedrohung schützen; lasst uns das Land säubern und darauf eine Stadt erbauen«, wie der Gouverneur von Brasilien 1565 die Unterwerfung der kriegerischen Tamoio begründete.[104] Natürlich sind das auch Rechtfertigungsdiskurse der Akteure, aber sie begleiten mit solcher Dichte die Vorgeschichte der gewaltsamen Eingliederung peripherer Gebiete in ein Imperium, dass man das Motiv – neben der Neigung des »military mind« zu Endlösungen[105] – durchaus als genuin wird in Rechnung stellen müssen. Friede jenseits der Grenzen war für Stabilität innerhalb der Grenzen manifest notwendig.[106]

Dabei gerieten die »men on the spot« bei ihren Befriedungskampagnen regelmäßig in die Falle einer sich perpetuierenden »unruhigen Grenze«, in der die Ausschaltung von Krisenherden an der Frontier durch direkte Okkupation zu neuen Frontiers mit neuen Krisenherden führte.[107] So wurde nicht nur Indien bis zum Himalaya erobert,[108] sondern auch Russland unterwarf mit vorgeblich defensiver Intention ein Steppenvolk nach dem anderen.[109] Die Spanier eliminierten das Itza-Königreich der Maya, weil es einen Fokus für indianische Widerstandsbewegungen innerhalb der Kolonien an der Golfküste abgab,[110] und die Briten eroberten mit derselben Intention Zululand.[111] Die Sicherung Algeriens gegen Raids aus der Sahara führte zur französischen Besetzung Marokkos,[112] und das Hinterland Burmas und Vietnams wurde vor allem zur weiträumigen Verteidigung der europäischen Stützpunkte an der Küste in Besitz genommen.[113]

Nicht immer allerdings lag der Grund für die formelle Besitzergreifung im Rahmen einer Militäroperation primär in dem zu besetzenden Gebiet selbst. Mitunter wurden periphere Gesellschaften vor allem deswegen gewaltsam in ein Imperium integriert, um einem anderen Imperium zuvorzukommen, um existierende Interessen strategisch zu sichern. Dies war vor allem in der frühen Eroberung Indiens (wo im 17. Jahrhundert die Holländer portugiesische Konkurrenz fürchteten, im 18. die Briten französische und schließlich im 19. russische)[114] und in der Aufteilung Afrikas ein wichtiges Motiv,[115] aber es kam auch an der Grenze der spanisch-portugiesischen Interessensphären in Südamerika,[116] an der Nordgrenze Spanisch-Amerikas[117] und anderswo[118] vor. Strategische Überlegungen, die über den intrinsischen Nutzen eines Gebietes weit hinausgingen, spielten natürlich auch im globalen Machtkampf des Kalten Krieges eine große Rolle und bestimmten zum Beispiel das britische Festhalten an Kenia als Militärbasis gegen die Sowjetunion.[119]

Neben strategischen und defensiven Motiven ist bei der Herstellung direkter Herrschaft mit militärischen Mitteln in bestimmten Phasen auch einfach der Machtanspruch des Staates in Rechnung zu stellen. Dies gilt zum Beispiel für die Endphasen der administrativen Durchdringung existierender Kolonien, beispielsweise im Gefolge der Aufteilung Afrikas,[120] aber auch für die von Horst Pietschmann diagnostizierte Imperialisierung des spanischen Herrschaftssystems in Lateinamerika im 18. Jahrhundert[121] und nicht zuletzt für die Kriege, mit denen die Nachfolgestaaten des spanischen Reiches versuchten, ihre jeweiligen Frontiers dem neu zu schaffenden Nationalstaat einzuverleiben.[122]

Raub und Zerstörung

Eroberung, Unterwerfung, Befriedung und Aufstandsbekämpfung waren Kriegsziele, die auf die Kontrolle über indigene Gesellschaften abstellten, nicht auf ihre Vernichtung.[123] Gerade das Gegenteil war der Fall, wo die indigene Gesellschaft für die Erreichung des Zweckes der Gewaltaktion erübrigbar erschien oder ihm sogar im Weg stand: nämlich wenn die imperialen Akteure vielmehr an den Ressourcen des Gebiets interessiert waren, auf das sich ihre Gewaltaktionen richteten. In diesem Fall war die Zerstörung der indigenen politischen und Gesellschaftsorganisation zwar nicht das Ziel des imperialen Gewalthandelns, aber sie wurde zur Erreichung dieses Zieles billigend in Kauf genommen.

Das gilt insbesondere für die gigantischen Raub- und Plünderungszüge, mit denen die Konquistadoren die Großreiche Mittel- und Südamerikas niederwarfen. Die Männer, die Cortés und Pizarro, später Francisco Vázquez de Coronado und Hernando de Soto folgten, waren gewaltbereite Abenteurer, die die Brücken hinter sich abgebrochen, alles zu gewinnen und nichts zu verlieren hatten. Sie zerschlugen rücksichtslos indigene Herrschafts- und Gesellschaftsstrukturen durch Terror, Brandschatzung und Massenmord[124] und zerstörten auf ihrer Jagd nach Gold unschätzbare Kulturgüter: Allein das Lösegeld Atahualpas, im Wesentlichen Tempelschätze und Kunstgegenstände, die heute einen unermesslichen ideellen und archäologischen Wert hätten, ergab eingeschmolzen 6,1 Tonnen Gold und 11,7 Tonnen Silber[125] mit einem aktuellen Gegenwert von über 200 Millionen Euro.[126] Kein Wunder, dass Konquistadoren in den folgenden Jahrzehnten raubend, plündernd und mordend durch Amerika zogen, vom Südosten der heutigen USA bis Feuerland, in der Hoffnung, es Pizarro gleichtun zu können. Weitere Hauptgewinne waren in den mehrheitlich staatenlosen Regionen jenseits der Großreiche allerdings selten, was die Gewaltbereitschaft der enttäuschten Abenteurer eher noch verschärft hat.[127]

Was die Spanier ebenfalls suchten, und wofür die indigenen Gesellschaftsstrukturen (wenn auch nicht die Menschen als solche) gleichermaßen entbehrlich waren, war billige Arbeitskraft. Wenn ein Konquistador schon keine Berge von Gold fand, so konnte er doch immerhin auf eine *encomienda* hoffen, eine Art ausbeuterische Lehnsherrschaft über Indianer. Zwar ging in der Intention der spanischen Krone mit dem Recht an der indigenen Arbeitskraft auch eine Schutzpflicht für die Betroffenen einher, aber wie unschwer zu erraten ist, sah die Realität an der fernen Frontier ganz anders aus: Die faktisch versklavten Indianer wurden auf Zuckerplantagen und in Bergwerken zu Tode geschunden.[128] Im portugiesischen Brasilien war die Sklaverei ab 1570 ebenfalls illegal, aber es gab rechtliche Schlupflöcher wie den »Freikauf« im Kampf gefangener Indianer, die vorgeblich von Kannibalismus durch die Sieger bedroht waren, was der Anstiftung zur Sklavenjagd gleichkam.[129] Langfristig wurde Brasilien wirtschaftlich völlig von Sklavenarbeit abhängig, und die Einwohner der Frontierstadt São Paulo machten es jahrhundertelang praktisch zu einer Industrie, Sklavenzüge tief ins Indianerland zu unternehmen,[130] was sie im Übrigen zu gefragten professionellen Hilfstruppen für Indianerkriege machte.[131] Noch Ende des 19. Jahrhunderts führte der Gummiboom im nordwestlichen Brasilien zu massenhafter faktischer Versklavung indigener Arbeitskräfte, mit einer Gewaltsamkeit und Todesrate, die den Kongogräueln Konkurrenz machen konnten.[132]

In anderen Weltgegenden spielte die Verschleppung zu lebenslanger Zwangsarbeit als Motiv imperialer Gewaltakte nicht dieselbe Rolle wie im iberischen Amerika. Es gab zwar auch Fälle in Britisch-Nordamerika,[133] die Kapburen eroberten in Kriegen gegen die San Zwangsarbeiter,[134] und die Portugiesen führten in Angola und im Kongo für Jahrhunderte mit dem Hauptziel der Gewinnung afrikanischer Sklaven Krieg. Anderswo in Afrika allerdings ließen die Imperien die Bevölkerung eher durch indigene Handelspartner versklaven und kauften die Arbeitskräfte dann.[135] Des ungeachtet ist Sklavenjagd, Sklavenhandel und Sklavenarbeit natürlich in jedem Fall eine Gewaltstruktur, wenn auch häufiger eine staats- oder privatwirtschaftliche als eine im engeren Sinne kriegerische.[136]

Indigene Arbeitskraft konnte der Ausbeutung natürlicher Ressourcen dienen, etwa in Bergwerken. Aber die Erlangung dieser Ressourcen konnte auch selbst das Ziel von Gewalthandeln gegen die indigene Bevölkerung eines Gebietes sein. Das klassische Beispiel ist der Gold- und Silberrausch im Westen der USA Mitte des 19. Jahrhunderts, in dem unkontrollierbare private Edelmetallsucher zuerst die in kleinen Gruppen lebenden und damit praktisch wehrlosen Indianer der Pazifikküste überrollten, vertrieben und ausrotteten,[137] dann in den Staaten Colorado und New Mexico, Wyoming und Washington Dauerkonflikte mit deutlich wehrhafteren Indianergruppen wie etwa den Apachen auslösten,[138] um schließlich mit der widerrechtlichen Besetzung der Black Hills South Dakotas 1874 den Showdown zwischen der US-Armee und den Sioux heraufzubeschwören.[139] In Russisch-Zentralasien und Sibirien waren es Zobelpelze, die zur Verdrängung der indigenen Bevölkerungen führten.[140] Die Suche nach Tropenholz bestimmte unter anderem die endgültige Unterwerfung Yucatans durch Mexiko und die Formosas (Taiwans) durch Japan, beides Anfang des 20. Jahrhunderts.[141]

Die Expansion der burischen Siedler ins Innere der Kapkolonie, bei dem Konflikte mit den lokalen Khoisan über den Zugriff auf Vieh, Wild, Wasser und Weidegründe ausbrachen,[142] und die spanisch-indianischen Konflikte über den Zugang zu den millionenstarken Vieh- und Pferdeherden der argentinischen Pampas[143] leiten über zu der Naturressource, für die Imperien am häufigsten indigene Gesellschaften an den Rand drängten: fruchtbares Land. Nichts machte einen Konflikt so schnell essenziell und geradezu explosiv gewaltsam wie der Streit um Land. Denn während es bei anderen Streitgegenständen grundsätzlich die Möglichkeit des Kompromisses und der Koexistenz gab, war die Verfügung über Grund und Boden für neuzeitliche Kolonisten nur absolut denkbar. Intensive Ackerwirtschaft modernen Stils schließt jede andere Nutzung des Landes aus. Und während das auf Weidewirtschaft nicht zutrifft, so war sie doch zumal in marginalen Gebieten, wie an manchen Frontiers Südafrikas und Australiens, so ungeheuer raumgreifend, dass jede Konkurrenz um Wasser und Gras auf jeden Fall höchst unerwünscht gewesen wäre, selbst wenn die indigene Bevölkerung nicht aus Sicht der Siedler ein Problem damit gehabt hätte, bei Vieh zwischen Mein und Dein zu unterscheiden.[144]

Für die Aneignung und Nutzung von Land war die indigene Gesellschaft manifest erübrigbar, ja, sie stand ihr im Weg. Individuell mochten die Menschen vor Ort allenfalls auf Plantagen als Arbeiter, auf Weiden als Viehhirten willkommen sein;[145] kleinbäuerliche Ackerwirtschaft europäischen Stils, wie in Nordamerika, konnte sogar darauf verzichten. Entsprechend waren die Zerschlagung indigener Gesellschaften, die individuelle oder kollektive Vertreibung und nicht selten die schleichende Ausrottung der betroffenen Bevölkerungen durchgängig zumindest faktische Ziele von Gewaltaktionen an imperialen Siedlerfrontiers.[146] Akteure waren in vielen Fällen die Kolonisten selbst, einzeln, in *ad hoc*-Jagdkommandos oder in Milizen organisiert,[147] was dadurch erleichtert wurde, dass die meisten älteren Siedlungskolonien opportunistisch dort entstanden, wo die indigene Bevölkerung zahlenmäßig klein, zerstreut, staatenlos und damit vergleichsweise wenig wehrhaft war.[148] Lediglich größere Vertreibungsaktionen gingen von imperialen Autoritäten aus und wurden durch regelrechte Streitkräfte durchgeführt.[149]

Gerechtfertigt wurde die Verdrängung der indigenen Bevölkerung meist damit, dass sie keine moralisch gerechtfertigten Besitzansprüche an das Land habe, weil sie es ohnehin nicht nutze.[150] Dass nichteuropäische Landnutzung, beispielsweise der Mischanbau auf wechselnden Waldlichtungen in Nordamerika und im tropischen Regenwald Afrikas und Südamerikas, oft einfach nur anders aussah als die rechteckigen Monokulturen der Europäer, spielt keine große Rolle für diesen Legitimationsdiskurs – die Eroberer hätten Beweise indigener Bodenbearbeitung ignoriert, selbst wenn sie bereit gewesen wären sie zu erkennen.[151] (Wie die Vertreter des Arguments effektiver Nutzung übrigens bis zu 40000 Hektar (!) große europäische »Farmen« im Hochland Kenias hätten rechtfertigen wollen, von denen nur Bruchteile bewirtschaftet werden konnten, ist leider nicht aktenkundig.[152]

Die Verdrängung, Vertreibung oder sukzessive Ausrottung der indigenen Bevölkerung zur Durchsetzung des exklusiven Zugriffs auf das Land war zweifellos in der Tendenz und häufig auch faktisch ein zumindest kulturgenozidaler und mitunter langfristig auch physisch genozidaler Prozess.[153] Und es gab Stimmen – mit hoher Dichte unter den Siedlern selbst –, die sich offen für die Vernichtung aussprachen. Die spanischen Frontierkolonisten in Zentralmexiko forderten nach Jahrzehnten des Konfliktes mit den kriegerischen Chichimeca 1582 vom Vizekönig den »Krieg mit Feuer und Schwert«: Versklavung, Zwangsumsiedlung und Vernichtung der indigenen Kultur.[154] Mitte des 19. Jahrhunderts riefen kalifornische Zeitungen regelmäßig dazu auf, die indianische Bevölkerung in die »ewigen Jagdgründe« zu schicken;[155] ähnliche Sentimente gab es in Tasmanien.[156] »Ich sage offen, dass ich auf der breiten Plattform der Ausrottung kämpfe«, teilte der Siedlermilizenführer King S. Wolsey nach einem Massaker an Apachen in Colorado 1864 mit.[157] »Die einzigen guten Indianer, die ich je gesehen habe, waren tot«, soll der prominenteste Indianerkämpfer der US-Armee, General Philip Sheridan, angeblich gesagt haben;[158] sein Kollege William T. Sherman ist aktenkundig mit seiner Absicht, die Indianer »mit rachsüchtiger Ernsthaftigkeit« zu bestrafen, »sogar bis zur Ausrottung«.[159] Das erstgenannte Motto war 80 Jahre später die Parole für die exzessive Siedlergewalt gegen alle Kikuyu im Mau-Mau-Aufstand:[160] »Der einzige gute Kyuke [Kikuyu] ist ein toter Kyuke.«[161]

Es mag angesichts solcher Äußerungen historisch und pragmatisch wenig relevant erscheinen, wenn man dennoch festhalten möchte, dass die indigene Bevölkerung für die gewaltsame Landnahme ein zufälliger Faktor war. Wo sie vorhanden war, stand sie im Weg und musste weichen. Aber der Gewaltakt zielte auf die Verfügung über das Land, nicht auf die betroffene Bevölkerung. Das totale Kriegsziel war nicht intentional, es war funktional – davon abgesehen, dass es häufig überhaupt kein erklärtes Ziel war, weil es sich bei der Verdrängung und Ausrottung der ursprünglichen Nutzer des Landes um einen so schleichenden, individuellen, aus einzelnen Gewaltakten zusammengesetzten Prozess handelte, dass das »Verschwinden« der indigenen Bevölkerung mitunter Jahrzehnte, ja Jahrhunderte dauerte und von den Tätern eher als überpersönlicher, nicht willensgesteuerter Vorgang verstanden wurde – als eine Art sozialdarwinistischer Fakt.[162]

Totale Kriegsziele

Und das gilt für »totale« Kriegsziele in der europäischen Expansion ganz allgemein. Die bewusste (statt der fahrlässig billigenden) Zerstörung indigener Gesellschaften war nur selten ein erklärtes Ziel imperialer Gewaltakte, auch wenn im Gefolge des Interesses für den Holocaust unter der NS-Herrschaft die entsprechenden Fälle eine überdurchschnittliche historische Aufmerksamkeit erhalten haben.[163] Und wenn es totale Kriegsziele gab, dann waren sie – wie bei den spanischen Kolonisten und den Chichimeca – meist sekundärer Natur: Der Wunsch nach Endlösungen stand am Ende einer längeren Serie von Auseinandersetzungen um andere Ziele, war erneut funktional, nicht intentional; war zuwenigst eine Eskalationsfolge oder entsprang einer situativen Dynamik. Das entspricht ganz evident der Logik imperialer Expansion und Gewaltanwendung. Die Vorherrschaft an der Peripherie hatte einen Sinn, und zwar primär einen wirtschaftlichen; intentionale Vernichtungsfeldzüge waren für dieses Ziel dysfunktional und zu kostspielig – jedenfalls war das die Regierungsperspektive; die Siedler sahen das naturgemäß anders. Für die bewaffnete Macht des Staates aber wurden Zerschlagung und Völkermord allenfalls attraktiv, wenn andere Lösungen manifest versagt hatten.

Das trifft ganz klar auf die Zerstörung der nordamerikanischen Indianergesellschaften im 19. Jahrhundert zu, für die von Regierung und Armee der faktische Genozid an einzelnen Gruppen zwar billigend in Kauf genommen wurde, aber als Mittel zum Zweck.[164] Es ist ebenso richtig für die geplante (aber nicht umgesetzte) physische Ausrottung der aufständischen Bevölkerung im sogenannten Zehnjährigen Krieg auf Kuba 1868–1878: Sie war eine Reaktion auf Jahre entscheidungsloser Guerillakriegführung.[165] Es gilt eindeutig für die berüchtigte Vernichtungsorder Lothar von Trothas im Hererokrieg 1905, die der Frustration über die gescheiterte Kesselschlacht am Waterberg entsprang (und noch dazu einen bereits faktisch stattfindenden schleichenden Massenmord durch Verdurstenlassen in der

Wüste lediglich *post festum* legitimierte).¹⁶⁶ Ähnliches kann man über die »totale Befriedung« des Mekongdeltas durch maximale Feuerkraft und ausgedehnte Massaker an der Zivilbevölkerung im Rahmen der Operation »Speedy Express« im Vietnamkrieg 1968/69 sagen: Das Operationsziel war Kontrolle, der Massenmord Kollateralschaden.¹⁶⁷ Und Nämliches gilt letztlich auch für den vorgeblich geplanten kulturellen Genozid an den Kikuyu Kenias im Rahmen der britischen Niederschlagung des Mau-Mau-Aufstandes 1952–1960, wobei in diesem Fall ohnehin die terminologische Sensationalisierung einer noch dazu fast ausschließlich auf der Basis von Oral History konstruierten Interpretation etwas weit zu gehen scheint.¹⁶⁸

Die Unterscheidung mag, wie gesagt, spitzfindig erscheinen. Festzuhalten bleibt: Es gab in der europäischen Expansion durchaus totale Kriegsziele im engeren Sinne, also die erklärte, aktenkundige Bereitschaft zur Zerstörung indigener Gesellschaften, wie etwa klassisch 1779 den Vernichtungsfeldzug der US-Armee unter den Generalen John Sullivan und James Clinton gegen die Irokesennation, in dem systematisch Krieg gegen die gesamte Zivilbevölkerung, ihre Wohnstätten und Nahrungsressourcen geführt wurde und der in der völligen Zerschlagung der Gesellschaftsstrukturen und der Massenflucht von Tausenden von Menschen resultierte.¹⁶⁹ Das war keine situative Eskalation, das war geplant. Der Befehl George Washingtons für Sullivan erklärte zum Zweck des Schlags gegen die Irokesen »die völlige Vernichtung und Verwüstung ihrer Ansiedlungen und die Ergreifung so vieler Gefangener jeden Alters und Geschlechts als möglich. Es wird unentbehrlich sein, ihre Feldfrüchte auf dem Acker zu zerstören und zu verhindern, dass sie neue pflanzen [...]. Das Land soll nicht nur überrannt, sondern zerstört werden.«¹⁷⁰ Und diese Vernichtung der Irokesen sollte nicht einen Friedensschluss erzwingen, sie sollte ihm auf jeden Fall vorausgehen; sie war das eigentliche Kriegsziel.¹⁷¹ Der Hintergrund allerdings waren Jahre der Verwüstung von Frontiersiedlungen durch Indianer im Dienst des britischen Kriegsgegners im Unabhängigkeitskrieg: Der Vernichtungsangriff war eine radikale Endlösung für ein schwelendes Dauerproblem.¹⁷²

Und er war amerikanische Tradition: Auf ähnliche Weise hatten sich schon im Pequotkrieg 1636/37 die neuenglischen Siedler in einem geplanten kulturgenozidalen Zerstörungsschlag ihrer indigenen Konkurrenz entledigt.¹⁷³ Aber auch hier war der Entschluss zur Endlösung situativ. Wäre er, wie Richard Slotkin nahelegt, ein von puritanischem Fundamentalismus gespeister Kampf gegen das essenziell Böse gewesen,[174] wären ihm, wie Armstrong Starkey zu Recht anmerkt, kaum 50 Jahre Frieden mit den indianischen Nachbarn vorausgegangen.[175] Selbst die wegen ihrer geringen Siedlerpräsenz grundsätzlich weniger exterminatorisch gestimmte französische Regierung Kanadas fühlte sich in den 1730er Jahren durch die diplomatisch unberechenbaren Fox-Indianer am Rande ihres Handels- und Bündnisnetzwerkes auf Dauer so irritiert, dass sie im 2. Foxkrieg 1729/30 offen den kulturellen Genozid anstrebte und auch erreichte.[176] Der Präsident der unabhängigen Republik Texas, Mirabeau Buonaparte Lamar, erklärte 1839 den »Vernichtungskrieg« gegen die Comanchen, um ihren jahrzehntelangen Raids – übrigens entlang Routen, die so traditionell waren, dass sie in zeitgenössischen Landkarten erschienen – ein Ende zu bereiten, einen Krieg, so Lamar, »der keinen Kompromiss zulässt und kein Ende haben kann vor ihrer völligen Ausrottung oder Vertreibung«.[177]

Regierungsamtlich geplanter Kulturgenozid war zweifellos die im gleichen Jahrzehnt abgeschlossene Zwangsumsiedlung der »Fünf Zivilisierten Stämme« der Cherokee, Chickasaw, Choctaw, Creek und Seminole aus Georgia, Alabama und Mississippi ins Indianerterritorium westlich des Mississippi, den späteren Bundesstaat Oklahoma. Zwar blieben die indianischen Gemeinschaften in ihrer inneren Struktur prinzipiell intakt. Aber bei der Vertreibung aus ihren Kulturzentren mit einer florierenden Zivilisation und Wirtschaft in eine agrarisch marginale Einöde, die zudem von nomadisierenden Indianergruppen beansprucht wurde, verloren sie selbstverständlich ihre kulturellen Wurzeln. Ganz abgesehen vom »Tränenpfad« der Cherokee, von denen bei der mit Waffengewalt durchgesetzten Vertreibung 4000 an Unterernährung, Seuchen und Kälte starben.[178]

Der brasilianische Generalgouverneur Alexandre de Sousa Freire gab im 17. Jahrhundert die Vernichtungsorder für die Indianer des Sertão, die durch Viehraub mit den Kolonisten im Dauerkonflikt lagen: »Erst nachdem sie völlig zerstört worden sind, geben sie Ruhe. [...] Alle Erfahrung hat gezeigt, dass diesem öffentlichen Ärgernis nur an seiner Wurzel Einhalt geboten werden kann: durch die Zerstörung und völlige Auslöschung der Dörfer der Barbaren.«[179] 1808 autorisierte der portugiesische Prinzregent die endgültige Zerstörung der indigenen Gesellschaften mit dem Zweck des Verschwindens oder der Assimilation.[180] Auch in Argentinien wurde 1878 in diesem Sinne die »Endlösung« der Indianerfrage ausgerufen, um einen jahrhundertelangen Frontierkonflikt zu beenden,[181] und gleichermaßen verfuhren Regierung und Siedler 1830 auf Tasmanien.[182] Es gab mithin durchaus geplante, totale Endlösungen – aber sie waren der letzte Akt eines langdauernden Gewaltprozesses, der in das Ende einer ethnischen Gruppe oder indigenen politischen Ordnung mündete.

Opportunismus

Neben den eigentlichen, erklärten oder faktisch intrinsischen Motiven imperialer Gewaltaktionen darf man die situativen, institutionellen oder opportunistischen Beweggründe nicht vergessen, die im Einzelfall für den Entschluss zum Krieg oder zu seiner Fortführung ausschlaggebend sein konnten: »Men on the spot«, Offiziere und Beamte, die Schlagzeilen machen, sich durch Plünderung bereichern, ihre Karriere voranbringen wollten – im Krieg wird man schneller befördert;[183] Generale und Gouverneure, die etwas zu beweisen hatten, weil sie neu im Amt waren, oder die sich umgekehrt unter dem Zwang fühlten, kurz vor ihrer bevorstehenden Abberufung noch schnell einen signifikanten Erfolg zu erringen;[184] Abenteurer, die unter Erfolgszwang standen, weil sie die Brücken hinter sich abgebrochen oder die Schiffe verbrannt hatten wie Cortés;[185] Militärapparate, die sich ihr Scheitern nicht eingestehen wollten;[186] nationalistische und chauvinistische Prestigeerwägungen, insbesondere imperialer Emporkömmlinge wie Deutschland, Italien oder Japan oder absteigender Imperien wie Spanien;[187] Glaubwürdigkeit im ideologischen Konflikt des Kalten Krieges;[188] schierer Opportunismus – ein Gebiet erobern, weil die Situation dafür gerade günstig scheint, beispielsweise der Gegner geschwächt ist, Konkurrenten abgelenkt sind oder imperiale Truppen aus anderen Gründen vor Ort;[189] geradezu zynische Motive wie das, die imperialen Streitkräfte in einem relativ risikolosen kleinen Krieg zu stählen und neue Waffen auszuprobieren;[190] Sozialimperialismus – durch militärische Erfolge in Übersee von gesellschaftlichen Konflikten in der Heimat ablenken[191] – sowie das simple Begehren, für vergangene Demütigungen Rache zu nehmen.[192]

Bis zur Karikatur übersteigert scheint die Bedeutung solcher Sekundärmotive in der italienischen Eroberung Libyens ab 1911. Sie verdankte sich gleich einer ganzen Serie solcher Beweggründe. Unter anderem ging es um den Wunsch, sich als Großmacht zu beweisen, um Rache für die Niederlage bei Adua 1896, um Ablenkung von sozialen Konflikten und Partizipationsdefiziten im Inneren des heterogenen italienischen Nationalstaates und vor allem um pragmatischen Opportunismus – nehmen was übrig blieb und noch dazu nahe lag.[193] Was man eroberte, war für solche Beweggründe ganz nachrangig, zumal es ja die Äthiopier und nicht die Libyer waren, die bei Adua gesiegt hatten. Aber schließlich hatten es die Franzosen auch geschafft, 1870 mit dem absurden Schlachtruf »Revanche pour Sadowa« in den Krieg gegen Deutschland zu ziehen, obwohl dort (bei Königgrätz 1866) schließlich nicht sie, sondern die Österreicher verloren hatten. Nationale Ehre ist eben nicht logisch.

Indigene Motive

Die indigenen Gegner der Imperien kamen, wenn man älteren Darstellungen europäischer Eroberungen glauben will, offenbar ohne Motive für ihr Gewalthandeln aus – oder zumindest waren ihre Beweggründe von keinerlei Interesse. Einer nicht einmal 70 Jahre alten – also keineswegs dem chauvinistischen Hochimperialismus entstammenden – Schilderung der Eroberung Yucatans zufolge wurden die Konquistadoren, wohin immer sie kamen, von blutrünstigen Eingeborenen anscheinend grundlos angegriffen.[194] Das sieht man heute anders. Auch wenn die letztliche Ursache für den Gewaltkonflikt immer die meist unerbetene Anwesenheit imperialer Händler, Siedler, Soldaten und Administratoren an der Peripherie war, die eine diffuse, aber gewaltbereite Abwehrhaltung der indigenen Gesellschaften zur Folge haben konnte, so gab es durchaus benennbare spezifische Kriegsursachen für die Gegner der Imperien.

Dazu gehört zunächst einmal der Umstand, dass die expansiven Reiche des Westens an der Peripherie nicht selten in Konflikt mit der Ausbreitung indigener Großreiche gerieten, indem sie Bündnisse mit deren Vasallen schlossen oder schlicht um die Kontrolle vom Gegner beanspruchter Gebiete konkurrierten. Zu den indigenen Imperien, die auf diese Weise zu Konkurrenten des westlichen Imperialismus auf Augenhöhe wurden, zählten unter anderem die expansiven Kriegerreiche der Bantu in Südostafrika – etwa die Zulu, Matabele, Nguni und Hehe.[195] Auch die Niederschlagung des Sklavenimperiums arabischer Händler im Osten des Kongobeckens kann man als Zusammenprall konkurrierender Imperialismen lesen.[196] In den Burenrepubliken des südlichen Afrika gab es einen eigenen Imperialismus gegen die sie umgebenden Bantugemeinschaften mit dem Ziel eines Großburischen Reiches bis zur See, und er war eine wesentliche Ursache für den Konflikt mit dem britischen Empire.[197] Indigene Reiche, deren Expansion in Konkurrenz mit der des Westens geriet, existierten auch in Westafrika – Ashanti, Tukulor, das Reich Samoris, Dahomey.[198] In Südasien kollidierten die Eroberreiche der Marathen und Nepals mit dem britischen Imperialismus.[199] In Nordamerika gab es imperiale Konflikte im 17. Jahrhundert zwischen Franzosen und Irokesen, im 19. zwischen den Vereinigten Staaten und den Sioux.[200] Selbst der Ausbruch des Tuscarorakrieges 1711, der früher vor allem als indianische Reaktion auf Übergriffe weißer Kolonisten und betrügerischer Händler erklärt worden ist, scheint neueren Erkenntnissen zufolge eine Hauptursache darin gehabt zu haben, dass die europäische Besiedlung die Hegemonie der binnenländischen Tuscarora über ihre Klientelgesellschaften an der Atlantikküste bedrohte.[201]

Man wird sich also hüten müssen, die indigenen Gegner der westlichen Imperien immer zuerst als Opfer verstehen zu wollen, deren Gewalthandeln allenfalls eine Reaktion auf externe Aggression war. Es gab außerhalb Europas reihenweise Gesellschaften, deren soziopolitische Struktur fast automatisch zu permanenten Konflikten mit den Herrschaftsansprüchen westlicher Imperien an der Peripherie führen musste, weil sie beispielsweise auf Raubzügen aufbaute. Insbesondere die Apachen und Comanchen im Südwesten der USA, die Tuareg der Sahara, die Berber des Rif, die Stämme der Nordwestfrontier Indiens und die Nomaden an der südlichen Peripherie des frühneuzeitlichen russischen Reiches hingen klassischerweise dieser sozioökonomisch kodierten Gewaltaktivität an, auf die sie nicht gut verzichten konnten, ohne ihr Gesellschaftsmodell aufzugeben.[202] In einer ähnlichen Situation des praktisch unvermeidlichen, systemischen Gewaltkonflikts mit den Imperien waren diejenigen indigenen Gesellschaften, für die Krieg weniger ein kontrollierbares Mittel zum Zweck als eine Lebensform war, wie man vermutlich über die Sioux und viele andere Plainsindianer, die Kriegermonarchien der Zulu und Matabele (auch abzüglich ihrer expansiven Tendenzen), die Mapuche-Indianer Südchiles[203] und die kriegerischen Naga an der indischburmesischen Grenze sagen kann.[204]

An diesen und anderen Frontiers gab es regelrechte systemische Gewaltzirkel, die tendenziell unterhalb der Kriegsschwelle blieben und in soziökonomischen Strukturen wurzelten. Zu diesen Zirkeln zählten etwa die Raubzüge der besitzlosen *Ladrones*-Fraktion der Navajo, auf die die Kolonisten New Mexicos mit Gegenraubzügen antworteten, die aber zwangsläufig die sesshaften, besitzenden *Ricos* trafen, die nun verarmt und verbittert ebenfalls zu *Ladrones* wurden, sodass das Gewaltpotenzial zunahm.[205] Die Gewalteskalation an der Frontier hatte in dieser Region eine lange Tradition. Schon im 17. Jahrhundert gab es in Neumexiko ein florierendes Netz des transkulturellen Handels mit Pferden, Menschen und Korn, das vor allem dadurch stimuliert wurde, dass die Spanier ab 1681 die gesetzliche Verpflichtung hatten, Indianergefangene aus Indianerhand freizukaufen, was in einem Fall 1694 eine Navajogruppe dadurch einforderte, dass sie auf dem Marktplatz von Santa Fe anfing, unverkaufte Pawnee-Kinder zu köpfen.[206]

Der gewaltsame indigene Widerstand gegen imperiale Expansion und ihre Folgen hatte viele Wurzeln und Anknüpfungspunkte, aber er begann keineswegs immer in der politischen Sphäre, sondern oft mit soziökonomischen Konflikten. Insbesondere war es natürlich die Expansion europäischer Siedlung, die indigene Bevölkerungen zur bewaffneten Gegenwehr trieb, weil sie ihre Lebensgrundlagen bedrohte. Ackerbau und Weidewirtschaft nahmen Jägern und Sammlern Nahrungsquellen und Trinkwasser.[207] Besiedlung zerstörte Jagdreviere und vertrieb oder vernichtete das Wild, wie klassischerweise die Bisons des amerikanischen Westens.[208] Kolonisten zäunten Land ein und enteigneten Viehherden.[209] Entlang befahrener Verkehrswege grasten die Zugtiere auf indigenem Land und fraßen es kahl.[210] Kein Wunder, dass sich indigene Gewalt häufig zuerst gegen die unmittelbaren soziökonomischen Ursachen der Bedrohung ihres Lebensumfelds richtete: durch Viehraub und Abbrennen von Feldfrüchten oder durch Angriffe auf europäische Farmen.[211]

Nicht alle Kriegsursachen in der wirtschaftlich-gesellschaftlichen Sphäre hatten aber mit Siedlung zu tun. Mitunter waren es Handelskonflikte, etwa wenn wachsende Abhängigkeit vom europäisch vermittelten Welthandel spätestens bei Marktschwankungen zu Deprivation und Widerstand führte. Dazu gehört etwa der Zusammenbruch des Pelzmarktes und der Wertverfall von Wampum[212] im Vorfeld des König-Philip-Krieges in Neuengland im 17. Jahrhundert oder der Aufstand der Yamasee gegen das Pelzmonopson der Engländer in South Carolina im frühen 18. Jahrhundert.[213] Manchmal waren die Ursachen verwirrend komplex, wie etwa die Verarmung der Rajputen-Clans Zentral-Nordindiens, die auf dem Umweg über einen Wandel der ethnischen Präferenzen der Rekrutierung für die britisch-indische Armee dem Indischen Aufstand 1857 zugrunde lag.[214] Die Zerrüttung traditioneller Wirtschafts- und Gesellschaftsstrukturen stimulierte antifranzösische Gewalt in der Sahara.[215] Die britische Wirtschaftspolitik der »zweiten kolonialen Besetzung« nach 1945 war mitverantwortlich für die *Emergency* in Malaya.[216]

Der Etablierung imperialer Herrschaft über indigene Gesellschaften folgte mit gewisser Regelhaftigkeit ein sekundärer Aufstand,[217] der manchmal nur diffus die Rückkehr zu idyllischen vorkolonialen Zuständen zum Ziel hatte,[218] sich aber meist an spezifischen Gravamina festmachte. Indigene Gesellschaften widersetzten sich Landenteignungen,[219] Zwangsarbeit,[220] Entwaffnung,[221] Besteuerung,[222] dem Bau von Verkehrswegen oder Befestigungen auf ihrem Land.[223] Sie griffen zu den Waffen gegen brutale Siedler, Sklavenjäger oder Soldaten,[224] gegen diskriminatorische Justiz,[225] korrupte Beamte[226] und Beschränkungen ihrer Autonomie durch die Durchsetzung direkter imperialer Verwaltung.[227] Lebensbedingungen auf *encomiendas* und Reservaten,[228] wirtschaftliche Benachteiligung, zum Beispiel durch die Unterbindung traditioneller Formen der Landnutzung,[229] und Versuche der kulturellen Assimilation und Integration in die imperiale Gesellschaftsordnung[230] führten zu gewaltsamem Protest. Im Einzelfall konnte allerdings auch umgekehrt gerade die partizipatorische Integration in das imperiale Staatswesen das Ziel des bewaffneten Widerstandes sein; dies nicht zuletzt in der Dekolonisation,[231] aber beispielsweise auch schon Anfang des 17. Jahrhunderts auf den holländischen Gewürzinseln.[232] In Einzelfällen führten die Dienstbedingungen bei den Kolonialtruppen zu Militärrevolten.[233]

Indigener Widerstand gegen imperiale Vorherrschaft konnte religiös motiviert sein – also sich an traditionellen Kulten festmachen und primär gegen die Christianisierung richten[234] – oder im Einzelfall, insbesondere im Kalten Krieg, auch ideologisch.[235] Letzteres traf in der Regel zusammen mit der Herausbildung protonationaler Unabhängigkeitsbewegungen, die meist als Folge der Erfahrung langdauernder Fremdherrschaft zahlreiche Widerstandsmotivationen und – wichtiger – zahlreiche gesellschaftliche und ethnische Gruppen im Streben nach Selbstbestimmung konsolidierten.[236] Im Gegenzug gab es allerdings auch relativ motivfreie, partikularistische und sektiererische Widerstandsbewegungen, die sich einfach jeder Form von Herrschaft widersetzten und sich letztlich nahe an der bewaffneten Kriminalität bewegten – so zumindest die Perspektive der Imperialmacht.[237] In der Karibik waren im 18. und frühen 19. Jahrhundert Revolten mehrheitlich afrikanischstämmiger Bevölkerungen endemisch, die sich klassischerweise gleichermaßen gegen die Sklaverei wie gegen die Kolonialherrschaft richteten. In Haiti ging 1804 aus diesem Kontext eine moderne Unabhängigkeitsbewegung hervor, die sich auf die Prinzipien der Französischen Revolution berief und in einem eigenen Staat resultierte.[238]

Wie bei den Imperien, so konnten auch bei ihren indigenen Gegnern sekundäre Motive für den Griff zur Waffe entscheidend sein. Dazu gehörte der Wunsch nach Vergeltung für Beleidigungen, Provokationen und Vertragsbruch (der imperienseitig im Umgang mit indigenen Gesellschaften bekanntlich nicht selten war) oder für vergangene Niederlagen.[239] Auch für indigene Regierungen gab es das Problem der Glaubwürdigkeit oder institutioneller Dynamiken, die es verboten, einem Konflikt aus dem Weg zu gehen. So steuerte die Führung des Militärstaates der Sikh 1845 in einen Krieg mit den Briten, um ihre unbeherrschbare Armee entweder zu beschäftigen oder (im Falle der Niederlage) loszuwerden,[240] und Abd-el-Krim ließ sich 1924 auf einen ungewinnbaren Krieg mit Frankreich ein, weil er meinte, sich auf dem Höhepunkt seiner Macht aus Prestigegründen keinen Rückzieher erlauben zu können.[241]

Fazit

Imperialkriege bestanden keineswegs immer oder auch nur mehrheitlich in der geplanten, völligen Unterwerfung indigener Opfergesellschaften durch imperiale Täter. Löst man sich von der Fixierung auf die brutalen Eroberungskriege der Conquista und der Endphase der Aufteilung der Erde um 1900 und nimmt stattdessen den 500-jäh-

rigen Gesamtprozess der Etablierung der westlichen Vorherrschaft in der Welt in den Blick, so wird dreierlei deutlich:
1. Häufig waren die Zwecke imperialer Gewaltaktionen manifest begrenzt, zielten lediglich auf die Durchsetzung einer wirtschaftlichen Vormachtstellung, auf Gehorsamserzwingung oder die (Wieder-)Einsetzung kooperativer Herrschaftsstrukturen.
2. Weiter gehende Kriegsziele waren häufig das Resultat von langfristiger oder situativer Eskalation. Sie wurden erst aktuell, wenn weniger invasive Gewaltmaßnahmen manifest versagt hatten. Die Übernahme direkter Herrschaft durch Eroberung war allenfalls *ultima ratio*. Endlösungen und Vernichtungskriege waren nur in Ausnahmefällen die ursprüngliche Intention imperialen Gewalthandelns, auch wenn die Rhetorik landhungriger Siedler mitunter diesen Eindruck erwecken konnte.
3. Die indigenen Gegner der Imperien griffen nicht nur aus einem diffusen Abwehrimpuls oder zur Selbstverteidigung zu den Waffen, sondern hatten durchaus eigene, spezifische Motive. Sie waren im konkreten Fall nicht selten die ursprünglichen Initiatoren der Gewalt. Nicht wenige Gewaltkonflikte in der europäischen Expansion waren in Wirklichkeit transkulturelle Zusammenstöße von Imperien oder das Resultat unvereinbarer sozioökonomischer Strukturen.

Gewalt hatte in der Expansion der westlichen Imperien viele Funktionen. Im allgemeinsten Sinn war sie unbestritten eine Folge der Präsenz und des Machtanspruchs der Imperien an der Peripherie, der Verwerfungen, die diese auslösten, und nicht zuletzt der Schwäche der Imperien vor Ort. Gewalt blieb daher nie dauerhaft aus, im Gegenteil: Sie war die ultimative Erzwingungsfunktion der imperialen Vorherrschaft. Gewalt hat politische, wirtschaftliche und gesellschaftliche Wandlungsprozesse unterstützt, akzentuiert, beschleunigt und gelegentlich zu Ende geführt. Und sie hat unterhalb der Staatenebene unter besonderen Bedingungen zu genozidalen Verdrängungsprozessen beigetragen.

Das heißt aber nicht, dass die globale Dominanz der westlichen Welt in der Gegenwart eine Folge kolonialer Eroberungs- und Vernichtungskriege ist. Für effektive militärische Besetzung großer, volkreicher Gebiete reichten die imperialen Machtmittel an der Peripherie meist gar nicht aus, wie im vorigen Kapitel gesehen. Und Eroberung war auch selten das primäre Ziel, da sie mit dem Kernanliegen imperialer Vorherrschaft – einem günstigen Kosten-Nutzen-Verhältnis – schwer vereinbar war. Die Gewaltinteraktion zwischen den Vorposten der Imperien und den indigenen Gesellschaften an der Peripherie, auf der die Hegemonie des Abendlandes und seiner Imperien fußt, ging weiter und war komplexer. Begrenzte Ziele, informelle Vorherrschaft und die Motivationen der außereuropäischen Akteure (von transkultureller Kooperation ganz zu schweigen) prägten die militärische Komponente des imperialen Systems zwangsläufig ebenso sehr wie seine politischen, wirtschaftlichen oder kulturellen Strukturen – bei denen das aber inzwischen wesentlich anerkannter ist.

Statistisch ist das schwer zu erfassen, weil Gewaltaktionen an der Peripherie eben so schwer voneinander abgrenzbar waren, weil die Prozesse ineinander übergingen und die Ziele ein Kontinuum darstellten, wie dieses Kapitel deutlich gemacht hat. Die gewaltsame Durchsetzung von Marktmacht grenzte an Gehorsamserzwingung, diese an die Etablierung kooperativer Regime und diese ging in die Herstellung indirekter Herrschaft über, die in direkter Herrschaft resultieren konnte; und irgendwann wurden Endlösungen attraktiv. Gewaltsame Proteste gegen spezifische Aspekte imperialer Vorherrschaft mündeten in nationale Unabhängigkeitsbestrebungen. All diese Prozesse fußten an einer militarisierten Frontier zwangsläufig auf Gewalt. Aber diese Gewalt war nicht automatisch total und absolut. Sie war die flexible Funktion eines dynamischen Prozesses der Herstellung imperialer Vorherrschaft und Kontrolle.

Diese Einsicht stellt vor allem die anscheinend so klare Zäsur zwischen früheren Kolonialkriegen oder imperialen Eroberungskriegen und heutigen »humanitären Interventionen« infrage, zumindest was die Motive der Interventen betrifft. Gehorsamserzwingung und Regimewechsel zur (Wieder-)Einbindung peripherer Gesellschaften in das westlich dominierte Weltsystem sind in der Gegenwart so sehr Ziel und Legitimation von Militäreinsätzen westlicher Mächte in der nichteuropäischen Welt, wie sie das in den vorhergegangenen 500 Jahren europäischer Expansion waren. Ob die Staaten des Westens dabei heute ausnahmslos altruistisch handeln, während sie früher von nationalen Eigeninteressen geleitetet waren, darüber wird zweifellos in wenigen Dekaden eine hoffentlich kritische Geschichtsschreibung entscheiden.

3. Grenzüberschreitungen

»Koloniale Militärkampagnen waren oft äußerst gewalttätig. [...] Lange und zerstörerische Operationen waren notwendig, um den Widerstand bestimmter Volksgruppen zu brechen. In diesem Prozess wurden großes Leid und Zerstörung zugefügt.«[1] So charakterisierte David Killingray die Imperialkriegführung in Afrika Ende des 19. Jahrhunderts. Michael Crowder merkte im gleichen Zusammenhang an, dass die europäischen Methoden der Kriegführung in Afrika wenigstens so »blutrünstig« waren wie die afrikanischen und in Europa zur gleichen Zeit nicht toleriert worden wären.[2] Olivier Le Cour Grandmaison sprach hinsichtlich Algeriens von einem »Krieg ohne Grenzen irgendeiner Art, territorialen oder menschlichen«.[3] Die Rede von »Gewaltexzessen«[4] oder »extremer Gewalt«[5] ist jüngst geradezu zur Chiffre für koloniale Kriegführung geworden.[6] Und auch das Adjektiv »total« (in Kombination mit Kriegführung, Gewalt, Zielen, Unterwerfung) wird gerne auf Gewaltaktionen der Imperien gegen indigene Gesellschaften angewandt.[7]

Dass sich das Forschungsparadigma des »Totalen Krieges« besonders gut für die Beschreibung von Imperialkriegen eignet, habe ich bereits andernorts bezweifelt.[8] Totaler Krieg, verstanden als die totale Mobilmachung für totale Kriegsziele mit totalen Mitteln,[9] ergibt einen heuristischen Mehrwert vor allem in Zusammenhängen, wo die gesellschaftliche Normalität anders definiert ist, nämlich in komplexen Industriegesellschaften mit einer Tradition verregelter und eingehegter Kriegführung. Bei einer wenig arbeitsteiligen staatenlosen Gesellschaft von »totaler Mobilmachung« für den Krieg zu sprechen, wäre im besten Falle tautologisch. Umgekehrt hat kein Imperialkrieg je auch nur ansatzweise die Mobilisierung aller gesellschaftlichen Ressourcen eines Imperiums erfordert. Bei Kriegszielen und Kriegsmitteln wird man eher fündig. Kriegsziele allerdings sind im Imperialkrieg fast stets stark asymmetrisch, da die imperiale Kerngesellschaft, wie bereits ausgeführt,[10] vom indigenen Gegner nie ernsthaft bedroht sein konnte. Man kann sicherlich von totalen Kriegszielen der Imperien sprechen (wo es denn zutrifft), und vielleicht vom totalen Krieg im eingeschränkten Sinn einer Kriegführung, die sich gegen die gesamte gegnerische Zivilgesellschaft richtet. Im Sinne eines kohärenten Gesamtprogrammes – und sei es als idealtypisches Konstrukt – würde ich den »Totalen Krieg« (mit großem »T«) weiterhin für den Kernbereich der westlichen Welt im Zeitalter der Weltkriege reservieren.

Dass allerdings Imperialkriege durch die Jahrhunderte ausgesprochen gewalttätig waren, daran besteht kein Zweifel. Sie waren von einer scheinbar wahllosen Brutalität gekennzeichnet, der im Kernbereich der westlichen Welt zwischen dem Dreißigjährigen Krieg und dem Zweiten Weltkrieg im Osten allenfalls einige Ausnahmesituationen wie die revolutionäre Niederschlagung des royalistischen Vendée-Aufstandes in Frankreich 1793–1796 wenigstens annähernd vergleichbar waren.[11] Das abgedroschene Schlagwort von der Ausnahme, die die Regel bestätigt, hat hier ausnahmsweise seine Berechtigung: insofern nämlich, als man das allgemeine Gewaltniveau des Imperialkrieges an den wenigen Feldzügen messen kann, von denen in der Literatur als mitteilenswert erachtet wird, dass dort der abendländische Kriegsbrauch tatsächlich eingehalten wurde oder die imperialen Kommandeure zumindest entsprechende Mahnungen erließen. So waren in der Strafexpedition der niederländischen Ostindiengesellschaft gegen Ambon 1637 Plünderungen, Brandschatzen, Morde und Vergewaltigungen ohne ausdrücklichen Befehl verboten.[12] In Australien wurde anlässlich der Strafexpedition von 1816 befohlen, freundlich gesinnte Frauen und Kinder unter den Aborigines möglichst zu schonen.[13] In der britischen Abessinienexpedition von 1867/68 wurden laut David Chandler keine Frauen belästigt und zu plündern gab es ohnehin nichts.[14] Die britische Armee soll Ende des 19. Jahrhunderts die Vergewaltigung afrikanischer Frauen im Einzelfall tatsächlich mit Gefängnis bestraft haben.[15] Im Südafrikanischen Krieg, im Rif-Krieg und in Indochina – zugegebenermaßen in gewisser Weise symmetrische Konflikte – wurden Gefangene gemacht und sogar formal korrekt behandelt,[16] ja im Burenkrieg wurde sogar die befehlswidrige Plünderung gegnerischen Eigentums geahndet.[17]

Man kann an solchen Ausnahmen und Mahnungen ohne große Mühe ablesen, was die üblichen Standards der Kriegführung in Imperialkriegen waren. Dass bewaffnete männliche Kämpfer sich ergaben und tatsächlich verschont wurden, war schon im Gefecht zwischen europäischen Armeen zumindest schwierig sicherzustellen. Im

Imperialkrieg fand dieser schwierige und komplexe interkulturelle Verständigungsakt praktisch nicht statt.[18] Wurden Gefangene überhaupt gemacht, so wurden sie meist später getötet; das Gleiche galt für wehrlose gegnerische Verwundete.[19] Der Befehl, den US-Oberst James Carleton 1862 für den Konflikt mit den Mescalero-Apachen ausgab – »die Männer sind abzuschlachten, wann und wo auch immer sie angetroffen werden«[20] –, war imperienseitig geradezu das Motto für Imperialkriege; und beim indigenen Gegner sah es meist schon traditionell[21] nicht anders aus.[22] Ja, einem wiederkehrenden Erzählmotiv zufolge war es oft gar nicht möglich, nichteuropäische Kämpfer gefangen zu nehmen, weil sie selbst schwer verwundet bis zum Tode weiterkämpften.[23]

In Imperialkriegen war es beiderseits Usus, systematisch gegnerische Ressourcen zu plündern, und zwar über den eigenen Versorgungsbedarf hinaus: Nahrungsvorräte zu vernichten, Feldfrüchte abzubrennen, Obstbäume umzuhauen, Vieh wegzutreiben oder zu töten, Quellen zuzuschütten, alles um dem Gegner die Lebensgrundlagen zu entziehen.[24] Allein die Sullivan-Clinton-Expedition gegen die Irokesen 1779 zerstörte Tausende von Obstbäumen und über 5600 Kubikmeter Getreide.[25] Die australischen Aborigines töteten die Schafe der englischen Siedler ebenfalls zu Tausenden.[26] Im 9. Frontierkrieg 1877/78 trieben die Briten an der Frontier Südafrikas 13 000 Rinder der gegnerischen Gcalekas weg.[27] Richard Meinertzhagen schrieb sich nach einer Strafexpedition gegen die Nandi in Kenia in seinem Tagebuch minutiös die Zerstörung von 239 Getreidespeichern und 46 Viehkoppeln, die Vernichtung von fast 60 Hektar Feldfrüchten (»vorwiegend Hirse«) sowie die Erbeutung von 54 Rindern und 399 Schafen und Geißen zugute.[28] Die US-Armee im Süden Luzons brachte es in nur einer Woche im Dezember 1901 auf eine Million Tonnen Reis, 200 Wasserbüffel, 700 Pferde und 800 Rinder.[29] Die Italiener schlachteten in Libyen das Nutzvieh gleich im fünfstelligen Bereich ab.[30] Einem Bericht von Humans Rights Watch zufolge soll die NATO noch 2006 in Afghanistan »große Mengen Vieh getötet und zahlreiche Weinberge zerstört« haben.[31]

Was diese Kriegführung gegen Nahrungsressourcen für die betroffenen Bevölkerungen in meist ohnehin von marginaler Subsistenzwirtschaft geprägten Gebieten bedeutet haben muss, kann man sich unschwer ausmalen, und Widerstand war garantiert. Es wird daher kaum überraschen, dass es bei der indirekten Gewalt gegen die gegnerische Zivilgesellschaft selten blieb. In Imperialkriegen wurden routinemäßig auch Wohnstätten, ja kollektiv ganze Siedlungen niedergebrannt, und dass dabei Nichtkämpfer nicht immer konsequent geschont wurden, ist jedenfalls eine vorsichtige Formulierung.[32] Für die französischen Truppen in Algerien im 19. Jahrhundert war die vollständige Verwüstung von Ansiedlungen so sehr Standard, dass Le Cour Grandmaison sie als »administrative Zerstörungen« beschrieben hat, die angeblich nach genauen Regeln verliefen.[33] Der britische Oberst Callwell gab geradezu eine Anleitung dafür aus, wie man ein Dorf nachhaltig dem Erdboden gleichmachte.[34]

Dass es bei solcher kollektiver Zerstörungswut zumindest zu Kollateralschäden unter der Zivilbevölkerung gekommen sein muss, ist unzweifelhaft. Meistens war es weit mehr als das: Die Vernichtung von Dörfern und Städten war schon seit der Frühen Neuzeit Bestandteil eines schonungslosen Krieges gegen die gesamte gegnerische Gesellschaft.[35] Dass ein Freiwilligenkavallerieregiment der US-Armee 1864 am Sand Creek in Colorado ein friedliches Indianerdorf überfiel und Augenzeugen zufolge mit erkennbarem Genuss Frauen und Kinder abschlachtete,[36] ist nur der berüchtigtste Fall von Krieg gegen die Zivilbevölkerung aus den Indianerkriegen der USA, aber bei Weitem nicht der einzige.[37] Das algerische Pendant ist das Massaker von Dahra, wo 1845 französische Kolonialtruppen in einer Höhle 500 Menschen mit Feuer erstickten;[38] das mexikanische ist Bacúm, wo 1868 450 Yaqui-Zivilisten in ihrer eigenen Dorfkirche verbrannt wurden.[39] Richard Meinertzhagen hat ausweislich seines Tagebuchs wenigstens in zwei Fällen Dorfbevölkerungen vollständig massakriert.[40] Auch das sah in anderen Kolonialreichen nicht anders aus.[41] In der Zwischenkriegszeit erleichterten neue Waffen, zumal das Flugzeug, Angriffe auf die Zivilbevölkerung.[42] Im Vietnamkrieg war das berüchtigte Massaker von My Lai nur die Spitze des Eisbergs.[43] Die sowjetische Armee zerstörte in den 1980er Jahren in Afghanistan zahllose Dörfer, metzelte die Einwohner und entvölkerte das Land mit Streubomben.[44] Dass westliche Truppen auch in Afghanistan und im Irak regelmäßig Kollateralschäden unter der Zivilbevölkerung zu verantworten hatten,[45] wissen wir alle.

Der indigene Gegner tat es, versteht sich, im Gegenzug ebenso – dies nicht zuletzt, weil ihm die Siedler, Beamten und Missionare an den Frontiers der Imperien zu Recht als die eigentliche Bedrohung seiner Lebensweise erschienen. So zerstörten die Chichimeca Zentralmexikos Ende des 16. Jahrhunderts ebenfalls spanische Dörfer und Farmen und töteten wahllos Frauen, Kinder und Sklaven.[46] Die ersten Opfer des Puebloaufstandes waren 380 Spanier in Siedlungen und auf Farmen, insbesondere zahlreiche Priester.[47] Nordamerikanische Indianer machten grundsätzlich keinen Unterschied zwischen europäischen Soldaten und Zivilisten und griffen immer zuerst Frontierfarmen an;[48] Nämliches galt für die Maori und die australischen Aborigines.[49] Die Maji-Maji-Kämpfer töteten zuerst Pflanzer, Beamte und Missionare.[50] Der Herero- wie der algerische Aufstand begannen mit Morden an europäischen Siedlern.[51] In Nordangola töteten die Aufständischen 1961 wahllos über 1000 Europäer.[52] Dass sich regelrechte Terrorkampagnen wie die der FLN im algerischen Aufstand vor allem gegen Zivilisten richteten, war System.[53]

Zivilisten wurden nicht nur ermordet. Von der Conquista bis zur Eroberung Afrikas wurden unterlegene indigene Kriegsgegner auch häufig versklavt – wenn nicht von der Imperialmacht, dann von ihren indigenen Verbündeten, die mit Kriegsbeute entlohnt wurden.[54] Nicht allein die Imperien nahmen Geiseln und richteten sie hin, wenn ihre Forderungen nicht erfüllt wurden.[55] Soldaten und Zivilisten wurden routinemäßig gefoltert,[56] berüchtigt besonders in der französischen Aufstandsbekämpfung in Algerien,[57] wo Roger Trinquier, der einfallsreiche Prophet des »modernen Krieges«, das als legitimen Gewaltakt gegen Kombattanten verteidigte.[58] Frauen wurden vergewaltigt.[59] Menschen wurden lebend skalpiert,[60] gebrandmarkt, kastriert,[61] durch Abhacken von Fingern, Händen, Füßen, Brüsten verstümmelt,[62] geköpft,[63] verbrannt,[64] den Hunden vorgeworfen.[65] Soldaten trugen abgeschnittene Köpfe, Ohren, Nasen, Genitalien als Jagdtrophäen zur Schau oder lieferten sie als Leistungsnachweis bei ihren Vorgesetzten ab.[66] Bei einigen indigenen Gesellschaften war die Marter lebender[67] und die rituelle Verstümmelung toter Feinde verbreitet.[68] Auch Kannibalismus kam vor, mitunter auch auf imperialer Seite – nämlich durch indigene Verbündete.[69]

Britische Offiziere banden in der Niederschlagung des Indischen Aufstandes gefangene Sepoys vor die Mündung einer Kanone und feuerten diese ab – eine öffentliche völlige physische Zerstörung des Gegners, die gern in grausigem Detail beschrieben worden ist und von der die Täter glaubten, dass sie der Todesstrafe die religiöse Entweihung hinzufügte und sie damit komplett machte,[70] von der sie aber im gleichen Atemzug behaupteten, sie sei in Indien traditionell.⁷¹ Dieser in seinem angeblich überlegenen Kulturverstehen etwas orientalistische⁷² Versuch des Mehr-als-Tötens, im Glauben, so den Abschreckungseffekt zu erhöhen, findet sich mehrfach: Mit derselben Begründung wurden angebliche Boxer in China und Muslime in Algerien geköpft.⁷³

Auch sonst waren religiöse Profanierungen verbreitet. Ebenfalls im Kampf gegen den Indischen Aufstand wurde die rituelle Verunreinigung gefangener Inder befohlen.⁷⁴ Auf den Philippinen wurden getötete muslimische Moro-Kämpfer mit Schweinekadavern bestattet.⁷⁵ Kultstätten und Friedhöfe wurden geschändet.⁷⁶ Die Spanier verbrannten nach der Zerschlagung des letzten überlebenden Inkastaates in Vilcabamba 1572 die Mumien der Inkas.⁷⁷ Nach der Eroberung des Sudan ließ der britische Oberbefehlshaber Sir Herbert Kitchener das Grab des Mahdi zerstören und befahl zunächst, seinen Schädel nach London zu schicken, wovon er aber wieder Abstand nahm;⁷⁸ die Deutschen hingegen verschleppten die Gebeine des Hehe-Herrschers Mkawa tatsächlich nach Berlin.⁷⁹ An solche Leichenschändung schließt sich zwanglos die Zerstörung symbolischer Herrschaftsressourcen an, mit der Eroberungen komplett gemacht werden sollten, etwa die des Kaiserpalastes von Hué 1885,⁸⁰ die offenbar dem Niederbrennen des Sommerpalastes der chinesischen Kaiser 1860 im 2. Opiumkrieg nachempfunden war.⁸¹ Im letzten Ashantikrieg 1899/1900 verlangte der britische Gouverneur der Goldküste, Sir Frederick Hodgson, die Auslieferung des »goldenen Stuhls« der Ashantikönige, um selbst demonstrativ darauf Platz zu nehmen. Dies entweder im Unwissen oder in bewusster Missachtung des wesentlichen Umstandes, dass die Asantehenes das niemals taten, da es sich bei dem Stuhl nicht um einen Thron, sondern um einen reinen Kultgegenstand handelte.⁸²

In Imperialkriegen wurden Waffen eingesetzt, deren Gebrauch in Europa geächtet war. Bakteriologische Kriegführung, speziell die geplante Infektion indigener Bevölkerungen mit dem Pockenerreger, wurde in Australien wie in Amerika wiederholt befürwortet und zumindest in einem Fall nachweisbar versucht, und bekanntlich kamen auf beiden Kontinenten große Teile der autochthonen Bevölkerung in Pockenepidemien um, was aber allenfalls für lokale Ausbrüche eine halbwegs tragfähige Vermutung über den Zusammenhang zulässt.⁸³ Kaum kamen in Europa Ende des 19. Jahrhunderts Kleinkalibergewehre mit hoher Mündungsgeschwindigkeit auf, die sogar Knochen glatt durchschlugen, stellten die Imperialmächte auch schon fest, dass solche Waffen nicht »mannstoppend« genug für Kriege gegen »Wilde« waren, die nämlich auch verletzt weiterkämpften. Das Ergebnis war das Dum-Dum-Geschoss mit weicher Bleispitze, das sich im Körper des Opfers ausdehnte und damit viel größere Verletzungen verursachte, die unmittelbar kampfunfähig machten. Expansionsgeschosse widersprachen zwar der Intention der Petersburger Erklärung gegen Explosivmunition von 1868, aber für Kolonialkriege wurden sie für einige Zeit zum Standard.[84] Auch der Einsatz von Giftgas war in Imperialkriegen Mitte des 20. Jahrhunderts üblich.[85] In Vietnam war es bekanntlich Napalm,[86] und die Sowjetunion setzte in Afghanistan ihr ganzes Arsenal ein, chemische Waffen und Streubomben eingeschlossen.[87] Siedlergewalt gegen Indigene hielt sich ohnehin an keinerlei Regeln und hatte auch mit offener Kriegführung wenig zu tun, etwa wenn Fallen und vergiftete Nahrungsmittel ausgelegt wurden.[88]

Auch abseits von Zwangsumsiedlungen mit weiter gehender Intention, wie im Zusammenhang der politischen Kriegführung erörtert, wurden indigene Bevölkerungen kollektiv deportiert, mit teilweise genozidalen Folgen.[89] In zumindest einigen Imperialkriegen des frühen 20. Jahrhunderts gab es regelrechte Todeslager.[90] Das alles noch als Mittel des Krieges – nicht als geplanter Genozid.

Krieg ohne Regeln

Woher rührt die besondere Brutalität von Imperialkriegen, die das abendländische Kriegsvölkerrecht der Moderne in vielfacher Hinsicht verletzte? Das ist eine interessante Frage, denn die üblichste und wohlfeilste Antwort lautet bis heute: dass dieses Völkerrecht eben für diese Konflikte gar nicht gegolten habe, dass sie *per se* regellos gewesen seien.

Diese Antwort hat eine lange Tradition. Sie ist zwar irrelevant für die Eroberung Amerikas, denn bis spät ins 17. Jahrhundert hätten die soeben geschilderten Praktiken auch in Europa kaum Aufsehen erregt. In frühneuzeitlichen Kriegen gab es dort keine effektiven Schutzrechte für Wehrlose oder Unbeteiligte, und was die Konquistadoren oder die neuenglischen Siedler in der Neuen Welt trieben, war in der Alten gleichermaßen akzeptabel.[91] Der Völkerrechtsklassiker Hugo Grotius rechtfertigte noch 1625, gestützt auf antike Autoren, die unterschiedslose Tötung Kriegsgefangener und gegnerischer Zivilisten, die Zerstörung von Eigentum sowie die Plünderung und Versklavung im Krieg und fand Vergewaltigungen lediglich moralisch, nicht aber rechtlich bedenklich – auch wenn er im Nachgang immerhin unter bestimmten Bedingungen die Schonung beispielsweise von Bauern oder von sich freiwillig ergebenden Kämpfern empfahl, jedoch als Gnade, nicht etwa als Recht.[92]

In der zweiten Hälfte des 17. Jahrhunderts entwickelten sich dann aber in Europa die im Prinzip bis heute gültigen Beschränkungen der Kriegführung, die Schutzrechte vor allem für Kriegsgefangene, aber in gewissem Maße auch schon für Nichtkombattanten beinhalteten[93] und im 18. und 19. Jahrhundert weiter verfeinert wurden. Der Geltungsbereich dieser Regeln war allerdings in zweierlei Hinsicht eingeschränkt. Zum einen waren sie bindend nur in Kämpfen mit legitim Kriegführenden, mit Staaten, die das *ius ad bellum*, das Recht auf Kriegführung, genossen: Sie galten mithin nicht für Aufständische gegen eine legitime Herrschaft – und wie bereits gesehen, legten die Imperien jeweils großen Wert darauf, ihre indigenen Gegner als Rebellen zu brandmarken, die weder ein *ius ad bellum* hatten noch infolgedessen die Schutzrechte des *ius in bello*, des Rechtsbrauches im Kriege, genossen.[94] Auch nur folgerichtig war es da, dass in vielen Imperialkriegen zumindest die gegnerischen Führer bei Gefangennahme als gewöhnliche Kriminelle behandelt, das heißt abgeurteilt und in der Regel exekutiert oder deportiert wurden.[95]

Zum anderen aber galten die abendländischen Kriegsregeln nach praktisch allgemeiner Auffassung auch nicht für »Wilde« oder »Heiden«, kurz: für Europas Gegner in Imperialkriegen.[96] Der Schweizer Staatsrechtsphilosoph Emer de Vattel kanonisierte diese Ansicht Mitte des 18. Jahrhunderts mit der Feststellung: »Wenn man gegen eine wilde Nation Krieg führt, *die keinerlei Regeln beachtet* und überhaupt kein Pardon gibt, können wir dafür jeden Angehörigen dieses Volkes bestrafen, dessen wir habhaft werden können (denn sie zählen zu den Schuldigen), und mit dieser Härte versuchen, sie zum Gesetz der Menschlichkeit zurückzuführen.«[97]

Der entscheidende Punkt ist, dass sich die »wilde Nation« durch ihre Nichtbeachtung des abendländischen Kriegsrechts definiert: Wer sich selbst (scheinbar) an keine Regeln hält, gegen den ist im Umkehrschluss auch alles erlaubt. Dieses Postulat ist denn auch bis an die Schwelle der Gegenwart zur Rechtfertigung praktisch aller brutalen Praktiken im Krieg gegen indigene Gesellschaften herangezogen und durch die Haager Landkriegsordnungen von 1899 und 1907 völkerrechtlich sanktioniert worden.[98] Es bestimmt primär die populäre kategorische Behauptung, in Imperialkriegen habe grundsätzlich kein Kriegsvölkerrecht gegolten,[99] was allerdings eher ein faktischer Konsens der Militärtheoretiker und Völkerrechtler des 19. Jahrhunderts war als ein positiver Völkerrechtsgrundsatz.[100] Symptomatisch ist sicher auch, dass es voluminöse Standardwerke zur Entwicklung der Schutzrechte im Krieg gibt, die Gewaltkonflikte an der Peripherie nicht einmal erwähnen.[101]

Allein: Stimmt es denn, dass indigene Kriegführung keinerlei Beschränkungen unterworfen war? Vieles deutet darauf hin, dass die Vertreter der Imperien an der Peripherie allzu eilfertig zu der Einsicht gelangten, dass Indianer, Afrikaner oder Asiaten unbeschränkte, willkürliche Gewalt praktizierten. Sie lasen Vattel gleichsam rückwärts: »Wilde« Nationen hielten sich *per definitionem* an keine Regeln; oder zumindest genügte die geringste Regelverletzung als Beweis ihrer »Wildheit« und Regellosigkeit: Im Zweifelsfall war es schon ausreichend, dass ein Gegner der Schlacht auswich.[102] Für die US-Armee auf den Philippinen 1899–1906 waren Guerillakrieg und Volkskrieg erklärtermaßen das definitorische Kriterium für einen »unzivilisierten« Gegner, gegen den jede Form der Gewalt erlaubt war.[103] Generell galt in westlichen Augen »tribale Kriegführung«, der Guerillakrieg, als Heimtücke und als Rechtfertigung, die Samthandschuhe auszuziehen, von denen in diesem Kontext immer erst einmal irreführend suggeriert wurde, dass man sie vorher angehabt habe.[104] Die Hinterlistigkeit des Gegners entlarvte ihn letztlich als das ultimativ Böse, das keine Schonung verdiente.[105] Wie die englischen Siedler zur Rechtfertigung ihrer Rachegewalt nach einem allerdings in der Tat auf Täuschung basierenden Überfall der Powhattan-Indianer 1622 (dem sogenannten Virginia-Massaker) ausführten: »Die verräterische Gewaltanwendung der Wilden hat unsere Hände, die zuvor durch die Verpflichtung zu Güte und Fairneß gebunden waren, frei gemacht.«[106]

Zweifellos beachteten beispielsweise nordamerikanische Indianer *bestimmte* Vorgaben des *europäischen* Kriegsbrauchs nicht, etwa wenn sie Nichtkombattanten aus dem Hinterhalt angriffen oder Gefangene folterten.[107] Deswegen war indianische Kriegführung aber, wie die eigentlich jeden Kulturkreises,[108] doch ganz klar verregelt – es stimmt eben gerade nicht, dass indigene Kriegführung grundsätzlich »Krieg bis aufs Messer« war.[109] Der Pequotkrieg von 1636/37, der erste größere Gewaltkonflikt zwischen Siedlern und Indigenen in Neuengland, ist ein gut erforschtes Beispiel für das, was höchstwahrscheinlich in der europäischen Expansion regelmäßig passiert ist. Die Pequot, deren Kriegsregeln den abendländischen ähnelten, waren anfänglich durchaus willens, den Konflikt einzuhegen und zum Beispiel Gefangene zu machen oder Frauen und Kinder zu verschonen; sie versuchten sogar, eine entsprechende Vereinbarung mit den Engländern zu erreichen. Diese aber interpretierten schon die Weigerung der Pequot, ihnen in offener Feldschlacht entgegenzutreten, als Bruch des Kriegsbrauchs und gingen zu einem brutalen Vernichtungskrieg über. Kein Wunder, dass die Pequot und in deren Gefolge auch die indianischen Gesellschaften, die den Kolonien im König-Philip-Krieg ein halbes Jahrhundert später entgegentraten, nun ihrerseits ihr nutzlos gewordenes Regelwerk aufgaben; kein Kriegsbrauch überlebt die Verweigerung der Gegenseitigkeit.[110] Ähnlich erging es etwa 1904/05 den Herero, deren demonstrative Schonung deutscher Frauen und Kinder von der Schutztruppe keineswegs gewürdigt wurde. Im Gegenteil galt die (militärisch durchaus vernünftige) irreguläre Kriegführung der Herero als hinterhältig und damit als wohlfeile Rechtfertigung, jede Beschränkung der Gewalt fallen zu lassen.[111]

Diese Zusammenhänge sind wenig erforscht, eben weil die Vorstellung, transkulturelle Kriegführung im Rahmen der europäischen Expansion sei *per se* regellos gewesen, so unreflektiert verbreitet ist. Meine Vermutung ist, dass Vergleichbares in kriegerischen Erstkontakten an fast jeder Peripherie passiert ist. Die Europäer ignorierten oder missachteten ein existierendes regionales Regelwerk zur Beschränkung der Kriegführung, lasen seine Andersartigkeit als Beweis völliger Regellosigkeit und hielten sich infolgedessen auch selbst an keinerlei Regeln, weder an die lokalen noch an ihre eigenen, europäischen. Sie zerschlugen damit jede Hoffnung auf Reziprozität in der Beschränkung der Kriegführung und schufen überhaupt erst die Regellosigkeit, die sie zugleich beklagten und zur Rechtfertigung ihrer eigenen Regelüberschreitungen heranzogen

Hätten die imperialen »men on the spot« allerdings recht gehabt, also tatsächlich an der Peripherie einen Zustand universeller Regellosigkeit angetroffen, in dem alles erlaubt war: Bedeutete das automatisch, dass man alles tun *musste*, was man vorgeblich tun *durfte*? Die Logik, wenn schon nicht die Menschlichkeit, sagt Nein: Selbstauferlegte Beschränkungen der Kriegführung hätten nicht nur die Chance auf Gegenseitigkeit eröffnet, sondern auch dem eigenen Handeln Legitimität verliehen, gegenüber der indigenen Gesellschaft ebenso wie gegenüber der europäischen Öffentlichkeit.

Die Zeitgenossen allerdings sagten emphatisch Ja. Die Vorstellung, dass der weniger eingehegte Kriegsbrauch einen Sog nach unten ausübe, dass man sich *nolens volens* anpassen müsse, um nicht ins Hintertreffen zu geraten, war zumindest ein sehr dominanter Rechtfertigungsdiskurs, der schon im 16. Jahrhundert den »Krieg mit Feuer und Schwert« gegen die Indianer Zentralmexikos rechtfertigte.[112] Die Brutalität der französischen Eroberung Algeriens wurde zeitgenössisch als Angleichung an einen fanatisch gewalttätigen Feind beschrieben, der alle Menschenrechte und Ehre missachtete.[113] Auch zur Rechtfertigung der deutschen Kolonialkriegführung wurde zeitgenössisch die »unumgängliche Anpassung an die Verhaltensweise des indigenen Gegners« angeführt. Wenn man nicht selbst alle Mittel anwende, sei man gegen einen Feind, dem jedes Mittel recht sei, im Nachteil, so der Reichskommissar für Ostafrika, Hermann von Wissmann.[114] Der Topos blieb aktuell: Noch 1961 dozierte der französische Vordenker des Antiterrorkrieges, Trinquier: »Im modernen Krieg [...] ist es eine absolute Notwendigkeit, alle Waffen einzusetzen, derer sich unsere Gegner bedienen; alles andere wäre absurd.«[115] Und ein Veteran des Einsatzes US-amerikanischer Spezialeinheiten in Afghanistan stand und steht vermutlich nicht allein mit seiner Auffassung, selbst auferlegte Beschränkungen der Kriegführung seien gegen einen vorgeblich regellosen Gegner kontraproduktiv: »Der Feind ist bereit, jede Mühe in Kauf zu nehmen, um einen Sieg zu erringen, sein eigenes Volk zu terrorisieren, wenn nötig, und auf barbarische Praktiken gegen seinen Feind zurückzugreifen, eingeschlossen das Köpfen oder Abschlachten von Menschen. *Uns wird es nicht erlaubt, nach diesen Regeln zu kämpfen.* Und das würden wir auch nicht wollen. Aber wir könnten auf eine viel rücksichtslosere Weise kämpfen und aufhören, uns darum zu sorgen, ob uns noch alle lieb haben. Wenn wir das täten, würden wir vermutlich sowohl in Afghanistan als auch im Irak binnen einer Woche gewinnen. Aber das zu tun, wird uns nicht erlaubt.«[116]

Die konkrete Stelle, die Patrick Porter als Beleg dafür anführt, dass auch Callwell die Anpassung nach unten gerechtfertigt hat – »die regulären Streitkräfte sind, ob sie es mögen oder nicht, gezwungen, sich an die Gefechtsmethoden der Wilden anzupassen«[117] –, bezieht sich zwar nicht auf die Brutalität der Kriegführung, sondern lediglich auf taktische Konzepte. Aber insgesamt ist ein Subtext von Callwells Handbuch natürlich schon die unvermeidliche Veränderung der Kriegführung durch die Herausforderung eines irregulär kämpfenden Feindes, insbesondere wenn er davon spricht, die regulären Truppen seien zum Niederbrennen von Dörfern »gezwungen«.[118] Insofern ist Porter zuzustimmen, wenn er feststellt: »Callwells *Small Wars* stellte eine permissive Ideologie zur Verfügung, die es imperialen Armeen möglich machte, das Gewaltniveau aufgrund der vermeintlichen Barbarei des Gegners zu rechtfertigen. [...] Zu einem gewissen Grad war es nötig, der Feind zu werden, um ihn zu besiegen.«[119]

Das aber, wie gesagt, war ein – wenn auch sehr dominanter – Rechtfertigungsdiskurs. Wollen wir nicht annehmen, die ganze Brutalität der Gewaltkonflikte im Rahmen der europäischen Expansion sei allein einer kollektiven Selbsttäuschung der Eroberer geschuldet, dass es nämlich an der Peripherie keine Regeln gebe und es daher nicht nur erlaubt, sondern notwendig geboten sei, jedes Gewaltmittel einzusetzen, um den Sieg davonzutragen, so müssen wir nach den konkreten, situativen Gründen der Gewalt fragen. Und die gab es in Fülle. In der Tat waren die eskalierenden Dynamiken im Imperialkrieg so zahlreich, dass die »permissive Ideologie« der Eroberer am Ende mehr Rechtfertigungsdiskurs als tatsächliche Bedingung für die ohnehin überdeterminierte Brutalität der Kriegführung war.

Militärische Notwendigkeit

Schon der operative Charakter der Kriege an der Peripherie war ein wesentliches Totalisierungsmoment. Wie beschrieben waren imperiale Militärs besessen davon, dem »tribalen« Gegner die Schlachtentscheidung aufzuzwingen, der dieser in der Regel erfolgreich auszuweichen suchte. Die bei Callwell kodifizierte Musterlösung für dieses Problem war schon seit der Frühen Neuzeit bekannt: »Die Annahme von Guerillakriegsmethoden durch den Gegner zwingt die regulären Truppen fast notwendig dazu, zu Strafmaßnahmen zu greifen, die gegen den Besitz ihrer Widersacher gerichtet sind. Man muss im Auge behalten, dass ein Weg, den Feind zum Kämpfen zu bringen, darin besteht, Raubzüge gegen sein Eigentum zu unternehmen – nur die allerfeigsten Wilden und Irregulären werden es zulassen, dass man ihr Vieh wegtreibt oder ihre Heimstätten zerstört, ohne zumindest einigen Widerstand zu zeigen.«[120]

Zwar gab Callwell zugleich zu, dass solche Praktiken nicht die feine englische Art waren – »der korrekte Weg, um mit [Irregulären] umzugehen, ist, sie zu töten oder zu verwunden oder sie zumindest aus ihren Heimstätten zu vertreiben und *dann* ihre Habe zu zerstören oder fortzuschaffen«.[121] Aber das Gebot, den Feind zur Schlacht zu zwingen, stand über solchen stilistischen Bedenken, wie Winston Churchill später unterstrich: »Natürlich ist das grausam und barbarisch, wie vieles andere im Kriege, aber nur ein unphilosophischer Kopf wird es legitim finden, einem Mann das Leben zu nehmen, und illegitim, seine Habe zu zerstören.«[122]

Entsprechend gehörte die Zerstörung indigener Ansiedlungen, Nahrungsvorräte, Feldfrüchte mit dem Zweck der Entscheidungserzwingung durch die Jahrhunderte zum Erscheinungsbild von Imperialkriegen. Bei Callwell mag dabei – wenigstens argumentativ – wirklich der Wunsch im Vordergrund gestanden haben, die gegnerischen Krieger zur Schlacht zu motivieren, indem man ihre Lebensgrundlagen bedrohte; wie auch der britische Oberbefehlshaber in Nordamerika das Rauben und Brennen seiner Truppen im Lande der Cherokee als Versuch verstand, »die Männer hervorzulocken«.[123] Fing man aber erst einmal an, die Habe des Feindes abzufackeln, dann war das Anliegen, die Kämpfer dadurch zur Schlacht zu zwingen, praktisch und analytisch kaum mehr zu trennen von der weiter gehenden Vorstellung, den Krieg durch die Zerstörung dieser feindlichen Lebensgrundlagen indirekt zu entscheiden. Konnte man der Kämpfer nicht habhaft werden, so konnte man ihnen doch den logistischen und gesellschaftlichen Rückhalt entziehen, indem man die gegnerische Gesellschaft wirtschaftlich und moralisch besiegte.

Und dieser Sieg war zweifellos am nachhaltigsten, wenn die betreffende Gesellschaft als soziale und kulturelle Struktur aufhörte zu existieren. Zumindest in der Praxis mündete so der Wunsch nach der Entscheidungsschlacht auf Dauer in eine totale Kriegführung gegen die gesamte gegnerische Gesellschaft,[124] die in der Logik der strategischen Bombenkriegsdoktrin douhetscher Prägung glich[125] und manchmal auch mit deren Mitteln durchgeführt wurde[126] – was dann in der Tat strukturelle Parallelen zum totalen Krieg des 20. Jahrhunderts abruft.

Konstrukte kollektiver Verantwortlichkeit von Siedlungen, ja ganzen ethnischen Gruppen für die Gewalthandlungen einzelner Fraktionen oder sogar Individuen unterstützten und radikalisierten diese Praxis – ungeachtet dessen, dass solche Konstrukte mit dem niedrigen politischen Organisationsgrad und den Kontrollmöglichkeiten indigener Gesellschaften meist unvereinbar waren.[127] So Lord Frederick Roberts, der britische Oberbefehlshaber im Burenkrieg – einem notorischen Guerillakonflikt: »Solange man die Menschen nicht insgesamt für die Missetaten derjenigen büßen lässt, die gegen uns die Waffen führen, wird der Krieg niemals enden.«[128]

Zentral ist aber – und das Zitat zeigt es –, dass diesem Krieg gegen ganze indigene Gesellschaften nicht notwendig ein intentionaler Vernichtungsgedanke innewohnte. Für die Akteure war er primär eine situative Notlösung, ein Umweg – noch dazu ein zeitraubender und unmilitärischer – zu einem militärischen Ziel. Das Militär der Imperien hätte jederzeit einen schnellen, entscheidenden militärischen Konflikt mit indigenen Kämpfern vorgezogen. Es war die Unmöglichkeit, das zu erreichen, die das Ziel der Kriegsanstrengungen von den Kriegern zu Häusern, Nahrungsvorräten, Frauen und Kindern verschob.[129]

Man könnte diese Logik mithin unter dem schillernden Begriff der »militärischen Notwendigkeit« fassen. Er deckte im Verständnis der Akteure auch andere mit dem europäischen Kriegsbrauch nicht in Übereinstimmung zu bringende Praktiken ab, wie etwa die Tötung Gefangener, wenn deren Bewachung und Ernährung mit dem Ziel einer militärischen Expedition unvereinbar schien,[130] oder Folter, wenn sie geeignet war, wichtige Aufklärungsergebnisse zu erbringen und womöglich Terroranschläge zu verhindern,[131] wurde aber besonders gern ausdrücklich zur Begründung ausgedehnter Kriegführung gegen indigene Zivilbevölkerungen herangezogen.[132]

Man muss das nicht als reinen Rechtfertigungsdiskurs missverstehen. Der Begriff der »militärischen Notwendigkeit« mag der Legitimation militärischen Handelns gegenüber einer zivilen Öffentlichkeit (national wie international) entstammen, aber was er beschreibt, sind im Kern situative Sachzwänge, deren militärische Logik historisch als Handlungsmotivation relevant ist, auch wenn sie mit dem Kriegsvölkerrecht in Konkurrenz tritt. Und dabei sei unbenommen, dass in dieser Konkurrenz die militärische Logik, die »militärische Notwendigkeit«, natürlich exzessiv ausgedeutet werden konnte und wurde, um im Prinzip jeden Übergriff zu rechtfertigen. Das gibt es und hat es nicht nur in Imperialkriegen immer gegeben; im Einzelfall vor allem mangels zuverlässiger Quellen ein schwieriges Interpretationsproblem. Es macht aber nicht grundsätzlich den Verweis auf die militärische Logik zur reinen Schutzbehauptung.

Ganz ähnlich gelagert ist der Umstand, dass nicht nur in Imperialkriegen, sondern in Guerillakriegen allgemein[133] in Gefechtssituationen Kämpfer und Nichtkämpfer schon mangels Uniformierung oft nicht zuverlässig unterscheidbar waren, jedenfalls nicht schnell.[134] Zuverlässig und schnell ist aber entscheidend für die Frage, ob ein Soldat schießen muss, um nicht erschossen zu werden, oder im Gegenteil nicht schießen darf, weil sein Gegenüber zur Fortsetzung des Widerstands unfähig ist, sich ergibt oder in erster Instanz schon unbewaffnet ist. In Nahkampfsituationen wird sich der Soldat in der Regel schon aus Selbsterhaltungstrieb dafür entscheiden, im Zweifelsfall zu schießen, was erst jüngst im Irak für zahlreiche Ziviltote durch nervöse US-Soldaten verantwortlich gewesen ist.[135] Und Nahkampfsituationen waren und sind im Imperialkrieg nun einmal mangels offener Feldschlachten dominant. Insbesondere gilt das für Gefechte, die aus Hinterhalten und Überfällen hervorgehen, wie sie für den Guerillakrieg insgesamt typisch sind,[136] aber auch für Kämpfe bei Nacht[137] oder in geschlossenen Ortschaften und Festungen[138] – alles Situationen, wo man überraschend Menschen gegenübersteht und in Sekundenbruchteilen entscheiden muss, ob man sie töten oder verschonen soll. Die situative Dynamik sorgte unter solchen Umständen dafür, dass Gefangene kaum gemacht wurden und auch Nichtkämpfer häufig Opfer tödlicher Gewalt wurden.[139]

In einem weiteren Sinne gehörte zum selben Problemkomplex die Schwierigkeit, bei politisch wenig kohärenten indigenen Gegnern zwischen befreundeten und feindlichen Gruppen zu unterscheiden, ein notorisches Gewaltmoment der Indianerkriege der USA.[140] Ähnliche Konstellationen gab es aber auch an der kaukasischen Frontier Russlands.[141]

Dass dieses Problem der Nichtunterscheidbarkeit von Kämpfern und Nichtkämpfern oft und freizügig zur Rechtfertigung ziviler Opfer in Imperialkriegen herangezogen wurde, versteht sich. Erneut ist Callwell der beste Zeuge für den entsprechenden Diskurs, wenn er ausführte: »Es ist eine unerfreuliche Angewohnheit irregulärer Krieger, dass sie, wenn sie nach einer Niederlage einen Moment Ruhe haben, ihre Waffen verstecken und als harmloses Landvolk posieren, eine Rolle, in der sie von den Truppen nicht gut belästigt werden können [...].«[142] Trotz der abschließenden Einschränkung faktisch ein Paradebeispiel einer gefährlichen »permissiven Ideologie«. In der Praxis wurde die Suggestion, das »harmlose Landvolk« bestehe in Wahrheit aus verkleideten Kämpfern, geradezu ein Freibrief für das Abschlachten von Zivilisten, wie es etwa zeitgleich in China mit der massenhaften Liquidierung friedlicher Dorfbewohner als angebliche Boxer stattfand.[143] Die Begründung dieses Verfahrens durch einen österreichischen Kriegsberichterstatter klingt wie ein Echo von Callwell: Man habe es »mit einem vollkommen unfairen Gegner zu thun, der bei Annäherung einer Kolonne die Uniform wegwirft, sich als Bauer verkleidet, um hinterrücks sich wieder wohlgerüstet zu formieren, um schwächere Abtheilungen oder Patrouillen anzugreifen«.[144] Ganz ähnlich ein amerikanischer General auf den Philippinen: »Der gemeine Soldat [der Aufständischen] trägt die Landestracht; mit seinem Gewehr ist er ein Soldat; wenn er es versteckt und ruhig die Straße entlanggeht, sich vor dem nächsten Haus niederlässt oder auf dem nächsten Feld arbeiten geht, wird er ein ›Amigo‹, voller guten Willens und falscher Informationen [...].«[145]

In Fortschreibung dieser paranoiden Logik, die natürlich auch viel über Misstrauen und Ängste angesichts eines in der Tat schwer fassbaren Gegners erzählt, war dann in Vietnam jeder tote Vietnamese ein Vietcong.[146] Auch dass in der Kraterschlacht von Bud Dajo 1906 im Philippinenkrieg so viele Frauen und Kinder getötet worden sein sollen, weil sie Hosen anhatten, scheint eher eine durchsichtige Ausflucht.[147]

Aber auch das bedeutet nicht, dass die Schwierigkeit, Nichtkombattanten zu identifizieren, stets ein reiner Legitimationsdiskurs gewesen wäre. Im Gegenteil: Wäre diese Schwierigkeit nicht real und damit glaubwürdig gewesen, wäre sie kaum zu einer so wohlfeilen Rechtfertigung avanciert. Nicht zuletzt im Umstand, dass beim indigenen Gegner, sofern er nichtstaatlich war, es tatsächlich oft keine zuverlässige Trennung zwischen Zivil und Militär im abendländischen Sinne gab,[148] bestand ein ganz reales Problem, das objektiv ein Eskalationsmoment beinhaltete.[149]

Im weiteren Sinne unter die »militärischen Notwendigkeiten« fallen natürlich Kollateralschäden, wie man heute in Anlehnung an den englischen Fachterminus sagt. Sie resultierten vor allem seit Mitte des 20. Jahrhunderts aus dem oft wahllosen Einsatz von Waffen mit großem Wirkungsradius und geringer Zielgenauigkeit, wie Artillerie oder Fliegerbomben.[150] Beim Bombardieren vorgeblich vom Feind besetzter Dörfer ging es weniger darum, deren Einwohner kollektiv haftbar zu machen; es wurde einfach nur mit großer Indifferenz gegenüber dem Schicksal Unbeteiligter der militärische Zweck über das Kriegsvölkerrecht gestellt. In Fortsetzung dieser Logik rechtfertigen heute US-amerikanische Militärjuristen die Tötung Unbeteiligter bei der »gezielten« Ausschaltung terroristischer Führer als unvermeidliche Konsequenz des Umstandes, dass Letztere heimtückischerweise – so die Täterperspektive – unter der zivilen Bevölkerung Deckung suchen und damit für deren Leiden primär verantwortlich sind, und zählen bis zum Beweis des Gegenteils jeden Toten als Kombattanten.[151]

Auch die logistischen Schwierigkeiten von Feldzügen an der imperialen Peripherie[152] konnten »militärische Notwendigkeiten« erzeugen, deren Opfer vor allem die Zivilbevölkerung der betroffenen Gebiete wurde: nämlich wenn deren Nahrungsvorräte geplündert wurden, um die Truppe zu ernähren[153] (aber auch die Logistik der Gegenseite basierte nicht selten auf Raub[154]); oder wenn ihre Tragtiere oder – in Malariagebieten – die Menschen selbst als Träger in den Dienst des imperialen Militärs gepresst wurden, und zwar meist mit tödlichen Konsequenzen.[155]

Härte und Entschlossenheit

Die Brutalität von Imperialkriegen war auch eine Folge der Schwäche des kolonialen Staates: ein Umstand der, wie bereits ausgeführt, wesentlich dafür verantwortlich war, dass Erzwingungsgewalt, demonstrative Gewalt an den Rändern der Imperien letztlich ein alltäglicher Gesellschaftszustand war. Das Imperium trat den zu beherrschenden indigenen Bevölkerungen nicht, wie der moderne westliche Staat, mit flächiger Verwaltung, Rechtsprechung und Polizeimacht gegenüber, die eine dauerhafte soziale Ordnung garantierten. An der Peripherie wurde der fragile Machtanspruch des Westens stattdessen mit punktuellen Militäraktionen untermauert, die zumindest auf Einschüchterung basierten. Und diese Militäraktionen wurden umso gewalttätiger, je mehr die staatliche Kontrolle sich herausgefordert sah[156] – oder je selbstverständlicher der Kontrollanspruch auftrat, was im Übrigen gerade die Endphasen der flächigen Unterwerfung von Kolonien besonders gewalttätig gemacht hat, als der noch verbleibende Widerstand umso störender wurde.[157]

Die »Strafexpedition« als eigentliches koloniales Herrschaftsinstrument unterstreicht diesen Zusammenhang.[158] Der Begriff verweist auf das paternalistische Vokabular, mit dem die Kolonialherren sich und der Öffentlichkeit ihre Beziehung zur indigenen Bevölkerung erklärten. Sie sahen sich quasi als Pflegeeltern unmündiger Kinder, die sie zu erziehen hatten. Und zur Erziehung gehörte nach damaliger Auffassung zwingend die Strafe, die zu erteilende »scharfe Lektion«, das zu statuierende »Exempel«, zumal wenn sich die Mündel als faul, vorlaut und widerspenstig erwiesen und gar gegen den Erziehungsauftrag aufbegehrten – ein verbreitetes Bild vom »Wilden«.[159] Natürlich: Erziehung und Strafe konstituieren erneut ein ausgesprochen permissives Vokabular, denn die Annahme bei der Strafe im autoritären Erziehungsstil des Struwwelpeter ist ja, dass sie letztlich im Interesse des Bestraften ist, da sie ihn zu einem besseren Menschen macht: Die Strafexpedition wird so zwanglos zur Rückseite der Zivilisierungsmission.[160]

Der Herrschaftsanspruch des Staates und damit der Erziehungsauftrag durch Strafe sind aber letztlich nur die stolze Fassade des Imperiums, hinter der sich etwas ganz anderes verbirgt, nämlich Unsicherheit und Angst. Die »men on the spot« waren sich ihrer zahlenmäßigen Schwäche nur allzu bewusst.[161] Darauf gründete ihre Obsession, Glaubwürdigkeit und Prestige des »weißen Mannes« hochzuhalten, Werte, die in ihrem Weltbild nur durch die Aura der Unbesiegbarkeit dauerhaft zu erhalten waren.[162] Daher auch die Begeisterung für die präventive Einschüchterung der indigenen Gesellschaften durch Demonstrationen westlicher waffentechnischer Überlegenheit[163] (klassisch war in Afrika das Schaußchießen mit Maschinengewehren[164]) und die Drohung mit Gewalt. Tatsächliche Herausforderungen der Vorherrschaft des Imperiums galt es schnell, entschlossen und demonstrativ zu ahnden. Aufstände waren im

Keim zu ersticken, bevor sie zum Flächenbrand wurden. Die »Eingeborenen« durften gar nicht erst auf den Gedanken kommen, dass die reale Möglichkeit bestand, die europäische Kontrolle abzuschütteln.[165]

Machtanspruch, Erziehungsauftrag und Angst vor der eigenen Schwäche produzierten eine eigennützige Ideologie, die Entschlossenheit und demonstrative Gewalt glorifizierte und Kompromissbereitschaft und Regeleinhaltung ridikülisierte: Der »Wilde«, so dieses Bild, ist charakterlich schwach und leicht beeindruckbar; er versteht nur Härte; und Mangel an Härte sieht er als verwerfliche Schwäche, die er sofort ausnutzt:[166] »Unzivilisierte Rassen interpretieren Milde als Furchtsamkeit.« (Charles Callwell)[167] – »Wilde müssen zerschmettert werden, bevor man sie völlig erobern kann.« (US-General William S. Harney)[168]

Das galt nicht nur für bereits (im Anspruch) etablierte Kolonialherrschaft. Die ideologische Glorifizierung der »Härte« wurde auf die militärischen Auseinandersetzungen an der Peripherie übertragen und kreierte dort einen Kult der Initiative, der Entschlossenheit, der permanenten Offensive als einzigem Mittel, die numerische Unterlegenheit der Imperien durch die Demonstration moralischer Überlegenheit auszugleichen:[169]

»Die niederen Rassen sind beeindruckbar. Resolutes Auftreten und entschlossenes Handeln haben großen Einfluss auf sie. [...] Das Schauspiel eines organisierten Truppenkörpers, der langsam aber sicher in ihr Gebiet vordringt, raubt ihnen die Nerven. Es darf keinen Zweifel darüber geben, wer den allgemeinen Kriegsverlauf kontrolliert, Verzögerungen dürfen nicht vorkommen, denn sie führen dazu, dass der Feind Mut fasst; jede Stockung wird als Schwäche interpretiert, jedes Innehalten gibt dem Feind neues Leben«,[170] predigte Callwell. Immer angreifen und vor allem gewinnen sei die Parole: »Das ist der Weg, wie man Asiaten behandeln muss – auf sie losgehen und sie mit schierer Willenskraft bezwingen.«[171]

Dieser Kult der Offensive trug zur Intensivierung von Imperialkriegen bei, wo er sich zwanglos mit der Obsession, den Feind zur Schlacht zu stellen, ergänzte, nämlich in der Überzeugung, es sei nötig, die einmal erreichte Schlacht dann auch besonders »entscheidend« zu gestalten. Umfassungen und entschlossene Verfolgung waren die Patentrezepte, den Tod möglichst vieler gegnerischer Kämpfer zu erreichen.[172] Wie der britische Oberbefehlshaber in Indien, Sir Frederick Roberts, 1887 postulierte: »Wenn ein Feind sich in Waffen gegen die britische Herrschaft erhebt, müssen alle Vorkehrungen getroffen werden, ihn nicht nur aus seiner Stellung zu vertreiben, sondern ihn auch einzuschließen und ihm den schwerstmöglichen Verlust zuzufügen. Widerstand, der ohne schwere Strafe überwunden wird, ermutigt den Gegner nur, das Spiel zu wiederholen, und kostet daher durch langdauernde Operationen mehr Leben als eine prompte Lektion, selbst wenn diese Lektion einige Verluste auf unserer Seite verursacht.«[173]

Erneut ist auch das Vokabular von »Strafe« und »Lektion« auffällig; der indigene Gegner erscheint als ein mutwilliger Jugendlicher, der sein »Spiel« so lange treibt, bis man ihm die Lust daran ausprügelt. Im Gegenzug allerdings war der Kult der Offensive auch für militärisch unnötige Risiken und mitunter für Niederlagen imperialer Armeen verantwortlich.[174]

Die Gebote der Härte und Entschlossenheit legten demonstrative Gewalt nahe und legitimierten sie noch dazu: Im Streben, auf den indigenen Gegner den größtmöglichen Eindruck zu machen, um seinen Widerstand zu entmutigen und ihn daran zu hindern, sich seiner numerischen Überlegenheit bewusst zu werden und sie gegen die Imperien einzusetzen, wurde Terror an der Peripherie zum probaten und alltäglichen Kriegsmittel, und zwar unterschiedsloser Terror. Ein Exempel statuieren *pour encourager les autres* konnte man auch und gerade gegen Unbeteiligte.[175]

Insbesondere galt das für die Niederschlagung von Aufständen, wo die Infragestellung der imperialen Herrschaft und des Prestiges des »weißen Mannes«, auf dem sie basierte, »mit krassem Terrorismus und selbst mit Grausamkeit« und »mit Strömen von Blut« zu ersticken war, wie Lothar von Trotha für den Hererokrieg archetypisch formulierte.[176] Nirgendwo galt das vielleicht mit solcher Vehemenz wie in der Niederschlagung des Indischen Aufstandes 1857/58, wo es das erklärte Ziel britischer Offiziere war, die Zivilbevölkerung mit genozidalen Massakern in die fraglose Unterwerfung zu terrorisieren. Die fragile Kontrolle einer kleinen europäischen Herrscherschicht, die schon im Alltag nur mit demonstrativer Gewalt aufrechterhalten werden konnte, schien im Krisenfall nur durch monumentale Gewaltexzesse wieder stabilisierbar.[177]

Das Denkmuster setzte sich fort bis in die Doktrin und Praxis der Counterinsurgency in den Kriegen des 20. Jahrhunderts. Auch dort galt als nötiges Korrelat zum »Gewinnen der Herzen und des Verstandes«, zum Kompromissangebot und der Milde, die Sicherung der Glaubwürdigkeit der Staatsmacht durch den Beweis der Härte: Zuckerbrot und Peitsche.[178] Und auch diese Glaubwürdigkeit beruhte nicht zuletzt auf Verletzungen des Kriegsvölkerrechts durch Übergriffe gegen die Zivilbevölkerung, Verschleppungen und Morde eingeschlossen.[179] Dass Einschüchterung durch demonstrative, exzessive Gewalt meist gegen Unbeteiligte kein Privileg der Imperien war, bedarf kaum der Erwähnung. Die gezielten Terrorkampagnen vieler Widerstandsbewegungen im 20. Jahrhundert bedienten sich derselben Funktionalität von punktueller physischer Gewalt als primär kommunikativem Instrument[180] zur indirekten Erreichung weiter definierter politischer Ziele, die auf klassischem militärischem Wege weit jenseits ihrer Machtmittel lagen. Wenn die öffentlichkeitswirksame Ermordung von Loyalisten die Bevölkerungsmehrheit von der Kooperation mit der Kolonialmacht abschrecken, wenn nicht gar zur Unterstützung der eigenen Seite motivieren sollte, dann stand dahinter gleichermaßen die Idee des *encourager les autres*.[181] Für den schwachen Kolonialstaat wie für seine nicht- oder substaatlichen Gegner war exemplarische terroristische Gewalt vor allem eine politische Kommunikationsstrategie.

Kulturdistanz

Paternalismus war Ausweis der kulturellen Hierarchie, die imperiale »men on the spot« zwischen sich und ihrem indigenen Gegenüber konstruierten: Nur wer kulturell höher steht, weiter entwickelt ist, darf den Anspruch haben, erziehen zu wollen. Nun beinhaltet der Paternalismus immerhin die Vorstellung, dass Eltern und Kinder auf derselben Entwicklungslinie verortet sind, wenn auch unterschiedlich weit auf ihr fortgeschritten; dass Kinder erwachsen werden können.[182] Die kulturelle Distanz zwischen den Kriegsgegnern im Imperialkrieg konnte aber weit größer sein. Der Kulturunterschied konnte als essenziell konstruiert, als unüberbrückbar imaginiert werden, konnte im Extremfall das Gegenüber aus der menschlichen Rasse ganz ausschließen. Tatsächlich war diese Vorstellung eines essenziellen Kulturkonfliktes für den fast stets transkulturellen Imperialkrieg charakteristisch, und das nicht erst seit dem Aufkommen eines entwickelten, »wissenschaftlichen« Rassismus im späten 19. Jahrhundert.[183] Im Ursprung basierte dieses Gefühl einer unüberbrückbaren kulturellen Kluft, die einen vom Kriegsgegner trennte, auf kulturellen Missverständnissen, und sie war gegenseitig. Wie Stephen Morillo ausführt, »eine oder beide Seiten missverstehen einander in grundlegender Weise und schaffen es nicht, die Ziele, Motivationen und Methoden ihres Gegners zu erfassen. Die Gegner in interkulturellen Kriegen glauben sich daher oft in einem Krieg mit Nicht-Menschen begriffen, die sie wahlweise als wilde, untermenschliche Barbaren sehen oder als zu übermenschlichen Taten fähige Wesen – in der Tat mitunter beides zugleich.«[184]

Abweichender Kriegsbrauch, speziell wenn er als grausam und unmenschlich erachtete Praktiken beinhaltete, wie das Zu-Tode-Foltern von Gefangenen, das nordamerikanische Indianer praktizierten, aber auch schon nur das äußere Erscheinungsbild des Gegners beförderten diese Vorstellung der essenziellen Andersartigkeit des Gegners. Man muss sich lediglich ins Amerika der Conquista versetzen, um das nachvollziehen zu können: Schwerfällige Panzerreiter auf gepanzerten Pferden (vordem in Amerika unbekannt) mit gepanzerten Kriegshunden versus bemalte nackte Krieger, die überraschend und mit gellenden Schreien aus dem Hinterhalt angriffen:[185] Kein Wunder, dass Europäer wie Indianer Schwierigkeiten hatten, einander für Menschen zu halten.[186] In der Frühen Neuzeit war zudem Religion ein so wesentliches, essenzielles Kulturmerkmal, dass sie allein zur Quelle praktisch unüberwindlicher Fremdheit werden konnte.[187]

Im 19. Jahrhundert kam dann in der Tat der moderne Rassismus hinzu, der zudem an die Stelle der gegenseitigen Fremdheit eine massive kulturelle Hierarchie setzte;[188] und schließlich der Sozialdarwinismus, der in einer Art logischem Zirkelschluss die abschließende Legitimation für exterminatorisches Verhalten gegenüber indigenen Gruppen lieferte, da diese ausweislich ihrer sukzessiven Ausrottung ohnehin zum Verschwinden verdammt waren.[189] Das waren aber lediglich neue Ausformungen einer seit Jahrhunderten akut empfundenen und diskursiv tradierten Kulturdistanz zwischen den Vertretern der Imperien und den indigenen Bevölkerungen an der Peripherie.

Ohnehin ist anzumerken, dass Rassismus nicht primär eine ideologische Kopfgeburt war, die aus den imperialen Metropolen in die

Peripherie hineingetragen wurde (was Susanne Kuß mit der Rede vom »metropolitanen Marschgepäck« der deutschen Kolonialsoldaten schön auf den Punkt gebracht hat[190]), sondern in vieler Hinsicht eine Rationalisierung und Verstetigung der kollektiven Erfahrungen der »men on the spot« an der kolonialen Peripherie: Die Fragilität der imperialen Präsenz, die Logik ihrer Aufrechterhaltung, die ein minderwertiges Gegenüber geradezu argumentativ erforderte, und nicht zuletzt die Erfahrung der tatsächlichen Kulturdistanz, sie alle trugen zur Entwicklung eines situativen Rassismus bei, der der ideologischen Formation in der Metropole nicht selten vorauseilte oder jedenfalls unabhängig von ihr entstand. Des ungeachtet wurde dieser situativ entstandene Rassismus nachher an der Peripherie kulturell tradiert und prägte dann unabhängig von eigenen Erfahrungen das Bild vom Fremden.[191]

Essenzielle Kulturdistanz hatte direkte Folgen für die Intensität der Gewalt in diesen transkulturellen Konflikten. Zum einen schloss sie Gegenseitigkeit aus: Mit Nicht-Menschen war keine Verständigung über die Regeln der Gewalt möglich. Im Gegenteil, ihnen war alles zuzutrauen. Wer Gefangene foltert, schlachtet auch Kinder – und bricht selbstverständlich Vereinbarungen. Zum anderen legitimierte die Kulturdistanz dann jede eigene Gewaltentgrenzung. An die Stelle der Gegenseitigkeit des Faktischen – von der noch zu sprechen sein wird – trat die Gegenseitigkeit des Denkmöglichen. Wem alles zuzutrauen ist, dem darf man auch nahezu alles antun:[192] »Sie benehmen sich wie Wölfe und sind daher wie Wölfe zu behandeln«, so ein neuenglischer Priester über die Indianer.[193] Durch die Ausgrenzung aus der menschlichen Art wurde der indigene Gegner zum Freiwild.[194] Mehrere der Täter des My Lai-Massakers behaupteten von sich, sie hätten nie einen *Menschen* töten können.[195]

Nicht übersehen darf man dabei, dass das Gefühl der essenziellen Andersartigkeit zwar im Ursprung durchaus auf praktischer Erfahrung mit der gegnerischen Kultur beruhte, dann aber über die Jahrhunderte zur Erzähltradition und nicht zuletzt zur diskursiven Strategie wurde. In späteren transkulturellen Konflikten wurde der Gegner bewusst dehumanisiert, *um* unmenschliche Praktiken zu rechtfertigen.[196] Wie Geoffrey Parker ausführt, »ein wichtiges Ziel staatlich geförderter Propaganda vor und während Kriegen besteht spezifisch darin, jedes Gefühl der Identifikation mit dem Feind zu zerstören, indem man alle Gegner dehumanisiert, damit sie reinen

Gewissens getötet, verstümmelt und auf andere Weise misshandelt werden können. Hinweise auf untermenschliche Charakterzüge und rassische Unterlegenheit spielen ebenso eine Rolle in diesem Prozess wie vorgebliche Gräueltaten und scheinbar unerbittliche Niedertracht.«[197]

Im Imperialkrieg, wo die Kulturdistanz real und unmittelbar erfahrbar war und nicht erst – wie in innereuropäischen Konflikten – propagandistisch konstruiert werden musste, gelang diese Dehumanisierung umso leichter. Herabwürdigende Vokabeln wie »Gu-gus«, »Gooks«, »Dinks«, »Slopes«, mit denen etwa amerikanische Soldaten des 20. Jahrhunderts ihre Gegner in transkulturellen Kriegen bedachten,[198] zu denen es aber schon in früheren Jahrhunderten Parallelen gab,[199] waren dabei nur der Einstieg. Noch in den 1950er Jahren gelang es der britischen Kolonialregierung in Kenia, die Mau Mau durch die propagandistische Aufarbeitung ihrer exzessiven Gewalt gegen Zivilisten als grauenvolle Bestien, als das dämonisch Böse schlechthin zu stilisieren.[200]

Der wirkmächtigste Topos war die diskursive Verortung des Gegners im Tierreich. Sie lag deswegen so nahe, weil die Guerillakriegskompetenz des »tribalen« Kriegers ohnehin den Eindruck vermittelte, er stünde mit der Natur im Bunde, sei geradezu deren integraler Bestandteil. Rassistische Herabwürdigung mischte sich manchmal mit zähneknirschender Anerkennung indigener *bushcraft*, nicht nur bei Callwell, der ohne Ironie von »irregulären Kriegern mit ihrem natürlichen Geschick zum Herumkriechen und ihrer instinktiven Fähigkeit, nichtsahnende Gegner zu belauern«, sprach.[201] Die Maori waren ihren britischen Gegnern zufolge angeblich fähig, »sich wie Kaninchen durch Farnkraut zu wühlen«, »schossen mit der Geschwindigkeit von Affen von einer Deckung zur anderen, während ihre nackte braune Haut mit den Baumstämmen beinahe verschmolz«, oder »waren im Wasser so sehr zu Hause wie an Land«.[202] Im Südafrikanischen Krieg wurden die Buren einerseits als unzivilisierte, primitive, afrikanisierte, herdenhaft-animalische Gegner dehumanisiert, andererseits für ihren Mut, ihr Geschick, ihre Taktik und Reitkunst bewundert, bis hin zur abergläubischen Fantasie, sie seien natürliche Jäger, bessere Kämpfer, nachtsichtbefähigt oder gar zauberkräftig.[203]

Nun galten aber Maori und europäischstämmige Buren zeitgenössisch als auf der rassischen Hierarchie relativ weit oben stehend.[204]

Bei anderen Kriegsgegnern war von der Bewunderung wenig zu spüren. Im Siebenjährigen Krieg in Nordamerika plädierte der britische Oberst Henry Bouquet dafür, »das Ungeziefer auszurotten oder zu vertreiben«, zu welchem Zweck er mit Billigung des Oberbefehlshabers, Jeffery Amherst, den Plan fasste, die indianische Bevölkerung absichtlich mit Pocken zu infizieren.[205] Hinsichtlich des Lebensraums der Seminolen Südfloridas schrieb ein amerikanischer Armeearzt, die dortigen Sümpfe seien »ein perfektes Paradies für Indianer, Alligatoren, Schlangen, Frösche und alle anderen Arten ekelhafter Reptilien«.[206] Die brasilianischen Indianer standen laut Konsens der Eroberer im 19. Jahrhundert irgendwo zwischen Mensch und Orang-Utan,[207] was sein Echo in Rhodesien fand, wo die Afrikaner einem Siedler als »lediglich eine höhere Affenart« galten, »je früher sie ausgerottet sind, desto besser«.[208]

Die Franzosen in Algerien versahen von der Eroberung des 19. bis zum Dekolonisationskrieg des 20. Jahrhunderts ihre arabischen Widersacher mit einem ganzen Katalog von zoologischen Etiketten: Hyänen, Raubvögel, Schakale, Füchse, Marabus, Schlangen, Heuschrecken, Skorpione – jeder Begriff diskursiv verbunden mit der ausdrücklichen Aufforderung, mit dem Gegner so umzugehen, wie man es gemeinhin mit derartigen Schädlingen tut.[209] Die Briten jagten in der Niederschlagung des Indischen Aufstandes ihrer eigenen Auskunft nach »Ratten«.[210] Mitunter glitten die indigenen Gegner diskursiv aus dem Tierreich noch weiter nach unten ab. In der Niederschlagung des Malayischen Aufstandes sprach der britische General Boucher über die Säuberung eines Gebietes von Insurgenten tatsächlich als »Desinfektion«.[211]

Mit solchen Metaphern war die Grenze von der permissiven zur exterminatorischen Ideologie überschritten. Verglichen damit ist Clive Turnbulls Suggestion, den europäischen Siedlern seien die Ureinwohner Tasmaniens lediglich als rechtlose Naturphänomene erschienen, wenngleich ebenfalls dehumanisierend, doch eher harmlos. »Für diese Menschen waren ›Wilde‹ [...] Hindernisse, die man überwinden musste, in keiner Weise anders als die Hindernisse Ozean, Sturm, Wald oder unfruchtbarer Boden; dass Wilde Rechte haben könnten, war ebenso wenig Teil ihres Glaubens wie dass Ozeane und Unwetter Rechte hatten.«[212]

Man darf aber, das sei noch einmal erwähnt, nicht vergessen, dass das Gefühl einer essenziellen Kulturdistanz im Imperialkrieg gegenseitig war und dass Dehumanisierung in beide Richtungen funktionierte. Im Boxerkrieg 1900/01 traten nicht allein die Europäer an, um die »durchaus untergeordneten Wesen«, das »feige, tückische, in der Übermacht schließlich grausame Gesindel« zu »bestrafen«, also die Boxer,[213] sondern diese riefen ihrerseits dazu auf, die »fremden Teufel« zu »schlachten«.[214] Die Dehumanisierung des Gegners war nicht zuletzt in den kulturellen Codes vieler außereuropäischer Gesellschaften bereits angelegt.[215]

Dehumanisierung und Tiervergleiche verweisen auf eine eigenwillige Kehrseite der Kulturdistanz im Imperialkrieg. Im Selbstbild der Täter, zumal in der mit aggressiven, ständig zu beweisenden Männlichkeitsidealen aufgeladenen Zeit Ende des 19. Jahrhunderts,[216] konnte der Gewaltkonflikt an der Peripherie geradezu als großes Abenteuer gelesen werden.[217] Auf die phänomenologische Nähe von afrikanischer Strafexpedition und Safari ist zu Recht hingewiesen worden.[218] Und der tödliche Kampf mit dem indigenen Gegner erschien aus dieser Perspektive mitunter als ein aufregendes Freizeitvergnügen, das am häufigsten in den Begriffen des Sports,[219] zumal aber der Treib- oder Großwildjagd geschildert wurde.[220] Im Südafrikanischen Krieg war es unter Kavallerieoffizieren gang und gäbe, fliehenden Buren mit »Tally Ho«[221]-Rufen nachzujagen und sie mit Lanzen abzustechen, was dann als »ganz ausgezeichnete Wildschweinjagd« beschrieben wurde.[222] Im Mau-Mau-Aufstand stellten professionelle Großwildjäger den »Mickeys« (Kikuyu) nach,[223] während Armeeeinheiten abgehackte Hände von Insurgenten sammelten, um im Stil eines Sportwettbewerbs um Tötungszahlen zu konkurrieren.[224] Dass der britische Kriegsminister Lord Lansdowne 1899 die Einführung von Dum-Dum-Geschossen für den Kolonialkrieg mit dem Argument rechtfertigte, der »zivilisierte Mensch« sei »viel anfälliger für Verwundungen als der Wilde«, der »wie der Tiger« selbst schwer verwundet weiterkämpfe, passt auch insofern in dieses Bild, als die Expansionsmunition aus der Großwildjagd kam.[225]

Die Grenze der menschenverachtenden Absurdität war wohl in Tasmanien erreicht, wo Siedler die »Jagd« auf Aborigines als beiläufiges Sonntagspicknick *en famille* betrieben.[226] Dass, ausreichende Kulturdistanz und weitgehende Gefahrlosigkeit durch eine sehr asymmetrische Machtkonstellation vorausgesetzt, offenbar nicht wenigen Menschen das Töten oder zumindest Mit-dem-Tode-Bedrohen anderer Menschen Freude bereitet, sollte man nicht unterschätzen.²²⁷ Die US-Truppen in Nordafrika 1942 schossen zum bloßen Zeitvertreib auf Araber, die ja in keiner Weise am Krieg zwischen Alliierten und Deutschen beteiligt waren.²²⁸

»Indianerland«

Die Guerillakriegskompetenz indigener Gegner löste bei den Soldaten der Imperien selten Anerkennung, oft Herablassung, fast immer aber starke negative Emotionen aus: Frustration, Nervosität und nicht zuletzt Angst – die meist schon aus der Frontiersituation an sich resultierte.

Frustration – Nichterfüllung der Erwartungen – war geradezu die typische Erfahrung des Buschfeldzuges gegen einen ausweichenden Feind.²²⁹ Die Lebensbedingungen waren miserabel, und endlose Märsche in ständiger Anspannung und Gefechtsbereitschaft hatten häufig kein anderes Ergebnis als Strapazen, Gesundheitsschäden und Tod. Wie Bernd Greiner es für den Vietnamkrieg auf den Punkt bringt, »im Dschungel und in den Reisfeldern wurden alle Erwartungen und Hoffnungen abrupt zunichte gemacht. Der Feind war entweder nicht greifbar oder diktierte das Kampfgeschehen an Orten und Zeitpunkten seiner Wahl, überlegene Bewaffnung brachte keinen Vorteil, man erlitt Verluste, ohne der Gegenseite einen erkennbaren Verlust zufügen zu können, die Front war überall und nirgends, allen drohte jederzeit und aus dem Nichts der Tod durch Minen, Sprengfallen oder Heckenschützen.«²³⁰ Wenn imperiale Kommandeure sich entschieden, den Gewaltkonflikt auf die indigene Zivilbevölkerung auszudehnen, stand sehr häufig neben pragmatischen Überlegungen auch schiere Frustration über die Entscheidungslosigkeit des strapaziösen Konfliktes Pate bei dieser Entgrenzung.²³¹

Es gab viele andere Gründe für negative Emotionen. Sicher ist Krieg ohnehin eine Sphäre der gezielten Einschüchterung und Furcht, aber indigene Krieger wurden in ihrer scheinbar unkontrollierten, fanatischen und äußerlich abschreckend »wilden« Erscheinung – nackt, bemalt, unter Kriegsgeschrei mit Blankwaffen den Nahkampf suchend – als besonders furchteinflößend empfunden; insbesondere galt das offenbar für Indianer und für Zulus,²³² bei denen hinzu kam, dass sie tatsächlich ihre Gegner auf dem Schlachtfeld deutlich mehr als tot stachen und ihnen am Schluss den Bauch aufschlitzten.[233] Nicht wenige indigene Kämpfer inszenierten ihre Grausamkeit demonstrativ als Terrormittel, um ihre europäischen Widersacher einzuschüchtern: Gefangene wurden in Sichtweite des feindlichen Lagers brutal hingerichtet, verstümmelte Leichen zur Schau gestellt, Körperteile – speziell Köpfe – Getöteter ihren überlebenden Kameraden zugestellt.[234] Die emotionalen Reaktionen der Empfänger dieser Botschaft waren voraussagbar.

Gerüchte und kulturelle Prägungen sorgten dafür, dass die Furcht vor der Grausamkeit der »Wilden« auch jene erreichte, die noch nicht selbst mit ihnen in Berührung gekommen waren: Die westlichen Soldaten im Imperialkrieg kamen schon eingeschüchtert auf dem Kriegsschauplatz an. Sie lebten in der Furcht, im Gefecht auf grausame Weise getötet zu werden. Noch mehr aber fürchteten sie, lebend gefangen genommen zu werden, was in den Indianerkriegen Nordamerikas sprichwörtlich mit einem »Schicksal schlimmer als der Tod« konnotiert war. Daher auch der stereotype Rat, »die letzte Kugel für sich selbst aufzuheben«.[235] Britische Teilnehmer an »kleinen Kriegen« nach 1900 hatten vielleicht die Verse des führenden Sinnstifters des britischen Imperialismus, Rudyard Kipling, im Kopf, dessen »junger britischer Soldat« seine kurze Karriere auf einem für Britannien besonders schicksalhaften peripheren Kriegsschauplatz beendete:

»When you're wounded and left on Afghanistan's plains,
And the women come out to cut up what remains,
Jest roll to your rifle and blow out your brains
An' go to your Gawd like a soldier.«[236]

Französische Fremdenlegionäre wurden von ihren Kameraden mit Schilderungen von Gräueltaten konditioniert, »die im Kolonialdiskurs auch in anderen Kontexten auftauchen, so das Abschneiden von Nasen, Ohren und Köpfen, die rituelle Kastration durch die ›jungen Weiber‹ oder die gleichgeschlechtliche Vergewaltigung«.[237] Für US-amerikanische Rekruten, die nach Vietnam geschickt wurden, gehörte die Vorbereitung auf die grausame Kriegführung des Vietcong zur Ausbildung.[238]

Horrorgeschichten über angebliche Gräueltaten des indigenen Gegners konnten natürlich unmittelbar zur Ursache von entgrenzter Gewalt werden – man tut dem Anderen das an, was man im umgekehrten Fall ohnehin von ihm erwartet. Gräuelgerüchte trugen aber zunächst zur permanenten Nervenanspannung bei, die das Leben und vor allem den Kriegseinsatz an der Frontier prägten.

Ganz generell kann man sagen, dass Angst das vorherrschende Gefühl der ja fast stets mit einer numerisch überlegenen indigenen Bevölkerung konfrontierten Europäer an der Peripherie war, die »in einer permanenten Belagerungsmentalität«[239] lebten; die Angst vor einer latenten Bedrohung, die nicht fassbar war und gegen die man aktiv nichts unternehmen konnte – »viel zu fürchten, aber niemand zu bekämpfen«.[240] Nicht nur in Siedlerkolonien lebten die Europäer (nicht immer zu Unrecht) in ständigem Misstrauen gegenüber der indigenen Bevölkerung, sahen überall Verschwörungen, und beim geringsten Anlass kursierten wilde Gerüchte über einen angeblich unmittelbar drohenden allgemeinen indigenen Aufstand.[241] Strukturell ähnlich waren die Umstände, die so viel zur von Furcht geprägten Gewalt gegenüber Schwarzen im Süden der USA im 19. Jahrhundert beigetragen haben.[242]

Ausweis dieser permanenten Angst ist nicht zuletzt die irrationale Panik, die mitunter ganze Siedlerbevölkerungen ergriff und kollektiv in die Flucht jagte.[243] Ausweis ist aber auch die überschießende, ebenso irrationale Gewalt, mit der Kolonialherren und Siedler dann reagierten, wenn ihre schlimmsten Ängste manifest zu werden schienen, wie etwa die Weißen in Kenia während des Mau-Mau-Aufstandes: »Nach den Morden [an einigen Europäern] waren weiße Kenianer und ihre Regierung vereint in der Überzeugung, dass die Mau Mau bestialische Wilde waren, rasend gemacht durch unaussprechliche Schwüre, bar aller menschlichen Hemmungen und jenseits von Anstand oder Rettung. Sie glaubten, dass die Mau Mau Frauen, Kinder, jedermann in schierer tierhafter Raserei töten würden. ›Tiere‹ wie diese konnte man nicht verstehen wollen; es konnte keine Gnade, keine Vergebung geben.«[244]

Der archetypische Ort des Schreckens für westliche Soldaten war in Imperialkriegen der Urwald. Er schien ein durch und durch parteiischer Lebensraum: für den Landfremden, den Europäer, vollständig undurchschaubar, undurchdringlich, lebensfeindlich; für den Landeskundigen, den Nichteuropäer, nicht nur zugänglich und verständlich, sondern geradezu mit ihm gegen den Eindringling im Bunde. Spencer Chapman beschrieb die Dschungelangst der britischen Soldaten in Malaya so: »Ihnen schien der Dschungel vornehmlich feindlich, voller menschenfressender Tiger, tödlicher Fieberkrankheiten, giftiger Schlangen und Skorpione, Eingeborener mit Blaspfeilen und einer Vielzahl nur halb vorstellbarer namenloser Schrecken. [...] in dieser grünen Hölle erwarteten sie, binnen weniger Wochen tot zu sein – und in der Regel waren sie das.«[245]

Hier schließt sich der Bogen zu den Tiermetaphern des vorigen Abschnitts: In letzter Instanz verweisen sie auf das Gefühl, der indigene Kämpfer sei ein genuiner Teil der als feindselig empfundenen Landesnatur, ein Lebewesen des Dschungels wie Tiger, Schlangen oder Tropenkrankheiten.[246] Insbesondere galt das angesichts der »tribalen Kriegführung« des Gegners mit ihrer Präferenz für Hinterhalte aus der Deckung, für die der Urwald wie geschaffen war. Wie die Raubtiere des Dschungels, wie die Seuchen der Tropen war der Kriegsgegner eine unsichtbare, aber permanent präsente Gefahr; er konnte, im Wortsinne, hinter jedem Baum lauern[247] oder im Kongo auch im Sumpf.[248] Allein das Leben im Dschungel machte den Nichteuropäer schon zur Antithese des Westens: Der Urwald war, wie der indigene Kriegsgegner selbst, das essenziell Andere, das *per definitionem* Feindliche.[249]

Obwohl es in der Forschungsliteratur weithin bekannt ist, dass die US-Amerikaner den Dschungel Vietnams stereotyp als »Indian Country«, Indianerland, beschrieben, ist das in der Regel nur als Verweis auf die kulturelle Tradierung von Kriegserfahrungen und Feindbildern verstanden worden: die Indianerkriege als Erfahrungshorizont für die Einordnung des Vietnamkrieges.[250] Das ist aber nur die halbe Wahrheit. Man muss vielleicht auf die Belletristik zurückgreifen, um zu verstehen, was »Indianerland« wirklich bedeutete und bedeutet: die unauflösliche Einheit von Feind und feindlicher Landesnatur. »Indianerland« meint nicht in erster Linie, dass dieses Land den »Indianern« (d.h. den Kriegsgegnern) gehört, von ihnen kontrolliert wird. Es meint vielmehr, dass sie mit diesem Land vollständig eins sind in einer organischen Weise, die für den Landesfremden unerreichbar und unverständlich ist – und vor allem tödlich.[251] »Indianerland« beschreibt ein Gefühl ultimativer Hilflosigkeit angesichts einer fremdartigen Umwelt, die sich gegen den Eindringling verschworen hat.

»Die Landschaft war abartig schön und feindlich. Sie war trostlos und unerbittlich [...]. Vor allem war sie wild, definitiv wild. Und sie war bewohnt von Menschen, die [dem Europäer] vollständig fremd und unverständlich waren, essenziell gefährlich und trügerisch, oft unsichtbar, wild und unheilig – und vollständig zu Hause.«[252] So der indianische Schriftsteller Scott Momaday über die Sichtweise der Eroberer auf den amerikanischen Westen. Niemand hat den Sinngehalt von »Indianerland« so idealtypisch wiedergegeben wie Philip Caputo in seinem gleichnamigen Roman über einen Vietnamveteranen: »Es war oft schwer zu sagen, was echte Büsche waren und was getarnte Nordvietnamesen, und daher schoss er auf beide. Der Wald selbst wurde böse, hatte die Macht bewusster, tödlicher Absicht; und es war ihm egal, ob seine Kugeln Vegetation oder Menschen trafen – er wollte alles zerstören, einebnen, platt machen, in Stücke sprengen, die Stücke zu Staub, den Staub zu Dunst.«[253]

Wie Caputos Antiheld Starkmann, so waren viele westliche Soldaten in Imperialkriegen, aber auch Siedler bereit, das machtlose Ausgeliefertsein an eine durch und durch feindliche Umwelt durch Selbstermächtigung, durch wilde Zerstörungswut zu überwinden.[254] Dass hypernervöse Soldaten – zumal unerfahrene Wehrpflichtige – beim geringsten Anlass wild ins Gelände schossen und grundsätzlich auf alles, was sich bewegte, ist nur die Oberfläche.[255] Die aufgestaute Frustration, die Anspannung, die Nervosität, die Angst vor Gräueltaten und vor der Macht der Mehrheitsbevölkerung entluden sich regelmäßig in Exzesstaten gegen Unbeteiligte – nur dass die Rückseite des Gefühls, in »Indianerland« zu sein, eben war, dass es keine Unbeteiligten gab. Jeder Mensch, der im »Indianerland« zu Hause war, war definitorisch Teil der feindlichen Landesnatur, war logisches und letztlich legitimes Objekt der Gewalt, in der die aufgestauten negativen Emotionen sich ihr Ventil suchten. Wenn man keinen Feind fand, dann wurde jeder Mensch, den man fand, der Feind. Und das galt nicht erst für Vietnam, das galt für Imperialkriege und imperiale Herrschaft seit Beginn der Conquista.[256]

Vergeltungsdiskurse

Anspannung, Angst und Frustration entfalteten ihre Wirkung primär unterbewusst und motivierten Individuen oder Kleingruppen zu Exzesstaten als Ventil für negative Emotionen. Vergeltung war eher expliziter Natur, konnte aber ähnlich gelagert sein, als unmittelbare Rache von Kombattanten für Kameraden angetane exzessive Gewalt auftreten.[257] Verstümmelung oder Leichenschändung etwa haben das

Potenzial, extremes Rachebedürfnis auszulösen, nicht zuletzt aufgrund des Wissens um die eigene Verletzlichkeit.[258] Mitunter genügten schon persönliche Demütigung, eine simple Niederlage oder hohe Verluste in einem Kampf als Motiv für eine überschießend gewaltsame Reaktion.[259] Direkte Vergeltung war aber eher selten, schon, weil es gerade in Imperialkriegen mit »tribalen« Gegnern nur schwer möglich war, ein unmittelbares Objekt für die Rache zu finden – weswegen sich Rachegewalt dann oft gegen Unbeteiligte richtete.[260] An der kalifornischen Frontier etwa war es üblich, dass Rancher als Vergeltung für scheinbar gestohlene (manchmal aber auch nur entlaufene) Nutztiere relativ wahllos einige benachbarte Indianer massakrierten[261] – was sich auch wieder mit Konstruktionen kollektiver Verantwortlichkeit traf.

Meist aber war das Bedürfnis nach »Auge um Auge« vermittelt durch Zeitverlauf, Ortswechsel und Hörensagen – waren also weder Täter noch Opfer der Rachegewalt mit der ursprünglichen Gewalttat und ihren Spuren tatsächlich konfrontiert. Das macht Vergeltung als Begründung für eigene Grenzüberschreitungen primär zum diskursiven Faktor: Sie bedurfte des Gerüchts, das unter Soldaten oder Siedlern an der Frontier kursierte,[262] sie bedurfte der öffentlichen, medialen Erregung über reale oder vorgebliche Exzesstaten des Gegners, um ihre gewalteskalierende Wirkung zu entfalten.

Das vielleicht einschlägigste Beispiel für einen kollektiven Rachegewaltdiskurs ist die Reaktion auf das Kanpur-Massaker im Indischen Aufstand, bei dem in der Nacht vom 15. auf den 16. Juli 1857 rund 200 gefangene europäische Frauen und Kinder im Wortsinne abgeschlachtet wurden, nämlich von Fleischern. Kanpur führte vor allem im Mutterland zu einer Vergeltungshysterie. Die britische Presse schwelgte in bildhaften Beschreibungen der Metzelei der »schwarzen Satyrn« an unschuldigen weißen Frauen und rief zu einem exterminatorischen Rachekreuzzug auf, was die Intensität und Gnadenlosigkeit der Gewalt in der Niederschlagung des Aufstands sicher verstärkt hat. Vor allem aber – und das belegt die Chronologie der Ereignisse ganz klar – *legitimierte* das Kanpur-Massaker exzessiv gewaltsame Praktiken, die bereits *vor* Kanpur üblich waren und ihrerseits erstinstanzliche Reaktionen auf die Herausforderung der britischen Herrschaft durch den Aufstand darstellten. Schon vor dem Massaker hatten britische Truppen gegnerische Regimenter kollektiv exekutiert, Dörfer niedergebrannt und die gesamte Bevölkerung massakriert. Es ist sogar sehr wahrscheinlich, dass Kanpur selbst eine Reaktion auf diese britischen Exzesstaten war.[263] Dass die Kanpur-Hysterie auch ein Legitimationsdiskurs war, heißt aber nicht, dass sie nicht gleichzeitig genuin war. Einleuchtend ist jedenfalls, dass der Wunsch nach Rache für solche und andere Gräueltaten des Gegners britische Soldaten zur Teilnahme an Massakern an der indischen Bevölkerung motiviert haben wird – und für die Aufständischen galt das gegenüber der europäischen Bevölkerung natürlich umgekehrt genauso. Rache, zumal weil sie in der Regel überreagiert,[264] tendiert dazu, Spiralen eskalierender Gewalt auszulösen[265] – unterstützt von den negativen Emotionen, die im vorigen Abschnitt diskutiert worden sind.

Die direkteste Folge von Vergeltungsdiskursen war eine allgemeine Enthegung der Kriegführung, wie in William T. Shermans Aufforderung, den Sioux keine Gnade zu zeigen, »denn sie gewähren weder Pardon, noch bitten sie darum«[266], oder Cecil T. Rhodes' Aufforderung an die Rhodesiensiedler bezüglich der Matabele, die vorher 100 Europäer ermordet hatten: »Tötet so viele ihr könnt!«[267] Die Weigerung, Gefangene zu machen, ist der Übergriff, der zeitgenössisch wie in der Literatur am häufigsten mit Gegenseitigkeit begründet wird.[268] Auch Terror stellt eine Entgrenzung dar, die Gegenterror legitimiert und damit Gewaltspiralen anstößt.[269] In den Dekolonisationskriegen der 1950er Jahre in Kenia und Algerien veröffentlichten die Kolonialmächte gezielt Bilder von verstümmelten und zerhackten Opfern indigener Gewalt, um ihre eigenen Repressionsmaßnahmen zu rechtfertigen[270] – und lieferten damit zweifellos ihren eigenen Sicherheitskräften Legitimationen und Motive, wenn nicht gar Muster für eigene, oft ähnlich gelagerte Terroraktionen.

In der rhetorisch tückischsten Form konnte Rachegewalt gar präventiv daherkommen. Der Methodistenpfarrer und Freiwilligenoberst John M. Chivington, der am 29. November 1864 mit 700 Mann Freiwilligenkavallerie rund 200 Arapaho und Cheyenne, mehrheitlich Frauen und Kinder, am Sand Creek in Colorado geradezu lustvoll hinmetzelte,[271] gab sich nachträglich überzeugt, es sei »richtig und ehrenhaft, jedes Mittel unter Gottes Himmel zu nutzen, um Indianer zu töten, die Frauen und Kinder *töten würden*«.[272] Diese Möglichkeitsform war die Logik der präventiven Eliminierung einer rein potenziellen Gefahr, später popularisiert in der metaphorischen Kurzfassung »Aus Eiern werden Läuse«, die auch den Kindermord legitimierte.²⁷³ Dass Sand Creek seitens der Täter tatsächlich auch als Vergeltung für zurückliegende weiße Opfer indianischer Gewalt verstanden wurde²⁷⁴ und das Massaker seinerseits eine Welle eskalierender Rachegewalt im amerikanischen Westen auslöste,²⁷⁵ passt ins Bild. Eine späte Fortsetzung dieser Logik mag man darin sehen, dass die Vereinigten Staaten heute die gezielte Tötung terroristischer Aktivitäten lediglich *verdächtiger* Personen in der Dritten Welt als vorgeblichen Schutz vor künftigen Gefahren für legitim erachten.²⁷⁶

Gewalttraditionen

Der Zusammenstoß zweier unterschiedlicher Gewaltkulturen produzierte nicht nur durch Fremdheit und Kulturdistanz entgrenzte Gewalt. Mitunter waren die Wurzeln der hohen Brutalität in den beteiligten Gewaltkulturen selbst zu finden – oder die Akteure behaupteten das jedenfalls und schufen damit auf Dauer neue Realitäten.

So ist die exzessive Gewaltbereitschaft der spanischen und portugiesischen Konquistadoren in Amerika wie Asien auf das Erbe der Reconquista (der Kämpfe mit den Mauren zur Rückeroberung der iberischen Halbinsel) zurückgeführt worden, die der englischen Siedler und zumal der Soldaten unter ihnen auf die Erfahrung der europäischen Religionskriege und der Unterwerfung Irlands. Beide Konfliktkomplexe lehrten ihre Veteranen neben taktischen und strategischen Innovationen – etwa den Umgang mit dem Guerillakrieg in Irland²⁷⁷ – die radikale Missachtung des Lebensrechtes des kulturell Anderen bzw. als andersartig Konstruierten, zumal wenn man sich dabei auf den Willen Gottes berufen konnte: Heiden und Ketzer verdienten keine Schonung. Vermutlich ist auch eine allgemeine Abstumpfung und Brutalisierung zumindest derjenigen in Rechnung zu stellen, die an diesen früheren Konflikten selbst beteiligt waren.²⁷⁸

Das Problem mit diesen Erklärungen, wenn man sich allein auf sie berufen wollte, bestünde darin, dass so die Eskalationsdynamiken des Imperialkrieges selbst ausgeblendet würden. Als Hintergrund – oder, um noch einmal den schönen Ausdruck aufzugreifen, als »metropolitanes Marschgepäck« – ist aber diese eigene Gewalttradition durchaus in Rechnung zu stellen. Es brauchte jedenfalls nicht viel, um einen Veteranen der brutalen Kriegführung der frühesten europäischen Neuzeit davon zu überzeugen, dass es im Zweifelsfall unbedenklich war, indianische Dörfer niederzubrennen und die Bevölkerung zu massakrieren. Noch durfte man, hier ist Clive Turnbull sicher recht zu geben, von den Schwerverbrechern, die nach Tasmanien verbannt wurden – »brutalisierte Menschen, Kinderschlächter, sogar potenzielle Kannibalen« –, viel Sensibilität für das Lebensrecht der einheimischen Bevölkerung erwarten, zumal wenn man sich vor Augen führt, dass in Großbritannien selbst Anfang des 19. Jahrhunderts menschliches Leben billig war und auch Minderjährige für Bagatelldiebstähle gehenkt wurden.[279]

Auch später wurden die Gewalttraditionen der eigenen Gesellschaft, zumal wenn diese, wie die US-amerikanische, eine Frontiergesellschaft war, als Folie für die Einordnung neuer, vorgeblich ähnlich gelagerter Gewaltkonflikte herangezogen. Das legte dann zugleich nahe, dass die Lösungen dieser älteren Konflikte für die jeweils aktuellen Auseinandersetzungen mit einem anderskulturellen Gegner ebenfalls richtig und vor allem – *qua* eigener Tradition – legitim waren. Die entsprechende Sozialisierung begann, so zumindest Joanna Bourke, eventuell bereits im Kindergarten: »Australische Burschen vertrieben fantasiereich primitive Aborigines von eingebildetem Buschland; amerikanische Kinder verteidigten sich in vorstädtischen Hinterhöfen gegen wilde Indianer; englische Jungs schlachteten auf Sportplätzen tierische Schwarze ab.«[280] Ganz klar belegt ist für den Philippinenkrieg der USA nach 1899, dass Berufungen auf die Indianerkriege zur Rechtfertigung des Konfliktes selbst und seiner brutalen Beilegung eingesetzt wurden.[281] Öffentliche Legitimation ist aber nicht allein nachträgliche Rationalisierung. In einem andauernden Krieg produziert sie bei den Gewaltakteuren erneut Realitäten: So wie sie den Konflikt verstehen, so betreiben sie ihn dann auch.

In diesen Zusammenhang gehört sicher auch das Argument Isabel Hulls von der deutschen Militärkultur, die aus der Tradition des preußischen Generalstabs und der Erfahrung der deutschen Einigungskriege 1864–1871 zum »militärischen Extremismus« neigte, zur Verabsolutierung der operativen Entscheidung mit allen Mitteln[282] – auch wenn diese Militärkultur letztlich von begrenzterer Reichweite war, institutionell in der preußisch-deutschen Armeeführung, nicht allgemein in der abendländischen Gewaltkultur verankert. Ähnliche Vorbehalte sind wohl gegenüber der gleichwohl bedenkenswerten Suggestion angebracht, die Brutalität der italienischen Kolonialkriegführung in Libyen habe in der allgemein hohen Gewaltbereitschaft des Faschismus ihre Wurzeln gehabt.²⁸³

Im Gegenzug waren auch die Gewalttraditionen außereuropäischer Kulturen faktisch für Praktiken verantwortlich, die zumindest gemessen am abendländischen Kriegsbrauch als entgrenzt gelten müssen. Auf die individuelle Brutalität indianischer Kriegführung ist bereits mehrfach hingewiesen worden.²⁸⁴ Im subsaharischen Afrika war stets die gegnerische Gesamtgesellschaft samt ihren wirtschaftlichen und personellen Ressourcen das Ziel der Kriegsanstrengungen: Plünderung war Prinzip, Frauen wurden versklavt und verkauft, Männer massakriert oder verstümmelt, Siedlungen abgebrannt.²⁸⁵ Die Zulu gaben grundsätzlich kein Pardon.²⁸⁶ In Südostasien brannten nicht allein die Iberier routinemäßig Siedlungen ab und töteten alle Bewohner, sondern die indigenen Krieger taten es aus ihrer eigenen Gewalttradition heraus ebenso.²⁸⁷ Geradezu kurios ist der Fall der japanischen Expedition, die auf Formosa in einen Hinterhalt geriet, und der daraus resultierenden Strafexpedition. Beide, Japaner wie Taiwanesen, köpften ihre gefallenen Gegner – aber unabhängig voneinander: die einen als Erbe ihrer Samuraitradition, die anderen als Ausläufer der südostasiatischen Kopfjäger-Kultur.²⁸⁸

Diese zufällige Konvergenz für unsere Begriffe entgrenzter Gewaltpraktiken war allerdings die Ausnahme. Der Regelfall war, natürlich, die Interaktion zwischen den Gewaltkulturen: die Übernahme gegnerischer Praktiken.

Mitunter erfolgte diese Anpassung imperienseitig einfach institutionell, nämlich durch die Integration indigener Hilfsvölker und Hilfstruppen in den eigenen Militärapparat. Dass diese dann den Normen ihrer eigenen Gewaltkultur folgten, wurde häufig offiziell als unvermeidliches Übel bedauert, das man eben in Kauf zu nehmen hatte, wenn man die Vorteile indigener Manpower, Landeskundigkeit und *bushcraft* nutzen wollte, und inoffiziell als Möglichkeit begrüßt, die Waffen des indigenen Gegners gegen ihn zu kehren, und zwar ohne sich selbst die Hände schmutzig zu machen. Im Zweifelsfall waren immer die unkontrollierbaren indigenen Verbündeten (und manchmal die ebenso unkontrollierbaren Siedler) an allen Übergriffen schuld; und diese etwas apologetische Darstellung findet sich mitunter bis heute so in der Literatur.²⁸⁹

Das etwas scheinheilige Bekenntnis zum allgemeinen Nutzen, wenn auch nicht zur spezifischen Legitimität indigener Kriegsprak-

185

tiken grenzte aber an einen weiterführenden Diskurs. Er postulierte, dass transkulturelle Imperialkriege nur zu gewinnen waren, indem sich das imperiale Militär eben ganz bewusst der regionalen Gewaltkultur anpasste. Natürlich ging diese Vorstellung Hand in Hand mit der eingangs dieses Kapitels diskutierten Suggestion, außereuropäische Kriegführung sei grundsätzlich regellos, und wer sich in einem Konflikt mit nichteuropäischen Gesellschaften an europäische Regeln halte, sei daher im Nachteil. Dennoch gab es in den Köpfen der imperialen Offiziere an der Peripherie offenbar zumindest diskursiv die Vorstellung einer jeweils spezifisch indianischen, afrikanischen oder arabischen Gewaltkultur mit bestimmten Regeln, auf die sie sich zur Rechtfertigung ihrer eigenen, an modernen europäischen Maßstäben gemessen entgrenzten Gewaltpraktiken beriefen.[290] Ein zeitgenössisches Zitat zur Eroberung Algeriens illustriert die Konnotation von Gewaltentgrenzung und indigener Gewaltkultur: »Nach und nach, gleitend auf dem gefühllosen Abhang, der so rasch den zivilisierten Menschen in den Zustand des Barbaren zurückführt, übernahmen unsere Soldaten die *arabischen Gebräuche*. Sie töteten ohne Erbarmen, sie schlugen ohne Notwendigkeit, sie verstümmelten zur Strafe.«[291]

Dass die Offiziere der Imperien dabei einem orientalistischen Weltbild erlagen, das ihnen vorgab, sie verstünden die Gewaltkultur der Gegenseite gut genug, um sie gegen sie kehren zu können,[292] unterstreicht den hauptsächlich legitimatorischen Charakter dieses Diskurses. Es ging dabei vor allem darum, die eigenen Grenzüberschreitungen unter Verweis auf angebliche Sachzwänge zu legitimieren.[293] »›Afrikanisierung‹ der Kriegführung bedeutete [...] die Ausrichtung nicht an dem realen Gegner, sondern an einem Bild desselben, das nicht so sehr der lebendigen Erfahrung mit dem Anderen, als vielmehr dem Monolog der Kolonialmacht mit sich selbst entsprang.«[294]

Das heißt aber erneut nicht, dass dieser Diskurs nicht durch seine öffentliche Präsenz und institutionelle Tradierung neue Realitäten schuf. Europäische Offiziere in Afrika dürften wirklich geglaubt haben, dass sie sich mit ihrer brutalen Kriegführung gegen die gegnerische Zivilbevölkerung und ihre Ressourcen dem afrikanischen Kriegsbrauch anpassten – und mitunter glaubten es auch ihre metropolitanen Kritiker.[295] Dass sich das Militär der Imperien auf ganz und gar nicht afrikanischen Kriegsschauplätzen seit Jahrhunderten ganz genauso verhielt, war ihnen mit Sicherheit viel weniger bewusst. Weniger nachvollziehbar ist, dass die Forschungsliteratur diese eigennützige Ideologie zum Teil bis heute als *realen* Anpassungsprozess an regionale Gebräuche wiedergibt.[296]

Institutionelle Dynamiken

Die Peripheriesituation schuf Dynamiken, die für bestimmte Akteursgruppen die Erreichung ihrer Ziele vermittels entgrenzter Gewalt gegen die indigene Bevölkerung drängend und (dank schlechter Kommunikationsbedingungen) auch möglich machten. Die »men on the spot« sahen sich selbst oft unter einem unbedingten Erfolgsdruck, der sie zwang, schnell und rabiat Tatsachen zu schaffen, bevor sich Widerstand formieren und vor allem, bevor Kontrolle von oben greifen konnte. Für Wayne Lee waren die Konquistadoren »erfüllt von einer Kreuzzugsideologie, einer erregenden Gier auf versteckte mineralische Reichtümer und einer tief greifenden, Ende-der-Welt-hab-Erfolg-oder-stirb-Verzweiflung«.[297] Ähnlich angetrieben waren die militärischen Imperialisten, die befehlswidrig Französisch-Westafrika eroberten, um ihre Karriere zu fördern,[298] oder imperiale Kommandeure, die glaubten, dass von ihnen ein schneller, durchschlagender Erfolg erwartet würde.[299]

Die periphere Akteursgruppe, bei der rücksichtslose, von rechtlichen oder menschlichen Bedenken praktisch unberührte Gewalt geradezu zum Rollenmodell gehörte, waren, wie bereits diskutiert, die Siedler. Ihr Anspruch auf das fruchtbare Land machte das Verhältnis zur indigenen Bevölkerung zu einem existenziellen »wir oder sie«. Dieser Umstand war nicht allein für permanente und in der Tendenz und dem Ergebnis oft genozidale Verdrängungs- und Ausrottungsprozesse auf niedriger Organisationsstufe verantwortlich. Siedler wurden auch zum gefährlichen Eskalationsmoment in Imperialkriegen, wo sie als Milizen oder Jagd- und Terrorkommandos für zahlreiche von der jeweiligen militärischen Führung meist unintendierte Übergriffe und Massaker verantwortlich waren. Siedler waren das ultimativ unkontrollierbare und das mörderischste Element der imperialen Struktur.[300]

Eine spezifische institutionelle Dynamik war schließlich auch die aus Siedlerdruck, schwacher Regierung und Unkontrollierbarkeit der Frontier entsprungene faktische Freigabe der brasilianischen Indianer zur Versklavung, die stets auch mit Morden, Vergewaltigungen und anderen Übergriffen einherging.[301] Interessant ist dieses Phänomen auch insofern, als hier das primär wirtschaftliche Ursprungsmotiv des Imperialismus – die Ausbeutung peripherer Ressourcen – direkt auf die entgrenzte Gewalt durchschlug. Tendenziell benachbart sind daher auch die Feldzüge, deren Ziel vor allem die Vernichtung wirtschaftlicher Güter der Konkurrenz im Welthandel war. Auch diese Aktionen konnten leicht eine entgrenzende Dynamik entwickeln: Vom Abfackeln der Häuser und Feldfrüchte zu Morden an der Zivilbevölkerung ist meist kein weiter Schritt.

Ausnahmezustände

Nicht immer musste Gewalt spezifische, situative Ursachen haben. Exotische Kriegsschauplätze, die essenzielle Fremdheit des Gegners und ein dauerhaft hohes Gewaltniveau konnten in Imperialkriegen das generelle Gefühl eines Ausnahmezustandes schaffen, in dem man Regeln als temporär und örtlich außer Kraft gesetzt betrachten konnte, ohne ihre ansonsten universelle Gültigkeit infrage zu stellen. Joachim Bergmann hat so für die Konquistadoren argumentiert, unter Verweis darauf, dass sie hinterher mühelos in die spanische Gesellschaft reintegrierbar waren – ihre exzessive Gewaltbereitschaft war für die exzeptionelle Situation der Conquista reserviert.[302] Aber auch sonst kann man in Gewaltkonflikten an den Rändern der Imperien oft mühelos eine kollektive temporäre Aufweichung schon der schieren Vorstellung, dass Gewalt eng umschriebene Grenzen haben müsse, diagnostizieren. Unter der besonders fragilen Machtkonstellation an der Peripherie konnte die Idee, dass Not kein Gebot kenne, dauerhaft normprägend werden. Imperialkrieg war ein permissives Umfeld des permanenten Übererregungs- und Ausnahmezustandes.[303]

Entgrenzte Gewalt schuf auf Dauer ihre eigenen Normen. Was immer wieder getan wird, ist am Ende nicht weiter erklärungsbedürftige Routine. Die Spanier, die im 16. Jahrhundert im Süden der heutigen USA die sagenhaften Sieben Goldenen Städte suchten, sahen es offenbar als völlig normal an, von den Indianern unentgeltlich Nahrung, Gold und sexuelle Dienstleistungen einzufordern, so häufig und selbstverständlich berichten die Quellen davon. Die instinktive

Antwort auf Widerstand, aber auch auf simple kulturelle Missverständnisse, bestand für sie darin, »Santiago« zu schreien und die Indianer über den Haufen zu reiten.[304] Mit ähnlich selbstverständlicher Beiläufigkeit berichten die Quellen aus der Eroberung Perus davon, dass in jedem indigenen Dorf die Anführer gefoltert, aufgehängt oder den Hunden vorgeworfen wurden.[305] Viele exzessiv gewaltsame Praktiken des Imperialkrieges wurden durch die ständige Wiederholung auf Dauer zur Norm.[306] Die Mapuche-Indianer im Süden des heutigen Chile hätten nach 300-jähriger Erfahrung sicher zugestimmt, dass Dörfer abbrennen, Vieh wegtreiben, Männer töten und verstümmeln und Frauen und Kinder verschleppen einfach die spanische Art der Kriegführung war, zumal das unabhängige Chile am Ende in einem ähnlichen Stil weitermachte.[307] Das Höhlenmassaker von Dahra 1845 in Algerien war ebenso sehr *standard operating procedure*[308] wie die routinierte Dorfzerstörung Meinertzhagens in Kenia[309] oder der Massenmord von My Lai, bezüglich dessen Bernd Greiner von »Tötungsarbeit« spricht.[310] Laut Le Cour Grandmaison sind solche Exzesse eben gerade das nicht, was das Wort suggeriert; »nicht Kinder des Chaos, der Anarchie oder der Anomie«.[311] Das stimmt, und dann stimmt es auch wieder nicht: In Wirklichkeit ist das serielle Massaker Chaos, Anarchie und Anomie, die zur Normalität geworden sind und damit zur – temporären und örtlichen – Norm. Auf die Normalität des Exzesses verweisen auch zeitgenössisch allgemein anerkannte und verstandene Euphemismen, wie »zerstreuen« (*to disperse*) für die australische Praxis der umstandslosen Tötung von Aborigine-Gruppen durch die Eingeborenenpolizei.[312]

Nun gab es in Imperialkriegen situative Strukturen, die das Gefühl des Ausnahmezustandes besonders untermauerten. Für jede Art von Krieg gilt, dass Einhegung im Zentrum der Kriegsanstrengungen, unter den Augen der höheren Führung und der Weltöffentlichkeit, am besten funktioniert, denn, wie Harold Selesky richtig angemerkt hat, »die Kontrolle über den Einsatz von Gewalt entgleitet an den Rändern« – im kleinen Krieg und an den Frontiers.[313] Der Imperialkrieg war in beider Hinsicht – funktional wie örtlich – der klassische »Rand« und damit prädestiniert für schwer zu begrenzende Gewaltanwendung. Und er war häufig von Gewaltakteuren geprägt, die einzeln oder in sehr kleinen Gruppen auftraten: Auch das förderte das Gefühl, in einem verantwortungsfreien Ausnahmeumfeld zu agieren.[314]

Der ultimative Ausnahmezustand trat im Imperialkrieg dann ein, wenn die totale Kriegführung gegen die gegnerische Gesamtgesellschaft zum eigentlichen Ziel der Kriegsanstrengungen wurde. Das war zwar weniger häufig der Fall, als oft suggeriert wird. Wenn es aber geschah, dann war den Beteiligten klar, dass im Grunde jeder Übergriff nicht nur erlaubt war, sondern geradezu als zweckdienlich gelten konnte: die permissive Struktur in Reinform.

Fazit

Am Rande sei erwähnt, dass manche Eskalationsfaktoren in Imperialkriegen mit der spezifischen Situation peripherer Gewaltkonflikte letztlich gar nichts zu tun hatten, sondern aus der Metropole herüberschwappten. Im 20. Jahrhundert drängt sich der Eindruck auf, dass einige westliche Mächte ihre metropolitanen Doktrinen und vor allem ihre neuesten Kriegsmittel im relativ permissiven und der Weltöffentlichkeit entzogenen Umfeld der Peripherie erprobten – insbesondere galt das für Luftbombardements und Giftgas.[315]

Die erregte emotionale Aufgeladenheit des Weltanschauungskonflikts des Kalten Krieges intensivierte zweifellos die Gewalt in einigen Dekolonisationskriegen; nicht zuletzt in Algerien, wo die französischen »Zenturionen«[316] die Befreiungsfront umstandslos und falsch mit dem Weltkommunismus identifizierten, was ihnen faktisch ermöglichte, Rache für die Niederlage in Indochina zu nehmen.[317] Aber hier wie in Vietnam oder in Malaya, wo die Aufständischen stur als »Communist Terrorists« abgestempelt wurden,[318] war der globale ideologische Kampf nur ein zusätzliches Entgrenzungselement.

Und das gilt letztlich für fast alles, was in diesem Kapitel an Faktoren für die Gewaltentgrenzung in Imperialkriegen zusammengetragen worden ist: Kaum einer war allein hinreichend, und keiner war notwendig für den entheGten Charakter des Gewaltkonflikts an der Peripherie. Die Momente der Brutalisierung ergänzten sich gegenseitig, gingen semantische und strukturelle Verbindungen ein, waren im Verständnis der Zeitgenossen – soweit sie sich darüber Rechenschaft gaben – und sind auch heute analytisch mitunter kaum voneinander zu trennen. So sind die Suggestion der allgemeinen Regellosigkeit an der Peripherie (ein juristischer Diskurs), die vorgebliche Anpassung an lokale Gewalttraditionen (ein gewaltkultureller und orientalistischer) und Rachegewalt (ein pragmatischer) eng benachbart – alle sind letztlich Ausformungen von negativer Gegenseitigkeit. Rachegewalt wiederum ist faktisch kaum unterscheidbar von aus Angstgefühlen gespeisten Exzesstaten (»Indianerland«), zumal beide häufig durch das Medium des Gerüchts vermittelt sind. Die Trennung basiert lediglich darauf, dass die gegnerische Gräueltat im einen Fall als bereits geschehen vorausgesetzt, im anderen Fall antizipiert wird; dass Vergeltung ihr Motiv explizit macht, Morde als Frustrationsventil aber unterbewusst gesteuert sind; dass das eine Eskalationsmoment gesellschaftlich-kollektiv vermittelt, das andere eher in Kleingruppen oder Individuen seine Dynamik entfaltet. Ebenso schwer zu trennen sind Rache und Strafe – hier besteht der Unterschied vor allem in der paternalistischen Aufladung des letzteren Mechanismus.

Empirisch ist das alles selten so klar nachzuvollziehen. Deswegen ist es vermutlich auch adäquat, dass die Forschungsliteratur in der Regel nicht einmal den Versuch der Differenzierung unternimmt. Man wird wohl am besten von einer Wolke radikalisierender Tendenzen, permissiver Ideologien und situativer Dynamiken ausgehen, die sich in jedem Einzelfall unterschiedlich verdichtete, aber immer über dem Phänomen Imperialkrieg waberte. Das schließt nicht aus, dass empirische Arbeiten, basierend vor allem auf Selbstzeugnissen von Tätern, künftig stärker den Versuch unternehmen könnten, die Bedingungen für die Gewalteskalation im Einzelfall eben doch zu analysieren, und vielleicht kann dieses Kapitel dazu einen Anstoß geben. In jedem Fall wird man zusammenfassen können, dass angesichts so vieler Entgrenzungsmomente die Brutalität des Imperialkrieges in fast jeder Hinsicht überdeterminiert war.

Dennoch ist der Hinweis wichtig, dass es eben auch retardierende Faktoren gab – Umstände, die gewaltbegrenzend wirkten: Sonst wäre die Geschichte der Imperialkriege eine reine Geschichte der Massaker und Genozide. Und das ist sie – bei aller Aufmerksamkeit, die diese Fälle zu Recht auf sich gezogen haben – eben mehrheitlich *nicht*. Es wäre, bei allen Eskalationstendenzen, mit den im Regelfall sehr begrenzten Zielen imperialer Gewaltanwendung an der Peripherie manifest unvereinbar. Wie mehrfach richtig angemerkt worden ist, zielte Imperialkrieg vor allem auf Kontrolle, Ausbeutung und Zwangsmodernisierung, nur selten aber auf Vernichtung.[319] Das war ein pragmatisch einhegender Faktor, denn irgendetwas muss man erhalten, um es behalten zu können. Spezifisch zum Beispiel waren manche Siedlerkolonien auf die Arbeitskraft der indigenen Bevölkerung angewiesen, ein Umstand, der im Widerspruch zum exterminatorischen Gedankengut der Kolonisten stand.[320] Hinzu kam, zumal nach 1945, der Zwang, imperiale Gewalt einer kritischen Weltöffentlichkeit gegenüber zu legitimieren und sich zumindest offiziell an die Gebote des Kriegsvölkerrechts zu halten.[321] Es gab also auch gute Gründe dafür, dass nicht *alle* Imperialkriege grundsätzlich in eine Orgie der grenzenlosen Verwüstung und Vernichtung entgleisten – und das ist vielleicht fast ebenso bemerkenswert.

4. Asymmetrie, Anpassung und Lernen

Eine jüngere Geschichte der Luftschlacht um England im Sommer 1940 vergleicht die rigide geometrisch geordneten taktischen Formationen der britischen Geschwader mit »Fenimore Coopers Rotröcken«, den regulären Soldaten im Siebenjährigen Krieg in Nordamerika, und die in »freier Jagd« angreifenden Messerschmittrotten mit den Indianern, »die im Unterholz warten, um die Nachhut zu überfallen«.[1] Die allgemeine Verständlichkeit dieser zeit-, orts- und sachfremden Metapher illustriert, wie stark unser Bild vom Konflikt der europäischen und außereuropäischen Gewaltkulturen von in unserer kulturellen Tradition verankerten Dichotomien geprägt ist; hier vom Kontrast zwischen Ordnung, Disziplin und Kontrolle einerseits und Individualität, Eigeninitiative und (scheinbarer) Strukturlosigkeit andererseits. Mit bemerkenswerter Konsistenz werden bis zur Gegenwart in Schilderungen von Gefechten an der Peripherie der Imperien die indigenen Gegner als indistinkte Masse portraitiert, als ungeordneter, hektischer, erregter, fanatischer »Schwarm«,[2] als »große schwarze Welle«,[3] die sich unweigerlich an den stoischen, eisern disziplinierten Gefechtsformationen der regulären Soldaten des Westens bricht.[4] Das Motiv von der »Handvoll gegen die Horde«[5] ist in diesem Bild verankert, aber auch die moralische Überlegenheit des Abendlandes und die professionelle seiner Gewaltspezialisten. Man kann es bis weit in die moderne Populärkultur hinein finden, unter anderem stereotypisch in dem Hollywood-Monumentalfilm »Zulu« von Cy Endfield (1964).[6]

Mindestens ebenso einflussreich ist ein weiterer Bedeutungsstrang dieses Bildes, auch dieser eindrücklich und archetypisch in »Zulu« zu finden: die technologische Überlegenheit des Westens. Als Held des Streifens läuft das Martini-Henry-Gewehr der britischen Infanterie, das es 152 Mann erlaubte, 4000 Zulus standzuhalten, beinahe Michael Caine den Rang ab.[7] In der Imperialkriegsliteratur gilt weithin als ausgemacht, dass es neben militärischen Tugenden wie Disziplin vor allem moderne Waffentechnik war, die es der »Handvoll« ermöglichte, sich der »Horde« zu erwehren. Und das nicht erst seit der Industrialisierung, sondern womöglich schon seit Beginn der europäischen Expansion in Übersee.⁸ Das Bild der kulturellen und technischen Dichotomien hat noch einen weiteren Subtext: nämlich die Suggestion, dass zwei so grundverschiedene Gewaltkulturen einander auf keinen Fall verstehen konnten und damit auch nichts voneinander lernen. Zwischen Braddocks Kolonnen und dem »Schleichkrieg« der Indianer, zwischen Rotröcken und Rothäuten, schien es keinen Weg zu geben. Imperien und ihre indigenen Gegner mochten sich gegenseitig abschlachten, aber sie lebten dabei in getrennten Welten, verkörperten das in sich Gegensätzliche: der Gewaltkulturenkonflikt in dichotomischer Reinform.

Nun ist an all diesen Vorstellungen natürlich etwas Wahres. Die Streitkräfte der abendländischen Moderne, das heißt seit den Oranischen Heeresreformen im Holland des späten 16. Jahrhunderts,⁹ basierten tatsächlich auf rationalen Prinzipien, die Disziplin und Kontrolle in den Vordergrund stellten, was sich zumindest bis zum Wandel der Waffentechnik im späten 19. Jahrhundert in der Tat in geschlossenen Formationen äußerte. Indigene Armeen außerhalb Europas waren in der Regel weniger rigide strukturiert und gaben taktisch meist ein vergleichsweise aufgelockertes Bild ab. Den Festungen, Geschützen und Maschinengewehren westlicher Streitkräfte hatten Indianer oder Afrikaner selten etwas Gleichwertiges entgegenzusetzen, von Dampfschiffen, Eisenbahnen und Flugzeugen ganz zu schweigen. Und häufig blieben die Gewaltkulturen wirklich separat. Insbesondere westliche Kommandeure empfanden es nicht selten als ganz absurde Vorstellung, sich in irgendeiner Weise an die Kriegführung der »Eingeborenen« anzupassen oder gar von ihnen zu lernen.

Aber in vieler Hinsicht ist das gängige Klischee dann eben doch irreführend. Längst nicht alle imperialen Truppen an der Peripherie waren hochdiszipliniert und professionell, schon allein deswegen nicht, weil sie häufig weder regulär waren noch aus dem Mutterland kamen. Im Gegenzug gab es durchaus militärisch wohlstrukturierte, nahezu reguläre Armeen unter den Gegnern der Imperien. Dass sie stets in ungeordneten »Schwärmen« angriffen, dürfte zumindest auch ein kulturelles Stereotyp des Westens sein, das die eigene moralische Überlegenheit unterstreichen sollte und das unser Bild von Gewaltkonflikten an der Peripherie vor allem deswegen prägt, weil

es so wenige Quellen der Gegenseite gibt. Im Übrigen konnte ein
»Schwarm« durchaus eine taktische Ordnung aufweisen, die sich
dem überheblichen oder verängstigten Gegenüber einfach nicht erschloss.[10] Eine klare waffentechnische Überlegenheit der Imperien
war eine welthistorische Ausnahmesituation, die lediglich von der
Mitte des 19. bis zur Mitte des 20. Jahrhunderts anhielt; und selbst in
dieser Phase kam es noch sehr darauf an, die Waffen tatsächlich ins
Gefecht zu bringen, was an der Peripherie schon logistisch nicht immer einfach war.

Schließlich und vor allem ist die Geschichte des Gewaltkulturkontakts zwischen westlichen Imperien und nichtwestlichen Kulturen
wenigstens so sehr von Anpassung und Lernen geprägt wie von Abschottung und Lernverweigerung. In manchen Konstellationen kann
man gar von einer veritablen Gewaltkultursynthese sprechen.

Streitkräfte

»Viele Gegner außerhalb Europas waren nicht Soldaten, sondern
Krieger«, so – wie bereits zitiert – Hew Strachan,[11] und das ist sicher
zunächst richtig: Die vielen akephalen und tribalen Gesellschaften,
mit denen die Expansion der Imperien immer wieder kollidierte, hatten keine Armeen im abendländischen Sinne. Nordamerikanische Indianer, zentralasiatische Steppennomaden oder die Stammeskämpfer
der Nordwestfrontier kamen ohne eine hierarchische Struktur aus
und organisierten sich für Kriegszüge *ad hoc* und unter improvisierter Führung[12] – was aber nicht heißt, dass sie gar nicht organisiert waren oder ihre Gefechte nicht minutiös planten.[13] Ihre Kriegführung
basierte auf individueller Tapferkeit, einem Kämpferethos, das in Sozialisierung von frühester Kindheit an, mitunter sogar in speziellen
Kriegerkasten wurzelte,[14] und charismatischer Führung statt bürokratischen Prinzipien.

Nun waren aber längst nicht alle Gegner der Imperien staatenlos.
Und entsprechend ist fast die einzige unbestreitbare Generalisierung
über die Organisation ihrer Streitkräfte, dass man sie nicht generalisieren kann.[15] Schon allein im Afrika des 19. Jahrhunderts gab es von
ad hoc konzentrierten Stammeskontingenten bis zur allgemeinen
Wehrpflicht im Kriegsfall[16] und zu stehenden Kaderheeren praktisch
alles.[17] Man sollte das übrigens nicht als einfache Skala von primitiv

195

bis modern oder von unorganisiert bis staatlich verstehen; die Wirklichkeit war komplexer. Bleiben wir in Afrika, so war die einzige Armee, die der europäischen Eroberung dauerhaft widerstand, die äthiopische, in feudalen Fürstengefolgschaften organisiert, aber dank einer Art Modernisierungsdiktatur an der Spitze ausgezeichnet bewaffnet und modern ausgebildet,[18] während das in Altersgruppenregimentern radikal zentralisierte Heer der tribalen Zulu[19] nach einem anfänglichen Überraschungssieg relativ schnell unterlag, trotz seines hohen Ausbildungsstandes,[20] aber nicht zuletzt wegen seiner archaischen Bewaffnung. Staatlichkeit, Modernität und militärische Organisationskomplexität deckten sich nicht unbedingt. Die traditionellen Militärmonarchien Westafrikas hatten durchhierarchisierte Armeen mit ausgefeilter taktischer Führung, Elemente von Regularität, die für westliche Beobachter durchaus erkennbar waren und die ihrer entwickelten Staatlichkeit entsprachen, aber sie waren gerade deswegen auch vergleichsweise unflexibel und modernisierungsresistent.[21] Im Gegenzug war eine tribale Militärorganisation wie die der Maori in vieler Hinsicht ausgesprochen modernisierungsfähig,[22] und für die ebenfalls aus Stammeskontingenten bestehenden Dschihadreiche Zentralafrikas galt das sowieso.[23]

Das Beispiel Äthiopien hingegen ist bereits der erste Verweis auf transkulturelle Anpassung: Im Laufe der Jahrhunderte der europäischen Expansion traten den Imperien immer häufiger Streitkräfte gegenüber, die zumindest teilweise im Stil des Militärsystems der westlichen Moderne organisiert waren: mit hierarchischer Kommandostruktur, Gliederung in modulare Einheiten, formalisierter Ausbildung, Disziplin und Drill und im Kern basierend auf Infanterie, unterstützt von Kavallerie und Artillerie. Bereits im 18. Jahrhundert entstanden an der Sklavenküste Afrikas stehende Söldnerheere nach europäischem Muster,[24] und im 19. Jahrhundert war die Armee Samori Tourés komplett nach westlichem Vorbild organisiert, inklusive Drill und Hornsignalen,[25] und focht dem Zeugnis eines französischen Offiziers zufolge »genau wie Europäer«.[26]

Besonders früh und besonders weitgehend war die Übernahme abendländischer Prinzipien auf dem indischen Subkontinent, wo die modernisierenden Militärmonarchien des Marathen, Mysores und der Sikhs nicht zuletzt vermittels britischer und französischer Ausbilder ihr Militärsystem weitgehend regularisierten.[27] In der britischen Eroberung des Punjabs 1845–1849 standen sich zwei Armeen gegenüber, zwischen denen in Organisation, Erscheinungsbild und Taktik kaum wesentliche Unterschiede erkennbar waren.[28] Zwar hat Randolf Cooper darauf hingewiesen, dass es disziplinierte, gedrillte und in stehenden Einheiten organisierte Infanteriearmeen in Südasien schon in der Antike gegeben hat;[29] des ungeachtet aber waren die Armeen der größeren indischen Fürstenstaaten zum Zeitpunkt der Eroberung erkennbar europäisch geprägt.

Allerdings blieb die Übernahme westlicher Militärstrukturen in traditionellen indigenen Gesellschaften in aller Regel tendenziell oberflächlich und begrenzt. Ein Militärsystem ist stets eng mit seinem sozioökonomischen Hintergrund verschmolzen und lässt sich nicht ohne Weiteres austauschen, ohne gesellschaftliche Friktionen hervorzurufen. Einschlägig ist erneut Indien, wo die traditionell dominierende Feudalkavallerie eng mit dem Gesellschaftssystem und vor allem mit der Chance sozialer Aufwärtsmobilität verknüpft war. Unter solchen Umständen blieben moderne Infanterietruppen ein ungeliebter Fremdkörper im Staatsaufbau.[30] Die militärische Disziplin, die europäische Offiziere in den regulären Einheiten der Fürstenstaaten aufzubauen suchten, kollidierte mit der traditionellen Flexibilität des indischen militärischen Arbeitsmarktes, wo Soldaten gewohnt waren, sich nach Belieben neue Arbeitgeber zu suchen. Im Kriegsfall gewann zumindest bei schlechten Aussichten die Tradition: Die Truppen waren nicht bereit, gegen die britische Ostindiengesellschaft zu kämpfen, insbesondere nicht, wenn ihre britischen Offiziere bereits selbst übergelaufen waren.[31] Ähnliche Umstände behinderten die erfolgreiche Übernahme westlicher Militärorganisation in den meisten traditionellen Gesellschaften.[32] Im besten Fall blieb sie äußerlich und vor allem begrenzt auf Vorzeigeeinheiten, um die herum das traditionelle Militärsystem meist unbeeindruckt weiterexistierte,[33] was im Übrigen der in vielen Gesellschaften üblichen Gliederung in stehende Kerntruppen und kaum organisierte Massenaufgebote entsprach.[34]

Letztlich erwies sich, dass die auf bürokratischen Prinzipien und militärischer Disziplin basierende Führungsstruktur post-oranischer europäischer Truppen sich nicht einfach kopieren ließ – sie war in der Gewaltkultur des Westens verankert. Entsprechend blieben indigene Armeen auch bei teilweiser Übernahme westlicher Militärprinzipien in der Regel weiterhin mit dem klassischen Problem der Führung durch charismatische Individuen geschlagen: dem plötzlichen und unwiderruflichen Kollaps beim Tod des Anführers.[35] In Indien genügte es mitunter, dass der Elefant des Königs in die falsche Richtung davonrannte.[36] Auch die Aufrechterhaltung der Disziplin im Falle einer Niederlage im Gefecht war eine Herausforderung, die selbst modernisierte Heere Außereuropas fast immer überforderte.[37] Wo indigene Armeen doch eine hohe taktische Kohäsion und ein unbestreitbares Beharrungsvermögen selbst im Angesicht der Niederlage hatten, wurde das imperienseitig oft nicht militärischen Fähigkeiten, sondern ihrem »Fanatismus« zugeschrieben.[38] Rationale Operationsplanung für größere Heere blieb ohnehin weithin ein westliches Arkanum[39] – auch wenn der selbstverliebte Blick europäischer Beobachter dazu geführt haben mag, beachtliche Koordinations- und Führungsleistungen wie die der Maori zu ignorieren.[40]

Die wirklich systematische, tief greifende Übernahme westlicher Militärprinzipien glückte vor allem denjenigen nichteuropäischen Staaten, die zur völligen gesellschaftlichen Modernisierung bereit waren – die also den Unterbau ihres neuen Militärsystems mit einkauften, einschließlich administrativer Zentralisierung zur Ressourcenmobilisierung (stehende Heere westlichen Stils waren sehr teuer), Entmachtung traditioneller Eliten und allgemeiner Wehrpflicht. Wie David Ralston angemerkt hat, machte diese militärische Modernisierung – mit allerdings signifikanten Ausnahmen wie Japan[41] – den Staat oft nur auf dem Papier wehrhafter und öffnete in Wahrheit der völligen Unterwanderung durch den Westen Tür und Tor.[42] Das Paradebeispiel ist der Zusammenbruch des zwangsmodernisierten ägyptischen Khedivenstaates mit seiner von Europäern ausgerüsteten und ausgebildeten Armee.[43]

Im Grunde waren es die antikolonialen Aufstandsbewegungen des 19. und vor allem des 20. Jahrhunderts, denen aufgrund ihrer ohnehin sozialrevolutionären Stoßrichtung auch die Übernahme des westlichen Militärmodells am besten gelang. Auf der Grenzlinie zwischen teilweise modernisierter Traditionalität und moderner Nationalarmee westlicher Art standen noch die Streitkräfte der unabhängigen Yaqui-Republik Mexikos Ende des 19. Jahrhunderts, die das westliche Militärsystem auf der Basis einer kommunaldemokratischen Miliz adaptierten,[44] und die des Rif-Staates der 1920er Jahre, die eine wohlbewaffnete westliche Kernarmee mit Dienstvorschriften, Rangabzeichen und Drill mit irregulären Stammeskontingenten kombinierten.[45] Aber als Vo Nguyen Giap in den frühen 1950er Jahren die

Guerillakämpfer der Vietminh in reguläre Einheiten umzuformieren begann, die der französischen Armee in offener Feldschlacht gegenübertraten, war die Übernahme westlicher Militärprinzipien durch eine indigene Nation komplett. Diese Symmetrisierung musste militärisch nicht unbedingt der Weisheit letzter Schluss sein, weil die Vietnamesen in diesen Feldschlachten erheblich mehr Verluste erlitten als im Guerillakrieg;[46] sie war, wie bereits ausgeführt, vor allem politisch-legitimatorischen Notwendigkeiten geschuldet und hat sich aus ähnlichen Gründen auch in jüngeren Konflikten an der Peripherie wiederholt.[47]

Im Übrigen gab es auch den umgekehrten Fall: Die philippinische Republik stellte nach der Niederlage der spanischen Kolonialmacht im Krieg mit den USA 1898 zunächst demonstrativ eine reguläre Armee auf, um ihre Staatlichkeit und damit internationale Legitimität unter Beweis zu stellen,[48] und transformierte diese für den Krieg gegen die konventionell überlegenen USA ab 1899 schließlich höchst widerwillig in eine dezentrale Guerillagruppenstruktur[49] – auch das eine Anpassung an den Gegner, aber eben keine symmetrische. Kleingruppen und Terrorzellen waren und bleiben allgemein eine wichtige Option der Gewaltorganisation für Widerstandsbewegungen an der Peripherie des Weltsystems.[50]

Diejenigen indigenen Staaten, die stehende Heere unterhielten oder sie gar im westlichen Stil regularisierten, fanden zwar mehr Aufmerksamkeit bei europäischen Beobachtern und entsprechend in der Forschungsliteratur.[51] Militärisch aber spielten sie meist den Imperien in die Hände, die wegen ihrer überlegenen Ressourcen und ihrer gewaltkulturellen Tradition von einem symmetrischen Konflikt mit Feldschlachten profitierten, zu denen reguläre Streitkräfte nun einmal zwangsläufig neigen. Wenn auch vermutlich, wie John Pemble argumentiert, nur die Kopie des westlichen Militärsystems es den indischen Fürstenstaaten ermöglichte, der Militärmaschinerie der Ostindiengesellschaft überhaupt zu widerstehen,[52] so haben sie letztlich dennoch verloren. Dasselbe gilt für die tatsächlich europäischen bzw. europäisch ausgebildeten Armeen, mit denen das britische Imperium in der Niederschlagung des Indischen Aufstandes[53] und im Südafrikanischen Krieg[54] konfrontiert war.

Es gibt kaum Zweifel, dass das auf Bürokratie, Disziplin und Systemen einheitlicher Ausbildung und Organisation aufbauende Militärsystem der abendländischen Moderne nicht nur für die symmetrischen Feldkriege Europas signifikante Vorteile bot, sondern prinzipiell auch für Gewaltkonflikte an der Peripherie[55] – zumindest dann, wenn der Gegner sich tatsächlich zur Schlacht stellte. Zahllos sind die Beispiele, in denen europäisch trainierte Truppen selbst in den konfusesten Situationen, bei größter zahlenmäßiger Unterlegenheit und trotz massiver eigener Verluste, ja selbst bei Führerausfällen, ihre taktische Kohäsion behielten und am Schluss als Sieger dastanden.[56] Aber auch operativ und logistisch (gerade angesichts der Schwierigkeit des peripheren Raumes) ermöglichte rationale bürokratische Stabsarbeit westlichen Armeen eine entschlossene, methodische Kriegführung, die imstande war, den Druck auf indigene Gesellschaften erheblich länger aufrechtzuerhalten, als diese ihm meist standhalten konnten.[57] Ihre »größere Hartnäckigkeit im Abschlachten ihrer Feinde«[58] verdankten westliche Armeen nicht primär einem kulturellen Vorsprung (auch wenn immer wieder argumentiert worden ist, dass indigene Gegner von dieser methodischen Hartnäckigkeit kulturell überfordert worden sind[59]), sondern vor allem straffer militärischer Organisation, wie Michael Howard ausführt: »Die europäischen Armeen, die in [kolonialen] Feldzügen fochten, bestanden aus disziplinierten Berufssoldaten von der Art, die in der europäischen Kriegführung des 17. und 18. Jahrhunderts entstanden war: regelmäßig bezahlt, relativ gut versorgt, geübt in der komplexen Handhabung ihrer Waffen, von festem Zusammenhalt im Gefecht. Es waren diese Qualitäten, im Schoß des europäischen Staatensystems entwickelt, die kleine europäische Einheiten befähigten, weit größere indigene Einheiten in Übersee zu überwältigen. Unterstützt wurden sie von einer vergleichsweise verlässlichen administrativen und logistischen Infrastruktur – auch diese das Produkt der europäischen Kultur des 18. Jahrhunderts.«[60]

Nun darf man das nicht idealisieren (wie es allerdings oft geschehen ist). Fast ebenso mühelos wie *für* den militärischen Professionalismus der westlichen Armeen an der Peripherie finden sich auch Belege *dagegen* – Fälle, mit anderen Worten, in denen die Führung evident versagte, Ausbildung, Moral und Disziplin miserabel waren, Truppen im Kampf kollabierten oder schon vor dem Gefecht davonliefen.[61] Das hatte unterschiedlichste Gründe, die allerdings in der Regel nicht systematisch, sondern situativ waren, wie etwa die katastrophale Führungsschwäche des alten und willenlosen Generals Sir William Elphinstone im britischen Rückzug von Kabul 1842, die zum Untergang seiner gesamten Armee führte.[62] Bestenfalls waren diese Gegenbeispiele besonderen militärpolitischen Konstellationen geschuldet, wie etwa dem exzessiven Sparwahn der US-Verteidigungspolitik des 18. und 19. Jahrhunderts mit ihrer ideologischen Abneigung gegen professionelle stehende Heere[63] oder ein Jahrhundert später dem Versuch, mit einer kurzdienenden Wehrpflichtarmee einen langdauernden Imperialkrieg zu führen.[64] Und nur im Ausnahmefall war dieses Versagen des westlichen Militärsystems so dramatisch, dass seine grundsätzliche strukturelle Überlegenheit infrage gestellt war. Geschah das allerdings, dann waren die Folgen mitunter katastrophal – auch wenn man der Teleologie misstrauen sollte, die in der Erklärung unerwarteter Niederlagen des Westens in Imperialkriegen verständlicherweise zur Überzeichnung der Ursachen neigt.[65]

Zwei weitere Einschränkungen sind notwendig: Zum einen war es eher selten, dass in Imperialkriegen tatsächlich metropolitane Kerntruppen kämpften. Aufgrund der bereits diskutierten Prioritätensetzungen[66] zugunsten der Metropole war die Peripherie des Imperiums in der Regel auch die Peripherie des Militärsystems. Eine verwirrende Vielfalt von unterschiedlichen Gewaltakteuren wurde dort aufgeboten,[67] deren gemeinsamer Nenner in aller Regel nur der war, dass ihre Existenz eben genau den Sinn hatte, das kostbare Linienmilitär des Kern- oder Mutterlandes für den Einsatz gegen gleichrangige Gegner aufzusparen. Resultat dieser Ratio war, wie bereits gesehen,[68] zunächst die ausgedehnte Verwendung indigener Verbündeter, Hilfsvölker und Kolonialtruppen, von denen allein die Letzteren immerhin im europäischen Stil ausgebildet wurden. Aber auch sonst war und ist der Imperialkrieg die Domäne von lokal aufgestellten Einheiten, Siedlermilizen,[69] Wehrbauern (nicht nur in Russland),[70] privaten Gewaltakteuren (insbesondere in der Frühen Neuzeit, zeitweise im »Scramble for Africa« und jüngst wieder in Afghanistan und im Irak),[71] Marinelandungsabteilungen[72] sowie nicht zuletzt – wegen der unzureichenden Abgrenzung von Krieg und Frieden – paramilitärischen Polizeiverbänden.[73] Europäische Linientruppen, gar (ab dem 19. Jahrhundert) Wehrpflichtige, wurden an der Peripherie üblicherweise nur dann in größerem Umfang verwendet, wenn alle lokalen Mittel erschöpft waren oder wenn der Streitwert evident hoch genug war, den Einsatz zu rechtfertigen.[74] Insbesondere galt das, wenn zum transkulturellen der interimperiale Konflikt trat, wie im 18. Jahrhundert in Nordamerika.[75]

Diese lokalen und organisatorisch oft improvisierten Gewaltakteure waren zwar im Prinzip im westlichen Stil organisiert, standen in der Praxis aber nicht durchweg auf dem höchsten Stand der europäischen Kriegskunst. Die »militärische Revolution« Europas war in ihren Ausläufern an den Rändern der Imperien allenfalls verwässert zu finden. Die grundsätzliche Überlegenheit des westlichen Militärsystems an der Peripherie war aber auch in einer anderen Hinsicht fraglich. Sehr häufig hatten es die Streitkräfte der Imperien mit einem asymmetrischen Gegner zu tun, der ihnen eben nicht den Gefallen tat, sich zur Schlacht zu stellen. Und für solche Fälle war das moderne Militär europäischen Stils nicht unbedingt ideal organisiert. Seine rigide Führungsstruktur, seine hierarchisierten, geschlossenen Einheiten, seine formale Ausbildung und sein Drill, ja selbst seine Disziplin, die Eigeninitiative eher negativ sanktionierte, gar nicht zu reden von seiner aufwändigen Logistik, machten es für die Jagd auf einen locker organisierten, schwer zu findenden und aus dem Hinterhalt zuschlagenden Feind schwerfällig und unflexibel. Ganz abgesehen davon, dass direkt aus der Metropole verlegte Linientruppen mit den Einsatzbedingungen vor Ort zwangsläufig unvertraut waren.

Das Militär abendländischen Stils in Reinform war also faktisch an der Peripherie weder der primär präsente Gewaltakteur noch für diesen Einsatz uneingeschränkt geeignet. Die Voraussetzung für taktische Anpassung an den peripheren Kriegsschauplatz und indigenen Gegner (wovon der nächste Abschnitt handeln wird) war daher zunächst organisatorische Anpassung: das Aufbrechen komplexer, hierarchischer und stark formalisierter Strukturen zugunsten flexiblerer kleinerer Einheiten, die sich taktisch und formal auf lokale Bedingungen ausrichten und von den Anforderungen des Großkriegsapparates freimachen konnten. In diesem Spannungsfeld bewegt sich die Adaptionsfähigkeit des imperialen Militärapparates an die Anforderungen des Imperialkrieges.

Das metropolitane Linienmilitär selbst schied für solche Anpassungsprozesse weitgehend aus. Waren aber lokale Gewaltorganisationen an der Frontier *per se* besser auf den Einsatz gegen einen irregulären Gegner ausgerichtet? Die Siedler suggerierten das gern, erklärten ihre eigenen paramilitärischen Verbände und Milizen zu wahren Spezialeinheiten für den Wald- oder Buschkrieg, nicht zuletzt, um sich die Erstzuständigkeit für Konflikte mit der indigenen

Bevölkerung zu sichern.[76] Die Realität sah oft anders aus.[77] Viele lokale europäische Einheiten folgten ohnehin der militärischen Logik des Mutterlandes, waren also als formierte Truppen in den taktischen Formen des abendländischen Großkrieges konzipiert.[78] Sicherlich waren sie die klimatischen und geografischen Bedingungen »ihres« Kriegsschauplatzes gewohnt und waren vielleicht bei längerer institutioneller Existenz vor Ort auch mit dem indigenen Gegner vertraut geworden. Vielleicht boten sie für taktische Anpassung einen etwas fruchtbareren Boden – dies sicherlich umso mehr, je irregulärer, je frontiernäher rekrutiert, je mehr vor allem zentraler Kontrolle entzogen sie waren.[79] Ein Beispiel einer im kleinen Krieg effektiven lokal aufgestellten Einheit sind die Cazadores de Valmesada des spanischen Obersten Valeriano Weyler im Zehnjährigen Krieg auf Kuba 1868–1878. Sie kämpften im Guerillastil, bezogen aber ihre militärische Wirkung und ihren zweifelhaften Nachruhm vor allem aus der ruchlosen Brutalität ihrer Kriegführung,[80] was auf die entgrenzende Rückseite der unkonventionellen Kriegführung verweist: fehlende zentrale Kontrolle über Gewalt.[81]

Noch mehr galt das natürlich für die wahrhaft für den Imperialkrieg geborenen Gewaltakteure des Imperiums: die indigenen Verbündeten. Sie waren akklimatisiert, mit Land und Leuten vertraut und, entscheidend, sie waren Teil der lokalen Gewaltkultur; sie waren die eigentlichen Gewaltspezialisten für den Kampf an der jeweiligen Peripherie. Für das Denken der westlichen Kommandeure allerdings waren die Verbündeten einfach zu irregulär. Sie folgten ihren eigenen Interessen, zogen nur ins Feld, wenn sie sich konkret etwas davon versprachen, waren schwer zu kontrollieren und für die *ceterum censeo* eigentlich immer angestrebte intensive Feldschlacht kaum zu gebrauchen.

Die unweigerliche Folge war die Regularisierung der indigenen Verbündeten zunächst in Hilfstruppen und später in eigentliche Kolonialtruppen, gar – etwa im Fall der britisch-indischen Armee – in eine imperiale Militärorganisation. Der Versuch, dabei das Beste zweier Welten zu haben, war natürlich problematisch. Denn in dem Maße, wie die indigenen Gewaltspezialisten der formalen Ordnung des westlichen Militärsystems unterworfen, von europäischen Offizieren für den intensiven Feuerkampf in Reih und Glied gedrillt wurden, fingen sie an, ihre Tauglichkeit für den lokalen Kriegsschauplatz einzubüßen. Im Zielkonflikt zwischen »ethnic army« und Manpowerpool für eine indigene Kolonialarmee westlichen Zuschnitts gewann fast immer das Kontrollbedürfnis der westlichen Kommandeure. Indigen rekrutierte reguläre Einheiten, wie etwa die kaiserliche Schutztruppe in den deutschen Kolonien, die West African Frontier Force in Nigeria oder die französischen Tirailleurs Sénégalais, waren zwar weiterhin billiger und tropentauglicher, aber für den Buschkrieg taktisch wenig besser geeignet als das ortsfremdeste metropolitane Linienbataillon.[82] Die britisch-indische Armee mutierte in der Zwischenkriegszeit endgültig zu einer vollmotorisierten Großkriegsarmee, die für die Kontrolle der gebirgigen Nordwestfrontier kaum mehr zu gebrauchen war.[83] Nur gelegentlich wurde dieser Zielkonflikt im imperialen Militär explizit thematisiert, aber auch dann gewann meist der Kommiss.[84]

Man kann darin sicher eine gewisse professionelle Beharrlichkeit des westlichen Militärsystems sehen. Auf Dauer neigte es dazu, neue Elemente seiner eigenen Logik anzuverwandeln, aus spezialisierten irregulären Truppen reguläre zu machen, um dann neue irreguläre zu brauchen, und so weiter *ad infinitum* – ein Prozess, der sich in der Frühen Neuzeit übrigens auch in Europa beobachten lässt.[85] Dieser Regularisierungstrend mit dem Ziel der Machtkonzentration zur Entscheidungsschlacht war immer stärker als der Impuls zur organisatorischen Anpassung an den peripheren Einsatz.[86]

Im 19. Jahrhundert traf diese Tendenz mit der unter anderem durch moderne Kommunikationstechnik ermöglichten Intensivierung des mutterländischen Zugriffs auf die Peripherien zusammen[87] und kulminierte in der fast allgemeinen Schaffung metropolitaner Imperialtruppen. Deren Zweck bestand darin, westliche Machtprojektion an der Peripherie unter zentraler Kontrolle und mit regulären Einheiten zu betreiben, ohne auf das eigentliche metropolitane Linienmilitär zurückgreifen zu müssen, damit dessen Kommandostrukturen nicht durch Detachierungen geschwächt, seine Einheiten nicht mit Tropendienst und Kleinkrieg demoralisiert und damit für den großen Krieg untauglich wurden. Fast ebenso wichtig war, zumal angesichts der Ausweitung von Wehrpflicht und politischer Partizipation im 19. Jahrhundert, die Abschottung kolonialer Konflikte vom politischen Diskurs des Mutterlandes. Von den Seebataillonen des Deutschen Reiches über die Troupes Coloniales (die Marineinfanterie) Frankreichs und das italienische Corpo Speciale[88] bis zur französischen und spanischen Fremdenlegion hatten die überseeischen

Expeditionskorps der Großmächte vor allem diesen gemeinsamen Zweck, die schmutzigen kleinen Kriege an der Peripherie zwar mit schlagkräftigen Linientruppen zu führen, aber von Öffentlichkeit und Militärsystem der Metropole fernzuhalten.[89] Entsprechend war die Logik dieser westlichen Imperialtruppen trotz der gelegentlich anzutreffenden Suggestion, es habe sich um »spezialisierte Armeen« gehandelt, »strukturiert, ausgebildet und bewaffnet für unkonventionelle Kriegführung«,[90] unübersehbar metropolitan: Sie waren primär für die militärpolitischen Bedürfnisse des Mutterlandes erdacht, nicht für den Einsatzort an der Peripherie. Von ihrer Struktur, Ausbildung und Ausrüstung waren sie den metropolitanen Linientruppen nachgebildet und hatten vom peripheren Kriegsschauplatz und seinen Erfordernissen oft keine Ahnung. Nicht immer ging das so weit wie bei den deutschen Seebataillonen, die sich in Afrika nicht nur als unzureichend ausgerüstet und taktisch völlig unbedarft herausstellten, sondern vor allem als nicht tropentauglich.[91] Aber von einer echten organisatorischen Anpassung an den peripheren Kriegsschauplatz waren diese metropolitanen Expeditionskorps schon deswegen zwangsläufig erheblich weiter entfernt als regionale Einheiten, weil sie eben prinzipiell für den globalen Einsatz konzipiert waren.

Angesichts der professionellen Beharrlichkeit des imperialen Militärapparates nimmt es kaum Wunder, dass regelrechte Spezialeinheiten für den kleinen Krieg an der Peripherie eine überschaubare Geschichte haben. Das Paradebeispiel sind die nordamerikanischen Rangers. Entstanden im 18. Jahrhundert als dezidierte Waldkriegstruppe für den Frontierkonflikt, wurden sie vom Linienmilitär als irregulärer Fremdkörper misstrauisch beäugt und nach Konfliktende regelmäßig wieder aufgelöst.[92] Etwas mehr Wertschätzung erfuhren zeitgleich die französischen Troupes de la Marine, die ihrem etwas irreführenden Namen zum Trotz tatsächlich in Kanada ausgebildete Waldkampfexperten waren.[93] Erst das 20. Jahrhundert hat unter anderem mit dem britischen Special Air Service Kleinkriegsspezialisten dauerhaft in die Armeestruktur integriert,[94] während in der US-Armee Sondereinheiten für den peripheren Konflikt weiterhin eine temporäre Erscheinung blieben, insbesondere im Vietnamkrieg, und sich auch dort eher durch unkontrollierbare Brutalität als durch besondere *bushcraft* hervortaten.[95] Das US-Marineinfanteriekorps wiederum verkaufte sich zwar gern als beste Counterinsurgency-Truppe der Welt,[96] sah aber selbst im Vietnamkrieg, wo derlei Kompetenzen nützlich gewesen wären, seine Aufgabe vor allem in klassischen amphibischen Landungen im Stil des Pazifikkrieges 1941–1945, von denen es im Kriegsverlauf mehr als 60 durchführte.[97] Portugal stellte für Kleinkriegsaufgaben in seinen Dekolonisationskriegen caçadores especiais (Sonderjäger) auf.[98] Insgesamt aber ging nach 1945 aufgrund von schrumpfenden Kolonialreichen und der Dominanz des Kalten Krieges in der nördlichen Hemisphäre der Trend generell in Richtung einer Einheitsarmee ohne ausgeprägte lokale oder funktionale Spezialisierungen.[99] Eine interessante Synthese des späten Trends zur Schaffung von Spezialeinheiten und der universellen Ratio der Ausbeutung lokaler Manpower – und zugleich eine parzielle Gegenbewegung zur Tendenz, diese zu regularisieren – waren um 1970 die fast ausschließlich afrikanisch rekrutierten Sonderverbände in den portugiesischen Kolonien.[100]

Neben regelrechten Spezialeinheiten gab es die weniger einschneidende organisatorische Umstrukturierung von regulären Truppen im Sinne einer leichten Infanterie, um sie für den Waldkrieg tauglicher zu machen:[101] ein Konzept, das sich noch in den Dekolonisationskriegen findet,[102] das aber historisch mindestens so sehr in einer europäischen Weiterentwicklung des Militärsystems gegen Ende des 18. Jahrhunderts – der Tradition des »kleinen Krieges« – wurzelt wie in einer genuinen Ausrichtung auf den peripheren Kriegsschauplatz.[103] Kleingruppenformationen, die als »countergangs« die Organisationsform und Taktik der Insurgenten kopierten (und Überläufer einschlossen), gehörten zu den innovativen Adaptionskonzepten der britischen Dekolonisationskriege,[104] spielen aber als temporäre Improvisation schon eher in den Bereich der taktischen Adaption hinein.

Auch die Aufstellung mobiler berittener Einheiten trug dazu bei, die imperiale Armee zur Kontrolle größerer Räume zu befähigen und damit an den Imperialkrieg anzupassen.[105] Dass diese Anpassung gleichzeitig ein Schritt zurück in die Prämoderne war, der dazu beitrug, die Armeen der Imperien auch in Europa mit einer für den Maschinenkrieg des 20. Jahrhunderts fatalen anachronistischen Hypothek zu belasten, nämlich einem absurd hohen Anteil von Lanzenkavallerie in der Kriegsgliederung, steht auf einem anderen Blatt.[106]

In der Praxis regierte an der Peripherie auf Jahrhunderte die Hybridität, die es ermöglichte, die Imperative des örtlichen Kriegsschauplatzes mit der institutionellen Präferenz für den Entscheidungsschlag durch reguläre Truppen zu vereinen. Imperiale Streitkräfte gruppierten um einen harten Kern regulärer oder gar metropolitaner Truppen eine Vielfalt lokal rekrutierter Aufgebote, irregulärer Verbände sowie indigener Hilfstruppen und Verbündeter in stark wechselnden Zahlenverhältnissen. Nicht selten war das indigene Element, wie bereits gesehen,[107] das dominante, aber selbst wo das nicht der Fall war, kam keine Armee an der imperialen Peripherie ohne Hilfstruppen, ohne zumindest einige landeskundige Führer und Späher aus.[108] Und wenigstens im Idealfall hatte diese bunte Mixtur nicht allein fiskalisch-pragmatische Gründe, sondern ging mit einer Einsicht in die Nützlichkeit solcher funktionalen Heterogenität einher.[109]

Taktik

Scharf ausgeprägt erscheinen die kulturellen Dichotomien im Imperialkrieg auch auf dem Feld der Taktik – der Art und Weise, wie Gefechte geführt werden. Fast stets findet die europäisch-außereuropäische Gewaltbegegnung im Spannungsfeld zwischen Feldschlacht und »tribalem« oder irregulärem Krieg statt. Die Organisationsformen und die kulturelle Prägung des imperialen Militärs bestimmen seine Präferenz für den intensiven Kriegführungsstil der abendländischen Moderne: geschlossene Formationen für konzentrierte Schockwirkung, schwere Waffen für maximale Feuerkraft, methodisches Vorgehen für nachhaltige Entscheidungssuche, entschlossene Verfolgung des geschlagenen Feindes zur Vervollständigung des Sieges. Der Ort für diese Art der Kriegführung ist die offene Feldschlacht. Sie erfordert daher einen symmetrischen Gegner, der sich auf diese Feldschlacht einlässt.

Die kulturelle Prägung nichteuropäischer und zumal nichtstaatlicher Streitkräfte ist aber mehrheitlich der »tribale« Krieg: aufgelockerte Formationen zur Abschwächung der gegnerischen Waffenwirkung, leichte Waffen für maximale Mobilität, Nutzung des Geländes zur Deckung, Überfälle und Hinterhalte zur Verlustvermeidung, permanente extensive Gewaltanwendung statt intensiver Entscheidungssuche. Dieser Kriegführungsstil und der imperiale sind manifest unvereinbar. Und das ist vor allem ein Problem für den imperialen Militärapparat, denn wenn die eine Seite im Krieg der Feldschlacht ausweicht, kann die andere sie in aller Regel nicht einseitig herbeiführen – es sei denn, es gelänge ihr, den Gegner in einer Situation zu überraschen, in der dieser sich zur Schlacht stellen *muss*. Überraschung ist aber in der schwerfälligen, methodischen Kriegführung des Westens kaum angelegt.[110]

Nun waren aber nicht alle Gegner des Westens an der Peripherie tribal. Staaten und Imperien verfügten in der Regel über stehende Heere, die aufgrund ihrer inneren Funktionslogik zwangsläufig die Feldschlacht präferierten.[111] Auch die Stammesverbands-Kriegermonarchien Süd- und Ostafrikas favorisierten den offenen Massenansturm,[112] und in Marokko galt Guerillakrieg offenbar als unmännlich.[113] Selbst an sich »tribale« Gegner wie die nordamerikanischen Indianer ließen sich gelegentlich auf offene Gefechte ein.[114] Es gab also immer wieder indigene Gegner, die den Imperien den Gefallen taten, mit ihnen taktisch in einen tendenziell symmetrischen Konflikt einzutreten. Allerdings blieb der »tribale« Kriegführungsstil selbst in diesen Fällen meist in den Grundzügen erkennbar: Zum Beispiel spielten Mobilität, Geländedeckung und Überraschung weiterhin eine große Rolle.

Anpassungsprozesse gab es auch auf dem Gebiet der Taktik. Im Grunde lassen sich vier wichtige Fälle unterscheiden. Die Logik des ersten ist asymmetrisch. Indigene Gesellschaften, deren Armeen sich denen der Imperien in offener Feldschlacht als unterlegen erwiesen oder die dieser Auseinandersetzung aus gutem Grund aus dem Weg gingen, wandten sich einer guerillaartigen Kriegführung in schwierigem Terrain zu,[115] was ja im Übrigen mitunter nur die Rückbesinnung auf eine ohnehin recht universelle kulturelle Präferenz außereuropäischer Gesellschaften bedeutete. Der erfolgreichste Fall dieser Anpassung waren vielleicht die Waldlandindianer Nordamerikas, die vor der europäischen Invasion durchaus Feldschlachten kannten, aber als Reaktion auf die intensivere Tötungswirkung von Feuerwaffen im Vergleich zu Wurfspeeren und Pfeil und Bogen schnell davon abkamen und ihren »schleichenden« Kriegführungsstil entwickelten. Interessant ist dieser Fall übrigens deswegen, weil die taktische Transformation offenbar nicht immer primär vom direkten Konflikt mit den Streitkräften der Imperien ausgelöst war, sondern vielleicht zunächst von der Erfahrung mit dem Einsatz von Feuerwaffen in intraindigenen Auseinandersetzungen[116] – das wäre dann in erster Instanz eine symmetrische Ausrichtung auf neue technische Bedingungen und erst in zweiter eine asymmetrische Anpassung an den Imperialkrieg.[117] Tendenziell ähnlich gelagert war die Annahme aufgelockerter taktischer Ordnungen durch afrikanische Armeen, die vor der Einführung von Feuerwaffen im 17. Jahrhundert in geschlossenen Formationen gefochten hatten.[118]

Die Logik des zweiten Adaptionsprozesses ist hingegen symmetrisch: Indigene Streitkräfte näherten sich der europäischen Feldkriegführung an. Diese Transformation deckte sich weitgehend mit den bereits diskutierten Fällen der Übernahme westlicher Armeestrukturen, die mit der Anwendung entsprechender Taktiken Hand in Hand gingen. Entweder konnte das eine symmetrische Perfektionierung einer eigenen Feldschlachtentradition sein wie im 18. und teilweise noch im 19. Jahrhundert in Süd- und Südostasien,[119] oder es war umgekehrt ein Korrelat des schon erwähnten Regularisierungsprozesses, den im 20. Jahrhundert Widerstandsbewegungen unternahmen, um sich aus Legitimationsgründen einen stärkeren Anstrich von Staatlichkeit zu geben. Dazu gehörte, dass man im westlichen Sinne Krieg führte – also offen und regulär – und auf Taktiken verzichtete, die in den Augen des Westens als heimtückisch galten, wie eben den Überfall oder Guerillakrieg.[120] Dass diese taktische Transformation angesichts der materiellen Überlegenheit der Militärapparate der Imperien militärisch häufig kontraproduktiv war,[121] wurde bereits angedeutet.

Mitunter mag es auch einfach ein verfehlter Lernprozess gewesen sein, der indigene Gesellschaften zur Kopie westlicher Taktiken motivierte. So übernahmen die Maori mit den Musketen des Westens auch gleich die geschlossenen Formationen und die rangierte Feldschlacht, die dazu gehörten. Das ging gut, solange Maori gegen Maori kämpften (erhöhte allerdings den Blutzoll solcher Auseinandersetzungen massiv). Es war aber eine Garantie für ein Desaster, wenn diese Maori-Schlachtlinien dann der professionell gedrillten Linieninfanterie der Briten gegenübertraten. Kein Wunder, dass die Maori schnell erneut umsteuerten und zu einem sehr effektiven Guerillakrieg übergingen.[122]

Der dritte Fall von taktischer Anpassung war erneut symmetrisch. Konfrontiert mit einem Feind, der sich zur offenen Feldschlacht nicht zwingen ließ, sahen sich die Streitkräfte der Imperien genötigt, irreguläre Elemente in ihr taktisches Repertoire aufzunehmen. Dazu gehörten im Wesentlichen bessere Aufklärung und Marschsicherung zur Vermeidung von Hinterhalten, der Einsatz in selbstverantwortlichen Kleingruppen, die mit leichter Ausrüstung mobiler waren, die Nutzung des Geländes zur Deckung, und das alles bedingend natürlich die Abkehr von großen, geschlossenen Formationen und aufwändiger Logistik. Gezieltes Schießen (statt Salvenfeuer), nächtliche Operationen, eigene Überfälle und Hinterhalte waren weitere taktische Innovationen, die den Soldaten der Imperien ermöglichen sollten, dem »tribalen« Gegner auf Augenhöhe zu begegnen. Dass solche Reformen dem Traditionalismus des westlichen Militärapparates mit seiner »Großkriegsmentalität«[123] in vieler Hinsicht fremd waren, ja nach Meinung vieler Offiziere die Entscheidungswirkung gefährdeten, erklärt die Schwierigkeiten, mit denen ihre Einführung konfrontiert war, und ihre meist geringe Reichweite und Nachhaltigkeit.[124] Sehr häufig wurden die unkonventionellen Taktiken, wie bereits gesehen, daher in irreguläre und/oder indigene Truppen externalisiert.[125] Symmetrische Anpassung an die Realitäten des peripheren Kriegsschauplatzes, zumal in Afrika, war auch die provisorische Befestigung von Nachtlagern oder Verteidigungsstellungen mit Dornbuschverhauen, Palisaden oder später Stacheldraht,[126] eine Praxis, die aber auf die nämlichen Vorbehalte traf.[127]

Der vierte Fall von Anpassung war wieder asymmetrisch: Imperien behielten für den Imperialkrieg taktische Konzepte des Feldkrieges bei oder belebten sie wieder, die in der europäischen Kriegführung ihren Sinn bereits verloren hatten. Der Klassiker ist das Karrée, eine allseits geschlossene Formation zur Abwehr von Kavallerieangriffen, die mit der »Hinterladerrevolution« im europäischen Feldkrieg schon Mitte des 19. Jahrhunderts ein viel zu dichtes und verwundbares Ziel geworden war, aber gegen numerisch überlegene »Schwärme« vergleichsweise leicht bewaffneter indigener Gegner im Imperialkrieg noch im 20. Jahrhundert Vorteile bot und auch offensiv eingesetzt wurde.[128] Als taktische Lösung für das operative Problem viel zu kleiner Truppenstärken in großen Räumen, in denen der Gegner einen irregulären Krieg führte, wurde das Karrée an der Peripherie gar zu einer Marschformation weiterentwickelt, in dem die Kampftruppen die verwundbaren Geschütze und Trosse von allen Seiten deckten. Allerdings kam das Ganze dann nur noch im Schneckentempo vorwärts, was wieder andere taktische Probleme aufwarf.[129]

Daneben gab es eine Vielzahl von kleineren, eher anekdotisch wirkenden, aber deswegen nicht weniger interessanten Anpassungen an die asymmetrische Konfrontation, unter anderem kreative indigene Reaktionen auf Feuerwaffen des Gegners. Die Zulu etwa gingen dazu über, im Angriff sprungweise von Geländedeckung zu Geländedeckung zu huschen,[130] was einem europäischen Infanteristen des mittleren 20. Jahrhunderts zweifellos vertraut vorgekommen wäre, was sie aber sicher nicht der britischen Linieninfanterie der 1870er Jahre abgeschaut hatten, die ja noch stur in Reih und Glied focht. Vor dem Abfeuern eines britischen Geschützes – erkennbar durch das Beiseitetreten der Bedienung – warfen sie sich zu Boden.[131] Auch die australischen Darug tauchten vor dem Feuer britischer Musketiere ab und griffen sie dann direkt nach dem Schuss an, wenn sie mit Nachladen beschäftigt waren.[132] Einige indigene Gesellschaften nahmen Feldbefestigungen an,[133] mitunter auch für die intraindigene Kriegführung.[134] Auch gegen modernere westliche Kriegsmittel gab es Wege. Die Rifrebellen neutralisierten spanische Panzerwagen, indem sie sich auf den Boden warfen und aus der Nähe durch Öffnungen schossen und den Benzintank in Brand setzten.[135] Aber die Erfindung solcher kreativer Techniken für den Umgang mit fremden Waffensystemen oder Taktiken war kein Monopol der indigenen Seite. Im frühneuzeitlichen Mexiko schützten die Spanier Wagenkonvois mit fahrenden Holzfestungen gegen indianische Überfälle.[136] Im frühneuzeitlichen Südostasien konterten Spanier und Portugiesen Giftpfeile mit Schutzschirmen aus Segeltuch und mit schnellem Vorgehen im Zickzack. Elefanten schlugen sie in die Flucht, indem sie unter ihrem Rüssel Schießpulver abbrannten.[137] Im Gegenzug entwickelten indigene Gesellschaften Gegenmittel gegen die westliche Trumpfkarte der Mobilität, das Pferd.[138]

Es gab also eine Vielzahl von beiderseitigen taktischen Transformationen. Nicht alle diese Prozesse sind allerdings von gleicher Logik. Symmetrische Anpassung als Kopie gegnerischer Verfahren ist etwas grundlegend anderes als asymmetrische Anpassung, um Stärke zu suchen, wo der Gegner schwach ist.[139] Ein und dieselbe Adaption konnte je nach Kontext verschiedene Auswirkungen haben – der »Schleichkrieg« der nordamerikanischen Indianer war für den intrakulturellen Konflikt symmetrische, für den transkulturellen asymmetrische Anpassung. Aber gemeinsam haben all diese Wandlungsprozesse, dass die Begegnung manifest unterschiedlicher Gewaltkulturen von beiden Seiten verlangte, sich auf die Besonderheiten dieser Auseinandersetzung einzustellen; bei den Imperien kam die Anpassung an den peripheren Kriegsschauplatz hinzu.

Technik

Kaum ein Bild vom Imperialkrieg ist so tief in unserem kollektiven Bewusstsein verankert wie die technische, insbesondere waffentechnische Überlegenheit des Westens. Steinschleudern gegen Arkebusen, Speere gegen Hinterlader, Luntenflinten gegen Maschinengewehre, Kalaschnikows gegen Phantom-Jagdbomber – wenn für das Gemeinverständnis irgendetwas den Krieg an der Peripherie charakterisiert, dann ist es die waffentechnische Asymmetrie, nirgends so ikonisch verkörpert wie in der Schlacht von Omdurman am 2. September 1898, wo 11 000 teils mit Speeren, teils mit abgesägten Flinten bewaffnete Mahdisten von Maschinengewehren und Schiffsgeschützen hingemetzelt wurden (und weitere 16 000 gefangen genommen wurden), während die Anglo-Ägypter im Gegenzug 48 Mann verloren.[140] Michael Crowder steht nicht allein mit der Feststellung: »Disziplinierte Truppen mit Schnellfeuergewehren und dem Rückhalt von Gatling- und Maximgeschützen konnten zahlenmäßig weit überlegene Gegner niedermähen, ob Fußsoldaten oder Kavallerie.«[141] So gilt etwa auch für die Eroberung des Sokoto-Kalifats in Nigeria die resignierte Einsicht: »In letzter Instanz [...] konnten weder Taktik noch persönlicher Mut noch Widerstand obsiegen, denn die ›Europäer‹ [...] hatten das Maximgeschütz und die Artillerie, und das Kalifat hatte sie nicht.«[142]

Erneut ist vieles an diesem Bild richtig. In einer kurzen historischen Phase etwa zwischen der Mitte des 19. und der Mitte des 20. Jahrhunderts waren die Imperien den meisten ihrer indigenen Gegner waffentechnisch in der Tat haushoch überlegen, bis zu dem Punkt, an dem zumindest unter halbwegs günstigen Bedingungen kleinste europäische Einheiten wirklich Horden deutlich schlechter bewaffneter Gegner abschlachten konnten. Der Grund dafür lag vor allem in der dramatischen Beschleunigung der waffentechnischen Entwicklung mit der beginnenden Industrialisierung. Die »Hinterlader-Revolution«, die ungefähr 1840 einsetzte, vervielfachte binnen weniger Dekaden Feuergeschwindigkeit und Reichweite von Hand-

feuerwaffen und Geschützen und verkomplizierte und verteuerte diese Rüstungsgüter gleichzeitig massiv. Damit gewann der Westen einen Vorsprung an Tötungsmacht, der sich von nichtindustrialisierten Gesellschaften mit eigenen Mitteln gar nicht mehr und vermittels der bis dahin üblichen Diffusionsmechanismen von Waffentechnik (die immer ihren Weg an die Peripherie fand, wenn auch meist erst nach einiger Zeit) jedenfalls nicht schnell aufholen ließ.[143]
Das aber war, wie gesagt, eine historische Ausnahmesituation. In der Frühen Neuzeit war von einer solchen waffentechnischen Überlegenheit des Westens meist keine Rede, insbesondere nicht bei den frühen Feuerwaffen.[144] Eher noch gaben die unverwüstlichen Stahlschwerter europäischer Produktion, kombiniert mit Stahlrüstungen und dem Mobilitäts-, Höhen- und Schockeffekt des Pferdes (gegenüber pferdelosen Gesellschaften), den Eroberern Amerikas und Asiens einen kleinen, aber taktisch mitunter ausschlaggebenden Technikvorsprung.[145] Im tropischen Afrika mussten sich die Portugiesen mit dem Schwert allein begnügen.[146] Die Handfeuerwaffen des 17. und 18. Jahrhunderts hingegen waren umständlich zu bedienen, daher langsam (mehrere Schüsse pro Minute erreichten selbst in europäischen Kerntruppen des späten 18. Jahrhunderts nur Profis[147]), ferner unzuverlässig (speziell bei feuchtem Wetter, bei dem sie zudem rosteten) und vor allem von äußerst geringer Reichweite und Treffsicherheit[148] – noch mit den glattläufigen Vorderladern, die bis Mitte des 19. Jahrhunderts in den Armeen des Westens dominierten, konnte ein geübter Schütze von Glück reden, wenn er auf 50 Meter ein Scheunentor traf.[149] Für Geschütze galt dasselbe, nur waren sie zusätzlich so schwer und immobil, dass sie ihre eigentliche Existenzberechtigung primär hinter Festungsmauern und auf großen Kriegsschiffen fanden, und gegen tribale Gegner ohne dichte taktische Formationen waren Geschütze ohnehin zu allen Zeiten nutzlos.[150] Im Grunde war gegenüber indigenen Gesellschaften, die selbst keine Feuerwaffen kannten, der Haupteffekt von Schusswaffen psychologisch: Lärm und Feuerwerk und der Terror des »unsichtbaren Todes« hatten jedenfalls bei Erstbegegnungen erheblich mehr taktische Wirkung als der kinetische Effekt der Geschosse, falls sie denn trafen.[151]
Waffentechnisch waren also die Imperialkrieger der Frühen Neuzeit weniger beeindruckend, als häufig angenommen worden ist. Speziell – und das ist entscheidend – entbehrten ihre Waffen ge-

rade die Effekte der Produkte der Hinterladerrevolution, die Ende des 19. Jahrhunderts ausschlaggebend wurden: Tötungswirkung auf Distanz und Wirkungsmultiplikation durch Schnellfeuer. Selbst wo Gelände und taktische Situation der Realisierung dieser Vorteile nicht im Wege gestanden hätten – was auch später aufgrund der taktischen Gestalt des Imperialkrieges noch häufig passierte – dominierte in den ersten Jahrhunderten der europäischen Expansion an der Peripherie in der Regel der waffentechnisch sehr egalisierend wirkende Kampf Mann gegen Mann. Und da waren die Blankwaffen, die von den meisten außereuropäischen Gesellschaften geführt wurden, durchaus konkurrenzfähig – von den Fernwaffen, die es zumindest in vielen Weltgegenden auch gab (Pfeilen, Blasrohren, Stein- und Speerschleudern), ganz zu schweigen.[152]

Vor allem aber begann mit dem Kontakt der Gewaltkulturen umgehend der Anpassungsprozess: Die indigenen Gegner der Imperien fingen an, sich die westliche Waffentechnik anzueignen – das galt vor allem für Feuerwaffen, aber nicht nur.[153] Am schnellsten und erfolgreichsten gelang die Anpassung den Waldlandindianern Nordamerikas, die nicht zuletzt dank der Konkurrenz der Imperien jederzeit Waffenlieferanten fanden. Binnen weniger Generationen tauschten sie ihre tödlich zielsicheren Pfeilbögen gegen moderne europäische Handfeuerwaffen ein, und zwar gegen Steinschlossgewehre, die schlechtwettertauglicher waren als Arkebusen, und zunehmend gegen Büchsen, also weittragende, gezogene Gewehre. Die entsprachen ihrem »schleichenden« Kriegführungsstil besser als die schneller feuernden, aber wenig weit reichenden und wenig treffsicheren Musketen. Schon im frühen 18. Jahrhundert waren daher die meisten indianischen Gruppen ihren europäischen Gegnern im Fernfeuergefecht überlegen.[154]

In Süd- und Südostasien war die Situation noch einmal anders, denn dort waren Feuerwaffen bei der Ankunft der ersten Europäer seit Langem bekannt. Über das Osmanische Reich[155] und das Mogulreich hatten Handfeuerwaffen und Geschütze schon im 16. Jahrhundert ihren Weg in die Region des Indischen Ozeans gefunden. Auch wenn die dortigen Monarchien eine fatale Vorliebe für die Repräsentations- und Schockwirkung von Feuerwaffen hatten und deswegen vor allem monströse, aber völlig immobile und ineffektive Kanonen favorisierten, so hatten ihnen doch die primitiven Handfeuerwaffen der frühneuzeitlichen Europäer jedenfalls wenig voraus.[156] Als Mitte des 18. Jahrhunderts die britische Eroberung Indiens in Gang kam, war sie mit indigenen Reichen konfrontiert, die dank permanenten Kontakts mit verschiedenen europäischen und asiatischen Quellen über durchaus konkurrenzfähige, teils sogar bessere Gewehre und teilweise auch über ausgezeichnete Artillerie verfügten; insbesondere die der Marathen war außerdem hochmobil.[157] Im ersten Afghanistankrieg waren – wie in Nordamerika – die weit tragenden Büchsen der paschtunischen Gebirgskrieger den glattläufigen Musketen der britischen Infanterie sogar klar überlegen.[158] Noch im frühen 19. Jahrhundert waren europäische Armeen in Süd- und Südostasien mit indigenen Streitkräften konfrontiert, die zwar etwas altmodische, aber durchaus einsatzfähige Handfeuerwaffen und teilweise auch Geschütze hatten, zum Teil aus Kriegsbeute, zum Teil aus Eigenbau.[159] Auch an der zentralasiatischen Frontier Russlands breiteten sich Feuerwaffen im Laufe der Jahrhunderte unter den Nomaden aus, sosehr das Zarenreich das zu verhindern suchte.[160]

Weiter östlich nahmen zwei Gesellschaften Feuerwaffen besonders enthusiastisch an: Japan verfügte im 17. Jahrhundert über Tausende von Gewehren, die nach dem Muster zweier von einem gestrandeten portugiesischen Schiff erbeuteter Hakenbüchsen in Eigenregie hergestellt wurden.[161] Die Maori Neuseelands rüsteten ihre Krieger binnen weniger Jahre vollständig mit europäischen Musketen aus, indem sie europäischen Walfängern Nahrung und Dienstleistungen gegen Waffen verkauften.[162]

In Westafrika begann bereits im 18. Jahrhundert als Folge des Sklavenhandels die Aufrüstung der Küstenreiche mit europäischen Gewehren. Nach dem Ende der napoleonischen Kriege fanden die zahllosen nun erübrigbaren Feuerwaffen Europas massenhaft ihren Weg an die Sklavenküste und waren nicht zuletzt dafür mitverantwortlich, dass dort die großen Militärmonarchien entstanden, die den europäischen Imperien teils bis zum Ende des 19. Jahrhunderts standhielten.[163] Aus demselben Grund profitierte die französische Eroberung Algeriens von keiner waffentechnischen Überlegenheit.[164] Wenig bekannt ist, dass selbst die Zulu-Armee, die bei Isandlwana 1879 den Sieg über die Briten davontrug, zu fast einem Drittel mit Gewehren bewaffnet war, während 90 Prozent der indigenen Hilfstruppen ihrer Gegner nur Blankwaffen führten.[165]

Allerdings hatte die waffentechnische Anpassung indigener Gesellschaften an den Westen bestimmte Grenzen. Es genügte nicht,

Gewehre oder Geschütze zu kaufen (oder zu erbeuten): Man musste sie auch bedienen und pflegen können, damit sie dauerhaft und effektiv einsatzfähig waren.[166] Das hat indigene Gesellschaften oft überfordert, und die Feuerwaffen nichteuropäischer Armeen wurden nicht selten so schlecht gepflegt und gereinigt, dass sie zu wenig mehr taugten, als mit großem Spektakel Schwarzpulver abzubrennen.[167] Die Reparatur von Gewehren und Kanonen erforderte handwerkliche Fähigkeiten, die Nichteuropäern selten zur Verfügung standen[168] (mit bemerkenswerten Ausnahmen vor allem aus der Zeit vor den komplexen Produkten industrieller Fertigung[169]), und die Schießpulverherstellung blieb den Benutzern zumindest außerhalb Südasiens meist ein Mysterium, sodass sie von Lieferungen aus dem Westen abhängig blieben und/oder sehr schlechtes Pulver hatten.[170]

Selbst wenn es prinzipiell gelang, mit Schusswaffen tatsächlich zu schießen, bedurfte ihr effektiver Einsatz in der Schlacht doch einer Schießausbildung und eines formalen taktischen Trainings, die an die Organisationsformen des westlichen Militärs der Moderne gebunden waren. Und das war letztlich die eigentliche Krux der waffentechnischen Anpassung indigener Gesellschaften: In aller Regel waren die Traditionen außereuropäischer Gewaltkulturen – selbst wenn sie nicht grundsätzlich schon Schusswaffen als unehrenhaft ächteten, was es auch gab[171] – mit dem formalen Drill und der bürokratischen Organisation unvereinbar, die allein zumindest Handfeuerwaffen taktisch effektiv machen konnten,[172] weswegen die Gegner der Imperien (erneut mit signifikanten Ausnahmen wie den nordamerikanischen Waldlandindianern und den Paschtunen der Nordwestfrontier) in aller Regel sehr schlecht schossen.[173] Mehr noch, viele indigene Gesellschaften betrachteten Feuerwaffen vor allem als symbolische Machtressource, ja als Kultgegenstände, und dachten daher gar nicht an ihre tatsächliche Verwendung im Gefecht, sondern horteten vor allem Geschütze, später auch Maschinengewehre, am Herrschersitz, statt sie an die Krieger auszugeben.[174]

Hinzu kam im Übrigen, dass außereuropäische Armeen in aller Regel keinen Zugang zu den modernsten Errungenschaften westlicher Waffentechnik hatten, sondern sich mit gebrauchtem und oft bereits obsoletem Gerät begnügen mussten.[175] Für den Sklavenhandel mit Westafrika wurden im Westen gar explizit schrottreife sogenannte »Handelsgewehre« als Tauschware hergestellt.[176] Dass indigene Gesellschaften meist die Ausschussware erhielten und damit sehr heterogene Waffenbestände hatten, führte zu Schwierigkeiten bei Munitionsversorgung und Ausbildung.[177]

Nichtsdestotrotz waren bis zur Mitte des 19. Jahrhunderts nichteuropäische Streitkräfte durchaus imstande, waffentechnisch mit den Imperien mitzuhalten. Das änderte sich, wie gesagt, mit der industriellen Revolution im Westen. Hinterlader, Maschinenwaffen, Dampfschiffe, Eisenbahnen und bald auch Flugzeuge revolutionierten die Kriegführung auch an der Peripherie und verschafften den Imperien für einige Dekaden einen fast unüberbrückbaren technischen Vorsprung. Speziell das Maschinengewehr, das nach Auskunft von Zeitgenossen die Feuerkraft einer ganzen Infanteriekompanie ersetzte[178] (die mit Repetiergewehren schließlich auch nicht unerheblich war), war ein Stärkemultiplikator erster Ordnung.

Dennoch stieß auch der Einsatz moderner Waffentechnik an der Peripherie an Grenzen. Es war alles andere als einfach, in schwierigem, unerschlossenem Gelände schweres Gerät mitzuführen; insbesondere galt das für Artillerie, wenn sie nicht ausdrücklich für den mobilen Einsatz gebaut war.[179] Das britische 75-mm-Geschütz brauchte in Afrika 200 Träger; allein das Rohr wog 100 kg.[180] Ohnehin waren Geschütze abseits der Beschießung von Befestigungsanlagen (für die sie auch umso weniger taugten, je mobiler und damit leichter sie waren[181]) gegen nicht kooperationswillige Gegner so gut wie nutzlos.[182] Davon zu schweigen, dass zumindest in einem Sonderfall – den Neuseelandkriegen der 1860er Jahre – der indigene Gegner über so ausgefeilte Befestigungsanlagen verfügte, dass sich selbst die schwersten modernen Geschütze als wirkungslos erwiesen.[183] Frühe Maschinengewehre waren sehr unzuverlässig und ebenfalls nur beschränkt mobil.[184] Das von den Briten im Sudan eingesetzte Gardner-MG amerikanischer Bauart wog mit Zubehör über 600 Kilo und blockierte im sandigen Gelände bei jeder Gelegenheit.[185]

Zumindest in Nordamerika war der waffentechnische Abstand zwischen der US-Armee, die eben an der Frontier, von der gelegentlichen Gebirgshaubitze abgesehen, kaum überlegene Waffentechnik ins Gefecht bringen konnte, und den Indianern westlich des Mississippis, die bereits um 1870 mit Repetiergewehren und Revolvern ausgerüstet waren,[186] überhaupt nie so ausgeprägt wie etwa der zwischen Europäern und indigenen Reichen in großen Teilen Afrikas.

Im Übrigen verzichteten viele Imperien bewusst darauf, für ihre

Expansionskriege in Außereuropa die jeweils aktuellste (und damit auch teuerste und komplexeste) Waffentechnik aufzubieten[187] – insbesondere wenn es darum ging, indigene Kolonialtruppen damit auszurüsten.[188] Absteigende Imperien wie Spanien im 20. Jahrhundert waren dazu wohl auch einfach materiell nicht in der Lage.[189]

Und mit einigen Jahrzehnten Verzögerung begannen die Gegner der Imperien wieder aufzuholen.[190] Bereits vor der Wende zum 20. Jahrhundert waren europäische Armeen gelegentlich mit Gegnern konfrontiert, die über moderne Gewehre, Maschinenwaffen und sogar Artillerie verfügten. Und das galt nicht allein für das unabhängige Äthiopien[191] und die europäischstämmigen Burenrepubliken,[192] ganz entschieden Sonderfälle, sondern beispielsweise auch für Samori Touré, der für sein Dschihadreich am oberen Niger und Senegal aus den verschiedensten Kanälen erstklassige Feuerwaffen erwarb und dessen Armee bei ihrer endgültigen Niederlage 1898 über 4000 Repetiergewehre verfügte.[193] Die Senussi, die sich im Ersten Weltkrieg im ägyptisch-libyschen Grenzgebiet gegen die Briten und Italiener erhoben, wurden vom Deutschen und Osmanischen Reich mit modernen Waffen beliefert.[194] An der Nordwestfrontier Indiens konnten die Paschtunen 1939 mehr als 230 000 Hinterlader aufbieten – und zwar, wie schon ein Jahrhundert vorher, vor allem weit tragende Präzisionsgewehre[195] –, ergänzt durch leichte Maschinengewehre und »hausgemachte« Artillerie.[196] Dass die Rif-Republik dank der staatskapitalistischen Anstrengungen Abd-el-Krims ihre strukturell ohnehin an der Grenze zu westlichen Standards stehende Armee auch mit modernen Waffen ausrüsten konnte, darunter neben Hunderttausenden von aktuellen Mausergewehren 200 Geschütze, einige Hundert MGs, drei Panzerwagen und sogar drei Flugzeuge (die allerdings nicht flogen), passt ins Bild.[197]

Gleichzeitig begann sich im 20. Jahrhundert der Grenznutzen waffentechnischer Neuerungen für den Imperialkrieg zu erschöpfen. Jenseits von Maschinenwaffen gab es kaum noch Steigerungen der Tötungswirkung, die für die Kriegführung an der Peripherie wirklich relevant waren.[198] Für Panzer und Schützenpanzer, schwere Artillerie, Bomber oder Jagdflugzeuge gab der kleine Krieg in schwierigem Gelände kein Einsatzprofil ab – von Atombomben nicht zu reden. Nischen fanden sich in Maßen für Panzerspähwagen und leichte, insbesondere luftbewegliche Panzer sowie für langsam fliegende Luftfahrzeuge, ab den 1950er Jahren vor allem Helikopter.[199]

In den Imperialkriegen nach 1945 sorgte die Blockkonfrontation dafür, dass koloniale Widerstandsbewegungen auf die Lieferung ziemlich moderner Waffen aus dem jeweils gegnerischen Lager rechnen konnten.[200] Mit Maschinenwaffen vom AK-47 bis zur Flugabwehrkanone und zum Schnellfeuergeschütz,[201] ja ab den 1970er Jahren sogar schultergestützten Panzerabwehr- und Boden-Luft-Raketen, die den letzten für den Einsatz an der Peripherie relevanten Hightech-Vorsprung des Westens – den Hubschrauber – konterkarierten,[202] erlangten die Gegner der Imperien für alle praktischen Zwecke waffentechnische Parität zurück.[203]

Man kann daher die Geschichte der Technik im Imperialkrieg vor allem als eine Geschichte der Anpassung indigener Gesellschaften an den Westen durch Waffenübernahme lesen. Umgekehrt haben die Imperien nur sehr wenige indigene Waffen übernommen, da sie über nahezu alle Typen Nahkampf- und Fernwaffen verfügten, die auch ihren Gegnern zu Gebote standen, und so in der Regel nichts zu gewinnen hatten. Immerhin, der bei den Azteken übliche Baumwollpanzer war dem mittelamerikanischen Klima erheblich besser angepasst als die schwerfälligen und rostenden Eisenrüstungen der Konquistadoren und wurde deshalb von diesen aufgegriffen.[204] Dann gab es noch die Bola, die spanische Kavalleristen auf der Pampa Argentiniens von den Indios übernahmen.[205] Aber sonst bestand die waffentechnische Anpassung der Imperien vor allem in der Beibehaltung oder Wiedereinführung für den europäischen Großkrieg obsoleter Waffen wie der Lanze, die Kavalleristen die Verfolgung ausweichender Gegner erleichterte.[206] Für den Kubanischen Unabhängigkeitskrieg diskutierte das spanische Militär die Einführung der Machete, dies eventuell in Reaktion auf den Mythos, dass die Insurgenten sich vor allem dieses auf der Zuckerrohrinsel beheimateten und als besonders grausam verschrieenen Hackmessers effektiv bedienten.[207]

Waffen waren nicht die einzigen Technologien, die im Imperialkrieg über die Kulturgrenzen hinweg ausgetauscht wurden. Die Imperien bedienten sich hier und dort indigener Transporttechniken, die auf Landesgestalt und Klima an der Peripherie ausgerichtet waren. Das Paradebeispiel sind leichte Birkenrindenkanus und Schneeschuhe im Waldland Nordamerikas.[208] Aber auch in Indien übernahmen die Briten im 18. Jahrhundert die Wagenfabriken, die Zugtierzuchtstätten und die überlegene Spanntechnik der Fürstenstaaten, um ihr Transportsystem zu verbessern.[209] Gelegentlich kopierten oder adaptierten die Kolonialtruppen der Imperien auch die meist unter schwierigen klimatischen Bedingungen angenehmere indigene Kleidung, was aber mit dem militärischen Kontroll- und Ordnungsdrang kollidierte und daher eher auf lokale Initiative oder bei irregulären Truppen vorkam, oder sie passten zumindest ihre Uniformen dem Klima an.[210] Im Gegenzug übernahmen manchmal indigene Krieger westliche Nichtwaffentechnik mit militärischer Bedeutung: So lernten die Apachen in ihrem letzten Abwehrkampf gegen die US-Armee durchaus den Feldstecher zu schätzen, und auch der praktische McClellan-Sattel der amerikanischen Kavallerie kam ihnen zupass.[211]

Auch die Einführung beim Gegner üblicher oder jedenfalls der Landesnatur entsprechender militärischer Nutztiere kann man als technologische Anpassung verstehen. Das klassische Beispiel ist das Pferd, das gerade in offenem Gelände, weniger im Gebirge oder im Waldland, einen massiven taktischen und Mobilitätsvorteil verschaffte und daher von vordem pferdelosen Gesellschaften gern übernommen wurde; von niemandem so enthusiastisch (und gelegentlich kontraproduktiv) wie von den Indianern der Großen Ebenen des amerikanischen Westens.[212] Die Imperien nahmen umgekehrt Kamele in ihren Dienst, in Afrika wie in Asien und sogar in Nordamerika,[213] und für schwieriges, nahrungsarmes Terrain und zumal den Gebirgskrieg erwies sich das Maultier als unverzichtbar – zwar keine transkulturelle Übernahme, wohl aber eine Anpassung an den Kriegsschauplatz.[214] Nicht zuletzt bekam in Süd- und Südostasien der Elefant wesentliche Bedeutung für imperiale Feldzüge, nicht allein in Anerkennung seines hohen Symbolwerts für indigene Gesellschaften, sondern auch als äußerst leistungsfähiges Zugtier.[215]

Angesichts der Bedeutung von technologischer Anpassung ist es übrigens kein Wunder, dass die Imperien gelegentlich, wenn auch selten mit Erfolg, versuchten, den Gegner daran zu hindern, Techniken zu übernehmen. Dazu dienten Waffenhandelsembargos (die immer unterlaufen wurden; wenn nicht vom europäischen Konkurrenten, dann von den eigenen Kaufleuten),[216] die Weigerung, indigene Kolonialtruppen an modernen Waffensystemen auszubilden, um die Diffusion der entsprechenden Kenntnisse in der indigenen Gesellschaft zu verhindern,[217] und gelegentlich die Zerstörung strategischer Ressourcen, bevor sie dem Feind in die Hand fallen konnten: Beim Rückzug aus Goa 1510 töteten die Portugiesen nicht nur alle gefangenen Muslime, sondern auch die überzähligen Pferde.[218]

Festungen

Ein technisches Sonderfeld, auf dem der Vorsprung des Westens für lange Zeit sehr ausgeprägt erschien, war der Festungskrieg. Alle Imperien bauten an all ihren Frontiers in großem Stil Befestigungsanlagen – das war, wie bereits ausgeführt,[219] einfach eine funktionelle Notwendigkeit angesichts des Problems der Kontrolle großer Räume mit vergleichsweise geringen Truppenzahlen. Auch zur Sicherung von Seewegen und Binnenwasserstraßen, Häfen und Handelsstationen waren Befestigungsanlagen entscheidend.[220]

Nicht alle diese Festungen waren eindrücklich. Bei mäßiger Bedrohungslage genügten vergleichsweise windige Palisaden, die einem entschlossenen Angriff kaum standgehalten hätten; das war etwa der Standard an der Indianergrenze der USA, wo dennoch nur ganz selten Forts fielen, und dann meist durch Nachlässigkeit der Kommandeure.[221] Aber grundsätzlich verfügten die Imperien ab der »militärischen Revolution« technisch und materiell über die Möglichkeit, Festungen zu erbauen, die von indigenen Gesellschaften nur im seltensten Fall genommen werden konnten (und sich ohnehin, wenigstens an der Küste, häufig primär gegen konkurrierende Imperien richteten). Tatsächlich rechnet die moderne Artilleriefestung zusammen mit effektiven schweren Geschützen und deren effizientestem Trägersystem, dem großen Kriegsschiff, zu denjenigen militärtechnischen Errungenschaften, bei denen Europa schon in der Frühen Neuzeit unschlagbar war. Und Festungen europäischen Stils hielten an der Peripherie Angriffen in der Regel länger stand, als logistisch und organisatorisch meist wenig leistungsfähige indigene Armeen diese Angriffe aufrechterhalten konnten.[222]

Außerhalb Europas waren Festungen ein ausgesprochenes Statussymbol von Staaten und Imperien. Nichtstaatliche Gesellschaften hatten in der Regel weder die Ressourcen und die Organisationsstruktur für den Bau großer Anlagen noch ausreichend schützenswerte Güter, um den Aufwand zu rechtfertigen.[223] Großreiche hingegen bauten in vielen Fällen gewaltige Festungen vor allem zum

Schutz ihrer Städte. Bekannt sind die megalomanischen Stadtmauern Chinas, die monströsen Hochburgen Japans und die gewaltigen Festungen Indiens.[224] Weniger bekannt ist vielleicht, dass auch die Dschihadreiche Westafrikas riesige Festungsmauern aufwarfen; die von Kano in Sokoto waren 13 Meter dick, zwischen 10 und 15 Meter hoch und umschlossen eine Fläche von mehr als 25 Quadratkilometern, entsprechend fast der Hälfte der Insel Manhattan.[225]

Solche Wälle waren mit Geschützen nicht zu bezwingen; Aushungern und Unterminieren waren die üblichen Verfahren. Das soll der Grund dafür gewesen sein, dass außerhalb Europas keine wirksame Belagerungsartillerie entwickelt wurde.[226] Entsprechend hatten aber selbst die modernen Feldgeschütze, die westliche Armeen an der Peripherie allenfalls mitführten, mit solchen Zyklopenmauern Schwierigkeiten.[227] Festungen fielen häufiger im verlustreichen Sturmangriff – zu dem das westliche Militär aufgrund seiner Spezialisierung auf intensive Kriegführung eben fähig war.[228]

Festungskrieg war auch im übertragenen Sinne eher eine statische Angelegenheit. Es gab kaum einen Grund für die Streitkräfte der Imperien, sich anzupassen; ihre Festungen genügten peripheren Anforderungen bei Weitem.[229] Umgekehrt übernahm kaum eine indigene Gesellschaft, die schon große Festungen hatte, den modernen europäischen Befestigungsstil, der auf Widerstandskraft gegen schwerste Geschütze ausgerichtet war, die es ja im peripheren Konflikt in aller Regel nicht gab.[230] Außerdem hätte der Bau einer großen Artilleriefestung im Stil der westlichen Neuzeit die Ressourcenmobilisierungsfähigkeit jeder indigenen Gesellschaft außer ausgesprochenen Großreichen vermutlich überfordert und außerdem Jahre gedauert, die man im Konflikt mit einem expansiven Imperium meist nicht hatte.

Hingegen gibt es durchaus Hinweise auf außereuropäische Gesellschaften, die ihre primitiveren Befestigungsanlagen – befestigte Dörfer oder kleinere Forts – für die Auseinandersetzung mit einem westlichen, mit Feuerwaffen ausgerüsteten Gegner so transformierten, dass ihre Widerstandskraft erhöht wurde. Die Tuscarora im heutigen North Carolina und die Susquehannock in Pennsylvania hatten bereits im 18. Jahrhundert Palisaden mit gedeckten Gräben, Brustwehren und sogar Bastionen, bei denen ein europäischer Einfluss zumindest für zeitgenössische Beobachter unverkennbar war. Ähnliches galt im 19. Jahrhundert für die Creek. Auch wenn nahegelegt worden ist, dass bei diesen Fortifikationen die (allerdings Jahrhunderte vorher untergegangene) autochthone Mississippi-Hochkultur Pate gestanden haben könnte, so hatten die Susquehannock doch Kanonen, die natürlich europäischer Abkunft waren, was zumindest vermuten lässt, dass ihre Festungsbaukunst die nämliche Quelle hatte.[231] Hingegen waren die Stein- und Holzforts der Neuenglandindianer im frühen 17. Jahrhundert offenbar genuin, aber auch weniger ausgeklügelt.[232]

Auch in Afrika gab es Festungen, die Elemente europäischer Fortifikationskunst integrierten.[233] Im Indien des 16. Jahrhunderts verbreitete sich offenbar angesichts der westlichen Herausforderung zur See durch intraindigenen Wissenstransfer die Kunst der Befestigung von Häfen.[234] Am interessantesten aber ist vermutlich der Fall der Maori. Sie verfügten über eine Festungstradition, wobei ihre ursprüngliche *Pa* eine Hochpalisade mit Kampfplattformen war, von denen Steine geworfen wurden. James Belich hat überzeugend nachgezeichnet, wie sich diese Fortifikation für den Widerstand gegen mit Gewehren und Geschützen bewaffnete Europäer drastisch transformierte und zu einer Erdfestung mit Schützengräben und Bunkern wurde, die selbst schwerstem Artilleriebeschuss standhielt.[235] Es gibt keinen plausiblen Hinweis darauf, dass diese taktische Transformation der Maori im Festungskrieg europäische Wurzeln hatte – wie die Briten allerdings zeitgenössisch behaupteten –, zumal die moderne *Pa* eine Technik war, die dem westlichen Standard der Kriegskunst um Jahrzehnte voraus war. Erneut eine asymmetrische Anpassung also –»ein Gegenmittel zu europäischen Techniken, nicht eine Kopie solcher Techniken«.[236]

Seekrieg

Die Seekriegführung ähnelte in gewisser Weise der Festungskriegführung. Auch hier hatten die Imperien einen großen technologischen Vorsprung, der ihnen wenig Grund zur Anpassung gab. Schon zu Beginn der europäischen Expansion verfügten allein die Staaten West- und Nordeuropas über allwettertaugliche, hochseefähige und Kanonen tragende Schiffe. Diese sicherten den Imperien die Herrschaft über die Ozeane und wurden damit die Grundlage für die globale Dominanz des Westens.[237] Seemacht allein ermöglichte – allen bereits diskutierten Schwierigkeiten zum Trotz – die weltweite militärische Machtprojektion von Reichen, deren Kern ein im kontinentalen Maßstab winziges Staatenkonglomerat am äußersten Westrand Eurasiens war.[238] Seemacht war ein Stärkemultiplikator für die vergleichsweise kleinen Streitkräfte dieser Reiche.[239] Seemacht brachte ohne unverhältnismäßigen logistischen Aufwand große Geschütze in Übersee zum Einsatz.[240] Seemacht ermöglichte strategische Mobilität, der die indigenen Landmächte nichts entgegensetzen konnten, und schuf damit die Möglichkeit für Operationen im kontinentalen Maßstab, Landungen im Rücken des Feindes und vor allem für fast beliebige Rückzüge aus kritischen Situationen.[241] Seemacht minimierte damit das strategische Risiko, das Imperien in Kriegen an der Peripherie eingingen – jedenfalls solange ihre Expeditionsstreitkräfte in Reichweite ihrer Schiffsgeschütze blieben. Seemacht hatte einen hohen Einschüchterungswert und eignete sich vorzüglich als asymmetrisches Druckmittel gegen Küstenstaaten im Rahmen von Kanonenbootdiplomatie.[242] Seemacht ermöglichte (und erforderte) den Unterhalt wirtschaftlich nicht autarker und mit ihren eigenen Ressourcen nicht verteidigbarer Militärstationen und Siedlungen an fremden Küsten, die auf Dauer zu Einfallspforten für die europäische Eroberung wurden.[243] Seemacht isolierte indigene Reiche von der Außenwelt und legte damit die Grundlage für die imperiale Herrschaftsstruktur.[244] Seemacht schließlich machte auch kontinentale Expansion möglich – jedenfalls überall da, wo es Meeresarme oder Flüsse mit sechs Fuß Wasser unter dem Kiel gab.[245]

Auf hoher See war die Seemacht der Imperien in der Regel nicht wirksam herauszufordern – jedenfalls nicht, nachdem China Mitte des 15. Jahrhunderts aus innerstaatlichen Gründen auf den weiteren Bau hochseegängiger Kriegsschiffe verzichtet hatte.[246] Anders sah es lange Zeit in Küstengewässern aus. Im frühneuzeitlichen Südasien waren die Portugiesen mit Kanonen tragenden Galeeren indigener Reiche konfrontiert, die dank ihrer höheren Manövrierfähigkeit ohne Abhängigkeit vom Wind durchaus konkurrenzfähig waren, sich allerdings nicht allzu weit auf See hinauswagen durften.[247] In beengten Gewässern – Archipelen, Flussmündungen oder Binnenwasserstraßen – waren große Segelkriegsschiffe entweder überhaupt nicht einsetzbar oder jedenfalls gegenüber kleineren indigenen Segelbooten oder mit Muskelkraft angetriebenen Fahrzeugen wie Kanus praktisch wehrlos. Die Seeherrschaft der Imperien endete dort, wo ihren Schiffen der Tiefgang und der Manövrierraum ausging.[248] Das war zumindest der Zustand bis Mitte des 19. Jahrhunderts. Das Dampfschiff änderte diese jahrhundertelange Balance zwischen europäischer Ozeanherrschaft und indigener Kontrolle der Küsten- und Binnengewässer schlagartig. Es war schnell, es war stark (so stark, dass es fähig war, gewaltige Segelkriegsschiffe dort zu schleppen, wo sie unter eigener Kraft nicht segeln konnten), es war wendig und vom Wind nicht abhängig, es konnte damit überall vordringen, wo zumindest marginale Wasserstraßen vorhanden waren, und es war allen indigenen Wasserfahrzeugen bei Weitem überlegen. Das Dampfschiff brachte die strategische Mobilität, die die Imperien seit Jahrhunderten auf hoher See genossen hatten, die Schiffsartillerie und all die anderen Vorteile, die mit Seemacht verbunden waren, ins Binnenland. Auf seine Einführung folgte daher relativ schnell die Eroberung oder jedenfalls gewaltsame Öffnung all der von großen Flüssen erschlossenen Regionen, die sich der imperialen Kontrolle jahrhundertelang widersetzt hatten, insbesondere Westafrikas und Südostasiens sowie großer Teile Chinas.[249] Kleine, in vorgefertigte Teile zerlegte Dampfschiffe konnten sogar über Land transportiert und auf einem von See aus nicht zugänglichen Binnengewässer wieder zusammengesetzt werden und kreierten damit imperiale Seemacht fern der Meere[250] – ein Konzept, das die Spanier mit Holzsegelschiffen schon im 16. und 17. Jahrhundert bei der Eroberung Amerikas erfolgreich angewandt hatten.[251] Schiffe auf Binnengewässern waren noch in den Dekolonisationskriegen des 20. Jahrhunderts ein wesentlicher logistischer und Mobilitätsvorteil für den Westen.[252]

Es gab Versuche indigener Gesellschaften, das westliche Erfolgsmodell zu kopieren. Im arabischen Küstenraum, in Indien und Südostasien sowie an den Küsten Chinas sahen sich die Portugiesen und die Holländer bis ins 18. Jahrhundert hinein immer wieder Gegnern gegenüber, die als Reaktion auf die westliche Seeherrschaft selbst hochseefähige Kriegsschiffe bauten. Im Falle des Königreichs Aceh auf Sumatra trugen diese bis zu 50 Geschütze; das arabische Oman soll sogar ein Schlachtschiff mit über 100 Kanonen gehabt haben.[253] Zumindest nominell waren solche Schiffe allem, was die Europäer nach Südostasien schicken konnten, gewachsen – faktisch sah es offenbar anders aus.[254] Noch im 19. Jahrhundert unternahm das Königreich Vietnam mit Hilfe französischer Experten den Bau von Segelfregatten nach europäischem Muster[255] – allerdings zu spät, um der inzwischen erdrückend werdenden Seeherrschaft des Westens wirksam begegnen zu können. Burma kaufte gar Dampfschiffe in Europa und erzielte im Krieg von 1885 eine zahlenmäßige Überlegenheit gegenüber den Briten (27 gegen 23 Fahrzeuge), auch wenn die burmesische Schiffsartillerie der britischen nicht gewachsen war.[256] Westafrikanische Herrscher rüsteten manchmal Kriegskanus mit Kanonen aus – zweifellos eine einfallsreiche Militärtechniksynthese.[257] Erneut gab es auch Fälle technischer Innovation, die keine Kopie westlicher Verfahren waren, obwohl sie für zeitgenössische Beobachter zwangsläufig danach aussahen: Das Prinzip der handgetriebenen Schaufelradkriegsschiffe, die China für die Schlacht von Wusong am Jangtse 1842 aufbot, war dort bereits seit dem 8. Jahrhundert bekannt.[258] Als asymmetrische Anpassung können etwa die Pfähle gelten, die von den Azteken auf dem Grund des Sees von Tenochtitlan eingeschlagen wurden, um sich der spanischen Brigantinen zu erwehren.[259]

Die Imperien hatten, wie gesagt, auf hoher See wenig Grund, sich anzupassen. In Küsten- und Binnengewässern sah es bis zur Einführung des Dampfschiffes jedoch anders aus. Dort übernahmen die Marinen des Westens mitunter die jeweils landesüblichen kleineren Wasserfahrzeuge, um mit dem Gegner mithalten zu können: Kanus in Nord- und Mittelamerika sowie in Westafrika, Praus in Südostasien.[260] Im frühneuzeitlichen Brasilien brachten die Portugiesen auf Binnengewässern befestigte Flöße zum Einsatz, um sich der Kanuflotten der Indios zu erwehren.[261]

Luftkrieg

War die waffentechnische Asymmetrie zu hoher See und ab dem Dampfschiff auch auf Binnengewässern ausgeprägt, so war sie in der Luft absolut. Bis heute ist der Westen nur in einzelnen konventionellen Konfrontationen mit modernen Staaten (Nordkorea, Nordvietnam, Irak 1991) jemals an der Peripherie mit indigenen Gegnern konfrontiert gewesen, die über eine Luftwaffe verfügten.

Das Flugzeug wurde fast augenblicklich nach seiner Erfindung in Imperialkriegen eingesetzt und verschaffte dem Westen dort einen entscheidenden Vorteil.[262] Bis die Gegner der Imperien im Kalten

Krieg mitunter moderne Luftabwehrwaffen vom jeweils anderen Block erhielten, gab es gegen die Luftüberlegenheit des Westens an der Peripherie kein Mittel. Flugzeuge erleichterten die Aufklärung und machten vordem unauffindbare Rückhalte indigener Gegner identifizierbar.[263] Sie ermöglichten den Waffeneinsatz aus der Luft gegen Ziele, die auf dem Landweg wegen schwierigen Geländes oder großer Distanzen nur schwer zu erreichen waren.[264] Insbesondere galt das im Gebirge, wo die Luftwaffe dem indigenen Gegner den Vorteil der Überhöhung nahm, so etwa in der Spätphase der Eroberung Marokkos.[265] Flugzeuge bedeuteten aber auch eine Totalisierung der Kriegführung durch den – angesichts der auf lange Zeit miserablen Treffsicherheit – notwendig wahllosen und zudem völlig asymmetrischen Einsatz von Tötungsgewalt.[266] Flugzeuge konnten Truppen aus der Luft absetzen und damit eine bislang ungekannte operative Mobilität erzielen,[267] wovon etwa die Franzosen in Indochina wiederholt profitierten.[268] Flugzeuge erleichterten die Logistik vorgeschobener Einheiten, indem sie Nachschub abwarfen.[269] In den 1970er Jahren brachten Langstreckenflugzeuge in gewissem Umfang bereits strategische Mobilität.[270]

Die allzu optimistischen Zukunftserwartungen der begeisterten Protagonisten der Luftmacht allerdings bewahrheiteten sich auf lange Sicht nicht. Entgegen den Versprechungen der »Luftkontroll«-Schule der britischen Luftwaffe genügten Vergeltungsangriffe aus der Luft nicht zur Beherrschung peripherer Gebiete. Was schon bei der Strafexpedition zu Lande ein zweifelhaftes Mittel der Suggestion imperialer Kontrolle war – exemplarische Gewalt statt dauerhafter physischer Präsenz –, entbehrte aus der Luft fast jeder Wirkung und hatte schlimmstenfalls durch unterschiedslose Gewalt einen eskalierenden Effekt.[271] Überhaupt war die Wirkung von Luftangriffen auf im Gelände gedeckte, locker organisierte Gruppen indigener Gegner minimal.[272] In Malaya brauchte die britische Luftwaffe im Schnitt 30 Einsätze, um bei der Ausschaltung *eines* Insurgenten »zu helfen«.[273] Am ehesten effektiv waren Luftschläge gegen konzentrierte zivile Ziele, das heißt größere Siedlungen und Städte, wie in der berüchtigten französischen Bombardierung von Damaskus 1945.[274] Luftlogistik und Luftmobilität waren in schwierigem Gelände ebenfalls von beschränktem Wert (und hatte der Gegner wirksame Flugabwehrkanonen, wie die Vietminh bei Dien Bien Phu, so konnten sie völlig scheitern[275]). Erst der Hubschrauber, der fast

überall landen konnte, brachte auf diesem Gebiet einen wesentlichen Vorteil[276] – auch aber wieder nur unter Bedingungen der (fast) unbeschränkten Luftüberlegenheit. Dass schon einige simple Boden-Luft-Raketen einen Helikoptereinsatz verunmöglichen können, zeigt die Erfahrung der USA in Somalia[277] – verfilmt unter dem sprechenden Titel »Black Hawk Down«.[278]
Die größte Beschränkung des Einsatzes von Luftfahrzeugen an der Peripherie aber bestand darin, dass sie teuer und wartungsintensiv waren und deswegen selten in ausreichender Zahl vorhanden.[279] Dem stand allein der bereits erwähnte Trend entgegen, dass spätestens ab den 1940er Jahren die jeweils aktuellsten technischen Entwicklungen in Imperialkriegen ohnehin nicht mehr verwendbar waren. Für Einsätze gegen schwer auffindbare, kleine und mangels aufwändiger Infrastruktur wenig verwundbare Bodenziele nützten Atombomber und Düsenjets gar nichts, selbst wenn sie abseits ausgebauter Flugplätze einsetzbar gewesen wären. Entsprechend war und ist der Imperialkrieg – vom Hubschrauber abgesehen – die Domäne lufttahrttechnischer »low-tech«.[280]
Die westliche Anpassung an den Luftkrieg an der Peripherie bestand also allenfalls in der Einsicht, dass er von vergleichsweise beschränktem Nutzen war, dass langsam fliegende, robuste und billige Flugzeuge mit kurzer Startbahn am ehesten verwendbar waren und dass Luftmacht Bodentruppen auf absehbare Zeit nicht erübrigte.[281] Indigene Gegner hatten ebenfalls nur begrenzte Möglichkeiten, sich an den Luftkrieg anzupassen. Neben dem Erwerb von Flugabwehrwaffen bestand ihre Anpassungsleistung vor allem darin, den anfänglichen Schockeffekt von Flugzeugen überhaupt und Luftbombardements im Speziellen zu überwinden, zu lernen, dass Luftfahrzeuge in der Regel weniger gefährlich waren, als sie aussahen, und Aufklärung, Tarnung und Schutz gegen Luftangriffe zu entwickeln – was selbst den politisch wenig organisierten Opfern der britischen »Luftkontrolle« etwa im Irak und an der Nordwestfrontier Indiens bereits binnen weniger Jahre gelang.[282]
Ob unbemannte Flugkörper, die seit einigen Jahren zur kleinräumigen Aufklärung und zur Ausschaltung von Punktzielen eingesetzt werden, einen allgemeinen Trend zur wirksamen Verwendung von Hochtechnologie auch in peripheren Kriegen einläuten werden, scheint momentan noch nicht absehbar. Trotz spektakulärer und medial inszenierter Einzelerfolge wie der Ermordung gegnerischer

Führer, die angeblich nachweisbar negative Auswirkungen auf die Struktur und Effektivität von Terrornetzwerken haben,[283] könnten Drohnen für die faktische Kontrolle peripherer Gebiete auch mittelfristig irrelevant bleiben und vor allem eine trügerische Illusion der Allmacht erzeugen, die so auch früher dem Flugzeug vorauseilte.[284] Gegenwärtig sieht es danach aus, dass Fernlenkangriffe für die Identifikation von Zielen gerade erneut menschliches Personal vor Ort erfordern, dass sie die Hemmschwelle für Interventionen für den Westen senken sowie durch zivile Opfer vor Ort gewalteskalierend wirken und den Widerstand eher stärken.[285]

Gewaltkulturen im Konflikt

Armeestrukturen, Technik, Waffen, Taktik – die Anpassung in diesen Bereichen, so mühsam sie manchmal war, zu konstatieren ist letztlich nur ein Verweis auf militärischen Pragmatismus: Schwierigen Umständen passt man sich an; was Sinn ergibt und Vorteile verschafft, wird – *idealiter* – übernommen. Das hat mit dem transkulturellen Charakter des Imperialkrieges zunächst nur indirekt zu tun – insofern, als unterschiedliche Gewaltkulturen eben auch ihre Streitkräfte auf unterschiedliche Art organisieren, ausrüsten und einsetzen und damit im Kontakt miteinander diese Anpassungsprobleme auslösen.

Wie aber interagieren verschiedene Gewaltkulturen im konkreten gewaltsamen Kontakt? Wie stellen sie sich aufeinander ein? Verstehen sie einander? Welche Rolle spielen Wissen, Nichtwissen und Nichtwissenwollen für diese Interaktion und für den Gewaltkonflikt selbst? Und wie *funktionieren* – als Folge dieser Bedingungen – eigentlich Anpassung und Lernen im transkulturellen Kontext? An diese allerdings schon aus Quellengründen schwer zu beantwortenden Fragen versucht der Rest dieses Kapitels eine einstweilige Annäherung.

Die erste Reaktion auf die Konfrontation mit einer sehr andersartigen Gewaltkultur war zunächst oft Irritation und Schock – ausgeprägter auf der indigenen Seite, die meist weniger Erfahrung mit solchen Begegnungen hatte, während Europa sie in Jahrhunderten der Expansion auf allen Kontinenten längst in sein kollektives Bewusstsein aufgenommen hatte.[286] Eine klassische Form dieses Kulturschocks ist die Erstbegegnung indigener Gesellschaften mit Feuerwaffen, archetypisch zu finden in der »Schlacht« am (späteren) Champlainsee am 29. Juli 1609, wo der französische Entdecker Samuel Champlain mit zwei Schüssen aus einer Hakenbüchse ein ganzes Heer entsetzter Mohawk in die Flucht schlug.[287] Zwar gewöhnten sich die meisten indigenen Gesellschaften offenbar schnell an Feuerwaffen; die Mohawk wurden wenige Jahrzehnte nach dieser Erstbegegnung mithilfe europäischer Gewehre zur Vormacht der Region der Großen Seen. Aber die Schockwirkung ließ sich später andernorts und jedenfalls mit spektakuläreren Waffen, wie etwa Geschützen, Maschinengewehren, Raketen, Panzerwagen oder Flugzeugen, erneut abrufen.[288] Auch Eisenrüstungen, Stahlschwerter und das Pferd hatten bei Erstkontakten anscheinend den nämlichen Effekt[289] – wenngleich einige Gesellschaften zur Verwunderung der Europäer gegen diesen Schock immun waren.[290]

Kriegführungsstil und Gewaltpraktiken konnten tiefer liegende und anhaltend verunsichernde Schockgefühle auslösen, die über die Wirkung des Feuerwerkseffekts von Schusswaffen weit hinausgingen. So zeigten sich Europäer von grausamer Folter und rituellem Kannibalismus sowie von Übergriffen gegen Frauen und Kinder, die bei nordamerikanischen Indianern als normales Element der Kriegführung galten, erschüttert,[291] und die Angst vor solchen Regelverletzungen prägte auf Jahrhunderte hinaus ihr Unsicherheitsgefühl in einer fremden Umgebung. Umgekehrt war die methodische und unerbittliche Unterwerfungsstrategie der expansiven Imperien, die kulturelle Einhegungen des Krieges ignorierte, in Schlachten hohen Blutzoll anstrebte, oft in totalem Krieg gegen ganze Bevölkerungen resultierte und jedenfalls in der Intention in permanenter Herrschaft statt vorübergehender Hegemonie endigte, für nichteuropäische Gesellschaften, die begrenztere Kriegsziele und Kriegsmittel gewohnt waren, vermutlich zutiefst verstörend – so zumindest die häufige Suggestion europäischer Autoren.[292]

Weniger extrem als der Kulturschock, aber umso häufiger und näherliegend, war in transkulturellen Gewaltkonflikten das kulturelle Missverständnis.[293] In seiner einfachsten und zugleich folgenreichsten Form ist es uns bereits begegnet: Als Nichtverstehen der gegnerischen Gewaltkultur oder der gegnerischen Gesellschaftsordnung. In diesen Zusammenhang gehört das Unvermögen (wenn nicht der Unwille) der Europäer, die Regelgebundenheit und damit die Begrenzungen indigener Gewaltpraktiken zu erkennen, mit anderen Worten: für völlig regellos zu halten, was lediglich anderen Regeln folgte. Auch dass indigene Gesellschaften oft kein Verständnis für die Wichtigkeit hatten, die expansive Imperien Grenzen und Verträgen beilegten (jedenfalls wenn sie die Gegenseite binden sollten), und deshalb in den Augen ihrer Gegner oft »verräterisch« handelten, ist Ausweis vor allem eines kulturellen Missverstehens. Das Gleiche gilt im Gegenzug für die sture Fiktion der Imperien, eine Abmachung mit einer – oft selbst gefundenen – politischen Autorität der Gegenseite verpflichte eine ganze meist locker organisierte Gesellschaft: klassische Probleme nicht nur der Indianerkriege der USA.[294] Während der Eroberung Mexikos glaubten offenbar beide Seiten, die andere wolle sich ihr als Vasall unterwerfen.[295] Mangel an Einsicht in die indigene Gewaltkultur konnte auch dazu führen, dass imperiale Kommandeure von ihren indigenen Verbündeten enttäuscht waren, die sich militärischer Disziplin nicht fügten, für die Feinheiten europäischen Kriegsbrauchs (zum Beispiel im Falle der Kapitulation einer belagerten Festung gegen freien Abzug) kein Verständnis hatten und nach Hause gingen, wenn aus ihrer Sicht das Kriegsziel erreicht war.[296]

Waren das die großen und klassischen Missverständnisse der europäisch-außereuropäischen Gewaltkulturbegegnung, so waren die kleinen und situativen, deswegen aber nicht weniger fatalen, in der jahrhundertelangen Geschichte der europäischen Expansion zweifellos allgegenwärtig: von den Pueblo-Indianern Nordamerikas, die die spanischen Konquistadoren mit (zu Recht) misstrauischen, aber jedenfalls erkennbar harmlosen Beschwörungszeremonien empfingen und von diesen unter hysterischem »Santiago«-Geschrei niedergeritten wurden,[297] bis zu den australischen Aborigines, die sich einer Siedlergruppe mit Zweigen in der Hand – einem in vielen Kulturen verbreiteten Friedenszeichen – näherten, woraufhin die Europäer panisch die Flucht ergriffen und später für diesen vermeintlichen Angriff Rache nahmen.[298] Vielleicht die nächstliegende, aber kulturelles Verständnis völlig ausschließende Reaktion in der Konfrontation mit einer anderen Gewaltkultur bestand und besteht darin, die Gegenseite überhaupt für primitiv und irrational zu halten.[299]

Zweifellos gab es wenigstens bei Erstbegegnungen Versuche, den anderskulturellen Gegner durch Rituale oder deren Umdeutung in das eigene Weltbild zu integrieren, die aber in der Regel recht zögerlich und zum Scheitern verurteilt waren.[300] Einem tiefer greifenden Verständnis der Gewaltkultur des Gegners stand paradoxerweise zumindest imperienseitig oft die feste Überzeugung im Weg, man verstehe das Gegenüber kraft eigener kultureller Überlegenheit ohnehin: eine orientalistische Selbsttäuschung, die nicht nur für Empfehlungen verantwortlich war wie die, einem nichteuropäischen Gegner vor allem seine Geschütze und Fahnen abzunehmen, dem moralischen Effekt zuliebe,[301] sondern auch exzessive Gewalt im Gefecht rechtfertigte (als vermeintlich akzeptierte indigene Methode der Kriegführung).[302] Orientalistisch war auch die Begründung körperlicher Strafen, grausamer Hinrichtungen und Leichenschändungen, nämlich jeweils gestützt auf vermeintliches Wissen um den besonderen Abschreckungswert bestimmter Praktiken in der gegnerischen Kultur, etwa stereotyp auf der Vorstellung, dass Animisten, Buddhisten oder Muslime ohne unversehrten Körper keine Hoffnung auf ewiges Seelenheil hatten.[303] Dass die Anschauungen über die »traditionellen« Werte der gegnerischen Kultur in der Regel weniger gesichertem Wissen als Karl May und Konsorten entlehnt schienen, nimmt nicht Wunder: Gerade zeitgenössisch als große Kulturversteher gepriesene Zeitungshelden wie George A. Custer oder Charles G. Gordon[304] hatten von der indigenen Gesellschaft, für die sie angeblich Experten waren, oft nur die oberflächlichste Vorstellung.[305] Auch die vermeintliche Adaption oder Imitation der indigenen Kriegerkultur – etwa wenn Amerikaner sich im Konflikt mit dem durch die Briten verkörperten Europa selbst als die Indianer imaginierten[306] oder die Briten glaubten, statt genuiner indigener Hilfskrieger auch »barbarische« Hochlandschotten in den Urwald schicken zu können[307] – hatte in ihrer naiven Vorstellung von der Essenz des »Wild«-Seins orientalistische Züge.

Im Gegenzug gab es natürlich auch Okzidentalismus: Dass Saddam Hussein seine Wahrheiten über die ängstliche Verlustscheue der modernen US-Gesellschaft aus »Black Hawk Down« bezog, soll einer Suggestion von Patrick Porter zufolge für seinen intransigenten Kurs vor dem letzten Golfkrieg verantwortlich gewesen sein.[308] Denkt man daran, dass ähnliche Fantasien offenbar das Handeln der Achsenmächte im Zweiten Weltkrieg mitbestimmt haben,[309] mag man das nicht ausschließen.

Mitunter trafen die Imperien auch auf Gewaltkulturen, die sie ihrer eigenen als tendenziell ähnlich erkannten: Frühneuzeitliche

Konquistadoren und südostasiatische Kriegerkulturen teilten sich offenbar einen religiös stimulierten martialischen Ethos. Diese oberflächliche Ähnlichkeit hatte aber vor allem den Effekt, ein tiefer greifendes Verständnis für die kulturellen Unterschiede, die natürlich trotzdem enorm waren, erst recht zu verhindern.[310]

Wissen und Ignoranz

Die orientalistische (oder okzidentalistische) Weigerung, sich auf ein tieferes Verständnis der gegnerischen Gewaltkultur einzulassen, der Unwille, Wissen zu erwerben, gespeist von der Überzeugung, man könne auch ohne Wissen verstehen (eine selbstgefällige europäische Perspektive, der die bis heute anzutreffenden Schilderungen von Cortés als dem großen, allwissenden Manipulator der hilflosen Mexikaner verpflichtet sind[311]), verweist auf die allgemeinere Bedeutung von Wissen und Nichtwissen für die europäisch-nichteuropäische Gewaltkulturbegegnung an der Peripherie.

Grundsätzlich sind in diesem Zusammenhang zwei Dinge festzuhalten. Zum einen: Wissen war asymmetrisch verteilt. Die Imperien verfügten infolge intensiver Interaktion miteinander – Europa war schon in der Frühen Neuzeit eine Wissenskulturgemeinschaft, wie es sie andernorts vielleicht allenfalls noch in Süd- und Ostasien gab – und infolge ihrer Erfahrungen mit unterschiedlichen Gewaltkulturen auf verschiedensten Kontinenten über ein globales Wissen von der Welt insgesamt,[312] das keine kommunikativ isolierte indigene Kultur haben oder schnell erwerben konnte. Dieses Weltwissen schaffte strategische, politische und militärische Vorteile. Es ermöglichte die Formulierung von Standardtechniken für bestimmte Probleme, Techniken, die im Einzelfall adäquat oder inadäquat sein mochten, aber in jedem Fall beruhigend wirkten und Selbstvertrauen stifteten.[313]

Demgegenüber hatten die indigenen Gegner der Imperien natürlich lokal relevantes Wissen: Sie kannten die politischen und gesellschaftlichen Strukturen ihres Heimatlandes, seine kulturellen und militärischen Traditionen, seine Wirtschafts- und Bevölkerungspotenziale, seine Geografie und sein Klima, seine Nahrungs- und Heilmittel. Solche Kenntnisse wären für jede Art der Kriegführung entscheidend gewesen, aber waren es insbesondere für die gegen die

Imperien aussichtsreichste Art der Kriegführung: den Guerillakrieg.[314]

Diese Asymmetrie des für die Kriegführung relevanten Wissens hätte eigentlich nahegelegt, dass die beiderseitigen Akteure große Anstrengungen unternahmen, das ihnen jeweils fehlende Wissen, über das der Gegner verfügte, zu erwerben. Eigenartigerweise – und das ist der zweite generelle Punkt – war nicht selten das Gegenteil der Fall. Die Militärs der Imperien waren lange Zeit erstaunlich desinteressiert an allem, was es über die Menschen zu wissen gab, gegen die sie Krieg führten, oder über die Räume, in denen diese Kriege stattfanden. Insbesondere Letzteres war natürlich oft direkt militärisch relevant, was das Unvermögen der Vertreter des Westens an der Peripherie, sich verlässliche Informationen zu beschaffen, umso irritierender macht. Dass zu Beginn der Frühen Neuzeit die europäischen Vorstellungen zumal von der Inlandsgeografie großer Kontinente abenteuerlich verkehrt waren, ist sicher weder unbekannt noch verwunderlich; so glaubten die Spanier in Nordamerika offenbar ernsthaft, ihre Kolonie Neumexiko läge in unmittelbarer Nähe von Roanoke in North Carolina und beide seien nicht weit vom Pazifik entfernt.[315] Aber das war im 17. Jahrhundert, als die Weltkenntnis insgesamt noch nebulös und mindestens so sehr von der Schöpfungsgeschichte wie von geografischen Techniken geprägt war. Erstaunlicher ist schon, dass es noch an der Schwelle zum 20. Jahrhundert gang und gäbe war, dass sich imperiale Armeen im Dschungel, im Gebirge oder in der Wüste hoffnungslos verirrten, und manchmal sogar auf freiem Feld.[316]

Bis ins 20. Jahrhundert gab es von vielen Kriegsschauplätzen keine oder nur verwirrend ungenaue Karten, und die allgemeine Landeskenntnis war abseits der Küstenregionen gering.[317] Die italienische Niederlage bei Adua 1896 erklärt sich nicht zuletzt daraus, dass der Oberbefehlshaber Oreste Baratieri sein taktisches Vorgehen anhand einer absurd vagen Kartenskizze plante, die auch der bestwillige Beobachter nicht mit dem realen Gelände vereinbaren konnte[318] und die ihrerseits auf einer »von groben Fehlern strotzend[en]«[319] Übersichtskarte im Maßstab 1:400000 (anderen Angaben zufolge gar 1:1000000[320]) basierte, mit der sich kaum ein heutiger Urlaubsreisender auf eine gut beschilderte Landstraße wagen würde. Baratieri aber schickte auf dieser Grundlage zuversichtlich seine Kolonnen in ein Gelände, in dem es keine Straßen und keine Meilensteine, dafür aber sich verwirrend oft auf kleinstem Raum wiederholende Ortsnamen gab, winzige Flüsse auf wenigen Kilometern fünfmal den Namen wechselten und das ob seiner extrem zerklüfteten, die Orientierung erschwerenden Geografie als die »äthiopische Schweiz« bekannt war.[321]

Diese Bedingungen – undurchschaubares und unzugängliches Gelände bei völliger geografischer Ignoranz – waren für Imperialkriege noch im 20. Jahrhundert nur insofern untypisch, als Baratieri überhaupt eine Karte hatte, auch wenn sie nutzlos war. Nicht nur die deutsche Kolonialkriegführung in Südwestafrika stützte sich zur gleichen Zeit vor allem auf landeskundige Führer,[322] denen die Kommandeure aber anscheinend aus Prinzip misstrauten,[323] was im Übrigen zeitgenössisch auch Callwell nahelegte: »Der gewöhnliche Eingeborene, wie man ihn in von farbigen Rassen bewohnten Kriegstheatern antrifft, lügt einfach aus Spaß am Lügen, und seine Vorstellungen von Zeit, Zahl und Entfernung sind so vage wie möglich, selbst wenn er versucht die Wahrheit zu sagen.«[324] Dass hier der zeitgenössische Rassismus der Erkenntnissuche zumindest unterbewusst im Weg gestanden haben dürfte, ist offensichtlich. Expeditionen wurden natürlich tatsächlich mitunter in die Irre geführt,[325] und daran wurde stets den häufig zum Dienst gepressten indigenen Führern die Schuld gegeben; die spanischen Konquistadoren garrotierten die ihren routinemäßig, wenn die Streitmacht vom Weg abkam.[326] Ob zu Recht, wird man aus den spanischen Quellen nicht glaubwürdig erfahren. Fest steht jedenfalls, dass die europäische Penetration Nordamerikas seit der Frühen Neuzeit in hohem Maße auf der Landeskenntnis der Indianer selbst basierte, die für die Europäer sogar Karten zeichneten,[327] während in der Kartierung und Aufteilung Afrikas ab den 1880er Jahren indigene geografische Kenntnisse arrogant ignoriert wurden.[328]

Waren mithin imperienseitig die Kenntnisse über die banalsten und operativ direkt relevantesten Umstände des Kriegstheaters oft »praktisch null«,[329] so sah es mit Einsichten über Zahl, Aufenthaltsort, Ausrüstung, Organisation oder Absichten des Gegners meist nicht besser aus.[330] Es kam vor, dass imperiale Streitkräfte an der Peripherie nicht die blasseste Ahnung hatten, gegen wen sie eigentlich genau in den Krieg zogen, und schon deswegen den Feind nicht fanden.[331] Imperialkriegführung glich dem Versuch, in einem dunklen Zimmer mit einem Vorschlaghammer Mücken zu jagen. Man kann diese umfassende Ignoranz kaum besser zusammenfassen, als es Jap de Moor bezüglich der Holländer in Indonesien getan hat: »Ohne Vorkehrungen, unvertraut mit den politischen Bedingungen, den militärischen Fertigkeiten des Feindes und dem Gelände, kurz: ohne jedes Wissen über den gesellschaftlichen und geografischen Kriegsschauplatz fiel die Armee wieder und wieder in unbekannte Gebiete ein, nur um herauszufinden, dass sie erneut einen Fehler gemacht hatte.«[332]

Und diese Ignoranz hatte natürlich häufig direkte Konsequenzen, nicht zuletzt dann, wenn die Imperien sich ein völlig falsches Bild von den politischen Verhältnissen vor Ort machten. Die Illusion von Eroberern, die Masse der indigenen Bevölkerung warte nur auf ihre Befreiung von einem despotischen Joch, die sich im 19. Jahrhundert ebenso findet wie im 20. oder 21., erschwerte zumindest eine zuverlässige Einschätzung des militärischen Eroberungsaufwandes.[333]

Miserable Aufklärung verschärfte das Problem. In aller Regel verzichteten Kommandeure an der Peripherie bewusst auf den Versuch, sich durch Kundschafter Informationen über den Gegner zu verschaffen, und dass in einer Invasionsarmee niemand die Landessprache des Kriegsschauplatzes sprach, war Standard.[334] Sogar die taktische Sicherung von Kolonnen durch Vor- und Nachhuten sowie Flankenabteilungen, von Lagern durch Vorposten – selbstverständliche Elemente der Kriegführung im abendländischen Großkrieg –, war im Imperialkrieg durchaus unüblich, was direkt für katastrophale Niederlagen wie die Braddocks am Monongahela 1755, Custers am Little Bighorn 1876, Chelmsfords bei Isandlwana 1879 oder der ostafrikanischen Schutztruppe des Deutschen Reiches unter Emil von Zelewski bei Rugaro 1891 verantwortlich war.[335]

Diese völlige Unfähigkeit imperialer Kommandeure an der Peripherie, sich Kenntnisse über einen ihnen auf fundamentale Weise fremden Kriegsschauplatz anzueignen, die doch bei nüchterner Betrachtung für erfolgreiche Kriegführung essenziell gewesen wären, kann man ernsthaft nur als Nicht-wissen-Wollen interpretieren. Wie aber erklärt sich dieses offenbare Versagen, diese Missachtung anerkannter militärischer Sorgfaltspflichten?

Die knappe Antwort ist: Hybris. Durch die Bank und über Jahrhunderte haben die militärischen Befehlshaber der Imperien an der Peripherie ihre indigenen Gegner heillos unterschätzt. Rassistische Überlegenheitsgefühle, die dem Gegenüber militärische Kompetenz,

Disziplin, taktische Fertigkeiten und die Fähigkeit zu rationaler Planung *a priori* absprachen, spielten dabei ebenso eine Rolle wie das Vertrauen in die Waffentechnik, Disziplin und Moral der eigenen Truppen und natürlich die Erfahrung vergangener Siege. Grundsätzlich erwarteten die imperialen Akteure einen schnellen, durchgreifenden Erfolg; zumindest aber hatten sie von einem Gegner, der ohnehin notorisch der Schlacht auswich, jedenfalls nichts zu befürchten.[336] Ja, vorgängige Aufklärung mochte am Ende noch dem Gegner die eigene Anwesenheit verraten; eine Vorstellung, die, genährt von seinem Überraschungssieg am Washita 1868, direkt für die Bereitschaft Custers verantwortlich war, das größte Indianerlager aller Zeiten ohne Zögern mit einer schwachen Abteilung Kavallerie anzugreifen.[337] Wer glaubt, sein größtes Problem sei, einen »schwachen, überall ausweichenden Feind«[338] zur Schlacht zu stellen, der interessiert sich nicht sehr für dessen Absichten und Fähigkeiten.

Einige wenige Beispiele mögen die weit verbreitete Geisteshaltung illustrieren. Braddock über Indianer: »Diese Wilden mögen tatsächlich ein respekteinflößender Gegner für amerikanische Milizen sein; aber dass sie auf die regulären und disziplinierten Truppen des Königs irgendeinen Eindruck machen, ist unmöglich.«[339] Custer über Indianer: »Es gibt nicht genug Indianer in diesem Land, um die 7. Kavallerie zu schlagen.«[340] Zelewski über die Hehe: »[...] die Kerls haben ja nicht mal Gewehre, bloß Schild und Speer.«[341] Auch Chelmsford zeigte sich überzeugt, dass die »an Kampfkraft hoffnungslos unterlegenen«[342] Zulu ihm keinen größeren Gefallen tun konnten, als ihn anzugreifen, »was uns eine ganze Menge Mühe sparen würde«,[343] da schon die erste Salve des Martini-Henry-Gewehrs mit seiner brutalen »Mannstopper«-Wirkung die ganze gegnerische Armee demoralisieren werde.[344] Er glaubte allerdings nicht ernsthaft daran, dass sich die Zulus als so zuvorkommend erweisen würden, und verzichtete vielmehr auf jede Befestigung oder Sicherung seines Lagers mit dem zuversichtlichen Hinweis: »Das Angreifen besorgen *meine* Truppen.«[345] Gordon behauptete, die britische Expedition in den Sudan werde »auf keinen Feind treffen, der diesen Namen im europäischen Sinn des Wortes verdient«,[346] und redete sich ein, die hoch motivierten Massenarmeen des Mahdi ließen sich durch kleine Streifgruppen von 40 bis 60 britischen Soldaten völlig demoralisieren.[347]

Mag das wie eine böswillige Blütenlese von Kernsprüchen wirken, die binnen kürzester Frist Lügen gestraft wurden – immerhin waren die fünf zitierten Kommandeure für einige der spektakulärsten Niederlagen des Westens in Imperialkriegen verantwortlich –, so ließen sich mit entsprechenden Einlassungen von Zeitgenossen in Wahrheit Bücher füllen. Allesamt hatten die Führer des westlichen Militärs an der Peripherie offenbar Schwierigkeiten, ihre indigenen Gegner ernst zu nehmen.[348] John Pemble spricht in diesem Kontext zu Recht von einem »Überschuss an Selbstvertrauen und Ungeduld, der zum Herabspielen realer Gefahren und zur Verletzung wissenschaftlicher Prinzipien führte«, sowie von einer »laxen Einstellung«.[349]

Ganz allgemein galten außereuropäische Völker imperialen Beamten und Militärs als »verzagt«[350] und ihre Führer als simple »Eingeborenenhäuptlinge«, so der französische Außenminister Aristide Briand öffentlich über Abd-el-Krim, den Erschaffer des Rif-Staates: »[...] wir kennen sie gut. Sie sind wirklich ganz einfache Kerle. Richtig behandelt reagieren sie auf Freundlichkeit. Es gibt natürlich nicht die geringste Chance, dass der hier uns angreifen wird. Es wäre Wahnsinn.«[351] Noch die französische Niederlage bei Dien Bien Phu 1954 basierte auf einer katastrophalen und hochmütigen Unterschätzung der logistischen Fähigkeiten (und der Artillerie) der Vietminh.[352]

»Gruppendenken« – die Selbstverstärkung vorherrschender Meinungen im Rahmen einer ihre eigene Bedeutung überschätzenden, abgeschlossenen Akteursgruppe[353] – immunisierte die ja recht kleinen Offizierkorps von Armeen an der Peripherie selbst gegen berechtigte Zweifel an der Ungefährlichkeit des indigenen Gegners und der eigenen militärischen und moralischen Überlegenheit. Hinweise auf offensive Konzentrationen des Feindes wurden ignoriert oder als Unkenrufe abgetan.[354]

Selbstüberschätzung und Geringachtung des Gegners – gespeist, wie gesagt, von vermeintlicher militärischer Erfahrung ebenso wie von rassistischen Prädispositionen – standen der Bereitschaft, Wissen zu erwerben, direkt im Weg. Es erschien den Zeitgenossen sowohl unnötig, sich für einen so minderwertigen Feind zu interessieren, als auch unmöglich, von ihm etwas zu lernen.[355] In ihrem Selbstbild sahen die Imperien die Peripherie als eine *tabula rasa*, eine Projektionsfläche für ihre eigenen Gesellschaftsmodelle.[356] Wenn es in der interkulturellen Begegnung etwas zu lernen gab, dann waren es im Rahmen ihrer Zivilisierungsmission die Vertreter des Westens, die eine rückständige indigene Gesellschaft zu erziehen gedachten; sie kamen, um zu *lehren*, nicht um zu *lernen*. Die Ignoranz war damit nicht nur intendiert – sie war geradezu ein notwendiger Ausweis der eigenen Überlegenheit.

Dennoch gab es Ausnahmen. Hin und wieder bequemten sich imperiale Armeen an der Frontier, lokales Wissen zu erwerben, speziell wenn sie es als Herrschaftswissen erkannten. Wenn Truppen im Rahmen von Aufstandsbekämpfung lange im selben Gebiet eingesetzt waren, lernten sie fast automatisch den Naturraum, seine Menschen und die lokalen Gebräuche kennen.[357] Lokale Führer, Dolmetscher, Missionare, Siedler, indigene Verbündete und Hilfstruppen waren Quellen für unersetzliches Wissen über örtliche Bedingungen und Vermittler für seinen Erwerb – wenn das imperiale Militär denn bereit war, sich ihrer in dieser Rolle zu bedienen.[358] Erfolgreiche Kommandeure erkannten die Bedeutung wirksamer Feindaufklärung und Spionage.[359] Über individuelle Aktivitäten hinaus institutionalisierten Imperien mitunter die Beschaffung zuverlässiger Informationen über Geografie und Kultur ihrer Peripherien – mit besonderer Dichte war das nach Niederlagen oder Rückschlägen wie dem indischen Aufstand der Fall. Generell gewannen Anthropologie und Kolonialgeografie ab dem späten 19. Jahrhundert massiv an Bedeutung und bescherten den Imperien (neben durchsichtigen Herrschaftslegitimationen) eine Fülle von zumindest prinzipiell militärisch verwertbaren Einsichten über ihre potenziellen Kriegsschauplätze und Kriegsgegner (und ethnografisches und statistisches Material für die Identifizierung und Rekrutierung von »Kriegerrassen«).[360] Im Rahmen der Counterinsurgency-Doktrinen des späten 20. Jahrhunderts schließlich wurde die Beschaffung belastbarer Informationen über die Kommandostruktur der Insurgenten, wurden Aufklärung und Spionage und insbesondere die Nutzbarmachung der Informationen von Überläufern schließlich zu anerkannt zentralen Mitteln erfolgreicher Aufstandsbekämpfung[361] – was nicht immer hieß, dass diese damit auch erfolgreich war.[362] Für die heutigen USA ist der »Krieg gegen den Terror« auch und vor allem ein Informationskrieg – allerdings (erwartungsgemäß) unter Betonung quantifizierbarer Erkenntnisse, die nicht unbedingt zum transkulturellen Verständnis komplexer gesellschaftlicher Realitäten beitragen.[363]

Im Gegenzug begannen mit dem 20. Jahrhundert die indigenen Gegner der Imperien das Weltwissen zu erwerben, das ihnen bis dahin gefehlt hatte. Teilweise waren die Imperien dafür selbst verantwortlich, indem sie nämlich indigenen Eliten den Zugang zu westlichen Bildungssystemen ermöglichten; teilweise war es einfach eine Folge der von der europäischen Expansion stimulierten Globalisierung, die Informationen kommunikativ und medial prinzipiell weltweit zugänglich machte. Dieses globale Wissen war in einer Hinsicht absolut zentral, als es nämlich mit den Mobilisierungstechniken und der Ideologie des Nationalismus die Bildung leistungsfähiger transethnischer Allianzen ermöglichte, die international erfolgreich um Legitimität für den antikolonialen Widerstand werben konnten.[364]

Natürlich gab es weiterhin tendenziell isolierte ethnische Gruppen in aller Welt, ebenso wie es weiterhin ignorante, überhebliche westliche Kommandeure in Imperialkriegen gab. Aber generell wussten im 20. Jahrhundert die Imperien mehr über ihre Gegner und über lokale Bedingungen, und die Gegner ihrerseits mehr über die Welt im Allgemeinen, denn je zuvor. Das hat insbesondere die Dekolonisationskriege geprägt.

Lernen

Für lange Zeit aber war Wissen äußerst asymmetrisch verteilt, und zumindest die imperialen Akteure ließen wenig Motivation erkennen, daran etwas zu ändern. Es ist angesichts dessen erstaunlich, dass aus Imperialkriegen und für Imperialkriege überhaupt gelernt wurde – Lernen verstanden als bewusster kollektiver Wissenserwerb über den aktuellen Anwendungsfall hinaus, also mehr als bloße Anpassung an gegenwärtige Umstände.[365] Solches Lernen bedurfte seitens der Imperien zweier kognitiver Voraussetzungen: der Einsicht, dass Kriege an der Peripherie etwas gemeinsam hatten, das sie von europäischer Kriegführung trennte, dass sie *sui generis* waren; und des Zugeständnisses, dass die besondere Aufgabenstellung, die daraus entstand, von einem für den europäischen Großkrieg ausgebildeten Militär tatsächlich eine Anpassungsleistung erforderte. Beide Voraussetzungen waren alles andere als selbstverständlich. Tatsächlich behinderten lange Zeit die gegenteiligen Auffassungen das Lernen für Kriege an der Peripherie: nämlich einerseits die Vorstellung, dass die lokalen Umstände jeweils so unterschiedlich waren, dass sich daraus nichts verallgemeinern ließ[366] (wenn es denn überhaupt nötig war, über so minderwertige Gegner etwas in Erfahrung zu bringen), und, wichtiger, die verbreitete selbstverständliche Annahme, dass das

Kleine automatisch im Großen beinhaltet war, dass eine reguläre Armee mit den in Europa gültigen Methoden der Kriegführung auch für »kleine« Kriege an der Peripherie bestens gerüstet war.[367] Diese Annahme kam der »Großkriegsmentalität« entgegen, die für verschiedene moderne Armeen konstatiert worden ist, zuvorderst für die US-amerikanische, die trotz ihrer im 19. Jahrhundert fast ausschließlichen Aufgabenstellung des Frontierkrieges gegen die Indianer und trotz Philippinen und Vietnam (und jüngst Afghanistan und Irak) stur daran festhielt (und festhält), dass konventionelle Kriegsmittel, Konzentration und Feuerkraft die Antwort auf *jede* militärische Herausforderung sind.[368] Dieses Beharrungsvermögen der Großkriegsdoktrin hat natürlich gute Gründe: die größere Sicherheitsrelevanz konventioneller Bedrohungen des Mutterlandes gegenüber irregulären an der Peripherie;[369] die ausbilderischen, rüstungstechnischen und mentalen Vorteile einer einheitlichen Doktrin, verstärkt vom institutionellen Gewicht traditioneller Konzeptionen in einer durch und durch hierarchischen Institution wie dem Militär, die Anpassung belohnt und damit orthodoxes Denken an der Spitze konzentriert;[370] und nicht zuletzt, damit verknüpft, die Vorstellung einer Hierarchie der Kriegsbilder, in der »kleine Kriege« als irregulär und unterkomplex, technisch und operativ primitiv, zudem politisch und damit »unmilitärisch« gelten, besonderer gedanklicher Aufmerksamkeit nicht würdig.[371] Im Gegenteil kann die Beschäftigung mit solchen Abweichungen als institutionell und verteidigungspolitisch geradezu gefährlich angesehen werden, geht es doch intern immer vor allem darum, die Beschaffung der jeweils aktuellsten, teuersten Rüstungsgüter für den konventionellen Krieg gegen andere Großmächte zu motivieren und die Streitkräfte insgesamt als genau für diese Art der Kriegführung tauglich zu erhalten und zu präsentieren.[372] Auch für Individuen war die Beschäftigung mit dem Imperialkrieg in der Regel nicht karrierefördernd.[373]

Einen institutionellen Vorteil hatten daher in gewissem Grade die (Teil-)Streitkräfte, deren Kriegsbild von vornherein auf den Einsatz an der Peripherie ausgerichtet war, wie das für die britische Armee insgesamt im 19. Jahrhundert und seitdem zumindest für die britische Infanterie gilt[374] oder für die metropolitanen Expeditionskorps der anderen Imperien.[375] Das schloss aber nicht aus, dass auch in diesen Institutionen das konventionelle Kriegsbild seine weitaus höhere Anziehungskraft entfaltete – die heroische Entscheidungssuche mit konzentrierter Militärmacht entspricht nun einmal der abendländischen Militärkultur erheblich mehr als lang gezogene, eher unauffällige Counterinsurgency.³⁷⁶ Es ist somit kein Zufall, dass metropolitane Militärapparate vor allem dann aus kolonialen Erfahrungen »lernten«, wenn diese ihr vorgefasstes Kriegsbild bestätigten, was im Vorfeld des Ersten Weltkrieges mit dem auch auf peripheren Erfahrungen beruhenden Kult der Offensive konstatiert worden ist – zu einem Zeitpunkt, als die Entwicklung der Feuerwaffen eigentlich nahelegte, vielmehr zu defensiven taktischen Verfahren überzugehen.³⁷⁷ Hinweise auf die Bedeutung von Schützengräben und Stacheldraht etwa im Burenkrieg blieben demgegenüber weithin unbeachtet.³⁷⁸ Dass der Einsatz an der Peripherie die dort eingesetzten Offiziere zwangsläufig auch Anpassungsfähigkeit, Flexibilität und Fantasie gelehrt haben soll,³⁷⁹ ist erstens alles andere als sicher – vieles deutet im Gegenteil darauf hin, dass die Aufnahmebereitschaft imperialer Kommandeure an der Frontier mehrheitlich alles andere als ausgeprägt war – und dürfte zweitens, selbst wo es zutraf, für den metropolitanen Militärapparat bestenfalls ein zweischneidiges Schwert gewesen sein. Wie bereits erwähnt, ist der Imperialkrieg ein Repositorium nicht nur von Waffen (wie der Lanze), sondern auch taktischer Methoden gewesen, die in Europa längst obsolet waren (wie dem Karrée).³⁸⁰ Es gab mithin für die Zeitgenossen durchaus Anhaltspunkte für eine Hierarchie der Kriegsbilder: Zumindest wenn man innerhalb konventioneller militärischer Kategorien dachte, konnte der Imperialkrieg leicht als ein primitiver Abklatsch des europäischen Großkrieges erscheinen – archaischer, brutaler, »wilder«. Die Bereitschaft, aus diesem und für diesen Krieg zu lernen, wurde dadurch nicht unbedingt gefördert.³⁸¹ Im besten Fall wurde der Imperialkrieg als stereotypisierte Folie für die Propagierung von Innovationsschüben für die abendländische Kriegführung herangezogen, etwa wenn die Erfahrungen des amerikanischen Unabhängigkeitskrieges an der Frontier die Nützlichkeit leichter Infanterietaktiken in Europa untermauern sollten.³⁸²

Trotz aller institutionellen Lernresistenz der imperialen Militärapparate aber hat es Lernen gegeben. Wie es genau funktioniert hat, ist bislang kaum untersucht worden; in der Regel wird vom Ergebnis her geschlossen. Angesichts der beschriebenen Umstände wird man nicht unbedingt die Begeisterung Gerald Bryants über die Reflexions- und Anpassungsfähigkeit europäischer Offiziere teilen wollen,[383] sondern vielleicht eher der pragmatischen Annahme Ian Becketts zustimmen, dass Erfahrungstransfers von einer Offiziersgeneration zur nächsten zwangsläufig dazu führten, dass *irgendetwas* gelernt wurde, das einer institutionellen Antwort auf bestimmte Probleme gleichkam.[384] Sicher ist jedenfalls, dass bis zur Schwelle des 20. Jahrhunderts solche Lernprozesse fast ausschließlich informell abliefen. Armeen entwickelten durch den dauerhaften Einsatz auf demselben peripheren Kriegsschauplatz zahlreiche Techniken der Anpassung an den spezifischen Naturraum, vor allem aber an die Gewaltkultur des Gegners, die ja in der Regel auf diesen Naturraum ausgerichtet war. Taktiken, die der »tribalen« Kriegführung des Gegners angepasst waren, gehörten ebenfalls zum Lehrrepertoir[385] – auch wenn hier die Antworten vielfach nicht in der tatsächlichen Kopie der gegnerischen Techniken, sondern vielmehr in der Entwicklung einer in der Regel gewaltentgrenzenden Antwort auf diese Techniken bestanden.[386] Das klassische Beispiel für solche pragmatische Anpassung sind die »Indianerkriegs«-Praktiken, die sich die britische und die frühe US-amerikanische Armee in Nordamerika allerdings nur begrenzt und vor allem vermittels ihrer irregulären Rangertruppen erschlossen, in denen anfangs übrigens Indianer dienten, die ihr Wissen und Können an ihre europäischen Kameraden weitergaben – ein direkter Techniktransfer von Krieger zu Krieger.[387] Bestand umgekehrt eine Armee, wie die US-amerikanische in Vietnam, darauf, ihre Truppen und Offiziere nur kurz auf dem Kriegsschauplatz einzusetzen, war das Lernen aus Erfahrung natürlich stark behindert.[388]

Historisch greifbar wird solches Lernen, wenn es über den spezifischen Einsatzort hinausging, also wenn verallgemeinerbare Lehren gezogen wurden, die dann auf andere Konflikte angewendet wurden – womöglich gar auf anderen Kontinenten.[389] An dieser Stelle wird erkennbar, dass die historischen Akteure ein Bewusstsein dafür entwickelten, dass Imperialkrieg eine spezifische Form des Krieges war, *sui generis* also, und dass Techniken, Ausrüstungen und Taktiken übertragbar waren. Besonders ausführlich ist das für den britischen Fall studiert worden, wo die Methoden für den Frontierkrieg in Nordamerika von der Eroberung Irlands beeinflusst worden sein sollen[390] und wo vor allem im 20. Jahrhundert die Erfahrungen aus dem irischen Aufstand 1919–1921 in die Führung der kleineren Frontierkriege der Zwischenkriegszeit einflossen, dann in Palästina wieder aufgegriffen wurden, in Malaya in der Herausbildung der moder-

nen Counterinsurgency kulminierten, die über Kenia bis in spätere Konflikte tradiert wurde.[391]
Auch die französische Kolonialarmee hatte schon im 19. Jahrhundert eine allgemeine Kolonialkriegsdoktrin, die auf der scheinbar erfolgreichen mobilen Terrorkriegführung Thomas-Robert Bugeauds in Algerien in den 1840er Jahren aufbaute.[392] Anfang des 20. Jahrhunderts übertrug sie, unter anderem durch personelle Identität der zentralen Akteure, ihre Erfahrung aus Vietnam und Madagaskar auf die Eroberung Marokkos.[393] Aber schon die frühneuzeitlichen Spanier lernten in der Karibik, in Mexiko und Peru ihre immer wieder erfolgreich eingesetzte Technik der Eroberung indigener Gesellschaften durch Spaltung und Erpressung.[394] Im 19. Jahrhundert entstand im spanischen Offizierkorps ein informeller Fundus von Methoden für den irregulären Krieg, die dann unter anderem auf Kuba zur Anwendung kamen.[395] Auch für Portugal ist suggeriert worden, dass seine Methode der Aufstandsbekämpfung, die 1961–1974 in Afrika praktiziert wurde, auf 500 Jahren Erfahrung mit überseeischen Konflikten seit Beginn der Neuzeit basierte,[396] und spezifischer, dass bereits im 16. Jahrhundert das progressive Vordringen nach Asien die Herausbildung verallgemeinerbarer Techniken und die Anpassung an fremde Gewaltkulturen gefördert hat.[397] Die russische Armee erwies sich bis zur Mitte des 19. Jahrhunderts als bemerkenswert lernresistent und bestand darauf, jeden Frontierkrieg mit der klassischen Holzhammermethode zu führen, die schon im 17. und 18. Jahrhundert regelmäßig an der Logistik des Kriegsschauplatzes und der Guerillakriegskompetenz des Gegners scheiterte,[398] unternahm dann aber Anstrengungen, durch aktives Studium peripherer Konflikte das Bewusstsein für deren Spezifika zu fördern und damit eine allgemeine Kolonialkriegsdoktrin zu entwickeln.[399] Wieweit das Auswirkungen auf die Praxis der Kriegführung hatte, scheint weniger klar, zumal die Großkriegsmentalität offenbar weiter dominant blieb.[400] Und die Sowjetunion soll aus der Afghanistanerfahrung ebenfalls für künftige periphere Konflikte gelernt haben, was aber momentan historisch noch schwer zu überprüfen ist.[401]

Weniger gut funktionierte dieses institutionelle Lernen aus eigener Praxis offenbar in der kaiserlich deutschen[402] und der US-Armee[403] im 19. und 20. Jahrhundert, wo anscheinend die Großkriegsmentalität besonders ausgeprägt war und das institutionelle Gedächtnis besonders kurz.

Im Übrigen konnte die Übertragung von Lehren aus früheren Konflikten auf spätere das doppelte Problem haben, dass entweder die Einsichten in erster Instanz schon inadäquat waren oder dass sie zwar auf den vergangenen Konflikt zutrafen, nicht aber auf den künftigen Anwendungsfall. Das galt etwa für die französischen Offiziere, die glaubten, es bei der algerischen FLN mit einer Kopie der kommunistischen Vietminh Indochinas zu tun zu haben, eine Ansicht, die einem tieferen Verständnis des aktuellen Konfliktes eher im Weg stand (und zu seiner Brutalisierung beigetragen hat).[404] Auch die vermeintlich erfahrungsbasierte, in Wahrheit aber ideologisch motivierte Obsession, »den Feind zur Schlacht zu stellen«, erwies sich mitunter als gefährliche Irrlehre.[405]

Nicht immer waren es übrigens der periphere Kriegsschauplatz und seine Gewaltkultur selbst, die imperiale Lösungen für periphere Probleme hervorbrachten: Gerade Techniken des »kleinen Krieges« konnten ebenso gut von Europa nach Außereuropa übertragen werden, zum Beispiel basierend auf den einschlägigen Erfahrungen der Vendée (1793–1796) und des spanischen Aufstandes (1808–1814).[406] Ähnlich ist es ja ein analytisches Problem, das vor allem angloamerikanische Autoren beschäftigt, dass irreguläre Taktiken in der zweiten Hälfte des 18. Jahrhunderts in Europa und Nordamerika ziemlich zeitgleich auftauchen und die Frage der Transferrichtung historisch schwer zu beantworten ist.[407]

Es gibt ein inoffizielles spanisches Kolonialkriegshandbuch von 1599, das in seinen Empfehlungen für guerillaartige Kleingruppenkriegführung mit nächtlichen Überfällen und Hinterhalten sowie für ausgedehnte Verwendung indigener Praktiken überraschend modern wirkt.[408] Generell allerdings wurden Lehren aus Imperialkriegen für Imperialkriege in der Regel erst ab Mitte des 19. Jahrhunderts im Militär schriftlich und institutionell als Doktrin formalisiert. Das fing mit kleineren Pamphleten und gelegentlich auch Büchern einzelner Offiziere an, die in der Regel bestenfalls mit Duldung der Autoritäten publiziert werden durften, und ging über offiziöse Publikationen in der Regel erst Mitte des 20. Jahrhunderts tatsächlich in Dienstvorschriften über, um nur ganz gelegentlich wirklich in formalisierter Ausbildung für bestimmte Einsatzprofile zu kulminieren. Auch bei diesem Prozess der Institutionalisierung von Lernwissen stand zunächst der einzelne Kriegsschauplatz im Vordergrund. Erneut ist das britische Militär das beststudierte Beispiel.[409] Hier war es die indische Armee, die mit der Formalisierung von Gebirgskriegstechniken als Folge der Erfahrung des Dauerkonflikts an der Nordwestfrontier voranging.[410] Der seltene Fall einer regionalen Dienstvorschrift, die Klassikerstatus erlangte, war 1954 das legendäre ATOM[411] – die Bibel der Counterinsurgency in Malaya, die unter anderem großen Einfluss auf die Formulierung einer entsprechenden Anweisung für den Mau-Mau-Aufstand hatte.[412] In 21 Kapiteln wurden dort alle Details vom Überleben im Dschungel über die Taktik des Hinterhalts bis zum Einsatz von Spürhunden abgehandelt.

Von sehr viel allgemeinerem Charakter war das bereits wiederholt zitierte voluminöse Hauptwerk Oberst Callwells, »Small Wars«, das auf dem Studium einer Unzahl damals jüngster Konflikte auf allen Kontinenten und aus fast allen Kolonialreichen basierte und daraus praktische Lehren ableitete, die erneut bis zur Logistik, Kleintaktik und zum Sicherheitsdienst gingen. Erstmals erschienen 1896, wurde das Buch in nachfolgenden Auflagen durch das Erscheinen unter nomineller Herausgeberschaft des Generalstabs geadelt, nicht aber ohne das Caveat, dass es dennoch keineswegs »einen Ausdruck amtlicher Meinung zum behandelten Thema« darstelle.[413] Bis heute wird Callwell trotz seiner auffälligen Obsession für den Kult der Offensive (auf die bereits mehrfach hingewiesen wurde) in der Forschung als zuverlässige Darstellung »des« Kolonialkrieges um 1900 zumindest in seiner operativen und taktischen Gestalt verwendet.[414] Und in gewisser Weise zu Recht, denn die Ansichten, die er lehrte, waren mit Sicherheit repräsentativ für die zeitgenössische Praxis (und für weniger prominente frühere Verschriftlichungen derselben).[415] Diese Praxis wurde dann durch den faktischen Lehrbuchcharakter von »Small Wars« – der Inhalt einiger Kapitel wurde in die Felddienstvorschrift von 1929 übernommen[416] – und den Umstand, dass es seitdem keine derart umfassende Abhandlung der Kriegführung an der Peripherie gegeben hat, bis tief ins 20. Jahrhundert hinein perpetuiert; ein Thema, dem die Forschung vielleicht noch zu wenig Aufmerksamkeit gewidmet hat.[417] Ein anderer Klassiker, General Charles Gwynns »Imperial Policing« (1934), das ebenfalls eine gleichnamige Dienstvorschrift inspirierte[418] und die Praxis bis 1939 prägte,[419] beschränkte sich auf den Ordnungseinsatz des Militärs, der zumindest formal unterhalb der Kriegsschwelle blieb.[420] Die Schrift wird bis heute gemeinhin mit der Etablierung des Grundsatzes der »möglichst beschränkten Gewalt« (*minimum force*) in politisch geprägten inneren

Konflikten assoziiert. Eine offizielle Formalisierung von Anweisungen für den Krieg an der Peripherie unterblieb in der britischen Armee bis nach 1945.[421]

In Frankreich muss das programmatische 40-Seiten-Pamphlet des späteren Marschalls Hubert Lyautey, »Du Rôle colonial de l'armée«, aus dem Jahr 1900 vor allem als propagandistische Selbststilisierung des französischen Kolonialoffiziers gegenüber der metropolitanen Militärelite und Politik verstanden werden. Basierend auf Kernsätzen seines Mentors Joseph Gallieni aus der Eroberung Vietnams und Madagaskars pries Lyautey hier die vorgebliche Methode der friedlichen Pazifikation durch Soldaten als Entwicklungshelfer,[422] bekannt geworden durch das Bild vom »Öltropfen« (tache d'huile), die aber nach dem Urteil Ian Becketts von der Realität der oft äußerst brutalen Befriedung vor allem Marokkos zum Teil weit entfernt war.[423] Mit organisatorischen und logistischen Herausforderungen des Kolonialkrieges befasste sich das 1905 erschienene Werk des Oberstleutnants Albert Ditte,[424] dem es offenbar nicht gelang, zum französischen Callwell zu werden – die Schrift ist eher obskur geblieben. Großen Einfluss erlangte hingegen in den 1960er Jahren die in Reaktion auf den Algerienkrieg formulierte Theorie des Guerre Révolutionnaire, die zum französischen Alternativentwurf zur britischen Counterinsurgency wurde. Einig waren sich die beiden Ansätze in der Diagnose, der moderne Imperialkrieg sei primär ein politischer Konflikt. Daraus zog die französische Theorie allerdings den der britischen »hearts and minds«-Idee mit ihrer Betonung politischer und psychologischer Lösungen ganz entgegengesetzten Schluss, es sei gerade deswegen die Aufgabe des Militärs, jeden drohenden Aufstand mit massiver Gewalt im Keim zu ersticken.[425] Entwickelt zunächst von zeitgenössischen Praktikern,[426] wurde Guerre Révolutionnaire international bekannt vor allem durch die nachfolgenden Schriften Roger Trinquiers (der 1961 die Folter im Algerienkrieg als notwendiges Kriegsmittel rechtfertigte)[427] und des in die USA ausgewanderten Oberstleutnants David Galula.

Dessen recht fantasieloses Textbuch »Counterinsurgency Warfare« von 1964[428] bildet übrigens, zusammen mit dem ebenfalls eher kursorischen und populären »Defeating Communist Insurgency« des britischen Oberstleutnants Robert Thompson von 1967,[429] das aber immerhin auf dessen Erfahrungen im Stab der britischen Oberbefehlshaber in Malaya während der Emergency basiert, bis heute die fast alleinige theoretische Basis der US-amerikanischen Formalisierung von Doktrinen für den kleinen Krieg an der Peripherie, was sich nicht zuletzt im gefeierten »Field Manual No. 3–24« von 2006 widerspiegelt:[430] ein Verweis auf die kurze Geschichte der ernsthaften eigenen Beschäftigung der amerikanischen Streitkräfte mit Theorien und Methoden für den Imperialkrieg, will man nicht das »Small Wars Manual« des Marineinfanteriekorps von 1940 gelten lassen. Das allerdings war sehr eng auf die Bedürfnisse der Kanonenbootpolitik in Lateinamerika zugeschnitten[431] und betonte vor allem Feuerkraft, Bevölkerungskontrolle und die Zusammenarbeit mit lokalen Unrechtsregimen – eine wahre Blaupause für Vietnam.[432]

Die spanischen Streitkräfte konnten auf ein Standardwerk aus den 1880er Jahren zurückgreifen, das ähnlich wie Callwell (aber zeitlich vor ihm) vor allem die praktischen Aspekte irregulärer Kriegführung behandelte, dabei aber nicht systematisch zwischen europäischen und kolonialen Konflikten unterschied.[433] Ansonsten war die Formalisierung von Doktrinen für Imperialkriege in der spanischen Armee offenbar wenig ausgeprägt.[434] Ähnlich sah es in den Niederlanden und der Sowjetunion aus.[435]

Ohnehin muss man bei alldem stets die begrenzte Reichweite solcher Verschriftlichungen von Techniken, Methoden und Theorien im Auge behalten. Bis auf die Ebene tatsächlicher Ausbildung für spezifische Einsatzprofile an der Peripherie drangen diese Gedanken nur selten vor – und erst solche Ausbildungsgänge sind ja der Beweis dafür, dass sich ein Militärapparat tatsächlich auf eine Doktrin eingelassen hat. Im britischen Fall kann man dabei auf das Trainingszentrum der Fernöstlichen Landstreitkräfte in Johore Bahru bei Singapur verweisen, bekannter als »Dschungelkriegführungsschule«, wo in den 1950er Jahren britische Soldaten die Techniken der Counterinsurgency für Malaya lernten.[436] Sehr viel weiter ging es in Frankreich, wo die Theorie des Guerre Révolutionnaire das »Unterrichtszentrum für Befriedung und Gegenguerilla« in Arzew in Algerien inspirierte, in dem nicht weniger als 10000 Offiziere in den Methoden der gewaltsamen Niederschlagung von Aufständen instruiert wurden.[437] Auch die portugiesischen Truppen in den Dekolonisationskriegen profitierten von Ausbildungskursen in der Heimat und Trainingszentren in Übersee, die nach britischem Vorbild modelliert waren.[438]

Das Lernen aus Imperialkriegen für andere Imperialkriege und die Formalisierung von allgemeinen Doktrinen für Imperialkriege verweisen bereits darauf, dass die Imperien sich mit der Zeit einen Fundus von übertragbarem Erfahrungswissen für periphere Konflikte aneigneten,[439] der ihr ohnehin ausgeprägtes globales Wissen noch um spezifische Kriegstechniken ergänzte. Derselbe Umstand wird umso deutlicher, wenn man sich vor Augen führt, dass es sich dabei von Anfang an um einen internationalen Diskurs gehandelt hat – die Imperien lernten nicht nur aus ihren jeweils eigenen Erfahrungen, sie lernten auch voneinander. Schon die ersten Berichte des französischen Entdeckers Jacques Cartier über seine Nordamerikareisen im 16. Jahrhundert wurden im zeitgenössischen Europa verschlungen und nach Hinweisen auf indianische Kriegstechniken durchkämmt.[440] Callwell, es wurde schon erwähnt, rezipierte in großem Umfang ausländische Literatur, unter anderem französische zum Algerienkrieg.[441] Generell beobachteten die Imperien spätestens seit dem Beginn des Wettlaufs um Afrika aufmerksam ihre gegenseitigen Erfahrungen in Imperialkriegen, und vor allem die kleineren nahmen bereitwillig ausländische Schriften zur Kenntnis.[442]

Nach 1945 intensivierte sich dieser Transfer im Rahmen der NATO, deren Ausrichtung auf den Großkrieg in der nördlichen Hemisphäre zwar einerseits eher ein Handicap für eine Spezialisierung der Militärs der Mitgliedstaaten auf periphere Konflikte darstellte,[443] die aber andererseits einen institutionellen Rahmen für Kooperation, Erfahrungsaustausch und Doktrindiskussion abgab. Besonders intensiv war die Zusammenarbeit dabei zwischen Briten, Franzosen und Amerikanern[444] – wobei die US-Kriegführung in Vietnam nicht unbedingt nahelegt, dass die amerikanische Seite vom Knowhow ihrer europäischen Alliierten[445] besonders profitiert hat. Überhaupt muss man die Reichweite solcher interimperialen Interaktionen vermutlich eher kritisch sehen: Für eine einheitlich westliche Imperialkriegsdoktrin waren britische Counterinsurgency und französischer Guerre Révolutionnaire einfach zu widersprüchlich. Davon zu schweigen, dass der Nachweis der tatsächlichen Praxisrelevanz solcher Konsultationen aussteht und ohnehin schon *a priori* infrage gestellt wird vom meist geringen institutionellen Gewicht der daran Beteiligten in ihrer jeweiligen nationalen Militärorganisation.[446] Die britischen Streitkräfte nach 1945 etwa waren kriegsbildmäßig und verteidigungspolitisch von der atomaren Abschreckung und dem NATO-Beitrag dominiert. Selbst in der Armee, in der die überseeische Rolle traditionell am schwersten wog, hielten sich die Protagonisten solcher Einsätze bestenfalls die Waage mit der Lobby der mechanisierten Großkriegführung im Rahmen der Rheinarmee.[447] Befürworter der Counterinsurgency durch Spezialeinheiten standen klar am Rande.[448] Ähnliche Prioritäten setzte eher noch klarer Frankreich.[449]

Am intensivsten wurde die Auswertung von Erfahrungen, die andere gemacht hatten, von den Portugiesen betrieben. Deren Doktrin der Aufstandsbekämpfung, die 1963 in einem fünfbändigen Handbuch formalisiert wurde, basierte neben eigenen Traditionen vor allem auf dem intensiven und langjährigen Studium der britischen und französischen Methoden durch Beobachtung der Praxis, die Rezeption von Schriften und die Teilnahme portugiesischer Offiziere an Kursen in ausländischen Ausbildungseinrichtungen.[450]

Dennoch beweist der internationale Austausch noch nicht, dass wiederkehrende taktische Konzeptionen für Imperialkriege auch primär auf diesem Austausch basierten – zumal dieser intensiv und nachweisbar ja erst im 20. Jahrhundert stattfand. Christian Gerlach hat darauf verwiesen, dass etwa im Hinblick auf Umsiedlungen und die Rekrutierung lokaler Manpower in der kolonialen Aufstandsbekämpfung vielmehr »das Rad immer wieder neu erfunden worden ist«.[451] Lösungsansätze für wiederkehrende Probleme wurden im Einzelfall meist vor Ort durch mühsames Ausprobieren entwickelt, nicht als Patentrezepte durch Anweisungen von oben implementiert[452] – was vollständig dem imperialen System entspricht, in dem die »men on the spot« stets große Handlungsfreiheit genossen. Entsprechend hat auch ein portugiesischer Praktiker, General Kaúlza de Arriaga (1970–1973 Oberbefehlshaber in Moçambique), die Bedeutung des theoretischen Lernens aus den Erfahrungen anderer erheblich relativiert, wenn er reklamierte, dass »gleichwertige Gehirne unter vergleichbaren Umständen natürlich ähnliche Lösungen hervorbringen«.[453] Es ist primär die Ähnlichkeit der Umstände, die militärische Logik der Peripheriesituation, die erklärt, warum die Erscheinungsformen des Imperialkrieges über Jahrhunderte, Kontinente und Imperien so auffällig konsistent geblieben sind.

Wie fällt mithin die Bilanz aus? Man kann festhalten, dass imperienseitig die arrogante Lernverweigerung für lange Zeit im Vordergrund stand und jeder Versuch, sich an die besonderen Bedingungen des Imperialkrieges anzupassen, vom institutionellen Beharrungsvermögen metropolitaner Militärapparate behindert war. Wenn gelernt wurde, dann meist zögerlich, spät und vor allem oberflächlich: Auf der Suche nach Generalisierungen und global anwendbaren Patentrezepten blieben die besonderen Bedingungen des jeweiligen Konfliktes mitunter auf der Strecke. In jedem Fall war Lernen auf unmittelbare Anwendbarkeit und vor allem militärische Antworten ausgerichtet: Ausrüstung, Techniken, Taktiken. Ein tieferes Verständnis der gegnerischen Gewaltkultur stand selten auf der Agenda. Vor Ort wurde der Imperialkrieg weiterhin situativ und praxisnah betrieben.

Was die Gegner der Imperien betrifft, so ist es historisch äußerst schwer, halbwegs belastbare Erkenntnisse über ihre Lernbemühungen im Gewaltkulturenkontakt mit dem Westen zu gewinnen. Dem steht schon das Quellenproblem im Weg: Fast alles, was wir über den weitaus größten Teil der indigenen Gesellschaften in der Geschichte der europäischen Expansion wissen, ist durch die europäische Brille gefiltert. Und westliche Beobachter weigerten sich fast durch die Bank, »Wilde« überhaupt für lernfähig zu halten.

Der beste Ausweis dessen ist die Beharrlichkeit, mit der indigene Lernerfolge oder überhaupt beachtenswerte Militärtechniken europäischen Überläufern zugeschrieben wurden. Speziell die eigenständig entwickelte Festungsbaukunst der nordamerikanischen Indianer oder der Maori war zeitgenössischen Quellen zufolge auf die Instruktion durch europäische Deserteure oder auf die Lektüre westlicher Schriften zurückzuführen.[454] Hatte eine nichteuropäische Armee erkennbar regulären Anstrich, so hatten gefälligst europäische Einflüsse Pate gestanden zu haben.[455] Selbst so genuin indigene Waffentechniken wie Schilde und Keulen oder Taktiken wie Hinterhalte und Scheinrückzüge sollen den Indianern, glaubt man frühneuzeitlichen Quellen, nicht selbst eingefallen sein.[456] Hinter unerklärlichen militärischen Erfolgen des Gegners wurden stereotyp westliche Strippenzieher vermutet.[457] Britischen Berichten aus dem 18. Jahrhundert zufolge war der Begründer der aggressiv modernisierenden Militärmonarchie von Mysore in Südindien, Haidar Ali, ein französischer Deserteur, und im 19. Jahrhundert galt der legendäre burmesische General Maha Bandula, der den Briten im 1. Burmakrieg standhielt, als illegitimer Sohn des vormaligen Generalgouverneurs von Indien, Warren Hastings.[458] Die militärischen Erfolge des Rifstaates erklärten sich die Spanier in den 1920er Jahren durch angebliche europäische Stabsoffiziere im Dienste Abd-el-Krims.[459]

Auch wenn es Fälle gibt, in denen Wissenstransfer durch individuelle Europäer auf indigener Seite oder durch indigene Deserteure aus Kolonialarmeen nachweisbar ist, nicht zuletzt in der Regularisierung der Armeen der indischen Fürstenstaaten im 18. Jahrhundert und südostasiatischer Reiche im 19. Jahrhundert[460] sowie in der Modernisierung der Armee Samoris[461] (und die Rif-Berber hatten tatsächlich einen ehemaligen Fremdenlegionär als Artilleriechef und Vermesser[462]): Aus einer derart unbelehrbaren westlichen Perspektive, die alle Innovations- und Lernfähigkeit für die eigene Kultur reserviert, wird man über die Anpassungsfähigkeit ihrer indigenen Gegner wenig Ernstzunehmendes erfahren.

Schließt man mangels Quellen über Lernprozesse vom Erfolg her, so zeigten sich einige indigene Gesellschaften möglicherweise habituell lernbereiter als andere. Dabei ist allerdings in Rechnung zu stellen, dass die neuere Literatur überhaupt erst anfängt, die herablassende europäische Perspektive zu überwinden, in der die nichteuropäische Welt als grundsätzlich statisch erscheint. Man kann daher vielleicht vermuten, dass die Gesellschaften, die *nicht* bereits als überdurchschnittlich lernfähig beschrieben worden sind, einfach ihren wohlwollenden Historiografen noch nicht gefunden haben.[463]

Sowenig man über tatsächliche Lernprozesse sagen kann, so ist doch eines klar: dass nicht in jedem Fall, erneut eurozentrischen Annahmen zum Trotz, Lernen für den Krieg gegen die Imperien mit Lernen *von* den Imperien gleichzusetzen war. Neue Waffen, Techniken und Taktiken konnten auch durch Beobachtung[464] oder im Konflikt mit indigenen Nachbarn erworben werden, die meist selbst direkte Rezipienten westlicher Innovationen waren – aber nicht immer. Die indischen Fürstenstaaten bis zur Mitte des 18. Jahrhunderts lernten primär voneinander, nicht von Briten und Franzosen,[465] und ohnehin war ihr Militärsystem dem europäischen strukturell ähnlich genug, dass der spätere Konflikt mit den Imperien für lange Zeit nahezu symmetrisch war. Ähnliches galt auf Java. Eine besonders interessante Form des transkontinentalen Transfers von Militärwissen hat John Thornton in der Revolution auf Haiti 1791–1804 identifiziert: Die aufständischen Sklaven griffen offenbar auf ihre eigenen Erfahrungen in west- und zentralafrikanischen Armeen wie der des Kongos oder Dahomeys zurück.[466]

Wie für die Imperien, so traten auch für ihre indigenen Gegner die Anforderungen des intrakulturellen und des transkulturellen Krieges mitunter in Konkurrenz und schufen eine komplexe Situation mit widersprüchlichen Doktrinen und Techniken. So mussten die Cherokee im 18. Jahrhundert für Konflikte mit ihren indianischen Nachbarn ihre traditionellen Festungen beibehalten, obwohl diese gegen reguläre europäische Armeen mit Artillerie obsolet waren.[467] Und die Maori kämpften gegen andere Maori in rangierter Feldschlacht im Stil des 18. Jahrhunderts – auch das bereits eine taktische Innovation im Zusammenhang mit der Annahme von Feuerwaffen –, aber gegen britische Soldaten mit Artillerie war dieser Kriegführungsstil suizidal, weswegen die Maori parallel die moderne *Pa* entwickelten.[468]

Waren die westlichen Imperien in vieler Hinsicht eine Wissensgemeinschaft, so kann man dasselbe über lange Zeit nicht für ihre Gegner sagen, die vielmehr im Wesentlichen isoliert und auf ihre eigenen Ressourcen beschränkt waren – dies nicht zuletzt aufgrund der europäischen Seeherrschaft. Überregionalen Austausch von Wissen und Technik gab es offenbar primär im islamischen Großkulturraum Süd- und Südostasiens. Erst im späten 19. Jahrhundert entwickelten koloniale Widerstandsbewegungen oder jedenfalls ihre Eliten (nicht selten in Kooperation mit westlichen linken Intellektuellen) ein ausgeprägtes Bewusstsein für die Universalität des Kampfes gegen die westliche Dominanz, das sich dann auch mittelfristig in institutioneller Zusammenarbeit niederschlug.[469] In diesem Kontext kam es dann nicht nur zur Kopie von anderswo entwickelten Taktiken – so griff die philippinische Guerilla im Krieg gegen die USA auf kubanische und burische Vorbilder zurück[470] –, sondern auch zur Rezeption von Theorien des Guerillakrieges, neben solchen westlicher Provenienz insbesondere der Schriften Maos,[471] die nach 1945 weltweit zur Basis »revolutionärer« Kriegführung wurden, auch wenn die Anwendbarkeit der Theorie auf andere Länder als China immer fraglich blieb.[472] Immerhin, angereichert durch Adaptionen wie die Vo Nguyen Giaps, Che Guevaras und Carlos Marighelas[473] schufen diese Werke einen für die Anwender zumindest moralisch wichtigen Fundus von antiimperialem Gewaltwissen, dessen Allgemeingültigkeit vermutlich auch nicht geringer war als die der westlichen Patentrezepte für den Imperialkrieg und dessen Spuren sich noch in den transnationalen Terrorgruppen der Gegenwart finden.[474]

Grundsätzlich war – das sollte bereits deutlich geworden sein – das Lernen indigener Gesellschaften für den Imperialkrieg häufig durch die enge Verflechtung von Kriegerkultur, Waffentechnik und Gesellschaftsmodell behindert, die Innovationen entweder ganz ausschloss oder zuwenigst auf die oberflächliche Kopie westlicher Vorbilder beschränkte, deren militärische Effektivität dann häufig zu wünschen übrig ließ. Hinzu kam der Versuch aktiver Obstruktion durch die Imperien, die den Transfer von Wissen unter anderem durch die Weigerung untergruben, indigene Hilfstruppen überhaupt oder an bestimmten Waffen auszubilden – mit allerdings langfristig begrenztem Erfolg.[475]

Das mächtigste Hindernis für effektives Lernen war für viele isolierte Gesellschaften im Gewaltkonflikt mit den Imperien die oft kurze Dauer dieser Begegnung. Für tiefer greifende Anpassung und dauerhaftes Lernen blieb Reichen, die so schnell kollabierten wie die der Azteken und Inkas, einfach keine Zeit, selbst wenn sie – was immer wieder ohne Versuch des Beweises bezweifelt wird – kulturell zur innovativen Verarbeitung neuer militärischer Herausforderungen imstande gewesen wären.[476] Ähnliches kann man sicher über manch andere nichteuropäische Gesellschaft sagen.[477]

Im Umkehrschluss bedeutet das, dass diejenigen indigenen Kulturen, die über längere Zeit *ohne* eine katastrophale und endgültige militärische Niederlage im Kontakt mit den expansiven Imperien waren, die beste Chance hatten, sich anzupassen und dauerhaft zu lernen. Grundsätzlich galt das am ehesten für intensiv miteinander verflochtene Gesellschaften desselben Kulturraums, wenn dieser Raum außerdem eine große strategische Tiefe aufwies, wie eben der amerikanische Kontinent. Mochten die Azteken und Inkas im 16. Jahrhundert, die unglücklichen Küstenvölker des nordamerikanischen Kontinents bereits im 17. Jahrhundert unter dem westlichen Ansturm kollabieren: Sie erkauften dabei Zeit für ihre Nachbarn im Binnenland, die sich über Jahrhunderte auf die im kontinentalen Maßstab nur langsam expandierende europäische Herausforderung einstellen konnten.[478] Dasselbe galt für Südostasien, wo die westliche Präsenz bis Mitte des 19. Jahrhunderts auf die Küsten beschränkt blieb.

Und auch die imperiale Gegenseite in solchen jahrhundertelangen Kulturkontakten hatte Gelegenheit – und Grund –, sich auf die Kriegführung ihres Gegenübers einzustellen. Wenn nicht die Imperien oder ihre Armeen schlechthin, dann passten sich individuelle Akteure an die Umstände des Kriegsschauplatzes an und übernahmen Techniken und Methoden der indigenen Gewaltkultur. In Nordamerika[479] und Südostasien,[480] aber auch zum Beispiel in Indien[481] (wo es nur weniger auffällt, weil der Konflikt in erster Instanz erheblich symmetrischer war) und gelegentlich anderswo,[482] entstand aus der Begegnung zwischen Europa und Außereuropa ein »middle ground«,[483] in dem Waffen, Ausrüstungen und Kriegführungsstil in einer Gewaltkulturensynthese verschmolzen, die genuin neu war, und für die der nordamerikanische Waldläufer[484] ebenso steht wie der südostasiatische Freibeuter[485] – und beide konnten europäischer, indigener oder gemischter Herkunft sein.[486] Dass auf Dauer häufiger die Imperien die ultimativen Nutznießer dieses militärischen Schmelztiegels waren, ist dabei unbenommen, wie John Lynn für Indien im 18. Jahrhundert ausführt: »Der Sepoy kämpfte so gut, weil er, obgleich er europäische Waffen führte und eine europäische Uniform trug, von sehr südasiatischen Idealen inspiriert war. Die europäische Militärkultur verschmolz mit südasiatischen religiösen, gesellschaftlichen und dörflichen Werten und Praktiken, um eine neue Militärkultur hervorzubringen, die […] einmalig war.«[487] Ähnliches kann man über manche Kolonialtruppe sagen.[488]

Über all dem darf man andererseits nicht die Grenzen solcher Synthesen übersehen, zumal nicht westlicherseits: Die Übernahme indigener Attribute konnte auch oberflächliche Manier sein,[489] und die Angst vor dem Stigma des »going native«[490] war dem Bewusstsein nie weit entrückt.

Fazit

Die Asymmetrie zwischen Imperien und Indigenen in den Gewaltkonflikten der europäischen Expansion war ausgeprägt, aber sie war weder allgemein noch lückenlos. Es gab regional und zu bestimmten Zeiten durchaus symmetrische Konstellationen, zumal vor Mitte des 19. Jahrhunderts und insbesondere in Süd- und Südostasien (aus jeweils unterschiedlichen Gründen). Wichtiger aber: Die Vertreter so unterschiedlicher Gewaltkulturen, die an der Peripherie aufeinandertrafen, interagierten. Sie passten sich aneinander an, entwickelten neue Techniken für den transkulturellen Konflikt, und zumindest gelegentlich fusionierten sie und kreierten etwas Neues. Diese Einsicht stellt die gängige Vorstellung eines katastrophalen Zusammenstoßes zweier völlig unvereinbarer Elemente infrage und unterstreicht die Erinnerung Patrick Porters, dass Krieg immer auch ein kultureller Austausch ist, wenngleich unter extremen Bedingungen: »Kriegführung hat eine gegenseitige Dynamik. Sie ist nicht ein Abfallprodukt eigenständiger und unterschiedlicher autonomer Kulturen, sondern sie wird auch geprägt von den wechselseitigen Prozessen von Wettbewerb, Nachahmung und Globalisierung. Kultur wird von äußeren Eindrücken geformt, wie etwa der gegenseitigen Durchdringung von Ideen und Einflüssen über Grenzen hinweg. Während die Rhetorik des Krieges von Feindschaft und beiderseitiger Abscheu sprechen mag, besteht die Praxis des Krieges oft in der Annäherung.«[491]

Andererseits darf man diese Einschränkung auch nicht überbewerten und vor allem nicht die Gewaltbegegnung als transkulturelles Idyll gleichberechtigter Partner missverstehen. Fakt bleibt, dass über weite Strecken die Imperien für den Gewaltkulturenkonflikt den Takt angaben und dass der Anpassungsdruck in der Regel für die indigenen Gesellschaften stärker war, allein schon, weil sie in der unmittelbaren Bedrohung ihres Überlebens das höhere Risiko trugen. Man könnte daraus schließen, dass Adaption und Adaptionsschwierigkeiten der Nichteuropäer historisch eine größere Wirkung gehabt haben als die Lern(un)fähigkeit der Vertreter des Westens.

So gestellt ist die Frage nach dem Zusammenhang von Lernen und militärischem Erfolg jedoch kurzschlüssig und steril. Sie unterstellt, dass der siegt, der besser lernt[492] – ausgerechnet die US-Armee behauptet das explizit;[493] und doch ist es unmittelbar einsichtig, dass selbst erfolgreiches Lernen nicht garantiert, dass man einen Entwicklungsvorsprung des Gegners überwindet.[494] Die indischen Fürstenstaaten etwa passten sich beindruckend schnell und umfänglich dem europäischen Kriegführungsstil an und wurden dennoch besiegt. Die Imperien verzichteten vor 1945 häufig darauf, zu lernen und sich anzupassen, zelebrierten ihre Ignoranz lokaler Umstände und eroberten doch die Welt. Nach 1945 entwickelten sie ausgefeilte Theorien der Counterinsurgency und des »revolutionären Krieges« und verloren dennoch ihre Kolonien.

Waffenübernahme, Anpassung, Wissen und Lernen sind nur einige unter vielen Faktoren, die einen militärischen Konflikt entscheiden. Die ursprünglichen Ressourcenpotenziale spielen, zumal in einer asymmetrischen Konstellation, vermutlich eine erheblich größere Rolle. Und daneben ist der Ausgang jedes individuellen Krieges einer

Unzahl situativer Faktoren geschuldet, die sich nicht verallgemeinern lassen. In letzter Instanz jedoch war die europäische Durchdringung der Welt kein primär militärischer Konflikt. Waffengewalt unterstützte und untermauerte allenfalls Entscheidungen, die auf politischer und gesellschaftlicher Ebene fielen – Kooperationen, Bündnisse, Strukturen, die das fragile Gebäude des Imperialismus aufrechterhielten. Die Kolonialreiche wurden nicht primär auf dem Schlachtfeld erobert, noch wurden sie in der Regel auf dem Schlachtfeld verloren; vielmehr gingen sie *trotz* militärischer Siege unter. Anpassung, Wissen und Lernen im militärischen Bereich waren in diesem Kontext nur eine Fußnote.

Interessant ist die Frage nach den Mechanismen der Begegnung zweier so unterschiedlicher Gewaltkulturen vor allem militärkulturhistorisch. Und die empirischen Forschungen auf diesem Gebiet sind leider noch sehr dürftig. Wie zumal die indigene Seite mit den Herausforderungen eines massiv asymmetrischen und bedrohlichen Konflikts umgegangen ist, wer zuerst Defizite benannte, Innovationen anregte, mit welchen Schwierigkeiten deren Durchsetzung konfrontiert war – über all diese Fragen weiß die Forschung wenig. Rückschlüsse aus dem Ausgang lassen nur die vagesten Annahmen zu. Historiker, Gewaltsoziologen und Anthropologen stehen hier noch vor einer großen Aufgabe.

Schluss

Am Ende jeder Kriegsgeschichte scheint die Diskussion stehen zu müssen: Wer hat gewonnen, und warum? Die Frage nach den Rezepten für militärischen Erfolg, nach den Gründen für Misserfolg, nach Stärke und Schwäche, nach Siegern und Verlierern scheint eine ungeheure Faszination auszuüben, insbesondere in der welthistorischen Verallgemeinerung etwa im Stil Lawrence Keeleys: »Ein breit angelegter Blick auf die Kriegführung legt nahe, dass (kurzfristig oder taktisch) überlegene Zahl und Befestigungen und (langfristig oder strategisch) größere Bevölkerung und bessere Logistik der Schlüssel zum Sieg sind.«[1] Eine Idee, die grundsätzlich ausschließen würde, dass kleinere Armeen vermittels überlegener Moral und/oder Waffentechnik größere Armeen besiegen, hinter denen größere Bevölkerungen stehen, was nicht nur den Existenzmythos der preußisch-deutschen Militärführung spätestens seit Friedrich II. grundlegend infrage stellen würde,[2] sondern auch der gesamten Evidenz von 500 Jahren Imperialkrieg der »Handvoll« gegen die »Horde« widerspräche, und im Übrigen zumindest für die neueste Zeit offenbar statistisch widerlegbar ist.[3] – Oder etwas spezifischer zum Thema dieses Buches die bereits im ersten Kapitel zitierten Feststellungen zu den im Prinzip unbesiegbaren Imperien, etwa von Jürg Helbling: »Widerstandskriege endeten fast immer mit einem Sieg des Kolonialstaates, vor allem wenn dieser eine klare waffentechnische Überlegenheit erlangt hatte, eine Divide-et-Impera-Strategie verfolgen konnte sowie zur Unterwerfung einer indigenen Bevölkerung entschlossen war und keine Kosten scheute.«[4]

Ich halte solche Generalisierungen, besonders in dieser Allgemeinheit, für problematisch. Allzu unterschiedlich sind die Umstände (von der politischen Verfasstheit beider Seiten über die Kräfteverhältnisse – numerisch, materiell und moralisch – bis zum Kriegsschauplatz), allzu situativ ist der Ausgang einzelner Gefechte und Kriege (man denke nur an so weitgehend kontingente Faktoren wie das Wetter oder die Führungsleistung einzelner Kommandeure), und allzu leicht lassen sich zahlreiche Gegenbeispiele finden.

Das heißt nicht, dass ich generell gegen Verallgemeinerungen bin – dann hätte ich dieses Buch nicht schreiben dürfen. Aber die Suche nach Mustern und wiederkehrenden Bedingungen im Verlauf von Gewaltkonflikten ist etwas anderes als eindimensionale Generalisierungen über ihren Ausgang. Solche Verabsolutierungen, die ganze Kombinationen von Bedingungen auf einen simplen Nenner bringen, haben eine Tendenz zur Teleologie, wenn nicht gar zur Applikatorik – der Suche nach über den Fall hinaus anwendbaren Siegesrezepten – oder suggerieren zumindest Prognostizierbarkeit. Selbst vorsichtigere, auf die Konflikte einer Epoche und einer Region bezogene Einsichten wie die von Robert Utley, dass in den Indianerkriegen der USA die Indianer »militärischen Erfolg« hatten, wenn sie ihren traditionellen Kriegführungsmethoden treu blieben, und die »Weißen«, wenn sie sich diesen Methoden anpassten,[5] haben das Problem, dass völlig unklar bleibt, was »militärischer Erfolg« ist und welche Reichweite er hatte (abgesehen davon, dass in diesem spezifischen Fall logisch unklar bleibt, was dann passierte, wenn *beide* Voraussetzungen zutrafen).

Was bedeuteten in der Gewaltgeschichte der europäischen Expansion Sieg oder Niederlage, was »militärischer Erfolg«? Die Frage, wer »gewonnen« hat, lässt sich global kaum beantworten, und in jedem Fall selbst ansatzweise nur unter Rückgriff auf nichtmilitärische Faktoren. Wenn man eine Tendenz angeben wollte, müsste man zumindest zwischen Siedlerkolonien und Herrschaftskolonien differenzieren: Im ersteren Fall hat auf Dauer sicher die indigene Bevölkerung »verloren«, allerdings zu einem guten Teil infolge von Demografie und Naturraumzerstörung, denen Waffengewalt allenfalls unterstützend zur Seite stand.

Im Falle von Herrschaftskolonien mit indigener Bevölkerungsmehrheit fällt eine sinnvolle Antwort wesentlich schwerer. Vielerorts existierte für lange Zeit eine militärische Balance, in der die Imperien an den Küsten und in zugänglicheren Gebieten, die indigenen Gesellschaften im Binnenland und in unerschlossenen Regionen dominierten. In großen Teilen der Welt, vornehmlich Afrika und Südasien, gelang dann meist im späten 19. Jahrhundert die »Eroberung«. Diese allerdings war einerseits von regelmäßigen militärischen Rückschlägen begleitet,[6] in denen mitunter die indigene Seite nicht nur einzelne Gefechte, sondern sogar Kriege gewann, und basierte andererseits wenigstens so sehr auf *divide et impera* wie auf Militäroperationen –

auch wenn diese nun oft von einer waffentechnischen Überlegenheit profitierten. Vor allem blieb die imperiale Herrschaft auf Dauer instabil, wovon die dichte Serie von Unruhen und »Aufständen« bis tief ins 20. Jahrhundert hinein Zeugnis ablegt. Mitte des 20. Jahrhunderts gelang es bekanntlich den Imperien trotz militärischer »Siege« nicht, ihre Kolonien zu behalten, was erneut unterstreicht, dass »militärischer Erfolg« eine Kategorie von zumindest recht zweifelhafter globaler Aussagekraft ist. Wie mehrfach ausgeführt, waren Imperialkriege vor allem politische Auseinandersetzungen, die sich einer militärimmanenten Logik von Sieg und Niederlage, von »Den Gegner zur Erfüllung unseres Willens zu zwingen«, entzogen. Und auch diese Einsicht ist noch nicht der Weisheit letzter Schluss, denn trotz der formellen Unabhängigkeit der ehemaligen Kolonien leben wir heute ganz klar in einer Welt, die politisch, wirtschaftlich, juristisch und kulturell von der Dominanz des Westens geprägt ist. Wer also hat »gewonnen«?[7]

Global lässt sich die Frage nach dem »Sieger« im Imperialkrieg mithin kaum ernsthaft und eindeutig beantworten. Was sich in der Rückschau auf 500 Jahre europäischer Expansion mit militärischer Unterstützung allenfalls angeben lässt, ist eine Auflistung von Faktoren, die jeweils eher die westliche oder die indigene Seite begünstigten, eine Gegenüberstellung spezifischer Stärken und Schwächen beider Seiten – unter der Maßgabe, dass eine solche Synopse keinen Anspruch auf Vollständigkeit haben kann, dass in jedem Einzelfall die Gewichtung und die Kombination dieser Faktoren unterschiedlich ausfiel und dass der Ausgang einzelner Konflikte zusätzlich, vielleicht mitunter vor allem, situativen Umständen geschuldet war.

Die Imperien profitierten global gesehen von
- ihrer modernen und stabilen Staatlichkeit;
- ihrer überlegenen Ressourcenmobilisierungsfähigkeit;
- ihrem globalen Wissen und ihrer Expansionserfahrung;
- ihrer Seeherrschaft;
- der Asymmetrie des Risikos im Imperialkrieg;
- ihrem bürokratischen und professionellen Militärsystem;
- (zeitweise) überlegener Transport-, Kommunikations- und Waffentechnik sowie Pferden;
- ihrer Festungsbaukunst;
- lokalen Bündnispartnern.

Negative Faktoren für die Imperien waren
- der geringe Mitteleinsatz aufgrund verteidigungspolitischer Prioritätensetzung;
- die Schwierigkeiten transozeanischer oder transkontinentaler Machtprojektion;
- die Schwerfälligkeit schwer bewaffneter Streitkräfte mit aufwändiger Logistik;
- die Landesnatur, d. h. die Weite und Unerschlossenheit des peripheren Raumes, die defensiven Qualitäten des vorherrschenden Terrains und die klimatischen und bakteriologischen Herausforderungen zumal der Tropen;
- die Ignoranz hinsichtlich der physischen und Sozialgeografie des Kriegsschauplatzes;
- die institutionelle Anpassungsunfähigkeit des Militärapparates mit seiner »Großkriegsmentalität«.

Zu den Faktoren, die im Imperialkrieg die indigene Seite begünstigten, gehörten
- ihre meist überlegene Zahl;
- ihre Kleinkriegskompetenz (»tribaler Krieg«);
- ihre hohe Mobilität und unkomplizierte Logistik;
- ihre Akklimatisierung und Resistenz gegen lokale Pathogene;
- ihr lokales Wissen;
- der Rückhalt in der Bevölkerung;
- die defensiven Qualitäten des peripheren Raumes.

Nachteilig wirkten sich für die Indigenen aus
- die Fragilität ihrer Staatlichkeit (soweit vorhanden);
- ihre politische Fragmentierung, die den Imperien Bündnispartner verschaffte;
- ihre meist geringe strategische Tiefe und Ressourcenmobilisierungsfähigkeit;
- ihr Mangel an globalem Wissen, der bei Erstbegegnungen einen regelrechten Kulturschock begünstigte;
- ihre auf charismatischer Führung durch Individuen basierende Militärorganisation, der bürokratische Planungsinstanzen und institutionelle Stabilität fehlten;
- die Unvereinbarkeit einer vollständigen Übernahme westlicher Militärtechniken mit ihrer Sozialstruktur.

Über die Gewichtung im Einzelfall sagen solche Listen nichts aus, abschließende Antworten sind das alles nicht, und vieles bleibt zwiespältig. So konnte die politische Fragmentierung nichtstaatlicher Gesellschaften wenigstens zeitweilig zur Trumpfkarte werden, weil solche Gesellschaften der entscheidungssuchenden westlichen Kriegführung keinen Ansatzpunkt boten. Und die Kopie des abendländischen Militärsystems mochte, wo sie weitgehend gelang, die Guerillakriegskompetenz konterkarieren und war damit nicht unbedingt ein Vorteil. All diese Überlegungen sind also *cum grano salis* zu genießen.

Gründe für Sieg oder Niederlage oder gar Patentrezepte für den »militärischen Erfolg« sind aber auch nicht das primäre Erkenntnisinteresse dieses Buches. Das Anliegen war es vielmehr, das Konfliktmuster des Imperialkrieges zu ergründen, seine innere Logik nachzuvollziehen und dabei zu verstehen, welche Charakteristika ihn zu einer für die Moderne hoch relevanten Konfliktform *sui generis* machen. Das Argument und die Erkenntnisse des Buches lassen sich in aller Kürze wie folgt zusammenzufassen.

1. Die innere Logik des Imperialismus, verteidigungspolitische Prioritätensetzungen und logistische Realitäten (global und vor Ort) begrenzten den imperialen Mitteleinsatz an der Peripherie derart, dass angesichts eines großen, unerschlossenen Raums, der die Defensive begünstigte, und politisch oft nur lose organisierter Gegner, die zudem militärisch das Gefecht vermieden, eine schnelle operative Entscheidung im Sinne der abendländischen Kriegführung der Moderne oft nicht möglich war. Imperialkriege waren daher gekennzeichnet als zeitlich, räumlich und strukturell entgrenzte, primär politische Konflikte, in denen die indigene Kooperation eine ausschlaggebende Rolle spielte.
2. Die Ziele imperialen Gewalthandelns waren oft sehr begrenzt und gingen im Sinne eines eskalatorischen Kontinuums ineinander über (was eine sinnvolle Typologie nicht ausschließt, aber erschwert). Die Unterwerfung oder Zerstörung indigener Gesellschaften war dabei eher funktionale *ultima ratio* als intentionales Kriegsziel. Das gegnerische Gewalthandeln war nicht immer primär eine Reaktion, sondern konnte intrinsische Motive haben.
3. Die Obsession imperialer Kommandeure, trotz der oben genannten Umstände eine militärische Entscheidung erzwingen zu wollen, und die Schwierigkeit, bei politisch wenig komplexen Gesellschaften und unter Bedingungen des irregulären Krieges zwischen Kombattanten und Nichtkombattanten zu unterscheiden, war ein

wesentliches Moment entgrenzter Kriegführung an der Peripherie. Unterstützt wurde es durch Diskurse der Härte, Entschlossenheit und Strafe, die von der physischen Schwäche des kolonialen Staates nahegelegt wurden, von der permissiven Ideologie vorgeblich völliger Regellosigkeit beim Gegner und scheinbar brutaler lokaler Kriegsbräuche, an die man sich notwendig anpassen müsse, von einer tief empfundenen Kulturdistanz, von starken Emotionen wie Angst, dem Ausgeliefertsein an eine zutiefst fremde und feindliche Umwelt, von Vergeltung sowie von institutionellen Dynamiken und der Suggestion eines dauerhaften Ausnahmezustandes an der Peripherie. All diese Faktoren ergänzten und überlagerten einander und machten Gewaltentgrenzung im Imperialkrieg letztlich überdeterminiert.

4. An der Peripherie trafen in der Regel Gewaltkulturen aufeinander, deren Militärorganisation, Kriegführungsstil, Techniken und Taktiken sehr unterschiedlich waren, aber es gab von dieser Asymmetrie wichtige Ausnahmen. Vor allem war der Konflikt der Gewaltkulturen von kulturellem Austausch, Anpassung und Lernen geprägt, auch wenn diese Prozesse in mentalen und soziokulturellen Schwierigkeiten ihre Grenzen fanden.

Im Endeffekt erweist sich der Imperialkrieg damit als Form des Krieges, die vor allem davon geprägt ist, dass sie sich der Logik des abendländischen Großkrieges weitgehend entzieht. Die hohe Bedeutung des Raums, die zeitliche Entgrenzung und geringe operative Intensität der Kriegshandlungen schon aufgrund des begrenzten Mitteleinsatzes, die über weite Strecken begrenzten Ziele und die Irregularität, die aus der Konfrontation mit einer »tribalen« Kriegskultur entspringt, machen den Imperialkrieg zum »anderen«, zum primär politischen Konflikt, in dem transkulturelle Kooperation wichtiger ist als militärische Entscheidungssuche. Dass die gleichen Faktoren den gegenläufigen Trend der taktischen Brutalisierung hervorbringen, ist ein interessanter Widerspruch, der sich aber auflöst, wenn man bedenkt, dass solche »Lösungen« des militärisch-politischen Problems allenfalls unter aus Imperiensicht idealen Begleitumständen (wie in Nordamerika Ende des 19. Jahrhunderts) mehr als temporären Effekt haben können, in der Regel aber allenfalls zur Eskalation beitragen und den Beherrschungsaufwand erhöhen und damit vor allem als institutionelle Unfähigkeit des Militärs gelten müssen, die wahre Konfliktnatur zu erkennen. Der transkulturelle Charakter des Imperialkrieges unterstützt mit Distanzempfinden und Unverständnis die Brutalisierung, eine Einsicht, die weitgehend unverknüpft neben den oft konstatierten transkulturellen Lern- und Anpassungsbemühungen stehen bleiben kann und muss.[8]

Es bedarf kaum der Erwähnung, dass diese sehr allgemeine Charakterisierung der Konfliktlogik des Imperialkrieges eine Abstraktion auf hohem Niveau ist – wenn man so möchte, ein Idealtypus. Sieht man genauer hin, lassen sich einige wichtige Variablen in der allgemeinen Logik identifizieren, die zu einer Differenzierung, Typologisierung oder Periodisierung beitragen können. (Ich folge in der Auflistung grob der Kapitelreihenfolge des Buches.)

1. Eine der wichtigsten Variablen ist bereits erwähnt worden: der *Charakter der jeweiligen Peripherie*, der nicht ganz in der Unterscheidung Siedlungs- versus Herrschaftskolonie aufgeht, sondern vielleicht eher direkt auf das demografische Verhältnis zwischen europäischer Präsenz und indigener Bevölkerung abstellen sollte. Wo die Imperien das demografische Übergewicht erlangten, veränderte sich auf Dauer der Charakter des Imperialkrieges dahin, dass die militärische Beherrschung durch die Umweltumstände erheblich erleichtert wurde.

2. Waren periphere Konflikte für das Imperium mit einem hohen *Prestige* belegt oder wegen geografischer Nähe des Kriegsschauplatzes zum Mutterland oder seiner strategischen Bedeutung als ungewöhnlich *sicherheitsrelevant* eingestuft, konnte die Mobilisierung für Imperialkriege das übliche Maß weit übersteigen. Dies war mit besonderer Dichte nach 1945 der Fall, als der Kalte Krieg peripheren Konflikten über die Paradigmen des Nullsummenspiels und der Glaubwürdigkeit einen präzedenzlosen hohen Stellenwert für die Imperien verschaffte.[9]

3. Die *politische Organisation und das militärische Potenzial der indigenen Gesellschaft(en)* spielten eine wichtige Rolle. Wo komplexe indigene Staatlichkeit existierte, die eine reguläre Armee aufstellte, war der Konflikt von Anfang an tendenziell erheblich symmetrischer und auch wahrscheinlicher von einer wechselseitigen Anpassung geprägt, die ihn noch symmetrischer machte. Der Ausgang hing dann von der Belastbarkeit des indigenen Staatswesens ab; überstand es eine Niederlage relativ intakt, konnte ein Imperialkrieg mit der Überführung in ein Kollaborationsregime ein vergleichsweise klares Ende finden. Zerfiel der

Staat hingegen, trat der üblichere Zustand des Imperialkrieges gegen fragmentierte und substaatliche oder staatenlose Gegner ein.
4. Als besondere Variable ist in diesem Kontext die Fähigkeit der indigenen Seite zur Bildung stabiler transethnischer *intrakultureller Allianzen* relevant, die im 20. Jahrhundert massiv von der intern mobilisierenden und international legitimierenden Ideologie des Nationalismus und der Selbstbestimmung der Völker profitierten und damit in erfolgreiche antikoloniale Befreiungsbewegungen mit protostaatlichem Anspruch übergingen, die transkulturellen Bündnissen mit dem Imperium zunehmend die Legitimation entzogen (was allerdings nicht heißt, dass sie ausblieben).
5. *Raum, Terrain und Klima* waren ebenfalls relevant. Insbesondere die Zugänglichkeit des Kriegsschauplatzes auf dem Wasserweg war zentral für die imperiale Machtprojektion, aber auch eine geringe Ausdehnung und vergleichsweise Offenheit und Erschlossenheit konnten dem Imperialkrieg einen prägenden Aspekt entziehen. Ähnliches galt für die Sozialgeografie: Hohe Bevölkerungsdichten und intensive Landwirtschaft machten den Imperialkrieg dem europäischen Großkrieg tendenziell ähnlicher, zumal sie fast immer auch mit ausgeprägter indigener Staatlichkeit einhergingen.
6. Die *internationale Konstellation* war entscheidend für die Bündnischancen der indigenen Seite und damit für ihre Möglichkeiten, einem Konflikt standzuhalten, der sie isoliert überfordert hätte. Epochen und Regionen intensiver Imperienkonkurrenz (Nordamerika und Indien im 18. Jahrhundert, die Welt insgesamt 1945–1991) schufen dafür erheblich bessere Ausgangsbedingungen als unbestrittene Einflusssphären (große Teile Spanisch-Amerikas, Australien, Neuseeland, der Westen der USA nach 1812) oder Zeiten faktischer imperialer Kartelle gegen die übrige Welt (1880–1914).
7. Eine sekundäre Variable, die damit zusammenhängt, besteht im *Rechtsstatus und der Legitimation indigener Kriegsparteien*. Dabei ist nur von geringer Bedeutung, dass indigene Staatlichkeit in der Frühen Neuzeit auf dem Papier als legitim anerkannt war,[10] weil dies umstandslose Vernichtungskriege bekanntlich nicht weniger ausschloss als im späten 19. Jahrhundert, wo indigene politische Organisation überhaupt nicht mehr zur Kenntnis genom-

265

men wurde (wovon nicht zuletzt das Konstrukt der *terra nullius* und die kollektive Aufteilung Afrikas nach 1880 Zeugnis ablegen) und indigene Gewalthandlungen generell als Aufstände kriminalisiert wurden. Relevant ist aber, dass sich diese Situation seit 1945 durch die Existenz der Vereinten Nationen, eine global dominante antikoloniale Ideologie und die juristische Anerkennung nichtstaatlicher Befreiungsbewegungen grundlegend gewandelt hat.

8. Wichtig für den Charakter des Imperialkrieges ist natürlich das *imperiale Kriegsziel*, wobei zu berücksichtigen ist, dass es nicht immer klar formuliert war, dass Kriegsziele in einer eskalativen Stufenleiter ineinander übergingen und eine eigene Dynamik entfalten konnten (Kollaps von Kollaborationsregimen, situative Endlösungen), und dass die entgrenzende operative und taktische Logik der Kriegführung das strategische Ziel konterkarieren konnte.

9. Eine ganz zentrale Variable – für viele Beobachter diejenige, die bereits allein übergreifende Logiken des Imperialkrieges ausschließt – ist *Technik*, insbesondere Waffentechnik. In der Frühen Neuzeit war ein Technikvorsprung der Imperien außer auf hoher See wenig relevant. In der zweiten Hälfte des 19. Jahrhunderts verschafften die Hinterladerrevolution, Dampfschiffe und Eisenbahnen dem Westen für einige Zeit eine massive technologische Überlegenheit, die sich aber nach 1900 schon wieder abzuflachen begann und seit 1945 eine deutlich geringere Rolle spielt.

10. Für die Lern- und Anpassungsfähigkeit insbesondere der indigenen Seite war die *Kontaktdauer* eine wesentliche Variable. Intensiv gewalttätige Erstkontakte mit geringer Vorwarnzeit konnten in einem katastrophalen Kulturschock resultieren; längerfristige Kontakte, abgepuffert durch strategische Distanz, hatten mit größerer Wahrscheinlichkeit Anpassung und Synthesen zur Folge.

11. Im Gegenzug war die Anpassungsbereitschaft des imperialen Militärs vor allem davon geprägt, inwieweit die *metropolitane Militärorganisation* dem Einsatz an der Peripherie Priorität bzw. Mittel einräumte. (Teil-)Streitkräfte, die auf den Imperialkrieg ausgerichtet waren, hatten deutlich bessere Voraussetzungen als das metropolitane Einheitsmilitär für den Großkrieg.

12. Die *Asymmetrie des Wissens* war klaren Veränderungen unterworfen. Das globale Wissen der Imperien war stets ausgeprägt,

aber der Erwerb lokalen Wissens kulminierte im 20. Jahrhundert ebenso wie die Aneignung globalen Wissens durch indigene Gesellschaften.

Sind einige dieser Variablen regional oder situativ, so fällt doch auch auf, dass andere sich mit dem historischen Zeitverlauf verändern. Insbesondere gilt das für den Status indigener Gesellschaften, die im 20. Jahrhundert und beschleunigt nach 1945 anfingen, von zunehmend globalem Wissen, der Ideologie des Nationalismus und internationaler Legitimität zu profitieren; drei Elementen, die natürlich eng miteinander verknüpft waren. Im Zeitverlauf stark wandelbar waren ferner der imperiale Technikvorsprung und die internationale Konstellation sowie die relative Bedeutung peripherer Konflikte (zumindest im Kalten Krieg).

In einem früheren Stadium dieses Projekts war ich noch überzeugt, dass sich diese Variablen im Zeitverlauf für eine Periodisierung der Gewaltkonflikte in der europäischen Expansion anböten, die etwa so aussehen würde:
1. *Präklassischer (oder frühmoderner) Imperialkrieg* (bis Mitte des 19. Jahrhunderts): Der Gegner genießt wenigstens auf dem Papier eine gewisse Legitimität. Die Imperienkonkurrenz ist hoch, was der indigenen Seite Bündnischancen verschafft. Die Technikasymmetrie ist gering.
2. *Klassischer Imperialkrieg* (ca. Mitte des 19. Jahrhunderts bis Anfang/Mitte des 20. Jahrhunderts): Der Gegner hat kaum Legitimität. Die Imperien kooperieren, der Gegner ist isoliert. Die Technikasymmetrie ist hoch.
3. *Postklassischer Imperialkrieg* (seit Mitte des 20. Jahrhunderts): Die Legitimität des Gegners ist deutlich höher. Leistungsfähige transethnische Befreiungsbewegungen profitieren von globalem Wissen und erhöhen den Beherrschungsaufwand für die Imperien. Der Kalte Krieg verschafft solchen Befreiungsbewegungen einen automatischen Bündnispartner, der sie auch mit modernen Waffen versorgt; die Technikasymmetrie schrumpft.

Ich will nicht bestreiten, dass eine solche Periodisierung global einen gewissen Erklärungswert hat; zumindest trägt sie dazu bei, plausibel zu machen, warum die westliche Eroberung der Welt gerade in der »klassischen« Phase ca. 1850–1930 eine solche Intensivierung erfahren hat. Aber für eine wirkliche Phaseneinteilung ist die Abgrenzung dann doch zu löcherig. Der Wandel der internationalen Konstellation deckt sich nur teilweise mit dem der Waffentechnik, und gerade die Bündnischancen indigener Gesellschaften waren zwar seit 1945 insgesamt hoch, aber vor allem vorher doch stark von der jeweiligen Weltgegend abhängig.[11] Die ersten Konflikte, in denen »postklassische« Elemente auftraten, waren waffentechnisch vermutlich die italienische Invasion Äthiopiens (die denn auch zeitgenössisch als Zeitenwende galt[12]) und der Südafrikanische Krieg;[13] was die Struktur der Widerstandsbewegung und die imperiale Reaktion darauf betrifft, wohl der Philippinenkrieg der USA – alle um 1900.[14] Auch die imperiale Mobilisierung für einzelne Imperialkriege stieg bereits zu diesem Zeitpunkt stark an. Gleichzeitig aber blieb die internationale Konstellation selbst nach Versailles noch für Jahrzehnte relativ günstig für die Imperien, und vielerorts wurden mindestens bis 1945 ganz klassische kleine, isolierte Imperialkriege mit geringem Mittelaufwand geführt. Die Periodisierung ist also allenfalls, erneut, *cum grano salis* zu genießen. Allerdings deutet die Auseinandersetzung damit an, dass die »klassische« Phase kurz und für den Gesamtverlauf der Gewaltgeschichte der europäischen Expansion eher atypisch war. Und in jedem Fall bleibt festzuhalten, dass das Konfliktmuster des Imperialkrieges, bedeutenden Variablen zum Trotz, in seiner übergreifenden Logik und in vielen seiner Erscheinungsformen eben doch für den Gesamtverlauf der europäischen Expansion relevant gewesen ist.

Wie sieht es mit aktuellen Gewaltkonflikten an der Peripherie nach dem Ende der Dekolonisationskriege und des Kalten Krieges aus? Zunächst fallen natürlich die Unterschiede ins Auge, speziell die zu den »klassischen« Imperialkriegen des 19. bis frühen 20. Jahrhunderts. Die Legitimationsgrundlagen scheinen sich parziell gewandelt zu haben; humanitäre Überlegungen stehen zumindest offiziell meist im Vordergrund. Interventionen sind häufiger kollektiv und durch die internationale Gemeinschaft abgesegnet. Und der Westen errichtet keine Imperien mehr in Übersee – wenigstens keine mit formaler Herrschaft und Umfärbung der Landkarte.

Aber wie relevant sind diese Unterschiede im historisch informierten, langfristigen Blick? Glaubt man ihren zeitgenössischen Protagonisten, so waren fast alle Imperialkriege auf die eine oder andere Weise humanitär: Unrechtsregime beseitigen, das Christentum, die Zivilisation, den Freihandel oder die Freiheit bringen – heute ist es in der Regel die Demokratie. Faktisch hingegen ging es damals und geht es weiterhin vor allem um viel handfestere Dinge: Wirtschaftsinteressen, regionale Stabilität und die Abwehr von Bedrohungen. Im Kern ist Afghanistan vor allem eine »unruhige Grenze« (im Sinne Galbraiths[15]) des Weltsystems. Ohnehin ist das humanitäre Interesse des Westens sehr selektiv und seine Anwendung opportunistisch bestimmt. Bislang ist kein westlicher Staatsmann ernsthaft auf den Gedanken gekommen, gegen die Menschenrechtsverletzungen in der Volksrepublik China gewaltsam einzuschreiten. Im Übrigen ist die altruistische Intention, und sei sie selbst genuin, ganz klar von einem paternalistischen Drang geprägt, der außereuropäischen Welt ungefragt westliche Werte zu vermitteln, der letztlich für den Imperialismus typisch ist.

Kollektive Interventionen waren auch in früheren Zeiten zumindest nicht unüblich – der Boxerkrieg in China ist nur das prominenteste Beispiel. Fraglich ist aber, welchen analytischen Unterschied das innerwestliche Bündnis für die Struktur der Intervention macht. Allenfalls ist es Ausweis des Umstandes, dass verglichen mit früheren Phasen der europäischen Expansion – zuletzt dem Kalten Krieg – aktuell die Konkurrenz der westlichen Nationen untereinander im Verhältnis zur übrigen Welt abgenommen hat. Vor allem aber dient die Kollektivität der Intervention in erster Linie der Rechtfertigung gegenüber der Weltöffentlichkeit, der Verschleierung der nationalen Eigeninteressen – und dasselbe gilt für die prozedurale Legitimation durch die Vereinten Nationen, die auch kaum kaschiert, dass es letztlich vor allem die Kernmächte des Weltsystems sind, die im Wesentlichen im eigenen Auftrag militärisch aktiv werden. Wieweit es im Übrigen auch ohne solche Legitimationskonstrukte geht, zeigt nicht allein der Irakkrieg, sondern auch die zunächst völlig eigenmächtige und trotz UN-Mandat und symbolischen Beiträgen westlicher wie afrikanischer Verbündeter im Kern unilaterale Intervention Frankreichs in seiner ehemaligen Kolonie Mali.[16] Sie ist nur die bislang letzte in einer seit der Dekolonisation anhaltenden Serie von Militärunternehmungen im ehemaligen Französisch-Westafrika, das Frankreich trotz gegenteiliger Beteuerungen weiterhin als seine Einflusssphäre betrachtet.[17]

Schließlich war die Errichtung formeller Kolonialherrschaft historisch nur im Ausnahmefall das Ziel und zumindest nicht in der Regel unmittelbare Folge westlicher Militäraktionen an der Peripherie, auch wenn wiederholte Interventionen und der Zusammenbruch delegitimierter kooperativer Regime am Ende dieses (meist ungewollte) Ergebnis haben konnten. Mehrheitlich hingegen waren gerade die vorgeblich begrenzten Ziele jüngster Kriegseinsätze in der nichtwestlichen Welt – Gehorsamserzwingung, Regimewechsel, gesellschaftlicher Wandel – auch die vorherrschenden Motive imperialer Gewaltanwendung in den letzten 500 Jahren. Im Übrigen: Noch weiß ja keiner, was langfristig aus den faktischen westlichen Schutzherrschaften unter anderem in Afghanistan werden wird, wenn es sich – ähnlich wie bei der britischen Intervention in Ägypten 1882 – für weitere Jahrzehnte Jahr für Jahr als unmöglich erweisen wird, abzuziehen, ohne das Land im Chaos zurückzulassen. Zwar ist Kolonialherrschaft zur Zeit welthistorisch genügend delegitimiert, dass man zuversichtlich ausschließen kann, dass solche Länder formell ihre Unabhängigkeit verlieren und westliche Geografen wieder die Weltkarte in den Flächenfarben ihrer Mutterländer ausmalen. Aber faktisch ist Afghanistan momentan nicht unabhängiger als Marokko oder die indischen Fürstenstaaten Anfang des 20. Jahrhunderts – auf dem Papier souverän, faktisch abhängige Peripherie westlicher Imperien (und des westlichen Weltsystems sowieso).

Letztlich allerdings sind diese völkerrechtlichen und legitimatorischen Feinheiten primär auf politikwissenschaftlicher Ebene relevant. Konflikthistorisch gesehen überwiegen die strukturellen Kontinuitäten der transkulturellen, peripheren Konfliktkonstellation bei Weitem. Nach wie vor sind diese modernen Imperialkriege vor allem von den Gegebenheiten des Raumes und der transkulturellen und asymmetrischen Gegnerkonstellation geprägt. Nach wie vor sind sie im Kern lokale Bürgerkriege, in denen die westlichen Mächte nur ein (allerdings dominanter) Machtfaktor unter vielen sind, und nach wie vor sind sie zeitlich, räumlich und strukturell entgrenzt. Erneut ist das jüngste Beispiel Mali, wo der den Ereignissen von 2012/13 zugrunde liegende ethnische und sektionale Konflikt bereits seit Jahrzehnten immer wieder aufflammt.[18] Nach wie vor sind westliche Truppen – in unterschiedlichem Maße – von einem wirklichen Verständnis der Gesellschaften, in denen sie Krieg führen, weit entfernt – Irak und Afghanistan sind die besten Beispiele. Nach wie vor quält die westliche Militärmaschinerie vor allem ihre Unfähigkeit, einen politischen Konflikt militärisch zu entscheiden, einen Gegner zur Schlacht zu stellen, der keinen Grund hat, sie anzunehmen, und sich auf Guerillakrieg und Terrorismus verlässt, auf die das konventionell ausgebildete Militär weiterhin keine echte Antwort hat. Kein Wunder, dass sich die Streitkräfte des Westens neuerdings auf die Lehren aus früheren peripheren Konflikten, speziell den Dekolonisationskriegen zurückbesinnen – oder sich zumindest rhetorisch darauf berufen.[19] Gleichwohl sind an der westlichen militärischen Machtprojektion an der Peripherie weiterhin vor allem ihre Grenzen auffällig.

Für die Realität der Kriegführung, für die Wahrnehmung am »Empfängerende« – das heißt primär für die Zivilbevölkerung des Konfliktschauplatzes – sind die einer kritischen Weltöffentlichkeit mit nahezu verzögerungsfreien Massenmedien geschuldeten Beschränkungen einer Eskalation der Gewalt mit Sicherheit der wichtigste Unterschied zu den Zeiten, in denen das Militär der westlichen Mächte und seine örtlichen Verbündeten in peripheren Konflikten relativ ungehemmt massakrieren konnten. Trotz anhaltenden (und aufschlussreichen) Versuchen, Interventionen in der Dritten Welt von der Weltpresse abzuschirmen (so erneut die französische Armee in Mali im Januar 2013[20]), sind Menschenrechtsverletzungen im Internetzeitalter in der Regel nicht lange geheim zu halten. Die gestiegene Sensibilität für nicht allein eigene, sondern auch zivile Verluste und die strikte politische Kontrolle aus der Metropole verändern tendenziell den Charakter der Kriegführung in Imperialkriegen. Und dennoch: Den Preis für den Versuch, politische Probleme mit militärischen Mitteln zu lösen, dominanten Fremdeinfluss (wenn schon nicht formale Fremdherrschaft) mit unzureichenden Mitteln durchzusetzen, zahlt letztlich immer die indigene Bevölkerung vor Ort, ein Trend, den die Vermeidung westlicher Verluste durch ferngelenkten Waffeneinsatz neuerdings eher noch verstärkt. Der Imperialkrieg bleibt vor allem anderen eines: asymmetrisch.

Danksagung

Historisch gesehen muss mein erster Dank wohl Thoralf Klein und Frank Schumacher gelten, die mich für den Einführungsvortrag der Tagung »Kolonialkriege« im Januar 2003 in Erfurt eingeladen haben; das hat meine Beschäftigung mit dem Thema begründet. Jan Philipp Reemtsma als Vorstand des Hamburger Instituts für Sozialforschung (HIS) hat seit 2007 die Arbeit an diesem Projekt finanziert und dabei auch Verständnis für mehrere Aufschübe für Elternzeiten und eine Lehrstuhlvertretung aufgebracht; ohne diese Förderung gäbe es dieses Buch nicht. Martin Bauer von der Institutszeitschrift *Mittelweg 36* hat mich mehrfach ermutigt, Vorarbeiten zu diesem Buch als Artikel zu publizieren; ein Interesse, das für mich auch moralisch stärkend war. Den Mitarbeiterinnen und Mitarbeitern der Bibliothek des HIS danke ich für die Erfüllung meiner zahllosen Wünsche nach Fernleihen, Zeitschriftenartikeln und Buchanschaffungen (das nachstehende Literaturverzeichnis vermittelt eine Idee von der Arbeit, die ich ihnen bereitet habe). Insbesondere bin ich Christoph Fuchs für Recherchen zu Maos Fisch im Wasser sowie zu Charles Callwell und Ingwer Schwensen für Material zum Kriegseinsatz von Drohnen verbunden. Auch die studentischen Hilfskräfte des ehemaligen Arbeitsbereiches Theorie und Geschichte der Gewalt haben mich wirksam unterstützt, vor allem lange Jahre Katrin Radtke mit zahllosen kleineren Hilfsaufgaben, dann Klaas Voss, inzwischen selbst als geschätzter Kollege am Institut tätig, zuletzt Laura Haloschan, deren Spanischkenntnisse bei der Auswertung von Quellen zur Conquista wertvoll waren, und Yves Schmitz, der sich für mich in den Mali-Konflikt eingelesen hat. Für das verständige und sorgfältige Lektorat und die Unterstützung bei der Publikation danke ich Birgit Otte von der Hamburger Edition.

Inhaltlich hat dieses Buch sicher am meisten von den langjährigen wissenschaftlichen und persönlichen Kontakten mit dem Lehrstuhl für Neueste allgemeine Geschichte der Universität Bern profitiert. Meinem akademischen Lehrer Stig Förster selbst verdanke ich ganz grundsätzlich mein Interesse an Imperialismus und Krieg. Die Zusammenarbeit mit Tanja Bührer, mit der ich unter anderem 2011 einen Sammelband zum Thema »Imperialkriege« herausgegeben habe und deren Forschungen zur deutschen Schutztruppe für Ostafrika mein Verständnis für Kriegführung in Afrika sehr erweitert haben, war für mich besonders fruchtbar. Andreas Stucki, seit 2012 mein Kollege am HIS, und Flavio Eichmann haben es beide auf sich genommen, den gesamten Text dieses Buches zu lesen und ausführlich zu kommentieren. Beiden verdanke ich neben zahlreichen kritischen Fragen und Begriffsschärfungen wertvolle Hinweise auf ergänzende Informationen aus ihren jeweiligen Spezialgebieten, dem späten spanischen und portugiesischen Kolonialreich sowie der französischen Kriegführung in der Karibik. Auch von beider Verständnis der Debatten zu Imperialismus und Imperien habe ich enorm profitiert.

Vielen weiteren Kolleginnen und Kollegen bin ich für Hinweise, bereichernde Diskussionen, Ermutigung, Kooperation und Kritik dankbar, unter anderem James Belich, Arndt Brendecke, Moritz Feichtinger, Wolfgang Gabbert, Bernd Greiner, Matthias Häußler, Nadin Hée, Jörg Helbling, Ulrike von Hirschhausen, Konrad Jarausch, Jonas Kreienbaum, Birthe Kundrus, Dieter Langewiesche, Wolfgang Reinhard, Ute Schüren, Hew Strachan und ganz allgemein den Teilnehmerinnen und Teilnehmern der Tagungen »Imperialkriege« und »Transkulturelles Lernen in Imperialkriegen« 2009 in Potsdam und Hamburg, deren Erkenntnisse sich an vielen Stellen in diesem Buch wiederfinden. Dass alle Unzulänglichkeiten und Irrtümer meiner Darstellung allein meine Verantwortung sind, versteht sich – wie immer.

Der wichtigste Dank wie immer zum Schluss. Niemand hat zur Fertigstellung dieser Arbeit mehr beigetragen (und niemand außer mir hat mehr darunter gelitten) als meine Frau Birgit Albrecht. Sie hat in der allzu langen Schreibphase einen unverhältnismäßig hohen Anteil der Last von Haushalt und Kindererziehung getragen. Daneben hat sie die Zeit gefunden, mehrere Versionen des Textes zu lesen und zu korrigieren und mich dabei unablässig zu mehr logischer Struktur und begrifflicher Klarheit zu drängen. Als Sprachwissenschaftlerin, aber auch als über weite Strecken fast so sehr mit dem Imperialkrieg wie mit mir verheiratete interessierte Leserin war sie erneut meine strengste Lektorin. Ohne ihre Unterstützung und Loyalität wäre dieses Buch nicht fertig geworden. Ihr und unseren Töchtern Charlotte und Pauline, die lange Zeit mit einem gedanklich auf den Pfefferinseln weilenden Papa leben mussten, ist dieses Buch gewidmet.

Anmerkungen

Einleitung

[1] Kaldor, *New and Old Wars*; Münkler, *Die neuen Kriege*; Jäger, *Komplexität der Kriege*.
[2] Thomas/Moore/Butler, »Conclusion«, S. 411f.; Wendt, *Vom Kolonialismus zur Globalisierung*, S. 326–330, 349–362.
[3] Wallerstein, *Modern World System*.
[4] Gallagher/Robinson, »Imperialism of Free Trade«; Cain/Hopkins, *British Imperialism*; Cain/Hopkins, »Gentlemanly Capitalism I«.
[5] Reinhard, *Geschichte der europäischen Expansion*.
[6] Ribas, »Eclipse and Collapse«.
[7] Jalée, *Impérialisme en 1970*; Magdoff, *Imperialism*; Nkrumah, *Neo-Colonialism*.
[8] Robinson, »Excentric Idea of Imperialism«; Robinson, »Non-European Foundations«.
[9] Smith, *Pattern of Imperialism*, S. 85.
[10] Beissinger, »Rethinking Empire«, S. 29f.; Burbank/Cooper, *Empires in World History*, S. 453–459; Darwin, *After Tamerlane*, S. 482–485; Go, »Entangled Empires«; Howe, *Empire*, S. 114–116; Münkler, *Imperien*, S. 224–254; Parrott, »Transformation of the Soviet Union«, S. 11f.; Zielonka, *Europe as Empire*; McCoy/Fradera/Jacobson, *Endless Empire*.
[11] Eichmann, »Expansion und imperiale Herrschaft«, S. 89–91; Osterhammel/Petersson, *Geschichte der Globalisierung*; Wendt, *Vom Kolonialismus zur Globalisierung*.
[12] Mommsen, *Imperialismustheorien*.
[13] Headrick, *Tools of Empire*, S. 83. Fast wortgleich Trotha, »Genozidaler Pazifizierungskrieg«, S. 41. Vgl. Osterhammel, *Verwandlung der Welt*, S. 663; Osterhammel, »Entdeckung und Eroberung«, S. 408f.; Peers, »Introduction«, S. xv; Porch, »Introduction«, S. v; Trotha, *Koloniale Herrschaft*, S. 33.
[14] Bitterli, *Die ›Wilden‹ und die ›Zivilisierten‹*, S. 130–136; Raudzens, »Why Did Amerindian Defences Fail?«, S. 345.
[15] Gallagher/Robinson, »Imperialism of Free Trade«, S. 5.
[16] Bryant, »Asymmetric Warfare«, S. 431.
[17] Kundrus/Walter, »Anpassung und Lernen«, S. 19–22.
[18] Hirsch, »Collision of Military Cultures«, S. 1211.
[19] Utley, »Cultural Clash«, S. 91. Gordon, »Limited Adoption«, S. 229.
[20] Schröfl/Pankratz, *Asymmetrische Kriegführung*. Vgl. aber jetzt Heuser. *Rebellen – Partisanen – Guerilleros*.
[21] Klose, »Antisubversiver Krieg«; Charters/Tugwell, *Armies in Low-Intensity Conflict*; Beckett/Pimlott, *Armed Forces and Counter-Insurgency*.

22 Etwa Hull, *Absolute Destruction*; Zimmerer, »Geburt des ›Ostlandes‹«.
23 Le Cour Grandmaison, *Coloniser, Exterminer*, S. 146–152. Zur Kritik Meynier/ Vidal-Naquet, »Coloniser Exterminer«.
24 Kuß, *Deutsches Militär*.
25 Balandier, »Situation Coloniale«.
26 Stucki, »Bevölkerungskontrolle in asymmetrischen Konflikten«, S. 257f.
27 Gerwarth/Malinowski, »Holocaust als ›kolonialer Genozid‹?«, S. 447f.
28 Stucki, »Bevölkerungskontrolle in asymmetrischen Konflikten«, S. 259.
29 Beckett, *Modern Insurgencies*, S. 213; Boot, *Savage Wars of Peace*, S. 336–341; Clayton, *Wars of French Decolonization*, S. 186; Feichtinger/Malinowski, »Konstruktive Kriege?«, S. 276; Keeley, *War Before Civilization*, S. 79–81; Kiernan, *Colonial Empires*, S. 230; Porch, »Myths and Promise of COIN«, S. 241; Porch, »Introduction«, S. v, vii, xii, xvii; Schmidl, »›Asymmetrische Kriege‹«.
30 Bradford, »Preface«, S. xvii.
31 Gat, *War in Human Civilization*, S. 542–557; Keegan, *History of Warfare*. Verstreute kurze Anmerkungen zur Eroberung Amerikas, zur spanischen Kriegführung auf Kuba sowie zum Südafrikanischen Krieg sowie eigenartigerweise mehrere Seiten zur französischen Eroberung Marokkos und zur italienischen Invasion in Äthiopien 1935/36 bietet Jones, *Art of War*, S. 317f., 418f., 495–501. Ein Kapitel zur Bedeutung der Kolonialkriegserfahrung für die europäische Kriegführung gibt es bei Strachan, *European Armies*, S. 76–89. Selbst im Kontext von Guerilakriegen nicht einmal erwähnt wird die Kriegführung an der Peripherie bei Best, *Humanity in Warfare*. Angesichts des Titels vielleicht nicht, aber in Anbetracht der britischen Nationalität des Autors dann doch wieder überraschend ist das völlige Fehlen außereuropäischer Militäraktionen bei Howard, *War in European History*.
32 Marshall, »Western Arms in Maritime Asia«, S. 13.
33 Keeley, *War Before Civilization*.
34 Beckett, *Modern Insurgencies*; Hahlweg, *Guerilla*; Laqueur, *Guerrilla Warfare*.
35 Vandervort, *Indian Wars*; Vandervort, *Wars of Imperial Conquest*.
36 Killingray, »Guardians of Empire«; Klein/Schumacher, *Kolonialkriege*; Bradford, *Military and Conflict*; Moor/Wesseling, *Imperialism and War*.
37 Lee, *Empires and Indigenes*; Raudzens, *Technology, Disease and Colonial Conquests*; Peers, *Warfare and Empires*.
38 Walter/Kundrus, *Waffen Wissen Wandel*; Bührer/Stachelbeck/Walter, *Imperialkriege*; Kortüm, *Transcultural Wars*; Ferguson/Whitehead, *War in the Tribal Zone*.
39 U.a. Boot, *Savage Wars of Peace*; Kuß, *Deutsches Militär*; Bond, *Victorian Military Campaigns*; Crowder, *West African Resistance*.
40 Hochgeschwender, »Kolonialkriege als Experimentierstätten?«; Schmidl, »Kolonialkriege«; Vandervort, »Colonial Wars«.
41 Osterhammel, *Geschichtswissenschaft jenseits des Nationalstaats*, S. 291.
42 Und noch dazu handeln Monografien immer wieder von denselben Fallbeispielen – der britischen Eroberung Indiens, der französischen Unterwerfung Algeriens, der Endphase der US-amerikanischen Indianerkriege, dem Hererokrieg,

dem Philippinenkrieg sowie den wichtigeren Dekolonisationskonflikten (Indochina, Malaya, Algerien). Die Bereitschaft, empirisches Neuland zu betreten, ist mehrheitlich gering.
43 Raudzens, »Why Did Amerindian Defences Fail?«, S. 331, 333.
44 Osterhammel, *Geschichtswissenschaft jenseits des Nationalstaats*, S. 291.
45 Baberowski, »Diktaturen der Eindeutigkeit«, S. 40.
46 Zu Parallelen vgl. aber Aksan, »Ottoman War and Warfare«, S. 167; Eberspächer, »Chinas imperiale Kriege«; Hack, »Imperial Systems of Power«, S. 17–26; Simpson, »Indonesiens Kolonialkrieg«; Wade, »Chinese Colonial Armies«. Strukturelle Ähnlichkeiten in der Alten Geschichte findet Eichmann, »Expansion und imperiale Herrschaft«.
47 Deutscher, *Through the Language Glass*.
48 Daase, *Kleine Kriege*, S. 103–105.
49 Callwell, *Small Wars*, S. 21f.
50 Für eine ausführliche Begründung dieser Begriffswahl siehe Walter, »Imperialkriege«, S. 1–21.
51 Brower, *Desert Named Peace*, S. 4. Vom 18. bis zum 20. Jahrhundert sollen die durch die europäische Expansion verursachten indigenen Bevölkerungsverluste einhundertmal so hoch gewesen sein wie die der Europäer und zu 95 Prozent auf Zivilisten entfallen sein. Etemad, *Possession du monde*, S. 134f. Dass solche summarischen Zahlen mit höchster Vorsicht zu genießen sind, bedarf kaum der Erwähnung.
52 Helbling, »Tribale Kriege und expandierende Staaten«, S. 61–63; Lappas, »Lernen inmitten des Blutvergießens«, S. 154f.
53 Häußler, »Asymmetrie tribaler und staatlicher Kriegführung«, S. 177f.; Ricklefs, *War, Culture and Economy*, S. 1f.; Robson, *Fuzzy-Wuzzy*, S. xviii; Strachan, »Typology of Transcultural Wars«, S. 91.
54 Guilmartin, »Cutting Edge«, S. 46; Hemming, *Conquest of the Incas*, S. 62. Aber auch die Reichweite dieser Quellen ist begrenzt, wie bei Gabbert, »Kultureller Determinismus«, S. 280, ausgeführt. Vgl. für Neuseeland Belich, *Victorian Interpretation*, S. 334.
55 Starkey, »Lernen im Kolonialkrieg«, S. 141.
56 Ferguson/Whitehead, »Violent Edge of Empire«, S. 2–15.
57 Selbst »indigène« war zumindest im Französisch der Kolonialzeit tendenziell pejorativ, vielleicht vergleichbar mit »native« im Englischen oder »eingeboren« im Deutschen. Brower, *Desert Named Peace*, S. 19f.
58 Middleton/Lombard, *Colonial America*, S. 4.

I Krieg an der Peripherie

1 Hérisson, *Chasse à l'homme*, S. X.
2 Daase, *Kleine Kriege*, S. 11–14.
3 Wesseling, »Colonial Wars«, S. 2. Die zweite Anforderung war für Wesseling die Abgrenzbarkeit von Krieg und Frieden.

4 Gottmann, »Bugeaud, Galliéni, Lyautey«, S. 234.
5 Ditte, *Guerre dans les Colonies*, S. 11.
6 Callwell, *Small Wars*, S. 21, 23. Es gab übrigens auch wesentlich banalere Definitionen, etwa »Konflikt zwischen weißen Streitkräften (oder wenigstens von weißen Männern kommandierten Streitkräften) und nicht-weißen Gruppen«. Jeffery, »Colonial Warfare«, S. 24. Dann wären der Russisch-Japanische Krieg 1904/1905 und der Pazifikkrieg 1941–1945 ebenfalls Kolonialkriege.
7 Gottmann, »Bugeaud, Galliéni, Lyautey«, S. 234f. Ganz ähnlich schon François, *Kriegführung in Süd-Afrika*, S. 5.
8 Z. B. Hochgeschwender, »Kolonialkriege als Experimentierstätten?«, S. 276–282; Kuß, *Deutsches Militär*, S. 15–18.
9 Lincoln, *Conquest of a Continent*, S. 45, 55.
10 Gann/Duignan, *Rulers of Belgian Africa*, S. 54f.
11 Thomas, »Order Before Reform«, S. 202.
12 Hemming, *Conquest of the Incas*, S. 90.
13 Hemming, *Red Gold*, S. 385f.
14 Porch, *Conquest of the Sahara*, S. 165f.
15 Vandervort, *Indian Wars*, S. 213–215.
16 Guiné, die kleinste der drei Kolonien, um die Portugal bis in die 1970er Jahre in Afrika kämpfte (heute Guinea-Bissau), hatte nur etwa die Größe der Schweiz, aber dafür ein äußerst schwieriges Terrain. Cann, *Counterinsurgency in Africa*, S. 2.
17 Callwell, *Small Wars*, S. 115–124; Ditte, *Guerre dans les Colonies*, S. 15f.
18 Callwell, *Small Wars*, S. 44. Ganz ähnlich aber schon Chacón, *Guerras Irregulares*, Bd. 1, S. 5.
19 Brower, *Desert Named Peace*, S. 95; Clayton, *France, Soldiers and Africa*, S. 17.
20 Utley, *Frontier Regulars*, S. 171f.
21 Vandervort, *Indian Wars*, S. 192.
22 Utley, *Frontier Regulars*, S. 276.
23 Vandervort, *Indian Wars*, S. 134–136.
24 Girard, *Slaves Who Defeated Napoleon*, S. 118.
25 Coates, *Suppressing Insurgency*, S. 143–145.
26 Gann/Duignan, *Rulers of Belgian Africa*, S. 53–55.
27 Buckley, *Slaves in Red Coats*, S. 121–123; Kiernan, *Colonial Empires*, S. 33.
28 Hemming, *Conquest of the Incas*, S. 156f.
29 Girard, *Slaves Who Defeated Napoleon*, S. 118f.
30 Utley, *Frontier Regulars*, S. 76f.
31 Linn, *Counterinsurgency in the Philippine War*, S. 2f.
32 Williams, »Egyptian Campaign«, S. 266.
33 James, *Savage Wars*, S. 217.
34 Porch, *Conquest of the Sahara*, S. xii.
35 Cann, *Counterinsurgency in Africa*, S. 171.
36 Scott/McCone/Mastroianni, »US Combat Units in Iraq«, S. 61f.
37 Duffy, »British Attitudes to West Indian Colonies«, S. 86f.; Eichmann, »Co-

operation in a Subversive Colony«, S. 18; Geggus, »Slavery, War, and Revolution«, S. 24.
38 Girard, *Slaves Who Defeated Napoleon*, S. 159–180.
39 Stucki, *Aufstand und Zwangsumsiedlung*, S. 185, 188.
40 Curtin, *Disease and Empire*, S. 12–27; Headrick, *Tools of Empire*, S. 59–70.
41 Keegan, »Ashanti Campaign«, S. 184.
42 Headrick, *Tools of Empire*, S. 69f.
43 Vandervort, *Wars of Imperial Conquest*, S. 100.
44 Curtin, *Disease and Empire*, S. 187–190; Paillard, »Expedition to Madagascar«, S. 183f.
45 Black, *War in the World*, S. 176; Fourniau, »Colonial Wars before 1914«, S. 83; Moreman, *Army in India*, S. 11; Mostert, *Military System*, S. 20; Stucki, *Aufstand und Zwangsumsiedlung*, S. 188; Vandervort, *Indian Wars*, S. 130.
46 Abler, »Beavers and Muskets«, S. 166f.; Charters, »Disease, Wilderness Warfare, and Imperial Relations«, S. 8–13; Connor, *Australian Frontier Wars*, S. 74; Utley, *Frontiersmen in Blue*, S. 316.
47 Jones, *Conquest of the Last Maya Kingdom*, S. 38.
48 Utley, *Frontiersmen in Blue*, S. 275–279. Vgl. ebenda, S. 329f., sowie Utley, *Frontier Regulars*, S. 159.
49 Porch, *Conquest of the Sahara*, S. 235–238, auch S. 170.
50 Macrory, *Signal Catastrophe*, S. 86.
51 Gould, *Imperial Warriors*, S. 37.
52 Fynn, »Ghana – Asante«, S. 34f.
53 Killingray, »Colonial Warfare«, S. 150.
54 Girard, *Slaves Who Defeated Napoleon*, S. 180.
55 Belich, *Victorian Interpretation*, S. 122.
56 Chandler, »Expedition to Abyssinia«, S. 134–147, Zitat: S. 136.
57 Moreman, *Army in India*, S. 10.
58 Jones, *Graveyard of Empires*, S. 91f.
59 Calloway, *Winter Count*, S. 197f.
60 Utley, *Frontier Regulars*, S. 200–203.
61 Bandini, *Italiani in Africa*, S. 161; Clayton, *Wars of French Decolonization*, S. 114; Hemming, *Conquest of the Incas*, S. 104f., 137; Powell, *Soldiers, Indians and Silver*, S. 35f.; Utley, *Frontier Regulars*, S. 379; Woolman, *Rebels in the Rif*, S. 18f.
62 Coates, *Suppressing Insurgency*, S. 143–145; Gregorian, »›Jungle Bashing‹ in Malaya«, S. 345f.
63 Beckett, *Modern Insurgencies*, S. 124; Fall, *Hell in a Very Small Place*, S. 68–72; Gann/Duignan, *Rulers of Belgian Africa*, S. 52; Greiner, *Krieg ohne Fronten*, S. 201; Hemming, *Amazon Frontier*, S. 98; Kiernan, *Colonial Empires*, S. 43–46; Killingray, »Colonial Warfare«, S. 149–151; Linn, *Counterinsurgency in the Philippine War*, S. 120; Moor, »Warmakers in the Archipelago«, S. 52–54; Ricklefs, *War, Culture and Economy*, S. 7; Thornton, »Warfare, Slave Trading and European Influence«, S. 131f.
64 Kopperman, *Braddock at the Monongahela*, S. 3–7, 50, 57–59.

[65] Falls, »Reconquest of the Sudan«, S. 288, 292; Horne, *Savage War of Peace*, S. 263–267; James, *Savage Wars*, S. 91f., 100–103; Porch, *Conquest of the Sahara*, S. 129, 163–180.
[66] Macrory, *Signal Catastrophe*, S. 127–129.
[67] Utley, *Frontier Regulars*, S. 171f.
[68] Porch, *Conquest of the Sahara*.
[69] Vandervort, *Indian Wars*, S. 213–215.
[70] Wickwire/Wickwire, *Cornwallis*, S. 156.
[71] Ricklefs, *War, Culture and Economy*, S. 143f.
[72] Killingray, »Colonial Warfare«, S. 150.
[73] Hemming, *Amazon Frontier*, S. 20.
[74] Girard, *Slaves Who Defeated Napoleon*, S. 118.
[75] Bührer, *Kaiserliche Schutztruppe*, S. 237–245; Ditte, *Guerre dans les Colonies*, S. 14f.; Fynn, »Ghana – Asante«, S. 40f.; Gann/Duignan, *Rulers of British Africa*, S. 115f.; Hassig, *Mexico and the Spanish Conquest*, S. 61; Hemming, *Red Gold*, S. 222f.; James, *Savage Wars*, S. 174–180; Kopperman, *Braddock at the Monongahela*, S. 57–59; Linn, *Counterinsurgency in the Philippine War*, S. 102f., 106; Robson, *Fuzzy-Wuzzy*, S. 13–15; Schmidt, *Araberaufstand in Ost-Afrika*, S. 311–317; Utley, *Frontiersmen in Blue*, S. 133–135.
[76] Macrory, *Signal Catastrophe*, S. 141f.; Moreman, *Army in India*, S. 10–13; Woolman, *Rebels in the Rif*, S. 107.
[77] Beckett, *Modern Insurgencies*, S. 211.
[78] Gottmann, »Bugeaud, Galliéni, Lyautey«, S. 252f.
[79] Hemming, *Conquest of the Incas*, S. 186.
[80] Guilmartin, »Cutting Edge«, S. 49.
[81] Lock/Quantrill, *Zulu Victory*, S. 150.
[82] Isby, *War in a Distant Country*, S. 86f.
[83] Beckett, *Modern Insurgencies*, S. 2; Laqueur, *Guerrilla Warfare*, S. 393f.
[84] Powell, *Soldiers, Indians and Silver*, S. 35f.
[85] Howe, *What Hath God Wrought*, S. 100f.
[86] Kiernan, *Colonial Empires*, S. 43–46. Ein aktuelles Beispiel 2013 ist die Wüsten- und Gebirgsregion Nordmalis. Morgan, »Remote mountains of northern Mali«.
[87] Lettow-Vorbeck, *Mein Leben*, S. 84.
[88] Connor, *Australian Frontier Wars*, S. 53, 56f.; Hemming, *Red Gold*, S. 399f.; Penn, *Forgotten Frontier*, S. 125–135; Potempa, »Raum und seine Beherrschung«, S. 451.
[89] François, *Kriegführung in Süd-Afrika*, S. 7. Den Hinweis auf das Zitat verdanke ich Kuß, *Deutsches Militär*, S. 262.
[90] Utley, »Cultural Clash«, S. 96.
[91] Calloway, *Winter Count*, S. 126–149.
[92] Starkey, *European and Native American Warfare*, S. 124.
[93] François, *Kriegführung in Süd-Afrika*, S. 6–10.
[94] Bond, »South African War«, S. 216, 233; Butlin, *Geographies of Empire*, S. 453f.; Connor, *Australian Frontier Wars*, S. 13; Ditte, *Guerre dans les Colonies*, S. 14f.; Eichmann, *Sklaverei, Weltkrieg und Revolution*; James, *Savage Wars*, S. 48; Ut-

ley, *Frontier Regulars*, S. 158; Ward, »European Method of Warring«, S. 255 f. Selbst die Zuckerinseln der Karibik mit ihrer hochintensiven Landwirtschaft kannten noch um 1800 keine Straßen, da aller Handel über See abgewickelt wurde. Gliech, *Saint-Domingue und die französische Revolution*, S. 63–65.

[95] Bailes, »Technology and Imperialism«, S. 88 f.

[96] Guy, *Destruction of the Zulu Kingdom*, S. 57; James, *Savage Wars*, S. 39 f., 44; Lock/Quantrill, *Zulu Victory*, S. 46 f., 66–70, 96, 132.

[97] James, *Raj*, S. 144.

[98] Callwell, *Small Wars*. Nach einer Angabe aus Nordamerika konnte ein Packpferd sich selbst für etwa 300 Kilometer ernähren. Vandervort, *Indian Wars*, S. 218–220. Ein Maultier hielt 40 Tage durch. Brower, *Desert Named Peace*, S. 77.

[99] Bryant, »Asymmetric Warfare«, S. 462 f.; Cook, *Sikh Wars*, S. 33 f.; Cooper, »Culture, Combat, and Colonialism«, S. 540 f.

[100] Macrory, *Signal Catastrophe*, S. 85 f.

[101] Pemble, »Resources and Techniques«, S. 290–292.

[102] Chandler, »Expedition to Abyssinia«, S. 124 f., 129. Vgl. zur Nordwestfrontier Indiens Moreman, *Army in India*, S. 11.

[103] Vandervort, *Indian Wars*, S. 55–57.

[104] Utley, *Frontier Regulars*, S. 48–50.

[105] Chuchiak, »Forgotten Allies«, S. 192; Hassig, *Mexico and the Spanish Conquest*, S. 84 f.; Hemming, *Conquest of the Incas*, S. 349–358; Oudijk/Restall, »Mesoamerican Conquistadors«, S. 38 f.

[106] Fourniau, »Colonial Wars before 1914«, S. 84; Ricklefs, *War, Culture and Economy*, S. 146.

[107] Bailes, »Technology and Imperialism«, S. 95; Bührer, *Kaiserliche Schutztruppe*, S. 236 f.; James, *Savage Wars*, S. 265–272; Killingray, »Colonial Warfare«, S. 156, 162–165.

[108] Kanya-Forstner, »French Marines«, S. 138.

[109] Gann/Duignan, *Rulers of British Africa*, S. 149. Auch bei der Eroberung Mexikos und Neumexikos gingen die indigenen Hilfsarbeiter in großer Zahl zugrunde. Altman, »Conquest, Coercion, and Collaboration«, S. 147–159.

[110] Zum westlichen Kriegführungsstil: Beckett, *Modern Insurgencies*, S. 184–187; Hanson, *Western Way of War*, S. xxiv f.; James, *Raj*, S. 20, 122; Parker, »Introduction«, S. 2–5; Peers, »Introduction«, S. xxii f.; Weigley, *Age of Battles*; Wilson, »European Warfare«, S. 187.

[111] Gelpi/Feaver/Reifler, »Success Matters«; Merom, *How Democracies Lose Small Wars*, S. 15, 230; Porter, *Military Orientalism*, S. 81.

[112] Vandervort, »Colonial Wars«, S. 167.

[113] Griffith, *Forward into Battle*, S. 105–136.

[114] Eder/Hofbauer, »Operation Enduring Freedom«, S. 58; Gustenau/Feichtinger, »Krieg in und um Kosovo«, S. 475 f.

[115] Unbemannte Flugkörper treiben das Prinzip der Vermeidung von Risiken für eigene Soldaten durch den Einsatz von Technik im letzten Jahrzehnt auf die Spitze. Zivile Verluste am Einsatzort werden dabei weiterhin in Kauf genommen, auch wenn diese vermutlich deutlich geringer ausfallen als bei konventio-

nellen Bombenangriffen. Das genaue Ausmaß ist umstritten. Dowd, »Drone Wars«, S. 11–14; Kennedy, »Drones«, S. 26; Müller/Schörnig, »Drohnenkrieg«, S. 19–21; Taj, »Drone Misinformation«.

[116] Grau, *Bear Over the Mountain*, S. 205f.

[117] Calloway, *Winter Count*, S. 214–219; Malone, »Changing Military Technology«, S. 243; Starkey, *European and Native American Warfare*, S. 19.

[118] Vandervort, *Indian Wars*, S. 202f.

[119] Vandervort, *Wars of Imperial Conquest*, S. 117.

[120] Paillard, »Expedition to Madagaskar«, S. 177f., 183f.

[121] Connor, *Australian Frontier Wars*, S. 48–53, 62–71, 78f., 105–107; Keeley, *War Before Civilization*, S. 74; Nasson, *South African War*, S. 150f.; Porch, »French Colonial Forces«, S. 164–167; Robson, *Fuzzy-Wuzzy*, S. 161, 176.

[122] Ausführlicher zu Anpassungen der Armeestruktur an den peripheren Kriegsschauplatz siehe Kap. 4.

[123] Ikime, »Nigeria – Ebrohimi«, S. 222–226; Keegan, »Ashanti Campaign«, S. 184; Lock/Quantrill, *Zulu Victory*, S. 93–95; Paillard, »Expedition to Madagascar«, S. 183f.; Ricklefs, *War, Culture and Economy*, S. 143f.; Vandervort, *Indian Wars*, S. 118; Ward, »European Method of Warring'«, S. 255f.

[124] Jones, *Conquest of the Last Maya Kingdom*, S. 111–113, 251.

[125] Steele, *Betrayals*, S. 35.

[126] Hemming, *Amazon Frontier*, S. 111.

[127] Clayton, *Wars of French Decolonization*, S. 126; Moreman, *Army in India*, S. 160–166.

[128] Lemke, »Kolonialgeschichte als Vorläufer?«, S. 293f.

[129] James, *Savage Wars*, S. 124.

[130] Hack, »Imperialism in Southeast Asia«, S. 241. Ähnlich entscheidend war der Bau einer Straße für die Niederschlagung der Yaqui-Republik in Mexiko 1886. Vandervort, *Indian Wars*, S. 233f.

[131] Khodarkovsky, »Krieg und Frieden«, S. 216.

[132] Walter, »Kolonialkrieg, Globalstrategie und Kalter Krieg«, S. 131.

[133] Kelly, *Warless Societies*, S. 84.

[134] Jones, *Counterinsurgency and the SAS*, S. 126, 129.

[135] Griffith, *Forward into Battle*, S. 111f.

[136] Gerlach, *Extremely Violent Societies*, S. 186; Klose, *Menschenrechte im Schatten kolonialer Gewalt*, S. 186f.

[137] Lee, »Projecting Power«, S. 11.

[138] Butlin, *Geographies of Empire*, S. 471–489.

[139] Headrick, *Tools of Empire*, S. 182f.; Utley, *Frontier Regulars*, S. 93f.

[140] Hull, *Absolute Destruction*, S. 22, 33–42; Kuß, *Deutsches Militär*, S. 82f., 85.

[141] Potempa, »Raum und seine Beherrschung«, S. 455.

[142] James, *Savage Wars*, S. 94f., 100–103; Robson, *Fuzzy-Wuzzy*, S. 90–94; Williams, »Egyptian Campaign«, S. 251.

[143] Vandervort, *Indian Wars*, S. 241.

[144] Utley, *Frontiersmen in Blue*, S. 272, 275.

[145] Headrick, *Tools of Empire*, S. 74–76; James, *Savage Wars*, S. 91f.

146 Miège, »Conquest of Morocco«, S. 207; Moreman, *Army in India*, S. 141.
147 Cann, *Counterinsurgency in Africa*, S. 174–177.
148 Gann/Duignan, *Rulers of British Africa*, S. 77.
149 Ward, »European Method of Warring«, S. 257.
150 Corum/Johnson, *Airpower in Small Wars*, S. 171f.
151 Isby, *War in a Distant Country*, S. 59–66.
152 Cann, *Counterinsurgency in Africa*, S. 129–134.
153 Fall, *Hell in a Very Small Place*, S. 185, 243–249.
154 Woolman, *Rebels in the Rif*, S. 178.
155 Vandervort, *Wars of Imperial Conquest*, S. 117.
156 Clausewitz, *Vom Kriege*, S. 962 (= 8. Buch, Kap. 3.B).
157 Keeley, *War Before Civilization*, S. 48.
158 Zum Charakter und der Zwiespältigkeit des japanischen Imperialismus kurz Hée, *Imperiales Wissen*, S. 29–39.
159 Osterhammel, »Entdeckung und Eroberung«, S. 414.
160 Michels, »Ostasiatisches Expeditionskorps«, S. 401.
161 Kiernan, *Colonial Empires*, S. 205.
162 Hassig, »Aztec and Spanish Conquest«, S. 85–90; Hemming, *Conquest of the Incas*, S. 52f.; Reinhard, *Geschichte der europäischen Expansion*, Bd. 2, S. 22–31.
163 Jones, *Conquest of the Last Maya Kingdom*, S. 60–107.
164 Kanya-Forstner, »Mali – Tukulor«, S. 53–57.
165 Vandervort, *Wars of Imperial Conquest*, S. 166f.
166 Marx, *Geschichte Afrikas*, S. 60–66; Muffett, »Nigeria – Sokoto Caliphate«, S. 270–272; Person, »Guinea«, S. 113–121; Vandervort, *Wars of Imperial Conquest*, S. 16–18, 74–79, 194f.
167 Kanya-Forstner, »Mali – Tukulor«, S. 75f.; Vandervort, *Wars of Imperial Conquest*, S. 78f.
168 Barua, »Military Developments in India«, S. 600–613.
169 Reid, *Europe and Southeast Asia*, S. 6.
170 Keegan, »Ashanti Campaign«, S. 167f.; Law, »Warfare on the Slave Coast«, S. 121–125; Ross, »Dahomey«, S. 144–146; Vandervort, *Wars of Imperial Conquest*, S. 14–16.
171 Knight, *Anatomy of the Zulu Army*, S. 46–88.
172 Arnold, »Schlacht bei Rugaro«, S. 97, 105f.; Bührer, »Hehe und Schutztruppe«, S. 217–222, 268–270; Fage/Tordoff, *History of Africa*, S. 311–322.
173 Als ein Beispiel für solche traditionellen monarchischen Staaten können etwa die islamischen Königreiche Nordafrikas gelten. Vgl. Abun-Nasr, »Staat im Maghrib«, S. 190–196.
174 Ricklefs, *War, Culture and Economy*, S. 2–13.
175 Bührer, *Kaiserliche Schutztruppe*, S. 212–216; Ikime, »Nigeria – Ebrohimi«, S. 205–211; Law, »Warfare on the Slave Coast«, S. 105–107.
176 Vandervort, *Wars of Imperial Conquest*, S. 140–144.
177 Dahlmann, »Sibirien«, S. 58–64; Hemming, *Amazon Frontier*, S. 10; Lincoln, *Conquest of a Continent*, S. 45–56; Palmer, *Colonial Genocide*, S. 129; Utley, *Frontiersmen in Blue*, S. 92–96.

[178] Abler, »Beavers and Muskets«, S. 152–154; Belich, *Victorian Interpretation*, S. 21f.; Dunn, *Resistance in the Desert*, S. 263–271.
[179] Sahlins, *Tribesmen*, S. 5–20.
[180] Ferguson/Whitehead, »Violent Edge of Empire«, S. 13–15; Helbling, *Tribale Kriege*, S. 288f.; Whitehead, »Tribes Make States«, S. 128f.
[181] Khodarkovsky, »Krieg und Frieden«, S. 200–208; Porch, *Conquest of the Sahara*, S. 65–70.
[182] Calloway, *Winter Count*, S. 174f.; Knaut, *Pueblo Revolt*; Weber, *Spanish Frontier*, S. 134.
[183] Starkey, *European and Native American Warfare*, S. 156–159; Vandervort, *Indian Wars*, S. 68.
[184] Ranger, »African Reactions«, S. 312–318. Weitere Beispiele transethnischer Bündnisse: Belich, *Victorian Interpretation*, S. 89–91; Billington, *Westward Expansion*, S. 143f.; Knaap, »Crisis and Failure«, S. 157–161; Powell, *Soldiers, Indians and Silver*, S. 75–78; Ramsey, »›Something Cloudy in Their Looks‹«, S. 44, 70–73; Utley, *Frontier Regulars*, S. 262; Utley, *Frontiersmen in Blue*, S. 300–310.
[185] Vandervort, *Indian Wars*, S. 157–159.
[186] Bodley, *Weg der Zerstörung*, S. 66.
[187] Beez, »Wasser gegen Gewehre«.
[188] Maloba, *Mau Mau and Kenya*, S. 114–133.
[189] Bührer, *Kaiserliche Schutztruppe*, S. 225–235; Calloway, *Winter Count*, S. 186f.
[190] Manche Autoren verweisen auf die verbindenden Elemente zwischen älteren Widerstandsbewegungen und modernem Nationalismus. Sicherlich lag es im Interesse der Imperien, Widerstand als atavistisch zu brandmarken. Ellis, »Conclusion«; Ranger, »›Primary Resistance‹ Movements«.
[191] Kramer, »Race-Making and Colonial Violence«, S. 172f., 181f.
[192] Frey, *Geschichte des Vietnamkrieges*, S. 11–16, 72–79.
[193] Derradji, *Algerian Guerrilla Campaign*.
[194] Woolman, *Rebels in the Rif*, S. 111, 116f.
[195] Andreopoulos, »National Liberation Movements«; Darwin, »Geopolitics of Decolonization«; Malinowski, »Modernisierungskriege«, S. 214; McMahon, »Heiße Kriege«, S. 30–33; Walter, »Warum Kolonialkrieg?«, S. 41f.; Westad, *Global Cold War*, S. 86–89. Zu Algerien Connelly, »Cold War and Decolonization«; Klose, *Menschenrechte im Schatten kolonialer Gewalt*, S. 256–267.
[196] Thomas/Moore/Butler, »Conclusion«, S. 419–421.
[197] Beckett, *Modern Insurgencies*, S. 158; Cann, *Counterinsurgency in Africa*, S. 29f.; Clayton, *Wars of French Decolonization*, S. 158; Gates, »Two American Wars«, S. 68; Groen, »Militant Response«, S. 41f.
[198] Beckett, *Modern Insurgencies*, S. 187–189; Linn, *Counterinsurgency in the Philippine War*, S. 132–138.
[199] Clayton, *Wars of French Decolonization*, S. 123f.
[200] Barth, »›Partisan‹ und ›Partisanenkrieg‹«, S. 93; Daase, *Kleine Kriege*, S. 220–228; Münkler, »Wandel der Weltordnung«, S. 87f.; Walter, »Kolonialkrieg, Globalstrategie und Kalter Krieg«, S. 25.
[201] Burkhardt, *Dreißigjähriger Krieg*.

[202] Clayton, *Wars of French Decolonization*, S. 52–55; Jones, *Graveyard of Empires*, S. 210–220; Klose, *Menschenrechte im Schatten kolonialer Gewalt*, S. 154–158; Kramer, »Race-Making and Colonial Violence«, S. 177, 196; Linn, *Counterinsurgency in the Philippine War*, S. 12–16; Selesky, »Colonial America«, S. 75.
[203] Vandervort, *Indian Wars*, S. 230–236.
[204] Pennel, *Country with a Government*, S. 123–151, 234–237; Woolman, *Rebels in the Rif*, S. 146–149, 157–159.
[205] Vandervort, *Wars of Imperial Conquest*, S. 22–25.
[206] Nasson, *South African War*, S. 61–69.
[207] Walter, »Der nordamerikanische Imperialkrieg«.
[208] Bryant, »Asymmetric Warfare«, S. 444–447, 467; Fynn, »Ghana – Asante«, S. 41f.; Hassig, *Mexico and the Spanish Conquest*, S. 126–130; Hemming, *Conquest of the Incas*, S. 93–97; Kanya-Forstner, »Mali – Tukulor«, S. 60–68; Keegan, »Ashanti Campaign«, S. 195f.; Marshall, »Western Arms in Maritime Asia«, S. 20f.; Paillard, »Expedition to Madagascar«, S. 182f.; Pietschmann, »Imperialkriege Spaniens«, S. 83f.; Porch, »Introduction«, S. xv; Vandervort, *Wars of Imperial Conquest*, S. 151f.
[209] Ausnahmefälle wie der Zusammenbruch Frankreichs 1940 bestätigen da vielleicht die Regel. Vgl. Bloch, *Étrange Défaite*.
[210] Hemming, *Conquest of the Incas*, S. 48, 66–70; Lee, »Projecting Power«, S. 6f.
[211] Die klassische Idealisierung der Vorteile eines staatlichen Gegners findet sich bei Callwell, *Small Wars*, S. 34–42.
[212] Bührer, *Kaiserliche Schutztruppe*, S. 261; Eberspächer, »›Albion zal hier‹«, S. 189f.; James, *Savage Wars*, S. 180–183; Kiernan, *Colonial Empires*, S. 43–46, 53f.; Linn, *Counterinsurgency in the Philippine War*, S. 16f.; Moor, »Warmakers in the Archipelago«, S. 68–70; Porch, *Conquest of the Sahara*, S. 234; Potempa, »Raum und seine Beherrschung«, S. 456–458; Raudzens, »Why Did Amerindian Defences Fail?«, S. 347f.; Vandervort, *Indian Wars*, S. 230–239; Vandervort, *Wars of Imperial Conquest*, S. 131f.
[213] Woolman, *Rebels in the Rif*, S. 21–30, 186–196.
[214] Man vergleiche etwa den jahrhundertelangen Widerstand der nomadischen Apachen mit dem Schicksal der Navajo im selben Kulturraum (Südwesten der USA), die den Spaniern vor allem deswegen unterlagen, weil sie durch Ackerbau, Viehzucht und Textilwirtschaft sesshaft und verwundbar geworden waren. Calloway, *Winter Count*, S. 198f.
[215] Beckett, *Modern Insurgencies*, S. 123; Black, »European Overseas Expansion«, S. 17f.; Crowder, »Introduction«, S. 4f.; Ferguson/Whitehead, »Violent Edge of Empire«, S. 19; Hemming, *Red Gold*, S. 90–96; Powell, *Soldiers, Indians and Silver*, S. 43f.
[216] Porch, *Conquest of the Sahara*, S. xvi.
[217] Charney, *Southeast Asian Warfare*, S. 263f.; Cocker, *Rivers of Blood*, S. 144; James, *Savage Wars*, S. 122–124; Keeley, *War Before Civilization*, S. 76–78; Wesseling, »Colonial Wars«, S. 3f.
[218] Gordon, »Limited Adoption«, S. 244f.; Helbling, »Tribale Kriege und expandierende Staaten«, S. 74.

219 Utley, *Frontiersmen in Blue*, S. 81–83.
220 Vgl. Kap. 3, »Militärische Notwendigkeit«.
221 Clausewitz, *Vom Kriege*, S. 799–806 (= 6. Buch, Kap. 26); Goltz, *Volk in Waffen*; Moltke, »Rede vor dem deutschen Reichstag, 14. Mai 1890«, S. 638.
222 Strachan, »Typology of Transcultural Wars«, S. 88f. Auch Hahlweg, *Guerilla*, S. 218–220; Wesseling, »Colonial Wars«, S. 4f.
223 Siehe weiter unten in diesem Kapitel sowie Kap. 3.
224 Helbling, *Tribale Kriege*.
225 Turney-High, *Primitive War*.
226 Lappas, »Lernen inmitten des Blutvergießens«, S. 171; Starkey, *European and Native American Warfare*, S. 25–30.
227 Hirsch, »Collision of Military Cultures«, S. 1207f.; Karr, »›Why Should You Be So Furious?‹«, S. 878f. Vgl. Kap. 3, »Krieg ohne Regeln«.
228 Porter, *Military Orientalism*, S. 30f.
229 Connor, »Briten und Darug«, S. 226f.; Helbling, *Tribale Kriege*, S. 277f., 425; Khodarkovsky, *Russia's Steppe Frontier*, S. 17; Ricklefs, *War, Culture and Economy*, S. 10; Sahlins, *Tribesmen*, S. 5; Woolman, *Rebels in the Rif*, S. 24–30.
230 Starkey, *European and Native American Warfare*, S. 27f.
231 Bührer, *Kaiserliche Schutztruppe*, S. 256–258; Keeley, *War Before Civilization*, S. 176; Lappas, »Lernen inmitten des Blutvergießens«, S. 172.
232 Hunt, *Wars of the Iroquois*, S. 97f.; Keeley, *War Before Civilization*, S. 93.
233 Hakami, »Clash of Structures«, S. 163; Hirsch, »Collision of Military Cultures«, S. 1191f.; Keeley, *War Before Civilization*, S. 91f.
234 Helbling, *Tribale Kriege*, S. 58f., 63; Keeley, *War Before Civilization*, S. 65–69; Turney-High, *Primitive War*, S. 113–116.
235 Etwa Porch, »French Colonial Forces«, S. 166.
236 Bryant, »Asymmetric Warfare«, S. 447f.
237 Bührer, »Hehe und Schutztruppe«, S. 275.
238 Hassig, *Aztec Warfare*, S. 101.
239 Wilson, »European Warfare«, S. 187.
240 Knight, *Anatomy of the Zulu Army*, S. 187–223.
241 So hatten die Zulu eine geradezu panische Furcht vor dem Nahkampf gegen europäische Soldaten, die Bajonette führten. Knight, *Zulu*, S. 110.
242 Charney, *Southeast Asian Warfare*, S. 17–22.
243 Hemming, *Red Gold*, S. 388; Reid, *Europe and Southeast Asia*, S. 1–4.
244 Malone, *Skulking Way of War*, S. 23.
245 Auch außereuropäische Gesellschaften mit ausgeprägter komplexer Staatlichkeit und stehenden Heeren lehnten mitunter die Feldschlacht ab, so etwa die Fon in Dahomey. Ross, »Dahomey«, S. 155.
246 Beispiele zu ritualisierten Schlachten und Verlustvermeidung als Elementen »tribaler« Kriegführung: Belich, »Krieg und transkulturelles Lernen«, S. 242; Connor, »Briten und Darug«, S. 222–227; Connor, *Australian Frontier Wars*, S. 1–7; Häußler, »Asymmetrie tribaler und staatlicher Kriegführung«, S. 181–183; Lee, »Fortify, Fight, or Flee«, S. 719–724; Meuwese, »Ethnic Soldiering«, S. 194f.; Morris, *Washing of the Spears*, S. 37–39; Starkey, *European*

and Native American Warfare, S. 17–19; Whitehead, »Tribes Make States«, S. 142f.
247 Laqueur, Guerrilla Warfare, S. 75.
248 Bührer, Kaiserliche Schutztruppe, S. 261; Donnelly, Conquest of Bashkiria, S. 26f.; Fourniau, »Colonial Wars before 1914«, S. 82f.; Hemming, Amazon Frontier, S. 20–22, 83–88; Hemming, Red Gold, S. 90–96; Hull, Absolute Destruction, S. 67; Kuß, Deutsches Militär, S. 84f.; Lemke, »Kolonialgeschichte als Vorläufer?«, S. 290f.; Moor, »Warmakers in the Archipelago«, S. 66; Palmer, Colonial Genocide, S. 125–132; Penn, Forgotten Frontier, S. 123f., 131; Porch, Conquest of Morocco, S. 169f.; Powell, Soldiers, Indians and Silver, S. 32f.; Slatta, »›Civilization‹ Battles ›Barbarism‹«, S. 134, 144; Starkey, European and Native American Warfare, S. 83–91, 97–101; Utley, Frontiersmen in Blue, S. 142f.; Vandervort, Indian Wars, S. 152; Whitehead, »Tribes Make States«, S. 144, 148.
249 Weswegen ich bezweifle, dass die »farbigen und unterentwickelten Völker« den Guerilakrieg von den »Weißen« lernen mussten, wie Werner Hahlweg postuliert. Hahlweg, Guerilla, S. 149f.
250 Nasson, South African War, S. 200f.
251 Linn, Counterinsurgency in the Philippine War, S. 100, 138f.
252 Woolman, Rebels in the Rif, S. 74–83, 155.
253 Beckett, Modern Insurgencies, S. 124–127, 187–190; Cann, Counterinsurgency in Africa, S. 80, 190; Clayton, Wars of French Decolonization, S. 48–54; Furedi, »Kenya«, S. 151.
254 Grau, Bear Over the Mountain, S. 200–204; Jones, Graveyard of Empires, S. 34.
255 Connell, Son of the Morning Star, S. 149.
256 Häußler, »Asymmetrie tribaler und staatlicher Kriegführung«, S. 194f.; Hirsch, »Collision of Military Cultures«, S. 1208; Hull, Absolute Destruction, S. 10f.; Karr, »›Why Should You Be So Furious?‹«, S. 878f.; Kiernan, Colonial Empires, S. 39; Klein, »Straffeldzug im Namen der Zivilisation«, S. 170; Rickey, Forty Miles a Day, S. 283; Schmidl, »Kolonialkriege«, S. 117.
257 Laqueur, Guerrilla Warfare, S. 3.
258 Helbling, Tribale Kriege, S. 67.
259 Insbesondere bei den nordamerikanischen Indianern: Hirsch, »Collision of Military Cultures«, S. 1203; Steele, Betrayals, S. 90; Utley, Frontiersmen in Blue, S. 320–322.
260 Lee, »Fortify, Fight, or Flee«, S. 722.
261 Guilmartin, »Ideology and Conflict«, S. 1f.
262 Fynn, »Ghana – Asante«, S. 38; Gordon, »Limited Adoption«, S. 232f.; Khodarkovsky, Russia's Steppe Frontier, S. 17, 19; Lappas, »Lernen inmitten des Blutvergießens«, S. 168f.; Ross, »Dahomey«, S. 153; Thornton, »Firearms, Diplomacy, and Conquest«, S. 172; Thornton, »Art of War in Angola«, S. 90–92; Utley, »Cultural Clash«, S. 94–96; Vandervort, Indian Wars, S. 49; Vandervort, Wars of Imperial Conquest, S. 9f., 22–25, 131f.
263 Ferguson/Whitehead, »Violent Edge of Empire«, S. 19.
264 Fynn, »Ghana – Asante«, S. 38; Gordon, »Limited Adoption«, S. 232f.; Khodarkovsky, Russia's Steppe Frontier, S. 17, 19; Lappas, »Lernen inmitten des

Blutvergießens«, S. 168f.; Ross, »Dahomey«, S. 153; Thornton, »Firearms, Diplomacy, and Conquest«, S. 172; Thornton, »Art of War in Angola«, S. 90–92; Utley, »Cultural Clash«, S. 94–96; Vandervort, *Indian Wars*, S. 49; Vandervort, *Wars of Imperial Conquest*, S. 9f., 22–25, 131f.

[265] Guilmartin, »Light Troops in Classical Armies«, S. 26.
[266] Keeley, *War Before Civilization*, S. 55.
[267] Füssel, »Händler, Söldner und Sepoys«, S. 310f.; Macrory, *Signal Catastrophe*, S. 141f.; Selby, »Third China War«, S. 83f., 88; Utley, *Frontiersmen in Blue*, S. 7f.; Vandervort, *Indian Wars*, S. 6f.
[268] Knight, *Anatomy of the Zulu Army*, S. 178–181, 212f.; Lock/Quantrill, *Zulu Victory*, S. 61–64.
[269] Hassig, »Aztec and Spanish Conquest«, S. 85.
[270] Bryant, »Asymmetric Warfare«, S. 462f.
[271] Charney, *Southeast Asian Warfare*.
[272] Porch, *Conquest of Morocco*, S. 99f.
[273] Bryant, »Asymmetric Warfare«, S. 456–458; Pemble, »Resources and Techniques«, S. 290–292.
[274] Thornton, »Firearms, Diplomacy, and Conquest«, S. 171f.
[275] Guilmartin, »Cutting Edge«, S. 48.
[276] Siehe Kap. 4.
[277] Fall, *Hell in a Very Small Place*, S. 125–134, 451–453.
[278] Belich, *Victorian Interpretation*, S. 22; Crowder, »Introduction«, S. 16; Keeley, *War Before Civilization*, S. 75; Lee, »Fortify, Fight, or Flee«, S. 767; Palmer, *Colonial Genocide*, S. 129; Raudzens, »Why Did Amerindian Defences Fail?«, S. 331f., 342–344.
[279] Black, *European Warfare 1660–1815*, S. 236; Childs, *Armies and Warfare*, S. 5–20; Duffy, »Introduction«; Gat, *War in Human Civilization*, S. 449–511; Jones, »Military Revolution«; Kennedy, *Rise and Fall*, S. 76–86; Parker, *Military Revolution*, S. 45–79; Reinhard, *Geschichte des modernen Staates*, S. 70f., 76–82, 97–103; Roberts, *Military Revolution*, S. 21f.
[280] Cooper, »Culture, Combat, and Colonialism«, S. 542; Crowder, »Introduction«, S. 16; Parker, »Introduction«, S. 6–8; Peers, »Introduction«, S. xxixf.; Strachan, »Typology of Transcultural Wars«, S. 93; Vandervort, *Indian Wars*, S. 12–14.
[281] Ferguson/Whitehead, »Violent Edge of Empire«, S. 19.
[282] Moor, »Warmakers in the Archipelago«, S. 54. Ähnlich Knaap, »Crisis and Failure«; Mostert, *Military System*, S. 122.
[283] Bergmann, »Dynamik der Conquista«, S. 216–221, 226. Weniger dramatisch, aber vermutlich ebenso entscheidend war der Zugriff auf die agrarischen Ressourcen der Kapkolonie für die frühe Expansion der burischen Commandos gegen die Khoikhoi Südafrikas. Penn, *Forgotten Frontier*, S. 108–112.
[284] Bryant, »Asymmetric Warfare«, S. 432f.
[285] Barua, »Military Developments in India«, S. 613, 616; Bryant, »Asymmetric Warfare«, S. 468f.; Marshall, »Western Arms in Maritime Asia«, S. 27f.
[286] Hack/Rettig, »Demography in Southeast Asia«, S. 62, 240–246.

287 Hemming, *Conquest of the Incas*, S. 203, 212f.
288 Robson, *Fuzzy-Wuzzy*, S. xvif., 184f.
289 Walter, »Asymmetrien in Imperialkriegen«.
290 Cipolla, *Guns, Sails, and Empires*; Clayton, »Iberian Advantage«; McNeill, *Age of Gunpowder Empires*.
291 Khodarkovsky, *Russia's Steppe Frontier*.
292 Knaut, *Pueblo Revolt*, S. 3–15.
293 Lenman, *England's Colonial Wars*, S. 231f., 249.
294 Ramsey, »›Something Cloudy in Their Looks‹«, S. 44.
295 Silver, *Our Savage Neighbors*, S. 69; Ward, »›European Method of Warring‹«, S. 247f.
296 Meuwese, »Ethnic Soldiering«, S. 215.
297 Hassig, *Mexico and the Spanish Conquest*, S. 63f., 77; Restall, *Myths of the Spanish Conquest*, S. 144.
298 Barkawi, »Pedagogy of ›Small Wars‹«, S. 25.
299 Vgl. Kap. 4, »Streitkräfte« und »Technik«.
300 Bryant, »Asymmetric Warfare«, S. 445.
301 Dahlmann, »Sibirien«, S. 70.
302 Cooper, »Culture, Combat, and Colonialism«, S. 542.
303 Crawford, »Sikh Wars«, S. 49–65. Ähnlich erging es 1895–1896 Madagaskar, nur ohne einen zweiten Krieg. Paillard, »Expedition to Madagascar«, S. 186–188.
304 Moor, »Warmakers in the Archipelago«, S. 50.
305 Charney, *Southeast Asian Warfare*, S. 257f.
306 Vandervort, *Wars of Imperial Conquest*, S. 134f.
307 Bond, »South African War«, S. 212, 217, 221, 234–236.
308 Slatta, »›Civilization‹ Battles ›Barbarism‹«, S. 130.
309 Brooks, »Impact of Disease«, S. 128.
310 Billington, *Westward Expansion*, S. 15–28.
311 U. a. vier Mysorekriege 1766–1769, 1780–1784, 1789–1792 und 1799, drei Burmakriege 1823–1826, 1852–1853 und 1885, vier Ashantikriege 1823–1831, 1863/64, 1873/74 und 1894–1896, drei Afghanistankriege 1838–1842, 1878–1880 und 1919. Bruce, *Burma Wars*; Förster, *Mächtige Diener*, S. 50–166; Fynn, »Ghana – Asante«; Richards, *The Savage Frontier*.
312 Reid, *Europe and Southeast Asia*, S. 5.
313 Helbling, »Tribale Kriege und expandierende Staaten«, S. 70.
314 Kanya-Forstner, »French Marines«, S. 137.
315 Marshall, »Western Arms in Maritime Asia«, S. 13. Vgl. Bitterli, *Die ›Wilden‹ und die ›Zivilisierten‹*, S. 175; Laqueur, *Guerrilla Warfare*, S. 392. Eine aktualisierte Neufassung dieses Argumentes bei Merom, *How Democracies Lose Small Wars*, S. 15, 230.
316 Whitehead, »Tribes Make States«, S. 136.
317 Burroughs, »Imperial Institutions«, S. 176f.
318 Bond, »Editor's Introduction«, S. 20.
319 Galbraith, »›Turbulent Frontier‹«, S. 151.
320 Belich, *Victorian Interpretation*, S. 123; Fieldhouse, *Economics and Empire*,

S. 80f.; Förster, *Mächtige Diener*; Galbraith, »›Turbulent Frontier‹«; Killingray, »Guardians of Empire«, S. 9; Trotha, »Was war Kolonialismus?«, S. 63f.; Zirkel, »Military Power«, S. 93. »Men on the spot« gab es auch im alten Rom: Eichmann, »Expansion und imperiale Herrschaft«, S. 97–101.

[321] Hull, »Military Culture and ›Final Solutions‹«, S. 143.

[322] Kanya-Forstner, »French Marines«, S. 121f.; Brower, *Desert Named Peace*, S. 39.

[323] Porch, *Conquest of the Sahara*, S. 134. Der Begriff »Geistesabwesenheit« stammt von Seeley, *Expansion of England*, S. 17.

[324] Kanya-Forstner, *Conquest of the Sudan*, S. 176–178.

[325] Porch, *Conquest of the Sahara*, S. 261.

[326] James, *Raj*, S. 105f. »Peccavi«, »Ich habe gesündigt«, »I have sinned«, lautgleich mit »I have Sind«, »Ich habe Sindh«. Die Rückeroberung Lucknows im indischen Aufstand soll entsprechend die vermutlich ebenso apokryphe Siegesmeldung Sir Colin Campbells »Nunc fortunatus sum« (»I am in luck now«) ausgelöst haben.

[327] Hemming, *Conquest of the Incas*, S. 149; Lee, »Projecting Power«, S. 5; Pietschmann, »Imperialkriege Spaniens«, S. 89–91.

[328] Hassig, *Mexico and the Spanish Conquest*, S. 68–70.

[329] Siehe weiter unten den Abschnitt »Grauzonen«.

[330] Dass die imperiale Peripherie gerade solche eigenmächtigen, nonkonformistischen Abenteurer anzog und ihnen ein Wirkungsfeld bot, suggeriert plausibel Eichmann, »›Freibeuter der Moderne‹«, S. 107.

[331] James, *Savage Wars*, S. 55f.; Lock/Quantrill, *Zulu Victory*, S. 19–27, 31–35; Utley, *Frontiersmen in Blue*, S. 284f.

[332] Thornton, »Firearms, Diplomacy, and Conquest«, S. 180.

[333] Lincoln, *Conquest of a Continent*, S. 42.

[334] Förster, *Mächtige Diener*.

[335] Eskildsen, »Civilization and Savages«, S. 388, 403f.; Fynn, »Ghana – Asante«, S. 20–24; Moor, »Warmakers in the Archipelago«, S. 61; Muffett, »Nigeria – Sokoto Caliphate«, S. 290f.; Vandervort, *Wars of Imperial Conquest*, S. 191–195; Woolman, *Rebels in the Rif*, S. 58, 65, 72; Zirkel, »Military Power«, S. 92–97.

[336] Howard, »Colonial Wars«, S. 219–221.

[337] Zur Siedlerkonstellation allgemein, insbesondere aber zur exterminatorischen Ideologie siehe Veracini, *Settler Colonialism*.

[338] Bodley, *Weg der Zerstörung*, S. 69f.; Connor, *Australian Frontier Wars*, S. 103–105; Elkins/Pedersen, »Settler Colonialism«, S. 2; Finzsch, »›The Aborigines ... were never annihilated‹«, S. 254; Hemming, *Red Gold*, S. 34–40; Penn, *Forgotten Frontier*, S. 27–55.

[339] Palmer, *Colonial Genocide*, S. 5–10; Utley, *Frontiersmen in Blue*, S. 100–102.

[340] Cocker, *Rivers of Blood*, S. 144–157; Häußler, »Settlers in South West Africa«, S. 7; Helbling, *Tribale Kriege*, S. 287; Hemming, *Red Gold*, S. 69–89, 346–358; Lonsdale, »Conquest State of Kenya«, S. 115; Moses, *Genocide and Settler Society*, S. 33; Powell, *Soldiers, Indians and Silver*, S. 172–176; Utley, *Frontiersmen in Blue*, S. 346–349.

341 Porter, *Lion's Share*, S. 34f.
342 Zu den Motiven der Kriegführenden in Imperialkriegen siehe Kap. 2.
343 Fourniau, »Colonial Wars before 1914«, S. 78; Headrick, *Tools of Empire*, S. 84; Jones, »Muscovite-Nomad Relations«, S. 119; Osterhammel, *Verwandlung der Welt*, S. 608; Porch, *French Foreign Legion*, S. xviiif.; Vandervort, *Wars of Imperial Conquest*, S. 38f.; Wesseling, »Colonial Wars«, S. 5f.
344 Vgl. Kap. 2, »Regimewechsel«.
345 Fieldhouse, *Economics and Empire*, S. 79f.; Fieldhouse, *Colonial Empires*, S. 207–241, 380–394; Gallagher/Robinson, »Imperialism of Free Trade«; Osterhammel, *Verwandlung der Welt*, S. 655; Reinhard, *Geschichte der europäischen Expansion*, Bd. 4, S. 208; Robinson, »Excentric Idea of Imperialism«, S. 270f.
346 Marshall, »Western Arms in Maritime Asia«, S. 23f.; Meuwese, »Ethnic Soldiering«, S. 211; Mostert, *Military System*, S. 10f.; Reinhard, *Geschichte der europäischen Expansion*, Bd. 1, S. 214f.
347 Clayton, *France, Soldiers and Africa*, S. 4; Etemad, *Possession du monde*, S. 79f.; Killingray, »Guardians of Empire«, S. 6; Ranger, »African Reactions«, S. 293–297; Wesseling, »Colonial Wars«, S. 7f.
348 Bührer, *Kaiserliche Schutztruppe*, S. 126; Cann, *Counterinsurgency in Africa*, S. 87; Fourniau, »Colonial Wars before 1914«, S. 78; Gann/Duignan, *Rulers of Belgian Africa*, S. 63.
349 Powell, *Soldiers, Indians and Silver*, S. 32.
350 Calloway, *Winter Count*, S. 163; Kennedy, *Rise and Fall*, S. 41–55.
351 Cann, *Counterinsurgency in Africa*, S. 1–10. Das portugiesische Militärbudget erreichte zeitweilig 48 Prozent des Staatshaushalts, mehr als das der USA. Ebenda, S. 10.
352 Starkey, *European and Native American Warfare*, S. 141f.; Utley, *Frontiersmen in Blue*, S. 12–17; Weigley, *History of the United States Army*, S. 74–292.
353 Cipolla, *Guns, Sails, and Empires*, S. 134; Glete, »Warfare at Sea«, S. 32f.; Marshall, »Western Arms in Maritime Asia«, S. 16. Selbst für die kurze Seereise in die Karibik waren noch Anfang des 19. Jahrhunderts seuchenbedingte Ausfälle von 10 Prozent normal. In der Gegenrichtung starben 1702 auf einem Truppentransport 80 Prozent der 5000 eingeschifften Soldaten. Buckley, *Slaves in Red Coats*, S. 4, 99.
354 Thornton, »Warfare, Slave Trading and European Influence«, S. 135f.
355 Hack/Rettig, »Demography in Southeast Asia«, S. 48.
356 Bond, »Editor's Introduction«, S. 20.
357 Ditte, *Guerre dans les Colonies*, S. 12f.; Potempa, »Raum und seine Beherrschung«, S. 454–456.
358 Chandler, »Expedition to Abyssinia«, S. 124f.
359 Walter, *Dschungelkrieg und Atombombe*, S. 125–127.
360 Eder/Hofbauer, »Operation Iraqi Freedom«, S. 478f., 481f.
361 Marshall, *Russian General Staff*, S. 46f., 76, 81, 131f.
362 Hack/Rettig, »Demography in Southeast Asia«, S. 55–59. Dort auch weitere ähnlich gelagerte Zahlenverhältnisse für andere Kolonien Südostasiens – über-

all kamen auf einen Soldaten etwa 1000 Einwohner. Auch Taylor, »Colonial Forces in British Burma«, S. 197.
363 Gann/Duignan, *Rulers of British Africa*, S. 84f.
364 Vandervort, *Wars of Imperial Conquest*, S. 190. Zu Südrhodesien Gann/Duignan, *Rulers of British Africa*, S. 127.
365 Vandervort, *Wars of Imperial Conquest*, S. 42.
366 Trotha, *Koloniale Herrschaft*, S. 41.
367 Gann/Duignan, *Rulers of German Africa*, S. 115–118.
368 Utley, *Frontiersmen in Blue*, S. 16.
369 Utley, *Frontier Regulars*, S. 174.
370 Vandervort, *Indian Wars*, S. 204f.
371 Cann, *Counterinsurgency in Africa*, S. 62. Andere Beispiele: Coates, *Suppressing Insurgency*, S. 150; Linn, *Counterinsurgency in the Philippine War*, S. 52f., 98–106; Petillo, »Leaders and Followers«, S. 194–198.
372 Meinertzhagen, *Kenya Diary*, S. 32. Yorkshire war damals etwa so groß wie das heutige Schleswig-Holstein oder wie die vier größten Kantone der Westschweiz (Bern, Wallis, Waadt, Fribourg) zusammengenommen.
373 Nicht die fünffache Fläche, wie behauptet bei Grau, *Bear Over the Mountain*, S. xii.
374 Jones, *Graveyard of Empires*, S. 34f.
375 Grau, *Bear Over the Mountain*, S. xi–xiii.
376 Jones, *Graveyard of Empires*, S. 238–255.
377 Peers, »Revolution, Evolution, or Devolution«, S. 83.
378 Mostert, *Military System*, S. 19.
379 Crowder, »Introduction«, S. 6. Dort auch zahlreiche ähnliche Angaben.
380 Vandervort, *Wars of Imperial Conquest*, S. 142.
381 Gann/Duignan, *Rulers of British Africa*, S. 123f.
382 Osterhammel, »Entdeckung und Eroberung«, S. 403.
383 Jobst, »Expansion des Zarenreiches«, S. 67f.
384 Brooks, »Impact of Disease«, S. 128.
385 Charney, »Iberier und Südostasiaten«, S. 180.
386 Kuß, *Deutsches Militär*, S. 53, 59, 82, 107–113.
387 Groen, »Militant Response«, S. 35.
388 Deenon, »Understanding Settler Societies«, S. 512.
389 Crosby, *Ecological Imperialism*, S. 196–216, 281–287.
390 Brooks, »Impact of Disease«, S. 136–159; Newson, »Pathogens, Places and Peoples«.
391 Raudzens, »Outfighting or Outpopulating?«, S. 47–50; Starkey, *European and Native American Warfare*, S. 7. Anderswo hatten Pathogene zumindest deutliche negative Auswirkungen auf die Kriegführungsfähigkeit indigener Gesellschaften, etwa indem sie die aztekische Elite schwächten und schon vor der Ankunft der Spanier in Peru dort durch den Seuchentod des Inkas Huayna Capac den Bürgerkrieg auslösten. Hassig, *Mexico and the Spanish Conquest*, S. 124f.; Restall, *Myths of the Spanish Conquest*, S. 140f.
392 Raudzens, »Outfighting or Outpopulating?«, S. 36–56.

393 Raudzens, »Why Did Amerindian Defences Fail?«, S. 346.
394 Starkey, *European and Native American Warfare*, S. 68.
395 Ebenda, S. 63f.
396 Nester, *Frontier War*, S. 13.
397 Wood, *The American Revolution*, S. 4.
398 Kennedy, *Population of the United States in 1860*, S. 598; Utley, *Frontiersmen in Blue*, S. 4.
399 Cocker, *Rivers of Blood*, S. 144–157.
400 Bodley, *Weg der Zerstörung*, S. 70f.
401 Belich, »Krieg und transkulturelles Lernen«, S. 248.
402 Raudzens, »Outfighting or Outpopulating?«.
403 Utley, »Cultural Clash«, S. 103f.; Utley, *Frontier Regulars*, S. 409–411.
404 Hassig, *Mexico and the Spanish Conquest*, S. 184–193; Knaut, *Pueblo Revolt*, S. 186f.; Raudzens, »Why Did Amerindian Defences Fail?«, S. 345f.
405 Hemming, *Amazon Frontier*, S. 6f., 283, 286; Hemming, *Conquest of the Incas*, S. 335–338; Whitehead, »Tribes Make States«, S. 140–142.
406 Penn, *Forgotten Frontier*, S. 286f.
407 Broome, *Aboriginal Australians*, S. 48; Connor, »Briten und Darug«, S. 232f.; Palmer, *Colonial Genocide*, S. 87–101.
408 Khodarkovsky, *Russia's Steppe Frontier*, S. 221f.
409 Rink, »Kleiner Krieg«, S. 438.
410 Stora, »Pieds Noirs«, S. 226.
411 Le Cour Grandmaison, *Coloniser, Exterminer*, S. 188.
412 Clayton, *Wars of French Decolonization*, S. 108.
413 Ebenda, S. 108–112.
414 Elkins/Pedersen, »Settler Colonialism«, S. 3f.
415 Delmas/Masson, »Interventions Extérieures«, S. 524; Vandervort, *Wars of Imperial Conquest*, S. 62.
416 Jobst, »Expansion des Zarenreiches«, S. 68–70; Laqueur, *Guerrilla Warfare*, S. 73–75.
417 Stucki, *Aufstand und Zwangsumsiedlung*, S. 122, 240.
418 Nasson, *South African War*, S. 68, 279.
419 Woolman, *Rebels in the Rif*, S. 105, 204. Dass allerdings Spanien während des Zweiten Weltkriegs 150 000 Mann in Marokko stehen hatte, beruhte auf außenpolitischen Erwägungen, die mit der Beherrschung des Protektoratsgebiets selbst unverknüpft waren. Fleming, »Decolonization and the Spanish Army«, S. 123f.
420 Brogini-Künzi, »Wunsch nach einem blitzschnellen Krieg«, S. 276f.
421 Thompson, *Defeating Communist Insurgency*, S. 47f.
422 Bodin, »Adaptation des hommes«, S. 114f.
423 Mollenhauer, »Gesichter der pacification«, S. 337.
424 Greiner, *Krieg ohne Fronten*, S. 53.
425 Cann, *Counterinsurgency in Africa*, S. 5–8. In Guiné waren es 43 000 Soldaten gegen 7000 Insurgenten. MacQueen, »Portugal's First Domino«, S. 226.
426 Moreman, »›Watch and Ward‹«, S. 150.

427 Jacobson, »Imperial Ambitions«, S. 87–91; McCoy/Fradera/Jacobson, *Endless Empire*, S. 18f.
428 Bei Kuba war das trotz der geografischen Ferne der Fall. Stucki, »Weylers Söldner«, S. 223.
429 Robinson/Gallagher/Denny, *Africa and the Victorians*, S. 410–472.
430 Greiner, *Krieg ohne Fronten*, S. 56–73; Nissimi, »Illusions of World Power«; Stockwell, »›A widespread and long-concocted plot‹«; Walter, »Kolonialkrieg, Globalstrategie und Kalter Krieg«, S. 133–137; Westad, *Global Cold War*, S. 180.
431 Für Beispiele siehe Boot, *Savage Wars of Peace*; Clayton, *Wars of French Decolonization*, S. 33–38, 79–85, 88–104; Dewey, *Brush Fire Wars*.
432 Lee, »Fortify, Fight, or Flee«, S. 770. Andere Beispiele: Fynn, »Ghana – Asante«, S. 41f.; Linn, *Counterinsurgency in the Philippine War*, S. 106; Nasson, *South African War*, S. 171f.; Starkey, *European and Native American Warfare*, S. 152; Utley, *Frontier Regulars*, S. 93f.; Wickwire/Wickwire, *Cornwallis*, S. 169–321.
433 Bond, »Editor's Introduction«, S. 21.
434 Callwell, *Small Wars*, S. 117f.; Chandler, »Expedition to Abyssinia«, S. 129; James, *Raj*, S. 120f.; Strachan, *European Armies*, S. 81f.; Vandervort, *Wars of Imperial Conquest*, S. 120f.
435 Belich, *Victorian Interpretation*, S. 162; Fynn, »Ghana – Asante«, S. 41f.; Hemming, *Conquest of the Incas*, S. 93; James, *Savage Wars*, S. 91f.; Kopperman, *Braddock at the Monongahela*, S. 9–13; Paillard, »Expedition to Madagascar«, S. 181; Utley, *Frontiersmen in Blue*, S. 205f., 272.
436 Belich, *Victorian Interpretation*, S. 162–165; Fynn, »Ghana – Asante«, S. 31f., 38f.; Grau, *Bear Over the Mountain*, S. 204; Utley, *Frontier Regulars*, S. 50f., 253f.; Utley, *Frontiersmen in Blue*, S. 139f., 242, 254, 270–272, 323–332.
437 Porch, *Conquest of Morocco*, S. 171.
438 Kuß, *Deutsches Militär*, S. 88–90.
439 Callwell, *Small Wars*, S. 108.
440 Bryant, »Asymmetric Warfare«, S. 458; James, *Savage Wars*, S. 152; Porch, *Conquest of the Sahara*, S. 265–267; Utley, *Frontiersmen in Blue*, S. 324–326.
441 Lock/Quantrill, *Zulu Victory*, S. 86–90, 147–149, 176–179.
442 Utley, *Custer*, S. 156–162.
443 Beckett, *Modern Insurgencies*, S. 114–116; Black, *Beyond the Military Revolution*, S. 111f.; Bodley, *Weg der Zerstörung*, S. 69f., 78–80; Callwell, *Small Wars*, S. 134f.; Charney, *Southeast Asian Warfare*, S. 271–273; Clayton, *Wars of French Decolonization*, S. 56f., 61, 135f.; Dahlmann, »Sibirien«, S. 60; Donnelly, *Conquest of Bashkiria*, S. 16, 49–53, 161–172; Hemming, *Amazon Frontier*, S. 97f., 179f.; Khodarkovsky, *Russia's Steppe Frontier*, S. 131f., 215–220; Moor, »Warmakers in the Archipelago«, S. 51f.; Powell, *Soldiers, Indians and Silver*, S. 141–157; Ricklefs, *War, Culture and Economy*, S. 146; Schindler, *Bauern und Reiterkrieger*, S. 30–35; Slatta, »›Civilization‹ Battles ›Barbarism‹«, S. 132f.; Starkey, *European and Native American Warfare*, S. 41; Utley, *Frontier Regulars*, S. 121–125, 281, 288; Utley, *Frontiersmen in Blue*, S. 248–258, 274f.; Vandervort, *Wars of Imperial Conquest*, S. 120f.; Woolman, *Rebels in the Rif*, S. 141.

⁴⁴⁴ Nasson, *South African War*, S. 210f.; Rose, »Unsichtbare Feinde«, S. 233f. Japan benutzte in den 1900er Jahren ein ähnliches System auf Taiwan. Bodley, *Weg der Zerstörung*, S. 78–80.

⁴⁴⁵ Clayton, *Wars of French Decolonization*, S. 135; Horne, *Savage War of Peace*, S. 263–267.

⁴⁴⁶ Mattioli, »Kolonialverbrechen des faschistischen Italien«, S. 219f. Das amerikanische Äquivalent war die McNamara Line entlang der demilitarisierten Zone zu Nordvietnam. Beckett, *Modern Insurgencies*, S. 193. Kuba wurde in den Kriegen zwischen 1868 und 1898 mehrfach durch befestigte Nord-Süd-Riegel, sogenannte *Trochas*, geteilt, um die spanische Aufstandsbekämpfung zu erleichtern. Stucki, *Aufstand und Zwangsumsiedlung*, S. 41–43.

⁴⁴⁷ Connor, *Australian Frontier Wars*, S. 46f.; Utley, »Cultural Clash«, S. 92f.; Utley, *Frontiersmen in Blue*, S. 42f., 53–57, 71–74, 86–88, 346–349; Vandervort, *Indian Wars*, S. 51f.

⁴⁴⁸ Stokes, *Peasant Armed*, S. 17–48.

⁴⁴⁹ Stucki, *Aufstand und Zwangsumsiedlung*, S. 80f.

⁴⁵⁰ Beckett, *Modern Insurgencies*, S. 91.

⁴⁵¹ Bodin, »Adaptation des hommes«.

⁴⁵² Mollenhauer, »Gesichter der pacification«, S. 337; Thomas, »Order Before Reform«, S. 204–212.

⁴⁵³ Gwynn, *Imperial Policing*, S. 19.

⁴⁵⁴ *Field Manual 3-24*, S. 1/13.

⁴⁵⁵ Schmidl, »Kolonialkriege«, S. 116f. Anderer Auffassung ist allerdings Hendrik Wesseling, der gerade die Abgrenzbarkeit von Krieg und Frieden an der Peripherie als Basis für jede Diskussion von Kolonialkriegen als eigenes Phänomen postuliert: Wesseling, »Colonial Wars«, S. 2.

⁴⁵⁶ Delmas/Masson, »Interventions Extérieures«, S. 529.

⁴⁵⁷ Brower, *Desert Named Peace*, S. 98.

⁴⁵⁸ Zahlen: Gann/Duignan, *Rulers of German Africa*, S. 72, 118; Kirk-Greene, »Thin White Line«, S. 26, 38. Vgl. Burroughs, »Imperial Institutions«, S. 177; Wirz, »Körper, Kopf und Bauch«, S. 254–256.

⁴⁵⁹ Bührer, *Kaiserliche Schutztruppe*, S. 211, 485; Fleming, »Decolonization and the Spanish Army«; Gallieni, *Pacification de Madagascar*; Gann/Duignan, *Rulers of Belgian Africa*, S. 65–69, 79, 82; Hée, *Imperiales Wissen*, S. 46f.; Killingray, »Guardians of Empire«, S. 11–13; Omissi, *Sepoy and the Raj*, S. 197–199; Zirkel, »Military Power«, S. 97–107; Zollmann, *Koloniale Herrschaft*, S. 183–199.

⁴⁶⁰ Gwynn, *Imperial Policing*; Hull, *Absolute Destruction*, S. 330–332; James, *Savage Wars*, S. 131; Le Cour Grandmaison, *Coloniser, Exterminer*, S. 153–161, 201–262; Mann, »Gewaltdispositiv des Kolonialismus«, S. 116; Mukherjee, *Spectre of Violence*, S. 23f.; Trotha, »Genozidaler Pazifizierungskrieg«, S. 45; Trotha, *Koloniale Herrschaft*, S. 81–84, 155f.; Wesseling, »Colonial Wars«, S. 9f.; Zollmann, *Koloniale Herrschaft*, S. 107–126.

⁴⁶¹ Belich, *Victorian Interpretation*, S. 73f.; Broome, *Aboriginal Australians*, S. 40–48; Cocker, *Rivers of Blood*, S. 122–150; Connor, *Australian Frontier Wars*, S. 16f., 35–40, 85–90, 114–117; Hemming, *Amazon Frontier*, S. 174–181;

Hochgeschwender, »Last Stand«, S. 47–49; Keeley, *War Before Civilization*, S. 152–156; Penn, *Forgotten Frontier*, S. 27–66; Silver, *Our Savage Neighbors*, S. 39–71; Turnbull, *Black War*, S. 24–30; Utley, *Frontier Regulars*, S. 174, 185 f., 192 f.; Utley, *Frontiersmen in Blue*, S. 97–102, 135–138, 176–178, 227–229.
462 Hemming, *Amazon Frontier*, S. 25–60, 296–299; Hemming, *Conquest of the Incas*, S. 349–358; Hemming, *Red Gold*, S. 146–160, 244–252, 380 f., 402–408; Jones, *Conquest of the Last Maya Kingdom*, S. 256–264; Kars, »›Cleansing the Land‹«, S. 264 f.; Penn, *Forgotten Frontier*, S. 144–147; Thomas, *Violence and Colonial Order*, S. 22–25, 41; Trotha, *Koloniale Herrschaft*, S. 349–365; Weber, *Spanish Frontier*, S. 123–129.
463 Meissner/Mücke/Weber, *Schwarzes Amerika*.
464 Campbell, »Social Structure of the Túpac Amaru«, S. 213.
465 Calloway, *Winter Count*, S. 132–149.
466 Hemming, *Red Gold*, S. 69–89.
467 Lee, »Fortify, Fight, or Flee«, S. 761–763.
468 Utley, *Frontiersmen in Blue*, S. 102–121, 143 f., 176–178, 238.
469 Denzer, »Sierra Leone – Bai Bureh«, S. 250–256.
470 Clayton, *Wars of French Decolonization*, S. 88–90.
471 Omissi, *Sepoy and the Raj*, S. 220.
472 Lonsdale, »Conquest State of Kenya«, S. 103 f.
473 Zirkel, »Military Power«, S. 97.
474 Morlang, »›Die Wahehe haben ihre Vernichtung gewollt‹«, S. 80.
475 Utley, *Frontier Regulars*, S. 410. Kaum abweichend (943 Gefechte zwischen 1865 und 1898) Weigley, *History of the United States Army*, S. 267. Für weitere Zahlen Beckett, *Modern Insurgencies*, S. 31–36.
476 Haywood/Clarke, *History of the Royal West African Frontier Force*, S. 60–80.
477 Wesseling, »Wars and Peace«, S. 56.
478 Bröchler, »›Was uns das Recht‹«; Karr, »›Why Should You Be So Furious?‹«, S. 881–888.
479 Calloway, *Winter Count*, S. 120; Hassig, *Mexico and the Spanish Conquest*, S. 60; Parker, »Early Modern Europe«, S. 56.
480 Pagden, *Lords of All the World*, S. 91. Offenbar verlas in der chaotischen Situation von Cajamarca noch schnell ein spanischer Priester den *Requerimiento*, bevor die Konquistadoren anfingen, die peruanische Elite abzuschlachten – so viel zur Praxis. Hemming, *Conquest of the Incas*, S. 42.
481 Calloway, *Winter Count*, S. 244 f., 250. Ähnlich die Portugiesen in Afrika, die Spanier in Yucatan oder die Russen in Zentralasien: Donnelly, *Conquest of Bashkiria*, S. 19; Jones, *Conquest of the Last Maya Kingdom*, S. 167–186, 291 f.; Thornton, »Firearms, Diplomacy, and Conquest«, S. 178.
482 Connor, »Briten und Darug«, S. 227; Finzsch, »›The Aborigines … were never annihilated‹«, S. 261 f.; Veracini, *Settler Colonialism*, S. 82–84.
483 Ausführlich Butlin, *Geographies of Empire*, S. 335–344; Jureit, *Ordnen von Räumen*, S. 75–126. Auch Fieldhouse, *Colonial Empires*, S. 207–241.
484 Fourniau, »Colonial Wars before 1914«, S. 73–75; Gann/Duignan, *Rulers of British Africa*, S. 142–144; Kleinschmidt, *Diskriminierung durch Vertrag und*

Krieg, S. 94–111; Lombardi, *Bürgerkrieg und Völkerrecht*, S. 86f., 126f., 173–175; Moreman, »›Watch and Ward‹«, S. 137f.; Paillard, »Expedition to Madagascar«, S. 168, 171; Starkey, *European and Native American Warfare*, S. 12; Vandervort, *Indian Wars*, S. 49f.; Vandervort, *Wars of Imperial Conquest*, S. 146–149.
[485] Vgl. Kap. 3, »Krieg ohne Regeln«.
[486] Münkler, *Imperien*, S. 16f.; Osterhammel, *Verwandlung der Welt*, S. 607f.
[487] Callwell, *Small Wars*, S. 25–27.
[488] Ferguson/Whitehead, »Violent Edge of Empire«, S. 7.
[489] Schumacher, »›Niederbrennen, plündern und töten‹«, S. 113.
[490] Klein, »Straffeldzug im Namen der Zivilisation«, S. 169; May, »Philippine-American War«, S. 439; Michels, »›Ostasiatisches Expeditionskorps‹«, S. 404.
[491] Furedi, »Creating a Breathing Space«, S. 94; Klose, »Legitimation kolonialer Gewalt«, S. 266–269; Klose, »Notstand«; Mollenhauer, »Gesichter der pacification«, S. 348f.; Palmer, *Colonial Genocide*, S. 132–134; Walter, »Kolonialkrieg, Globalstrategie und Kalter Krieg«, S. 130.
[492] Kleinschmidt, *Diskriminierung durch Vertrag und Krieg*, S. 137. Streng genommen lässt m.E. die Haager Landkriegsordnung zwar durchaus die Möglichkeit offen, dass eine nichtstaatliche Kriegspartei sich an das Völkerrecht hält und damit der Schutzrechte der Landkriegsordnung teilhaftig wird; klar ist aber wohl, dass eine solche Regelanerkennung seitens indigener Gesellschaften von den westlichen Mächten kollektiv ignoriert worden wäre. Vgl. Kap. 3, »Krieg ohne Regeln«.
[493] Andreopoulos, »National Liberation Movements«.
[494] Arai-Takahashi, »Disentangling Legal Quagmires«; Dörmann, »Legal Situation«.
[495] Utley, *Frontier Regulars*, S. 45.
[496] Hochgeschwender, »Last Stand«, S. 60; Utley, *Frontiersmen in Blue*, S. 110–112, 210. Ähnliches galt offenbar für die Tuareg und die Nomaden Zentralasiens. Donnelly, *Conquest of Bashkiria*, S. 11; Porch, *Conquest of the Sahara*, S. 94–125.
[497] »Domestic dependent nations«. Howe, *What Hath God Wrought*, S. 355; Kleinschmidt, *Diskriminierung durch Vertrag und Krieg*, S. 106; Utley, *Indian Frontier*, S. 36.
[498] Utley, *Frontier Regulars*, S. 21.
[499] Bührer, *Kaiserliche Schutztruppe*, S. 211; Peers, »Introduction«, S. xxif.
[500] Calloway, *Winter Count*, S. 177–185; Powell, *Soldiers, Indians and Silver*, S. 28f., 32; Vandervort, *Indian Wars*, S. 149f., 192–199.
[501] Hemming, *Amazon Frontier*, S. 184–191.
[502] Rink, »Kleiner Krieg«, S. 441; Vandervort, *Wars of Imperial Conquest*, S. 69f.
[503] Le Cour Grandmaison, *Coloniser, Exterminer*, S. 184f.
[504] Miège, »›Conquest of Morocco‹«, S. 201, 212; Porch, *Conquest of Morocco*, S. ix; Woolman, *Rebels in the Rif*, S. 14.
[505] Connor, *Australian Frontier Wars*, S. 83. Andere Beispiele für lange Kriege: Mattioli, »Kolonialverbrechen des faschistischen Italien«, S. 208f., 220; Mostert, *Military System*, S. 84.
[506] Der Krieg in Angola begann 1961 mit dem Aufstand der Volksfront zur Befreiung Angolas und endete 1988 durch das Abkommen mit Südafrika. Der Indo-

chinakrieg dauerte vom Beginn der Rückeroberung durch Frankreich 1945 bis zum Sieg des Nordens 1975.
507 Kiernan, *Colonial Empires*, S. 46, 53 f.; Linn, *Counterinsurgency in the Philippine War*, S. 116 f., 148–151; Moor, »Warmakers in the Archipelago«, S. 68–70; Moreman, »›Watch and Ward‹«, S. 150; Schumacher, »›Niederbrennen, plündern und töten‹«, S. 112 f.
508 Brogini-Künzi, »Wunsch nach einem blitzschnellen Krieg«, S. 285.
509 Bierling, *Geschichte des Irakkriegs*, S. 124–126.
510 Hemming, *Red Gold*, S. 361–363; Lee, »Fortify, Fight, or Flee«, S. 738–740; Starkey, *European and Native American Warfare*, S. 155 f.; Utley, *Frontier Regulars*, S. 95–97, 131–139, 242–248; Utley, *Frontiersmen in Blue*, S. 337 f.
511 Belich, *Victorian Interpretation*, S. 115 f.; Bond, »South African War«, S. 234–236; Crawford, »Sikh Wars«, S. 49–65; Guy, *Destruction of the Zulu Kingdom*, S. 69–246; Keegan, »Ashanti Campaign«, S. 195 f.; Mostert, *Military System*, S. 91 f.; Vandervort, *Wars of Imperial Conquest*, S. 81 f.
512 Thornton, »Firearms, Diplomacy, and Conquest«, S. 179, 182, 185 f.
513 Cann, *Counterinsurgency in Africa*, S. 80; Reis/Oliveira, »Cutting Heads or Winning Hearts«, S. 88.
514 Huntington, *Soldier and State*, S. 59–79.
515 Beckett, *Modern Insurgencies*, S. 184; Cann, *Counterinsurgency in Africa*, S. 28–31; Clayton, *Wars of French Decolonization*, S. 140, 178 f.; Corum/Johnson, *Airpower in Small Wars*, S. 82 f.; Gann/Duignan, *Rulers of German Africa*, S. 119–121; Groen, »Militant Response«, S. 30–39; Kanya-Forstner, »French Marines«, S. 121 f., 132–137; Khodarkovsky, »Krieg und Frieden«, S. 216; Khodarkovsky, *Russia's Steppe Frontier*, S. 168 f.; Schmidl, »Kolonialkriege«, S. 116; Thomas, »Order Before Reform«, S. 199; Utley, *Frontiersmen in Blue*, S. 111 f.
516 Keeley, *War Before Civilization*, S. 80.
517 Jones, *Graveyard of Empires*, S. 303–306; Pavilonis, »Irregular War in Afghanistan«.
518 Roxborough, »Lessons of Counterinsurgency«, S. 40.
519 Kanya-Forstner, »French Marines«, S. 132.
520 Bilton/Sim, *Four Hours in My Lai*, S. 33. Den Hinweis auf das Zitat verdanke ich Greiner, *Krieg ohne Fronten*, S. 74.
521 Callwell, *Small Wars*, S. 97.
522 Ebenda, S. 106.
523 Prince, *Gegen Araber und Wahehe*, S. 302. Den Hinweis auf das Zitat verdanke ich Bührer, *Kaiserliche Schutztruppe*, S. 262.
524 Utley, *Frontiersmen in Blue*, S. 148–152.
525 Walter, »›The Enemy Must Be Brought to Battle‹«.
526 Lock/Quantrill, *Zulu Victory*, S. 15 f., 151–159; Manning, »Learning the Trade«, S. 651–653; Utley, *Custer*, S. 74 f., 158.
527 Belich, *Victorian Interpretation*, S. 68, 99, 142–157; Chandler, »Expedition to Abyssinia«, S. 120; Crawford, »Sikh Wars«, S. 40 f.; Lock/Quantrill, *Zulu Victory*, S. 181 f.; Utley, *Frontiersmen in Blue*, S. 274 f.; Vandervort, *Indian Wars*, S. 176 f., 180 f.; Williams, »Egyptian Campaign«, S. 252, 262, 269.

528 Nasson, *South African War*, S. 117–144.
529 Calloway, *Winter Count*, S. 195; James, *Savage Wars*, S. 180–183; Linn, *Counterinsurgency in the Philippine War*, S. 113–115; Utley, *Frontier Regulars*, S. 20, 177–180, 196, 230, 257f., 391–393; Utley, *Frontiersmen in Blue*, S. 345; Vandervort, *Indian Wars*, S. 134–136, 202f.; Vandervort, *Wars of Imperial Conquest*, S. 134f.
530 Fall, *Hell in a Very Small Place*, S. ix, 24–51; Navarre, *Agonie de L'Indochine*, S. 188–200, 251–255; Tourret, »Évolution de la tactique«, S. 178, 182f.
531 Vgl. Kap. 3, »Militärische Notwendigkeit«.
532 James, *Savage Wars*, S. 35, 37–39, 54–57; Kanya-Forstner, »French Marines«, S. 132–137; Kanya-Forstner, »Mali – Tukulor«, S. 75f.; Keegan, »Ashanti Campaign«, S. 179f., 189; Morlang, »›Die Wahehe haben ihre Vernichtung gewollt‹«, S. 90f.; Person, »Guinea«, S. 137–140; Porch, *Conquest of the Sahara*, S. xvi; Vandervort, *Wars of Imperial Conquest*, S. 120f.
533 Ross, »Dahomey«, S. 162–167.
534 Belich, *Victorian Interpretation*, S. 29–36, 158. Auch die britische Eroberung Sinds im heutigen Pakistan 1839 begann mit einem unannehmbaren Ultimatum. James, *Raj*, S. 100–106.
535 »Vernichtung« ist konflikthistorisch ein schillerndes Wort. Im militärischen Sinne bedeutet es im Deutschen klassischerweise nicht mehr als die Kampfunfähigmachung des Gegners durch operative und taktische Mittel, was im kolonialen Kontext mitunter für begriffliche Verwirrung in der Historiografie gesorgt hat, nicht zuletzt im Hererokrieg 1904/05, wo aus einer militärischen ziemlich unintendiert eine physische Vernichtung wurde. Vgl. Hull, *Absolute Destruction*, S. 22–33. Im Folgenden meine ich mit »Vernichtung« die Zerschlagung der politischen und/oder sozialen Struktur einer indigenen Gesellschaft. Bei physischer Vernichtung, also genozidalen Akten, spreche ich stattdessen von »Ausrottung«.
536 Edmunds/Peyser, *Fox Wars*, S. 119–157; Hemming, *Conquest of the Incas*, S. 395–438; Jones, *Conquest of the Last Maya Kingdom*, S. 266–269; Karr, »Why Should You Be So Furious?‹«, S. 900–903; Lee, »Fortify, Fight, or Flee«, S. 731–733.
537 Vgl. Kap. 2, »Raub und Zerstörung« und »Totale Kriegsziele«.
538 Global gesprochen. Taktisch hing das Stärkeverhältnis sehr von der operativen Konstellation ab. Zahlreiche Angaben von massiver Überlegenheit bis zu deutlicher Unterlegenheit der Armee finden sich bei Utley, *Frontiersmen in Blue*.
539 Am Kap waren im 18. Jahrhundert die Commandos (Milizen) der holländischen Siedler den kleinen Jäger-und-Sammler-Gruppen der San (Buschmänner) numerisch massiv überlegen. Penn, *Forgotten Frontier*, S. 118f. In den Neuseelandkriegen der 1860er Jahre waren die Briten auf dem Schlachtfeld überall zwei- bis fünfmal zahlreicher als ihre Gegner. Belich, *Victorian Interpretation*, S. 22, 91–98, 134–141. Da sie es aber mit den Erdfestungen der Maori so unüblich schwer hatten, behaupteten sie in ihren Berichten nachher stets, die Zahlenverhältnisse seien gerade umgekehrt gewesen, also so, wie sonst in Imperialkriegen üblich. Ebenda, S. 311f.

[540] Fall, *Hell in a Very Small Place*, S. 127, 133.
[541] Crowder, »Introduction«, S. 6f.; Headrick, *Tools of Empire*, S. 117–120; Killingray, »Colonial Warfare«, S. 151f.; Porch, *Conquest of Morocco*, S. 197f.; Rainero, »Battle of Adowa«, S. 200; Vandervort, *Wars of Imperial Conquest*, S. 110f., 154f.
[542] Boot, *Savage Wars of Peace*, S. 52f.; Linn, *Counterinsurgency in the Philippine War*, S. 138.
[543] Bryant, »Asymmetric Warfare«, S. 439; Headrick, *Tools of Empire*, S. 89f.; James, *Raj*, S. 20.
[544] Ricklefs, *War, Culture and Economy*, S. 141.
[545] Vgl. Kap. 4, »Streitkräfte« und »Technik«.
[546] Killingray, »Colonial Warfare«, S. 151.
[547] Bryant, »Asymmetric Warfare«, S. 439.
[548] James, *Raj*, S. 34f.
[549] Glover, *Rorke's Drift*, S. 99.
[550] Knight, *Zulu*, S. 105–116.
[551] Glover, *Rorke's Drift*, S. 130.
[552] James, *Savage Wars*, S. 130.
[553] Hemming, *Red Gold*, S. 125f.; Raudzens, »Why Did Amerindian Defences Fail?«, S. 341; Ricklefs, *War, Culture and Economy*, S. 138.
[554] Hassig, *Mexico and the Spanish Conquest*, S. 50.
[555] Raudzens, »Why Did Amerindian Defences Fail?«, S. 349f.
[556] Anders als für die Eroberung Mexikos existieren für die Perus fast keine aussagekräftigen indigenen Quellen. (Für diese Information danke ich Ute Schüren; vgl. auch Parry/Keith, *New Iberian World*, Bd. 4, S. 81.) Die bekannte Bilderchronik Huamán Pomas enthält zwar faszinierendes Material zu Staat und Leben der Inkas vor der Conquista, aber die Eroberung selbst – Cajamarca ausgenommen – wird nur in allgemeinen Wendungen auf wenigen Seiten abgehandelt. Abgesehen von bildhaften Schilderungen der Angst der Peruaner vor den Pferden der Konquistadoren nimmt sie dabei auf weite Strecken die spanische Perspektive ein und berichtet kaum etwas, was nicht aus den spanischen Quellen bekannt ist. Dass der Autor ernsthaft behauptet, an der Belagerung von Cuzco habe der Heilige Jakob persönlich auf einem weißen Pferd teilgenommen, zeigt den Grad seiner Hispanisierung und Christianisierung an. Huamán Poma, *Letter to a King*, S. 108f., 115; Huamán Poma, *Primer nueva corónica*, S. 385, 407.
[557] Guilmartin, »Cutting Edge«, S. 46.
[558] Diamond, *Guns, Germs, and Steel*, S. 67–74; Hemming, *Conquest of the Incas*, S. 29, 38–47.
[559] Raudzens, »Outfighting or Outpopulating?«, S. 33.
[560] Diamond, *Guns, Germs, and Steel*, S. 75; Hemming, *Conquest of the Incas*, S. 101–107; Sancho, *Conquest of Peru*, S. 67–88.
[561] Guilmartin, »Cutting Edge«, S. 46.
[562] Hemming, *Conquest of the Incas*, S. 190–199.
[563] Hagerman, *American Civil War*, S. 115–148; Jones, *Right Hand of Command*;

Van Creveld, *Command in War*, S. 103–147; Van Creveld, *Supplying War*, S. 75–108.
564 Gabbert, »Warum Montezuma weinte«, S. 35.
565 Charney, »Iberier und Südostasiaten«, S. 183 f.; Flores Galindo, *In Search of an Inca*, S. 21.
566 Porter, *Military Orientalism*, S. 43.
567 Raudzens, »Outfighting or Outpopulating?«, S. 32.
568 Ebenda, S. 33.
569 Regie: Ridley Scott. Einer der am Somaliaeinsatz der USA beteiligten Kommandeure sprach in seinen Kriegserinnerungen hinsichtlich der im Film geschilderten Kämpfe in den Straßen Mogadischus vom »Schwarmeffekt«. Casper, *Falcon Brigade*, S. 40.
570 Dass sechsstellige Gegnerzahlen für die Konquistadoren einfach »viele« bedeuteten, suggeriert Gabbert, »Warum Montezuma weinte«, S. 35.
571 Hemming, *Conquest of the Incas*, S. 110.
572 Guilmartin, »Cutting Edge«, S. 50–57.
573 Ebenda, S. 57. Ähnlich: Restall, *Myths of the Spanish Conquest*, S. 143.
574 Sancho, *Conquest of Peru*, S. 121 f.
575 Ebenda, S. 123 (Hervorhebung DW). Ähnlich aufschlussreich ist der Bericht des spanischen Gemeinderats von Jauja, der an einer Stelle zwanglos die Unterstützung durch 20 000 »yndios amigos« (befreundete Indianer) erwähnt, nur um zwei Absätze später zu behaupten, die Schlacht von Jauja sei von »gewissen Spaniern zu Pferde und zu Fuß mit einigen Armbrüsten« am einen und von »achtzehn zu Pferde und zehn oder zwölf Fußsoldaten« am anderen Tage gewonnen worden. »El Ayuntamiento de Jauja al Emperador«, S. 127 f. Unkritisch eben diesen Quellen folgt die Darstellung von John Hemming, wo – genau wie bei Sancho – am zweiten Tag der Schlacht plötzlich und kommentarlos 2000 befreundete Indianer auftauchen. Hemming, *Conquest of the Incas*, S. 136. Ähnlich lässt Hemming bei Tecocajas am 3. Mai 1534 wenige Spanier über 50 000 Indianer siegen, ohne in diesem Kontext noch einmal zu erwähnen, dass sich erst eine Seite vorher 3000 Cañari-Indianer auf die Seite der Spanier gestellt hatten. Ebenda, S. 152 f. Bei Huamán Poma kommen peruanische Verbündete der Spanier immerhin in einem Satz vor. Huamán Poma, *Letter to a King*, S. 113; Huamán Poma, *Primer nueva corónica*, S. 397.
576 Gabbert, »Warum Montezuma weinte«, S. 38 f.; Hemming, *Conquest of the Incas*, S. 29–31, 93–97, 101 f.
577 Nicht anders machten es offenbar zeitgleich die Portugiesen hinsichtlich ihrer afrikanischen Verbündeten. Thornton, »Firearms, Diplomacy, and Conquest«, S. 179.
578 Restall, *Myths of the Spanish Conquest*, S. 45.
579 Gabbert, »Warum Montezuma weinte«, S. 41 f.; Gabbert, »Kultureller Determinismus«; Hassig, »Eroberung Mexikos«, S. 126 f.; Hassig, *Mexico and the Spanish Conquest*, S. 179–183.
580 Restall, *Myths of the Spanish Conquest*, S. 48.
581 Abernathy, *Dynamics of Global Dominance*, S. 39, 264–269. Beispiele: Black,

Beyond the Military Revolution, S. 122f.; Brooks, »Impact of Disease«, S. 136; Connor, *Australian Frontier Wars*, S. 28; Gann/Duignan, *Rulers of Belgian Africa*, S. 55; Gann/Duignan, *Rulers of German Africa*, S. 126, 128; Gates, »Two American Wars«, S. 51–53; Hemming, *Red Gold*, S. 72–75, 402–408; Hochgeschwender, »Last Stand«, S. 75f.; James, *Raj*, S. 28–44, 58, 70f.; James, *Savage Wars*, S. 36f.; Jones, *Conquest of the Last Maya Kingdom*, S. 223, 245; Kanya-Forstner, »Mali – Tukulor«, S. 57–59; Khodarkovsky, *Russia's Steppe Frontier*, S. 83–86, 149f.; Knaap, »Crisis and Failure«, S. 171–174; Law, »Warfare on the Slave Coast«, S. 109f.; Lonsdale, »Conquest State of Kenya«, S. 92; Macrory, *Signal Catastrophe*, S. 17–81; Miège, »Conquest of Morocco«, S. 210f.; Moor, »Warmakers in the Archipelago«, S. 60f.; Mostert, *Military System*, S. 17; Olatunji-Oloruntimehin, »Senegambia – Mahmadou Lamine«, S. 102f.; Pemble, »Resources and Techniques«, S. 304; Penn, *Forgotten Frontier*, S. 104–107; Ricklefs, »Balance and Military Innovation«, S. 101–104; Ricklefs, *War, Culture and Economy*, S. 2–13, 134–140; Ross, »Dahomey«, S. 147f.; Thornton, »Warfare, Slave Trading and European Influence«, S. 135f.; Thornton, »Art of War in Angola«, S. 82f.; Utley, *Frontiersmen in Blue*, S. 237–243; Vandervort, *Wars of Imperial Conquest*, S. 27; Whitehead, »Tribes Make States«, S. 137–139. Ähnlich funktionierte offenbar auch die imperiale Expansion des alten Roms. Eichmann, »Expansion und imperiale Herrschaft«, S. 101–106.

[582] Ferguson/Whitehead, »Violent Edge of Empire«, S. 22; Helbling, *Tribale Kriege*, S. 283f.; Lee, »Military Revolution«, S. 65–70; Ranger, »African Reactions«, S. 300–302.

[583] Ferguson/Whitehead, »Violent Edge of Empire«, S. 21.

[584] Hemming, *Red Gold*, S. 74.

[585] Cooper, »Culture, Combat, and Colonialism«, S. 547.

[586] Calloway, *Winter Count*, S. 176.

[587] Vandervort, *Indian Wars*, S. 121.

[588] Ebenda, S. 209f.

[589] Billington, *Westward Expansion*, S. 63f.; Kars, »›Cleansing the Land‹«, S. 264f.; Powell, *Soldiers, Indians and Silver*, S. 135; Silver, *Our Savage Neighbors*, S. 46–48; Vandervort, *Indian Wars*, S. 196f.

[590] Wesseling, »Colonial Wars«, S. 3.

[591] Gabbert, »Warum Montezuma weinte«, S. 40.

[592] Hassig, *Mexico and the Spanish Conquest*, S. 177, 181; Oudijk/Restall, »Mesoamerican Conquistadors«, S. 54–56.

[593] Kolff, »End of an Ancien Régime«, S. 45.

[594] Crowder, »Introduction«, S. 13f.; Restall, *Myths of the Spanish Conquest*, S. 141f.; Starkey, *European and Native American Warfare*, S. 10, 60, 132f.; Vandervort, *Indian Wars*, S. 15, 155; Wesseling, »Colonial Wars«, S. 6f.

[595] Crowder, »Introduction«, S. 10f.

[596] Helbling, »Tribale Kriege und expandierende Staaten«, S. 73.

[597] Gabbert, »Kultureller Determinismus«, S. 284f.; Hassig, »Eroberung Mexikos«, S. 110.

598 Gabbert, »Warum Montezuma weinte«, S. 39.
599 Nester, *Frontier War*, S. 11.
600 White, »Winning of the West«, S. 320, 342. Ähnliches galt im Süden hinsichtlich der Comanchen. Vandervort, *Indian Wars*, S. 162–164.
601 Crowder, »Introduction«, S. 13f.
602 Bailes, »Technology and Imperialism«, S. 95f.; Black, »European Overseas Expansion«, S. 23–25; Hochgeschwender, »Kolonialkriege als Experimentierstätten?«, S. 279–282; Porch, *Conquest of the Sahara*, S. 185f.
603 Altman, »Conquest, Coercion, and Collaboration«, S. 159–167; Calloway, *Winter Count*, S. 133f.; Chuchiak, »Forgotten Allies«, S. 206f.; Hemming, *Red Gold*, S. 75; Mostert, *Military System*, S. 25–27; Ricklefs, *War, Culture and Economy*, S. 138, 146; Scammell, »Indigenous Assistance«, S. 146; Thornton, »Art of War in Angola«, S. 98.
604 Bryant, »Asymmetric Warfare«, S. 452.
605 Heathcote, *Military in British India*, S. 34.
606 Omissi, *Sepoy and the Raj*, S. 132–134.
607 Kanya-Forstner, »French Marines«, S. 138f.; Miège, »Conquest of Morocco«, S. 208–210. Andere Beispiele: Lock/Quantrill, *Zulu Victory*, S. 36, 81; Vandervort, *Wars of Imperial Conquest*, S. 42–44.
608 Gann/Duignan, *Rulers of Belgian Africa*, S. 66f. Ähnlich die Briten und die Schutztruppe: Bührer, *Kaiserliche Schutztruppe*, S. 112–138; Moreman, »Small Wars«, S. 111; Morlang, »Die Wahehe haben ihre Vernichtung gewollt‹«, S. 97–100.
609 Buckley, *Slaves in Red Coats*; Geggus, »Slavery, War, and Revolution«, S. 22f.
610 Demografisch waren die französischen Siedler in Nordamerika den britischen im 17. und 18. Jahrhundert etwa zwanzigfach unterlegen. Zur Zeit der britischen Eroberung 1760 lebten nur 70000 Franzosen in Kanada, während die europäischstämmige Bevölkerung Britisch-Nordamerikas sich allein zwischen 1750 und 1770 von 964000 auf 1,8 Millionen verdoppelte. Raudzens, *Empires*, S. 143.
611 Calloway, *Winter Count*, S. 219–243; Raudzens, *Empires*, S. 119–135.
612 Kopperman, *Braddock at the Monongahela*, S. 30.
613 Starkey, *European and Native American Warfare*, S. 83–165.
614 Malone, *Skulking Way of War*, S. 84–88; Starkey, *European and Native American Warfare*, S. 57–135; Steele, *Betrayals*, S. 70–75; Walter, »Der nordamerikanische Imperialkrieg«.
615 Utley, »Cultural Clash«, S. 100–102; Vandervort, *Indian Wars*, S. 205–210.
616 Belich, »Krieg und transkulturelles Lernen«, S. 248.
617 Eberspächer, »›Albion zal hier‹«, S. 194; Nasson, *South African War*, S. 67, 213f., 224f., 282.
618 Vandervort, *Wars of Imperial Conquest*, S. 92f., 149, 159.
619 Vandervort, *Indian Wars*, S. 208–210.
620 Bryant, »Asymmetric Warfare«, S. 432f.; James, *Raj*, S. 73.
621 Seeley, *Expansion of England*, S. 212; Hyam, »British Imperial Expansion«, S. 115.

622 Powell, *Soldiers, Indians and Silver*, S. 158; Matthew, »Whose Conquest?«; Oudijk/Restall, »Mesoamerican Conquistadors«; Pietschmann, »Imperialkriege Spaniens«, S. 84. Ähnlich funktionierte Peru: Cahill, »Long Conquest«, S. 96.

623 Killingray, »Colonial Warfare«, S. 155. Interessanterweise bestreitet Douglas Porch explizit, dass Marokko »sich selbst erobert« hat: »Stämme ›eroberten‹ andere Stämme nicht, sie führten nur Raubzüge gegen sie aus.« Porch, *Conquest of Morocco*, S. 186. Das scheint etwas spitzfindig. Wenn Frankreich die Fragmentierung der indigenen Gesellschaften auch in diesem Fall nicht *unmittelbar* zur *dauerhaften* Machtetablierung nutzen konnte, so hetzte es doch die indigenen Gruppen gegeneinander auf, um seine Vorherrschaft zu errichten.

624 Álvarez, *Betrothed of Death*, S. 220f.; Teitler, »The Mixed Company«, S. 160.

625 Mücke, »Agonie einer Kolonialmacht«, S. 260–262, 265.

626 James, *Raj*, S. 122.

627 Lonsdale, »Conquest State of Kenya«, S. 92.

628 Ein Afrikaner in französischen Diensten um 1900 etwa musste sich verpflegungsmäßig mit 800 Gramm Reis und 24 Gramm Salz pro Tag begnügen, während sein europäischstämmiger Kamerad Anspruch auf Brot, Wein, Tee, Kaffee, Zucker und Fleischkonserven hatte. Ditte, *Guerre dans les Colonies*, S. 71.

629 Ein indigener westafrikanischer Tirailleur kostete die französische Staatskasse Anfang des 20. Jahrhunderts knapp 1000 Francs pro Jahr, ein französischer Marineinfanterist am selben Ort aber rund 2500 Francs. Vandervort, »Colonial Wars«, S. 159. Ein Vierteljahrhundert früher soll die Differenz weniger ausgeprägt gewesen sein (700 zu 1000 Francs). Jauffret, »Armes de ›la plus grande France‹«, S. 59. Weitere Zahlen bei Etemad, *Possession du monde*, S. 78. Die niederländische Ostindiengesellschaft fand allerdings in der frühen Neuzeit europäische Söldner billiger, weil die nur sechs Monate im Jahr bezahlt wurden und zudem ihre Ausrüstung von der Kompanie kaufen mussten. Mostert, *Military System*, S. 25.

630 Wheeler, »African Elements in Portugal's Armies«, S. 240.

631 Buckley, *Slaves in Red Coats*, S. 6–8; Bührer, *Kaiserliche Schutztruppe*, S. 128; Curtin, *Disease and Empire*, S. 16–18; Etemad, *Possession du monde*, S. 73f.; Olatunji-Oloruntimehin, »Senegambia – Mahmadou Lamine«, S. 93f.

632 Bryant, »Asymmetric Warfare«, S. 435; Bührer, »Kriegführung in Deutsch-Ostafrika«, S. 214f.; Hack, »Imperial Systems of Power«, S. 9; Hée, *Imperiales Wissen*, S. 204–235; Kars, »›Cleansing the Land‹«, S. 261–268; Killingray, »Guardians of Empire«, S. 7f.; Killingray, »Colonial Warfare«, S. 154f.; Lee, »Projecting Power«, S. 10; Moor, »Recruitment of Indonesian Soldiers«, S. 54f.; Morlang, *Askari und Fitafita*, S. 137; Olatunji-Oloruntimehin, »Senegambia – Mahmadou Lamine«, S. 93f.; Plank, »Deploying Tribes and Clans«, S. 221–223; Schumacher, »›Niederbrennen, plündern und töten‹«, S. 119f.; Starkey, *European and Native American Warfare*, S. 68–71; Vandervort, *Wars of Imperial Conquest*, S. 82f.

633 Clayton, *France, Soldiers and Africa*, S. 4; Feichtinger, »Aspekt revolutionärer Kriegführung«, S. 271–274; Gérin-Roze, »Vietnamisation‹«, S. 137; Gerlach,

Extremely Violent Societies, S. 197f.; Linn, »Cerberus' Dilemma«, S. 118f.; Martin, »From Algiers to N'Djamena«, S. 92.

634 Eichmann, *Sklaverei, Weltkrieg und Revolution*.

635 Die hier eingeführte Differenzierung für den militärischen Bereich entspricht der von James Belich nach »verbündeten Kollaborateuren«, »Klientelkollaborateuren« und »Kollaborationsagenten« für den allgemein gesellschaftlichen Bereich. (Mündliche Mitteilung von James Belich, zitiert mit freundlicher Genehmigung.)

636 Bührer, *Kaiserliche Schutztruppe*, S. 259–261, 264f., 272; Lonsdale, »Conquest State of Kenya«, S. 110f.; Moor, »Recruitment of Indonesian Soldiers«, S. 54–56; Omissi, *Sepoy and the Raj*, S. 71–74, 86–93; Powell, *Soldiers, Indians and Silver*, S. 164–166.

637 Gann/Duignan, *Rulers of British Africa*, S. 116–120; Moor, »Recruitment of Indonesian Soldiers«, S. 54–56.

638 Füssel, »Händler, Söldner und Sepoys«, S. 311–317; Lynn, *Battle*, S. 164–177; Marshall, »Western Arms in Maritime Asia«, S. 24–27.

639 Teitler, »The Mixed Company«, S. 158–167. Vgl. Kap. 4, »Streitkräfte«.

640 Echenberg, *Colonial Conscripts*, S. 15, 19–21, 118.

641 Gann/Duignan, *Rulers of Belgian Africa*, S. 83.

642 Broome, *Aboriginal Australians*, S. 49f.; Echenberg, *Colonial Conscripts*, S. 14f.; Füssel, »Händler, Söldner und Sepoys«, S. 317; Heathcote, »Army of British India«, S. 390; Killingray, »Guardians of Empire«, S. 16–18; Kirk-Greene, »Damnosa Hereditas‹«; Linn, »Cerberus' Dilemma«, S. 118f.; Morlang, *Askari und Fitafita*, S. 16, 25, 28, 33, 45, 47f., 54, 74, 98f., 114f., 129; Taylor, »Colonial Forces in British Burma«, S. 197f.; Trotha, *Koloniale Herrschaft*, S. 44f.; Womack, »Ethnicity and Martial Races«.

643 Gann/Duignan, *Rulers of British Africa*, S. 107–109; Hack, »Imperial Systems of Power«, S. 12–17; Kiernan, *Colonial Empires*, S. 138f.; Killingray, »Guardians of Empire«, S. 14f.; Lunn, »French Race Theory«, S. 225–228; Martin, »From Algiers to N'Djamena«, S. 95; Moor, »Recruitment of Indonesian Soldiers«, S. 59–69; Omissi, *Sepoy and the Raj*, S. 1–46; Streets, *Martial Races*; Taylor, »Colonial Forces in British Burma«, S. 197f.; Utley, *Frontier Regulars*, S. 378. Vgl. Bourke, *History of Killing*, S. 117f.; Kennedy, *Islands of White*, S. 161.

644 Hack, »Imperial Systems of Power«, S. 14–17; Hack, »Imperialism in Southeast Asia«, S. 249–259; Omissi, *Sepoy and the Raj*, S. 38–40, 153–191; Taylor, »Colonial Forces in British Burma«, S. 195–201.

645 Vandervort, *Wars of Imperial Conquest*, S. 213f.

646 Lonsdale, »Conquest State of Kenya«, S. 92.

647 Heathcote, *Military in British India*, S. 76–78.

648 Heathcote, »Army of British India«, S. 394–401; Kiernan, *Colonial Empires*, S. 55f.; Perry, *Commonwealth Armies*, S. 82–120.

649 Gould, *Imperial Warriors*, S. 58f., 69–106, 129f.; Streets, *Martial Races*, S. 76f.

650 Killingray, »British Imperial African Army«; Walter, *Dschungelkrieg und Atombombe*, S. 120–122.

651 Sie war um das Zehnfache geringer, allerdings immer noch doppelt so hoch wie

die afrikanischer Soldaten. Buckley, *Slaves in Red Coats*, S. 95f.; Etemad, *Possession du monde*, S. 73f.
652 Kiernan, *Colonial Empires*, S. 30f.
653 Cann, *Counterinsurgency in Africa*, S. 94.
654 Lunn, »French Race Theory«, S. 235–239.
655 Echenberg, *Colonial Conscripts*, S. 26.
656 Clayton, *Wars of French Decolonization*, S. 4–6; Clayton, *France, Soldiers and Africa*, S. 8; Fourniau, »Colonial Wars before 1914«, S. 78; Hack/Rettig, »Demography in Southeast Asia«, S. 59–61; Killingray, »Guardians of Empire«, S. 2–5, 10f.; Koller, *Von Wilden aller Rassen*; Martin, »From Algiers to N'Djamena«, S. 94.
657 Furedi, »Demobilized African Soldier«; Kiernan, *Colonial Empires*, S. 183–190.
658 Charney, »Iberier und Südostasiaten«, S. 180.
659 Vandervort, *Wars of Imperial Conquest*, S. 27f.
660 Meuwese, »Ethnic Soldiering«, S. 204.
661 Lee, »Projecting Power«, S. 7.
662 Hemming, *Conquest of the Incas*, S. 172.
663 Hochgeschwender, »Kolonialkriege als Experimentierstätten?«, S. 282f.
664 Kramer, »Race-Making and Colonial Violence«, S. 186f.; Reis/Oliveira, »Cutting Heads or Winning Hearts«, S. 90; Stockwell, »›A widespread and long-concocted plot‹«, S. 79f.; Walter, »Kolonialkrieg, Globalstrategie und Kalter Krieg«, S. 128.
665 Evans, »Harkis«, S. 124–127; Gerlach, *Extremely Violent Societies*, S. 195.
666 Furedi, *Mau Mau War*, S. 216–218; Smith, *Pattern of Imperialism*, S. 85, 120, 132f. Ein gutes Beispiel ist Malaya: Hack, »Screwing down the People«; Stockwell, »Insurgency and Decolonisation«; Walter, »Kolonialkrieg, Globalstrategie und Kalter Krieg«, S. 119–122.
667 Beckett, *Modern Insurgencies*, S. 155; Dülffer/Frey, »Introduction«, S. 2f.; Furedi, »Kenya«, S. 145; Gates, »Two American Wars«, S. 62–65; Hack, »Screwing down the People«; Killingray, »Guardians of Empire«, S. 19; Smith, *Pattern of Imperialism*, S. 132f.; Walter, »Kolonialkrieg, Globalstrategie und Kalter Krieg«, S. 133, 137–140.
668 Clayton, *Wars of French Decolonization*, S. 74.
669 Gerlach, *Extremely Violent Societies*, S. 194.
670 Evans, »Harkis«.
671 Clayton, *Wars of French Decolonization*, S. 120.
672 Groen, »Militant Response«, S. 35.
673 Frey, *Geschichte des Vietnamkrieges*, S. 194.
674 Cann, *Counterinsurgency in Africa*, S. 10, 88. Möglicherweise war der Anteil der nichteuropäischen Truppen sogar noch höher, nämlich nahe 70 Prozent. Die portugiesische Regierung reklamierte zeitgenössisch 60 Prozent, wohl um zu suggerieren, der Krieg würde vor allem von der indigenen Bevölkerung geführt – und damit implizit *für* sie. Wheeler, »African Elements in Portugal's Armies«, S. 236–239.
675 Isby, *War in a Distant Country*, S. 81–90.

[676] DeFronzo, *Iraq War*, S. 183f., 217f., 231f.; Jones, *Graveyard of Empires*, S. 90, 129–131.
[677] Ferguson/Whitehead, »Violent Edge of Empire«, S. 11.
[678] Abler, »Beavers and Muskets«, S. 157f.; Billington, *Westward Expansion*, S. 110–137; Calloway, *Winter Count*, S. 207–211, 251–264; Gordon, »Limited Adoption«, S. 239; Hunt, *Wars of the Iroquois*, S. 158–161; James, *Raj*, S. 24; Lee, »Military Revolution«, S. 65–70; Marshall, »Western Arms in Maritime Asia«, S. 24–27; Starkey, *European and Native American Warfare*, S. 30–33, 83f., 118.
[679] Hemming, *Red Gold*, S. 283–311; Meuwese, »Ethnic Soldiering«, S. 198–214.
[680] Balfour-Paul, »Britain's Informal Empire«, S. 503. Im Ersten Weltkrieg erhielten die Bündnispartner des Deutschen und Osmanischen Reiches in Nord- und Ostafrika immerhin Waffenlieferungen. James, *Savage Wars*, S. 110–112. Die Kooperation südostasiatischer Nationalbewegungen mit Japan 1941–1945 wird man angesichts der fehlenden Wahlfreiheit unter der japanischen Besatzung schwerlich als Ausübung einer Bündnisoption beschreiben können. Stockwell, »Imperialism and Nationalism«, S. 478f.
[681] Burbank/Cooper, *Empires in World History*, S. 436–438; McMahon, »Heiße Kriege«, S. 30–33; Westad, *Global Cold War*, S. 86–89.
[682] Andreopoulos, »National Liberation Movements«, S. 200. Ein wenig bekannter Fall von Imperienkonkurrenz in dieser Phase war die spanische Unterstützung der marokkanischen Unabhängigkeitsbewegung gegen Frankreich, die in der spanischen Zone Marokkos einen sicheren Rückzugsraum fand. Fleming, »Decolonization and the Spanish Army«, S. 126. Dieser Zustand hielt allerdings nur so lange an, bis sich das unabhängige Marokko seinerseits gegen die spanische Westsahara wandte. Ebenda, S. 129–131.
[683] Galtung, »Structural Theory of Imperialism«, S. 89.
[684] Beispiele: Gann/Duignan, *Rulers of British Africa*, S. 142–144; Gates, »Two American Wars«, S. 58; Nasson, *South African War*, S. 164f.; Paillard, »Expedition to Madagascar«, S. 168, 171; Vandervort, *Wars of Imperial Conquest*, S. 149.
[685] Billington, *Westward Expansion*, S. 191–194; Pulsipher, »Gaining the Diplomatic Edge«; Starkey, *European and Native American Warfare*, S. 12, 155f.; Walter, »Der nordamerikanische Imperialkrieg«, S. 95f.; White, *Middle Ground*, S. xv.
[686] Reid, *Europe and Southeast Asia*, S. 7f.
[687] Johnson, »›Alliance Imperialism‹«.
[688] Beckett, *Modern Insurgencies*, S. 127f.; Clayton, *Wars of French Decolonization*, S. 87, 105f.; Furedi, »Creating a Breathing Space«, S. 98.
[689] Boot, *Savage Wars of Peace*, S. 253–278; Michels, »Ostasiatisches Expeditionskorps‹«, S. 401; Selby, »Third China War«.
[690] Boot, *Savage Wars of Peace*, S. 54f.; James, *Savage Wars*, S. 138, 141–144; Kiernan, *Colonial Empires*, S. 120.
[691] Hemming, *Amazon Frontier*, S. 104–123.
[692] Vandervort, *Indian Wars*, S. 204f.
[693] Mücke, »Agonie einer Kolonialmacht«, S. 265f.; Woolman, *Rebels in the Rif*, S. 174–179.
[694] Kunz, »›Con ayuda del más dañino de todos los gases‹«.

695 Fleming, »Decolonization and the Spanish Army«, S. 129–131.
696 Jones, *Graveyard of Empires*, S. 238–255.
697 »Co-operation and Empire« war vor Kurzem (im Juni 2013) das Thema einer internationalen Tagung an der Universität Bern, deren Beiträge demnächst in Buchform vorliegen sollen und durch die Bank die Bedeutung immer neu ausgehandelter gesellschaftlicher Kooperation an der Peripherie für die fragile westliche Kolonialherrschaft unterstreichen. Wichtigster Vordenker des Konzepts Kollaboration/Kooperation war Robinson, »Excentric Idea of Imperialism«; Robinson, »Non-European Foundations«. Auch Gabbert, »Longue durée of Colonial Violence«, S. 262f.; Jureit, *Ordnen von Räumen*, S. 86f.; Killingray, »Guardians of Empire«, S. 1f.; Kratoska, »Elites in Southeast Asia«, S. 38–40; McCoy/Fradera/Jacobson, *Endless Empire*, S. 12; Osterhammel, *Verwandlung der Welt*, S. 664–666; Trotha, »Was war Kolonialismus?«, S. 64–66; Wirz, »Körper, Kopf und Bauch«, S. 255.
698 Wirz, »Körper, Kopf und Bauch«, S. 254–256. Vgl. Schaper, *Koloniale Verhandlungen*, S. 127f.
699 Rothermund, »Strukturwandel des britischen Kolonialstaats«.
700 Omissi, *Sepoy and the Raj*, S. 191–199, 208–231.
701 David Omissis Annahme, die indische Armee sei nach 1857 militärisch zu stark gewesen, als dass ein erneuter indischer Aufstand die geringste Chance gehabt hätte, scheint mir fern der Realität. Wie sollen einige Hunderttausend Soldaten einen Subkontinent von 300 Millionen Einwohnern dauerhaft niederhalten, wenn die Mehrheit der Bevölkerung nicht mehr kooperiert? Dass die indische Unabhängigkeitsbewegung des 20. Jahrhunderts im Wesentlichen gewaltfrei erfolgreich war, beweist meiner Meinung nach nicht, wie Omissi suggeriert, dass Indien rein militärisch beherrschbar war (ebenda, S. 241), sondern im Gegenteil, dass die Kooperation – oder deren Verweigerung – für Herrschaft oder Nichtherrschaft ausschlaggebend war.
702 Knöbl, »Imperiale Herrschaft und Gewalt«.
703 Cloake, *Templer*, S. 262.
704 Dixon, »›Hearts and Minds‹?«, S. 361.
705 Conway, »To Subdue America«, S. 381.
706 Cann, *Counterinsurgency in Africa*, S. 11; Clayton, *Wars of French Decolonization*, S. 130; Furedi, »Creating a Breathing Space«, S. 98; Lieb, »Guerre Révolutionnaire«, S. 472f.; Malinowski, »Modernisierungskriege«, S. 217.
707 Vgl. Kap. 3, »Härte und Entschlossenheit«.
708 Clayton, *Wars of French Decolonization*, S. 130f.; Linn, *Counterinsurgency in the Philippine War*, S. 17–20, 107–112, 117f.; Selesky, »Colonial America«, S. 75–85; Walter, »Der nordamerikanische Imperialkrieg«, S. 98–100.
709 Gwynn, *Imperial Policing*, S. 5.
710 Gottmann, »Bugeaud, Galliéni, Lyautey«, S. 241–248; Lieb, »Guerre Révolutionnaire«, S. 471, 477.
711 Galula, *Counterinsurgency Warfare*, S. 5.
712 Vgl. Kap. 3, »Militärische Notwendigkeit«. Auch Mollenhauer, »Gesichter der pacification«, S. 338–342; Reis/Oliveira, »Cutting Heads or Winning Hearts«,

S. 92; Wesseling, »Colonial Wars«, S. 4f.; Whittingham, »Savage Warfare‹«, S. 597, 600f.

[713] Beckett, *Modern Insurgencies*, S. 127; Bührer, »Staatsstreich im Busch«; Cann, *Counterinsurgency in Africa*, S. 66–70; Charters, »Palestine to Northern Ireland«, S. 196–201; Clayton, *Wars of French Decolonization*, S. 60; Connor, *Australian Frontier Wars*, S. 95; Gallieni, *Pacification de Madagascar*, S. 31–33; Hull, *Absolute Destruction*, S. 25; Kuß, *Deutsches Militär*, S. 83f.; Mattioli, »Kolonialverbrechen des faschistischen Italien«, S. 213f.

[714] Klose, »Notstand«.

[715] Calloway, *Winter Count*, S. 186–196; Campbell, »Social Structure of the Túpac Amaru«, S. 226f.; Utley, *Frontiersmen in Blue*, S. 208.

[716] Hemming, *Amazon Frontier*, S. 61–79.

[717] Knaap, »Crisis and Failure«, S. 163–170; Powell, *Soldiers, Indians and Silver*, S. 181–205.

[718] Coates, *Suppressing Insurgency*, S. 129.

[719] Belich, *Victorian Interpretation*, S. 119–122; Gates, »Two American Wars«, S. 49; Walter, »Kolonialkrieg, Globalstrategie und Kalter Krieg«, S. 128f.

[720] Cann, *Counterinsurgency in Africa*, S. 143–155, 162f.; Charney, *Southeast Asian Warfare*, S. 273; Feichtinger, »Aspekt revolutionärer Kriegführung«, S. 269–271; Moor, »Warmakers in the Archipelago«, S. 51f.; Porch, »French Colonial Forces«, S. 169f.; Porch, *Conquest of Morocco*, S. 122–130; Schumacher, »›Niederbrennen, plündern und töten‹«, S. 121.

[721] Feichtinger, »Aspekt revolutionärer Kriegführung«, S. 278.

[722] Beckett, *Modern Insurgencies*, S. 41; Hemming, *Amazon Frontier*, S. 190f.; Khodarkovsky, *Russia's Steppe Frontier*, S. 156–162, 189–201, 221f.; Lemke, »Kolonialgeschichte als Vorläufer?«, S. 289f.; Penn, *Forgotten Frontier*, S. 230–267, 272; Porch, »French Colonial Forces«, S. 169f.; Powell, *Soldiers, Indians and Silver*, S. 181–205; Slatta, »›Civilization‹ Battles ›Barbarism‹«, S. 135–139; Whitehead, »Tribes Make States«, S. 140–142, 148.

[723] Abler, »Beavers and Muskets«, S. 165; Billington/Ridge, *Westward Expansion*, S. 29–41, 61–82; Hemming, *Red Gold*, S. 97–118; Knaut, *Pueblo Revolt*, S. 186f.; Powell, *Soldiers, Indians and Silver*, S. 207–212; Starkey, *European and Native American Warfare*, S. 7f.; Whitehead, »Tribes Make States«, S. 144–149.

[724] U. a. fast zwei Millionen in Algerien und über eine Million in Kenia. Mollenhauer, »Gesichter der pacification«, S. 344; Newsinger, »Minimum Force«, S. 49.

[725] So schon die Siedlerforderung nach Umsiedlung der zentralmexikanischen Chichimeca 1582: »Die Erfahrung hat gezeigt, dass es nichts bringt, mit diesen Chichimeca Frieden zu schließen und ihnen zu erlauben, in ihrem eigenen Land zu siedeln. Sie sollten verschleppt werden, um in Mexiko-Stadt oder an einem anderen vom Vizekönig zugewiesenen Platz zu siedeln *und mit anderen Stämmen vermischt zu werden.*« Powell, *Soldiers, Indians and Silver*, S. 175 (Hervorhebung DW).

[726] Hemming, *Amazon Frontier*, S. 144–150; Hemming, *Red Gold*, S. 97–118; Jones, *Maya Resistance to Spanish Rule*, S. 189–276.

727 Utley, *Indian Frontier*, S. 203–252; Utley, *Frontier Regulars*, S. 190f., 237–248.
728 Stucki, »Bevölkerungskontrolle in asymmetrischen Konflikten«, S. 244–250.
729 Eberspächer, »›Albion zal hier‹«, S. 189; Nasson, *South African War*, S. 218–224; Rose, »›Unsichtbare Feinde‹«, S. 234–237.
730 Elkins, *Imperial Reckoning*.
731 May, »Philippine-American War«, S. 453.
732 Markel, »Draining the Swamp«.
733 Herberg-Rothe, *Krieg*, S. 79; Law, *Terrorism*, S. 189. Der Mao-Spruch wird zwar viel zitiert, aber stets nachweislos, und ist möglicherweise apokryph. Soweit ich feststellen kann, bezieht sich die einzige Stelle in Maos Werken, wo vom Fisch im Wasser die Rede ist, offenbar auf die Beziehungen der Parteifunktionäre, nicht der Partisanen, zu den Massen. Mao, »Repel the Attacks of the Bourgeois Rightists«, S. 632. Das schließt natürlich nicht aus, dass Mao, dem Fischmetaphern offenbar nahelagen, dies vorher anderswo auch über Partisanen und das Volk gesagt hat.
734 Beckett, *Modern Insurgencies*, S. 198–200; Cann, *Counterinsurgency in Africa*, S. 155–159; Clayton, *Wars of French Decolonization*, S. 121, 136f.; Cocker, *Rivers of Blood*, S. 179; Feichtinger, »Aspekt revolutionärer Kriegführung«, S. 264–269, 278; Gerlach, *Extremely Violent Societies*, S. 200–206; Greiner, *Krieg ohne Fronten*, S. 100–102; Hack, »Screwing down the People«, S. 94f.; Knaap, »Crisis and Failure«, S. 171; Linn, »Cerberus' Dilemma«, S. 121; Malinowski, »Modernisierungskriege«, S. 216f., 235–243; McCuen, *Counter-Revolutionary Warfare*, S. 231–234; Mollenhauer, »Gesichter der pacification«, S. 344f.; Porch, »Myths and Promise of COIN«, S. 240f.; Schumacher, »›Niederbrennen, plündern und töten‹«, S. 122; Stucki, »Bevölkerungskontrolle in asymmetrischen Konflikten«, S. 257f.; Stucki, »Antiguerilla-Kriegführung auf Kuba«; Thomas, »Order Before Reform«, S. 202–204; Walter, »Kolonialkrieg, Globalstrategie und Kalter Krieg«, S. 121, 127.
735 Beckett, *Modern Insurgencies*, S. 211; Del Boca, »Faschismus und Kolonialismus«, S. 195f.; Hemming, *Amazon Frontier*, S. 37f.; Mattioli, »Kolonialverbrechen des faschistischen Italien«, S. 218f.; Utley, *Frontier Regulars*, S. 388–393; Vandervort, *Indian Wars*, S. 238f.
736 DeFronzo, *Iraq War*, S. 230f. Weiter gehende Umsiedlungen nach britischem Muster empfahl Markel, »Draining the Swamp«, S. 35–37, 45–47.
737 Lyautey sah die indigenen Hilfstruppen samt ihren Familien als Siedlungskerne der Zivilisierung an der Peripherie. Lyautey, *Rôle colonial de l'armée*, S. 25f.
738 Barrett, *Edge of Empire*, S. 147; Billington, *Westward Expansion*, S. 54; Calloway, *Winter Count*, S. 190; Donnelly, *Conquest of Bashkiria*, S. 161–172; Khodarkovsky, *Russia's Steppe Frontier*, S. 215–222; Knaut, *Pueblo Revolt*, S. 186f.; Matthew, »Whose Conquest?«, S. 108; Penn, *Forgotten Frontier*, S. 135; Powell, *Soldiers, Indians and Silver*, S. 213–216; Steele, *Warpaths*, S. 72–77; Teitler, »The Mixed Company«, S. 159.
739 DeFronzo, *Iraq War*, S. 232f.
740 Brown/Fernandez, »Tribe and State«, S. 179–184; Calloway, *Winter Count*, S. 153; Slatta, »›Civilization‹ Battles ›Barbarism‹«, S. 134–136.

[741] Vgl. Kap. 4, »Lernen«.
[742] Hull, *Absolute Destruction*, S. 12f.
[743] Beckett, *Modern Insurgencies*, S. 184–187, 194–204; Greiner, *Krieg ohne Fronten*, S. 74–90; Pavilonis, »Irregular War in Afghanistan«. Ähnlich offenbar das niederländische Militär: Groen, »Militant Response«, S. 35–41.
[744] Lieb, »Guerre Révolutionnaire«.
[745] Dixon, »›Hearts and Minds‹?«; Porch, »Myths and Promise of COIN«; Strachan, »British Counter-Insurgency«.
[746] MacQueen, »Portugal's First Domino«; Reis/Oliveira, »Cutting Heads or Winning Hearts«.
[747] *Small Wars Manual*, S. 11; Andreopoulos, »National Liberation Movements«, S. 211–213; Galula, *Counterinsurgency Warfare*, S. 4f.; Hahlweg, *Guerilla*, S. 218–220; Hull, *Absolute Destruction*, S. 12f., 18; Lieb, »Guerre Révolutionnaire«, S. 478; Strachan, *European Armies*, S. 80.
[748] Clausewitz, *Vom Kriege*, S. 191f. (= 1. Buch, Kap. 1.2).
[749] Killingray, »Guardians of Empire«, S. 1–2, 19.
[750] Walter, »Kolonialkrieg, Globalstrategie und Kalter Krieg«, S. 119–122.
[751] Clayton, *Wars of French Decolonization*, S. 133–135, 155–158; Thomas, »Order Before Reform«, S. 204–212.
[752] Cann, *Counterinsurgency in Africa*, S. 187, 194. Dass Portugal im Gegenteil 1973 kurz davor war, den Krieg in Guiné militärisch zu verlieren, reklamiert MacQueen, »Portugal's First Domino«, S. 224–226.

2 Ziele und Legitimationen

[1] Belich, *Victorian Interpretation*, S. 19.
[2] Charney, »Iberier und Südostasiaten«, S. 179f.; Hemming, *Red Gold*, S. 1–23, 242; Raudzens, »Why Did Amerindian Defences Fail?«, S. 334–339; Turnbull, *Black War*, S. 5–13.
[3] Raudzens, »Why Did Amerindian Defences Fail?«, S. 342.
[4] Belich, *Victorian Interpretation*, S. 21; Bitterli, *Die ›Wilden‹ und die ›Zivilisierten‹*, S. 81–95; Calloway, *Winter Count*, S. 132–149; Hemming, *Red Gold*, S. 34–40; Lappas, »Lernen inmitten des Blutvergießens«, S. 157–162.
[5] Bryant, »Asymmetric Warfare«, S. 447f.
[6] Lee, »Fortify, Fight, or Flee«, S. 731–733.
[7] Belich, *Victorian Interpretation*, S. 29–36.
[8] Wesseling, »Colonial Wars«, S. 3. Ziemlich wörtlich abgeschrieben ohne als Zitat kenntlich zu sein bei Kuß, *Deutsches Militär*, S. 14.
[9] Utley, *Frontier Regulars*, S. 401–404; Vandervort, *Indian Wars*, S. 110–115, 142f.
[10] Ramsey, »›Something Cloudy in Their Looks‹«, S. 46–70.
[11] Bührer, *Kaiserliche Schutztruppe*, S. 225–235; Kuß, *Deutsches Militär*, S. 102–107.
[12] Osterhammel, *Geschichtswissenschaft jenseits des Nationalstaats*, S. 294.
[13] Callwell, *Small Wars*, S. 25–28.

14 Bodley, *Weg der Zerstörung*, S. 62.
15 Osterhammel, *Geschichtswissenschaft jenseits des Nationalstaats*, S. 303–319.
16 Hochgeschwender, »Kolonialkriege als Experimentierstätten?«, S. 276.
17 Vgl. Kap. 1, »Grauzonen«.
18 Thornton, »Firearms, Diplomacy, and Conquest«, S. 172f.; Thornton, »Warfare, Slave Trading and European Influence«, S. 135f.
19 Calloway, *Winter Count*, S. 219–243; Lappas, »Lernen inmitten des Blutvergießens«, S. 167f.
20 Ricklefs, »Balance and Military Innovation«, S. 101–104.
21 Ricklefs, *War, Culture and Economy*, S. 134–142.
22 Bryant, »Asymmetric Warfare«, S. 444–447, 467; James, *Raj*, S. 28–44, 58.
23 Hassig, *Mexico and the Spanish Conquest*, S. 94–98.
24 Black, »Introduction«, S. 12; Ikime, »Nigeria – Ebrohimi«, S. 205–220; James, *Savage Wars*, S. 25–27, 117, 124–126; Marshall, »Western Arms in Maritime Asia«, S. 20–24; Mostert, *Military System*, S. 10f., 15–17, 84–92; Watson, »Fortifications«, S. 60–66.
25 Jones, *Conquest of the Last Maya Kingdom*, S. 29–38.
26 Connor, *Australian Frontier Wars*, S. 31–33.
27 Utley, *Frontiersmen in Blue*, S. 64f., 115f., 270–272.
28 Porch, *Conquest of the Sahara*, S. 260.
29 James, *Savage Wars*, S. 120–122; Trotha, *Koloniale Herrschaft*, S. 38.
30 Boot, *Savage Wars of Peace*, S. 259f. Übrigens sind reine Demonstrationen von tatsächlichen Interventionen logisch nicht ganz klar zu trennen, weil auch im letzten Fall mitunter die pure Androhung der Gewalt bereits genügte, um imperiale Zielsetzungen zu erreichen.
31 Ebenda, S. 60f.; Osterhammel, *Geschichtswissenschaft jenseits des Nationalstaats*, S. 308.
32 Chandler, »Expedition to Abyssinia«.
33 Porch, *Conquest of Morocco*, S. 147–182.
34 Boot, *Savage Wars of Peace*, S. 156–167.
35 Chandler, »Expedition to Abyssinia«, S. 142f., 149f.
36 Bodley, *Weg der Zerstörung*, S. 62–64; James, *Savage Wars*, S. 174f.; Kuß, *Deutsches Militär*, S. 243–251.
37 Calloway, *Winter Count*, S. 147–149.
38 Hemming, *Red Gold*, S. 81.
39 Knaap, »Crisis and Failure«, S. 152–157.
40 Penn, *Forgotten Frontier*, S. 101.
41 Howe, *What Hath God Wrought*, S. 363.
42 Meinertzhagen, *Kenya Diary*, S. 39f., 50–52.
43 Utley, *Frontiersmen in Blue*, S. 152–157.
44 Kuß, *Deutsches Militär*, S. 247–249; Porch, »French Colonial Forces«, S. 173f.
45 Klein, »Straffeldzug im Namen der Zivilisation«, S. 163–167.
46 »Rumsfeld Briefing«.
47 Edwards, *New Spirits*, S. 254–256.
48 Billington/Ridge, *Westward Expansion*, S. 300–315; Jones, *Conquest of the Last*

Maya Kingdom, S. 143–146; Jones, *Maya Resistance to Spanish Rule*, S. 48–50; Meinertzhagen, *Kenya Diary*, S. 251, 264 f.; Utley, *Frontier Regulars*, S. 153–157, 193–198, 242–248, 296–300; Utley, *Frontiersmen in Blue*, S. 227–229, 237–248; Vandervort, *Indian Wars*, S. 126–132.
49 Lonsdale, »Conquest State of Kenya«, S. 108; Trotha, *Koloniale Herrschaft*, S. 349–365.
50 Osterhammel, *Civilizing Mission*; Osterhammel, »›Uplifting Mankind‹«. Übrigens war die Zivilisierungsmission nicht ausschließlich westlich: Auch Japan berief sich im 20. Jahrhundert darauf. Hée, *Imperiales Wissen*, S. 29–35, 51–87.
51 Dahlmann, »Sibirien«.
52 Bertrand, »Violences impériales«, S. 138 f.; Bitterli, *Die ›Wilden‹ und die ›Zivilisierten‹*, S. 135; Bodley, *Weg der Zerstörung*, S. 65; Eskildsen, »Civilization and Savages«; Fynn, »Ghana – Asante«, S. 28 f.; Schumacher, »›Niederbrennen, plündern und töten‹«, S. 130; Williams, »Egyptian Campaign«, S. 249.
53 Hemming, *Red Gold*, S. 354.
54 Hurt, *Indian Frontier*, S. 137–163.
55 Brogini-Künzi, »Wunsch nach einem blitzschnellen Krieg«, S. 286; James, *Savage Wars*, S. 3–17; Jones, *Conquest of the Last Maya Kingdom*, S. xxi; Khodarkovsky, *Russia's Steppe Frontier*, S. 185–201; Pagden, *Lords of All the World*, S. 86–91.
56 James, *Savage Wars*, S. 126, 140–144; Vandervort, *Wars of Imperial Conquest*, S. 140–144.
57 Gann/Duignan, *Rulers of German Africa*, S. 119 f.; Lonsdale, »Conquest State of Kenya«, S. 105 f.
58 Boot, *Savage Wars of Peace*, S. 54 f., 257; James, *Raj*, S. 31; Miège, »Conquest of Morocco«, S. 202–207; Muffett, »Nigeria – Sokoto Caliphate«, S. 285; Selby, »Third China War«, S. 71–75; Smith, »Nigeria – Ijebu«, S. 170–177, 182; Vandervort, *Wars of Imperial Conquest*, S. 87.
59 James, *Raj*, S. 73; Kolff, »End of an Ancien Régime«, S. 31 f.; Linn, »Cerberus' Dilemma«, S. 115; Whitehead, »Tribes Make States«, S. 129.
60 Klein, »Straffeldzug im Namen der Zivilisation«, S. 165 f.; Michels, »Ostasiatisches Expeditionskorps‹«, S. 401; Osterhammel, *Geschichtswissenschaft jenseits des Nationalstaats*, S. 305.
61 Westad, *Global Cold War*, S. 8–38, 66–72.
62 Klein, »Straffeldzug im Namen der Zivilisation«, S. 147.
63 Michels, »›Ostasiatisches Expeditionskorps‹«, S. 401. Susanne Kuß spricht davon, China habe gezwungen werden sollen, »sich den Spielregeln der sogenannten ›westlichen‹ und ›zivilisierten‹ Welt entsprechend zu verhalten«. Kuß, *Deutsches Militär*, S. 49.
64 Osterhammel, *Geschichtswissenschaft jenseits des Nationalstaats*, S. 316.
65 Ebenda, S. 316–318.
66 Klein/Schumacher, »Einleitung«, S. 7.
67 Bierling, *Geschichte des Irakkriegs*, S. 162 f.
68 Feichtinger/Malinowski, »Konstruktive Kriege?«, S. 298–300.
69 Selbst unter den offiziellen westlichen Kriegszielen stand in allen drei Fällen die Sicherheit des Westens und die Stabilität der Region im Vordergrund; humani-

täre Motivationen folgten entweder an letzter Stelle (Afghanistan) oder wurden im weiteren Verlauf aus legitimatorischen Gründen wichtiger (Irak, Mali). »Hollande: l'opération au Mali«; »9 questions about the Mali conflict«; »Rumsfeld Briefing«; Bellamy/Wheeler, »Humanitarian Intervention«, S. 518–520; Harding, »French troops continue operation«. Nicht ganz so offensichtlich sekundär war das humanitäre Kriegsziel bei den Interventionen der 1990er Jahre, aber auch dort ist ganz klar von »gemischten Motiven« auszugehen. Bellamy/Wheeler, »Humanitarian Intervention«, S. 514–517.

70 Auch wenn diese dort offenbar von der Bundeswehr tatsächlich eingeführt wurde, eine Errungenschaft, auf die der ehemalige NATO-General Klaus Reinhard bei einer Tagung in Augsburg 2002 großen Wert legte. Müllentsorgung ist auch für Max Boot ein wichtiges zivilisatorisches Resultat der »generell wohlwollenden« US-amerikanischen Besetzung in kleinen Kriegen an der Peripherie: Boot, *Savage Wars of Peace*, S. 345.

71 Westad, *Global Cold War*, S. 5.

72 Kanet, »Sowjetische Militärhilfe«, S. 66.

73 Frey, »Vereinigte Staaten und Dritte Welt«, S. 47–55; Gates, »Two American Wars«, S. 66f.; Greiner, *Krieg ohne Fronten*, S. 59–62.

74 Clayton, *Wars of French Decolonization*, S. 59f.; McMahon, »Heiße Kriege«, S. 30–33; Mollenhauer, »Gesichter der pacification«, S. 338–342, 348–353; Stockwell, »›A widespread and long-concocted plot‹«; Walter, »Kolonialkrieg, Globalstrategie und Kalter Krieg«, S. 133–137.

75 Feichtinger, »Aspekt revolutionärer Kriegführung«, S. 278; Malinowski, »Modernisierungskriege«.

76 Westad, *Global Cold War*, S. 5.

77 Barkawi, »Pedagogy of ›Small Wars‹«, S. 27.

78 Osterhammel, »›Uplifting Mankind‹«, S. 422.

79 Eder/Hofbauer, »Operation Enduring Freedom«, S. 58.

80 Feichtinger, »Aspekt revolutionärer Kriegführung«, S. 278; Osterhammel, »›Uplifting Mankind‹«, S. 381–386, 366f.

81 Jones, *Conquest of the Last Maya Kingdom*, S. 290, 302–335.

82 James, *Savage Wars*, S. 122; Osterhammel, *Geschichtswissenschaft jenseits des Nationalstaats*, S. 306; Pagden, *Lords of All the World*, S. 97.

83 James, *Savage Wars*, S. 99.

84 Lonsdale, »Conquest State of Kenya«, S. 92.

85 Osterhammel, *Geschichtswissenschaft jenseits des Nationalstaats*, S. 307f.

86 Robinson, »Excentric Idea of Imperialism«; Robinson, »Non-European Foundations«.

87 Law, »Warfare on the Slave Coast«, S. 109f.; Mostert, *Military System*, S. 15–17, 92f.

88 Moor, »Warmakers in the Archipelago«, S. 60f.

89 James, *Savage Wars*, S. 74–81.

90 Boot, *Savage Wars of Peace*, S. 133f.

91 Bierling, *Geschichte des Irakkriegs*, S. 121–129. Andere Beispiele: Edwards, *New Spirits*, S. 254–256; James, *Raj*, S. 24, 29, 40; Macrory, *Signal Catastrophe*,

S. 17–67; Ricklefs, *War, Culture and Economy*, S. 141 f.; Thornton, »Firearms, Diplomacy, and Conquest«, S. 181–183.

[92] Boot, *Savage Wars of Peace*, S. 156–167; Crawford, »Sikh Wars«, S. 49–65; James, *Savage Wars*, S. 140; Miège, »Conquest of Morocco«, S. 212; Paillard, »Expedition to Madagascar«, S. 168–179.

[93] Cahill, »Long Conquest«; Hack, »Imperialism in Southeast Asia«, S. 244; Herold, »Fliegendes Kreuzergeschwader«, S. 391; James, *Raj*, S. 70–73; James, *Savage Wars*, S. 45; Kanya-Forstner, »Mali – Tukulor«, S. 72; Knaap, »Crisis and Failure«, S. 152–170; Morlang, »Die Wahehe haben ihre Vernichtung gewollt‹«, S. 85–88; Muffett, »Nigeria – Sokoto Caliphate«, S. 284 f.; Porch, *Conquest of the Sahara*, S. 272; Ross, »Dahomey«, S. 162–167; Vandervort, *Wars of Imperial Conquest*, S. 144.

[94] Penn, *Forgotten Frontier*, S. 120; Utley, *Frontiersmen in Blue*, S. 118. Zur Bedeutung der »Häuptlinge« im kolonialen Herrschaftssystem siehe Schaper, *Koloniale Verhandlungen*, S. 110–127; Trotha, »Utopie staatlicher Herrschaft«, S. 230–233.

[95] Moor, »Warmakers in the Archipelago«, S. 66–68.

[96] Osterhammel, »›Uplifting Mankind‹«, S. 374.

[97] Guy, *Destruction of the Zulu Kingdom*, S. 69–246; Hassig, *Mexico and the Spanish Conquest*, S. 105–113, 177; James, *Raj*, S. 38 f.; James, *Savage Wars*, S. 136; Kanya-Forstner, »French Marines«, S. 141–143; Keegan, »Ashanti Campaign«, S. 195 f.

[98] Clayton, *Wars of French Decolonization*, S. 161–173; Feichtinger, »Aspekt revolutionärer Kriegführung«, S. 278; Furedi, »Creating a Breathing Space«, S. 94; Furedi, *Mau Mau War*, S. 216–218; Groen, »Militant Response«, S. 31 f.

[99] Smith, *Pattern of Imperialism*, S. 85, 132 f.

[100] Hack, »Screwing down the People«; Stockwell, »Insurgency and Decolonisation«; Walter, »Kolonialkrieg, Globalstrategie und Kalter Krieg«, S. 111 f., 120, 133–137.

[101] Clayton, *Wars of French Decolonization*, S. 178 f. Auch Spanien hatte mit dieser Politik in Nordafrika wenig Erfolg. Fleming, »Decolonization and the Spanish Army«.

[102] Bechtol, »Paradigmenwandel des Kalten Krieges«; Gibbs, »Sowjetische Invasion in Afghanistan«; Reilly, »Cold War Transition«.

[103] Nester, *Frontier War*, S. 251–268; Penn, *Forgotten Frontier*, S. 114, 117 f.; Utley, *Frontier Regulars*, S. 143–147.

[104] Hemming, *Red Gold*, S. 133 f.

[105] Howard, »Colonial Wars«, S. 220; Kanya-Forstner, »French Marines«, S. 132.

[106] Fynn, »Ghana – Asante«, S. 35.

[107] Galbraith, »›Turbulent Frontier‹«.

[108] James, *Raj*, S. 63; Kolff, »End of an Ancien Régime«, S. 31 f.; Lemke, »Kolonialgeschichte als Vorläufer?«, S. 289 f.; Mockaitis, *British Counterinsurgency*, S. 83.

[109] Jones, »Muscovite-Nomad Relations«, S. 130; Khodarkovsky, *Russia's Steppe Frontier*, S. 221.

[110] Jones, *Conquest of the Last Maya Kingdom*, S. 48–52; Jones, *Maya Resistance to*

Spanish Rule, S. 101. Ähnlich bereits die Unterwerfung der Chichimeca in Zentralmexiko. Powell, *Soldiers, Indians and Silver*, S. 90f.
[111] Lock/Quantrill, *Zulu Victory*, S. 19–23.
[112] Porch, *Conquest of Morocco*, S. 10f., 77, 90.
[113] Charney, *Southeast Asian Warfare*, S. 259–262.
[114] Bryant, »Asymmetric Warfare«, S. 434; James, *Raj*, S. 67–69; Lemke, »Kolonialgeschichte als Vorläufer?«, S. 289f.; Mostert, *Military System*, S. 92–100.
[115] Bond, »South African War«, S. 201–208; Denzer, »Sierra Leone – Bai Bureh«, S. 235; Eberspächer, »›Albion zal hier‹«, S. 186f.; Falls, »Reconquest of the Sudan«, S. 286; Fynn, »Ghana – Asante«, S. 42–44; Gann/Duignan, *Rulers of British Africa*, S. 122; James, *Savage Wars*, S. 25–27, 52f., 97–100, 136; Mücke, »Agonie einer Kolonialmacht«, S. 248–255; Paillard, »Expedition to Madagascar«, S. 187f.; Vandervort, *Wars of Imperial Conquest*, S. 34, 146–149, 152f.; Zirkel, »Military Power«, S. 92.
[116] Hemming, *Amazon Frontier*, S. 25–39, 104–123.
[117] Billington/Ridge, *Westward Expansion*, S. 61–82; Calloway, *Winter Count*, S. 207–211.
[118] Boot, *Savage Wars of Peace*, S. 156–167; Moor, »Warmakers in the Archipelago«, S. 59f.
[119] Nissimi, »Illusions of World Power«; Walter, »Kolonialkrieg, Globalstrategie und Kalter Krieg«, S. 111–116.
[120] Denzer, »Sierra Leone – Bai Bureh«, S. 234–244; Fynn, »Ghana – Asante«, S. 44–46; Killingray, »Colonial Warfare«, S. 166f.; Lonsdale, »Conquest State of Kenya«, S. 111.
[121] Pietschmann, »Imperialkriege Spaniens«, S. 86–89.
[122] Slatta, »›Civilization‹ Battles ›Barbarism‹«, S. 143–147; Vandervort, *Indian Wars*, S. 229f., 239–242.
[123] Gottmann, »Bugeaud, Galliéni, Lyautey«, S. 234f.; Hemming, *Red Gold*, S. xivf.; Hochgeschwender, »Kolonialkriege als Experimentierstätten?«, S. 277; Strachan, »Typology of Transcultural Wars«, S. 96.
[124] Bergmann, »Dynamik der Conquista«, S. 226–232; Pietschmann, »Imperialkriege Spaniens«, S. 84f. Vorher war schon die Zerstörung der indigenen Gesellschaften Haitis vor allem durch die Suche nach Gold bedingt: Bitterli, *Die ›Wilden‹ und die ›Zivilisierten‹*, S. 130.
[125] Hemming, *Conquest of the Incas*, S. 73f.
[126] Nach den Edelmetallpreisen vom August 2013.
[127] Billington, *Westward Expansion*, S. 29–41; Calloway, *Winter Count*, S. 126–145; Schindler, *Bauern und Reiterkrieger*, S. 18; Whitehead, »Tribes Make States«, S. 142–144.
[128] Bergmann, »Dynamik der Conquista«, S. 217f.; Bitterli, *Die ›Wilden‹ und die ›Zivilisierten‹*, S. 132–134; Jones, *Conquest of the Last Maya Kingdom*, S. 40f.
[129] Hemming, *Red Gold*, S. 34–40, 218–221. Zu den Dimensionen der spanischen und portugiesischen Sklavenjagd im frühen 16. Jahrhundert siehe Gabbert, »Longue durée of Colonial Violence«, S. 258f.
[130] Hemming, *Red Gold*, S. 244–252.

131 Ebenda, S. 355–369.
132 Hemming, *Amazon Frontier*, S. 277–301.
133 Ramsey, »›Something Cloudy in Their Looks‹«, S. 60f.
134 Penn, *Forgotten Frontier*, S. 117f.
135 Thornton, »Firearms, Diplomacy, and Conquest«, S. 178f.; Thornton, »Warfare, Slave Trading and European Influence«, S. 139–142.
136 Fage/Tordoff, *History of Africa*, S. 244–286; Reinhard, *Geschichte der europäischen Expansion*, Bd. 2, S. 139–152; Zeuske, *Geschichte der Amistad*.
137 Lindsay, *Murder State*; Utley, *Frontiersmen in Blue*, S. 97f., 227–229.
138 Utley, *Frontier Regulars*, S. 333–342; Utley, *Frontiersmen in Blue*, S. 178–181, 187–200, 248–259; Vandervort, *Indian Wars*, S. 197–199.
139 Utley, *Frontier Regulars*, S. 242–248; Vandervort, *Indian Wars*, S. 174f.
140 Donnelly, *Conquest of Bashkiria*, S. 49; Lincoln, *Conquest of a Continent*, S. 46–56.
141 Bodley, *Weg der Zerstörung*, S. 78; Vandervort, *Indian Wars*, S. 239f.
142 Penn, *Forgotten Frontier*, S. 27–55, 91–102, 108–112.
143 Slatta, »›Civilization‹ Battles ›Barbarism‹«, S. 131f.
144 Broome, *Aboriginal Australians*, S. 41–43; Lindsay, *Murder State*, S. 179–222.
145 Penn, *Forgotten Frontier*, S. 94.
146 Broome, *Aboriginal Australians*, S. 40–48; Connor, *Australian Frontier Wars*, S. 103–105.
147 Connor, *Australian Frontier Wars*, S. 120f.; Lindsay, *Murder State*, S. 179–222; Penn, *Forgotten Frontier*, S. 108–112; Schmidl, »›Kolonialkriege«, S. 127f.; Utley, *Frontiersmen in Blue*, S. 135–138, 172f.
148 Deenon, »Understanding Settler Societies«, S. 512.
149 Keeley, *War Before Civilization*, S. 152–156; Lonsdale, »Conquest State of Kenya«, S. 115; Palmer, *Colonial Genocide*, S. 40–58.
150 Bailey, »Civilization the Military Way«, S. 116; Finley, »Colonies«, S. 179f.; Pagden, *Lords of All the World*, S. 76f.; Penn, *Forgotten Frontier*, S. 129.
151 Lowenthal, »Empires and Ecologies«, S. 233f.; Middleton/Lombard, *Colonial America*, S. 11–13.
152 Walter, »Kolonialkrieg, Globalstrategie und Kalter Krieg«, S. 123.
153 Cocker, *Rivers of Blood*, S. 176–180; Finzsch, »›Extirpate or remove‹«, S. 216; Moses, »Keywords«, S. 24–29; Palmer, *Colonial Genocide*, S. 87–101; Penn, *Forgotten Frontier*, S. 273–287.
154 Powell, *Soldiers, Indians and Silver*, S. 172–175.
155 Lindsay, *Murder State*, S. 319–323.
156 Reynolds, »Genocide in Tasmania?«, S. 141–143.
157 Utley, *Frontiersmen in Blue*, S. 256.
158 Connell, *Son of the Morning Star*, S. 179f.; Kane, »Nits Make Lice«, S. 82; Utley, »Total War«, S. 399. Die Zuschreibung ist mit hoher Sicherheit apokryph, da das Sprichwort »Nur ein toter Indianer ist ein guter Indianer« nachweislich älter ist. Mieder, »›The Only Good Indian Is a Dead Indian‹«.
159 Utley, *Frontier Regulars*, S. 111.
160 Edgerton, *Mau Mau*, S. 142–154.

161 Ebenda, S. 143.
162 Barkan, »Genocides of Indigenous Peoples«; Broome, *Aboriginal Australians*, S. 50f.; Brower, *Desert Named Peace*, S. 23; Finzsch, »›The Aborigines ... were never annihilated‹«, S. 253f.; Lindsay, *Murder State*, S. 332f.; Palmer, *Colonial Genocide*, S. 195; Moses, *Genocide and Settler Society*, S. 5f., 28–35.
163 Zimmerer, »Geburt des ›Ostlandes‹«; Zimmerer, »Holocaust und Kolonialismus«, S. 1111–1118.
164 Bailey, »Civilization the Military Way«, S. 109–127; Utley, »Total War«, S. 399–410.
165 Stucki, »Antiguerilla-Kriegführung auf Kuba«.
166 Hull, *Absolute Destruction*, S. 45–66; Kuß, *Deutsches Militär*, S. 91–93. Vgl. Potempa, »Raum und seine Beherrschung«, S. 460f.
167 Greiner, *Krieg ohne Fronten*, S. 389–414.
168 Elkins, *Imperial Reckoning*.
169 Williams, *Year of the Hangman*, S. 188–296.
170 Nester, *Frontier War*, S. 252.
171 Ebenda, S. 251–268; Williams, *Year of the Hangman*, S. 188–296.
172 Walter, »Der nordamerikanische Imperialkrieg«, S. 95.
173 Freeman, »Puritans and Pequots«, S. 290–293; Karr, »›Why Should You Be So Furious?‹«, S. 902f.; Katz, »Pequot War Reconsidered«.
174 Slotkin, *Regeneration Through Violence*, S. 69–78.
175 Starkey, *European and Native American Warfare*, S. 61.
176 Edmunds/Peyser, *Fox Wars*, S. 119–157.
177 Vandervort, *Indian Wars*, S. 162.
178 Hurt, *Indian Frontier*.
179 Hemming, *Red Gold*, S. 349.
180 Hemming, *Amazon Frontier*, S. 89–102.
181 Bodley, *Weg der Zerstörung*, S. 69f.
182 Cocker, *Rivers of Blood*, S. 144–157.
183 Gann/Duignan, *Rulers of British Africa*, S. 144f.; James, *Raj*, S. 74–77; Kanya-Forstner, »French Marines«, S. 124–132; Vandervort, *Indian Wars*, S. 172–174.
184 Jones, *Conquest of the Last Maya Kingdom*, S. 223; Karr, »›Why Should You Be So Furious?‹«, S. 897f.; Walter, »›The Enemy Must Be Brought to Battle‹«, S. 59.
185 Hassig, *Mexico and the Spanish Conquest*, S. 100–102; Lee, »Projecting Power«, S. 5; Pietschmann, »Imperialkriege Spaniens«, S. 84f.
186 Greiner, *Krieg ohne Fronten*, S. 74–88; Woolman, *Rebels in the Rif*, S. 198.
187 Gann/Duignan, *Rulers of German Africa*, S. 120; Jacobson, »Imperial Ambitions«; Klein, »Straffeldzug im Namen der Zivilisation«, S. 164; Mücke, »Agonie einer Kolonialmacht«, S. 248f.; Porch, *Conquest of the Sahara*, S. 10f.; Rose, »›Unsichtbare Feinde‹«, S. 239; Zirkel, »Military Power«, S. 98–103.
188 Greiner, *Krieg ohne Fronten*, S. 64–73; Walter, »Kolonialkrieg, Globalstrategie und Kalter Krieg«, S. 133–137.
189 Dahlmann, »Sibirien«, S. 57; Karr, »›Why Should You Be So Furious?‹«, S. 898f.; Lock/Quantrill, *Zulu Victory*, S. 25f.; Porch, *Conquest of the Sahara*, S. 211f.

190 Brogini-Künzi, »Wunsch nach einem blitzschnellen Krieg«, S. 274f.; McNeill, »European Expansion, Power and Warfare«, S. 12; Paillard, »Expedition to Madagascar«, S. 186.
191 Vandervort, *Wars of Imperial Conquest*, S. 59; Woolman, *Rebels in the Rif*, S. 31–37.
192 Chandler, »Expedition to Abyssinia«, S. 149; Charney, »Iberier und Südostasiaten«, S. 180; Vandervort, *Wars of Imperial Conquest*, S. 84f.
193 Falls, »Reconquest of the Sudan«, S. 286; Mattioli, »Kolonialverbrechen des faschistischen Italien«, S. 205f.
194 Chamberlain, *Conquest of Yucatan*, S. 12–15.
195 Bührer, »Hehe und Schutztruppe«, S. 268–270; Bührer, *Kaiserliche Schutztruppe*, S. 211–235; Glass, *Matabele War*, S. 1–83, 269–270; Lock/Quantrill, *Zulu Victory*, S. 19–27; Morlang, »›Die Wahehe haben ihre Vernichtung gewollt‹«, S. 81–85.
196 Gann/Duignan, *Rulers of Belgian Africa*, S. 55–58; James, *Savage Wars*, S. 141–144; Vandervort, *Wars of Imperial Conquest*, S. 140–144.
197 Nasson, *South African War*, S. 47–49, 56f.
198 Fynn, »Ghana – Asante«, S. 34–39; Kanya-Forstner, »Mali – Tukulor«, S. 57–59, 75f.; Keegan, »Ashanti Campaign«, S. 168–178; Law, »Warfare on the Slave Coast«, S. 121–125; Olatunji-Oloruntimehin, »Senegambia – Mahmadou Lamine«, S. 87–91, 102f.; Person, »Guinea«, S. 126–129; Ross, »Dahomey«, S. 147f.; Vandervort, *Wars of Imperial Conquest*, S. 84–92.
199 Gould, *Imperial Warriors*, S. 33–43; Pemble, »Resources and Techniques«, S. 275.
200 Abler, »Beavers and Muskets«; Vandervort, *Indian Wars*, S. xiv, 27–29, 170f.; White, »Winning of the West«.
201 Lee, »Fortify, Fight, or Flee«, S. 731f.
202 Calloway, *Winter Count*, S. 162; Donnelly, *Conquest of Bashkiria*, S. 11f., 16; Khodarkovsky, »Krieg und Frieden«, S. 200–208, 212f., 217; Khodarkovsky, *Russia's Steppe Frontier*, S. 8–19, 221f.; Moreman, »Watch and Ward‹«, S. 139f., 150; Mücke, »Agonie einer Kolonialmacht«, S. 248–255; Porch, *Conquest of the Sahara*, S. 65–70; Porch, *Conquest of Morocco*, S. 64–71; Utley, *Frontier Regulars*, S. 172–174; Utley, *Frontiersmen in Blue*, S. 71–74, 81–84, 158, 165f.; Vandervort, *Indian Wars*, S. 38f., 161–164, 194–197.
203 Schindler, *Bauern und Reiterkrieger*, S. 18–35.
204 Bodley, *Weg der Zerstörung*, S. 73f.
205 Utley, *Frontiersmen in Blue*, S. 237f.
206 Calloway, *Winter Count*, S. 205.
207 Broome, *Aboriginal Australians*, S. 40–48; Connor, »Briten und Darug«, S. 229f.; Lindsay, *Murder State*, S. 181, 183; Palmer, *Colonial Genocide*, S. 87–101; Slatta, »›Civilization‹ Battles ›Barbarism‹«, S. 131f.; Utley, *Frontier Regulars*, S. 323f.
208 Utley, *Frontiersmen in Blue*, S. 5, 59f.; Vandervort, *Indian Wars*, S. 170f.
209 Hull, *Absolute Destruction*, S. 7f.; Penn, *Forgotten Frontier*, S. 91–98; Ranger, *Revolt in Southern Rhodesia*, S. 105–113.
210 Powell, *Soldiers, Indians and Silver*, S. 27.

211 Broome, *Aboriginal Australians*, S. 42f.; Connor, »Briten und Darug«, S. 232f.; Lindsay, *Murder State*, S. 179–222; Palmer, *Colonial Genocide*, S. 125–128.
212 Muschelschalen als Währungsersatz.
213 Ramsey, »›Something Cloudy in Their Looks‹«, S. 46–70; Starkey, *European and Native American Warfare*, S. 60f.
214 Bayly, »Editor's Concluding Note«, S. 116; Stokes, *Peasant Armed*, S. 100–115.
215 Brower, *Desert Named Peace*, S. 93–137.
216 Stockwell, »›A widespread and long-concocted plot‹«; Stubbs, *Hearts and Minds*, S. 10–38.
217 Gallieni, *Pacification de Madagascar*, S. 9f.; Porch, *Conquest of the Sahara*, S. 223f.; Ranger, *Revolt in Southern Rhodesia*, S. 98.
218 Campbell, »Social Structure of the Túpac Amaru«, S. 213–225.
219 Belich, *Victorian Interpretation*, S. 21; Billington, *Westward Expansion*, S. 206–208; Connor, *Australian Frontier Wars*, S. 55f.; Häußler, »Asymmetrie tribaler und staatlicher Kriegführung«, S. 183–186; Mattioli, »Kolonialverbrechen des faschistischen Italien«, S. 210f.; Rainero, »Battle of Adowa«, S. 197–200; Ranger, *Revolt in Southern Rhodesia*, S. 101–105; Utley, *Frontier Regulars*, S. 98f.; Vandervort, *Indian Wars*, S. 110–115, 141–149.
220 Boot, *Savage Wars of Peace*, S. 171–176; Calloway, *Winter Count*, S. 177f.; Fourniau, »Colonial Wars before 1914«, S. 84; Helbling, *Tribale Kriege*, S. 287; Hemming, *Amazon Frontier*, S. 25–39; Jones, *Conquest of the Last Maya Kingdom*, S. 40f., 397–405; Jones, *Maya Resistance to Spanish Rule*, S. 189–276; Killingray, »Colonial Warfare«, S. 165; Knaap, »Crisis and Failure«, S. 152–159; Olatunji-Oloruntimehin, »Senegambia – Mahmadou Lamine«, S. 83; Trotha, *Koloniale Herrschaft*, S. 81–84; Weber, *Spanish Frontier*, S. 122–141.
221 Ranger, »African Reactions«, S. 306.
222 Denzer, »Sierra Leone – Bai Bureh«, S. 250–256; Donnelly, *Conquest of Bashkiria*, S. 21f.; Hack, »Imperialism in Southeast Asia«, S. 241; James, *Savage Wars*, S. 45, 134; Knaut, *Pueblo Revolt*, S. 153–159; Kuß, *Deutsches Militär*, S. 102–107.
223 Jones, *Conquest of the Last Maya Kingdom*, S. 135–142; Utley, *Frontier Regulars*, S. 98–107, 121–125; Utley, *Frontiersmen in Blue*, S. 274f.; Woolman, *Rebels in the Rif*, S. 31–36.
224 Helbling, *Tribale Kriege*, S. 287; Hemming, *Conquest of the Incas*, S. 173–180; Hemming, *Red Gold*, S. 69–71; Kars, »›Cleansing the Land‹«, S. 264f.; Penn, *Forgotten Frontier*, S. 56–66; Utley, *Frontiersmen in Blue*, S. 227f.; Woolman, *Rebels in the Rif*, S. 56, 71.
225 Kuß, *Deutsches Militär*, S. 80f.; Starkey, *European and Native American Warfare*, S. 66f.
226 Donnelly, *Conquest of Bashkiria*, S. 21f.; Khodarkovsky, *Russia's Steppe Frontier*, S. 172.
227 Belich, *Victorian Interpretation*, S. 32f.; Denzer, »Sierra Leone – Bai Bureh«, S. 234–244; Gabbert, »Longue durée of Colonial Violence«, S. 262–264; Hack, »Imperialism in Southeast Asia«, S. 244.
228 Hemming, *Amazon Frontier*, S. 33–38; Jones, *Maya Resistance to Spanish Rule*,

S. 41–52; Utley, *Frontier Regulars*, S. 370f., 401 f.; Vandervort, *Indian Wars*, S. 215 f.

[229] Omissi, *Sepoy and the Raj*, S. 221 f.; Walter, »Kolonialkrieg, Globalstrategie und Kalter Krieg«, S. 125.

[230] Clayton, *Wars of French Decolonization*, S. 79 f.; Gates, »Two American Wars«, S. 51–53; Hemming, *Amazon Frontier*, S. 190 f.; Morillo, »Typology of Transcultural Wars«, S. 36; Vandervort, *Indian Wars*, S. 111; Westad, *Global Cold War*, S. 399 f.

[231] Mollenhauer, »Gesichter der pacification«, S. 329–333; Walter, »Kolonialkrieg, Globalstrategie und Kalter Krieg«, S. 117–119.

[232] Knaap, »Crisis and Failure«, S. 157.

[233] Heathcote, *Military in British India*, S. 61–63, 88–91; James, *Savage Wars*, S. 150 f.; Omissi, *Sepoy and the Raj*, S. 5.

[234] Calloway, *Winter Count*, S. 165–167, 175f., 196f.; Jobst, »Expansion des Zarenreiches«, S. 68f.; Jones, *Conquest of the Last Maya Kingdom*, S. 43–52; Lemke, »Kolonialgeschichte als Vorläufer?«, S. 295; Linn, *Counterinsurgency in the Philippine War*, S. 45–49; Miège, »Conquest of Morocco«, S. 210f.; Starkey, *European and Native American Warfare*, S. 66.

[235] Gates, »Two American Wars«, S. 62–65.

[236] Cann, *Counterinsurgency in Africa*, S. 18–26; Clayton, *Wars of French Decolonization*, S. 79–84, 88–90, 93–98; Derradji, *Algerian Guerrilla Campaign*, S. 61–106; Fourniau, »Colonial Wars before 1914«, S. 73–75; Gates, »Two American Wars«, S. 51–53; James, *Savage Wars*, S. 112f., 144–146; Linn, *Counterinsurgency in the Philippine War*, S. 3–5; Mücke, »Agonie einer Kolonialmacht«, S. 259; Rainero, »Battle of Adowa«, S. 197–200; Ranger, »African Reactions«, S. 312–318; Thomas, »Order Before Reform«, S. 204; Woolman, *Rebels in the Rif*, S. 74–83.

[237] Boot, *Savage Wars of Peace*, S. 162–165; Linn, »Cerberus' Dilemma«, S. 116f.; Miège, »Conquest of Morocco«, S. 210f.; Paillard, »Expedition to Madagascar«, S. 188.

[238] Fick, »Revolution in Saint Domingue«; Geggus, »Slavery, War, and Revolution«; Gliech, *Saint-Domingue und die französische Revolution*. Isolierte Sklavenaufstände gab es auch im Süden Britisch-Nordamerikas bzw. der USA. Howe, *What Hath God Wrought*, S. 160–163, 323–327; Middleton/Lombard, *Colonial America*, S. 362–366; Wood, *Empire of Liberty*, S. 534–537.

[239] Boot, *Savage Wars of Peace*, S. 58; Broome, *Aboriginal Australians*, S. 45; DeFronzo, *Iraq War*, S. 212–214; Hemming, *Amazon Frontier*, S. 178; Hemming, *Conquest of the Incas*, S. 181–183; Knaap, »Crisis and Failure«, S. 157f.; Moreman, »Watch and Ward'«, S. 149; Utley, *Frontiersmen in Blue*, S. 120f., 285–287, 300–310; Vandervort, *Indian Wars*, S. 171–175, 178, 201f.

[240] Heathcote, *Military in British India*, S. 84f.

[241] Woolman, *Rebels in the Rif*, S. 171f.

3 Grenzüberschreitungen

1 Killingray, »Colonial Warfare«, S. 157.
2 Crowder, »Introduction«, S. 16.
3 Le Cour Grandmaison, *Coloniser, Exterminer*, S. 184f.
4 Kreienbaum, »Koloniale Gewaltexzesse«, S. 172.
5 Kuß, *Deutsches Militär*, S. 11.
6 Auch: Hull, *Absolute Destruction*, S. 1.
7 Elkins, *Imperial Reckoning*, S. 272; Hochgeschwender, »Kolonialkriege als Experimentierstätten?«, S. 277; Malone, »Changing Military Technology«, S. 242; May, »Philippine-American War«; Mukherjee, *Spectre of Violence*, S. 34; Peers, »Introduction«, S. xxii f.; Porch, »French Colonial Forces«, S. 166; Starkey, *European and Native American Warfare*, S. 164; Trotha, »›The Fellows Can Just Starve‹«; Utley, »Total War«; Utley, *Frontiersmen in Blue*, S. 346; Wesseling, »Colonial Wars«, S. 5.
8 Walter, »Warum Kolonialkrieg?«, S. 36–40.
9 Zusammenfassend Förster, »Einleitung«. Siehe auch die Sammelbände der Reihe »The Age of Total War« und besonders die Einleitungen der Herausgeber: Chickering/Förster/Greiner, *World at Total War*; Chickering/Förster, *Shadows of Total War*; Chickering/Förster, *Great War*; Boemeke/Chickering/Förster, *Anticipating Total War*; Förster/Nagler, *Road to Total War*.
10 Vgl. Kap. 1, »Die Macht der Imperien«.
11 Bell, *First Total War*, S. 154–185.
12 Knaap, »Crisis and Failure«, S. 161.
13 Connor, *Australian Frontier Wars*, S. 49–51.
14 Chandler, »Expedition to Abyssinia«, S. 132.
15 James, *Savage Wars*, S. 236.
16 Fall, *Hell in a Very Small Place*, S. 228–230, 250–252; Nasson, *South African War*, S. 12, 206–208; Woolman, *Rebels in the Rif*, S. 200, 206f.
17 James, *Savage Wars*, S. 225–228.
18 Walter, »Kein Pardon«.
19 Hier wie in den folgenden Anmerkungen nur einige exemplarische Nachweise: Belich, *Victorian Interpretation*, S. 43; Bührer, *Kaiserliche Schutztruppe*, S. 265f.; Connor, *Australian Frontier Wars*, S. 83; Crawford, »Sikh Wars«, S. 45, 63, 64; Fall, *Hell in a Very Small Place*, S. 83; Greiner, *Krieg ohne Fronten*, S. 219–223; Hemming, *Conquest of the Incas*, S. 195; Hemming, *Red Gold*, S. 285, 302; James, *Savage Wars*, S. 207f.; Kiernan, *Colonial Empires*, S. 164; Linn, »Cerberus' Dilemma«, S. 122; Mücke, »Agonie einer Kolonialmacht«, S. 262f.; Nasson, *South African War*, S. 88f.; Starkey, *European and Native American Warfare*, S. 122f.; Streets, *Martial Races*, S. 40f.; Utley, *Frontiersmen in Blue*, S. 135, 156f., 168; Vandervort, *Indian Wars*, S. 120, 135, 151, 154.
20 Utley, *Frontiersmen in Blue*, S. 235.
21 Hemming, *Red Gold*, S. 29; Keeley, *War Before Civilization*, S. 83–88.
22 Edgerton, *Mau Mau*, S. 124f.; Hassig, »Eroberung Mexikos«, S. 118f.; Knight, *Anatomy of the Zulu Army*, S. 221–227; Mostert, *Military System*, S. 107; Porch,

Conquest of Morocco, S. 178; Rickey, *Forty Miles a Day*, S. 316; Robson, *Fuzzy-Wuzzy*, S. 52.
[23] Gordon, *Khartoum Journal*, S. 141; Hull, *Absolute Destruction*, S. 14f.; James, *Savage Wars*, S. 172; Klose, *Menschenrechte im Schatten kolonialer Gewalt*, S. 184; Woolman, *Rebels in the Rif*, S. 154f.
[24] Altman, »Conquest, Coercion, and Collaboration«, S. 166; Barrett, *Edge of Empire*, S. 156; Belich, *Victorian Interpretation*, S. 105f.; Billington, *Westward Expansion*, S. 53f.; Brower, *Desert Named Peace*, S. 22; Calloway, *Winter Count*, S. 114f., 198f.; Callwell, *Small Wars*, S. 133, 145–149; Chet, *Conquering the Wilderness*, S. 22; Connor, »Briten und Darug«, S. 232f.; Hull, *Absolute Destruction*, S. 195f.; Khodarkovsky, »Krieg und Frieden«, S. 216; Malone, *Skulking Way of War*, S. 96; Nasson, *South African War*, S. 211f.; Penn, *Forgotten Frontier*, S. 123f.; Porch, *Conquest of Morocco*, S. 178f.; Powell, *Soldiers, Indians and Silver*, S. 40; Starkey, *European and Native American Warfare*, S. 41f.; Stucki, »Bevölkerungskontrolle in asymmetrischen Konflikten«, S. 244f.
[25] Nester, *Frontier War*, S. 267.
[26] Broome, *Aboriginal Australians*, S. 45; Connor, *Australian Frontier Wars*, S. 115–117.
[27] James, *Savage Wars*, S. 36.
[28] Meinertzhagen, *Kenya Diary*, S. 282f.
[29] Linn, *Counterinsurgency in the Philippine War*, S. 157f.
[30] Mattioli, »Kolonialverbrechen des faschistischen Italien«, S. 218.
[31] Jones, *Graveyard of Empires*, S. 218.
[32] Altman, »Conquest, Coercion, and Collaboration«, S. 158; Charney, »Iberier und Südostasiaten«, S. 183f.; Gann/Duignan, *Rulers of British Africa*, S. 142–144; Greiner, *Krieg ohne Fronten*, S. 92–95; Hemming, *Red Gold*, S. 69–89; Hirschfeld, »Kriegsgreuel im Dekolonisierungsprozess«, S. 363; Ikime, »Nigeria – Ebrohimi«, S. 220; Kuß, *Deutsches Militär*, S. 65–77; Mukherjee, *Spectre of Violence*, S. 31; Nester, *Frontier War*, S. 267; Smith, »Nigeria – Ijebu«, S. 185f.; Utley, *Frontier Regulars*, S. 50–52; Utley, *Frontiersmen in Blue*, S. 111f.
[33] Le Cour Grandmaison, *Coloniser, Exterminer*, S. 146–152.
[34] Callwell, *Small Wars*, S. 308–310.
[35] Calloway, *Winter Count*, S. 147–149; Hemming, *Conquest of the Incas*, S. 199–202; Starkey, *European and Native American Warfare*, S. 74–77.
[36] Utley, *Frontiersmen in Blue*, S. 290–297; Vandervort, *Indian Wars*, S. 172f.
[37] Utley, *Custer*, S. 74f.; Utley, *Frontier Regulars*, S. 192f., 347–349; Utley, *Frontiersmen in Blue*, S. 125–133, 152–157, 342–346.
[38] Porch, »French Colonial Forces«, S. 166f.
[39] Vandervort, *Indian Wars*, S. 147f.
[40] Meinertzhagen, *Kenya Diary*, S. 39f., 50–52.
[41] Bertrand, »Violences impériales«, S. 134–136; Cocker, *Rivers of Blood*, S. 3f.; Klein, »Straffeldzug im Namen der Zivilisation«, S. 156–161; Koller, »Französische Fremdenlegion«, S. 380; Moor, »Warmakers in the Archipelago«, S. 59; Morlang, »›Die Wahehe haben ihre Vernichtung gewollt‹«, S. 84f.; Porch, *Conquest of the Sahara*, S. 181–197.

[42] Corum/Johnson, *Airpower in Small Wars*, S. 79; Lemke, »Kolonialgeschichte als Vorläufer?«, S. 284.
[43] Bourke, *History of Killing*, S. 171–183; Greiner, *Krieg ohne Fronten*, S. 90–119.
[44] Grau, *Bear Over the Mountain*, S. 207f.; Jones, *Graveyard of Empires*, S. 29.
[45] Bierling, *Geschichte des Irakkriegs*, S. 173f.; Jones, *Graveyard of Empires*, S. 303–306.
[46] Powell, *Soldiers, Indians and Silver*, S. 53, 74.
[47] Calloway, *Winter Count*, S. 174–176.
[48] Hochgeschwender, »Last Stand«, S. 76; Lee, »Fortify, Fight, or Flee«, S. 732f.; Starkey, *European and Native American Warfare*, S. 27; Utley, *Frontiersmen in Blue*, S. 262–265.
[49] Belich, *Victorian Interpretation*, S. 82; Connor, »Briten und Darug«, S. 232f.; Connor, *Australian Frontier Wars*, S. 40–43.
[50] Kuß, *Deutsches Militär*, S. 107.
[51] Clayton, *Wars of French Decolonization*, S. 118f.; Häußler, »Asymmetrie tribaler und staatlicher Kriegführung«, S. 183–186.
[52] Cann, *Counterinsurgency in Africa*, S. 27.
[53] Cahn, »Kriegsgreuel im Algerienkrieg«, S. 372–374.
[54] Bührer, *Kaiserliche Schutztruppe*, S. 256–258; Calloway, *Winter Count*, S. 126–132, 148f.; Dahlmann, »Sibirien«, S. 62f.; Hemming, *Red Gold*, S. 134–138; Kanya-Forstner, »French Marines«, S. 140f.; Karr, »Why Should You Be So Furious?«, S. 899; Khodarkovsky, »Krieg und Frieden«, S. 216; Lee, »Fortify, Fight, or Flee«, S. 743f.; Powell, *Soldiers, Indians and Silver*, S. 106–111; Starkey, *European and Native American Warfare*, S. 80f.; Vandervort, *Indian Wars*, S. 120f.; Vandervort, *Wars of Imperial Conquest*, S. 145.
[55] Bührer, *Kaiserliche Schutztruppe*, S. 258f.; Dahlmann, »Sibirien«, S. 62f.; Kuß, *Deutsches Militär*, S. 122–124; Lappas, »Lernen inmitten des Blutvergießens«, S. 157–162; Morlang, »»Die Wahehe haben ihre Vernichtung gewollt'«, S. 95; Utley, *Frontier Regulars*, S. 153–155; Vandervort, *Indian Wars*, S. 199.
[56] Greiner, *Krieg ohne Fronten*, S. 106, 111; Hemming, *Conquest of the Incas*, S. 57, 63; Linn, *Counterinsurgency in the Philippine War*, S. 57f.
[57] Cahn, »Kriegsgreuel im Algerienkrieg«, S. 376–380; Clayton, *Wars of French Decolonization*, S. 132f.; Klose, *Menschenrechte im Schatten kolonialer Gewalt*, S. 227–237; Mollenhauer, »Gesichter der pacification«, S. 346–348.
[58] Trinquier, *Guerre moderne*, S. 14–21.
[59] Calloway, *Winter Count*, S. 139; Clayton, *Wars of French Decolonization*, S. 85; Edgerton, *Mau Mau*, S. 159; Greiner, *Krieg ohne Fronten*, S. 223–227; Hemming, *Amazon Frontier*, S. 177; Jobst, »Expansion des Zarenreiches«, S. 69; Kiernan, *Colonial Empires*, S. 215; Selby, »Third China War«, S. 80.
[60] Utley, *Frontiersmen in Blue*, S. 295f.
[61] Broome, *Aboriginal Australians*, S. 45; Edgerton, *Mau Mau*, S. 159.
[62] Calloway, *Winter Count*, S. 149; Hassig, *Mexico and the Spanish Conquest*, S. 89; Hemming, *Conquest of the Incas*, S. 199; Hemming, *Red Gold*, S. 400; Penn, *Forgotten Frontier*, S. 74; Powell, *Soldiers, Indians and Silver*, S. 83, 86; Schindler, *Bauern und Reiterkrieger*, S. 20; Vandervort, *Wars of Imperial Conquest*, S. 145.

63 Eskildsen, »Civilization and Savages«, S. 403f.; Hée, *Imperiales Wissen*, S. 204–208.
64 Hemming, *Conquest of the Incas*, S. 215; Powell, *Soldiers, Indians and Silver*, S. 109.
65 Hemming, *Conquest of the Incas*, S. 157f.
66 Bourke, *History of Killing*, S. 38–41; Hemming, *Amazon Frontier*, S. 357; Le Cour Grandmaison, *Coloniser, Exterminer*, S. 157; Starkey, *European and Native American Warfare*, S. 59; Vandervort, *Indian Wars*, S. 120f., 201; Woolman, *Rebels in the Rif*, S. 201f.
67 Lappas, »Lernen inmitten des Blutvergießens«, S. 171.
68 Connell, *Son of the Morning Star*, S. 194; Edgerton, *Mau Mau*, S. 124–126; Hull, *Absolute Destruction*, S. 10f.; Knight, *Anatomy of the Zulu Army*, S. 224–227; Lock/Quantrill, *Zulu Victory*, S. 228f.; Powell, *Soldiers, Indians and Silver*, S. 50–52; Rickey, *Forty Miles a Day*, S. 314; Starkey, »Conflict and Synthesis«, S. 69–71; Utley, *Frontiersmen in Blue*, S. 191f.
69 Steele, *Betrayals*, S. 84–90; Thornton, »Firearms, Diplomacy, and Conquest«, S. 182; Vandervort, *Wars of Imperial Conquest*, S. 139.
70 Mukherjee, *Spectre of Violence*, S. 41–45.
71 Lehmann, *All Sir Garnet*, S. 53.
72 Said, *Orientalism*.
73 Klein, »Straffeldzug im Namen der Zivilisation«, S. 161; Le Cour Grandmaison, *Coloniser, Exterminer*, S. 157.
74 Heathcote, *Military in British India*, S. 105.
75 Schumacher, »›Niederbrennen, plündern und töten‹«, S. 125.
76 Fourniau, »Colonial Wars before 1914«, S. 84; Le Cour Grandmaison, *Coloniser, Exterminer*, S. 168–173.
77 Hemming, *Conquest of the Incas*, S. 432f.
78 Falls, »Reconquest of the Sudan«, S. 299.
79 Morlang, »›Die Wahehe haben ihre Vernichtung gewollt‹«, S. 95.
80 Fourniau, »Colonial Wars before 1914«, S. 84.
81 Selby, »Third China War«, S. 76, 103.
82 Fynn, »Ghana – Asante«, S. 45f.
83 Connor, *Australian Frontier Wars*, S. 28–31; Fenn, »Biological Warfare«; Finzsch, »›Extirpate or remove‹«, S. 221–224; Finzsch, »Frühgeschichte der biologischen Kriegführung«, S. 13–19; Hemming, *Amazon Frontier*, S. 153; Lindsay, *Murder State*, S. 320.
84 Spiers, »Dum Dum Bullet«.
85 Del Boca, »Faschismus und Kolonialismus«, S. 194f.; Hée, *Imperiales Wissen*, S. 203f.; Klose, *Menschenrechte im Schatten kolonialer Gewalt*, S. 186–190; Kunz, »›Con ayuda del más dañino de todos los gases‹«; Mattioli, »Kolonialverbrechen des faschistischen Italien«, S. 211f., 217.
86 Das aber auch die französische Armee in ihrem gemeinsamen Feldzug mit Spanien gegen die Expansionspolitik Marokkos 1958 einsetzte. Fleming, »Decolonization and the Spanish Army«, S. 131.
87 Isby, *War in a Distant Country*, S. 76; Jones, *Graveyard of Empires*, S. 29.

88 Cocker, *Rivers of Blood*, S. 140f.; Lindsay, *Murder State*, S. 320.
89 Vgl. Kap. 1, »Politische Kriegführung«, und Kap. 2, »Totale Kriegsziele«.
90 Del Boca, »Faschismus und Kolonialismus«, S. 195f.; Hull, *Absolute Destruction*, S. 70–90.
91 Karr, »Why Should You Be So Furious?«, S. 881–888; Parker, »Early Modern Europe«, S. 40–50.
92 Grotius, *De jure belli ac pacis*, S. 447–532 (= 3. Buch, Kap. 4–14).
93 Parker, »Early Modern Europe«, S. 51–55.
94 Vgl. Kap. 1, »Grauzonen«.
95 Anderson, *Histories of the Hanged*, S. 6f.; Bailey, »Civilization the Military Way«, S. 111; Bührer, *Kaiserliche Schutztruppe*, S. 274; Calloway, *Winter Count*, S. 177–185; Campbell, »Social Structure of the Túpac Amaru«, S. 227; Clayton, *Wars of French Decolonization*, S. 86, 103f.; Denzer, »Sierra Leone – Bai Bureh«, S. 263; Heathcote, *Military in British India*, S. 63; Hemming, *Conquest of the Incas*, S. 162; Howe, *What Hath God Wrought*, S. 102; Howe, *Empire*, S. 97; Hull, *Absolute Destruction*, S. 18f.; Ikime, »Nigeria – Ebrohimi«, S. 227f.; Kanya-Forstner, »French Marines«, S. 141; Lehmann, *All Sir Garnet*, S. 53; Marshall, *Russian General Staff*, S. 122f.; Mockaitis, *British Counterinsurgency*, S. 67f.; Penn, *Forgotten Frontier*, S. 106f.; Person, »Guinea«, S. 139f.; Powell, *Soldiers, Indians and Silver*, S. 106–111; Vandervort, *Indian Wars*, S. 228.
96 Fenn, »Biological Warfare«, S. 1573f.; Kiernan, *Colonial Empires*, S. 154f.; Parker, »Early Modern Europe«, S. 56f.
97 Vattel, *Droit des gens*, Bd. 2, S. 107f. (= 3. Buch, Kap. 8, § 141) (Hervorhebung DW).
98 Kleinschmidt, *Diskriminierung durch Vertrag und Krieg*, S. 137.
99 Hull, »Military Culture and ›Final Solutions‹«, S. 153; Klose, »Legitimation kolonialer Gewalt«, S. 266f.; Strachan, »Typology of Transcultural Wars«, S. 91.
100 Kleinschmidt, *Diskriminierung durch Vertrag und Krieg*, S. 113–137.
101 Best, *Humanity in Warfare*.
102 Greiner, »›First to Go‹«, S. 252; Hirsch, »Collision of Military Cultures«, S. 1207–1209; Hull, »Military Culture and ›Final Solutions‹«, S. 153; Karr, »Why Should You Be So Furious?«, S. 900–903; Kiernan, *Colonial Empires*, S. 155–157; Klein, »Straffeldzug im Namen der Zivilisation«, S. 158, 170; Kleinschmidt, *Diskriminierung durch Vertrag und Krieg*, S. 24, 124; Schmidl, »Kolonialkriege«, S. 117f.
103 Kramer, »Race-Making and Colonial Violence«, S. 198–201, 205.
104 James, *Savage Wars*, S. 184f.
105 Bourke, *History of Killing*, S. 229.
106 Bitterli, *Die ›Wilden‹ und die ›Zivilisierten‹*, S. 140.
107 Starkey, *European and Native American Warfare*, S. 26–28.
108 Hakami, »Clash of Structures«, S. 163.
109 Keeley, *War Before Civilization*, S. 176; Porch, »French Colonial Forces«, S. 166.
110 Hirsch, »Collision of Military Cultures«; Karr, »Why Should You Be So Furious?«.

111 Häußler, »Asymmetrie tribaler und staatlicher Kriegführung«, S. 194f.; Hull, *Absolute Destruction*, S. 10f.
112 Powell, *Soldiers, Indians and Silver*, S. 50–52, 107f.
113 Le Cour Grandmaison, *Coloniser, Exterminer*, S. 195.
114 Bührer, *Kaiserliche Schutztruppe*, S. 270. Auch: Kuß, *Deutsches Militär*, S. 189–198, 349f.
115 Trinquier, *Guerre moderne*, S. 105.
116 Luttrell, *Lone Survivor*, S. 312 (Hervorhebung DW).
117 Callwell, *Small Wars*, S. 31.
118 Ebenda, S. 40.
119 Porter, *Military Orientalism*, S. 40, 42.
120 Callwell, *Small Wars*, S. 145. Vgl. auch schon Chacón, *Guerras Irregulares*, Bd. 1, S. 20–23, 63–89. Den Hinweis auf diese Stellen verdanke ich Andreas Stucki.
121 Callwell, *Small Wars*, S. 146 (Hervorhebung DW).
122 Churchill, *Frontiers and Wars*, S. 110.
123 So Sir Jeffery Amherst 1760, zit. nach Lee, »Fortify, Fight, or Flee«, S. 766.
124 Bührer, *Kaiserliche Schutztruppe*, S. 258f.; Denzer, »Sierra Leone – Bai Bureh«, S. 256–262; Grenier, *First Way of War*, S. 1; Howe, *What Hath God Wrought*, S. 516f.; James, *Savage Wars*, S. 36–37, 184; Jobst, »Expansion des Zarenreiches«, S. 68–70; Karr, »Why Should You Be So Furious?««, S. 899–901; Le Cour Grandmaison, *Coloniser, Exterminer*, S. 173; Linn, *Counterinsurgency in the Philippine War*, S. 57–60; Potempa, »Raum und seine Beherrschung«, S. 453; Raudzens, »Why Did Amerindian Defences Fail?«, S. 338; Rink, »Kleiner Krieg«, S. 437f.; Starkey, *European and Native American Warfare*, S. 122–125; Stucki, »Bevölkerungskontrolle in asymmetrischen Konflikten«, S. 244f.; Utley, *Frontiersmen in Blue*, S. 345f.; Vandervort, *Indian Wars*, S. 128, 134–135. Die genauen Mechanismen dieser sukzessiven Entgrenzung sind allerdings in der Regel weder im Einzelfall noch insgesamt genau untersucht worden. Hier besteht noch viel Forschungsbedarf.
125 Douhet, *Dominio dell'aria*, S. 7–27.
126 Kunz, »»Con ayuda del más dañino de todos los gases««.
127 Barrett, *Edge of Empire*, S. 155f., 165; Clayton, *Wars of French Decolonization*, S. 118f.; Grau, *Bear Over the Mountain*, S. 207; Klose, *Menschenrechte im Schatten kolonialer Gewalt*, S. 173–175, 180–182; Le Cour Grandmaison, *Coloniser, Exterminer*, S. 207–223; Linn, *Counterinsurgency in the Philippine War*, S. 152–154; Mattioli, »Kolonialverbrechen des faschistischen Italien«, S. 208, 214; Palmer, *Colonial Genocide*, S. 50–55; Porch, *Conquest of Morocco*, S. 122–127; Utley, *Frontiersmen in Blue*, S. 111f., 165f., 237–248.
128 Nasson, *South African War*, S. 217f.; Rose, »Unsichtbare Feinde««, S. 230f.
129 Hull, *Absolute Destruction*, S. 45–66, 195–196; Kuß, *Deutsches Militär*, S. 91–93; Potempa, »Raum und seine Beherrschung«, S. 460f.
130 Bourke, *History of Killing*, S. 190; Greiner, *Krieg ohne Fronten*, S. 221f.; Steele, *Betrayals*, S. 74; Utley, *Frontiersmen in Blue*, S. 168.
131 Clayton, *Wars of French Decolonization*, S. 132f.

[132] Hirschfeld, »Kriegsgreuel im Dekolonisierungsprozess«, S. 366f.; James, *Savage Wars*, S. 173, 207f.
[133] Andreopoulos, »National Liberation Movements«, S. 195; Best, *Humanity in Warfare*, S. 118–120; Strachan, »Typology of Transcultural Wars«, S. 90.
[134] Hull, »Military Culture and ›Final Solutions‹«, S. 153; Schmidl, »Kolonialkriege«, S. 118; Utley, *Frontier Regulars*, S. 407f. Vgl. Pretorius, »Uniform and not so Uniform«.
[135] Bierling, *Geschichte des Irakkriegs*, S. 173f.
[136] Barth, »›Partisan‹ und ›Partisanenkrieg‹«, S. 94; Bourke, *History of Killing*, S. 188; Laqueur, *Guerrilla Warfare*, S. 399; Penn, *Forgotten Frontier*, S. 58–61; Walter, »Der nordamerikanische Imperialkrieg«, S. 104.
[137] Connor, *Australian Frontier Wars*, S. 46–52.
[138] Bührer, *Kaiserliche Schutztruppe*, S. 246–256; Kuß, *Deutsches Militär*, S. 256–258; Porch, *Conquest of the Sahara*, S. 200–207.
[139] Utley, *Custer*, S. 74f.
[140] Hochgeschwender, »Last Stand«, S. 60; Starkey, *European and Native American Warfare*, S. 68–71; Utley, *Frontier Regulars*, S. 190f.; Utley, *Frontiersmen in Blue*, S. 154, 311f.
[141] Khodarkovsky, »Krieg und Frieden«, S. 216.
[142] Callwell, *Small Wars*, S. 210.
[143] Klein, »Straffeldzug im Namen der Zivilisation«, S. 160; Kuß, *Deutsches Militär*, S. 69.
[144] Klein, »Straffeldzug im Namen der Zivilisation«, S. 170.
[145] Linn, *Counterinsurgency in the Philippine War*, S. 119.
[146] Greiner, *Krieg ohne Fronten*, S. 119.
[147] Petillo, »Leaders and Followers«, S. 202; Schumacher, »›Niederbrennen, plündern und töten‹«, S. 126.
[148] Vgl. Kap. 1, »Die Gegner der Imperien«.
[149] Wesseling, »Colonial Wars«, S. 4f.
[150] Cann, *Counterinsurgency in Africa*, S. 28; Grau, *Bear Over the Mountain*, S. 208; Greiner, *Krieg ohne Fronten*, S. 92–95; Jones, *Graveyard of Empires*, S. 303–306.
[151] Cullen, »Targeted Killing«, S. 25; McCrisken, »Obama's Drone War«, S. 115.
[152] Vgl. Kap. 1, »Raum« und »Logistik und Mobilität«.
[153] Brower, *Desert Named Peace*, S. 77f.; Calloway, *Winter Count*, S. 126–149; James, *Savage Wars*, S. 225–228; Jones, *Conquest of the Last Maya Kingdom*, S. 365; Lock/Quantrill, *Zulu Victory*, S. 78f.; Michels, »›Ostasiatisches Expeditionskorps‹«, S. 406–412; Moor, »Warmakers in the Archipelago«, S. 57–59; Selby, »Third China War«, S. 87.
[154] Belich, *Victorian Interpretation*, S. 104–107; Connor, »Briten und Darug«, S. 232f.; Connor, *Australian Frontier Wars*, S. 40–43; Gordon, »Limited Adoption«, S. 233.
[155] Fourniau, »Colonial Wars before 1914«, S. 84; Gann/Duignan, *Rulers of British Africa*, S. 148–150; Kanya-Forstner, »French Marines«, S. 140f.; Kiernan, *Colonial Empires*, S. 127; Porch, *Conquest of the Sahara*, S. 187, 235–239.

[156] Gann/Duignan, *Rulers of British Africa*, S. 120f.; Trotha, *Koloniale Herrschaft*, S. 41–44.
[157] Lonsdale, »Conquest State of Kenya«, S. 111, 115; Pietschmann, »Imperialkriege Spaniens«, S. 92; Whitehead, »Tribes Make States«, S. 144f.
[158] Bodley, *Weg der Zerstörung*, S. 62–64; Kuß, *Deutsches Militär*, S. 243–251. Vgl. Kap. 2, »Strafexpeditionen«.
[159] Bailey, »Civilization the Military Way«, S. 109–127; Belich, *Victorian Interpretation*, S. 92, 328; Dabringhaus, »Army on Vacation?«, S. 469; Herold, »Fliegendes Kreuzergeschwader«, S. 399f.; Kuß, *Deutsches Militär*, S. 118f., 124; Lemke, »Kolonialgeschichte als Vorläufer?«, S. 285; Mann, »Gewaltdispositiv des Kolonialismus«, S. 113–115; Mockaitis, *British Counterinsurgency*, S. 63–65.
[160] Osterhammel, »Uplifting Mankind'«, S. 366f., 372.
[161] Vann, »Fear and Loathing«.
[162] Furedi, »Demobilized African Soldier«; Gottmann, »Bugeaud, Galliéni, Lyautey«, S. 258f.; Kiernan, *Colonial Empires*, S. 157f.; Vandervort, *Indian Wars*, S. 208–210; Vandervort, *Wars of Imperial Conquest*, S. 92f.
[163] Chet, *Conquering the Wilderness*, S. 19f.; Marshall, *Russian General Staff*, S. 61f.; Mostert, *Military System*, S. 32–34.
[164] James, *Savage Wars*, S. 120–122; Trotha, *Koloniale Herrschaft*, S. 38.
[165] Belich, *Victorian Interpretation*, S. 82, 99; Gwynn, *Imperial Policing*, S. 15; Lemke, »Kolonialgeschichte als Vorläufer?«, S. 285.
[166] Bailey, »Civilization the Military Way«, S. 114; Hull, *Absolute Destruction*, S. 177; Linn, »Cerberus' Dilemma«, S. 122; Morlang, »'Die Wahehe haben ihre Vernichtung gewollt'«, S. 91; Trotha, *Koloniale Herrschaft*, S. 155f.; Vandervort, *Indian Wars*, S. 76f.
[167] Callwell, *Small Wars*, S. 148.
[168] Longacre, *John Buford*, S. 43.
[169] Boot, *Savage Wars of Peace*, S. 163; Bryant, »Asymmetric Warfare«, S. 465f.; Gann/Duignan, *Rulers of British Africa*, S. 76f.; Hemming, *Conquest of the Incas*, S. 110; James, *Raj*, S. 64; Marshall, *Russian General Staff*, S. 73; Potempa, »Raum und seine Beherrschung«, S. 458, 460f.; Utley, *Custer*, S. 158; Wesseling, »Wars and Peace«, S. 67–69.
[170] Callwell, *Small Wars*, S. 72f.
[171] Ebenda, S. 82. Vgl. Whittingham, »'Savage Warfare'«, S. 592, 594–598. Mitunter findet sich die Glorifizierung der Offensive selbst in der modernen Literatur kritiklos gespiegelt: »Unentschlossenheit, jedes Zeichen von Schwäche wären in Algerien absolut fatal.« Singer/Langdon, *Cultured Force*, S. 77. Auch: Boot, *Savage Wars of Peace*, S. 347.
[172] Callwell, *Small Wars*, S. 106, 150f., 159–176, 194; Kiernan, *Colonial Empires*, S. 49f.; Meinertzhagen, *Kenya Diary*, S. 251, 264f., 292–295; Nasson, *South African War*, S. 117. In der Tat ein veritables Leitmotiv bei Callwell.
[173] Zit. nach Charney, *Southeast Asian Warfare*, S. 269.
[174] Walter, »'The Enemy Must Be Brought to Battle'«.
[175] Brower, *Desert Named Peace*, S. 16f., 22, 83f.; Calloway, *Winter Count*, S. 147–149, 177–185; Clayton, *Wars of French Decolonization*, S. 129f.; Connor,

Australian Frontier Wars, S. 62–67, 107–111; Gallois, »Dahra and the History of Violence«; Hassig, *Mexico and the Spanish Conquest*, S. 89; Hemming, *Conquest of the Incas*, S. 215, 198f.; Hemming, *Red Gold*, S. 349, 358; Hirschfeld, »Kriegsgreuel im Dekolonisierungsprozess«, S. 363–368; Hochgeschwender, »Kolonialkriege als Experimentierstätten?«, S. 283f.; Hochgeschwender, »Last Stand«, S. 76; Hull, *Absolute Destruction*, S. 26f.; Isby, *War in a Distant Country*, S. 56; James, *Savage Wars*, S. 184f.; Kiernan, *Colonial Empires*, S. 160f.; Le Cour Grandmaison, *Coloniser, Exterminer*, S. 146–161; Marshall, *Russian General Staff*, S. 62; Morlang, »›Die Wahehe haben ihre Vernichtung gewollt‹«, S. 93–97; Penn, *Forgotten Frontier*, S. 67–77; Slatta, »›Civilization‹ Battles ›Barbarism‹«.

176 Zit. nach Drechsler, *Südwestafrika unter Kolonialherrschaft*, S. 156.
177 Mukherjee, *Spectre of Violence*, S. 23–34. Auch Kiernan, *Colonial Empires*, S. 117f. Vgl. Kap. 3, »Vergeltungsdiskurse«.
178 Vgl. Kap. 1, »Politische Kriegführung«.
179 Gates, »Two American Wars«, S. 47–51; Lieb, »Guerre Révolutionnaire«.
180 Waldmann, *Terrorismus und Bürgerkrieg*, S. 38.
181 Beckett, *Modern Insurgencies*, S. 88f., 155, 188; Cahn, »Kriegsgreuel im Algerienkrieg«, S. 372–374; Clayton, *Wars of French Decolonization*, S. 127f.; Hirschfeld, »Kriegsgreuel im Dekolonisierungsprozess«, S. 363; Law, *Terrorism*, S. 188–214; Linn, *Counterinsurgency in the Philippine War*, S. 133–135; Maloba, *Mau Mau and Kenya*, S. 119. Vgl. Schneckener, *Transnationaler Terrorismus*, S. 22f.
182 Osterhammel, »›Uplifting Mankind‹«, S. 365.
183 Bradford, »Preface«, S. xviii, xx.
184 Morillo, »Typology of Transcultural Wars«, S. 34.
185 Powell, *Soldiers, Indians and Silver*, S. 46.
186 Hemming, *Conquest of the Incas*, S. 198f.; Hunt, *Wars of the Iroquois*, S. 135; Starkey, *European and Native American Warfare*, S. 14.
187 Calloway, *Winter Count*, S. 175f.; Campbell, »Social Structure of the Túpac Amaru«, S. 226f.; Hering Torres, »Fremdheit«, Sp. 1227; Hochgeschwender, »Last Stand«, S. 47–49; Kramer, »Empires, Exceptions, and Anglo-Saxons«, S. 1320–1335; Malone, *Skulking Way of War*, S. 75; Rüther, »Religiöse Interaktion«, Sp. 1166; Slotkin, *Regeneration Through Violence*, S. 37–42. Vgl. zum Zusammenhang von Religion und Rassismus in der frühen Neuzeit Kidd, *Forging of Races*, S. 54–78.
188 Barth, »Grenzen der Zivilisierungsmission«, S. 202f.; Barth, »›Partisan‹ und ›Partisanenkrieg‹«, S. 98; Finzsch, »Frühgeschichte der biologischen Kriegführung«, S. 21–25; Gay, *Cultivation of Hatred*, S. 68–95; Hochgeschwender, »Last Stand«, S. 73f.; Mann, »Gewaltdispositiv des Kolonialismus«, S. 114f.; Michels, »›Ostasiatisches Expeditionskorps‹«, S. 412–416; Mücke, »Agonie einer Kolonialmacht«, S. 263f.; Osterhammel, *Verwandlung der Welt*, S. 1214–1224; Osterhammel, »›Uplifting Mankind‹«, S. 420; Petillo, »Leaders and Followers«, S. 186–193; Schumacher, »›Niederbrennen, plündern und töten‹«, S. 129.
189 Barkan, »Genocides of Indigenous Peoples«; Broome, *Aboriginal Australians*,

S. 50f.; Cocker, *Rivers of Blood*, S. 173f., 178, 360–364; Hawkins, *Social Darwinism*; Hemming, *Amazon Frontier*, S. 287; Palmer, *Colonial Genocide*, S. 75–80.
190 Kuß, *Deutsches Militär*, S. 232.
191 Zur Funktionsweise und der Tradierung dieses situativen kolonialen Rassismus vor allem Kennedy, *Islands of White*, S. 128–166. Auch Belmessous, »Assimilation and Racialism«; Grenier, *First Way of War*, S. 11f.; Hull, *Absolute Destruction*, S. 330–332; Kramer, »Race-Making and Colonial Violence«, S. 189–192; Penn, *Forgotten Frontier*, S. 64; Strachan, »Typology of Transcultural Wars«, S. 99. Situativer Rassismus fand sich auch in der Definition sogenannter »Kriegerrassen«, wo pragmatische Präferenzen später mit pseudowissenschaftlichen Argumenten rationalisiert wurden. Killingray, »Guardians of Empire«, S. 14–16; Streets, *Martial Races*, S. 6–10. Vgl. Omissi, *Sepoy and the Raj*, S. 23–34.
192 Edgerton, *Mau Mau*, S. 142; Koller, »Französische Fremdenlegion«, S. 372–376, 379f.
193 Zit. nach Hirsch, »Collision of Military Cultures«, S. 1208.
194 Greiner, »›First to Go‹«, S. 249; Kramer, »Race-Making and Colonial Violence«, S. 192.
195 Bourke, *History of Killing*, S. 205.
196 Kiernan, *Colonial Empires*, S. 155–157. Den Einwand von Michael Hochgeschwender (»Im Kolonialkrieg war die Dehumanisierung des Gegners zwar strukturell in kulturellen Wahrnehmungsmustern angelegt, wurde aber praktisch nur temporär abgerufen und selbst im Krieg mehrheitlich durch das Ideal der paternalistischen Zivilisierungsmission abgefedert.« Hochgeschwender, »Kolonialkriege als Experimentierstätten?«, S. 289) verstehe ich nicht.
197 Parker, »Early Modern Europe«, S. 56.
198 Bourke, *History of Killing*, S. 232; Greiner, »›First to Go‹«, S. 249; Kramer, »Race-Making and Colonial Violence«, S. 192–194.
199 Die Spanier nannten ihre hartnäckigsten indigenen Gegner in Zentralmexiko »Chichimeca«, was sich als »dreckiger, unzivilisierter Hund« wiedergeben lässt. Powell, *Soldiers, Indians and Silver*, S. 33.
200 Klose, *Menschenrechte im Schatten kolonialer Gewalt*, S. 251–256.
201 Callwell, *Small Wars*, S. 253.
202 Alle Zitate bei: Belich, »Krieg und transkulturelles Lernen«, S. 254f.
203 Nasson, *South African War*, S. 241–243, 251f. Auch die Mahdisten konnten angeblich dank ihrer »katzenartigen Augen« im Dunkeln sehen. Falls, »Reconquest of the Sudan«, S. 296.
204 Belich, *Victorian Interpretation*, S. 327f.; Nasson, *South African War*, S. 250.
205 Finzsch, »›Extirpate or remove‹«, S. 223. Als auszurottendes »Ungeziefer« galten auch den Buren die San der Kapkolonie. Penn, *Forgotten Frontier*, S. 122.
206 Zit. nach Vandervort, *Indian Wars*, S. 130.
207 Hemming, *Amazon Frontier*, S. 136.
208 Zit. nach Kennedy, *Islands of White*, S. 130.
209 Le Cour Grandmaison, *Coloniser, Exterminer*, S. 89–94.
210 Stokes, *Peasant Armed*, S. 79f.

[211] Coates, *Suppressing Insurgency*, S. 148.
[212] Turnbull, *Black War*, S. 28f.
[213] So ein deutscher Soldatenbrief, zit. nach Klein, »Straffeldzug im Namen der Zivilisation«, S. 167.
[214] Ebenda, S. 163.
[215] Schmidl, »Kolonialkriege«, S. 118.
[216] Edwards, *New Spirits*, S. 121–124; Gay, *Cultivation of Hatred*, S. 95–127.
[217] Dawson, *Soldier Heroes*; James, *Savage Wars*, S. 3–17; Kuß, *Deutsches Militär*, S. 369; Streets, *Martial Races*, S. 12f.; Wesseling, »Wars and Peace«, S. 68f.
[218] Headrick, *Tools of Empire*, S. 115–117; Kuß, *Deutsches Militär*, S. 243.
[219] Vgl. zu Sport und Aggression Gay, *Cultivation of Hatred*, S. 434–443.
[220] Bourke, *History of Killing*, S. 62, 233; Greiner, *Krieg ohne Fronten*, S. 324; Hérisson, *Chasse à l'homme*; James, *Raj*, S. 262; James, *Savage Wars*, S. 3–17, 159–162, 166; Kennedy, *Islands of White*, S. 130; Klose, *Menschenrechte im Schatten kolonialer Gewalt*, S. 175, 179; Kramer, »Race-Making and Colonial Violence«, S. 203f.; Mattioli, »Kolonialverbrechen des faschistischen Italien«, S. 212; Meinertzhagen, *Kenya Diary*, S. 284; Palmer, *Colonial Genocide*, S. 44f.; Schumacher, »›Niederbrennen, plündern und töten‹«, S. 132; Utley, *Frontiersmen in Blue*, S. 234f. Ein aufschlussreiches Foto von 1896, auf dem Europäer mit ihrer »Jagdstrecke« posieren, findet sich bei Howe, *Empire*, S. 96.
[221] Etwa: »Halali«.
[222] James, *Savage Wars*, S. 204. Im Wortsinn ist der englische Ausdruck »pig-sticking« (»Schweine abstechen«) für meine Ohren sogar eher noch pejorativer.
[223] Edgerton, *Mau Mau*, S. 151.
[224] Klose, *Menschenrechte im Schatten kolonialer Gewalt*, S. 177f.
[225] Spiers, »Dum Dum Bullet«, S. 7.
[226] Cocker, *Rivers of Blood*, S. 148.
[227] Brower spricht hinsichtlich der französischen Exzesse während der Eroberung der Sahara von »ekstatischem Sadismus«. Brower, *Desert Named Peace*, S. 81.
[228] Atkinson, *Army at Dawn*, S. 462.
[229] Bührer, *Kaiserliche Schutztruppe*, S. 267; Hochgeschwender, »Kolonialkriege als Experimentierstätten?«, S. 283; Hochgeschwender, »Last Stand«, S. 58; Slatta, »›Civilization‹ Battles ›Barbarism‹«, S. 144.
[230] Greiner, *Krieg ohne Fronten*, S. 35.
[231] Mattioli, »Kolonialverbrechen des faschistischen Italien«, S. 207f.; Olatunji-Oloruntimehin, »Senegambia – Mahmadou Lamine«, S. 100f.; Utley, *Frontiersmen in Blue*, S. 111f. Vgl. auch Andreopoulos, »National Liberation Movements«, S. 195; Bergmann, »Dynamik der Conquista«, S. 230f.; Bourke, *History of Killing*, S. 203f.; Cahn, »Kriegsgreuel im Algerienkrieg«, S. 378; Fourniau, »Colonial Wars before 1914«, S. 84f.; Greiner, *Krieg ohne Fronten*, S. 179–200, 254–257; Hull, *Absolute Destruction*, S. 51; Hull, »Military Culture and ›Final Solutions‹«, S. 152f.; James, *Savage Wars*, S. 183–186; Kiernan, *Colonial Empires*, S. 215; Kuß, *Deutsches Militär*, S. 69, 76; Laqueur, *Guerrilla Warfare*, S. 399; Linn, *Counterinsurgency in the Philippine War*, S. 26f., 151–160; Newsinger, »Minimum Force«; Palmer, *Colonial Genocide*, S. 132; Porch, *Conquest of*

Morocco, S. 177–180; Utley, *Frontiersmen in Blue*, S. 152–157; Walter, »Der nordamerikanische Imperialkrieg«, S. 104.
232 Hirsch, »Collision of Military Cultures«, S. 1206f.; Lock/Quantrill, *Zulu Victory*, S. 58f.; Powell, *Soldiers, Indians and Silver*, S. 46; Vandervort, *Indian Wars*, S. 154.
233 Knight, *Anatomy of the Zulu Army*, S. 221–227.
234 Greiner, *Krieg ohne Fronten*, S. 51; Hassig, »Eroberung Mexikos«, S. 118f.; Mostert, *Military System*, S. 107; Powell, *Soldiers, Indians and Silver*, S. 51; Silver, *Our Savage Neighbors*, S. 42, 45, 51; Vandervort, *Wars of Imperial Conquest*, S. 127.
235 Zitate: Vandervort, *Indian Wars*, S. 96f. Auch Chet, *Conquering the Wilderness*, S. 15; Kopperman, *Braddock at the Monongahela*, S. 71–76; Rickey, *Forty Miles a Day*, S. 314–318.
236 Kipling, »Young British Soldier«, S. 39. Etwa: »Wenn Du verwundet auf den Ebenen Afghanistans zurückgelassen wirst | und die Frauen hervorkommen, um zu zerstückeln, was von Dir bleibt, | dann roll Dich zu Deinem Gewehr und blas' Dir das Hirn raus | und geh zu Deinem Gott wie ein Soldat.«
237 Koller, »Französische Fremdenlegion«, S. 379. Vergleichbare Ängste plagten deutsche Schutztruppensoldaten in Afrika. Bührer, *Kaiserliche Schutztruppe*, S. 270.
238 Greiner, »›First to Go‹«, S. 248f.
239 Mann, »Gewaltdispositiv des Kolonialismus«, S. 116.
240 Silver, *Our Savage Neighbors*, S. 39–71. Zitat: ebenda, S. 48.
241 Freeman, »Puritans and Pequots«, S. 284f.; Häußler, »Settlers in South West Africa«, S. 5; Hirsch, »Collision of Military Cultures«, S. 1205, 1207; Jones, *Conquest of the Last Maya Kingdom*, S. 386; Karr, »Why Should You Be So Furious?‹«, S. 897; Kennedy, *Islands of White*, S. 128–137; Palmer, *Colonial Genocide*, S. 131f.; Ranger, »African Reactions«, S. 308–310; Starkey, *European and Native American Warfare*, S. 70.
242 Howe, *What Hath God Wrought*, S. 323–327.
243 Kopperman, *Braddock at the Monongahela*, S. 124f.; Lee, »Fortify, Fight, or Flee«, S. 733; Penn, *Forgotten Frontier*, S. 64f.; Powell, *Soldiers, Indians and Silver*, S. 50; Silver, *Our Savage Neighbors*, S. 47, 49, 52, 69; Starkey, *European and Native American Warfare*, S. 77f.; Steele, *Betrayals*, S. 124–128; Vandervort, *Indian Wars*, S. 194, 217.
244 Edgerton, *Mau Mau*, S. 142.
245 Chapman, *The Jungle is Neutral*, S. 125.
246 Belich, *Victorian Interpretation*, S. 135; Callwell, *Small Wars*, S. 304; Kuß, *Deutsches Militär*, S. 249; Linn, *Counterinsurgency in the Philippine War*, S. 102–107; Stucki, »Bevölkerungskontrolle in asymmetrischen Konflikten«, S. 245. Im Hererokrieg sprach ein deutscher Offizier vom »lebendigen« Busch. Häußler/Trotha, »Brutalisierung ›von unten‹«, S. 76. Vgl. auch die gängige spanische Charakterisierung des Klimas und des Gelbfiebers im kubanischen Unabhängigkeitskrieg als beste Generale der Kubaner. Stucki, *Aufstand und Zwangsumsiedlung*, S. 182.

247 Hemming, *Amazon Frontier*, S. 85.
248 Gann/Duignan, *Rulers of Belgian Africa*, S. 53f.
249 Jones, *Maya Resistance to Spanish Rule*, S. 1. Vgl. Slotkin, *Regeneration Through Violence*, S. 26-93.
250 Bourke, *History of Killing*, S. 25; Espey, »America and Vietnam«; Keeley, *War Before Civilization*, S. 80; Porter, *Military Orientalism*, S. 44f.; Vandervort, *Indian Wars*, S. 247f. Vgl. Kap. 3, »Gewalttraditionen«.
251 Greiner, »›First to Go‹«, S. 251f.
252 Momaday, *Man Made of Words*, S. 91.
253 Caputo, *Indian Country*, S. 136. Vgl. zu Beginn des Buches die Definition von »Indianerland«, o. S.
254 Man wird im Übrigen auch nicht fehlgehen, wenn man den Kampf gegen die Natur selbst durch Straßenbau und Abholzung als zumindest unterbewusste Reaktion auf die eigene Hilflosigkeit im »Indianerland« liest.
255 Bierling, *Geschichte des Irakkriegs*, S. 173f.; Bourke, *History of Killing*, S. 198; Häußler/Trotha, »Brutalisierung ›von unten‹«, S. 78; Jones, *Conquest of the Last Maya Kingdom*, S. 239; Kuß, *Deutsches Militär*, S. 285f.; Michels, »›Ostasiatisches Expeditionskorps‹«, S. 414; Porch, *Conquest of the Sahara*, S. 116.
256 Andreopoulos, »National Liberation Movements«, S. 195; Bergmann, »Dynamik der Conquista«, S. 230f.; Bourke, *History of Killing*, S. 203f.; Cahn, »Kriegsgreuel im Algerienkrieg«, S. 378; Fourniau, »Colonial Wars before 1914«, S. 84f.; Greiner, *Krieg ohne Fronten*, S. 179-200, 254-257; Hull, *Absolute Destruction*, S. 51; Hull, »Military Culture and ›Final Solutions‹«, S. 152f.; James, *Savage Wars*, S. 183-186; Kiernan, *Colonial Empires*, S. 215; Kuß, *Deutsches Militär*, S. 69, 76; Laqueur, *Guerrilla Warfare*, S. 399; Linn, *Counterinsurgency in the Philippine War*, S. 26f., 151-160; Newsinger, »Minimum Force«; Palmer, *Colonial Genocide*, S. 132; Porch, *Conquest of Morocco*, S. 177-180; Utley, *Frontiersmen in Blue*, S. 152-157; Walter, »Der nordamerikanische Imperialkrieg«, S. 104.
257 Kramer, »Race-Making and Colonial Violence«, S. 202.
258 Häußler/Trotha, »Brutalisierung ›von unten‹«, S. 60-66; Meinertzhagen, *Kenya Diary*, S. 50-52; Rickey, *Forty Miles a Day*, S. 314-316.
259 James, *Savage Wars*, S. 167; Porch, *Conquest of the Sahara*, S. 205; Vandervort, *Indian Wars*, S. 135.
260 Bourke, *History of Killing*, S. 182, 227; Brower, *Desert Named Peace*, S. 16; Clayton, *Wars of French Decolonization*, S. 118f.; Horne, *Savage War of Peace*, S. 187-192; Reis/Oliveira, »Cutting Heads or Winning Hearts«, S. 82f.
261 Lindsay, *Murder State*, S. 179-195.
262 Penn, *Forgotten Frontier*, S. 65f.; Rickey, *Forty Miles a Day*, S. 317; Vandervort, *Indian Wars*, S. 77f.
263 James, *Raj*, S. 251-253; Streets, *Martial Races*, S. 30, 37-44. Ähnlich sah es offenbar mit der spanischen »Rache« für die Niederlage von Anual in Marokko 1921 aus. Mücke, »Agonie einer Kolonialmacht«, S. 262-264.
264 Waldmann, *Terrorismus und Bürgerkrieg*, S. 174.
265 Hochgeschwender, »Last Stand«, S. 59f., 76; Starkey, *European and Native American Warfare*, S. 122-125; Thomas, »Order Before Reform«, S. 217f.

266 Zit. nach Utley, *Frontier Regulars*, S. 114.
267 Zit. nach James, *Savage Wars*, S. 57, auch S. 173, 190.
268 Crawford, »Sikh Wars«, S. 45, 63f.; Gordon, *Khartoum Journal*, S. 141; Keeley, *War Before Civilization*, S. 83f.; Kuß, *Deutsches Militär*, S. 218. Wahlweise wurde und wird auch auf die Unmöglichkeit verwiesen, bis zum Tode kämpfende Gegner überhaupt gefangen zu nehmen, eine subtilere Argumentation mit demselben Effekt. Vgl. weiter oben und Hassig, *Mexico and the Spanish Conquest*, S. 94–98.
269 Cahn, »Kriegsgreuel im Algerienkrieg«, S. 378f.; Hirschfeld, »Kriegsgreuel im Dekolonisierungsprozess«, S. 363f.; Hochgeschwender, »Kolonialkriege als Experimenticrstätten?«, S. 283f.; Law, *Terrorism*, S. 200–206.
270 Klose, *Menschenrechte im Schatten kolonialer Gewalt*, S. 251–256, 272–274.
271 Utley, *Frontiersmen in Blue*, S. 290–297.
272 Zit. nach ebenda, S. 294 (Hervorhebung DW).
273 Anscheinend geht die Wendung allerdings bereits auf die britische Eroberung Irlands zurück, ein weiterer Hinweis auf die Bedeutung kulturell tradierter Gewalttraditionen bzw. -legitimationen. Kane, »Nits Make Lice«, S. 83f.
274 Hochgeschwender, »Last Stand«, S. 64.
275 Vandervort, *Indian Wars*, S. 172–174.
276 Chalk/Brandt, »Drone Wars«, S. 26; Dowd, »Drone Wars«, S. 12f. Generalprävention, also Abschreckung, spielt dabei natürlich ebenfalls eine Rolle.
277 Starkey, »Conflict and Synthesis«, S. 75.
278 Charney, »Iberier und Südostasiaten«, S. 183f.; Grenier, *First Way of War*, S. 21f.; Malone, *Skulking Way of War*, S. 75; Pagden, *Lords of All the World*, S. 73f.; Slotkin, *Regeneration Through Violence*, S. 37–42; Starkey, *European and Native American Warfare*, S. 25f.; Weigl, »Fall Tenochtitlans«, S. 178–186.
279 Turnbull, *Black War*, S. 24f. Zitat: ebenda, S. 24. Vgl. Langford, »Eighteenth Century«, S. 436.
280 Bourke, *History of Killing*, S. 16.
281 Petillo, »Leaders and Followers«, S. 202; Schumacher, »›Niederbrennen, plündern und töten‹«, S. 133.
282 Hull, *Absolute Destruction*, S. 1–3.
283 Mattioli, »Kolonialverbrechen des faschistischen Italien«, S. 221f.
284 Lappas, »Lernen inmitten des Blutvergießens«, S. 171f.; Starkey, *European and Native American Warfare*, S. 25–30.
285 Bührer, *Kaiserliche Schutztruppe*, S. 256f.
286 Knight, *Anatomy of the Zulu Army*, S. 225.
287 Charney, »Iberier und Südostasiaten«, S. 184.
288 Eskildsen, »Civilization and Savages«, S. 403f.
289 Altman, »Conquest, Coercion, and Collaboration«, S. 158, 166; Barrett, *Edge of Empire*, S. 147–166; Bührer, *Kaiserliche Schutztruppe*, S. 259–261, 264–269, 272; Füssel, »Händler, Söldner und Sepoys«, S. 320f.; Hée, *Imperiales Wissen*, S. 185–201, 204–208, 220–223; Hemming, *Conquest of the Incas*, S. 215; Kramer, »Race-Making and Colonial Violence«, S. 207f.; Mattioli, »Kolonialverbrechen des faschistischen Italien«, S. 222; Meinertzhagen, *Kenya Diary*,

S. 143 f.; Mockaitis, *British Counterinsurgency*, S. 44–57; Palmer, *Colonial Genocide*, S. 55; Porch, *Conquest of the Sahara*, S. 185 f.; Selesky, »Colonial America«, S. 80 f.; Starkey, *European and Native American Warfare*, S. 101–103; Steele, *Betrayals*, S. 78–90; Strachan, »Typology of Transcultural Wars«, S. 93 f., 96 f.; Thornton, »Firearms, Diplomacy, and Conquest«, S. 182; Trotha, *Koloniale Herrschaft*, S. 44–58; Vandervort, *Wars of Imperial Conquest*, S. 139.

[290] Brower, *Desert Named Peace*, S. 35; Bührer, *Kaiserliche Schutztruppe*, S. 270–272; Hull, *Absolute Destruction*, S. 26; Kuß, *Deutsches Militär*, S. 164; Morlang, »›Die Wahehe haben ihre Vernichtung gewollt‹«, S. 104 f.

[291] Gaffarel, *Algérie*, S. 283 (Hervorhebung DW).

[292] James, *Savage Wars*, S. 172.

[293] Strachan, »Typology of Transcultural Wars«, S. 94.

[294] Häußler, »Asymmetrie tribaler und staatlicher Kriegführung«, S. 195.

[295] Porch, »French Colonial Forces«, S. 167 f.

[296] Bührer, *Kaiserliche Schutztruppe*, S. 258 f.; Kanya-Forstner, »French Marines«, S. 140 f.

[297] Lee, »Projecting Power«, S. 5.

[298] Porch, *Conquest of the Sahara*, S. 181–197.

[299] Mattioli, »Kolonialverbrechen des faschistischen Italien«, S. 213, 221 f.; Walter, »›The Enemy Must Be Brought to Battle‹«, S. 59.

[300] Beckett, *Modern Insurgencies*, S. 128 f.; Billington, *Westward Expansion*, S. 63 f.; Clayton, *Wars of French Decolonization*, S. 84–85, 93, 99; Connor, *Australian Frontier Wars*, S. xii, 16–17, 93–95, 119–121; Edgerton, *Mau Mau*, S. 153 f.; Grenier, *First Way of War*, S. 12; Häußler, »Settlers in South West Africa«, S. 4–10; Hemming, *Amazon Frontier*, S. 89–102; Hemming, *Red Gold*, S. 134–138; Hochgeschwender, »Kolonialkriege als Experimentierstätten?«, S. 284; Hull, *Absolute Destruction*, S. 19; Kennedy, *Islands of White*, S. 142 f.; Penn, *Forgotten Frontier*, S. 67–77; Schmidl, »Kolonialkriege«, S. 127 f.; Steele, *Betrayals*, S. 37 f.; Stucki, *Aufstand und Zwangsumsiedlung*, S. 33 f.

[301] Hemming, *Amazon Frontier*, S. 90 f., 119–111, 174–181.

[302] Bergmann, »Dynamik der Conquista«, S. 226–232. Dass im 16. Jahrhundert die portugiesischen Besitzungen in Asien gleichermaßen einen anerkannten Raum entgrenzter Gewaltsamkeit darstellten, die in der befriedeten Metropole inakzeptabel war, meint Bertrand, »Violences impériales«, S. 132 f.

[303] Klose, »Notstand«.

[304] Calloway, *Winter Count*, S. 132–145.

[305] Hemming, *Conquest of the Incas*, S. 57, 63, 156–158, 162.

[306] Jones, *Maya Resistance to Spanish Rule*, S. 41–52; Khodarkovsky, *Russia's Steppe Frontier*, S. 21–26; Porch, *Conquest of the Sahara*, S. 181–197.

[307] Schindler, *Bauern und Reiterkrieger*, S. 18–35.

[308] Brower, *Desert Named Peace*, S. 75–89; Gallois, »Dahra and the History of Violence«; Le Cour Grandmaison, *Coloniser, Exterminer*, S. 138–143.

[309] Gann/Duignan, *Rulers of British Africa*, S. 120 f.; Meinertzhagen, *Kenya Diary*.

[310] Bourke, *History of Killing*, S. 171–183; Greiner, *Krieg ohne Fronten*, S. 321–333.

311 Le Cour Grandmaison, *Coloniser, Exterminer*, S. 138–143.
312 Palmer, *Colonial Genocide*, S. 49–55.
313 Selesky, »Colonial America«, S. 85. Vgl. Laqueur, *Guerrilla Warfare*, S. 399.
314 Greiner, *Krieg ohne Fronten*, S. 231–255.
315 Hée, *Imperiales Wissen*, S. 203f.; Hull, *Absolute Destruction*, S. 3; Kunz, »Con ayuda del más dañino de todos los gases«»; Mattioli, »Kolonialverbrechen des faschistischen Italien«, S. 211f., 221f.; May, »Philippine-American War«, S. 457; Strachan, »Typology of Transcultural Wars«, S. 97.
316 Lartéguy, *Centurions*.
317 Cahn, »Kriegsgreuel im Algerienkrieg«, S. 378f.; Fall, *Hell in a Very Small Place*, S. 440–442.
318 Stockwell, »›A widespread and long-concocted plot‹«, S. 79f.
319 Gottmann, »Bugeaud, Galliéni, Lyautey«, S. 234f.; Hochgeschwender, »Kolonialkriege als Experimentierstätten?«, S. 284; Strachan, »Typology of Transcultural Wars«, S. 96.
320 Brower, *Desert Named Peace*, S. 24; Palmer, *Colonial Genocide*, S. 20, 67f., 102–110.
321 Gerwarth/Malinowski, »Holocaust als ›kolonialer Genozid‹?«, S. 454f.; Malinowski, »Modernisierungskriege«, S. 217; Strachan, »Typology of Transcultural Wars«, S. 101.

4 Asymmetrie, Anpassung und Lernen

1 Bungay, *Most Dangerous Enemy*, S. 262.
2 Casper, *Falcon Brigade*, S. 40.
3 Wylde, *'83 to '87 in the Soudan*, Bd. 1, S. 153.
4 Chandler, »Expedition to Abyssinia«, S. 139–141; Clayton, *Wars of French Decolonization*, S. 84; Peers, »Introduction«, S. xvii; Porch, *Conquest of the Sahara*, S. 171f.; Porch, »French Colonial Forces«, S. 178; Porch, *Conquest of Morocco*, S. 68–71; Utley, *Frontiersmen in Blue*, S. 335.
5 Raudzens, »Outfighting or Outpopulating?«, S. 32. Vgl. Kap. 1, »Kooperation«.
6 Ausführlicher dazu Walter, »Warum Kolonialkrieg?«, S. 14f.
7 Beobachtet auch von Vandervort, *Indian Wars*, S. 11.
8 Bitterli, *Die ›Wilden‹ und die ›Zivilisierten‹*, S. 175.
9 Walter, »Heeresreformen«, Sp. 285f.
10 Malone, *Skulking Way of War*, S. 21.
11 Strachan, »Typology of Transcultural Wars«, S. 88.
12 Denzer, »Sierra Leone – Bai Bureh«, S. 244–246; Donnelly, *Conquest of Bashkiria*, S. 27; Khodarkovsky, »Krieg und Frieden«, S. 200–208, 212f.; Moreman, *Army in India*, S. 11; Vandervort, *Indian Wars*, S. 39, 80–86.
13 Helbling, *Tribale Kriege*, S. 60f.; Lappas, »Lernen inmitten des Blutvergießens«, S. 169.
14 Mostert, *Military System*, S. 93f.

[15] Bond, »Editor's Introduction«, S. 18f.; Callwell, *Small Wars*, S. 29–33; Moor, »Warmakers in the Archipelago«, S. 65.
[16] Smith, »Nigeria – Ijebu«, S. 179–181.
[17] Vandervort, *Wars of Imperial Conquest*, S. 3–6.
[18] Ebenda, S. 22–25.
[19] Knight, *Anatomy of the Zulu Army*, S. 46–88. Nach ähnlichem Muster funktionierte das Militärsystem der ostafrikanischen Hehe. Arnold, »Schlacht bei Rugaro«, S. 97, 105f.; Bührer, »Hehe und Schutztruppe«, S. 268–270.
[20] Lock/Quantrill, *Zulu Victory*, S. 58–64.
[21] Fynn, »Ghana – Asante«, S. 25–27; Killingray, »Colonial Warfare«, S. 159–161; Ross, »Dahomey«, S. 148–152; Thornton, »Art of War in Angola«, S. 83–89.
[22] Belich, *Victorian Interpretation*, S. 21–25.
[23] Kanya-Forstner, »Mali – Tukulor«, S. 57; Person, »Guinea«, S. 116–126, 133f.; Vandervort, *Wars of Imperial Conquest*, S. 74–79.
[24] Law, »Warfare on the Slave Coast«, S. 114–118.
[25] Person, »Guinea«, S. 134.
[26] Vandervort, *Wars of Imperial Conquest*, S. 132.
[27] Barua, »Military Developments in India«; Pemble, »Resources and Techniques«, S. 275–287.
[28] Cook, *Sikh Wars*; Kiernan, *Colonial Empires*, S. 40–43. Auch die Armee des Königreichs Nepal war im späten 18. Jahrhundert nach dem Muster der britisch-indischen Armee strukturiert und ausgebildet. Streets, *Martial Races*, S. 76f.
[29] Cooper, »Culture, Combat, and Colonialism«, S. 536–540; Cooper, »Wellington and the Marathas«, S. 305–307.
[30] Gordon, »Limited Adoption«, S. 230–237, 241f.
[31] Cooper, »Culture, Combat, and Colonialism«, S. 543; Cooper, »Wellington and the Marathas«, S. 311f.; Kolff, »End of an Ancien Régime«, S. 33–41.
[32] Marshall, *Russian General Staff*, S. 72.
[33] Belich, *Victorian Interpretation*, S. 292; Charney, *Southeast Asian Warfare*, S. 213–242; James, *Savage Wars*, S. 110–112; Marshall, *Russian General Staff*, S. 77f., 80f., 83f.; Porch, *Conquest of Morocco*, S. 98–100; Vandervort, *Wars of Imperial Conquest*, S. 166–168, 174; Williams, »Egyptian Campaign«, S. 271, 275.
[34] Aksan, »Ottoman War and Warfare«, S. 150–152, 159–170; Reid, *Europe and Southeast Asia*, S. 6; Ricklefs, *War, Culture and Economy*, S. 13f.; Thornton, »Firearms, Diplomacy, and Conquest«, S. 171f.
[35] Arnold, »Schlacht bei Rugaro«, S. 102; Belich, *Victorian Interpretation*, S. 62f.; Bryant, »Asymmetric Warfare«, S. 447; Füssel, »Händler, Söldner und Sepoys«, S. 310; Gordon, »Limited Adoption«, S. 232; Gould, *Imperial Warriors*, S. 55; Hemming, *Conquest of the Incas*, S. 203–206; Kiernan, *Colonial Empires*, S. 44; Thornton, »Firearms, Diplomacy, and Conquest«, S. 185f.; Vandervort, *Wars of Imperial Conquest*, S. 12f.
[36] Heathcote, *Military in British India*, S. 9.
[37] Callwell, *Small Wars*, S. 88, 159; James, *Raj*, S. 20, 34f.; Kiernan, *Colonial Em-*

pires, S. 144; Klein, »Straffeldzug im Namen der Zivilisation«, S. 156; Porch, »French Colonial Forces«, S. 178f.; Ricklefs, *War, Culture and Economy*, S. 141; Ross, »Dahomey«, S. 154; Thornton, »Art of War in Angola«, S. 89; Williams, »Egyptian Campaign«, S. 275.

38 Charney, *Southeast Asian Warfare*, S. 14–22; Falls, »Reconquest of the Sudan«, S. 293; James, *Savage Wars*, S. 95, 106–108, 163–166; Robson, *Fuzzy-Wuzzy*, S. 52; Schumacher, »›Niederbrennen, plündern und töten‹«, S. 126; Woolman, *Rebels in the Rif*, S. 154f.

39 Charney, *Southeast Asian Warfare*, S. 278–280; Kiernan, *Colonial Empires*, S. 36; Rose, »›Unsichtbare Feinde‹«, S. 223f.

40 Belich, *Victorian Interpretation*, S. 128–132.

41 Parker, *Military Revolution*, S. 136–142; Varley, »Warfare in Japan«, S. 64–70.

42 Ralston, *Importing the European Army*, S. 173–180.

43 Ebenda, S. 79–106.

44 Vandervort, *Indian Wars*, S. 230–236.

45 Pennel, *Country with a Government*, S. 130–132; Woolman, *Rebels in the Rif*, S. 149–151.

46 Clayton, *Wars of French Decolonization*, S. 54–65.

47 Beckett, *Modern Insurgencies*, S. 187–190; Clayton, *Wars of French Decolonization*, S. 122; Groen, »Militant Response«, S. 35; Jones, *Graveyard of Empires*, S. 227–230.

48 Kramer, »Race-Making and Colonial Violence«, S. 178f.

49 Ebenda, S. 194–197; Linn, *Counterinsurgency in the Philippine War*, S. 38–41.

50 Beckett, *Modern Insurgencies*, S. 153–155, 188f.; Clayton, *Wars of French Decolonization*, S. 112f.; Derradji, *Algerian Guerrilla Campaign*, S. 160–166; Hirschfeld, »Kriegsgreuel im Dekolonisierungsprozess«, S. 359f. Nach diesem Muster funktioniert natürlich auch Al-Qaida. Schneckener, *Transnationaler Terrorismus*, S. 67–86.

51 Thornton, »African Soldiers in the Haitian Revolution«, S. 70.

52 Pemble, »Resources and Techniques«, S. 275–287. Vgl. Headrick, *Tools of Empire*, S. 89f.

53 Kiernan, *Colonial Empires*, S. 48f.; Stokes, *Peasant Armed*, S. 57, 69–71, 75, 98f.

54 Nasson, *South African War*, S. 61–69.

55 Bryant, »Asymmetric Warfare«, S. 439–441.

56 Bond, »Editor's Introduction«, S. 27; Bührer, *Kaiserliche Schutztruppe*, S. 273–275; Chandler, »Expedition to Abyssinia«, S. 139–141; Fynn, »Ghana – Asante«, S. 40f.; Guilmartin, »Cutting Edge«, S. 55–57; Häußler, »Asymmetrie tribaler und staatlicher Kriegführung«, S. 191–194; James, *Savage Wars*, S. 168–171; Kanya-Forstner, »Mali – Tukulor«, S. 73; Kiernan, *Colonial Empires*, S. 34–36; Martin, »From Algiers to N'Djamena«, S. 83; Mostert, *Military System*, S. 19–22, 125; Porch, *Conquest of Morocco*, S. 177f.; Smith, »Nigeria – Ijebu«, S. 194; Stokes, *Peasant Armed*, S. 98f.; Utley, *Custer*, S. 74f.; Utley, »Cultural Clash«, S. 96.

57 Belich, *Victorian Interpretation*, S. 23, 123–127; Chandler, »Expedition to Abyssinia«, S. 119, 122, 128; Charney, *Southeast Asian Warfare*, S. 278–280; Falls,

»Reconquest of the Sudan«, S. 288, 292; Headrick, *Tools of Empire*, S. 89f.; Howard, »Colonial Wars«, S. 219; Hull, *Absolute Destruction*, S. 33–45; James, *Savage Wars*, S. 100–103; Ross, »Dahomey«, S. 158–162; Starkey, *European and Native American Warfare*, S. 153.

58 Reid, *Europe and Southeast Asia*, S. 5.
59 Bryant, »Asymmetric Warfare«, S. 447f.; Kiernan, *Colonial Empires*, S. 49f.; Kundrus/Walter, »Anpassung und Lernen«, S. 22; Marshall, »Western Arms in Maritime Asia«, S. 17.
60 Howard, »Colonial Wars«, S. 219.
61 Beckett, *Modern Insurgencies*, S. 191f., 211–213; Bond, »South African War«, S. 209–211; Gould, *Imperial Warriors*, S. 44–47; Grau, *Bear Over the Mountain*, S. 207; James, *Savage Wars*, S. 82–84; Kopperman, *Braddock at the Monongahela*, S. 67–77, 82f.; Michels, »>Ostasiatisches Expeditionskorps<«, S. 414f.; Starkey, *European and Native American Warfare*, S. 73; Vandervort, *Wars of Imperial Conquest*, S. 144; Veltzé, *Schlacht bei Adua*, S. 28, 75; Woolman, *Rebels in the Rif*, S. 83–102.
62 Macrory, *Signal Catastrophe*, S. 156–237.
63 Starkey, *European and Native American Warfare*, S. 141–146; Utley, *Frontier Regulars*, S. 18–28, 41f., 98–100; Utley, *Frontiersmen in Blue*, S. 37–41.
64 Greiner, *Krieg ohne Fronten*, S. 127–131.
65 Vgl. etwa die Dekonstruktion der wohlfeilen Kritik an Braddock bei Kopperman, *Braddock at the Monongahela*, S. 93–121.
66 Vgl. Kap. 1, »Die Grenzen der Machtprojektion«.
67 Eckert, »Double-Egded Swords«; Gann/Duignan, *Rulers of British Africa*, S. 73–76; Kiernan, *Colonial Empires*, S. 15–32; Vandervort, *Indian Wars*, S. 63–65.
68 Vgl. Kap. 1, »Kooperation«.
69 Gann/Duignan, *Rulers of British Africa*, S. 122–124, 126–128; Killingray, »Guardians of Empire«, S. 13f.; Penn, *Forgotten Frontier*, S. 108–112; Starkey, *European and Native American Warfare*, S. 37–43; Stucki, *Aufstand und Zwangsumsiedlung*, S. 33f.; Utley, *Frontiersmen in Blue*, S. 100–102; Vandervort, *Indian Wars*, S. 62f.
70 Billington, *Westward Expansion*, S. 54; Khodarkovsky, *Russia's Steppe Frontier*, S. 131f.; Marshall, *Russian General Staff*, S. 57–60; Teitler, »The Mixed Company«, S. 159.
71 Bergmann, »Dynamik der Conquista«, S. 216–221, 226; Bierling, *Geschichte des Irakkriegs*, S. 153–156; Bührer, *Kaiserliche Schutztruppe*, S. 35–86; Cupp/Latham, »Role of Contractors«, S. 138f.; DeFronzo, *Iraq War*, S. 237–242; Hemming, *Red Gold*, S. 345–376; James, *Savage Wars*, S. 118f.; Jones, »Muscovite-Nomad Relations«, S. 119; Lincoln, *Conquest of a Continent*, S. 33–45; Morlang, *Askari und Fitafita*, S. 19; Pietschmann, »Imperialkriege Spaniens«, S. 89–91; Powell, *Soldiers, Indians and Silver*, S. 62–66, 124–128. Die Leihsoldaten der Imperien um 1800 sind ein Grenzfall: Tzoref-Ashkenazi, »Deutsche Hilfstruppen in Imperialkriegen«, S. 345–352.
72 Connor, *Australian Frontier Wars*, S. 10; Herold, »Fliegendes Kreuzergeschwa-

der«, S. 389–396; Kiernan, *Colonial Empires*, S. 32f.; Klein, »Straffeldzug im Namen der Zivilisation«, S. 153f.; Vandervort, *Wars of Imperial Conquest*, S. 52f.
73 Bührer, *Kaiserliche Schutztruppe*, S. 204–209; Fourniau, »Colonial Wars before 1914«, S. 78–80; Gann/Duignan, *Rulers of British Africa*, S. 122–124, 126–128; Hack/Rettig, »Demography in Southeast Asia«, S. 60; Killingray, »Guardians of Empire«, S. 11–13; Moreman, »Small Wars‹«, S. 121–124; Ranger, *Revolt in Southern Rhodesia*, S. 118f., 125; Trotha, *Koloniale Herrschaft*, S. 44–58; Vandervort, *Indian Wars*, S. 229f.; Womack, »Ethnicity and Martial Races«; Woolman, *Rebels in the Rif*, S. 44.
74 Crowder, »Introduction«, S. 7f.; Fynn, »Ghana – Asante«, S. 38f.; Killingray, »Guardians of Empire«, S. 7f.; Linn, *Counterinsurgency in the Philippine War*, S. 14. Wehrpflichtige kamen an der Peripherie in der italienischen (Äthiopien 1896 und 1935/36), spanischen (Kuba 1895–1898), niederländischen (Indonesien 1945–1949), US-amerikanischen (Vietnam 1965–1973), portugiesischen (alle afrikanischen Kolonien 1961–1975) sowie sowjetischen Armee (Afghanistan 1979–1988) zum Einsatz – alles natürlich Fälle, die den Kraftaufwand eines üblichen Imperialkrieges weit überstiegen. Beckett, *Modern Insurgencies*, S. 191f.; Cann, *Counterinsurgency in Africa*, S. 88–90; Gates, »Two American Wars«, S. 58f.; Grau, *Bear Over the Mountain*, S. xiv; Greiner, *Krieg ohne Fronten*, S. 160–162; Groen, »Militant Response«, S. 35; Kiernan, *Colonial Empires*, S. 202f; Stucki, *Aufstand und Zwangsumsiedlung*, S. 189–191; Vandervort, *Wars of Imperial Conquest*, S. 159. Großbritannien, das abseits der beiden Weltkriege nur von 1945 bis 1962 die Wehrpflicht kannte, verwendete Wehrpflichtige unter anderem in Malaya (1948–1960) und Kenia (1952–1960). Charters, »Palestine to Northern Ireland«, S. 204; Walter, »Kolonialkrieg, Globalstrategie und Kalter Krieg«, S. 130. In Frankreich konnten ab 1870 Wehrpflichtige ohne ihr Einverständnis zum Kampfeinsatz nach Algerien gesandt werden, dessen drei Küstendepartements Teil des Mutterlandes waren; in den Kolonialtruppen, in Indochina (1945–1954) oder in späteren Interventionen in Afrika kämpften hingegen nur Freiwillige. Clayton, *Wars of French Decolonization*, S. 56; Clayton, *France, Soldiers and Africa*, S. 16; Fall, *Hell in a Very Small Place*, S. ix; Kiernan, *Colonial Empires*, S. 214, 218; Martin, »From Algiers to N'Djamena«, S. 122. Belgien verbot den Einsatz Wehrpflichtiger in Übersee. Gann/Duignan, *Rulers of Belgian Africa*, S. 63. Ein Kuriosum war das Deutsche Reich, das zwar keine Linientruppen in den Kolonien stationierte, aber 1913 in letzter Minute seine Siedler in Afrika für die Schutztruppe dienstverpflichtete. Bührer, *Kaiserliche Schutztruppe*, S. 357. Argentinien kannte die Zwangsrekrutierung von Frontiersiedlern für den Indianerkrieg, auch das sicher ein Unikum. Slatta, »›Civilization‹ Battles ›Barbarism‹«, S. 147–150.
75 Starkey, *European and Native American Warfare*, S. 54–56.
76 Der Drang nach Monopolisierung der Beziehungen zur indigenen Bevölkerung unter Ausschaltung der metropolitanen Politik ist ein Hauptcharakteristikum von Siedlergesellschaften. Veracini, *Settler Colonialism*, S. 30–32.
77 Starkey, »Lernen im Kolonialkrieg«, S. 142; Vandervort, *Indian Wars*, S. 7–9, 163f.

[78] Das traf etwa durchweg auf die nordamerikanischen Kolonistenmilizen zu: Chet, *Conquering the Wilderness*, S. 7–12; Malone, *Skulking Way of War*, S. 52–66; Starkey, »Conflict and Synthesis«, S. 74–76; Starkey, *European and Native American Warfare*, S. 68–74. Auch Connor, *Australian Frontier Wars*, S. 11f.

[79] Die organisatorische Spannbreite solcher lokalen Truppen illustriert etwa Lock/Quantrill, *Zulu Victory*, S. 42f. Vgl. auch Gann/Duignan, *Rulers of British Africa*, S. 75; Killingray, »Guardians of Empire«, S. 11–13; Stucki, *Aufstand und Zwangsumsiedlung*, S. 127f.

[80] Stucki, »Weylers Söldner«, S. 225–229.

[81] Eine frühneuzeitliche Entsprechung waren vielleicht die Paulistas in Brasilien, die über Generationen hinweg im Urwald Indianer jagten, um sie zu versklaven. Hemming, *Red Gold*, S. 355–369.

[82] Vgl. Kap. 1, »Kooperation«, und die dortigen Nachweise sowie Bührer, *Kaiserliche Schutztruppe*, S. 140, 481; Echenberg, *Colonial Conscripts*, S. 10; Haywood/Clarke, *History of the Royal West African Frontier Force*, S. 31f. Wie problemlos indigene Kolonialtruppen sich in beiden Weltkriegen einsetzen ließen, unterstreicht den Punkt ebenfalls. Vgl. Perry, *Commonwealth Armies*, S. 199–210. Auch die afrikanischstämmigen Rangertruppen, die in den 1790er Jahren in der Karibik für Großbritannien kämpften, wurden danach als Linieninfanterie regularisiert. Buckley, *Slaves in Red Coats*, S. 92–94.

[83] Moreman, *Army in India*, S. 141f., 177f.; Moreman, »Small Wars«, S. 122–124.

[84] Teitler, »The Mixed Company«, S. 161–164.

[85] Die zahlreichen »ethnischen« Reiterverbände zumal in der österreichischen Armee – Panduren (Kroaten), Husaren (Ungarn), Ulanen (Polen) usw. – wurden auf Dauer alle regularisiert und unterschieden sich im 19. Jahrhundert außer durch ihre malerischen Uniformen kaum noch von Linienkavallerie. Wagner, »K. (u.) k. Armee«, S. 206–209. Auch die irregulären Grenzer wurden Ende des 18. Jahrhunderts als Linienregimenter in die österreichische Armeestruktur übernommen. Fiedler, *Taktik der Kabinettskriege*, S. 80–85.

[86] Der Präferenz für das Reguläre entsprach im Übrigen das relative Sozialprestige der peripheren Truppen gegenüber den metropolitanen. Mochten Offiziere in der Kolonialarmee noch Karriere machen, einfach nur, weil es dort Kampfeinsätze, Ausfälle und schnelle Beförderung für die Überlebenden gab, galten die Mannschaften weithin als der Abschaum des Imperiums. Bührer, *Kaiserliche Schutztruppe*, S. 121–123; Clayton, *France, Soldiers and Africa*, S. 9f.; Gann/Duignan, *Rulers of Belgian Africa*, S. 59–65; Gann/Duignan, *Rulers of British Africa*, S. 89–98, 112–114; Gann/Duignan, *Rulers of German Africa*, S. 107–114; James, *Savage Wars*, S. 249–251; Kanya-Forstner, »French Marines«, S. 122f.; Kiernan, *Colonial Empires*, S. 15–32, 204; Kuß, *Deutsches Militär*, S. 128–149; Marshall, *Russian General Staff*, S. 39–45, 50f.; Porch, »French Colonial Forces«, S. 167f.; Teitler, »The Mixed Company«, S. 155; Vandervort, *Wars of Imperial Conquest*, S. 45–47.

[87] Burbank/Cooper, *Empires in World History*, S. 287–329; Kubicek, »Empire and Technological Change«.

88 Das ungewöhnlicherweise aus Wehrpflichtigen bestand. Vandervort, »Colonial Wars«, S. 155.
89 Álvarez, *Betrothed of Death*; Clayton, *France, Soldiers and Africa*, S. 6–8; Fourniau, »Colonial Wars before 1914«, S. 78; Gottmann, »Bugeaud, Galliéni, Lyautey«, S. 245; Jauffret, »Armes de ›la plus grande France‹«, S. 52–58; Koller, »Französische Fremdenlegion«, S. 365f.; Kuß, *Deutsches Militär*, S. 386–393; Michels, »›Ostasiatisches Expeditionskorps‹«, S. 402–405; Porch, »French Colonial Forces«, S. 172; Porch, *French Foreign Legion*, S. xviiif., 1–6; Vandervort, *Wars of Imperial Conquest*, S. 44f.; Wesseling, »Wars and Peace«, S. 67; Woolman, *Rebels in the Rif*, S. 67f. Im Grunde war das einzige Imperium, das keine solchen Verbände aufstellte, das britische – dort war vielmehr aufgrund des vorherrschenden Kriegsbildes die ganze Armee unterschiedslos auch für den Kolonialdienst vorgesehen und entsprechend strukturiert: Connor, *Australian Frontier Wars*, S. 14; Gann/Duignan, *Rulers of British Africa*, S. 78; Strachan, »British Way in Warfare«, S. 146–243; Williams, »Egyptian Campaign«, S. 250. Die Marineinfanterie der Vereinigten Staaten muss als Hybrid gelten: Sie wurde einerseits primär für kleine Kriege in Übersee aufgeboten, war aber doch Teil des metropolitanen Militärapparates und folgte damit organisatorisch keiner eigenen Logik. Boot, *Savage Wars of Peace*, S. 46–49, 52f., 57–59, 156–167; Fischer, »Suppen, Messer und Löffel«, S. 511; Weigley, *American Way of War*, S. 254f., 463f. Mischformen mit indigenen Kolonialarmeen waren die französische Armée d'Afrique (technisch gesehen das XIX. Armeekorps in der Militärregion Algerien) und die niederländische Kolonialarmee, da beide in großem Umfang indigene Truppen einschlossen und in der Einsatzregion stationiert waren. Dennoch handelte es sich bei ihrer europäischen Komponente um für die Peripherie aufgestellte Linientruppen. Clayton, *France, Soldiers and Africa*, S. 6f.; Jauffret, »Armes de ›la plus grande France‹«, S. 43–52; Teitler, »The Mixed Company«, S. 156. Auch die Troupes Coloniales allerdings, ursprünglich metropolitan rekrutiert, bestanden 1914 zu 50 Prozent aus Westafrikanern, Madegassen und Indochinesen, zusammen 48 700 Mann. Jauffret, »Armes de ›la plus grande France‹«, S. 58–62.
90 Vandervort, »Colonial Wars«, S. 153f.
91 Bührer, *Kaiserliche Schutztruppe*, S. 295f.; Kuß, *Deutsches Militär*, S. 149–156.
92 Grenier, *First Way of War*, S. 33–39, 53–77, 124–139; Maninger, »›Rangers‹«; Sarkesian, »American Response«, S. 27–37; Starkey, »Conflict and Synthesis«, S. 79f.; Starkey, *European and Native American Warfare*, S. 101; Steele, *Betrayals*, S. 70–75.
93 Steele, *Betrayals*, S. 92f.
94 Geraghty, *Who Dares Wins*; Jones, *Counterinsurgency and the SAS*.
95 Beckett, *Modern Insurgencies*, S. 195–197; Greiner, *Krieg ohne Fronten*, S. 163–168, 231–255; Weigley, *American Way of War*, S. 456–467.
96 Fischer, »Suppen, Messer und Löffel«, S. 511.
97 Beckett, *Modern Insurgencies*, S. 184–187.
98 Cann, *Counterinsurgency in Africa*, S. 72.
99 Charters, »Palestine to Northern Ireland«, S. 229–234; Martin, »From Algiers

to N'Djamena«, S. 100–123; Walter, *Dschungelkrieg und Atombombe*, S. 123–158.
[100] Wheeler, »African Elements in Portugal's Armies«, S. 242f.
[101] Starkey, »Lernen im Kolonialkrieg«, S. 143f.; Starkey, *European and Native American Warfare*, S. 150f.
[102] Cann, *Counterinsurgency in Africa*, S. 70–74.
[103] Grenier, *First Way of War*, S. 87–114; Kunisch, *Der kleine Krieg*; Strachan, *European Armies*, S. 27–32.
[104] Edgerton, *Mau Mau*, S. 139; Jones, *Counterinsurgency and the SAS*, S. 132; Kitson, *Gangs and Counter-gangs*; Maloba, *Mau Mau and Kenya*, S. 94–96.
[105] Connor, *Australian Frontier Wars*, S. 53; Nasson, *South African War*, S. 150f.; Stucki, *Aufstand und Zwangsumsiedlung*, S. 43.
[106] Strachan, *European Armies*, S. 84; Walter, *Preußische Heeresreformen*, S. 55. Callwell feierte die Kavallerie als diejenige Waffengattung, die wegen ihrer moralischen Wirkung das eigentliche Prinzip des Imperialkriegs verkörperte. Callwell, *Small Wars*, S. 404. Selbst in den Dekolonisationskriegen Portugals 1961–1975 galt berittene Kavallerie aus logistischen und Mobilitätsgründen motorisierten Truppen immer noch als überlegen. Cann, *Counterinsurgency in Africa*, S. 134–140.
[107] Vgl. Kap. 1, »Kooperation«.
[108] Exemplarisch für die ethnische und organisatorische Heterogenität imperialer Armeen: Belich, *Victorian Interpretation*, S. 125f.; Cann, *Counterinsurgency in Africa*, S. 95–102; Fleming, »Decolonization and the Spanish Army«, S. 134; Fourniau, »Colonial Wars before 1914«, S. 78–80; Fynn, »Ghana – Asante«, S. 44f.; Gann/Duignan, *Rulers of British Africa*, S. 73–76; Lock/Quantrill, *Zulu Victory*, S. 27–31, 36–46; Lonsdale, »Conquest State of Kenya«, S. 91f.; Miège, »Conquest of Morocco«, S. 208–210, 214f.; Moreman, »›Watch and Ward‹«, S. 142–151; Olatunji-Oloruntimehin, »Senegambia – Mahmadou Lamine«, S. 93f.; Powell, *Soldiers, Indians and Silver*, S. 62–66; Ricklefs, *War, Culture and Economy*, S. 17; Schumacher, »›Niederbrennen, plündern und töten‹«, S. 115–120; Steele, *Betrayals*, S. 45–48; Utley, *Frontiersmen in Blue*, S. 125–133; Vandervort, *Indian Wars*, S. 208–210; Vandervort, *Wars of Imperial Conquest*, S. 150.
[109] Plank, »Deploying Tribes and Clans«, S. 221–223; Schmidl, »Kolonialkriege«, S. 116.
[110] Zu den entsprechenden Schwierigkeiten bildlich Connor, *Australian Frontier Wars*, S. 91–93; Plank, »Deploying Tribes and Clans«, S. 221.
[111] Cooper, »Culture, Combat, and Colonialism«, S. 536–540; Fynn, »Ghana – Asante«, S. 32, 49; Gordon, »Limited Adoption«, S. 232; Hassig, *Mexico and the Spanish Conquest*, S. 59–62; Hassig, *Aztec Warfare*, S. 95–109; Hemming, *Conquest of the Incas*, S. 152f.; Kanya-Forstner, »Mali – Tukulor«, S. 70f., 73f.; Kiernan, *Colonial Empires*, S. 202f.; Killingray, »Colonial Warfare«, S. 153; Muffett, »Nigeria – Sokoto Caliphate«, S. 291–294; Smith, »Nigeria – Ijebu«, S. 192f.; Thornton, »Art of War in Angola«, S. 86–89; Thornton, »African Soldiers in the Haitian Revolution«, S. 65–70; Vandervort, *Wars of Imperial Conquest*, S. 11f., 192–195; Wesseling, »Colonial Wars«, S. 3f.

¹¹² Bührer, »Hehe und Schutztruppe«, S. 268–270; Gann/Duignan, *Rulers of British Africa*, S. 124f.; Knight, *Anatomy of the Zulu Army*, S. 187–223.

¹¹³ Porch, »French Colonial Forces«, S. 176–179; Porch, *Conquest of Morocco*, S. 192–199.

¹¹⁴ Utley, »Cultural Clash«, S. 98–100; Utley, *Frontiersmen in Blue*, S. 122f., 205–207, 210, 272f.; Vandervort, *Indian Wars*, S. 199f. Auch in der französischen Eroberung Vietnams gab es eine vereinzelte Feldschlacht bei Badhin 1886. Fourniau, »Colonial Wars before 1914«, S. 82f.

¹¹⁵ Bührer, *Kaiserliche Schutztruppe*, S. 261; Eberspächer, »›Albion zal hier‹«, S. 189f.; Ferguson/Whitehead, »Violent Edge of Empire«, S. 25f.; Gann/Duignan, *Rulers of British Africa*, S. 124–126; Hemming, *Amazon Frontier*, S. 20; Isby, *War in a Distant Country*, S. 106f.; James, *Savage Wars*, S. 57, 154, 180; Kuß, *Deutsches Militär*, S. 109f.; Linn, *Counterinsurgency in the Philippine War*, S. 16f.; Morlang, »Die Wahehe haben ihre Vernichtung gewollt‹«, S. 92f.; Porch, *Conquest of the Sahara*, S. 234; Potempa, »Raum und seine Beherrschung«, S. 456–458; Vandervort, *Indian Wars*, S. 199f.; Vandervort, *Wars of Imperial Conquest*, S. 131, 186; Weigl, »Fall Tenochtitlans«, S. 187; Whittingham, »›Savage Warfare‹«, S. 599.

¹¹⁶ Lee, »Military Revolution«, S. 56–59; Starkey, *European and Native American Warfare*, S. 24f.

¹¹⁷ Nicht allen indigenen Gesellschaften gelang der Übergang von zunächst präferierter Feldkriegführung zum irregulären Krieg. Das konnte verschiedene Gründe haben, die aber im Kern wohl mit der Angst etablierter Zentralherrschaft vor Kontrollverlust zu tun hatten. Auch wirtschaftliche Schwierigkeiten spielten eine Rolle. Guy, *Destruction of the Zulu Kingdom*, S. 56f.; Kanya-Forstner, »Mali – Tukulor«, S. 73f.; Knight, *Anatomy of the Zulu Army*, S. 188; Muffett, »Nigeria – Sokoto Caliphate«, S. 291–294.

¹¹⁸ Black, *Beyond the Military Revolution*, S. 119f.

¹¹⁹ Crawford, »Sikh Wars«; Kiernan, *Colonial Empires*, S. 40–43; Pemble, »Resources and Techniques«, S. 275–287; Vandervort, *Wars of Imperial Conquest*, S. 131f.; Williams, »Egyptian Campaign«, S. 251–275.

¹²⁰ Kramer, »Race-Making and Colonial Violence«, S. 177.

¹²¹ Beckett, *Modern Insurgencies*, S. 115, 190; Clayton, *Wars of French Decolonization*, S. 60–65; Isby, *War in a Distant Country*, S. 106–111; Jones, *Graveyard of Empires*, S. 210–220; Linn, *Counterinsurgency in the Philippine War*, S. 12f., S. 23.

¹²² Belich, »Krieg und transkulturelles Lernen«, S. 246f.; Belich, *Victorian Interpretation*, S. 44–46, 134–141.

¹²³ Boot, *Savage Wars of Peace*, S. 282–284; Fischer, »Suppen, Messer und Löffel«, S. 508.

¹²⁴ Bryant, »Asymmetric Warfare«, S. 453; Bührer, »Hehe und Schutztruppe«, S. 273; Charney, *Southeast Asian Warfare*, S. 271; Clayton, *Wars of French Decolonization*, S. 154f., 159f.; Gann/Duignan, *Rulers of British Africa*, S. 75f., 115f.; Gann/Duignan, *Rulers of German Africa*, S. 123; Grau, *Bear Over the Mountain*, S. 203f.; Haywood/Clarke, *History of the Royal West African Fron-*

tier Force, S. 94f.; Helbling, *Tribale Kriege*, S. 142; James, *Savage Wars*, S. 36, 176–183; Keeley, *War Before Civilization*, S. 74, 79–81; Khodarkovsky, »Krieg und Frieden«, S. 218; Kopperman, *Braddock at the Monongahela*, S. 126f.; Kuß, *Deutsches Militär*, S. 86; Lehmann, *All Sir Garnet*, S. 94–96; Lemke, »Kolonialgeschichte als Vorläufer?«, S. 290f.; Linn, *Counterinsurgency in the Philippine War*, S. 58, 112f.; Malone, *Skulking Way of War*, S. 88–94; Malone, »Changing Military Technology«, S. 243; Moor, »Warmakers in the Archipelago«, S. 51f., 69; Moreman, *Army in India*, S. 17–19, 77f., 173; Nasson, *South African War*, S. 150f.; Schmidl, »Kolonialkriege«, S. 116; Schmidt, *Araberaufstand in Ost-Afrika*, S. 311–317; Smith, »Nigeria – Ijebu«, S. 200; Starkey, »Lernen im Kolonialkrieg«, S. 142–144; Starkey, »Conflict and Synthesis«, S. 79f.; Starkey, *European and Native American Warfare*, S. 57–59, 99–101, 107–109, 133–135; Thornton, »Art of War in Angola«, S. 98; Utley, *Frontier Regulars*, S. 52–56, 172f., 178–180; Utley, *Frontiersmen in Blue*, S. 234, 342f.; Whitehead, »Tribes Make States«, S. 142f.

[125] Vgl. den vorangegangenen Abschnitt »Streitkräfte« sowie Maloba, *Mau Mau and Kenya*, S. 94–96; Starkey, *European and Native American Warfare*, S. 78, 81; Utley, »Cultural Clash«, S. 100–102.

[126] Callwell, *Small Wars*, S. 277–285; Gann/Duignan, *Rulers of Belgian Africa*, S. 74f.; James, *Savage Wars*, S. 92, 169, 180f.; Moreman, *Army in India*, S. 18; Porch, *Conquest of the Sahara*, S. 139; Starkey, *European and Native American Warfare*, S. 153.

[127] Spiers, *Late Victorian Army*, S. 299. Ein klassischer Fall ist Chelmsford in Zululand. Lock/Quantrill, *Zulu Victory*, S. 94f., 130–134, 165; Manning, »Learning the Trade«, S. 651–653.

[128] Bond, »Editor's Introduction«, S. 25; Bührer, *Kaiserliche Schutztruppe*, S. 239; Callwell, *Small Wars*, S. 256–276; Haywood/Clarke, *History of the Royal West African Frontier Force*, S. 96; Headrick, *Tools of Empire*, S. 121f.; James, *Savage Wars*, S. 86–88, 92–94, 127, 129f., 154, 169; Lehmann, *All Sir Garnet*, S. 96f.; Muffett, »Nigeria – Sokoto Caliphate«, S. 290, 292; Porch, »French Colonial Forces«, S. 180; Porch, *Conquest of Morocco*, S. 169, 197f.; Spiers, *Late Victorian Army*, S. 289f.; Strachan, *European Armies*, S. 85f.; Vandervort, *Wars of Imperial Conquest*, S. 64f., 153–156, 192, 194.

[129] Callwell, *Small Wars*, S. 352–358; Gann/Duignan, *Rulers of British Africa*, S. 104f.; James, *Savage Wars*, S. 169; Killingray, »Colonial Warfare«, S. 156; Marshall, *Russian General Staff*, S. 52f.; Porch, *Conquest of the Sahara*, S. 174, 219; Robson, *Fuzzy-Wuzzy*, S. 47f., 58f.; Ross, »Dahomey«, S. 160; Utley, *Frontiersmen in Blue*, S. 277; Vandervort, *Wars of Imperial Conquest*, S. 97–99, 110f.

[130] Knight, *Anatomy of the Zulu Army*, S. 212f.

[131] Lock/Quantrill, *Zulu Victory*, S. 206. Ähnlich machten es bereits die Azteken in der Conquista und die Seminolen in Florida im 19. Jahrhundert. Gabbert, »Kultureller Determinismus«, S. 277; Vandervort, *Indian Wars*, S. 133.

[132] Connor, »Briten und Darug«, S. 231; Connor, *Australian Frontier Wars*, S. 47f.

[133] Denzer, »Sierra Leone – Bai Bureh«, S. 248f.; James, *Savage Wars*, S. 104; Person, »Guinea«, S. 134; Robson, *Fuzzy-Wuzzy*, S. 50f.; Vandervort, *Indian Wars*, S. 152; Whitehead, »Tribes Make States«, S. 143.

¹³⁴ Law, »Warfare on the Slave Coast«, S. 110.
¹³⁵ Woolman, Rebels in the Rif, S. 105.
¹³⁶ Powell, Soldiers, Indians and Silver, S. 66.
¹³⁷ Charney, »Iberier und Südostasiaten«, S. 192 f.
¹³⁸ Gabbert, »Warum Montezuma weinte«, S. 34 f.; Hassig, »Eroberung Mexikos«, S. 111, 109, 118; Hemming, Conquest of the Incas, S. 154, 189 f.; Powell, Soldiers, Indians and Silver, S. 46.
¹³⁹ Belich, Victorian Interpretation, S. 291.
¹⁴⁰ Falls, »Reconquest of the Sudan«, S. 299; James, Savage Wars, S. 106–108; Vandervort, Wars of Imperial Conquest, S. 166–168, 174.
¹⁴¹ Crowder, »Introduction«, S. 9.
¹⁴² Muffett, »Nigeria – Sokoto Caliphate«, S. 294.
¹⁴³ Crowder, »Introduction«, S. 8 f.; Fynn, »Ghana – Asante«, S. 40 f., 49; Gann/Duignan, Rulers of British Africa, S. 124 f.; Headrick, Tools of Empire, S. 96–103, 117–122; James, Savage Wars, S. 129 f., 260–265; Kanya-Forstner, »Mali – Tukulor«, S. 69–73; Kiernan, Colonial Empires, S. 123–126; Kuß, Deutsches Militär, S. 109 f.; Marshall, Russian General Staff, S. 63; McNeill, »European Expansion, Power and Warfare«, S. 12; Olatunji-Oloruntimehin, »Senegambia – Mahmadou Lamine«, S. 94; Slatta, »›Civilization‹ Battles ›Barbarism‹«, S. 133 f., 151 f.; Utley, Frontier Regulars, S. 69–73; Utley, Frontiersmen in Blue, S. 25–28; Vandervort, Wars of Imperial Conquest, S. 113–115.
¹⁴⁴ Black, »European Overseas Expansion«; Brooks, »Impact of Disease«, S. 129 f., 134.
¹⁴⁵ Guilmartin, »Cutting Edge«, S. 50–53; Hassig, Mexico and the Spanish Conquest, S. 61 f.; Hemming, Conquest of the Incas, S. 110–115; Hemming, Red Gold, S. 81, 222 f.; Jones, Conquest of the Last Maya Kingdom, S. 139; Raudzens, »Why Did Amerindian Defences Fail?«, S. 339 f.; Restall, Myths of the Spanish Conquest, S. 142 f.; Scammell, »Indigenous Assistance«, S. 142 f.
¹⁴⁶ Thornton, »Art of War in Angola«, S. 96 f.
¹⁴⁷ Jany, Geschichte der Preußischen Armee, Bd. 1, S. 814; Luh, Ancien Régime Warfare, S. 141.
¹⁴⁸ Headrick, Tools of Empire, S. 85; Jones, Conquest of the Last Maya Kingdom, S. 139; Thornton, »Art of War in Angola«, S. 94 f.
¹⁴⁹ Wie der amerikanische General U.S. Grant über diese noch eingangs des amerikanischen Sezessionskrieges verbreitete Waffe klassisch schrieb: »Auf einige Hundert Meter Entfernung hätte man den ganzen Tag auf jemanden schießen können, ohne dass er es bemerkte.« Grant, Personal Memoirs, Bd. 1, S. 95.
¹⁵⁰ Keeley, War Before Civilization, S. 55; Scammell, »Indigenous Assistance«, S. 141 f.; Thornton, »Art of War in Angola«, S. 95 f. Frühneuzeitliche portugiesische Kanonen erwiesen sich auch als wirkungslos gegen afrikanische Erdwerke. Black, War in the World, S. 176.
¹⁵¹ Abler, »Beavers and Muskets«, S. 155–157; Charney, Southeast Asian Warfare, S. 266 f.; Chet, Conquering the Wilderness, S. 19 f.; Lappas, »Lernen inmitten des Blutvergießens«, S. 170 f.; Marshall, Russian General Staff, S. 61 f.; Paillard, »Expedition to Madagascar«, S. 183; Steele, Warpaths, S. 64 f. Dass portugiesische

Geschütze faktisch eine große Rolle in der Eroberung Marokkos im 15. Jahrhundert spielten, argumentiert allerdings Vogt, »Saint Barbara's Legion«, S. 75–78.

[152] Black, »Introduction«, S. 18f.; Charney, *Southeast Asian Warfare*, S. 23–41; Connor, *Australian Frontier Wars*, S. 4–6, 88f.; Hassig, *Mexico and the Spanish Conquest*, S. 31–33, 46–49; Hemming, *Amazon Frontier*, S. 287f., 294–296; Hemming, *Conquest of the Incas*, S. 101–107, 185–190; Hemming, *Red Gold*, S. 26–31, 357–360; Howard, »Colonial Wars«, S. 221; Knight, *Anatomy of the Zulu Army*, S. 101f., 109f.; Malone, *Skulking Way of War*, S. 14–19; Peers, »Revolution, Evolution, or Devolution«, S. 96; Penn, *Forgotten Frontier*, S. 50f.; Powell, *Soldiers, Indians and Silver*, S. 47–50; Thornton, »Firearms, Diplomacy, and Conquest«, S. 176–185; Thornton, »Warfare, Slave Trading and European Influence«, S. 132–135; Thornton, »Art of War in Angola«, S. 84f., 88f.; Vandervort, *Indian Wars*, S. 142.

[153] Die zentralmexikanischen Chichimeca etwa nahmen das spanische Stahlschwert ebenso an wie die Inkas. Hemming, *Conquest of the Incas*, S. 207–209; Powell, *Soldiers, Indians and Silver*, S. 45–50. In Nordamerika setzten sich eiserne Pfeilspitzen durch. Lappas, »Lernen inmitten des Blutvergießens«, S. 165f. Die brasilianischen Indianer übernahmen von den Europäern praktisch alles, was als Blankwaffe taugte: Pfeilspitzen, Schwerter, Bajonette, Dolche usw. Hemming, *Amazon Frontier*, S. 191.

[154] Hunt, *Wars of the Iroquois*, S. 165–175; Malone, *Skulking Way of War*, S. 31–36, 42–73; Malone, »Changing Military Technology«, S. 231–239, 242f.; Starkey, »Lernen im Kolonialkrieg«, S. 145f.; Starkey, »Conflict and Synthesis«, S. 64–68; Starkey, *European and Native American Warfare*, S. 20–23, 71f. Warum die Indianer überhaupt Pfeil und Bogen gegen Gewehre vertauschten, die letztlich immer unzuverlässiger und langsamer waren, ist bis heute Gegenstand von Spekulationen. Am plausibelsten ist die Annahme, dass die höhere kinetische Energie der Musketenkugel den Ausschlag gab. Anders als Pfeile werden Kugeln von Zweigen nicht abgelenkt, man kann ihnen nicht ausweichen, und sie verursachen eher unmittelbar kampfunfähig machende Wunden. Lee, »Military Revolution«, S. 56f.; Starkey, *European and Native American Warfare*, S. 20f. Übrigens war die frühe Übernahme von Feuerwaffen vor allem holländischer Provenienz (via Neu-Amsterdam) durch die Mohawk die Ursache für den Aufstieg der expansiven Irokesen-Konföderation im 17. Jahrhundert. Abler, »Beavers and Muskets«, S. 158–160.

[155] Das bereits Mitte des 14. Jahrhunderts über Kanonen und Gewehre verfügte und dessen Streitkräfte Ende des 17. Jahrhunderts selbst in großem Umfang mit Feuerwaffen westlichen Stils ausgerüstet waren. Aksan, »Ottoman War and Warfare«, S. 151–154, 164.

[156] Bryant, »Asymmetric Warfare«, S. 438, 458–460; Charney, »Iberier und Südostasiaten«, S. 187–191; Charney, *Southeast Asian Warfare*, S. 42–61; Knaap, »Crisis and Failure«, S. 162; Mostert, *Military System*, S. 32–34; Parker, *Military Revolution*, S. 125–129; Ricklefs, *War, Culture and Economy*, S. 13f., 130f.

[157] Bryant, »Asymmetric Warfare«, S. 443; Cooper, »Culture, Combat, and Colonialism«, S. 540; Cooper, »Wellington and the Marathas«, S. 308f.; Gommans,

»Warhorse and Gunpowder«, S. 118f.; Peers, »Revolution, Evolution, or Devolution«, S. 93; Pemble, »Resources and Techniques«, S. 282–287.
158 Fortescue, *History of the British Army*, Bd. 12, S. 193; Macrory, *Signal Catastrophe*, S. 141.
159 Barua, »Military Developments in India«, S. 609–613; Charney, *Southeast Asian Warfare*, S. 244–250, 265; Headrick, *Tools of Empire*, S. 91; Kiernan, *Colonial Empires*, S. 44f.; Moor, »Warmakers in the Archipelago«, S. 53; Reid, *Europe and Southeast Asia*, S. 6.
160 Donnelly, *Conquest of Bashkiria*, S. 27f.; Khodarkovsky, *Russia's Steppe Frontier*, S. 19f.
161 Varley, »Warfare in Japan«, S. 64–70. Dass Japan später dann Feuerwaffen ächtete, ist ja bekannt. Parker, *Military Revolution*, S. 144.
162 Belich, »Krieg und transkulturelles Lernen«, S. 242–246.
163 Fynn, »Ghana – Asante«, S. 25–27, 47; Headrick, *Tools of Empire*, S. 106; Inikori, »Import of Firearms«; Kanya-Forstner, »Mali – Tukulor«, S. 57; Killingray, »Colonial Warfare«, S. 160; Smith, »Nigeria – Ijebu«, S. 181f.
164 Headrick, *Tools of Empire*, S. 91f.; Vandervort, *Wars of Imperial Conquest*, S. 62.
165 Lock/Quantrill, *Zulu Victory*, S. 63f.
166 Kiernan, *Colonial Empires*, S. 142f.; Peers, »Introduction«, S. xxviiif.
167 Killingray, »Colonial Warfare«, S. 152f.; Marshall, *Russian General Staff*, S. 72; Thornton, »Warfare, Slave Trading and European Influence«, S. 137.
168 Vandervort, *Wars of Imperial Conquest*, S. 76.
169 Belich, »Krieg und transkulturelles Lernen«, S. 246; Malone, *Skulking Way of War*, S. 67–72; Starkey, *European and Native American Warfare*, S. 23.
170 Hassig, »Eroberung Mexikos«, S. 108; Knight, *Anatomy of the Zulu Army*, S. 169; Pietschmann, »Imperialkriege Spaniens«, S. 88; Starkey, *European and Native American Warfare*, S. 23; Vandervort, *Indian Wars*, S. 240.
171 Connor, »Briten und Darug«, S. 231; Khodarkovsky, »Krieg und Frieden«, S. 201; Vandervort, *Wars of Imperial Conquest*, S. 8f.; Whitehead, »Tribes Make States«, S. 148.
172 Black, »Introduction«, S. 11; Charney, »Iberier und Südostasiaten«, S. 190; Hassig, »Eroberung Mexikos«, S. 108; Khodarkovsky, *Russia's Steppe Frontier*, S. 19f.; Peers, »Introduction«, S. xxix; Vandervort, *Wars of Imperial Conquest*, S. 88.
173 Knight, *Anatomy of the Zulu Army*, S. 213–215; Law, »Warfare on the Slave Coast«, S. 119; Muffett, »Nigeria – Sokoto Caliphate«, S. 289; Smith, »Nigeria – Ijebu«, S. 181f.; Vandervort, *Indian Wars*, S. 44–47; Vandervort, *Wars of Imperial Conquest*, S. 174.
174 Bührer, »Hehe und Schutztruppe«, S. 276f.; Charney, »Iberier und Südostasiaten«, S. 190; Moor, »Warmakers in the Archipelago«, S. 64; Muffett, »Nigeria – Sokoto Caliphate«, S. 286–289; Paillard, »Expedition to Madagaskar«, S. 183; Peers, »Introduction«, S. xxix. Hinzu kam offenbar an der Sklavenküste Afrikas, dass es mangels Pferden und Wagen nicht möglich war, Geschütze mobil zu machen. Law, »Warfare on the Slave Coast«, S. 120f.
175 Charney, *Southeast Asian Warfare*, S. 246; Knight, *Anatomy of the Zulu Army*, S. 168f.; Law, »Warfare on the Slave Coast«, S. 119.

[176] Denzer, »Sierra Leone – Bai Bureh«, S. 250; Fage/Tordoff, *History of Africa*, S. 290; Headrick, *Tools of Empire*, S. 105f.; Law, »Warfare on the Slave Coast«, S. 110–112; Smith, »Nigeria – Ijebu«, S. 179, 181f. Die miserable Qualität dieser Gewehre wird (etwas) relativiert von Inikori, »Import of Firearms«, S. 261–268.

[177] Charney, *Southeast Asian Warfare*, S. 42–72; Porch, *Conquest of Morocco*, S. 99f.

[178] Schmidt, *Araberaufstand in Ost-Afrika*, S. 314f.

[179] Callwell, *Small Wars*, S. 438f.; Kuß, *Deutsches Militär*, S. 174–178; Porch, *Conquest of the Sahara*, S. xii; Utley, *Frontier Regulars*, S. 72; Weigley, *History of the United States Army*, S. 269; Wesseling, »Colonial Wars«, S. 6.

[180] Vandervort, *Wars of Imperial Conquest*, S. 50f.

[181] Die Franzosen beschossen im Februar 1889 die Tukulor-Festung Koundian acht Stunden lang mit 80-mm-Gebirgsgeschützen, bevor sie eine Bresche erzielten; bei Jenné 1892 gelang dies trotz eines Munitionsverbrauchs von 560 Schuss überhaupt nicht, da Major Archinard seine schweren Geschütze aus Gründen der Mobilität zurückgelassen hatte. Kanya-Forstner, »Mali – Tukulor«, S. 69, 71. Selbst die provisorischen Schanzen der Temne in Sierra Leone widerstanden dem britischen 7-Pfünder. Denzer, »Sierra Leone – Bai Bureh«, S. 248f. Angesichts dessen überrascht die bereits zitierte Feststellung Kanya-Forstners: »Langfristig konnten die wirtschaftlichen und technologischen Ressourcen eines modernen europäischen Staates immer in überwältigende militärische Überlegenheit vor Ort übersetzt werden, wenn immer der Staat bereit war, den nötigen Aufwand zu betreiben.« Kanya-Forstner, »Mali – Tukulor«, S. 73. Vielleicht konnten sie theoretisch, aber in der Praxis wurden sie oft nicht.

[182] Keeley, *War Before Civilization*, S. 55; Vandervort, *Indian Wars*, S. 132f.

[183] Belich, »Krieg und transkulturelles Lernen«, S. 246–249.

[184] Callwell, *Small Wars*, S. 440f.; Porch, *Conquest of the Sahara*, S. xii; Utley, *Frontier Regulars*, S. 72f.; Vandervort, *Wars of Imperial Conquest*, S. 49f.

[185] Robson, *Fuzzy-Wuzzy*, S. 72f., 161, 176.

[186] Utley, *Frontier Regulars*, S. 71f.; Vandervort, *Indian Wars*, S. 194; Weigley, *History of the United States Army*, S. 269.

[187] Gann/Duignan, *Rulers of German Africa*, S. 118f.; Moor, »Warmakers in the Archipelago«, S. 63; Smith, »Nigeria – Ijebu«, S. 179; Vandervort, *Indian Wars*, S. 98–101. Dass es auch den gegenteiligen Effekt gab – etwa das faschistische Italien, das für seine zweite Invasion Äthopiens bewusst seine modernste Militärtechnik zur Schau stellte –, sei dabei unbenommen. Brogini-Künzi, »Wunsch nach einem blitzschnellen Krieg«, S. 276f.

[188] Bührer, *Kaiserliche Schutztruppe*, S. 141, 153; Gann/Duignan, *Rulers of German Africa*, S. 118f.; Smith, »Nigeria – Ijebu«, S. 179; Vandervort, *Wars of Imperial Conquest*, S. 48.

[189] Fleming, »Decolonization and the Spanish Army«, S. 124, 131, 135; Mücke, »Agonie einer Kolonialmacht«, S. 256.

[190] Vandervort, *Wars of Imperial Conquest*, S. 185.

[191] Headrick, *Tools of Empire*, S. 120; Vandervort, *Wars of Imperial Conquest*, S. 23f., 160.

[192] Nasson, *South African War*, S. 57f.

193 Headrick, *Tools of Empire*, S. 119f.; Person, »Guinea«, S. 122f.; Vandervort, *Wars of Imperial Conquest*, S. 132f. Auch die Fon im benachbarten Dahomey kauften nach ihrer ersten Niederlage gegen Frankreich 1890 in großem Stil deutsche Repetiergewehre. Ross, »Dahomey«, S. 158. Die Mahdisten im Sudan hatten zwar kaum Feuerwaffen, aber sie erbeuteten zumindest eine kleine Zahl von Kruppgeschützen und Gatlinggewehren und setzten sie wenigstens ein Mal (bei El Teb 1884) auch in der Schlacht ein. James, *Savage Wars*, S. 83–88; Robson, *Fuzzy-Wuzzy*, S. 46f.; Vandervort, *Wars of Imperial Conquest*, S. 174.

194 James, *Savage Wars*, S. 111.

195 Lemke, »Kolonialgeschichte als Vorläufer?«, S. 290; Moreman, *Army in India*, S. 58f., 77f.

196 Moreman, »›Watch and Ward‹«, S. 139.

197 Mücke, »Agonie einer Kolonialmacht«, S. 258; Woolman, *Rebels in the Rif*, S. 149–156, 163. Übrigens profitierten die Berber dabei von den halbherzigen Zivilisierungsanstrengungen der Spanier, indem sie den als Straßenbauarbeiter von der Kolonialmacht erhaltenen Lohn unmittelbar in Gewehre reinvestierten. Ebenda, S. 98.

198 Man darf bezweifeln, dass selbst der Feuerkraftzugewinn, den moderne Sturmgewehre etwa der Infanterie im Vietnamkrieg brachten, taktisch hilfreich war; vermutlich förderte er lediglich die Munitionsverschwendung. Zum amerikanischen M-16-Gewehr im Vietnamkrieg: Greiner, *Krieg ohne Fronten*, S. 196.

199 Beckett, *Modern Insurgencies*, S. 210–213; Fall, *Hell in a Very Small Place*, S. 96f.; Gates, »Two American Wars«, S. 59; Griffith, *Forward into Battle*, S. 117–123; Isby, *War in a Distant Country*, S. 59f.; Jones, *Counterinsurgency and the SAS*, S. 133; Kiernan, *Colonial Empires*, S. 196f.; Vandervort, »Colonial Wars«, S. 167. Für entsprechende Diskussionen in britischen Militärkreisen nach 1945 siehe exemplarisch Walter, *Dschungelkrieg und Atombombe*, S. 135–138, 156f., 414–429, 442f., 466f.

200 Zahlreiche Beispiele in Westad, *Global Cold War*; Greiner/Müller/Walter, *Heiße Kriege*.

201 Beckett, *Modern Insurgencies*, S. 114; Clayton, *Wars of French Decolonization*, S. 54f.; Fall, *Street Without Joy*, S. 55f.; Fall, *Hell in a Very Small Place*, S. 101–105, 451; Griffith, *Forward into Battle*, S. 81; Isby, *War in a Distant Country*, S. 111–117.

202 Isby, *War in a Distant Country*, S. 114f.; Jones, *Graveyard of Empires*, S. 37–39; MacQueen, »Portugal's First Domino«, S. 224f.

203 Beckett, *Modern Insurgencies*, S. 146f.; Jones, *Graveyard of Empires*, S. 210–220; Martin, »From Algiers to N'Djamena«, S. 101f. Dass es trotzdem nach 1945 auch sehr schlecht bewaffnete Widerstandsbewegungen gab, sei dabei unbenommen: Clayton, *Wars of French Decolonization*, S. 84; Maloba, *Mau Mau and Kenya*, S. 131.

204 Hassig, »Eroberung Mexikos«, S. 117; Hemming, *Amazon Frontier*, S. 97f.; Weigl, »Fall Tenochtitlans«, S. 186.

205 Slatta, »›Civilization‹ Battles ›Barbarism‹«, S. 133f.

206 Robson, *Fuzzy-Wuzzy*, S. 72f.; Strachan, *European Armies*, S. 84f.

[207] Für diese Information danke ich Andreas Stucki. Vgl. Stucki, *Aufstand und Zwangsumsiedlung*, S. 43; Tone, »Machete and the Liberation of Cuba«.
[208] Calloway, *Winter Count*, S. 214–219; Lappas, »Lernen inmitten des Blutvergießens«, S. 175–177; Malone, »Changing Military Technology«, S. 243; McNab/Hodgins/Standen, »›Black with Canoes‹«; Starkey, *European and Native American Warfare*, S. 19.
[209] Cooper, »Culture, Combat, and Colonialism«, S. 540.
[210] Bond, »Editor's Introduction«, S. 23; Gann/Duignan, *Rulers of British Africa*, S. 75; Isby, *War in a Distant Country*, S. 59; Lee, »Projecting Power«, S. 7; Omissi, *Sepoy and the Raj*, S. 93; Starkey, »Lernen im Kolonialkrieg«, S. 150; Starkey, *European and Native American Warfare*, S. 19, 127.
[211] Vandervort, *Indian Wars*, S. 194.
[212] Ebenda, S. 40–44; White, »Winning of the West«, S. 323, 331. Aber auch in Mittel- und Südamerika wurde das Pferd zur Basis indigener Kriegerkulturen. Hemming, *Red Gold*, S. 387–389; Lee, »Projecting Power«, S. 7; Powell, *Soldiers, Indians and Silver*, S. 50; Schindler, *Bauern und Reiterkrieger*, S. 19.
[213] James, *Savage Wars*, S. 91f., 187–190; Kiernan, *Colonial Empires*, S. 33f.; Macrory, *Signal Catastrophe*, S. 85–87, 208; Porch, *Conquest of the Sahara*; Robson, *Fuzzy-Wuzzy*, S. 161, 176; Vandervort, *Indian Wars*, S. 20.
[214] Moreman, *Army in India*, S. 10f., 142; Olatunji-Oloruntimehin, »Senegambia – Mahmadou Lamine«, S. 94; Paillard, »Expedition to Madagascar«, S. 177f., 181; Strachan, *European Armies*, S. 81; Utley, *Frontier Regulars*, S. 48f., 196, 253, 330, 387; Utley, *Frontiersmen in Blue*, S. 234f.; Vandervort, *Indian Wars*, S. 202.
[215] Charney, *Southeast Asian Warfare*, S. 131–163; Cooper, »Culture, Combat, and Colonialism«, S. 541; Reid, *Europe and Southeast Asia*, S. 2. In der britischen Abessinienexpedition von 1867/68 war gleich das ganze Arsenal militärischer Nutztiere versammelt: Die Briten brachten tatsächlich neben Pferden Kamele, Maultiere, Ochsen und Elefanten mit ans Horn von Afrika. Chandler, »Expedition to Abyssinia«, S. 123.
[216] Bryant, »Asymmetric Warfare«, S. 443; Donnelly, *Conquest of Bashkiria*, S. 28. Lediglich in Australien scheint es funktioniert zu haben, den Aborigines Schusswaffen vorzuenthalten, allerdings primär weil diese an der Übernahme wenig Interesse hatten. Connor, *Australian Frontier Wars*, S. 17–20.
[217] Diese Motivation war sogar für die Abschaffung indigener Kavallerieinheiten bei der Armee der Britischen Ostindiengesellschaft 1765 verantwortlich. Gordon, »Limited Adoption«, S. 239f.
[218] Scammell, »Indigenous Assistance«, S. 143. Auch die Spanier in Peru versuchten zu verhindern, dass Indios Pferde in die Hand bekamen. Hemming, *Conquest of the Incas*, S. 113.
[219] Vgl. Kap. 1, »Raumbeherrschung«.
[220] Connor, *Australian Frontier Wars*, S. 73–75; Mostert, *Military System*, S. 30; Thornton, »Warfare, Slave Trading and European Influence«, S. 135; Vandervort, *Wars of Imperial Conquest*, S. 141.
[221] Mattison, *Army Post on the Northern Plains*, S. 4f.; Silver, *Our Savage Neighbors*, S. 49–51; Utley, *Frontier Regulars*, S. 46–48, 81f.; Utley, *Frontiers-*

men in Blue, S. 42f.; Vandervort, *Indian Wars*, S. 116f. Ähnlich sah es in Südamerika aus. Slatta, »›Civilization‹ Battles ›Barbarism‹«, S. 132f. Auch die europäischen Forts an der Sklavenküste Afrikas waren ernsthaft kaum zu verteidigen, da die örtlichen afrikanischen Herrscher wirkliche Befestigungsanlagen nicht gestatteten. Law, »Warfare on the Slave Coast«, S. 107–109.

222 Black, »European Overseas Expansion«, S. 19f.; Bührer, *Kaiserliche Schutztruppe*, S. 247–250; Chet, *Conquering the Wilderness*, S. 19f.; Keeley, *War Before Civilization*, S. 71–74; Lee, »Military Revolution«, S. 61; Mostert, *Military System*, S. 14, 27–31; Parker, *Military Revolution*, S. 131; Raudzens, »Why Did Amerindian Defences Fail?«, S. 341f.; Reid, *Europe and Southeast Asia*, S. 5; Ricklefs, *War, Culture and Economy*, S. 138; Ross, »Dahomey«, S. 156; Starkey, *European and Native American Warfare*, S. 132, 168f.; Vandervort, *Wars of Imperial Conquest*, S. 79f.; Vogt, »Saint Barbara's Legion«, S. 76–78. Seltene Ausnahmen wie der Fall der holländischen Festung Zeelandia auf Formosa, für dessen Eroberung 25 000 chinesische Soldaten mit zahlreicher Artillerie dennoch neun Monate brauchten (1661/62), bestätigen die Regel. Mostert, *Military System*, S. 101–109. Portugal verlor im 17. Jahrhundert mehrere Festungen in Asien und Ostafrika an indigene Angreifer, war aber ohnehin ein Imperium auf dem Rückzug. Black, *Beyond the Military Revolution*, S. 115, 117. Die »Festung« Dien Bien Phu (die offiziell ohnehin als »Luft-Boden-Stützpunkt« firmierte) war eher ein Netz provisorischer Feldbefestigungen, und in jedem Fall brachte die Vietminh ja moderne Artillerie dagegen in Stellung. Fall, *Hell in a Very Small Place*, S. 87–93, 110–124.

223 Keeley, *War Before Civilization*, S. 55–58.

224 Parker, *Military Revolution*, S. 132, 142f.; Selby, »Third China War«, S. 91, 100; Varley, »Warfare in Japan«, S. 70.

225 Muffett, »Nigeria – Sokoto Caliphate«, S. 280. Auch andere nichteuropäische Reiche bauten eindrückliche Festungen. Bührer, *Kaiserliche Schutztruppe*, S. 252; Charney, *Southeast Asian Warfare*, S. 73–103; Falls, »Reconquest of the Sudan«, S. 293f.; Hemming, *Conquest of the Incas*, S. 190, 207–209; Reid, *Europe and Southeast Asia*, S. 6. Viele Forts außereuropäischer Gesellschaften waren aber für die westliche Kriegstechnik kein ernsthaftes Hindernis. Bryant, »Asymmetric Warfare«, S. 460–462; Crowder, »Introduction«, S. 12; Killingray, »Colonial Warfare«, S. 150; Knaap, »Crisis and Failure«, S. 162, 164; Linn, »Cerberus' Dilemma«, S. 119f.; Mostert, *Military System*, S. 30; Porch, »French Colonial Forces«, S. 178.

226 Parker, *Military Revolution*, S. 144.

227 Kanya-Forstner, »Mali – Tukulor«, S. 69, 71, 138f.

228 Boot, *Savage Wars of Peace*, S. 52f., 59; Bührer, *Kaiserliche Schutztruppe*, S. 250–252; Macrory, *Signal Catastrophe*, S. 96–104; Marshall, *Russian General Staff*, S. 60; Moor, »Warmakers in the Archipelago«, S. 53, 65; Pemble, »Resources and Techniques«, S. 287–289; Ricklefs, *War, Culture and Economy*, S. 144; Vandervort, *Indian Wars*, S. 234.

229 Ricklefs, *War, Culture and Economy*, S. 20.

230 Parker, *Military Revolution*, S. 132.

[231] Lee, »Military Revolution«, S. 62–65; Lee, »Fortify, Fight, or Flee«, S. 727–731, 736–745, 749–756; Starkey, *European and Native American Warfare*, S. 23f.; Vandervort, *Indian Wars*, S. 119f.
[232] Malone, »Changing Military Technology«, S. 239–241.
[233] Porch, *Conquest of the Sahara*, S. 203.
[234] Charney, »Iberier und Südostasiaten«, S. 182.
[235] Belich, *Victorian Interpretation*, S. 292–298. Auf die Tor-*Pa* bei Tauranga verschoss die britische Artillerie am 29. April 1864 zwanzigmal so viel Geschossgewicht pro Fläche wie auf die deutschen Gräben in der ersten Woche der Somme-Schlacht 1916, einer der intensivst mit Artilleriebombardement vorbereiteten Schlachten des Ersten Weltkrieges. Ebenda, S. 295.
[236] Belich, »Krieg und transkulturelles Lernen«, S. 253.
[237] Abernathy, *Dynamics of Global Dominance*, S. 32; Black, »European Overseas Expansion«, S. 19; Brooks, »Impact of Disease«, S. 134; Cipolla, *Guns, Sails, and Empires*; Clayton, »Iberian Advantage«; Glete, »Warfare at Sea«, S. 31; Knaap, »Crisis and Failure«, S. 171; McNeill, *Age of Gunpowder Empires*; McNeill, »European Expansion, Power and Warfare«, S. 17f.
[238] Bond, »Editor's Introduction«, S. 26; Selby, »Third China War«; Vandervort, *Wars of Imperial Conquest*, S. 54.
[239] James, *Savage Wars*, S. 131.
[240] Charney, *Southeast Asian Warfare*, S. 256; Clayton, *Wars of French Decolonization*, S. 56f.; Killingray, »Colonial Warfare«, S. 155; Vandervort, *Wars of Imperial Conquest*, S. 52f.
[241] Abernathy, *Dynamics of Global Dominance*, S. 179; Hack/Rettig, »Demography in Southeast Asia«, S. 48; Hassig, *Mexico and the Spanish Conquest*, S. 56–59; Raudzens, »Why Did Amerindian Defences Fail?«, S. 339f.; Starkey, *European and Native American Warfare*, S. 41f.; Vandervort, *Wars of Imperial Conquest*, S. 54.
[242] Bodley, *Weg der Zerstörung*, S. 63; James, *Savage Wars*, S. 117, 140; Watson, »Fortifications«, S. 60–66.
[243] Black, *Beyond the Military Revolution*, S. 120, 151f., 161; Black, *War in the World*, S. 147; Cipolla, *Guns, Sails, and Empires*, S. 140–143. Zur strategischen Tiefe Bengalens durch die britische Seemacht siehe Bryant, »Asymmetric Warfare«, S. 469.
[244] Charney, *Southeast Asian Warfare*, S. 121f.; Mostert, *Military System*, S. 17–19; Reid, *Europe and Southeast Asia*, S. 7f.
[245] Thornton, »Firearms, Diplomacy, and Conquest«, S. 177, 187.
[246] Clayton, »Iberian Advantage«, S. 221–224. Das Osmanische Reich war zwar in der frühen Neuzeit zur See durchaus konkurrenzfähig mit dem Westen, konzentrierte aber seine Seeherrschaft auf das Mittelmeer. Aksan, »Ottoman War and Warfare«, S. 162f.; Glete, »Warfare at Sea«, S. 37f. Japan und das Mogulreich waren faktisch Landmächte.
[247] Black, *War in the World*, S. 163; Marshall, »Western Arms in Maritime Asia«, S. 17f.
[248] Black, *War in the World*, S. 142; Charney, *Southeast Asian Warfare*, S. 104–130, 251, 257f.

[249] Charney, *Southeast Asian Warfare*, S. 128–130, 253–262; Gann/Duignan, *Rulers of British Africa*, S. 117; Hack/Rettig, »Demography in Southeast Asia«, S. 40–44; Headrick, *Tools of Empire*, S. 20f., 45, 48–50, 54; James, *Savage Wars*, S. 91f., 101; Linn, *Counterinsurgency in the Philippine War*, S. 113; Moor, »Warmakers in the Archipelago«, S. 62f.; Muffett, »Nigeria – Sokoto Caliphate«, S. 285f.; Vandervort, *Wars of Imperial Conquest*, S. 79f., 114, 141–143.
[250] James, *Savage Wars*, S. 141, 144.
[251] Hassig, »Eroberung Mexikos«, S. 102–105; Jones, *Conquest of the Last Maya Kingdom*, S. 265–269.
[252] Cann, *Counterinsurgency in Africa*, S. 171; Clayton, *Wars of French Decolonization*, S. 57.
[253] Marshall, »Western Arms in Maritime Asia«, S. 19–23.
[254] Reid, *Europe and Southeast Asia*, S. 5.
[255] Charney, *Southeast Asian Warfare*, S. 251.
[256] Ebenda, S. 254f.
[257] Ikime, »Nigeria – Ebrohimi«, S. 213f.; Law, »Warfare on the Slave Coast«, S. 121; Thornton, »Warfare, Slave Trading and European Influence«, S. 138.
[258] Headrick, *Tools of Empire*, S. 52f.
[259] Hassig, »Eroberung Mexikos«, S. 116f. Dasselbe Mittel war offenbar auch in Südostasien bekannt. Charney, »Iberier und Südostasiaten«, S. 194.
[260] Calloway, *Winter Count*, S. 214–219; Charney, »Iberier und Südostasiaten«, S. 194; Smith, »Nigeria – Ijebu«, S. 183; Vandervort, *Indian Wars*, S. 128, 134f.
[261] Hemming, *Red Gold*, S. 400.
[262] Corum/Johnson, *Airpower in Small Wars*, S. 1.
[263] Ebenda, S. 81; Zollmann, *Koloniale Herrschaft*, S. 197.
[264] Clayton, *Wars of French Decolonization*, S. 85.
[265] Gottmann, »Bugeaud, Galliéni, Lyautey«, S. 253.
[266] Corum/Johnson, *Airpower in Small Wars*, S. 83; Jones, *Graveyard of Empires*, S. 29; Mattioli, »Kolonialverbrechen des faschistischen Italien«, S. 208; Woolman, *Rebels in the Rif*, S. 161.
[267] Gregorian, »›Jungle Bashing‹ in Malaya«, S. 348f.
[268] Clayton, *Wars of French Decolonization*, S. 48, 53, 56.
[269] Coates, *Suppressing Insurgency*, S. 171.
[270] Cann, *Counterinsurgency in Africa*, S. 172–174.
[271] Beckett, *Modern Insurgencies*, S. 43; James, *Savage Wars*, S. 187–190; Kiernan, *Colonial Empires*, S. 194–200; Lemke, »Kolonialgeschichte als Vorläufer?«, S. 284; Moreman, »›Watch and Ward‹«, S. 145.
[272] Corum/Johnson, *Airpower in Small Wars*, S. 76.
[273] Coates, *Suppressing Insurgency*, S. 173.
[274] Clayton, *Wars of French Decolonization*, S. 37; Corum/Johnson, *Airpower in Small Wars*, S. 79.
[275] Fall, *Hell in a Very Small Place*, S. 134–138, 185, 243–249, 454f.
[276] Cann, *Counterinsurgency in Africa*, S. 130f.; Clayton, *Wars of French Decolonization*, S. 159; Coates, *Suppressing Insurgency*, S. 170; Corum/Johnson, *Air-*

power in Small Wars, S. 171f., 215; Isby, War in a Distant Country, S. 59f., 63, 66f.; Jones, Counterinsurgency and the SAS, S. 133.

[277] Casper, Falcon Brigade, S. 31–42.

[278] Regie: Ridley Scott, 2001. Der »Black Hawk« ist der Sikorsky UH-60, ein Transporthubschrauber der US-Armee.

[279] Cann, Counterinsurgency in Africa, S. 133f.; Fall, Hell in a Very Small Place, S. 2f.

[280] Corum/Johnson, Airpower in Small Wars, S. 167, 431–433; Gates, »Two American Wars«, S. 59; Vandervort, »Colonial Wars«, S. 167.

[281] Kiernan, Colonial Empires, S. 200.

[282] Corum/Johnson, Airpower in Small Wars, S. 84.

[283] Wilner, »Targeted Killings in Afghanistan«.

[284] McCoy, »Imperial Illusions«, S. 375, 378–386.

[285] Chalk/Brandt, »Drone Wars«; Dowd, »Drone Wars«, S. 11f.; McCrisken, »Obama's Drone War«, S. 107–109; Müller/Schörnig, »Drohnenkrieg«, S. 21f.

[286] Guilmartin, »Cutting Edge«, S. 41f., 59, 61; Hemming, Red Gold, S. 222; Kundrus/Walter, »Anpassung und Lernen«, S. 19–22; Lee, »Projecting Power«, S. 6.

[287] Abler, »Beavers and Muskets«, S. 155–157; Steele, Warpaths, S. 64f. Vgl. Connor, Australian Frontier Wars, S. 24f.; Hemming, Red Gold, S. 222.

[288] Corum/Johnson, Airpower in Small Wars, S. 84; Fynn, »Ghana – Asante«, S. 32; Woolman, Rebels in the Rif, S. 105. Vgl. zur psychologischen Wirkung von Feuerwaffen Cullen, »Targeted Killing«, S. 25; McCrisken, »Obama's Drone War«, S. 115.

[289] Hemming, Conquest of the Incas, S. 37, 110f.; Raudzens, »Why Did Amerindian Defences Fail?«, S. 348; Reid, Europe and Southeast Asia, S. 5.

[290] Calloway, Winter Count, S. 129.

[291] Hochgeschwender, »Last Stand«, S. 59f.; Steele, Betrayals, S. 84–86.

[292] Bryant, »Asymmetric Warfare«, S. 447f.; Hassig, »Eroberung Mexikos«, S. 124f.; Hassig, »Aztec and Spanish Conquest«, S. 96; Hirsch, »Collision of Military Cultures«, S. 1202f.; James, Raj, S. 20; Kiernan, Colonial Empires, S. 34, 49f.; Kolff, »End of an Ancien Régime«, S. 45; Malone, Skulking Way of War, S. 78f.; Marshall, »Western Arms in Maritime Asia«, S. 17; Oudijk/Restall, »Mesoamerican Conquistadors«, S. 54–56; Porch, Conquest of Morocco, S. 177f.

[293] Bitterli, Die ›Wilden‹ und die ›Zivilisierten‹, S. 81–91; Morillo, »Typology of Transcultural Wars«, S. 34; Osterhammel, »Wissen als Macht«.

[294] Hochgeschwender, »Last Stand«, S. 60; Utley, Frontier Regulars, S. 143; Utley, Frontiersmen in Blue, S. 95–97, 165f.

[295] Hassig, Mexico and the Spanish Conquest, S. 67, 87–93.

[296] Starkey, »Conflict and Synthesis«, S. 71–73; Steele, Betrayals, S. 53f., 87–90, 99–102.

[297] Calloway, Winter Count, S. 134, 136.

[298] Palmer, Colonial Genocide, S. 131f.

[299] Porter, Military Orientalism, S. 193, 198.

[300] Connor, »Briten und Darug«, S. 228f.; Hassig, Mexico and the Spanish Conquest, S. 67; Kundrus/Walter, »Anpassung und Lernen«, S. 21.

301 Callwell, *Small Wars*, S. 158.
302 Hull, *Absolute Destruction*, S. 26f., 33; Porter, *Military Orientalism*, S. 40–43. Vgl. Kap. 3, »Gewalttraditionen«.
303 Greiner, *Krieg ohne Fronten*, S. 328; James, *Savage Wars*, S. 173f.; Le Cour Grandmaison, *Coloniser, Exterminer*, S. 156f.; Lehmann, *All Sir Garnet*, S. 53; Mukherjee, *Spectre of Violence*, S. 32f.; Zollmann, *Koloniale Herrschaft*, S. 110–113.
304 Britischer Offizier und Generalgouverneur des ägyptischen Sudans. Sein Tod bei der Eroberung Khartums durch die Mahdisten 1885 löste einen öffentlichen Aufschrei in Großbritannien aus.
305 Porter, *Military Orientalism*, S. 57–59; Utley, *Custer*, S. 166–168. Gordon selbst gestand in seinem Tagebuch ein: »Ich habe keine Ahnung, was vorgeht, keine Ahnung von der arabischen Sprache, abgesehen von meinem Stil keine Ahnung von arabischen Gebräuchen, &c. &c.« Gordon, *Khartoum Journal*, S. 126. Einem seiner Biografen zufolge wandelte Gordon »in einem Nebel des Unverstehens«. Trench, *Charley Gordon*.
306 Starkey, *European and Native American Warfare*, S. 17–19.
307 Plank, »Deploying Tribes and Clans«.
308 Porter, *Military Orientalism*, S. 57.
309 Kennedy, *Freedom from Fear*, S. 512, 518, 615; Weinberg, »Hitler's Image of the United States«.
310 Charney, »Iberier und Südostasiaten«, S. 194f.; Ricklefs, *War, Culture and Economy*, S. 22f., 129.
311 Bergmann, »Dynamik der Conquista«, S. 228f.; Todorov, *Eroberung Amerikas*, S. 69–151. Vgl. zur Kritik Gabbert, »Kultureller Determinismus«, S. 275–279; Hassig, *Mexico and the Spanish Conquest*, S. 3.
312 Wendt, *Vom Kolonialismus zur Globalisierung*, S. 97–104, 207–220.
313 Abernathy, *Dynamics of Global Dominance*, S. 33f.; Headrick, *Tools of Empire*, S. 207f.; Mostert, *Military System*, S. 15; Ricklefs, *War, Culture and Economy*, S. 129f.
314 Beckett, *Modern Insurgencies*, S. 2; Calloway, *Winter Count*, S. 9–13; Callwell, *Small Wars*, S. 53–56; Connor, »Briten und Darug«, S. 235; Ditte, *Guerre dans les Colonies*, S. 16f.; Headrick, *Tools of Empire*, S. 84; Horne, *Savage War of Peace*, S. 184; James, *Savage Wars*, S. 163; Jobst, »Expansion des Zarenreiches«, S. 69; Moreman, *Army in India*, S. 12; Powell, *Soldiers, Indians and Silver*, S. 32f.; Ward, »European Method of Warring'«, S. 251; Woolman, *Rebels in the Rif*, S. 80f.; Zollmann, *Koloniale Herrschaft*, S. 193.
315 Weber, *Spanish Frontier*, S. 82. Tatsächlich ist Santa Fé etwa 2700 km von der Atlantikküste North Carolinas entfernt und rund 1500 km vom Pazifik; von Roanoke zum Pazifik sind es auf dem Breitengrad über 4000 km. Ähnlich hatten die Spanier in Mexiko nur die vageste Vorstellung von der Geografie Yucatans. Jones, *Conquest of the Last Maya Kingdom*, S. 248.
316 Bond, »Editor's Introduction«, S. 20f.; Bührer, *Kaiserliche Schutztruppe*, S. 245; Lock/Quantrill, *Zulu Victory*, S. 75f.; Nasson, *South African War*, S. 123; Utley, *Frontiersmen in Blue*, S. 332.

317 Chandler, »Expedition to Abyssinia«, S. 115; Clayton, *Wars of French Decolonization*, S. 58; Girard, *Slaves Who Defeated Napoleon*, S. 118; Gould, *Imperial Warriors*, S. 37; Lock/Quantrill, *Zulu Victory*, S. 47f.; Marshall, *Russian General Staff*, S. 132f.; Porch, *Conquest of the Sahara*, S. 134; Porch, *Conquest of Morocco*, S. 29; Potempa, »Raum und seine Beherrschung«, S. 448f.; Stucki, *Aufstand und Zwangsumsiedlung*, S. 73; Woolman, *Rebels in the Rif*, S. 18f.; Laband, *Zululand Campaign*, S. 191.

318 »Das ist keine Frage pedantischer Haarspaltereien: Es genügt, die fragliche Karte anzusehen. Beinahe alles, was auf der Karte gezeigt wird, ist falsch, fehlplatziert oder vom Zeichner erfunden.« Rainero, »Battle of Adowa«, S. 195.

319 Veltzé, *Schlacht bei Adua*, S. 75.

320 Rainero, »Battle of Adowa«, S. 195.

321 Bandini, *Italiani in Africa*, S. 161.

322 Lock/Quantrill, *Zulu Victory*, S. 47f.

323 François, *Kriegführung in Süd-Afrika*, S. 5f.; Kuß, *Deutsches Militär*, S. 232–238.

324 Callwell, *Small Wars*, S. 49f.

325 Fynn, »Ghana – Asante«, S. 30f.

326 Calloway, *Winter Count*, S. 141.

327 Ebenda, S. 9–13.

328 Butlin, *Geographies of Empire*, S. 335–344.

329 Rainero, »Battle of Adowa«, S. 195.

330 Callwell, *Small Wars*, S. 47–53; Crowder, »Introduction«, S. 9; Fourniau, »Colonial Wars before 1914«, S. 76; Prince, *Gegen Araber und Wahehe*, S. 79; Starkey, *European and Native American Warfare*, S. 146; Vandervort, *Wars of Imperial Conquest*, S. 95.

331 Arnold, »Schlacht bei Rugaro«, S. 95–97; Starkey, »Conflict and Synthesis«, S. 77.

332 Moor, »Warmakers in the Archipelago«, S. 67.

333 Ebenda; Porter, *Military Orientalism*, S. 56f.; Vandervort, *Wars of Imperial Conquest*, S. 206.

334 Bierling, *Geschichte des Irakkriegs*, S. 144f.; Bührer, »Hehe und Schutztruppe«, S. 265; Bührer, *Kaiserliche Schutztruppe*, S. 237; Clayton, *Wars of French Decolonization*, S. 58, 116; Grau, *Bear Over the Mountain*, S. 204; Khodarkovsky, *Russia's Steppe Frontier*, S. 141; Kiernan, *Colonial Empires*, S. 45; Linn, *Counterinsurgency in the Philippine War*, S. 140f.; Nasson, *South African War*, S. 122–128, 130–134, 200; Stucki, *Aufstand und Zwangsumsiedlung*, S. 80–84; Utley, *Custer*, S. 74; Veltzé, *Schlacht bei Adua*, S. 75.

335 Vandervort, *Indian Wars*, S. 132; Walter, »›The Enemy Must Be Brought to Battle‹«.

336 Emil von Zelewski, Über Truppenführung in Ostafrika, zit. nach Arnold, »Schlacht bei Rugaro«, S. 104f.

337 Utley, *Custer*, S. 158.

338 *Die Kämpfe der deutschen Truppen in Südwestafrika*, Bd. 1, S. 66.

339 Franklin, »Autobiography«, S. 1441.

340 Utley, *Custer*, S. 67.

341 Prince, *Gegen Araber und Wahehe*.

342 Lock/Quantrill, *Zulu Victory*, S. 15.
343 Ebenda, S. 74.
344 Ebenda, S. 40; Laband, *Zululand Campaign*, S. 31.
345 Lock/Quantrill, *Zulu Victory*, S. 134. Vgl. Manning, »Learning the Trade«, S. 651–653.
346 Gordon, *Khartoum Journal*, S. 44.
347 Ebenda, S. 71.
348 Belich, *Victorian Interpretation*, S. 120, 312–314; Bond, »South African War«, S. 218, 227, 230; Charney, *Southeast Asian Warfare*, S. 187; Denzer, »Sierra Leone – Bai Bureh«, S. 244; Gann/Duignan, *Rulers of British Africa*, S. 87; Hassig, »Eroberung Mexikos«, S. 73, 110; Khodarkovsky, »Krieg und Frieden«, S. 199; Kiernan, *Colonial Empires*, S. 40; Killingray, »Colonial Warfare«, S. 147; Macrory, *Signal Catastrophe*, S. 76; Marshall, *Russian General Staff*, S. 85, 89f.; Muffett, »Nigeria – Sokoto Caliphate«, S. 290f.; Nasson, *South African War*, S. 12, 69–72; Pemble, »Resources and Techniques«, S. 287–289; Porch, *Conquest of the Sahara*, S. 139f.; Powell, *Soldiers, Indians and Silver*, S. 32; Rose, »›Unsichtbare Feinde‹«, S. 219–221, 226; Schumacher, »›Niederbrennen, plündern und töten‹«, S. 125; Starkey, *European and Native American Warfare*, S. 146f.; Vandervort, *Indian Wars*, S. 9–11, 116, 176f.; Woolman, *Rebels in the Rif*, S. 72.
349 Pemble, »Resources and Techniques«, S. 288f.
350 Porch, *Conquest of the Sahara*, S. 86; Smith, »Nigeria – Ijebu«, S. 178.
351 1924 gegenüber dem US-Journalisten Paul Scott Mowrer, laut Furneaux, *Abdel Krim*, S. 161f.
352 Fall, *Hell in a Very Small Place*, S. 49f., 101–105, 451–455.
353 Janis, *Groupthink*.
354 Lock/Quantrill, *Zulu Victory*, S. 167–179; Porch, *Conquest of the Sahara*, S. 224, 227f.; Starkey, *European and Native American Warfare*, S. 147; Woolman, *Rebels in the Rif*, S. 88f.
355 Beckett, *Modern Insurgencies*, S. 38; Belich, »Krieg und transkulturelles Lernen«, S. 256f.; Belich, *Victorian Interpretation*, S. 318–325; Jones, *Conquest of the Last Maya Kingdom*, S. xxi.
356 Butlin, *Geographies of Empire*, S. 350–395; Fourniau, »Colonial Wars before 1914«, S. 76; Honold, »Raum ohne Volk«, S. 97f.
357 Edgerton, *Mau Mau*, S. 139; Gordon, »Limited Adoption«, S. 243; Linn, *Counterinsurgency in the Philippine War*, S. 169f.
358 Ballantyne, »Information and Intelligence«, S. 177; Charney, »Iberier und Südostasiaten«, S. 187–189; Connor, »Briten und Darug«, S. 234f.; Gould, *Imperial Warriors*, S. 62; Häberlein, »Macht und Ohnmacht«, S. 87; Hassig, *Mexico and the Spanish Conquest*, S. 138; Hemming, *Conquest of the Incas*, S. 25; Hemming, *Red Gold*, S. 288; Jones, *Conquest of the Last Maya Kingdom*, S. 233, 240; Kars, »›Cleansing the Land‹«, S. 263–268; Lappas, »Lernen inmitten des Blutvergießens«, S. 157–162, 175; Lee, »Projecting Power«, S. 9f.; Lock/Quantrill, *Zulu Victory*, S. 47f.; Morlang, *Askari und Fitafita*, S. 66; Oudijk/Restall, »Mesoamerican Conquistadors«, S. 38–41; Palmer, *Colonial Genocide*, S. 102f.; Plank, »Deploying Tribes and Clans«, S. 223.

[359] Guilmartin, »Cutting Edge«, S. 58f.; Hemming, *Conquest of the Incas*, S. 99; James, *Raj*, S. 145–147; Jones, *Conquest of the Last Maya Kingdom*, S. 136–139, 145f.; Penn, *Forgotten Frontier*, S. 119; Utley, *Frontier Regulars*, S. 50, 377–381; Vandervort, *Indian Wars*, S. 202f., 208–210. Auch hervorgehoben von Callwell, *Small Wars*, S. 143–145.

[360] Ballantyne, »Information and Intelligence«; Bührer, »Hehe und Schutztruppe«, S. 279f.; Butlin, *Geographies of Empire*, S. 325–349; DeFronzo, *Iraq War*, S. 215; Hée, *Imperiales Wissen*, S. 51–120; Honold, »Raum ohne Volk«, S. 99; Kirk-Greene, »›Damnosa Hereditas‹«; Kuß, *Deutsches Militär*, S. 238–243, 379–386, 393f.; Livingstone, *Geographical Tradition*, S. 241–245; Marshall, *Russian General Staff*, S. 3–10, 15–30; McCoy, »Imperial Illusions«, S. 363–367; Miège, »Conquest of Morocco«, S. 204f.; Omissi, *Sepoy and the Raj*, S. 23–32; Osterhammel, *Verwandlung der Welt*, S. 1158–1167; Paillard, »Expedition to Madagascar«, S. 170f.; Slatta, »›Civilization‹ Battles ›Barbarism‹«, S. 142; Wendt, *Vom Kolonialismus zur Globalisierung*, S. 302f. Die Grenzen des Verstehens aus solchem Faktenwissen betont Trotha, »Was war Kolonialismus?«, S. 83.

[361] Beckett, *Modern Insurgencies*, S. 156f.; Cann, *Counterinsurgency in Africa*, S. 114–125; Clayton, *Wars of French Decolonization*, S. 61, 154f.; Coates, *Suppressing Insurgency*, S. 167f.; Fall, *Hell in a Very Small Place*, S. 104; Mockaitis, *British Counterinsurgency*, S. 73–76; Walter, »Kolonialkrieg, Globalstrategie und Kalter Krieg«, S. 120.

[362] Beckett, *Modern Insurgencies*, S. 194–204.

[363] McCoy, »Imperial Illusions«, S. 373–378.

[364] Anderson/Pols, »Scientific Patriotism«; Beckett, *Modern Insurgencies*, S. 81; Osterhammel, *Verwandlung der Welt*, S. 1147–1151; Wendt, *Vom Kolonialismus zur Globalisierung*, S. 278f., 342f.

[365] Zur Begrifflichkeit: Füssel, »Lernen – Transfer – Aneignung«, S. 36f.

[366] Moreman, »›Small Wars‹«, S. 107f.

[367] *Field Manual 3-24*, S. ix; Moreman, *Army in India*, S. 140, 143–144; Roxborough, »Lessons of Counterinsurgency«, S. 40. Eine revisionistische Gegenposition behauptet, dass eben die Einsicht, Kriege an der Peripherie seien *sui generis*, ein von Kolonialoffizieren geschaffener instrumenteller Mythos ist, der ihre eigene militärische Spezialisierung aufwerten und ihre brutalen überseeischen Aktivitäten von ziviler Kontrolle im Mutterland abschirmen sollte – eine Ansicht, die angesichts der in Kap. 1 diskutierten Rolle französischer Offiziere in der Eroberung Afrikas vermutlich nicht zufällig von einem Spezialisten für die *französische* Kolonialkriegführung kommt. Porch, »Myths and Promise of COIN«. Dass spanische Praktiker den »einzigartigen Charakter« des Krieges auf Kuba betonten, sahen zeitgenössische Kritiker als durchsichtigen Versuch, vom eigenen Versagen abzulenken. Der offiziellen spanischen Position zufolge war Kleinkrieg Kleinkrieg, egal wo. Stucki, *Aufstand und Zwangsumsiedlung*, S. 33–36.

[368] Beckett, *Modern Insurgencies*, S. 184–187; Bierling, *Geschichte des Irakkriegs*, S. 165f.; Boot, *Savage Wars of Peace*, S. 282–284; Fischer, »Suppen, Messer und Löffel«; Greiner, *Krieg ohne Fronten*, S. 74–90; Joes, *America and Guerrilla Warfare*; Linn, »Cerberus' Dilemma«, S. 123; Nagl, *Soup with a Knife* (2005),

S. 151–180, 217; Nagl, »Soup with a Knife (1999)«, S. 196; Pavilonis, »Irregular War in Afghanistan«; Sarkesian, »American Response«, S. 37; Utley, Custer, S. 50; Utley, »Cultural Clash«, S. 92–94, 100–102; Utley, *Frontier Regulars*, S. 46; Utley, *Frontiersmen in Blue*, S. 33, 57; Vandervort, *Indian Wars*, S. 53–62. Andere Streitkräfte: Cann, *Counterinsurgency in Africa*, S. 61–63; Isby, *War in a Distant Country*, S. 53–66; Porch, *Conquest of the Sahara*, S. 223f., 227f.

[369] Vgl. Kap. 1, »Die Grenzen der Machtprojektion«.

[370] Zur Logik der Institution Militär siehe Abrahamsson, *Military Professionalization*, S. 59–70; Elbe/Richter, »Militär«, S. 139–143; Hagen/Tomforde, »Militärische Organisationskultur«, S. 183–193; Huntington, *Soldier and State*, S. 59–79; Janowitz, *Professional Soldier*, S. 21–75.

[371] Bradford, »Preface«, S. xvii; Kanya-Forstner, »French Marines«, S. 121f.; Laqueur, *Guerrilla Warfare*, S. 51; Marshall, *Russian General Staff*, S. 50f.; Moreman, »›Small Wars‹«, S. 125; Schmidl, »Kolonialkriege«, S. 113; Starkey, *European and Native American Warfare*, S. 56; Tugwell, »Adapt or Perish«, S. 8; Whittingham, »›Savage Warfare‹«, S. 591f.

[372] Vandervort, *Indian Wars*, S. 72f.; Walter, *Dschungelkrieg und Atombombe*, S. 52f., 126–141.

[373] Beckett, *Modern Insurgencies*, S. 41f., 205; Bradford, »Preface«, S. xvii.

[374] Charters, »Palestine to Northern Ireland«, S. 229–234; Strachan, *Politics of the British Army*; Strachan, »British Way in Warfare«; Walter, *Dschungelkrieg und Atombombe*, S. 74–77.

[375] Siehe weiter oben den Abschnitt »Streitkräfte«.

[376] Beckett, *Modern Insurgencies*, S. 186; Connor, *Australian Frontier Wars*, S. 14; Roxborough, »Lessons of Counterinsurgency«, S. 40.

[377] Gann/Duignan, *Rulers of British Africa*, S. 76f.; Kanya-Forstner, »French Marines«, S. 121f.; Kiernan, *Colonial Empires*, S. 181–183; Porch, »French Colonial Forces«, S. 180f.; Wesseling, »Wars and Peace«, S. 67–69.

[378] Eberspächer, »›Albion zal hier‹«, S. 196. Positiver zum britischen Lernen aus dem Burenkrieg: Nasson, *South African War*, S. 286f.

[379] Porch, »French Colonial Forces«, S. 180.

[380] Bond, »Editor's Introduction«, S. 25.

[381] Strachan, *European Armies*, S. 84–88.

[382] Paret, »Colonial Experience«.

[383] Bryant, »Asymmetric Warfare«, S. 440.

[384] Beckett, *Modern Insurgencies*, S. 25.

[385] Helbling, *Tribale Kriege*, S. 142.

[386] Vgl. Kap. 3, »Militärische Notwendigkeit«.

[387] Brumwell, »›Service Truly Critical‹«; Grenier, *First Way of War*, S. 32–39; Kopperman, *Braddock at the Monongahela*, S. 126f.; Malone, *Skulking Way of War*, S. 100; Starkey, »Lernen im Kolonialkrieg«, S. 141–144; Starkey, *European and Native American Warfare*, S. 82–91, 97–101, 107–109, 133–135. Vgl. für andere Armeen und Einsatzräume Barua, »Military Developments in India«, S. 613, 616; Khodarkovsky, »Krieg und Frieden«, S. 218; Lemke, »Kolonialgeschichte als Vorläufer?«, S. 290f.; Mockaitis, »Origins of British Counter-Insurgency«,

S. 221–223; Moor, »Warmakers in the Archipelago«, S. 54; Moreman, *Army in India*, S. 177; Rickey, *Forty Miles a Day*, S. 280–282; Thornton, »Art of War in Angola«, S. 97; Utley, *Frontiersmen in Blue*, S. 342–346; Vandervort, *Indian Wars*, S. 73f., 88f.

[388] Greiner, *Krieg ohne Fronten*, S. 127–131.

[389] Connor, *Australian Frontier Wars*, S. 12; Vandervort, *Wars of Imperial Conquest*, S. 54.

[390] Grenier, *First Way of War*, S. 22; Starkey, »Conflict and Synthesis«, S. 75; Starkey, *European and Native American Warfare*, S. 41f., 81.

[391] Beckett, *Modern Insurgencies*, S. 44–48, 129; Jones, *Counterinsurgency and the SAS*, S. 128f.; Mockaitis, *British Counterinsurgency*, S. 69–83.

[392] Gottmann, »Bugeaud, Galliéni, Lyautey«, S. 235–238; Martin, »From Algiers to N'Djamena«, S. 81–87; Miège, »Conquest of Morocco«, S. 207; Wesseling, »Wars and Peace«, S. 61–63.

[393] Miège, »Conquest of Morocco«, S. 207; Wesseling, »Wars and Peace«, S. 65–67.

[394] Guilmartin, »Cutting Edge«, S. 56; Hassig, *Mexico and the Spanish Conquest*, S. 63f.; Lee, »Projecting Power«, S. 6; Restall, *Myths of the Spanish Conquest*, S. 46–48.

[395] Stucki, *Aufstand und Zwangsumsiedlung*, S. 36–38.

[396] Cann, *Counterinsurgency in Africa*, S. 10f.

[397] Charney, »Iberier und Südostasiaten«, S. 194f.

[398] Khodarkovsky, »Krieg und Frieden«, S. 198–200.

[399] Marshall, *Russian General Staff*, S. 20f., 65f.

[400] Ebenda, S. 46–51.

[401] Isby, *War in a Distant Country*, S. 73.

[402] Michels, »›Ostasiatisches Expeditionskorps‹«, S. 416.

[403] Beckett, *Modern Insurgencies*, S. 204–206; Linn, »Cerberus' Dilemma«, S. 130–132; Sarkesian, »American Response«; Utley, *Custer*, S. 166–168; Vandervort, *Indian Wars*, S. 136.

[404] Cahn, »Kriegsgreuel im Algerienkrieg«, S. 380; Clayton, *Wars of French Decolonization*, S. 129f.; Fall, *Hell in a Very Small Place*, S. 440–442.

[405] Crawford, »Sikh Wars«, S. 40f.; Nasson, *South African War*, S. 117–144; Walter, »›The Enemy Must Be Brought to Battle‹«.

[406] Charney, *Southeast Asian Warfare*, S. 271; Rink, »Kleiner Krieg«.

[407] Chet, *Conquering the Wilderness*, S. 1–3; Starkey, »Lernen im Kolonialkrieg«, S. 142–144; Starkey, *European and Native American Warfare*, S. 3f., 10–12; Strachan, *European Armies*, S. 27–32.

[408] Vargas Machuca, *Indian Militia and Description of the Indies*, S. 81–132. Gefeiert als das »erste Guerillakriegshandbuch, das je veröffentlicht wurde«, von Parker, *Military Revolution*, S. 120. Inwieweit die Schrift gelesen wurde, ist allerdings unklar. Lane, »Introductory Study«, S. xix.

[409] Beckett, »British Counter-Insurgency«, S. 784f.

[410] Beckett, *Modern Insurgencies*, S. 48; Lemke, »Kolonialgeschichte als Vorläufer?«, S. 290f.; Moreman, *Army in India*, S. 169–179; Moreman, »›Small Wars‹«, S. 115–117.

411 *The Conduct of Anti-Terrorist Operations in Malaya.*
412 Jones, *Counterinsurgency and the SAS*, S. 134–137.
413 Callwell, *Small Wars*, S. 4.
414 Gates, »Callwell, Small Wars (Review)«, S. 382.
415 Whittingham, »›Savage Warfare‹«, S. 592.
416 Anglim, »Callwell versus Graziani«, S. 592.
417 Mir ist keine Studie der Callwell-Rezeption in Großbritannien oder international bekannt, und doch wird Callwell bis heute weithin zitiert. Gates, »Callwell, Small Wars (Review)«. Der Neudruck 1996 erklärt Callwell – bei aller Kritik an seiner Präferenz für militärische Lösungen politischer Probleme – für periphere Konflikte zum bis heute aktuellen »Clausewitz des Kolonialkrieges«. Porch, »Introduction«, S. v, vii, xii, xvii. Die Bedeutung von Callwell zumindest für die britische Armee allgemein relativiert Beckett, »British Counter-Insurgency«, S. 785.
418 Beckett, *Modern Insurgencies*, S. 44.
419 Anglim, »Callwell versus Graziani«, S. 592.
420 Gwynn, *Imperial Policing.*
421 Moreman, »›Small Wars‹«, S. 108–110.
422 Lyautey, *Rôle colonial de l'armée*, S. 20.
423 Beckett, *Modern Insurgencies*, S. 41.
424 Ditte, *Guerre dans les Colonies.*
425 Lieb, »Guerre Révolutionnaire«.
426 Ebenda, S. 466.
427 Trinquier, *Guerre moderne*, S. 14–21.
428 Galula, *Counterinsurgency Warfare.*
429 Thompson, *Defeating Communist Insurgency.*
430 *Field Manual 3–24*, S. viii. Vgl. DeFronzo, *Iraq War*, S. 226–229.
431 *Small Wars Manual.*
432 Beckett, *Modern Insurgencies*, S. 48–50. Positiver sieht das Small Wars Manual: Boot, *Savage Wars of Peace*, S. 282–284.
433 Faktisch allerdings war vor allem von peripheren Kriegsschauplätzen die Rede. Chacón, *Guerras Irregulares.*
434 Stucki, *Aufstand und Zwangsumsiedlung*, S. 38–41.
435 Beckett, *Modern Insurgencies*, S. 41f.
436 Gregorian, »›Jungle Bashing‹ in Malaya«, S. 346–348.
437 Klose, »›Antisubversiver Krieg‹«, S. 489f.
438 Cann, *Counterinsurgency in Africa*, S. 74–78.
439 Gerwarth/Malinowski, »Holocaust als ›kolonialer Genozid‹?«.
440 Lappas, »Lernen inmitten des Blutvergießens«, S. 163.
441 Callwell, *Small Wars*, S. 3; Rink, »Kleiner Krieg«, S. 442.
442 Killingray, »Colonial Warfare«, S. 156; Kuß, *Deutsches Militär*, S. 189–198; Miège, »Conquest of Morocco«, S. 201, 212; Potempa, »Raum und seine Beherrschung«, S. 446–448; Stucki, »Bevölkerungskontrolle in asymmetrischen Konflikten«, S. 250–255; Vandervort, *Indian Wars*, S. 17–20, 60f.
443 Cann, *Counterinsurgency in Africa*, S. 61–63; Tugwell, »Adapt or Perish«, S. 8.

444 Klose, »›Antisubversiver Krieg‹«, S. 495–499.
445 Beckett, *Modern Insurgencies*, S. 198; Clayton, *Wars of French Decolonization*, S. 181f.
446 Charters/Tugwell, *Armies in Low-Intensity Conflict*, S. 254f.
447 Strachan, *Politics of the British Army*, S. 215–218; Walter, *Dschungelkrieg und Atombombe*.
448 Geraghty, *Who Dares Wins*, S. 51–53.
449 Martin, »From Algiers to N'Djamena«, S. 100–123.
450 Cann, *Counterinsurgency in Africa*, S. 40–46, 78–81.
451 Gerlach, *Extremely Violent Societies*, S. 229.
452 Ebenda, S. 228–232.
453 Arriaga, *Guerra e politica*, S. 50. Den Hinweis auf das Zitat verdanke ich Andreas Stucki.
454 Belich, *Victorian Interpretation*, S. 316; Lee, »Fortify, Fight, or Flee«, S. 727–731, 736; Malone, *Skulking Way of War*, S. 75; Vandervort, *Indian Wars*, S. 119. Überhaupt scheinen indigene Befestigungen besonders häufig das Überläufermotiv abgerufen zu haben. Für andere Fälle Jones, *Maya Resistance to Spanish Rule*, S. 26–28; Thornton, »Warfare, Slave Trading and European Influence«, S. 137.
455 Cooper, »Culture, Combat, and Colonialism«, S. 540; Law, »Warfare on the Slave Coast«, S. 110; Thornton, »African Soldiers in the Haitian Revolution«, S. 64f.; Vandervort, *Wars of Imperial Conquest*, S. 21.
456 Hemming, *Red Gold*, S. 30.
457 Belich, »Krieg und transkulturelles Lernen«, S. 256; Cocker, *Rivers of Blood*, S. 144.
458 Peers, »Revolution, Evolution, or Devolution«, S. 83.
459 Woolman, *Rebels in the Rif*, S. 151f.
460 Barua, »Military Developments in India«, S. 604–613; Charney, »Iberier und Südostasiaten«, S. 197; Charney, *Southeast Asian Warfare*, S. 237–243; Penn, *Forgotten Frontier*, S. 139; Ranger, *Revolt in Southern Rhodesia*, S. 118f.
461 Person, »Guinea«, S. 134.
462 Woolman, *Rebels in the Rif*, S. 151f.
463 Die Lernfähigkeit der Maori betonen die Arbeiten von James Belich, aber auch die Japaner, nordamerikanischen Indianer und Javanesen, ja sogar die australischen Aborigines gelten nun als technisch und taktisch innovationsfreudig. Belich, »Krieg und transkulturelles Lernen«, S. 250–252; Belich, *Victorian Interpretation*, S. 292–298; Connor, *Australian Frontier Wars*, S. 20f., 40–43; Lee, »Fortify, Fight, or Flee«, S. 715–718, 723; Ricklefs, *War, Culture and Economy*, S. 13f., 130; Starkey, *European and Native American Warfare*, S. 71–74, 145f.; Varley, »Warfare in Japan«, S. 64–70. Zu den Modernisierungsdiktaturen der islamischen Welt im 18. und 19. Jahrhundert siehe Kap. 1, »Die Gegner der Imperien«. Die taktische Lernfähigkeit afrikanischer Akteure hält die Forschung allerdings bis heute für mehrheitlich gering – mit signifikanten Ausnahmen wie der Samori Tourés. Crowder, »Introduction«, S. 14f.; Vandervort, *Wars of Imperial Conquest*, S. 54–55, 132–133.

⁴⁶⁴ Lee, »Fortify, Fight, or Flee«, S. 744f.
⁴⁶⁵ Barua, »Military Developments in India«, S. 599f.; Bryant, »Asymmetric Warfare«, S. 442.
⁴⁶⁶ Thornton, »African Soldiers in the Haitian Revolution«.
⁴⁶⁷ Lee, »Fortify, Fight, or Flee«, S. 745f., 749–757, 768f.
⁴⁶⁸ Belich, »Krieg und transkulturelles Lernen«, S. 246–249; Belich, *Victorian Interpretation*, S. 45f.
⁴⁶⁹ Anderson, *Under Three Flags*; Burbank/Cooper, *Empires in World History*, S. 326f., 402–404; Edwards, »Shadows of Shadows«; Feichtinger, »Von Brüssel nach Bandung«; Malley, *Call from Algeria*, S. 21–27; Prashad, *A People's History of the Third World*; Wendt, *Vom Kolonialismus zur Globalisierung*, S. 285f. Für sein Vortragsmanuskript und einige dieser Literaturhinweise danke ich Moritz Feichtinger. Einen in der Reichweite begrenzteren Vorläufer solcher internationalen Kooperationen mag man in den antikolonialen Netzwerken spanisch-amerikanischer Revolutionäre Anfang des 19. Jahrhunderts sehen. Rinke, *Revolutionen in Lateinamerika*, S. 44–67.
⁴⁷⁰ Kramer, »Race-Making and Colonial Violence«, S. 195; Linn, *Counterinsurgency in the Philippine War*, S. 5f. Vgl. zum praktischen Erfahrungsaustausch auch Gerlach, *Extremely Violent Societies*, S. 228.
⁴⁷¹ U. a. Mao, »Über den langwierigen Krieg«; Mao, »Strategische Probleme des Partisanenkriegs«; Mao, »Strategische Probleme des revolutionären Krieges«.
⁴⁷² Guevara, *Guerilla*; Marighela, »Handbuch des Stadtguerillero«; Vo Nguyen Giap, *Volkskrieg, Volksarmee*. Vgl. Beckett, *Modern Insurgencies*, S. 70–81; Gates, »Two American Wars«, S. 59, 62–65; Heuser. *Rebellen – Partisanen – Guerilleros*, S. 97–109.
⁴⁷³ Beckett, *Modern Insurgencies*, S. 79–81, 170f., 174–176.
⁴⁷⁴ Porter, *Military Orientalism*, S. 62f.
⁴⁷⁵ Bryant, »Asymmetric Warfare«, S. 433f.; Mostert, *Military System*, S. 25. Vgl. S. 220f. die Bemerkungen zu Anstrengungen, die Diffusion von Waffen und Pferden zu verhindern.
⁴⁷⁶ Guilmartin, »Cutting Edge«; Hassig, »Eroberung Mexikos«, S. 107–109.
⁴⁷⁷ In anderen Fällen war der europäische Einfluss vielleicht so sporadisch und transitorisch, dass er für lange Zeit keine Anpassungsleistung zu erfordern schien, wie für Niederländisch-Indien angemerkt worden ist. Moor, »Warmakers in the Archipelago«, S. 66.
⁴⁷⁸ Jones, *Conquest of the Last Maya Kingdom*, S. xxi; Lee, »Projecting Power«, S. 6f.; Lee, »Fortify, Fight, or Flee«, S. 731, 745f.
⁴⁷⁹ Lappas, »Lernen inmitten des Blutvergießens«, S. 175–178; Malone, *Skulking Way of War*, S. 100; Plank, »Deploying Tribes and Clans«, S. 221–223; Starkey, »Conflict and Synthesis«, S. 82.
⁴⁸⁰ Ricklefs, *War, Culture and Economy*, S. 128–130.
⁴⁸¹ Bryant, »Asymmetric Warfare«, S. 462f.; Cooper, »Culture, Combat, and Colonialism«, S. 540f., 546; Gordon, »Limited Adoption«, S. 243; Heathcote, *Military in British India*, S. 21–37.

482 Lee, »Projecting Power«, S. 7; Thornton, »Art of War in Angola«, S. 81f.; Whitehead, »Tribes Make States«, S. 142f.
483 White, *Middle Ground*, S. ix–xv. Vgl. Bitterli, *Die ›Wilden‹ und die ›Zivilisierten‹*, S. 161–173; Morillo, »Typology of Transcultural Wars«, S. 36; Petillo, »Leaders and Followers«, S. 184; Porter, *Military Orientalism*, S. 19.
484 Lappas, »Lernen inmitten des Blutvergießens«, S. 174; Starkey, »Lernen im Kolonialkrieg«, S. 141, 150; Starkey, *European and Native American Warfare*, S. 57–59.
485 Charney, »Iberier und Südostasiaten«, S. 197.
486 Ebenso wie die portugiesischen Frontierkämpfer im frühen Brasilien: Hemming, *Red Gold*, S. 223.
487 Lynn, *Battle*, S. 176f.
488 Gann/Duignan, *Rulers of Belgian Africa*, S. 80f.; Gann/Duignan, *Rulers of German Africa*, S. 114f., 123; Kiernan, *Colonial Empires*, S. 183–190; Teitler, »The Mixed Company«, S. 158–167.
489 Starkey, *European and Native American Warfare*, S. 125–129.
490 Trotha, »Was war Kolonialismus?«, S. 73.
491 Porter, *Military Orientalism*, S. 19.
492 So auch Bryant, »Asymmetric Warfare«, S. 433.
493 *Field Manual 3–24*, S. ixf.
494 Füssel, »Lernen – Transfer – Aneignung«, S. 41.

Schluss

1 Keeley, *War Before Civilization*, S. 81.
2 Citino, *German Way of War*.
3 Arreguín-Toft, »How the Weak Win Wars«, S. 96f.
4 Helbling, »Tribale Kriege und expandierende Staaten«, S. 70. Ähnlich Kanya-Forstner, »French Marines«, S. 137; Marshall, »Western Arms in Maritime Asia«, S. 13.
5 Utley, »Cultural Clash«, S. 92.
6 Beaumont, »Introduction«, S. 11; Killingray, »Colonial Warfare«, S. 147; Walter, »›The Enemy Must Be Brought to Battle‹«.
7 Im Übrigen müsste selbst diese Unterscheidung nach Siedler- und Herrschaftskolonien, so unklar die Antwort bereits für die zweite Kategorie ausfällt, noch Mischformen Rechnung tragen, wie Südafrika, wo der Untergang der Khoisan in der frühen Neuzeit ins eine Muster passt, die faktische Dekolonisation nach 1990 mit der Übergabe der Macht an die Bantu-Mehrheitsbevölkerung hingegen ins andere.
8 Kundrus/Walter, »Anpassung und Lernen«, S. 32.
9 Eine andere Variable, die den westlichen Einsatz in Imperialkriegen betrifft, ist das Diktat der Vermeidung eigener Verluste zumindest in westlichen Demokratien in den letzten Dekaden. Da diese Verlustvermeidung aber mit einer Intensivierung der Feuerkraft erkauft wird, ist sie für das Konfliktmuster des Impe-

rialkrieges letztlich relativ neutral. Die Behauptung Gil Meroms, Demokratien könnten periphere Kriege nicht gewinnen, weil sie zum rücksichtslosen intensiven Gewalteinsatz nicht genügend bereit sind, ist nicht nur gewaltverherrlichend (»Brutalität zahlt sich aus«) sondern unterstellt vor allem auch fälschlich, der Stärkere könne letztlich jeden Konflikt gewinnen, wenn er nur die Samthandschuhe auszieht. Merom, *How Democracies Lose Small Wars*, S. 15, 42–47, 230.

[10] Pagden, *Lords of All the World*, S. 31–52, 73–86, 91–102.

[11] Und zu einem gewissen Grad auch noch danach: Kam der Kalte Krieg unmittelbar nach 1945 nach Asien, so dauerte es in Afrika bis ungefähr 1960, in Lateinamerika noch länger, bevor die bipolare Weltordnung dort allgemein die imperiale Konstellation zu bestimmen begann. Überblick u.a. bei Westad, *Global Cold War*.

[12] Rainero, »Battle of Adowa«, S. 189f.

[13] Nasson, *South African War*, S. xiv, 7.

[14] Linn, *Counterinsurgency in the Philippine War*, S. 17–20. Vgl. ganz gegenteilig Gates, »Two American Wars«, S. 58f., 68.

[15] Galbraith, »›Turbulent Frontier‹«.

[16] Delaporte, »Lessons from Mali«; Lussato, »Mali«.

[17] Aldrich, »When Did Decolonization End?«, S. 223–228.

[18] Trotha, »Utopie staatlicher Herrschaft«, S. 228, 245.

[19] Feichtinger/Malinowski, »Konstruktive Kriege?«, S. 290–305. Vgl. für ein Beispiel Markel, »Draining the Swamp«.

[20] Marthoz, »War ›without images and without facts‹«; Ryan, »Mali journalists despair«.

Literaturverzeichnis

»9 questions about the Mali conflict. Who started it, and what's it all about?«, in: *CBC News World*, 14. Januar 2013. URL: http://www.cbc.ca/news/world/story/2013/01/14/f-mali-faq.html [17. 07. 2013].

Abernathy, David B., *The Dynamics of Global Dominance. European Overseas Empires 1415–1980*, New Haven, CT 2000.

Abler, Thomas S., »Beavers and Muskets. Iroquois Military Fortunes in the Face of European Colonization«, in: R. Brian Ferguson und Neil L. Whitehead (Hg.), *War in the Tribal Zone. Expanding States and Indigenous Warfare*, Santa Fe, NM 1992, S. 151–174.

Abrahamsson, Bengt, *Military Professionalization and Political Power*, Beverly Hills, CA 1972.

Abun-Nasr, Jamil M., »Der Staat im Maghrib und seine Entwicklung nach 1830«, in: Wolfgang Reinhard (Hg.), *Verstaatlichung der Welt? Europäische Staatsmodelle und außereuropäische Machtprozesse* (Schriften des Historischen Kollegs, Kolloquien, Bd. 47), München 1999, S. 189–205.

Aksan, Virginia H., »Ottoman War and Warfare 1453–1812«, in: Jeremy Black (Hg.), *War in the Early Modern World, 1450–1815*, London 1998, S. 147–175.

Aldrich, Robert, »When Did Decolonization End? France and the Ending of Empire«, in: Alfred W. McCoy, Josep M. Fradera und Stephen Jacobson (Hg.), *Endless Empire. Spain's Retreat, Europe's Eclipse, America's Decline*, Madison, WI 2012, S. 216–229.

Alexander, Martin S., Martin Evans und John F. V. Keiger (Hg.), *The Algerian War and the French Army, 1954–62. Experiences, Images, Testimonies*, Basingstoke 2002.

Altman, Ida, »Conquest, Coercion, and Collaboration. Indian Allies and the Campaigns in Nueva Galicia«, in: Laura E. Matthew und Michel R. Oudijk (Hg.), *Indian Conquistadors. Indigenous Allies in the Conquest of Mesoamerica*, Norman, OK 2007, S. 145–174.

Álvarez, José E., *The Betrothed of Death. The Spanish Foreign Legion during the Rif Rebellion, 1920–1927*, Westport, CT 2001.

Anderson, Benedict, *Under Three Flags. Anarchism and the Anti-Colonial Imagination*, London 2005.

Anderson, David, *Histories of the Hanged. Britain's Dirty War in Kenya and the End of Empire*, London 2005.

Anderson, Warwick, und Hans Pols, »Scientific Patriotism. Medical Science and National Self-Fashioning in Southeast Asia«, in: Alfred W. McCoy, Josep M. Fradera und Stephen Jacobson (Hg.), *Endless Empire. Spain's Retreat, Europe's Eclipse, America's Decline*, Madison, WI 2012, S. 262–275.

Andreopoulos, George J., »The Age of National Liberation Movements«, in: Michael Howard, George J. Andreopoulos und Mark R. Shulman (Hg.), *The Laws of War. Constraints on Warfare in the Western World*, New Haven, CT 1994, S. 191–213.

Andrien, Kenneth J., und Rolena Adorno (Hg.), *Transatlantic Encounters. Europeans and Andeans in the Sixteenth Century*, Berkeley, CA 1991.

Anglim, Simon, »Callwell versus Graziani. How the British Army Applied ›Small Wars‹ Techniques in Major Operations in Africa and the Middle East, 1940–41«, in: *Small Wars and Insurgencies* 19 (2008), H. 4, S. 588–608.

Antlöv, Hans, und Stein Tønnesson (Hg.), *Imperial Policy and Southeast Asian Nationalism. 1930–1957* (Studies in Asian Topics, Bd. 19), Richmond 1995.

Arai-Takahashi, Yutaka, »Disentangling Legal Quagmires. The Legal Characterisation of the Armed Conflicts in Afghanistan since 6/7 October 2001 and the Question of Prisoner of War Status«, in: *Yearbook of International Humanitarian Law* 5 (2002), S. 61–105.

Arnold, Bernd, »Die Schlacht bei Rugaro 1891 (Tansania, Iringa). Verlauf der Kämpfe und Ursachen der Niederlage des Expeditionskorps der kaiserlichen Schutztruppe für Deutsch-Ostafrika«, in: Peter Heine und Ulrich van der Heyden (Hg.), *Studien zur Geschichte des deutschen Kolonialismus in Afrika. Festschrift zum 60. Geburtstag von Peter Sebald*, Pfaffenweiler 1995, S. 94–113.

Arreguín-Toft, Ivan, »How the Weak Win Wars. A Theory of Asymmetric Conflict«, in: *International Security* 26 (2001), H. 1, S. 93–128.

Arriaga, Kaúlza de, *Guerra e politica. Em nome da verdade os anos decisivos*, Lisboa 1988.

Atkinson, Rich, *An Army at Dawn. The War in North Africa, 1942–1943*, New York 2002.

Auch, Eva-Maria, und Stig Förster (Hg.), *›Barbaren‹ und ›Weiße Teufel‹. Kulturkonflikte und Imperialismus in Asien vom 18. bis zum 20. Jahrhundert*, Paderborn 1997.

Baberowski, Jörg (Hg.), *Moderne Zeiten? Krieg, Revolution und Gewalt im 20. Jahrhundert*, Göttingen 2006.

Baberowski, Jörg, »Diktaturen der Eindeutigkeit. Ambivalenz und Gewalt im Zarenreich und in der frühen Sowjetunion«, in: ders. (Hg.), *Moderne Zeiten? Krieg, Revolution und Gewalt im 20. Jahrhundert*, Göttingen 2006, S. 37–59.

Bailes, Howard, »Technology and Imperialism. A Case Study of the Victorian Army in Africa«, in: *Victorian Studies* 24 (1980), H. 1, S. 82–104.

Bailey, John W., »Civilization the Military Way. The Generals' View of the Plains Indians, 1866–91«, in: James C. Bradford (Hg.), *The Military and Conflict between Cultures. Soldiers at the Interface*, College Station, TX 1997, S. 109–129.

Balandier, Georges, »La Situation Coloniale. Approche Théorique«, in: *Cahiers Internationaux de Sociologie* 11 (1951), S. 44–79.

Balfour-Paul, Glen, »Britain's Informal Empire in the Middle East«, in: Judith M. Brown und William Roger Louis (Hg.), *The Oxford History of the British Empire*, Bd. 4: *The Twentieth Century*, Oxford 1999, S. 490–514.

Ballantyne, Tony, »Information and Intelligence in the Mid-Nineteenth-Century Crisis in the British Empire«, in: Alfred W. McCoy, Josep M. Fradera und Stephen Jacobson (Hg.), *Endless Empire. Spain's Retreat, Europe's Eclipse, America's Decline*, Madison, WI 2012, S. 169–181.

Bandini, Franco, *Gli Italiani in Africa. Storia delle guerre coloniali 1882–1943* (Il Mondo Nuovo, Bd. 98), Milano 1971.

Barany, Zoltan D., und Robert G. Moser (Hg.), *Ethnic Politics after Communism*, Ithaca, NY 2005.

Barkan, Elazar, »Genocides of Indigenous Peoples. Rhetoric of Human Rights«, in: Robert Gellately und Ben Kiernan (Hg.), *The Specter of Genocide. Mass Murder in Historical Perspective*, Cambridge 2003, S. 117–139.

Barkawi, Tarak, »On the Pedagogy of ›Small Wars‹«, in: *International Affairs* 80 (2004), H. 1, S. 19–37.

Barrett, Thomas M., *At the Edge of Empire. The Terek Cossacks and the North Caucasus Frontier, 1700–1860*, Boulder, CO 1999.

Barth, Boris, »Die Grenzen der Zivilisierungsmission. Rassenvorstellungen in den europäischen Siedlungskolonien Virginia, den Burenrepubliken und Deutsch-Südwestafrika«, in: Boris Barth und Jürgen Osterhammel (Hg.), *Zivilisierungsmissionen. Imperiale Weltverbesserung seit dem 18. Jahrhundert*, Konstanz 2005, S. 201–228.

Barth, Boris, »›Partisan‹ und ›Partisanenkrieg‹ in Theorie und Geschichte. Zur historischen Dimension der Entstaatlichung von Kriegen«, in: *Militärgeschichtliche Zeitschrift* 64 (2005), H. 1, S. 69–100.

Barth, Boris, und Jürgen Osterhammel (Hg.), *Zivilisierungsmissionen. Imperiale Weltverbesserung seit dem 18. Jahrhundert*, Konstanz 2005.

Barua, Pradeep, »Military Developments in India, 1750–1850«, in: *Journal of Military History* 58 (1994), H. 4, S. 599–616.

Baylis, John, Steve Smith und Patricia Owens (Hg.), *The Globalization of World Politics. An Introduction to International Relations*, 5. Aufl., Oxford 2011.

Bayly, Christopher Alan, »Editor's Concluding Note«, in: Eric Stokes, *The Peasant Armed. The Indian Revolt of 1857*, hg. v. Christopher Alan Bayly, Oxford 1986, S. 116–118.

Beaumont, Roger, »Introduction. Cross-Cultural Military Relations«, in: James C. Bradford (Hg.), *The Military and Conflict between Cultures. Soldiers at the Interface*, College Station, TX 1997, S. 3–14.

Bechtol, Bruce E., »Paradigmenwandel des Kalten Krieges. Der Koreakrieg 1950–1953«, in: Bernd Greiner, Christian Th. Müller und Dierk Walter (Hg.), *Heiße Kriege im Kalten Krieg* (Studien zum Kalten Krieg, Bd. 1), Hamburg 2006, S. 141–166.

Becker, Felicitas, und Jigal Beez (Hg.), *Der Maji-Maji-Krieg in Deutsch-Ostafrika 1905–1907*, Berlin 2005.

Beckett, Ian F. W., »British Counter-Insurgency. A Historiographical Reflection«, in: *Small Wars and Insurgencies* 23 (2012), H. 4–5, S. 781–798.

Beckett, Ian F. W., *Modern Insurgencies and Counter-Insurgencies. Guerrillas and their Opponents since 1750*, London 2001.

Beckett, Ian F. W., und John Pimlott (Hg.), *Armed Forces and Modern Counter-Insurgency*, New York 1985.

Beez, Jigal, »Mit Wasser gegen Gewehre. Die Maji-Maji-Botschaft des Propheten Kinjikitile«, in: Felicitas Becker und Jigal Beez (Hg.), *Der Maji-Maji-Krieg in Deutsch-Ostafrika 1905–1907*, Berlin 2005, S. 61–74.

Beissinger, Mark R., »Rethinking Empire in the Wake of Soviet Collapse«, in: Zoltan D. Barany und Robert G. Moser (Hg.), *Ethnic Politics after Communism*, Ithaca, NY 2005, S. 14–45.

Belich, James, »Krieg und transkulturelles Lernen in Neuseeland im 19. Jahrhundert«, in: Dierk Walter und Birthe Kundrus (Hg.), *Waffen Wissen Wandel. Anpassung und Lernen in transkulturellen Erstkonflikten*, Hamburg 2012, S. 239–257.

Belich, James, *The Victorian Interpretation of Racial Conflict. The Maori, the British, and the New Zealand Wars*, Montreal 1986.

Bell, David A., *The First Total War. Napoleon's Europe and the Birth of Modern Warfare*, London 2007.

Bellamy, Alex J., und Nicholas J. Wheeler, »Humanitarian Intervention in World Politics«, in: John Baylis, Steve Smith und Patricia Owens (Hg.), *The Globalization of World Politics. An Introduction to International Relations*, 5. Aufl., Oxford 2011, S. 510–525.

Belmessous, Saliha, »Assimilation and Racialism in Seventeenth and Eighteenth-Century French Colonial Policy«, in: *American Historical Review* 110 (2005), H. 2, S. 322–349.

Bergmann, Joachim, »Die Dynamik der Conquista«, in: Christof Dipper und Martin Vogt (Hg.), *Entdeckungen und frühe Kolonisation* (Wissenschaft und Technik, Bd. 63), Darmstadt 1993, S. 211–239.

Bertrand, Romain, »Norbert Elias et la question des violences impériales. Jalons pour une histoire de la ›mauvaise conscience‹ coloniale«, in: *Vingtième Siècle* (2010), H. 106, S. 127–140.

Best, Geoffrey, *Humanity in Warfare. The Modern History of the International Law of Armed Conflicts*, London 1983.

Beyrau, Dietrich, Michael Hochgeschwender und Dieter Langewiesche (Hg.), *Formen des Krieges. Von der Antike bis zur Gegenwart* (Krieg in der Geschichte, Bd. 37), Paderborn 2007.

Bierling, Stephan G., *Geschichte des Irakkriegs. Der Sturz Saddams und Amerikas Albtraum im Mittleren Osten*, München 2010.

Billington, Ray Allen, und Martin Ridge, *Westward Expansion. A History of the American Frontier*, 6. Aufl., Albuquerque, NM 2001.

Billington, Ray Allen, *Westward Expansion. A History of the American Frontier*, 4. Aufl., New York 1974.

Bilton, Michael, und Kevin Sim, *Four Hours in My Lai*, New York 1992.

Bitterli, Urs, *Die ›Wilden‹ und die ›Zivilisierten‹. Grundzüge einer Geistes- und Kulturgeschichte der europäisch-überseeischen Begegnung*, 2. Aufl., München 1991.

Black, Jeremy (Hg.), *European Warfare 1815–2000*, Basingstoke 2002.

Black, Jeremy (Hg.), *War in the Early Modern World, 1450–1815*, London 1998.

Black, Jeremy, »European Overseas Expansion and the Military Revolution«, in: George Raudzens (Hg.), *Technology, Disease and Colonial Conquests, Sixteenth to Eighteenth Centuries. Essays Reappraising the Guns and Germs Theories*, Leiden 2001, S. 1–30.

Black, Jeremy, »Introduction«, in: ders. (Hg.), *War in the Early Modern World, 1450–1815*, London 1998, S. 1–23.

Black, Jeremy, *Beyond the Military Revolution. War in the Seventeenth-Century World*, Basingstoke 2011.

Black, Jeremy, *European Warfare 1660–1815*, London 1994.

Black, Jeremy, *War in the World. A Comparative History, 1450–1600*, Basingstoke 2011.

Bloch, Marc, *L'étrange défaite. Témoignage écrit en 1940*, Paris 1990 [1946].

Bodin, Michel, »L'adaptation des hommes en Indochine (1945–1954)«, in: Maurice Vaïsse (Hg.), *L'Armée française dans la guerre d'Indochine (1946–1954). Adaptation ou inadaptation?*, Bruxelles 2000, S. 111–131.

Bodley, John H., *Der Weg der Zerstörung. Stammesvölker und die industrielle Zivilisation*, München 1983.

Boemeke, Manfred F., Roger Chickering und Stig Förster (Hg.), *Anticipating Total War. The German and American Experiences, 1871–1914*, Cambridge 1999.

Bond, Brian (Hg.), *Victorian Military Campaigns*, London 1994.

Bond, Brian, »Editor's Introduction«, in: ders. (Hg.), *Victorian Military Campaigns*, London 1994, S. 3–29.

Bond, Brian, »The South African War, 1880–1«, in: ders. (Hg.), *Victorian Military Campaigns*, London 1994, S. 201–240.

Boot, Max, *The Savage Wars of Peace. Small Wars and the Rise of American Power*, New York 2002.

Bourke, Joanna, *An Intimate History of Killing. Face-to-Face Killing in Twentieth-Century Warfare*, London 2000.

Bowen, Wayne H., und José E. Alvarez (Hg.), *A Military History of Modern Spain. From the Napoleonic Era to the International War on Terror*, Westport, CT 2007.

Bradford, James C. (Hg.), *The Military and Conflict between Cultures. Soldiers at the Interface*, College Station, TX 1997.

Bradford, James C., »Preface«, in: ders. (Hg.), *The Military and Conflict between Cultures. Soldiers at the Interface*, College Station, TX 1997, S. ix–xxi.

Bröchler, Anja, »›Was uns das Recht unseres Glaubens erlaubt zu tun‹. Kriegsgreuel in den Eroberungen Amerikas«, in: Sönke Neitzel und Daniel Hohrath (Hg.), *Kriegsgreuel. Die Entgrenzung der Gewalt in kriegerischen Konflikten vom Mittelalter bis ins 20. Jahrhundert* (Krieg in der Geschichte, Bd. 40), Paderborn 2008, S. 137–154.

Brogini-Künzi, Giulia, »Der Wunsch nach einem blitzschnellen und sauberen Krieg. Die italienische Armee in Ostafrika (1935/36)«, in: Thoralf Klein und Frank Schumacher (Hg.), *Kolonialkriege. Militärische Gewalt im Zeichen des Imperialismus*, Hamburg 2006, S. 272–290.

Brooks, Francis, »The Impact of Disease«, in: George Raudzens (Hg.), *Technology,*

Disease and Colonial Conquests, Sixteenth to Eighteenth Centuries. Essays Reappraising the Guns and Germs Theories, Leiden 2001, S. 127–165.

Broome, Richard, *Aboriginal Australians. Black Responses to White Dominance 1788–2001*, 3. Aufl., Crows Nest, NSW 2001.

Brower, Benjamin Claude, *A Desert Named Peace. The Violence of France's Empire in the Algerian Sahara, 1844–1902*, New York 2011.

Brown, Judith M., und William Roger Louis (Hg.), *The Oxford History of the British Empire*, Bd. 4: *The Twentieth Century*, Oxford 1999.

Brown, Michael F., und Eduardo Fernandez, »Tribe and State in a Frontier Mosaic. The Asháninka of Eastern Peru«, in: R. Brian Ferguson und Neil L. Whitehead (Hg.), *War in the Tribal Zone. Expanding States and Indigenous Warfare*, Santa Fe, NM 1992, S. 175–197.

Bruce, George, *The Burma Wars 1824–1886*, St. Albans 1973.

Brumwell, Steve, »›A Service Truly Critical‹. The British Army and Warfare with the North American Indians, 1755–1764«, in: *War in History* 5 (1998), H. 2, S. 146–175.

Bryant, Gerald J., »Asymmetric Warfare. The British Experience in Eighteenth-Century India«, in: *Journal of Military History* 68 (2004), H. 2, S. 431–469.

Buckley, Roger Norman, *Slaves in Red Coats. The British West India Regiments, 1795–1815*, New Haven, CT 1979.

Bührer, Tanja, »Die Hehe und die Schutztruppe in Deutsch-Ostafrika. Die Schlacht bei Rugaro 1891«, in: Dierk Walter und Birthe Kundrus (Hg.), *Waffen Wissen Wandel. Anpassung und Lernen in transkulturellen Erstkonflikten*, Hamburg 2012, S. 258–281.

Bührer, Tanja, »Kriegführung in Deutsch-Ostafrika (1889–1914)«, in: Tanja Bührer, Christian Stachelbeck und Dierk Walter (Hg.), *Imperialkriege von 1500 bis heute. Strukturen – Akteure – Lernprozesse*, Paderborn 2011, S. 197–215.

Bührer, Tanja, »Staatsstreich im Busch. Paul von Lettow-Vorbeck (1870–1964)«, in: Stig Förster, Markus Pöhlmann und Dierk Walter (Hg.), *Kriegsherren der Weltgeschichte. 22 historische Portraits*, München 2006, S. 287–304.

Bührer, Tanja, Christian Stachelbeck und Dierk Walter (Hg.), *Imperialkriege von 1500 bis heute. Strukturen – Akteure – Lernprozesse*, Paderborn 2011.

Bührer, Tanja, *Die Kaiserliche Schutztruppe für Deutsch-Ostafrika. Koloniale Sicherheitspolitik und transkulturelle Kriegführung, 1885 bis 1918* (Beiträge zur Militärgeschichte, Bd. 70), München 2011.

Bungay, Stephen, *The Most Dangerous Enemy. A History of the Battle of Britain*, London 2000.

Burbank, Jane, und Frederick Cooper, *Empires in World History. Power and the Politics of Difference*, Princeton, NJ 2010.

Burkhardt, Johannes, *Der Dreißigjährige Krieg*, Frankfurt/Main 1992.

Burroughs, Peter, »Imperial Institutions and the Government of Empire«, in: Andrew Porter und Alaine Low (Hg.), *The Oxford History of the British Empire*, Bd. 3: *The Nineteenth Century*, Oxford 1999, S. 170–197.

Butlin, Robin A., *Geographies of Empire. European Empires and Colonies c. 1880–1960*, Cambridge 2009.

Cahill, David, »The Long Conquest. Collaboration by Native Andean Elites in the Colonial System, 1532–1825«, in: George Raudzens (Hg.), *Technology, Disease and Colonial Conquests, Sixteenth to Eighteenth Centuries. Essays Reappraising the Guns and Germs Theories*, Leiden 2001, S. 85–126.

Cahn, Jean-Paul, »Kriegsgreuel im Algerienkrieg (1954–1962)«, in: Sönke Neitzel und Daniel Hohrath (Hg.), *Kriegsgreuel. Die Entgrenzung der Gewalt in kriegerischen Konflikten vom Mittelalter bis ins 20. Jahrhundert* (Krieg in der Geschichte, Bd. 40), Paderborn 2008, S. 371–384.

Cain, Peter J., und Anthony G. Hopkins, »Gentlemanly Capitalism and British Expansion Overseas, I. The Old Colonial System, 1688–1850«, in: *Economic History Review* 39 (1986), H. 4, S. 501–525.

Cain, Peter J., und Anthony G. Hopkins, *British Imperialism*, Bd. 1: *Innovation and Expansion, 1688–1914*, London 1993.

Cain, Peter J., und Anthony G. Hopkins, *British Imperialism*, Bd. 2: *Crisis and Deconstruction, 1914–1990*, London 1993.

Calloway, Colin G., *One Vast Winter Count. The Native American West before Lewis and Clark*, Lincoln, NE 2003.

Callwell, Charles Edward, *Small Wars. Their Principles and Practice*, 3. Aufl., London 1906 [1896].

Callwell, Charles Edward, *Small Wars. Their Principles and Practice*, hg. v. Douglas Porch, 3. Aufl., Lincoln, NE 1996 [1896].

Campbell, Leon G., »Social Structure of the Túpac Amaru Army in Cuzco, 1780–1781«, in: Douglas M. Peers (Hg.), *Warfare and Empires. Contact and Conflict between European and non-European Military and Maritime Forces and Cultures* (An Expanding World, Bd. 24), Aldershot 1997, S. 209–227.

Cann, John P., *Counterinsurgency in Africa. The Portuguese Way of War, 1961–1974* (Contributions in Military Studies, Bd. 167), Westport, CT 1997.

Caputo, Philip, *Indian Country*, Toronto 1987.

Carlton-Ford, Steven, und Morten G. Ender (Hg.), *The Routledge Handbook of War and Society. Iraq and Afghanistan*, London 2011.

Cartas del Peru (1524–1543), hg. v. Raul Porras Barrenecha (Coleccion de Documentos Ineditos para la Historia del Peru, Bd. 3), Lima 1959.

Casper, Lawrence E., *Falcon Brigade. Combat and Command in Somalia and Haiti*, Boulder, CO 2001.

Chacón, J. I., *Guerras Irregulares*, 2 Bde., Madrid 1883.

Chalk, Peter, und Ben Brandt, »Drone Wars. Unmanned Aerial Vehicles in Counter-Terrorism«, in: *Jane's Intelligence Review* 24 (2012), H. 8, S. 24–28.

Chamberlain, Robert S., *Conquest and Colonization of Yucatan*, Washington, DC 1948.

Chandler, David Geoffrey, »The Expedition to Abyssinia, 1867–8«, in: Brian Bond (Hg.), *Victorian Military Campaigns*, London 1994, S. 107–159.

Chandler, David Geoffrey, und Ian F. W. Beckett (Hg.), *The Oxford Illustrated History of the British Army*, Oxford 1994.

Chapman, F. Spencer, *The Jungle is Neutral*, London 1949.

Charney, Michael W., »Iberier und Südostasiaten im Krieg. Die Eroberung von

Melaka 1511 und ihre Folgen«, in: Dierk Walter und Birthe Kundrus (Hg.), *Waffen Wissen Wandel. Anpassung und Lernen in transkulturellen Erstkonflikten*, Hamburg 2012, S. 179–197.

Charney, Michael W., *Southeast Asian Warfare, 1300–1900*, Leiden 2004.

Charters, David, »From Palestine to Northern Ireland. British Adaptation to Low-Intensity Operations«, in: David Charters und Maurice Tugwell (Hg.), *Armies in Low-Intensity Conflict. A Comparative Analysis*, London 1989, S. 169–249.

Charters, David, und Maurice Tugwell (Hg.), *Armies in Low-Intensity Conflict. A Comparative Analysis*, London 1989.

Charters, Erica M., »Disease, Wilderness Warfare, and Imperial Relations. The Battle for Quebec, 1759–1760«, in: *War in History* 16 (2009), H. 1, S. 1–24.

Chatriot, Alain, und Dieter Gosewinkel (Hg.), *Koloniale Politik und Praktiken Deutschlands und Frankreichs 1880–1962* (Schriftenreihe des Deutsch-Französischen Historikerkomitees, Bd. 6), Stuttgart 2010.

Chet, Guy, *Conquering the American Wilderness. The Triumph of European Warfare in the Colonial Northeast*, Amherst, MA 2003.

Chickering, Roger, Stig Förster und Bernd Greiner (Hg.), *A World at Total War. Global Conflict and the Politics of Destruction*, Cambridge 2005.

Chickering, Roger, und Stig Förster (Hg.), *Great War, Total War. Combat and Mobilization on the Western Front, 1914–1918*, Cambridge 2000.

Chickering, Roger, und Stig Förster (Hg.), *The Shadows of Total War. Europe, East Asia, and the United States, 1919–1939*, Cambridge 2003.

Childs, John, *Armies and Warfare in Europe 1648–1789*, Manchester 1982.

Chuchiak, John F., »Forgotten Allies. The Origins and Roles of Native Mesoamerican Auxiliaries and Indios Conquistadores in the Conquest of Yucatan, 1526–1550«, in: Laura E. Matthew und Michel R. Oudijk (Hg.), *Indian Conquistadors. Indigenous Allies in the Conquest of Mesoamerica*, Norman, OK 2007, S. 175–225.

Churchill, Winston S., *Frontiers and Wars. His Four Early Books Covering His Life as Soldier and War Correspondent Edited into One Volume*, London 1962.

Cipolla, Carlo M., *Guns, Sails, and Empires. Technological Innovation and the Early Phases of European Expansion, 1400–1700*, New York 1965.

Citino, Robert M., *The German Way of War. From the Thirty Years' War to the Third Reich*, Lawrence, KS 2005.

Clausewitz, Carl von, *Vom Kriege*, hg. v. Werner Hahlweg, 19. Aufl., Bonn 1991.

Clayton, Anthony, *France, Soldiers and Africa*, London 1988.

Clayton, Anthony, *The Wars of French Decolonization*, London 1994.

Clayton, Lawrence A., »The Iberian Advantage«, in: George Raudzens (Hg.), *Technology, Disease and Colonial Conquests, Sixteenth to Eighteenth Centuries. Essays Reappraising the Guns and Germs Theories*, Leiden 2001, S. 211–235.

Cloake, John, *Templer. Tiger of Malaya*, London 1985.

Coates, John, *Suppressing Insurgency. An Analysis of the Malayan Emergency, 1948–1954*, Boulder, CO 1992.

Cocker, Mark, *Rivers of Blood, Rivers of Gold. Europe's Conquest of Indigenous Peoples*, New York 1998.

Connell, Evan S., *Son of the Morning Star*, San Francisco 1984.

Connelly, Matthew, »Rethinking the Cold War and Decolonization. The Grand Strategy of the Algerian War for Independence« [2001], in: Martin Shipway (Hg.), *The Rise and Fall of Modern Empires*, Bd. 4: *Reactions to Colonialism*, Farnham 2013, S. 419–443.

Connor, John, »Briten und Darug. Gewalttätige Erstkontakte in Australien 1788–1816«, in: Dierk Walter und Birthe Kundrus (Hg.), *Waffen Wissen Wandel. Anpassung und Lernen in transkulturellen Erstkonflikten*, Hamburg 2012, S. 219–238.

Connor, John, *The Australian Frontier Wars, 1788–1838*, Sydney, NSW 2002.

Conway, Stephen, »To Subdue America. British Army Officers and the Conduct of the Revolutionary War«, in: *William and Mary Quarterly* 43 (1986), H. 3, S. 381–407.

Cook, Hugh C. B., *The Sikh Wars. The British Army in the Punjab 1845–1849*, London 1975.

Cooper, Randolf G.S, »Culture, Combat, and Colonialism in Eighteenth- and Nineteenth-Century India«, in: *International History Review* 27 (2005), H. 3, S. 534–549.

Cooper, Randolf G.S, »Wellington and the Marathas in 1803«, in: Douglas M. Peers (Hg.), *Warfare and Empires. Contact and Conflict between European and non-European Military and Maritime Forces and Cultures* (An Expanding World, Bd. 24), Aldershot 1997, S. 305–312.

Corum, James S., und Wray R. Johnson, *Airpower in Small Wars. Fighting Insurgents and Terrorists*, Lawrence, KS 2003.

Corvisier, André, und Guy Pedroncini (Hg.), *Histoire militaire de la France*, Bd. 3: *De 1871 à 1940*, Paris 1997.

Corvisier, André, und Jean Delmas (Hg.), *Histoire militaire de la France*, Bd. 2: *De 1715 à 1871*, Paris 1997.

Crawford, E. R., »The Sikh Wars, 1845–9«, in: Brian Bond (Hg.), *Victorian Military Campaigns*, London 1994, S. 33–68.

Crosby, Alfred W., *Ecological Imperialism. The Biological Expansion of Europe, 900–1900*, Cambridge 1986.

Crowder, Michael (Hg.), *West African Resistance. The Military Response to Colonial Occupation*, New York 1972.

Crowder, Michael, »Introduction«, in: ders. (Hg.), *West African Resistance. The Military Response to Colonial Occupation*, New York 1972, S. 1–18.

Cullen, Peter M., »The Role of Targeted Killing in the Campaign against Terror«, in: *Joint Force Quarterly* 48 (2008), H. 1, S. 22–29.

Cupp, O. Shawn, und William C. Latham, »Role of Contractors and Other Non-Military Personnel in Today's Wars«, in: Steven Carlton-Ford und Morten G. Ender (Hg.), *The Routledge Handbook of War and Society. Iraq and Afghanistan*, London 2011, S. 137–148.

Curtin, Philip D., *Disease and Empire. The Health of European Troops in the Conquest of Africa*, Cambridge 1998.

Daase, Christopher, *Kleine Kriege, große Wirkung. Wie unkonventionelle Krieg-*

führung die internationale Politik verändert (Weltpolitik im 21. Jahrhundert, Bd. 2), Baden-Baden 1999.

Dabag, Mihran, Horst Gründer und Uwe-Karsten Ketelsen (Hg.), *Kolonialismus. Kolonialdiskurs und Genozid*, München 2004.

Dabringhaus, Sabine, »An Army on Vacation? The German War in China, 1900–1901«, in: Manfred F. Boemeke, Roger Chickering und Stig Förster (Hg.), *Anticipating Total War. The German and American Experiences, 1871–1914*, Cambridge 1999, S. 459–476.

Dahlmann, Dittmar, »Sibirien. Der Prozess der Eroberung des Subkontinents und die russische Zivilisierungsmission im 17. und 18. Jahrhundert«, in: Boris Barth und Jürgen Osterhammel (Hg.), *Zivilisierungsmissionen. Imperiale Weltverbesserung seit dem 18. Jahrhundert*, Konstanz 2005, S. 55–71.

Darwin, John, »The Geopolitics of Decolonization«, in: Alfred W. McCoy, Josep M. Fradera und Stephen Jacobson (Hg.), *Endless Empire. Spain's Retreat, Europe's Eclipse, America's Decline*, Madison, WI 2012, S. 191–202.

Darwin, John, *After Tamerlane. The Global History of Empire since 1405*, London 2007.

Dawisha, Karen, und Bruce Parrott (Hg.), *The End of Empire? The Transformation of the USSR in Comparative Perspective* (The International Politics of Eurasia, Bd. 9), Armonk, NY 1997.

Dawson, Graham, *Soldier Heroes. British Adventure, Empire and the Imagining of Masculinities*, London 1994.

Deenon, Donald, »Understanding Settler Societies«, in: *Historical Studies* 18 (1979), H. 73, S. 511–527.

DeFronzo, James, *The Iraq War. Origins and Consequences*, Boulder, CO 2010.

Del Boca, Angelo, »Faschismus und Kolonialismus. Der Mythos von den ›anständigen Italienern‹«, in: Irmtrud Wojak und Susanne Meinl (Hg.), *Völkermord und Kriegsverbrechen in der ersten Hälfte des 20. Jahrhunderts*, Frankfurt/Main 2004, S. 193–202.

Delaporte, Murielle, »French Lessons From Mali. Fight Alone, Supply Together« (2013). URL: http://breakingdefense.com/2013/06/17/french-lessons-from-mali-fight-alone-supply-together/ [08. 07. 2013].

Delmas, Jean, und Philippe Masson, »Les Interventions Extérieures«, in: André Corvisier und Jean Delmas (Hg.), *Histoire militaire de la France*, Bd. 2: *De 1715 à 1871*, Paris 1997, S. 501–533.

Denzer, La Ray, »Sierra Leone – Bai Bureh«, in: Michael Crowder (Hg.), *West African Resistance. The Military Response to Colonial Occupation*, New York 1972, S. 233–267.

Derradji, Abder-Rahmane, *The Algerian Guerrilla Campaign. Strategy and Tactics*, Lewiston, NY 1997.

Deutscher, Guy, *Through the Language Glass. Why the World Looks Different in Other Languages*, London 2010.

Dewey, Michael, *Brush Fire Wars. Minor Campaigns of the British Army since 1945*, 2. Aufl., London 1987.

Diamond, Jared, *Guns, Germs, and Steel. The Fates of Human Societies*, 2. Aufl., New York 2003.
Die Kämpfe der deutschen Truppen in Südwestafrika, Bd. 1: *Der Feldzug gegen die Hereros*, hg. v. Kriegsgeschichtliche Abteilung I des Großen Generalstabes, Berlin 1906.
Dipper, Christof, und Martin Vogt (Hg.), *Entdeckungen und frühe Kolonisation* (Wissenschaft und Technik, Bd. 63), Darmstadt 1993.
Ditte, Albert, *Observations sur la Guerre dans les Colonies. Organisation – Exécution*, Paris 1905.
Dixon, Paul, »›Hearts and Minds‹? British Counter-Insurgency from Malaya to Iraq«, in: *Journal of Strategic Studies* 32 (2009), H. 3, S. 353–381.
Donnelly, Alton S., *The Russian Conquest of Bashkiria 1552–1740. A Case Study in Imperialism*, New Haven, CT 1968.
Dörmann, Knut, »The Legal Situation of ›Unlawful/Unprivileged Combatants‹«, in: *International Review of the Red Cross* 85 (2003), H. 849, S. 45–74.
Douhet, Giulio, *Il dominio dell'aria. Probabili aspetti della guerra futura e gli ultimi scritti del Gen. Giulio Douhet*, 2. Aufl., Milano 1932.
Dowd, Alan W., »Drone Wars. Risks and Warnings«, in: *Parameters* 42/43 (2013), H. 4/1, S. 7–16.
Drechsler, Horst, *Südwestafrika unter deutscher Kolonialherrschaft. Der Kampf der Herero und Nama gegen den deutschen Imperialismus (1884–1915)*, 2. Aufl., Berlin 1984.
Dülffer, Jost, und Marc Frey (Hg.), *Elites and Decolonization in the Twentieth Century*, Basingstoke 2011.
Dülffer, Jost, und Marc Frey, »Introduction«, in: dies. (Hg.), *Elites and Decolonization in the Twentieth Century*, Basingstoke 2011, S. 1–10.
Duffy, Michael (Hg.), *The Military Revolution and the State 1500–1800* (Exeter Studies in History, Bd. 1), Exeter 1980.
Duffy, Michael, »Introduction. The Military Revolution and the State 1500–1800«, in: ders. (Hg.), *The Military Revolution and the State 1500–1800* (Exeter Studies in History, Bd. 1), Exeter 1980, S. 1–9.
Duffy, Michael, »The French Revolution and British Attitudes to the West Indian Colonies«, in: David Barry Gaspar und David Patrick Geggus (Hg.), *A Turbulent Time. The French Revolution and the Greater Caribbean*, Bloomington, IN 1997, S. 78–101.
Dunn, Ross E., *Resistance in the Desert. Moroccan Responses to French Imperialism 1881–1912*, London 1977.
Earle, Edward Mead (Hg.), *Makers of Modern Strategy. Military Thought from Machiavelli to Hitler*, Princeton, NJ 1943.
Eberspächer, Cord, »›Albion zal hier ditmaal zijn Moskou vinden!‹. Der Burenkrieg (1899–1902)«, in: Thoralf Klein und Frank Schumacher (Hg.), *Kolonialkriege. Militärische Gewalt im Zeichen des Imperialismus*, Hamburg 2006, S. 182–207.
Eberspächer, Cord, »Chinas imperiale Kriege. Die militärische Expansion Chinas während der Qing-Dynastie 1644–1911«, in: Tanja Bührer, Christian Stachel-

beck und Dierk Walter (Hg.), *Imperialkriege von 1500 bis heute. Strukturen – Akteure – Lernprozesse*, Paderborn 2011, S. 37–54.

Echenberg, Myron, *Colonial Conscripts. The Tirailleurs Sénégalais in French West Africa, 1857–1960*, Portsmouth, NH 1991.

Eckert, Henri, »Double-Edged Swords of Conquest in Indochina. Tirailleurs Tonkinois, Chasseurs Annamites and Militias, 1883–1895«, in: Karl Hack und Tobias Rettig (Hg.), *Colonial Armies in Southeast Asia*, London 2006, S. 126–153.

Eder, Philipp, und Bruno Günter Hofbauer, »Operation Enduring Freedom«, in: *Österreichische Militärische Zeitschrift* 40 (2002), H. 1, S. 54–60.

Eder, Philipp, und Bruno Günter Hofbauer, »Operation Iraqi Freedom«, in: *Österreichische Militärische Zeitschrift* 41 (2003), H. 4, S. 476–486.

Edgerton, Robert B., *Mau Mau. An African Crucible*, New York 1989.

Edmunds, R. David, und Joseph L. Peyser, *The Fox Wars. The Mesquakie Challenge to New France*, Norman, OK 1993.

Edwards, Brent Hayes, »The Shadows of Shadows«, in: *positions* 11 (2003), H. 1, S. 11–49.

Edwards, Rebecca, *New Spirits. Americans in the Gilded Age 1865–1905*, New York 2006.

Eichmann, Flavio, »Expansion und imperiale Herrschaft. Zum epochenübergreifenden Charakter des Imperialismus«, in: *Mittelweg 36* 21 (2012), H. 4, S. 89–111.

Eichmann, Flavio, »›Freibeuter der Moderne – Politisch-militärische Akteure an den Rändern von Souveränität und Legitimität‹. Kolloquium zum 60. Geburtstag von Prof. Dr. Stig Förster, 20. bis 21. Oktober 2011 in Bern«, in: *Militärgeschichtliche Zeitschrift* 71 (2012), H. 1, S. 103–107.

Eichmann, Flavio, »Local Co-operation in a Subversive Colony. Martinique 1802–1809«. Paper zur Tagung »Co-operation and Empire«, Bern, 28. Juli 2013.

Eichmann, Flavio, *Kolonialherrschaft zu Zeiten von Sklaverei, Weltkrieg und Revolution. Die Kleinen Antillen 1793–1815*. Dissertation, Universität Bern (2015).

»El Ayuntamiento de Jauja al Emperador. Jauja, 20 de Julio de 1534«, in: *Cartas del Peru (1524–1543)*, hg. v. Raul Porras Barrenecha (Coleccion de Documentos Ineditos para la Historia del Peru, Bd. 3), Lima 1959, S. 124–131.

Elbe, Martin, und Gregor Richter, »Militär. Institution und Organisation«, in: Nina Leonhard und Ines-Jacqueline Werkner (Hg.), *Militärsoziologie. Eine Einführung*, Wiesbaden 2005, S. 136–156.

Elkins, Caroline, *Imperial Reckoning. The Untold Story of Britain's Gulag in Kenya*, New York 2005.

Elkins, Caroline, und Susan Pedersen (Hg.), *Settler Colonialism in the Twentieth Century. Projects, Practices, Legacies*, London 2005.

Elkins, Caroline, und Susan Pedersen, »Settler Colonialism. A Concept and Its Uses«, in: dies. (Hg.), *Settler Colonialism in the Twentieth Century. Projects, Practices, Legacies*, London 2005, S. 1–20.

Ellis, Stephen, »Conclusion«, in: Martin Shipway (Hg.), *The Rise and Fall of Modern Empires*, Bd. 4: *Reactions to Colonialism*, Farnham 2013, S. 69–87.

Eskildsen, Robert, »Of Civilization and Savages. The Mimetic Imperialism of

Japan's 1874 Expedition to Taiwan«, in: *American Historical Review* 107 (2002), H. 2, S. 388–418.
Espey, David, »America and Vietnam. The Indian Subtext«. URL: http://www.english.upenn.edu/~despey/vietnam.htm [13. 05. 2011].
Etemad, Bouda, *La Possession du monde. Poids et mesures de la colonisation (XVIIIe-XXe siècles)*, Paris 2000.
Evans, Martin, »The Harkis. The Experience and Memory of France's Muslim Auxiliaries«, in: Martin S. Alexander, Martin Evans und John F. V. Keiger (Hg.), *The Algerian War and the French Army, 1954–62. Experiences, Images, Testimonies*, Basingstoke 2002, S. 117–133.
Fage, John D., und William Tordoff, *A History of Africa*, 4. Aufl., London 2002.
Fall, Bernard B., *Hell in a Very Small Place. The Siege of Dien Bien Phu*, Philadelphia, PA 1967.
Fall, Bernard B., *Street Without Joy*, Mechanicsburg, PA 1994 [1961].
Falls, Cyril, »The Reconquest of the Sudan, 1896–9«, in: Brian Bond (Hg.), *Victorian Military Campaigns*, London 1994, S. 281–308.
Feichtinger, Moritz, »Ein Aspekt revolutionärer Kriegführung. Die französische Umsiedlungspolitik in Algerien 1954–1962«, in: Tanja Bührer, Christian Stachelbeck und Dierk Walter (Hg.), *Imperialkriege von 1500 bis heute. Strukturen – Akteure – Lernprozesse*, Paderborn 2011, S. 261–278.
Feichtinger, Moritz, »Von Brüssel nach Bandung. Strategien antiimperialer Vernetzung im 20. Jahrhundert«. Paper zur Tagung »Strategien gegen imperiale Herrschaft: Wissenstransfers, Informationswege und Formen des Widerstandes«, Bern, 5. Juni 2010.
Feichtinger, Moritz, und Stephan Malinowski, »Konstruktive Kriege? Rezeption und Adaption der Dekolonisationskriege in westlichen Demokratien«, in: *Geschichte und Gesellschaft* 37 (2011), H. 2, S. 285–305.
Fenn, Elizabeth A., »Biological Warfare in Eighteenth-Century North America. Beyond Jeffery Amherst«, in: *Journal of American History* 86 (2000), H. 4, S. 1552–1580.
Ferguson, R. Brian, und Neil L. Whitehead (Hg.), *War in the Tribal Zone. Expanding States and Indigenous Warfare*, Santa Fe, NM 1992.
Ferguson, R. Brian, und Neil L. Whitehead, »The Violent Edge of Empire«, in: dies. (Hg.), *War in the Tribal Zone. Expanding States and Indigenous Warfare*, Santa Fe, NM 1992, S. 1–30.
Fick, Carolyn E., »The French Revolution in Saint Domingue. A Triumph or a Failure?«, in: David Barry Gaspar und David Patrick Geggus (Hg.), *A Turbulent Time. The French Revolution and the Greater Caribbean*, Bloomington, IN 1997, S. 51–77.
Fiedler, Siegfried, *Taktik und Strategie der Kabinettskriege 1650–1792*, Augsburg 2002.
Field Manual No. 3–24/Marine Corps Warfighting Publication No. 3–33.5 Counterinsurgency, hg. v. Headquarters, Department of the Army, Washington, DC 2006.
Fieldhouse, David K., *Economics and Empire 1830–1914*, London 1973.

Fieldhouse, David K., *The Colonial Empires. A Comparative Survey from the Eighteenth Century*, London 1966.
Finley, Moses I., »Colonies. An Attempt at a Typology«, in: *Transactions of the Royal Historical Society* 26 (1976), S. 167–188.
Finzsch, Norbert, »›[...] Extirpate or remove that vermin‹. Genocide, Biological Warfare, and Settler Imperialism in the Eighteenth and Early Nineteenth Century«, in: *Journal of Genocide Research* 10 (2008), H. 2, S. 215–232.
Finzsch, Norbert, »Die Frühgeschichte der biologischen Kriegführung im 18. Jahrhundert. Nordamerika und Australien im Vergleich«, in: Robert Jütte (Hg.), *Medizin, Gesellschaft und Geschichte* (Jahrbuch des Instituts für Geschichte der Medizin der Robert Bosch Stiftung, Bd. 22), Stuttgart 2004, S. 9–29.
Finzsch, Norbert, »›The Aborigines ... were never annihilated, and still they are becoming extinct‹. Settler Imperialism and Genocide in Nineteenth-century America and Australia«, in: Anthony Dirk Moses (Hg.), *Empire, Colony, Genocide. Conquest, Occupation, and Subaltern Resistance in World History*, New York 2008, S. 253–270.
Fischer, Erik, »Von Suppen, Messern und dem Löffel. Die US-Streitkräfte als ›lernende Institution‹ und das Problem der Counterinsurgency«, in: Tanja Bührer, Christian Stachelbeck und Dierk Walter (Hg.), *Imperialkriege von 1500 bis heute. Strukturen – Akteure – Lernprozesse*, Paderborn 2011, S. 503–520.
Fleming, Shannon E., »Decolonization and the Spanish Army, 1940–76«, in: Wayne H. Bowen und José E. Alvarez (Hg.), *A Military History of Modern Spain. From the Napoleonic Era to the International War on Terror*, Westport, CT 2007, S. 122–135.
Flores Galindo, Alberto, *In Search of an Inca. Identity and Utopia in the Andes*, hg. v. Carlos Aguirre, Charles F. Walker und Hiatt Willie, Cambridge 2010.
Förster, Stig (Hg.), *An der Schwelle zum Totalen Krieg. Die militärische Debatte über den Krieg der Zukunft 1919–1939* (Krieg in der Geschichte, Bd. 13), Paderborn 2002.
Förster, Stig, »Einleitung«, in: ders. (Hg.), *An der Schwelle zum Totalen Krieg. Die militärische Debatte über den Krieg der Zukunft 1919–1939* (Krieg in der Geschichte, Bd. 13), Paderborn 2002, S. 15–36.
Förster, Stig, Christian Jansen und Günther Kronenbitter (Hg.), *Die Rückkehr der Condottieri? Krieg und Militär zwischen staatlichem Monopol und Privatisierung: Von der Antike bis zur Gegenwart* (Krieg in der Geschichte, Bd. 57), Paderborn 2010.
Förster, Stig, *Die mächtigen Diener der East India Company. Ursachen und Hintergründe der britischen Expansionspolitik in Südasien, 1793–1819*, Stuttgart 1992.
Förster, Stig, Markus Pöhlmann und Dierk Walter (Hg.), *Kriegsherren der Weltgeschichte. 22 historische Portraits*, München 2006.
Förster, Stig, und Jörg Nagler (Hg.), *On the Road to Total War. The American Civil War and the German Wars of Unification, 1861–1871*, Cambridge 1997.
Fortescue, John W., *A History of the British Army*, Bd. 12: *1839–1852*, London 1927.
Fourniau, Charles, »Colonial Wars before 1914. The Case of France in Indochina«,

in: Jaap A. de Moor und Hendrik Lodewyk Wesseling (Hg.), *Imperialism and War. Essays on Colonial Wars in Asia and Africa*, Leiden 1989, S. 72–86.

François, Curt von, *Kriegführung in Süd-Afrika*, Berlin 1900.

Franklin, Benjamin, »The Autobiography«, in: ders., *Writings*, New York 1987, S. 1307–1469.

Franklin, Benjamin, *Writings*, New York 1987.

Freeman, Michael, »Puritans and Pequots. The Question of Genocide«, in: *New England Quarterly* 68 (1995), H. 2, S. 278–293.

Frey, Marc, »Die Vereinigten Staaten und die Dritte Welt im Kalten Krieg«, in: Bernd Greiner, Christian Th. Müller und Dierk Walter (Hg.), *Heiße Kriege im Kalten Krieg* (Studien zum Kalten Krieg, Bd. 1), Hamburg 2006, S. 35–60.

Frey, Marc, *Geschichte des Vietnamkrieges. Die Tragödie in Asien und das Ende des amerikanischen Traums*, 2. Aufl., München 1999.

Füssel, Marian, »Händler, Söldner und Sepoys. Transkulturelle Kampfverbände auf den südasiatischen Schauplätzen des Siebenjährigen Krieges«, in: Tanja Bührer, Christian Stachelbeck und Dierk Walter (Hg.), *Imperialkriege von 1500 bis heute. Strukturen – Akteure – Lernprozesse*, Paderborn 2011, S. 307–324.

Füssel, Marian, »Lernen – Transfer – Aneignung. Theorien und Begriffe für eine transkulturelle Militärgeschichte«, in: Dierk Walter und Birthe Kundrus (Hg.), *Waffen Wissen Wandel. Anpassung und Lernen in transkulturellen Erstkonflikten*, Hamburg 2012, S. 34–49.

Furedi, Frank, »Creating a Breathing Space. The Political Management of Colonial Emergencies«, in: *Journal of Imperial and Commonwealth History* 21 (1993), H. 3, S. 89–106.

Furedi, Frank, »Kenya. Decolonization through Counterinsurgency«, in: Anthony Gorst, Lewis Johnman und W. Scott Lucas (Hg.), *Contemporary British History, 1931–1961. Politics and the Limits of Policy*, London 1991, S. 141–168.

Furedi, Frank, »The Demobilized African Soldier and the Blow to White Prestige«, in: David Killingray und David E. Omissi (Hg.), *Guardians of Empire. The Armed Forces of the Colonial Powers c. 1700–1964*, Manchester 1999, S. 179–197.

Furedi, Frank, *The Mau Mau War in Perspective*, London 1989.

Furneaux, Rupert, *Abdel Krim. Emir of the Rif*, London 1967.

Fynn, John Kofi, »Ghana – Asante (Ashanti)«, in: Michael Crowder (Hg.), *West African Resistance. The Military Response to Colonial Occupation*, New York 1972, S. 19–52.

Gabbert, Wolfgang, »Kultureller Determinismus und die Eroberung Mexikos. Zur Kritik eines dichotomischen Geschichtsverständnisses«, in: *Saeculum* 46 (1995), S. 274–292.

Gabbert, Wolfgang, »The longue durée of Colonial Violence in Latin America«, in: *Historical Social Research* 37 (2012), H. 3, S. 254–275.

Gabbert, Wolfgang, »Warum Montezuma weinte. Anmerkungen zur Frühphase der europäischen Expansion in den Atlantischen Raum«, in: Ulrike Schmieder und Hans-Heinrich Nolte (Hg.), *Atlantik. Sozial- und Kulturgeschichte in der Neuzeit* (Edition Weltregionen, Bd. 20), Wien 2010, S. 29–47.

Gaffarel, Paul, *L'Algérie. Histoire, conquête et colonisation*, Paris 1883.

Galbraith, John S., »The ›Turbulent Frontier‹ as a Factor in British Expansion«, in: *Comparative Studies in Society and History* 2 (1960), H. 2, S. 150–168.

Gallagher, John, und Ronald Robinson, »The Imperialism of Free Trade«, in: *Economic History Review* 6 (1953), H. 1, S. 1–15.

Gallieni, Joseph Simon, *La pacification de Madagascar. Opérations d'Octobre 1896 à Mars 1899*, Paris 1900.

Gallois, William, »Dahra and the History of Violence in Early Colonial Algeria«, in: Martin Thomas (Hg.), *The French Colonial Mind*, Bd. 2: *Violence, Military Encounters, and Colonialism*, Lincoln, NE 2011, S. 3–25.

Galtung, Johan, »A Structural Theory of Imperialism«, in: *Journal of Peace Research* 8 (1971), H. 2, S. 81–117.

Galula, David, *Counterinsurgency Warfare. Theory and Practice*, Westport, CT 2006 [1964].

Gann, Lewis Henry, und Peter Duignan (Hg.), *Colonialism in Africa 1870–1960*, Bd. 1: *The History and Politics of Colonialism 1870–1914*, Cambridge 1969.

Gann, Lewis Henry, und Peter Duignan, *The Rulers of Belgian Africa, 1884–1914*, Princeton, NJ 1979.

Gann, Lewis Henry, und Peter Duignan, *The Rulers of British Africa, 1870–1914*, Stanford, CA 1978.

Gann, Lewis Henry, und Peter Duignan, *The Rulers of German Africa, 1884–1914*, Stanford, CA 1977.

Gaspar, David Barry, und David Patrick Geggus (Hg.), *A Turbulent Time. The French Revolution and the Greater Caribbean*, Bloomington, IN 1997.

Gat, Azar, *War in Human Civilization*, Oxford 2006.

Gates, John M., »Small Wars: Their Principles and Practice, by C.E. Callwell (Review)«, in: *Journal of Military History* 61 (1997), H. 2, S. 381–382.

Gates, John M., »Two American Wars in Asia. Successful Colonial Warfare in the Philippines and Cold War Failure in Vietnam«, in: *War in History* 8 (2001), H. 1, S. 47–71.

Gay, Peter, *The Cultivation of Hatred* (The Bourgeois Experience. Victoria to Freud, Bd. 3), London 1993.

Geggus, David Patrick, »Slavery, War, and Revolution in the Greater Caribbean, 1789–1815«, in: David Barry Gaspar und David Patrick Geggus (Hg.), *A Turbulent Time. The French Revolution and the Greater Caribbean*, Bloomington, IN 1997, S. 1–50.

Gellately, Robert, und Ben Kiernan (Hg.), *The Specter of Genocide. Mass Murder in Historical Perspective*, Cambridge 2003.

Gelpi, Christopher, Peter D. Feaver und Jason Reifler, »Success Matters. Casualty Sensitivity and the War in Iraq«, in: *International Security* 30 (2005/2006), H. 3, S. 7–46.

Geraghty, Tony, *Who Dares Wins. The Story of the SAS 1950–1982*, Glasgow 1981.

Gérin-Roze, Français, »La ›vietnamisation‹. La participation des autochtones à la guerre d'Indochine«, in: Maurice Vaïsse (Hg.), *L'Armée française dans la guerre d'Indochine (1946–1954). Adaptation ou inadaptation?*, Bruxelles 2000, S. 137–145.

Gerlach, Christian, *Extremely Violent Societies. Mass Violence in the Twentieth-Century World*, Cambridge 2010.

Gerwarth, Robert, und Stephan Malinowski, »Der Holocaust als ›kolonialer Genozid‹? Europäische Kolonialgewalt und nationalsozialistischer Vernichtungskrieg«, in: *Geschichte und Gesellschaft* 33 (2007), H. 3, S. 439–466.

Gibbs, David N., »Die Hintergründe der sowjetischen Invasion in Afghanistan 1979«, in: Bernd Greiner, Christian Th. Müller und Dierk Walter (Hg.), *Heiße Kriege im Kalten Krieg* (Studien zum Kalten Krieg, Bd. 1), Hamburg 2006, S. 291–314.

Girard, Philippe R., *The Slaves Who Defeated Napoleon. Toussaint Louverture and the Haitian War of Independence, 1801–1804*, Tuscaloosa, AL 2011.

Glass, Stafford, *The Matabele War*, London 1968.

Glete, Jan, »Warfare at Sea 1450–1815«, in: Jeremy Black (Hg.), *War in the Early Modern World, 1450–1815*, London 1998, S. 25–52.

Gliech, Oliver, *Saint-Domingue und die französische Revolution. Das Ende der weißen Herrschaft in einer karibischen Plantagenwirtschaft* (Lateinamerikanische Forschungen, Bd. 38), Köln 2011.

Glover, Michael, *Rorke's Drift*, Ware 1997.

Go, Julian, »Entangled Empires. The United States and European Imperial Formations in the Mid-Twentieth Century«, in: Alfred W. McCoy, Josep M. Fradera und Stephen Jacobson (Hg.), *Endless Empire. Spain's Retreat, Europe's Eclipse, America's Decline*, Madison, WI 2012, S. 334–343.

Goltz, Colmar Freiherr von der, *Das Volk in Waffen. Ein Buch über Heerwesen und Kriegführung in unserer Zeit*, Berlin 1883.

Gommans, Jos, »Warhorse and Gunpowder in India c. 1000–1850«, in: Jeremy Black (Hg.), *War in the Early Modern World, 1450–1815*, London 1998, S. 105–127.

Gordon, Charles George, *General Gordon's Khartoum Journal*, hg. v. Godfrey Elton, London 1961.

Gordon, Stewart, »The Limited Adoption of European-Style Military Forces by Eighteenth-Century Rulers in India«, in: *Indian Economic and Social History Review* 35 (1998), H. 3, S. 229–245.

Gorst, Anthony, Lewis Johnman und W. Scott Lucas (Hg.), *Contemporary British History, 1931–1961. Politics and the Limits of Policy*, London 1991.

Gottmann, Jean, »Bugeaud, Galliéni, Lyautey. The Development of French Colonial Warfare«, in: Edward Mead Earle (Hg.), *Makers of Modern Strategy. Military Thought from Machiavelli to Hitler*, Princeton, NJ 1943, S. 234–259.

Gould, Tony, *Imperial Warriors. Britain and the Gurkhas*, London 1999.

Grant, Ulysses S., *Personal Memoirs*, Bd. 1, New York 1885.

Grau, Lester W., *The Bear Went Over the Mountain. Soviet Combat Tactics in Afghanistan*, London 2005.

Gregorian, Raffi, »›Jungle Bashing‹ in Malaya. Towards a Formal Tactical Doctrine«, in: *Small Wars and Insurgencies* 5 (1994), H. 3, S. 338–359.

Greiner, Bernd, »›First to Go, Last to Know‹. Der Dschungelkrieger in Vietnam«, in: *Geschichte und Gesellschaft* 29 (2003), H. 2, S. 239–261.
Greiner, Bernd, Christian Th. Müller und Dierk Walter (Hg.), *Heiße Kriege im Kalten Krieg* (Studien zum Kalten Krieg, Bd. 1), Hamburg 2006.
Greiner, Bernd, *Krieg ohne Fronten. Die USA in Vietnam*, 2. Aufl., Hamburg 2007.
Grenier, John, *The First Way of War. American War Making on the Frontier*, Cambridge 2005.
Griffith, Paddy, *Forward into Battle. Fighting Tactics from Waterloo to Vietnam*, Strettington 1981.
Griffiths, Tom, und Libby Robin (Hg.), *Ecology and Empire. Environmental History of Settler Socities*, Edinburgh 1997.
Groen, Petra M. H., »Militant Response. The Dutch Use of Military Force and the Decolonization of the Dutch East Indies, 1945–50«, in: Robert Holland (Hg.), *Emergencies and Disorder in the European Empires after 1945*, London 1994, S. 30–44.
Grotius, Hugo, *De jure belli ac pacis libri tres. Drei Bücher vom Recht des Krieges und des Friedens*, hg. v. Walter Schätzel, Tübingen 1950 [1625].
Guevara, Ernesto Che, *Guerilla. Theorie und Methode*, hg. v. Horst Kuernitzky, Berlin 1968.
Guilmartin, John F., »Ideology and Conflict. The Wars of the Ottoman Empire, 1453–1606«, in: Douglas M. Peers (Hg.), *Warfare and Empires. Contact and Conflict between European and non-European Military and Maritime Forces and Cultures* (An Expanding World, Bd. 24), Aldershot 1997, S. 1–27.
Guilmartin, John F., »Light Troops in Classical Armies. An Overview of Roles, Functions, and Factors Affecting Combat Effectiveness«, in: James C. Bradford (Hg.), *The Military and Conflict between Cultures. Soldiers at the Interface*, College Station, TX 1997, S. 17–48.
Guilmartin, John F., »The Cutting Edge. An Analysis of the Spanish Invasion and Overthrow of the Inca Empire, 1532–1539«, in: Kenneth J. Andrien und Rolena Adorno (Hg.), *Transatlantic Encounters. Europeans and Andeans in the Sixteenth Century*, Berkeley, CA 1991, S. 40–69.
Gustenau, Gustav, und Walter Feichtinger, »Der Krieg in und um Kosovo 1998/99 – Politisch-strategische Zielsetzungen und operative Merkmale«, in: Jens Reuter und Conrad Clewing (Hg.), *Der Kosovo-Konflikt. Ursachen – Verlauf – Perspektiven*, Klagenfurt 2000, S. 467–484.
Guy, Jeff, *The Destruction of the Zulu Kingdom. The Civil War in Zululand, 1879–1884*, London 1979.
Gwynn, Charles W., *Imperial Policing*, London 1934.
Häberlein, Mark, »Macht und Ohnmacht der Worte. Kulturelle Vermittler in gewaltsamen Konflikten zwischen Europäern und Außereuropäern«, in: Dierk Walter und Birthe Kundrus (Hg.), *Waffen Wissen Wandel. Anpassung und Lernen in transkulturellen Erstkonflikten*, Hamburg 2012, S. 76–99.
Hack, Karl, »Imperial Systems of Power, Colonial Forces and the Making of Modern Southeast Asia«, in: Karl Hack und Tobias Rettig (Hg.), *Colonial Armies in Southeast Asia*, London 2006, S. 3–38.

Hack, Karl, »Imperialism and Decolonisation in Southeast Asia«, in: Karl Hack und Tobias Rettig (Hg.), *Colonial Armies in Southeast Asia*, London 2006, S. 239–265.

Hack, Karl, »Screwing down the People. The Malayan Emergency, Decolonisation and Ethnicity«, in: Hans Antlöv und Stein Tønnesson (Hg.), *Imperial Policy and Southeast Asian Nationalism. 1930–1957* (Studies in Asian Topics, Bd. 19), Richmond 1995, S. 83–109.

Hack, Karl, und Tobias Rettig (Hg.), *Colonial Armies in Southeast Asia*, London 2006.

Hack, Karl, und Tobias Rettig, »Demography and Domination in Southeast Asia«, in: dies. (Hg.), *Colonial Armies in Southeast Asia*, London 2006, S. 39–72.

Hagen, Ulrich vom, und Maren Tomforde, »Militärische Organisationskultur«, in: Nina Leonhard und Ines-Jacqueline Werkner (Hg.), *Militärsoziologie. Eine Einführung*, Wiesbaden 2005, S. 176–197.

Hagerman, Edward, *The American Civil War and the Origins of Modern Warfare. Ideas, Organizations, and Field Command*, Bloomington, IN 1988.

Hahlweg, Werner, *Guerilla. Krieg ohne Fronten*, Stuttgart 1968.

Hakami, Khaled, »Clash of Structures. Eine Kriegs-Erklärung zwischen Sozialanthropologie und Geschichtswissenschaft«, in: Thomas Kolnberger, Ilja Steffelbauer und Gerald Weigl (Hg.), *Krieg und Akkulturation* (Expansion – Interaktion – Akkulturation, Bd. 5), Wien 2004, S. 153–172.

Hanson, Victor Davis, *The Western Way of War. Infantry Battle in Classical Greece*, 2. Aufl., Berkeley, CA 2009.

Harding, Andrew, »French troops continue operation against Mali Islamists«, in: *BBC News*, 12. Januar 2013. URL: http://www.bbc.co.uk/news/world-africa-20997522 [17. 07. 2013].

Hassig, Ross, »Aztec and Spanish Conquest in Mesoamerica«, in: R. Brian Ferguson und Neil L. Whitehead (Hg.), *War in the Tribal Zone. Expanding States and Indigenous Warfare*, Santa Fe, NM 1992, S. 83–102.

Hassig, Ross, »Die Eroberung Mexikos. Kulturkonflikt und Konsequenzen«, in: Dierk Walter und Birthe Kundrus (Hg.), *Waffen Wissen Wandel. Anpassung und Lernen in transkulturellen Erstkonflikten*, Hamburg 2012, S. 100–127.

Hassig, Ross, *Aztec Warfare. Imperial Expansion and Political Control*, Norman, OK 1988.

Hassig, Ross, *Mexico and the Spanish Conquest*, 2. Aufl., Norman 2006.

Häußler, Matthias, »Settlers in South West Africa. Between Colonial State and Indigenous Peoples: A Two-Front Struggle«. Paper zur Tagung »Co-operation and Empire«, Bern, 28. Juli 2013.

Häußler, Matthias, »Zur Asymmetrie tribaler und staatlicher Kriegführung in Imperialkriegen. Die Logik der Kriegführung der Herero in vor- und frühkolonialer Zeit«, in: Tanja Bührer, Christian Stachelbeck und Dierk Walter (Hg.), *Imperialkriege von 1500 bis heute. Strukturen – Akteure – Lernprozesse*, Paderborn 2011, S. 177–195.

Häußler, Matthias, und Trutz von Trotha, »Brutalisierung ›von unten‹. Kleiner Krieg, Entgrenzung der Gewalt und Genozid im kolonialen Deutsch-Südwestafrika«, in: *Mittelweg 36* 21 (2012), H. 3, S. 57–89.

Hawkins, Mike, *Social Darwinism in European and American Thought, 1860–1945. Nature as Model and Nature as Threat*, Cambridge 1997.
Haywood, Austin, und Frederick A. S. Clarke, *The History of the Royal West African Frontier Force*, Aldershot 1964.
Headrick, Daniel R., *The Tools of Empire. Technology and European Imperialism in the Nineteenth Century*, New York 1981.
Heathcote, Thomas Anthony, »The Army of British India«, in: David Geoffrey Chandler und Ian F. W. Beckett (Hg.), *The Oxford Illustrated History of the British Army*, Oxford 1994, S. 376–401.
Heathcote, Thomas Anthony, *The Military in British India. The Development of British Land Forces in South Asia, 1600–1947*, Manchester 1995.
Hée, Nadin, *Imperiales Wissen und koloniale Gewalt. Japans Herrschaft in Taiwan 1895–1945* (Globalgeschichte, Bd. 11), Frankfurt/Main 2012.
Heine, Peter, und Ulrich van der Heyden (Hg.), *Studien zur Geschichte des deutschen Kolonialismus in Afrika. Festschrift zum 60. Geburtstag von Peter Sebald*, Pfaffenweiler 1995.
Helbling, Jürg, »Tribale Kriege und expandierende Staaten«, in: Dierk Walter und Birthe Kundrus (Hg.), *Waffen Wissen Wandel. Anpassung und Lernen in transkulturellen Erstkonflikten*, Hamburg 2012, S. 50–75.
Helbling, Jürg, *Tribale Kriege. Konflikte in Gesellschaften ohne Zentralgewalt*, Frankfurt/Main 2006.
Hemming, John, *Amazon Frontier. The Defeat of the Brazilian Indians*, London 2004.
Hemming, John, *Red Gold. The Conquest of the Brazilian Indians*, London 1978.
Hemming, John, *The Conquest of the Incas*, London 1993.
Herberg-Rothe, Andreas, *Der Krieg. Geschichte und Gegenwart*, Frankfurt/Main 2003.
Hering Torres, Max Sebastián, »Fremdheit«, in: Friedrich Jaeger (Hg.), *Enzyklopädie der Neuzeit*, Bd. 3: *Dynastie – Freundschaftslinien*, Stuttgart 2006, Sp. 1226–1229.
Hérisson, Maurice le Comte d', *La chasse à l'homme. Guerres d'Algérie*, 4. Aufl., Paris 1891.
Herold, Heiko, »Das Fliegende Kreuzergeschwader der Kaiserlichen Marine als Instrument der deutschen Kolonialpolitik 1886–1893«, in: Tanja Bührer, Christian Stachelbeck und Dierk Walter (Hg.), *Imperialkriege von 1500 bis heute. Strukturen – Akteure – Lernprozesse*, Paderborn 2011, S. 383–400.
Heuser, Beatrice, *Rebellen – Partisanen – Guerilleros. Asymmetrische Kriege von der Antike bis heute*, Paderborn 2013.
Hirsch, Adam J., »The Collision of Military Cultures in Seventeenth-Century New England«, in: *Journal of American History* 74 (1988), H. 4, S. 1187–1212.
Hirschfeld, Gerhard, »Kriegsgreuel im Niederländisch-Indischen Dekolonisierungsprozess. Indonesien 1945–1949«, in: Sönke Neitzel und Daniel Hohrath (Hg.), *Kriegsgreuel. Die Entgrenzung der Gewalt in kriegerischen Konflikten vom Mittelalter bis ins 20. Jahrhundert* (Krieg in der Geschichte, Bd. 40), Paderborn 2008, S. 353–369.

Hochgeschwender, Michael, »Kolonialkriege als Experimentierstätten des Vernichtungskrieges?«, in: Dietrich Beyrau, Michael Hochgeschwender und Dieter Langewiesche (Hg.), *Formen des Krieges. Von der Antike bis zur Gegenwart* (Krieg in der Geschichte, Bd. 37), Paderborn 2007, S. 269–290.

Hochgeschwender, Michael, »The Last Stand. Die Indianerkriege im Westen der USA (1840–1890)«, in: Thoralf Klein und Frank Schumacher (Hg.), *Kolonialkriege. Militärische Gewalt im Zeichen des Imperialismus*, Hamburg 2006, S. 44–79.

Holland, Robert (Hg.), *Emergencies and Disorder in the European Empires after 1945*, London 1994.

»Hollande: l'opération au Mali ›n'a pas d'autre but que la lutte contre le terrorisme‹«, in: *Le Monde*, 21. Januar 2013. URL: http://www.lemonde.fr/afrique/article/2013/01/12/la-france-demande-une-acceleration-de-la-mise-en-place-de-la-force-internationale-au-mali_1816033_3212.html [08. 07. 2013].

Honold, Alexander, »Raum ohne Volk. Zur Imaginationsgeschichte der kolonialen Geographie«, in: Mihran Dabag, Horst Gründer und Uwe-Karsten Ketelsen (Hg.), *Kolonialismus. Kolonialdiskurs und Genozid*, München 2004, S. 95–110.

Horne, Alistair, *A Savage War of Peace. Algeria 1954–1962*, London 2002.

Howard, Michael, »Colonial Wars and European Wars«, in: Jaap A. de Moor und Hendrik Lodewyk Wesseling (Hg.), *Imperialism and War. Essays on Colonial Wars in Asia and Africa*, Leiden 1989, S. 218–223.

Howard, Michael, George J. Andreopoulos und Mark R. Shulman (Hg.), *The Laws of War. Constraints on Warfare in the Western World*, New Haven, CT 1994.

Howard, Michael, *War in European History*, Oxford 1976.

Howe, Daniel Walker, *What Hath God Wrought. The Transformation of America, 1815–1848* (Oxford History of the United States, Bd. 5), Oxford 2007.

Howe, Stephen, *Empire. A Very Short Introduction*, Oxford 2002.

Huamán Poma, *El primer nueva corónica i buen gobernio*, 1615, København, Det Kongelige Bibliotek, GKS 2232 4°. URL: http://www.kb.dk/permalink/2006/poma/info/en/frontpage.htm [01. 08. 2013].

Huamán Poma, *Letter to a King. A Picture-History of the Inca Civilisation*, hg. v. Christopher Dilke, London 1978 [1615].

Hull, Isabel V., »Military Culture and the Production of ›Final Solutions‹ in the Colonies. The Example of Wilhelminian Germany«, in: Robert Gellately und Ben Kiernan (Hg.), *The Specter of Genocide. Mass Murder in Historical Perspective*, Cambridge 2003, S. 141–162.

Hull, Isabel V., *Absolute Destruction. Military Culture and the Practices of War in Imperial Germany*, Ithaca, NY 2005.

Hunt, George T., *The Wars of the Iroquois. A Study in Intertribal Trade Relations*, Madison, WI 1940.

Huntington, Samuel P., *The Soldier and the State. The Theory and Politics of Civil-Military Relations*, Cambridge, MA 1957.

Hurt, R. Douglas, *The Indian Frontier 1763–1846*, Albuquerque, NM 2002.

Hyam, Ronald, »British Imperial Expansion in the Late Eighteenth Century«, in: *Historical Journal* 10 (1967), H. 1, S. 113–124.

Ikime, Obaro, »Nigeria – Ebrohimi«, in: Michael Crowder (Hg.), *West African Resistance. The Military Response to Colonial Occupation*, New York 1972, S. 205–232.

Inikori, Joseph E., »The Import of Firearms into West Africa, 1750–1807. A Quantitative Analysis«, in: Douglas M. Peers (Hg.), *Warfare and Empires. Contact and Conflict between European and non-European Military and Maritime Forces and Cultures* (An Expanding World, Bd. 24), Aldershot 1997, S. 245–274.

Isby, David C., *War in a Distant Country. Afghanistan: Invasion and Resistance*, London 1989.

Jacobson, Stephen, »Imperial Ambitions in an Era of Decline. Micromilitarism and the Eclipse of the Spanish Empire, 1858–1923«, in: Alfred W. McCoy, Josep M. Fradera und Stephen Jacobson (Hg.), *Endless Empire. Spain's Retreat, Europe's Eclipse, America's Decline*, Madison, WI 2012, S. 74–91.

Jaeger, Friedrich (Hg.), *Enzyklopädie der Neuzeit*, Bd. 3: *Dynastie – Freundschaftslinien*, Stuttgart 2006.

Jaeger, Friedrich (Hg.), *Enzyklopädie der Neuzeit*, Bd. 5: *Gymnasium – Japanhandel*, Stuttgart 2007.

Jaeger, Friedrich (Hg.), *Enzyklopädie der Neuzeit*, Bd. 10: *Physiologie – Religiöses Epos*, Stuttgart 2009.

Jäger, Thomas (Hg.), *Die Komplexität der Kriege*, Wiesbaden 2010.

Jalée, Pierre, *L'impérialisme en 1970*, Paris 1970.

James, Lawrence, *Raj. The Making and Unmaking of British India*, London 1997.

James, Lawrence, *The Savage Wars. British Campaigns in Africa, 1870–1920*, New York 1985.

Janis, Irving L., *Groupthink*, 2. Aufl., Boston, MA 1982.

Janowitz, Morris, *The Professional Soldier. A Social and Political Portrait*, Glencoe, IL 1960.

Jany, Curt, *Geschichte der Preußischen Armee vom 15. Jahrhundert bis 1914*, Bd. 1: *Von den Anfängen bis 1740*, hg. v. Eberhard Jany, 2. Aufl., Osnabrück 1967.

Jauffret, Jean-Charles, »Les armes de ›la plus grande France‹«, in: André Corvisier und Guy Pedroncini (Hg.), *Histoire militaire de la France*, Bd. 3: *De 1871 à 1940*, Paris 1997, S. 43–69.

Jeffery, Keith, »Colonial Warfare 1900–39«, in: Colin McInnes und Gary D. Sheffield (Hg.), *Warfare in the Twentieth Century. Theory and Practice*, London 1988, S. 24–50.

Jobst, Kerstin S., »Die transkontinentale Expansion des Zarenreichs«, in: Tanja Bührer, Christian Stachelbeck und Dierk Walter (Hg.), *Imperialkriege von 1500 bis heute. Strukturen – Akteure – Lernprozesse*, Paderborn 2011, S. 55–71.

Joes, Anthony James, *America and Guerrilla Warfare*, Lexington, KY 2000.

Johnson, Courtney, »›Alliance Imperialism‹ and Anglo-American Power after 1898. The Origins of Open-Door Internationalism«, in: Alfred W. McCoy, Josep M. Fradera und Stephen Jacobson (Hg.), *Endless Empire. Spain's Retreat, Europe's Eclipse, America's Decline*, Madison, WI 2012, S. 122–135.

Jones, Archer, *The Art of War in the Western World*, New York 1987.

Jones, Colin, »The Military Revolution and the Professionalisation of the French Army under the Ancien Regime«, in: Michael Duffy (Hg.), *The Military Revolution and the State 1500–1800* (Exeter Studies in History, Bd. 1), Exeter 1980, S. 29–48.

Jones, David R., »Muscovite-Nomad Relations on the Steppe Frontier before 1800 and the Development of Russia's ›Inclusive‹ Imperialism«, in: Wayne E. Lee (Hg.), *Empires and Indigenes. Intercultural Alliance, Imperial Expansion, and Warfare in the Early Modern World*, New York 2011, S. 109–140.

Jones, Grant D., *Maya Resistance to Spanish Rule. Time and History on a Colonial Frontier*, Albuquerque, NM 1989.

Jones, Grant D., *The Conquest of the Last Maya Kingdom*, Stanford, CA 1998.

Jones, R. Steven, *The Right Hand of Command. Use and Disuse of Personal Staffs in the American Civil War*, Mechanicsburg, PA 2000.

Jones, Seth G., *In the Graveyard of Empires. America's War in Afghanistan*, New York 2010.

Jones, Tim, *Postwar Counterinsurgency and the SAS, 1945–1952. A Special Type of Warfare*, London 2001.

Jütte, Robert (Hg.), *Medizin, Gesellschaft und Geschichte* (Jahrbuch des Instituts für Geschichte der Medizin der Robert Bosch Stiftung, Bd. 22), Stuttgart 2004.

Jureit, Ulrike, *Das Ordnen von Räumen. Territorium und Lebensraum im 19. und 20. Jahrhundert*, Hamburg 2012.

Kaldor, Mary, *New and Old Wars. Organized Violence in a Global Era*, Cambridge 1999.

Kane, Katie, »Nits Make Lice. Drogheda, Sand Creek, and the Poetics of Colonial Extermination«, in: *Cultural Critique* 42 (1999), S. 81–103.

Kanet, Roger E., »Sowjetische Militärhilfe für nationale Befreiungskriege«, in: Bernd Greiner, Christian Th. Müller und Dierk Walter (Hg.), *Heiße Kriege im Kalten Krieg* (Studien zum Kalten Krieg, Bd. 1), Hamburg 2006, S. 61–83.

Kanya-Forstner, Alexander Sydney, »Mali – Tukulor«, in: Michael Crowder (Hg.), *West African Resistance. The Military Response to Colonial Occupation*, New York 1972, S. 53–79.

Kanya-Forstner, Alexander Sydney, »The French Marines and the Conquest of the Western Sudan, 1880–1899«, in: Jaap A. de Moor und Hendrik Lodewyk Wesseling (Hg.), *Imperialism and War. Essays on Colonial Wars in Asia and Africa*, Leiden 1989, S. 121–145.

Kanya-Forstner, Alexander Sydney, *The Conquest of the Western Sudan. A Study in French Military Imperialism*, Cambridge 1969.

Karr, Ronald Dale, »›Why Should You Be So Furious?‹. The Violence of the Pequot War«, in: *Journal of American History* 85 (1998), H. 3, S. 876–909.

Kars, Marjoleine, »›Cleansing the Land‹. Dutch-Amerindian Cooperation in the Suppression of the 1763 Slave Rebellion in Dutch Guiana«, in: Wayne E. Lee (Hg.), *Empires and Indigenes. Intercultural Alliance, Imperial Expansion, and Warfare in the Early Modern World*, New York 2011, S. 251–275.

Katz, Steven T., »The Pequot War Reconsidered«, in: *New England Quarterly* 64 (1991), H. 2, S. 206–224.

Keegan, John, »The Ashanti Campaign, 1873–4«, in: Brian Bond (Hg.), *Victorian Military Campaigns*, London 1994, S. 163–198.
Keegan, John, *A History of Warfare*, London 1993.
Keeley, Lawrence H., *War Before Civilization*, New York 1996.
Kelly, Raymond C., *Warless Societies and the Origin of War*, Ann Arbor, MI 2000.
Kennedy, David M., *Freedom from Fear. The American People in Depression and War, 1929–1945* (Oxford History of the United States, Bd. 9), New York 1999.
Kennedy, Dane Keith, *Islands of White. Settler Society and Culture in Kenya and Southern Rhodesia, 1890–1939*, Durham, NC 1987.
Kennedy, Greg, »Drones. Legitimacy and Anti-Americanism«, in: *Parameters* 42/43 (2013), H. 4/1, S. 25–28.
Kennedy, Joseph P., *Population of the United States in 1860. Compiled from the Original Returns of the Eighth Census under the Direction of the Secretary of the Interior*, hg. v. Bureau of the Census Library, Washington, DC 1864.
Kennedy, Paul, *The Rise and Fall of the Great Powers. Economic Change and Military Conflict from 1500 to 2000*, New York 1987.
Khodarkovsky, Michael, »Krieg und Frieden. Was Russland an seinen asiatischen Frontiers (nicht) lernte«, in: Dierk Walter und Birthe Kundrus (Hg.), *Waffen Wissen Wandel. Anpassung und Lernen in transkulturellen Erstkonflikten*, Hamburg 2012, S. 198–218.
Khodarkovsky, Michael, *Russia's Steppe Frontier. The Making of a Colonial Empire, 1500–1800*, Bloomington, IN 2002.
Kidd, Colin, *The Forging of Races. Race and Scripture in the Protestant Atlantic World, 1600–2000*, Cambridge 2006.
Kiernan, Victor G., *Colonial Empires and Armies, 1815–1960*, Montreal 1998.
Killingray, David, »Colonial Warfare in West Africa, 1870–1914«, in: Jaap A. de Moor und Hendrik Lodewyk Wesseling (Hg.), *Imperialism and War. Essays on Colonial Wars in Asia and Africa*, Leiden 1989, S. 146–167.
Killingray, David, »Guardians of Empire«, in: David Killingray und David E. Omissi (Hg.), *Guardians of Empire. The Armed Forces of the Colonial Powers c. 1700–1964*, Manchester 1999, S. 1–24.
Killingray, David, »The Idea of a British Imperial African Army«, in: *Journal of African History* 20 (1979), H. 3, S. 421–436.
Killingray, David, und David E. Omissi (Hg.), *Guardians of Empire. The Armed Forces of the Colonial Powers c. 1700–1964*, Manchester 1999.
Kipling, Rudyard, »The Young British Soldier«, in: ders., *The Writings in Prose and Verse*, Bd. 11, New York 1899, S. 37–39.
Kipling, Rudyard, *The Writings in Prose and Verse*, Bd. 11, New York 1899.
Kirk-Greene, Anthony H. M., »›Damnosa Hereditas‹. Ethnic Ranking and the Martial Races Imperative in Africa«, in: *Ethnic and Racial Studies* 3 (1980), H. 4, S. 393–414.
Kirk-Greene, Anthony H. M., »The Thin White Line. The Size of the British Colonial Service in Africa«, in: *African Affairs* 79 (1980), H. 314, S. 25–44.
Kitson, Frank, *Gangs and Counter-gangs*, London 1960.
Klein, Thoralf, »Straffeldzug im Namen der Zivilisation. Der ›Boxerkrieg‹ in

China (1900–1901)«, in: Thoralf Klein und Frank Schumacher (Hg.), *Kolonialkriege. Militärische Gewalt im Zeichen des Imperialismus*, Hamburg 2006, S. 145–181.

Klein, Thoralf, und Frank Schumacher (Hg.), *Kolonialkriege. Militärische Gewalt im Zeichen des Imperialismus*, Hamburg 2006.

Klein, Thoralf, und Frank Schumacher, »Einleitung«, in: dies. (Hg.), *Kolonialkriege. Militärische Gewalt im Zeichen des Imperialismus*, Hamburg 2006, S. 7–13.

Kleinschmidt, Harald, *Diskriminierung durch Vertrag und Krieg. Zwischenstaatliche Verträge und der Begriff des Kolonialkriegs im 19. und frühen 20. Jahrhundert* (Historische Zeitschrift, Beihefte [Neue Folge], Bd. 59), München 2013.

Klose, Fabian, »Antisubversiver Krieg. Militärstrategische Transferprozesse im Zeichen der Dekolonisierungskriege«, in: Tanja Bührer, Christian Stachelbeck und Dierk Walter (Hg.), *Imperialkriege von 1500 bis heute. Strukturen – Akteure – Lernprozesse*, Paderborn 2011, S. 484–501.

Klose, Fabian, »Notstand und die Entgrenzung kolonialer Gewalt«, in: *Francia* 34 (2007), H. 3, S. 39–61.

Klose, Fabian, »Zur Legitimation kolonialer Gewalt. Kolonialer Notstand, antisubversiver Krieg und humanitäres Völkerrecht im kenianischen und algerischen Dekolonisationskrieg«, in: *Archiv für Sozialgeschichte* 48 (2008), S. 249–274.

Klose, Fabian, *Menschenrechte im Schatten kolonialer Gewalt. Die Dekolonisierungskriege in Kenia und Algerien 1945–1962* (Veröffentlichungen des Deutschen Historischen Instituts London, Bd. 66), München 2009.

Knaap, Gerrit J., »Crisis and Failure. War and Revolt in the Ambon Islands, 1636–1637«, in: Douglas M. Peers (Hg.), *Warfare and Empires. Contact and Conflict between European and non-European Military and Maritime Forces and Cultures* (An Expanding World, Bd. 24), Aldershot 1997, S. 151–175.

Knaut, Andrew L., *The Pueblo Revolt of 1680. Conquest and Resistance in Seventeenth-Century New Mexico*, Norman, OK 1995.

Knight, Ian, *The Anatomy of the Zulu Army from Shaka to Cetshwayo 1818–1879*, London 1999.

Knight, Ian, *Zulu. Isandlwana and Rorke's Drift 22nd – 23rd January 1879*, London 1992.

Knöbl, Wolfgang, »Imperiale Herrschaft und Gewalt«, in: *Mittelweg 36* 21 (2012), H. 3, S. 19–44.

Kolff, Dirk H. A., »The End of an Ancien Régime. Colonial War in India 1798–1818«, in: Jaap A. de Moor und Hendrik Lodewyk Wesseling (Hg.), *Imperialism and War. Essays on Colonial Wars in Asia and Africa*, Leiden 1989, S. 22–49.

Koller, Christian, »Die französische Fremdenlegion als transkultureller Erfahrungsraum«, in: Tanja Bührer, Christian Stachelbeck und Dierk Walter (Hg.), *Imperialkriege von 1500 bis heute. Strukturen – Akteure – Lernprozesse*, Paderborn 2011, S. 363–381.

Koller, Christian, *Von Wilden aller Rassen niedergemetzelt. Die Diskussion um die Verwendung von Kolonialtruppen in Europa zwischen Rassismus, Kolonial- und Militärpolitik (1914–1930)*, Stuttgart 2001.

Kolnberger, Thomas, Ilja Steffelbauer und Gerald Weigl (Hg.), *Krieg und Akkulturation* (Expansion – Interaktion – Akkulturation, Bd. 5), Wien 2004.

Kopperman, Paul E., *Braddock at the Monongahela*, Pittsburgh, PA 1977.

Kortüm, Hans-Henning (Hg.), *Transcultural Wars from the Middle Ages to the 21st Century*, Berlin 2006.

Kramer, Paul A., »Empires, Exceptions, and Anglo-Saxons. Race and Rule between the British and United States Empires, 1880–1910«, in: *Journal of American History* 88 (2002), H. 4, S. 1315–1353.

Kramer, Paul A., »Race-Making and Colonial Violence in the U.S. Empire. The Philippine-American War as Race War«, in: *Diplomatic History* 30 (2006), H. 1, S. 169–210.

Kratoska, Paul H., »Elites and the Construction of the Nation in Southeast Asia«, in: Jost Dülffer und Marc Frey (Hg.), *Elites and Decolonization in the Twentieth Century*, Basingstoke 2011, S. 36–55.

Kreienbaum, Jonas, »Koloniale Gewaltexzesse. Kolonialkriege um 1900«, in: Alain Chatriot und Dieter Gosewinkel (Hg.), *Koloniale Politik und Praktiken Deutschlands und Frankreichs 1880–1962* (Schriftenreihe des Deutsch-Französischen Historikerkomitees, Bd. 6), Stuttgart 2010, S. 155–172.

Kubicek, Robert, »British Expansion, Empire, and Technological Change«, in: Andrew Porter und Alaine Low (Hg.), *The Oxford History of the British Empire*, Bd. 3: *The Nineteenth Century*, Oxford 1999, S. 247–269.

Kundrus, Birthe, und Dierk Walter, »Anpassung und Lernen in transkulturellen Erstkonflikten. Fragen – Hintergründe – Befunde«, in: dies. (Hg.), *Waffen Wissen Wandel. Anpassung und Lernen in transkulturellen Erstkonflikten*, Hamburg 2012, S. 7–33.

Kunisch, Johannes, *Der kleine Krieg. Studien zum Heerwesen des Absolutismus* (Frankfurter Historische Abhandlungen, Bd. 4), Wiesbaden 1973.

Kunz, Rudibert, »›Con ayuda del más dañino de todos los gases‹. Der Gaskrieg gegen die Rif-Kabylen in Spanisch-Marokko 1922–1927«, in: Irmtrud Wojak und Susanne Meinl (Hg.), *Völkermord und Kriegsverbrechen in der ersten Hälfte des 20. Jahrhunderts*, Frankfurt/Main 2004, S. 153–191.

Kuß, Susanne, *Deutsches Militär auf kolonialen Kriegsschauplätzen. Eskalation von Gewalt zu Beginn des 20. Jahrhunderts* (Studien zur Kolonialgeschichte, Bd. 3), Berlin 2010.

Laband, John P. C. (Hg.), *Lord Chelmsford's Zululand Campaign 1878–1879*, Stroud 1994.

Lane, Kris, »Introductory Study«, in: Bernardo de Vargas Machuca, *The Indian Militia and Description of the Indies*, hg. v. Kris Lane, Durham, NC 2008, S. XVII–LXXIV.

Langford, Paul, »The Eighteenth Century (1688–1789)«, in: Kenneth O. Morgan (Hg.), *The Oxford History of Britain. Revised Edition*, Oxford 2010, S. 399–469.

Lappas, Thomas J., »Lernen inmitten des Blutvergießens. Französisch-indianische Interaktionen in der Erkundungsphase in Nordamerika«, in: Dierk Walter und Birthe Kundrus (Hg.), *Waffen Wissen Wandel. Anpassung und Lernen in transkulturellen Erstkonflikten*, Hamburg 2012, S. 151–178.

Laqueur, Walter, *Guerrilla Warfare. A Historical & Critical Study*, New Brunswick, NJ 1998.
Lartéguy, Jean, *Les Centurions*, Paris 1960.
Law, Randall D., *Terrorism. A History*, Cambridge 2009.
Law, Robin, »Warfare on the West African Slave Coast, 1650–1850«, in: R. Brian Ferguson und Neil L. Whitehead (Hg.), *War in the Tribal Zone. Expanding States and Indigenous Warfare*, Santa Fe, NM 1992, S. 103–126.
Le Cour Grandmaison, Olivier, *Coloniser, Exterminer. Sur la guerre et l'état colonial*, Paris 2005.
Lee, Wayne E. (Hg.), *Empires and Indigenes. Intercultural Alliance, Imperial Expansion, and Warfare in the Early Modern World*, New York 2011.
Lee, Wayne E., »Fortify, Fight, or Flee. Tuscarora and Cherokee Defensive Warfare and Military Culture Adaptation«, in: *Journal of Military History* 68 (2004), H. 3, S. 713–770.
Lee, Wayne E., »Projecting Power in the Early Modern World. The Spanish Model?«, in: ders. (Hg.), *Empires and Indigenes. Intercultural Alliance, Imperial Expansion, and Warfare in the Early Modern World*, New York 2011, S. 1–16.
Lee, Wayne E., »The Military Revolution of Native North America. Firearms, Forts, and Politics«, in: ders. (Hg.), *Empires and Indigenes. Intercultural Alliance, Imperial Expansion, and Warfare in the Early Modern World*, New York 2011, S. 49–79.
Lehmann, Joseph H., *All Sir Garnet. A Life of Field-Marshal Lord Wolseley*, London 1964.
Lemke, Bernd, »Kolonialgeschichte als Vorläufer für modernes ›Nation-Building‹? Britische Pazifikationsversuche in Kurdistan und der North-West Frontier Province 1918–1947«, in: Tanja Bührer, Christian Stachelbeck und Dierk Walter (Hg.), *Imperialkriege von 1500 bis heute. Strukturen – Akteure – Lernprozesse*, Paderborn 2011, S. 279–300.
Lenman, Bruce P., *England's Colonial Wars 1550–1688. Conflicts, Empire and National Identity*, Harlow 2001.
Leonhard, Nina, und Ines-Jacqueline Werkner (Hg.), *Militärsoziologie. Eine Einführung*, Wiesbaden 2005.
Lettow-Vorbeck, Paul von, *Mein Leben*, Biberach/Riß 1957.
Lieb, Peter, »Guerre Révolutionnaire. Die französische Theorie zur Aufstandsbekämpfung in Algerien 1954–1962«, in: Tanja Bührer, Christian Stachelbeck und Dierk Walter (Hg.), *Imperialkriege von 1500 bis heute. Strukturen – Akteure – Lernprozesse*, Paderborn 2011, S. 463–481.
Lincoln, W. Bruce, *The Conquest of a Continent. Siberia and the Russians*, Ithaca, NY 1994.
Lindsay, Brendan C., *Murder State. California's Native American Genocide, 1846–1873*, Lincoln, NE 2012.
Linn, Brian McAllister, »Cerberus' Dilemma. The US Army and Internal Security in the Pacific, 1902–1940«, in: David Killingray und David E. Omissi (Hg.), *Guardians of Empire. The Armed Forces of the Colonial Powers c. 1700–1964*, Manchester 1999, S. 114–136.

Linn, Brian McAllister, *The U.S. Army and Counterinsurgency in the Philippine War, 1899–1902*, Chapel Hill, NC 1989.

Livingstone, David N., *The Geographical Tradition. Episodes in the History of a Contested Enterprise*, Oxford 1992.

Lock, Ron, und Peter Quantrill, *Zulu Victory. The Epic of Isandlwana and the Cover-Up*, London 2002.

Lombardi, Aldo Virgilio, *Bürgerkrieg und Völkerrecht. Die Anwendbarkeit völkerrechtlicher Normen in nicht-zwischenstaatlichen bewaffneten Konflikten* (Schriften zum Völkerrecht, Bd. 53), Berlin 1976.

Longacre, Edward, *General John Buford. A Military Biography*, Conshohocken, PA 1996.

Lonsdale, John, »The Conquest State of Kenya«, in: Jaap A. de Moor und Hendrik Lodewyk Wesseling (Hg.), *Imperialism and War. Essays on Colonial Wars in Asia and Africa*, Leiden 1989, S. 87–120.

Lowenthal, David, »Empires and Ecologies. Reflections of Environmental History«, in: Tom Griffiths und Libby Robin (Hg.), *Ecology and Empire. Environmental History of Settler Socities*, Edinburgh 1997, S. 229–236.

Luh, Jürgen, *Ancien Régime Warfare and the Military Revolution. A Study* (Baltic Studies, Bd. 6), Groningen 2000.

Lunn, Joe, »French Race Theory, the Parisian Society of Anthropology, and the Debate over la Force Noire, 1909–1912«, in: Martin Thomas (Hg.), *The French Colonial Mind*, Bd. 2: *Violence, Military Encounters, and Colonialism*, Lincoln, NE 2011, S. 221–247.

Lussato, Céline, »Mali. La France un peu moins isolée ... Un peu«, in: *Le nouvel observateur*, 21. Januar 2013. URL: http://tempsreel.nouvelobs.com/guerre-au-mali/20130121.OBS6101/mali-la-france-un-peu-moins-isolee-un-peu.html [08. 07. 2013].

Luttrell, Marcus, *Lone Survivor. The Eyewitness Account of Operation Redwing and the Lost Heroes of SEAL Team 10*, New York 2007.

Lyautey, Louis Hubert Gonzalve, *Du rôle colonial de l'armée*, Paris 1900.

Lynn, John A., *Battle. A History of Combat and Culture*, Boulder, CO 2003.

MacQueen, Norrie, »Portugal's First Domino. ›Pluricontinentalism‹ and Colonial War in Guiné-Bissau, 1963–1974«, in: *Contemporary European History* 8 (1999), H. 2, S. 209–230.

Macrory, Patrick, *Signal Catastrophe. The Story of the Disastrous Retreat from Kabul 1842*, London 1966.

Magdoff, Harry, *Imperialism. From the Colonial Age to the Present*, New York 1978.

Malinowski, Stephan, »Modernisierungskriege. Militärische Gewalt und koloniale Modernisierung im Algerienkrieg (1954–1962)«, in: *Archiv für Sozialgeschichte* 48 (2008), S. 213–248.

Malley, Robert, *The Call from Algeria. Third Worldism, Revolution, and the Turn to Islam*, Berkeley, CA 1996.

Maloba, Wunyabari O., *Mau Mau and Kenya. An Analysis of a Peasant Revolt*, Bloomington, IN 2004.

Malone, Patrick M., »Changing Military Technology Among the Indians of Southern New England, 1600-1677«, in: Douglas M. Peers (Hg.), *Warfare and Empires. Contact and Conflict between European and non-European Military and Maritime Forces and Cultures* (An Expanding World, Bd. 24), Aldershot 1997, S. 229-244.
Malone, Patrick M., *The Skulking Way of War. Technology and Tactics among the New England Indians*, Lanham, MD 2000.
Maninger, Stephan, »›Rangers‹. Ein Konzept der Aufstandsbekämpfung in Nordamerika von 1676 bis 1850«, in: Tanja Bührer, Christian Stachelbeck und Dierk Walter (Hg.), *Imperialkriege von 1500 bis heute. Strukturen – Akteure – Lernprozesse*, Paderborn 2011, S. 325-344.
Mann, Michael, »Das Gewaltdispositiv des modernen Kolonialismus«, in: Mihran Dabag, Horst Gründer und Uwe-Karsten Ketelsen (Hg.), *Kolonialismus. Kolonialdiskurs und Genozid*, München 2004, S. 111-135.
Manning, Stephen, »Learning the Trade. Use and Misuse of Intelligence during the British Colonial Campaigns of the 1870s«, in: *Intelligence and National Security* 22 (2007), H. 5, S. 644-660.
Mao Tse-Tung, »Strategische Probleme des Partisanenkriegs gegen die japanische Aggression« [1938], in: ders., *Ausgewählte Werke*, Bd. 2: *Die Periode des Widerstandskriegs gegen die japanische Aggression (I)*, hg. v. Kommission des Zentralkomitees der Kommunistischen Partei Chinas für die Herausgabe der Ausgewählten Werke Mao Tse-Tungs, Peking 1968, S. 83-125.
Mao Tse-Tung, »Strategische Probleme des revolutionären Krieges in China« [1936], in: ders., *Ausgewählte Werke*, Bd. 1: *Die Periode des ersten revolutionären Bürgerkriegs*, hg. v. Kommission des Zentralkomitees der Kommunistischen Partei Chinas für die Herausgabe der Ausgewählten Werke Mao Tse-Tungs, Peking 1968, S. 209-298.
Mao Tse-Tung, »Über den langwierigen Krieg« [1938], in: ders., *Ausgewählte Werke*, Bd. 2: *Die Periode des Widerstandskriegs gegen die japanische Aggression (I)*, hg. v. Kommission des Zentralkomitees der Kommunistischen Partei Chinas für die Herausgabe der Ausgewählten Werke Mao Tse-Tungs, Peking 1968, S. 127-228.
Mao Tse-Tung, *Ausgewählte Werke*, Bd. 1: *Die Periode des ersten revolutionären Bürgerkriegs*, hg. v. Kommission des Zentralkomitees der Kommunistischen Partei Chinas für die Herausgabe der Ausgewählten Werke Mao Tse-Tungs, Peking 1968.
Mao Tse-Tung, *Ausgewählte Werke*, Bd. 2: *Die Periode des Widerstandskriegs gegen die japanische Aggression (I)*, hg. v. Kommission des Zentralkomitees der Kommunistischen Partei Chinas für die Herausgabe der Ausgewählten Werke Mao Tse-Tungs, Peking 1968.
Mao Zedong, »Repel the Attacks of the Bourgeois Rightists (July 9, 1957)«, in: ders., *The Writings of Mao Zedong*, Bd. 2: *1949-1976*, hg. v. John K. Leung und Michael Y. M. Kau, Armonk, NY 1992, S. 620-637.
Mao Zedong, *The Writings of Mao Zedong*, Bd. 2: *1949-1976*, hg. v. John K. Leung und Michael Y. M. Kau, Armonk, NY 1992.

Marighela, Carlos, »Handbuch des Stadtguerillero«, in: ders., *Zerschlagt die Wohlstandsinseln der Dritten Welt*, hg. v. Conrad Detrez und Márcio M. Alves, Reinbek 1971, S. 39–84.

Marighela, Carlos, *Zerschlagt die Wohlstandsinseln der Dritten Welt*, hg. v. Conrad Detrez und Márcio M. Alves, Reinbek 1971.

Markel, Wade, »Draining the Swamp. The British Strategy of Population Control«, in: *Parameters* 36 (2006), H. 1, S. 35–48.

Marshall, Alex, *The Russian General Staff and Asia, 1800–1917*, London 2006.

Marshall, Peter James, »Western Arms in Maritime Asia in the Early Phases of Expansion«, in: *Modern Asian Studies* 14 (1980), H. 1, S. 13–28.

Marthoz, Jean-Paul, »In Mali, a war ›without images and without facts‹«, in: *CPJ Journalist Security Blog*, 25. Januar 2013. URL: http://cpj.org/security/2013/01/in-mali-a-war-without-images-and-without-facts.php [07. 08. 2013].

Martin, Michel L., »From Algiers to N'Djamena. France's Adaptation to Low-Intensity Wars, 1830–1987«, in: David Charters und Maurice Tugwell (Hg.), *Armies in Low-Intensity Conflict. A Comparative Analysis*, London 1989, S. 77–138.

Marx, Christoph, *Geschichte Afrikas. Von 1800 bis zur Gegenwart*, Paderborn 2004.

Matthew, Laura E., »Whose Conquest? Nahua, Zapoteca, and Mixteca Allies in the Conquest of Central America«, in: Laura E. Matthew und Michel R. Oudijk (Hg.), *Indian Conquistadors. Indigenous Allies in the Conquest of Mesoamerica*, Norman, OK 2007, S. 102–126.

Matthew, Laura E., und Michel R. Oudijk (Hg.), *Indian Conquistadors. Indigenous Allies in the Conquest of Mesoamerica*, Norman, OK 2007.

Mattioli, Aram, »Die vergessenen Kolonialverbrechen des faschistischen Italien in Libyen 1923–1933«, in: Irmtrud Wojak und Susanne Meinl (Hg.), *Völkermord und Kriegsverbrechen in der ersten Hälfte des 20. Jahrhunderts*, Frankfurt/Main 2004, S. 203–226.

Mattison, Ray H., *The Army Post on the Northern Plains 1865–1885*, Gering, NE 1962.

May, Glenn Anthony, »Was the Philippine-American War a ›Total War‹?«, in: Manfred F. Boemeke, Roger Chickering und Stig Förster (Hg.), *Anticipating Total War. The German and American Experiences, 1871–1914*, Cambridge 1999, S. 437–457.

McCoy, Alfred W., »Imperial Illusions. Information Infrastructure and the Future of U.S. Global Power«, in: Alfred W. McCoy, Josep M. Fradera und Stephen Jacobson (Hg.), *Endless Empire. Spain's Retreat, Europe's Eclipse, America's Decline*, Madison, WI 2012, S. 360–386.

McCoy, Alfred W., Josep M. Fradera und Stephen Jacobson (Hg.), *Endless Empire. Spain's Retreat, Europe's Eclipse, America's Decline*, Madison, WI 2012.

McCrisken, Trevor, »Obama's Drone War«, in: *Survival* 55 (2013), H. 2, S. 97–122.

McCuen, John J., *The Art of Counter-Revolutionary Warfare. The Strategy of Counter-Insurgency*, London 1966.

McInnes, Colin, und Gary D. Sheffield (Hg.), *Warfare in the Twentieth Century. Theory and Practice*, London 1988.

McMahon, Robert J., »Heiße Kriege im Kalten Krieg«, in: Bernd Greiner, Christian Th. Müller und Dierk Walter (Hg.), *Heiße Kriege im Kalten Krieg* (Studien zum Kalten Krieg, Bd. 1), Hamburg 2006, S. 16–34.

McNab, David, Bruce W. Hodgins und Dale S. Standen, »›Black with Canoes‹. Aboriginal Resistance and the Canoe. Diplomacy, Trade and Warfare in the Meeting Grounds of Northeastern North America, 1600–1821«, in: George Raudzens (Hg.), *Technology, Disease and Colonial Conquests, Sixteenth to Eighteenth Centuries. Essays Reappraising the Guns and Germs Theories*, Leiden 2001, S. 238–292.

McNeill, William H., »European Expansion, Power and Warfare since 1500«, in: Jaap A. de Moor und Hendrik Lodewyk Wesseling (Hg.), *Imperialism and War. Essays on Colonial Wars in Asia and Africa*, Leiden 1989, S. 12–21.

McNeill, William H., *The Age of Gunpowder Empires 1450–1800*, Washington, DC 1989.

Meinertzhagen, Richard, *Kenya Diary (1902–1906)*, Edinburgh 1957.

Meissner, Jochen, Ulrich Mücke und Klaus Weber, *Schwarzes Amerika. Eine Geschichte der Sklaverei*, München 2008.

Merom, Gil, *How Democracies Lose Small Wars. State, Society, and the Failures of France in Algeria, Israel in Lebanon, and the United States in Vietnam*, New York 2003.

Meuwese, Mark, »The Opportunities and Limits of Ethnic Soldiering. The Tupis and the Dutch-Portuguese Struggle for the Southern Atlantic, 1630–1657«, in: Wayne E. Lee (Hg.), *Empires and Indigenes. Intercultural Alliance, Imperial Expansion, and Warfare in the Early Modern World*, New York 2011, S. 193–220.

Meynier, Gilbert, und Pierre Vidal-Naquet, »Coloniser Exterminer. De vérités bonnes à dire à l'art de la simplification idéologique«, in: *Esprit* 320 (2005), S. 162–177.

Michels, Eckard, »Das ›Ostasiatische Expeditionskorps‹ des Deutschen Reiches in China 1900/01«, in: Tanja Bührer, Christian Stachelbeck und Dierk Walter (Hg.), *Imperialkriege von 1500 bis heute. Strukturen – Akteure – Lernprozesse*, Paderborn 2011, S. 401–416.

Middleton, Richard, und Anne Lombard, *Colonial America. A History to 1763*, 4. Aufl., Chichester 2011.

Mieder, Wolfgang, »›The Only Good Indian Is a Dead Indian‹. History and Meaning of a Proverbial Stereotype«, in: *Journal of American Folklore* 106 (1993), H. 419, S. 38–60.

Miège, Jean-Louis, »The French Conquest of Morocco. The Early Period, 1901–1911«, in: Jaap A. de Moor und Hendrik Lodewyk Wesseling (Hg.), *Imperialism and War. Essays on Colonial Wars in Asia and Africa*, Leiden 1989, S. 201–217.

Mockaitis, Thomas R., »The Origins of British Counter-Insurgency«, in: *Small Wars and Insurgencies* 1 (1990), H. 3, S. 209–225.

Mockaitis, Thomas R., *British Counterinsurgency, 1919–60*, London 1990.

Mollenhauer, Daniel, »Die vielen Gesichter der pacification. Frankreichs Krieg in

Algerien (1954–1962)«, in: Thoralf Klein und Frank Schumacher (Hg.), *Kolonialkriege. Militärische Gewalt im Zeichen des Imperialismus*, Hamburg 2006, S. 329–366.
Moltke, Helmuth von, »Rede vor dem deutschen Reichstag, 14. Mai 1890«, in: ders., *Vom Kabinettskrieg zum Volkskrieg. Eine Werkauswahl*, hg. v. Stig Förster, Bonn 1992, S. 638–641.
Moltke, Helmuth von, *Vom Kabinettskrieg zum Volkskrieg. Eine Werkauswahl*, hg. v. Stig Förster, Bonn 1992.
Momaday, Navarre Scott, *The Man Made of Words. Essays, Stories, Passages*, New York 1997.
Mommsen, Wolfgang J., *Imperialismustheorien. Ein Überblick über die neueren Imperialismusinterpretationen*, 3. Aufl., Göttingen 1987.
Mommsen, Wolfgang J., und Jürgen Osterhammel (Hg.), *Imperialism and After. Continuities and Discontinuities*, London 1986.
Moor, Jaap A. de, »The Recruitment of Indonesian Soldiers for the Dutch Colonial Army, c. 1700–1950«, in: David Killingray und David E. Omissi (Hg.), *Guardians of Empire. The Armed Forces of the Colonial Powers c. 1700–1964*, Manchester 1999, S. 53–69.
Moor, Jaap A. de, »Warmakers in the Archipelago. Dutch Expeditions in Nineteenth Century Indonesia«, in: Jaap A. de Moor und Hendrik Lodewyk Wesseling (Hg.), *Imperialism and War. Essays on Colonial Wars in Asia and Africa*, Leiden 1989, S. 50–71.
Moor, Jaap A. de, und Hendrik Lodewyk Wesseling (Hg.), *Imperialism and War. Essays on Colonial Wars in Asia and Africa*, Leiden 1989.
Moreman, Timothy R., »›Small Wars‹ and ›Imperial Policing‹. The British Army and the Theory and Practice of Colonial Warfare in the British Empire, 1919–1939«, in: *Journal of Strategic Studies* 19 (1996), H. 4, S. 105–131.
Moreman, Timothy R., »›Watch and Ward‹. The Army in India and the North-West Frontier, 1920–1939«, in: David Killingray und David E. Omissi (Hg.), *Guardians of Empire. The Armed Forces of the Colonial Powers c. 1700–1964*, Manchester 1999, S. 137–156.
Moreman, Timothy R., *The Army in India and the Development of Frontier Warfare, 1849–1947*, Basingstoke 1998.
Morgan, Andy, »The remote mountains of northern Mali – perfect for guerrillas«, in: *BBC News*, 5. Februar 2013. URL: http://www.bbc.co.uk/news/world-africa-21326831 [08. 07. 2013].
Morgan, Kenneth O. (Hg.), *The Oxford History of Britain. Revised Edition*, Oxford 2010.
Morillo, Stephen, »A General Typology of Transcultural Wars. The Early Middle Ages and Beyond«, in: Hans-Henning Kortüm (Hg.), *Transcultural Wars from the Middle Ages to the 21st Century*, Berlin 2006, S. 29–42.
Morlang, Thomas, »›Die Wahehe haben ihre Vernichtung gewollt‹. Der Krieg der ›Kaiserlichen Schutztruppe‹ gegen die Hehe in Deutsch-Ostafrika (1890–1898)«, in: Thoralf Klein und Frank Schumacher (Hg.), *Kolonialkriege. Militärische Gewalt im Zeichen des Imperialismus*, Hamburg 2006, S. 80–108.

Morlang, Thomas, *Askari und Fitafita. ›Farbige‹ Söldner in den deutschen Kolonien* (Schlaglichter der Kolonialgeschichte, Bd. 8), Berlin 2008.

Morris, Donald R., *The Washing of the Spears. A History of the Rise of the Zulu Nation under Shaka and Its Fall in the Zulu War of 1879*, New York 1965.

Moses, Anthony Dirk (Hg.), *Empire, Colony, Genocide. Conquest, Occupation, and Subaltern Resistance in World History*, New York 2008.

Moses, Anthony Dirk (Hg.), *Genocide and Settler Society. Frontier Violence and Stolen Indigenous Children in Australian History* (Studies on War and Genocide, Bd. 6), New York 2004.

Moses, Anthony Dirk, »Empire, Colony, Genocide. Keywords and the Philosophy of History«, in: ders. (Hg.), *Empire, Colony, Genocide. Conquest, Occupation, and Subaltern Resistance in World History*, New York 2008, S. 3–54.

Mostert, Tristan, *The Military System of the Dutch East India Company, 1655–1663*. Masterarbeit, Universität Leiden 2007. URL: http://vocwarfare.net/pdf/chain-of-command-complete.pdf [27. 03. 2014].

Mücke, Ulrich, »Agonie einer Kolonialmacht. Spaniens Krieg in Marokko (1921–1927)«, in: Thoralf Klein und Frank Schumacher (Hg.), *Kolonialkriege. Militärische Gewalt im Zeichen des Imperialismus*, Hamburg 2006, S. 248–271.

Müller, Harald, und Niklas Schörnig, »Drohnenkrieg. Die konsequente Fortsetzung der westlichen Revolution in Military Affairs«, in: *Aus Politik und Zeitgeschichte* (2010), H. 50, S. 16–23.

Münkler, Herfried, »Wandel der Weltordnung durch asymmetrische Kriege«, in: Josef Schröfl und Thomas Pankratz (Hg.), *Asymmetrische Kriegführung. Ein neues Phänomen der Internationalen Politik?*, Baden-Baden 2004, S. 85–93.

Münkler, Herfried, *Die neuen Kriege*, Reinbek 2002.

Münkler, Herfried, *Imperien. Die Logik der Weltherrschaft – vom Alten Rom bis zu den Vereinigten Staaten*, Berlin 2005.

Muffett, David J. M., »Nigeria – Sokoto Caliphate«, in: Michael Crowder (Hg.), *West African Resistance. The Military Response to Colonial Occupation*, New York 1972, S. 268–299.

Mukherjee, Rudrangshu, *Spectre of Violence. The 1857 Kanpur Massacres*, New Delhi 2008.

Nagl, John A., »Learning to Eat Soup with a Knife. British and American Army Counterinsurgency Learning during the Malayan Emergency and the Vietnam War«, in: *Foreign Affairs* 161 (1999), H. 4, S. 193–199.

Nagl, John A., *Learning to Eat Soup with a Knife. Counterinsurgency Lessons from Malaya and Vietnam*, Chicago, IL 2005.

Nasson, Bill, *The South African War 1899–1902*, London 1999.

Navarre, Henri, *Agonie de L'Indochine (1953–1954)*, Paris 1956.

Neitzel, Sönke, und Daniel Hohrath (Hg.), *Kriegsgreuel. Die Entgrenzung der Gewalt in kriegerischen Konflikten vom Mittelalter bis ins 20. Jahrhundert* (Krieg in der Geschichte, Bd. 40), Paderborn 2008.

Nester, William R., *The Frontier War for American Independence*, Mechanicsburg, PA 2004.

Newsinger, John, »Minimum Force, British Counter-Insurgency and the Mau Mau Rebellion«, in: *Small Wars and Insurgencies* 3 (1992), H. 1, S. 47–57.

Newson, Linda, »Pathogens, Places and Peoples. Geographical Variations in the Impact of Disease in Early Spanish America and the Philippines«, in: George Raudzens (Hg.), *Technology, Disease and Colonial Conquests, Sixteenth to Eighteenth Centuries. Essays Reappraising the Guns and Germs Theories*, Leiden 2001, S. 167–210.

Nissimi, Hilda, »Illusions of World Power in Kenya. Strategy, Decolonization, and the British Base, 1946–1961«, in: *International History Review* 23 (2001), H. 4, S. 824–846.

Nkrumah, Kwame, *Neo-Colonialism. The Last Stage of Imperialism*, New York 1965.

Olatunji-Oloruntimehin, Benjamin, »Senegambia – Mahmadou Lamine«, in: Michael Crowder (Hg.), *West African Resistance. The Military Response to Colonial Occupation*, New York 1972, S. 80–110.

Omissi, David, *The Sepoy and the Raj. The Indian Army, 1860–1940*, Basingstoke 1998.

Osterhammel, Jürgen, »Entdeckung und Eroberung, Neugier und Gewalt«, in: Christof Dipper und Martin Vogt (Hg.), *Entdeckungen und frühe Kolonisation* (Wissenschaft und Technik, Bd. 63), Darmstadt 1993, S. 399–429.

Osterhammel, Jürgen, »›The Great Work of Uplifting Mankind‹. Zivilisierungsmission und Moderne«, in: Boris Barth und Jürgen Osterhammel (Hg.), *Zivilisierungsmissionen. Imperiale Weltverbesserung seit dem 18. Jahrhundert*, Konstanz 2005, S. 363–425.

Osterhammel, Jürgen, »Wissen als Macht. Deutungen interkulturellen Nichtverstehens bei Tzvetan Todorov und Edward Said«, in: Eva-Maria Auch und Stig Förster (Hg.), *›Barbaren‹ und ›Weiße Teufel‹. Kulturkonflikte und Imperialismus in Asien vom 18. bis zum 20. Jahrhundert*, Paderborn 1997, S. 145–169.

Osterhammel, Jürgen, *Die Verwandlung der Welt. Eine Geschichte des 19. Jahrhunderts*, 3. Aufl., München 2009.

Osterhammel, Jürgen, *Europe, the ›West‹ and the Civilizing Mission*, London 2006.

Osterhammel, Jürgen, *Geschichtswissenschaft jenseits des Nationalstaats. Studien zu Beziehungsgeschichte und Zivilisationsvergleich* (Kritische Studien zur Geschichtswissenschaft, Bd. 147), Göttingen 2001.

Osterhammel, Jürgen, und Niels P. Petersson, *Geschichte der Globalisierung. Dimensionen, Prozesse, Epochen*, München 2003.

Oudijk, Michel R., und Matthew Restall, »Mesoamerican Conquistadors in the Sixteenth Century«, in: Laura E. Matthew und Michel R. Oudijk (Hg.), *Indian Conquistadors. Indigenous Allies in the Conquest of Mesoamerica*, Norman, OK 2007, S. 28–63.

Owen, Roger, und Bob Sutcliffe (Hg.), *Studies in the Theory of Imperialism*, London 1972.

Pagden, Anthony, *Lords of All the World. Ideologies of Empire in Spain, Britain and France c. 1500 – c. 1800*, New Haven, CT 1995.

Paillard, Yvan-Georges, »The French Expedition to Madagascar in 1895. Program and Results«, in: Jaap A. de Moor und Hendrik Lodewyk Wesseling (Hg.), *Imperialism and War. Essays on Colonial Wars in Asia and Africa*, Leiden 1989, S. 168–188.

Palmer, Alison, *Colonial Genocide*, Adelaide 2000.

Paret, Peter, »Colonial Experience and European Military Reform at the End of the Eighteenth Century«, in: Douglas M. Peers (Hg.), *Warfare and Empires. Contact and Conflict between European and non-European Military and Maritime Forces and Cultures* (An Expanding World, Bd. 24), Aldershot 1997, S. 357–369.

Parker, Geoffrey (Hg.), *The Cambridge Illustrated History of Warfare. The Triumph of the West*, Cambridge 1995.

Parker, Geoffrey, »Early Modern Europe«, in: Michael Howard, George J. Andreopoulos und Mark R. Shulman (Hg.), *The Laws of War. Constraints on Warfare in the Western World*, New Haven, CT 1994, S. 40–58.

Parker, Geoffrey, »Introduction. The Western Way of War«, in: ders. (Hg.), *The Cambridge Illustrated History of Warfare. The Triumph of the West*, Cambridge 1995, S. 2–9.

Parker, Geoffrey, *The Military Revolution. Military Innovation and the Rise of the West, 1500–1800*, 2. Aufl., Cambridge 1996.

Parrott, Bruce, »Analyzing the Transformation of the Soviet Union in Comparative Perspective«, in: Karen Dawisha und Bruce Parrott (Hg.), *The End of Empire? The Transformation of the USSR in Comparative Perspective* (The International Politics of Eurasia, Bd. 9), Armonk, NY 1997, S. 3–29.

Parry, John H., und Robert G. Keith (Hg.), *New Iberian World. A Documentary History of the Discovery and Settlement of Latin America to the Early 17th Century*, Bd. 4: *The Andes*, New York 1984.

Pavilonis, Brigid Meyers, »Fighting the Irregular War in Afghanistan. Success in Combat; Struggles in Stabilization«, in: Steven Carlton-Ford und Morten G. Ender (Hg.), *The Routledge Handbook of War and Society. Iraq and Afghanistan*, London 2011, S. 20–31.

Peers, Douglas M. (Hg.), *Warfare and Empires. Contact and Conflict between European and non-European Military and Maritime Forces and Cultures* (An Expanding World, Bd. 24), Aldershot 1997.

Peers, Douglas M., »Introduction«, in: ders. (Hg.), *Warfare and Empires. Contact and Conflict between European and non-European Military and Maritime Forces and Cultures* (An Expanding World, Bd. 24), Aldershot 1997, S. xv–xxxiv.

Peers, Douglas M., »Revolution, Evolution, or Devolution. The Military and the Making of Colonial India«, in: Wayne E. Lee (Hg.), *Empires and Indigenes. Intercultural Alliance, Imperial Expansion, and Warfare in the Early Modern World*, New York 2011, S. 81–106.

Pemble, John, »Resources and Techniques in the Second Maratha War«, in: Douglas M. Peers (Hg.), *Warfare and Empires. Contact and Conflict between European and non-European Military and Maritime Forces and Cultures* (An Expanding World, Bd. 24), Aldershot 1997, S. 275–304.

Penn, Nigel, *The Forgotten Frontier. Colonist and Khoisan on the Cape's Northern Frontier in the 18th Century*, Athens, OH 2005.

Pennel, C. R., *A Country with a Government and a Flag. The Rif War in Morocco 1921–1926*, Wisbech 1986.
Perry, Frederick William, *The Commonwealth Armies. Manpower and Organisation in Two World Wars*, Manchester 1988.
Person, Yves, »Guinea – Samori«, in: Michael Crowder (Hg.), *West African Resistance. The Military Response to Colonial Occupation*, New York 1972, S. 111–143.
Petillo, Carol Morris, »Leaders and Followers. A Half-Century of the U.S. Military in the Philippine Islands«, in: James C. Bradford (Hg.), *The Military and Conflict between Cultures. Soldiers at the Interface*, College Station, TX 1997, S. 183–213.
Pietschmann, Horst, »Frühneuzeitliche Imperialkriege Spaniens. Ein Beitrag zur Abgrenzung komplexer Kriegsformen in Raum und Zeit«, in: Tanja Bührer, Christian Stachelbeck und Dierk Walter (Hg.), *Imperialkriege von 1500 bis heute. Strukturen – Akteure – Lernprozesse*, Paderborn 2011, S. 73–92.
Plank, Geoffrey, »Deploying Tribes and Clans. Mohawks in Nova Scotia and Scottish Highlandes in Georgia«, in: Wayne E. Lee (Hg.), *Empires and Indigenes. Intercultural Alliance, Imperial Expansion, and Warfare in the Early Modern World*, New York 2011, S. 221–249.
Porch, Douglas, »French Colonial Forces on the Sahara Rim«, in: James C. Bradford (Hg.), *The Military and Conflict between Cultures. Soldiers at the Interface*, College Station, TX 1997, S. 163–182.
Porch, Douglas, »Introduction to the Bison Books Edition«, in: Charles Edward Callwell, *Small Wars. Their Principles and Practice*, hg. v. Douglas Porch, 3. Aufl., Lincoln, NE 1996, S. v–xviii.
Porch, Douglas, »The Dangerous Myths and Dubious Promise of COIN«, in: *Small Wars and Insurgencies* 22 (2011), H. 2, S. 239–257.
Porch, Douglas, *The Conquest of Morocco*, New York 1983.
Porch, Douglas, *The Conquest of the Sahara*, New York 2005.
Porch, Douglas, *The French Foreign Legion. A Complete History*, London 1991.
Porter, Andrew, und Alaine Low (Hg.), *The Oxford History of the British Empire*, Bd. 3: *The Nineteenth Century*, Oxford 1999.
Porter, Bernard, *The Lion's Share. A Short History of British Imperialism 1850–2004*, Harlow 2004.
Porter, Patrick, *Military Orientalism. Eastern War Through Western Eyes*, London 2009.
Potempa, Harald, »Der Raum und seine tatsächliche Beherrschung als zentrales Problem von Imperialkriegen. Die Perzeption des Kleinen Krieges durch deutsche Streitkräfte im Zeitraum 1884 bis 1914 im Spiegel des ›Militär-Wochenblattes‹«, in: Tanja Bührer, Christian Stachelbeck und Dierk Walter (Hg.), *Imperialkriege von 1500 bis heute. Strukturen – Akteure – Lernprozesse*, Paderborn 2011, S. 443–462.
Powell, Philip Wayne, *Soldiers, Indians and Silver. North America's First Frontier War*, Tempe, AZ 1975.
Prashad, Vijay, *A People's History of the Third World*, New York 2007.

Pretorius, Fransjohan, »Uniform and not so Uniform. Boer Combatants in the Second Anglo-Boer War, 1899–1902«, in: Erwin A. Schmidl (Hg.), *Freund oder Feind? Kombattanten, Nichtkombattanten und Zivilisten in Krieg und Bürgerkrieg seit dem 18. Jahrhundert*, Frankfurt/Main 1995, S. 45–87.

Prince, Tom v., *Gegen Araber und Wahehe. Erinnerungen aus meiner ostafrikanischen Leutnantszeit 1890–1895*, Berlin 1914.

Pulsipher, Jenny Hale, »Gaining the Diplomatic Edge. Kinship, Trade, Ritual, and Religion in Amerindian Alliances in Early North America«, in: Wayne E. Lee (Hg.), *Empires and Indigenes. Intercultural Alliance, Imperial Expansion, and Warfare in the Early Modern World*, New York 2011, S. 19–47.

Rainero, Romain H., »The Battle of Adowa on 1st March 1896. A Reappraisal«, in: Jaap A. de Moor und Hendrik Lodewyk Wesseling (Hg.), *Imperialism and War. Essays on Colonial Wars in Asia and Africa*, Leiden 1989, S. 189–200.

Ralston, David B., *Importing the European Army. The Introduction of European Military Techniques and Institutions into the Extra-European World, 1600–1914*, Chicago, IL 1996.

Ramsey, William L., »›Something Cloudy in Their Looks‹. The Origins of the Yamasee War Reconsidered«, in: *Journal of American History* 90 (2003), H. 1, S. 44–75.

Ranger, Terence Osborn, »African Reactions to the Imposition of Colonial Rule in East and Central Africa«, in: Lewis Henry Gann und Peter Duignan (Hg.), *Colonialism in Africa 1870–1960*, Bd. 1: *The History and Politics of Colonialism 1870–1914*, Cambridge 1969, S. 293–324.

Ranger, Terence Osborn, »Connexions between ›Primary Resistance‹ Movements and Modern Mass Nationalism in East and Central Africa« [1968], in: Martin Shipway (Hg.), *The Rise and Fall of Modern Empires*, Bd. 4: *Reactions to Colonialism*, Farnham 2013, S. 39–67.

Ranger, Terence Osborn, *Revolt in Southern Rhodesia 1896–7. A Study in African Resistance*, London 1967.

Rauchensteiner, Manfried, und Erwin A. Schmidl (Hg.), *Formen des Krieges. Vom Mittelalter zum ›Low-Intensity-Conflict‹* (Forschungen zur Militärgeschichte, Bd. 1), Graz 1991.

Raudzens, George (Hg.), *Technology, Disease and Colonial Conquests, Sixteenth to Eighteenth Centuries. Essays Reappraising the Guns and Germs Theories*, Leiden 2001.

Raudzens, George, »Outfighting or Outpopulating? Main Reasons for Early Colonial Conquests, 1493–1788«, in: ders. (Hg.), *Technology, Disease and Colonial Conquests, Sixteenth to Eighteenth Centuries. Essays Reappraising the Guns and Germs Theories*, Leiden 2001, S. 31–57.

Raudzens, George, »Why Did Amerindian Defences Fail? Parallels in the European Invasions of Hispaniola, Virginia and Beyond«, in: *War in History* 3 (1996), H. 3, S. 331–352.

Raudzens, George, *Empires. Europe and Globalization 1492–1788*, Stroud 1999.

Reid, Anthony, *Europe and Southeast Asia. The Military Balance* (South East Asian Studies Committee Occasional Paper, Bd. 16), Townsville, Queensland 1982.

Reilly, Brett, »Cold War Transition. Europe's Decolonization and Eisenhower's System of Subordinate Elites«, in: Alfred W. McCoy, Josep M. Fradera und Stephen Jacobson (Hg.), *Endless Empire. Spain's Retreat, Europe's Eclipse, America's Decline*, Madison, WI 2012, S. 344–359.

Reinhard, Wolfgang (Hg.), *Verstaatlichung der Welt? Europäische Staatsmodelle und außereuropäische Machtprozesse* (Schriften des Historischen Kollegs, Kolloquien, Bd. 47), München 1999.

Reinhard, Wolfgang, *Geschichte der europäischen Expansion*, Bd. 1: *Die Alte Welt bis 1818*, Stuttgart 1983.

Reinhard, Wolfgang, *Geschichte der europäischen Expansion*, Bd. 2: *Die Neue Welt*, Stuttgart 1985.

Reinhard, Wolfgang, *Geschichte der europäischen Expansion*, Bd. 3: *Die Alte Welt seit 1818*, Stuttgart 1988.

Reinhard, Wolfgang, *Geschichte der europäischen Expansion*, Bd. 4: *Dritte Welt Afrika*, Stuttgart 1990.

Reinhard, Wolfgang, *Geschichte des modernen Staates. Von den Anfängen bis zur Gegenwart*, München 2007.

Reis, Bruno C., und Pedro A. Oliveira, »Cutting Heads or Winning Hearts. Late Colonial Portuguese Counterinsurgency and the Wiriyamu Massacre of 1972«, in: *Civil Wars* 14 (2012), H. 1.

Restall, Matthew, *Seven Myths of the Spanish Conquest*, Oxford 2003.

Reuter, Jens, und Conrad Clewing (Hg.), *Der Kosovo-Konflikt. Ursachen – Verlauf – Perspektiven*, Klagenfurt 2000.

Reynolds, Henry, »Genocide in Tasmania?«, in: Anthony Dirk Moses (Hg.), *Genocide and Settler Society. Frontier Violence and Stolen Indigenous Children in Australian History* (Studies on War and Genocide, Bd. 6), New York 2004, S. 127–149.

Ribas, Josep M. Delgado, »Eclipse and Collapse of the Spanish Empire, 1650–1898«, in: Alfred W. McCoy, Josep M. Fradera und Stephen Jacobson (Hg.), *Endless Empire. Spain's Retreat, Europe's Eclipse, America's Decline*, Madison, WI 2012, S. 43–54.

Richards, Donald S., *The Savage Frontier. A History of the Anglo-Afghan Wars*, London 1990.

Rickey, Don, *Forty Miles a Day on Beans and Hay. The Enlisted Soldier Fighting the Indian Wars*, Norman, OK 1963.

Ricklefs, Merle C., »Balance and Military Innovation in Seventeenth-Century Java«, in: Douglas M. Peers (Hg.), *Warfare and Empires. Contact and Conflict between European and non-European Military and Maritime Forces and Cultures* (An Expanding World, Bd. 24), Aldershot 1997, S. 101–108.

Ricklefs, Merle C., *War, Culture and Economy in Java, 1677–1726. Asian and European Imperialism in the Early Kartasura Period*, St. Leonards 1993.

Rink, Martin, »Kleiner Krieg – Guerilla – Razzia. Die Kriege des französischen ›Imperiums‹ 1808 bis 1848«, in: Tanja Bührer, Christian Stachelbeck und Dierk Walter (Hg.), *Imperialkriege von 1500 bis heute. Strukturen – Akteure – Lernprozesse*, Paderborn 2011, S. 425–442.

Rinke, Stefan, *Revolutionen in Lateinamerika. Wege in die Unabhängigkeit 1760–1830*, München 2010.

Roberts, Michael, *The Military Revolution 1560–1660. An Inaugural Lecture Delivered before the Queen's University of Belfast*, Belfast 1956.

Robinson, Ronald, »Non-European Foundations of European Imperialism. Sketch for a Theory of Collaboration«, in: Roger Owen und Bob Sutcliffe (Hg.), *Studies in the Theory of Imperialism*, London 1972, S. 117–142.

Robinson, Ronald, »The Excentric Idea of Imperialism, with or without Empire«, in: Wolfgang J. Mommsen und Jürgen Osterhammel (Hg.), *Imperialism and After. Continuities and Discontinuities*, London 1986, S. 267–289.

Robinson, Ronald, John Gallagher und Alice Denny, *Africa and the Victorians. The Official Mind of Imperialism*, 2. Aufl., London 1981.

Robson, Brian, *Fuzzy-Wuzzy. The Campaigns in the Eastern Sudan 1884–85*, Tunbridge Wells 1993.

Rose, Andreas, »›Unsichtbare Feinde‹. Großbritanniens Feldzug gegen die Buren (1899–1902)«, in: Tanja Bührer, Christian Stachelbeck und Dierk Walter (Hg.), *Imperialkriege von 1500 bis heute. Strukturen – Akteure – Lernprozesse*, Paderborn 2011, S. 217–239.

Ross, David, »Dahomey«, in: Michael Crowder (Hg.), *West African Resistance. The Military Response to Colonial Occupation*, New York 1972, S. 144–169.

Rothermund, Dietmar, »Der Strukturwandel des britischen Kolonialstaats in Indien 1757–1947«, in: Wolfgang Reinhard (Hg.), *Verstaatlichung der Welt? Europäische Staatsmodelle und außereuropäische Machtprozesse* (Schriften des Historischen Kollegs, Kolloquien, Bd. 47), München 1999, S. 69–86.

Roxborough, Ian, »Learning the Lessons of Counterinsurgency«, in: Steven Carlton-Ford und Morten G. Ender (Hg.), *The Routledge Handbook of War and Society. Iraq and Afghanistan*, London 2011, S. 32–43.

Rüther, Kirsten, »Religiöse Interaktion, globale«, in: Friedrich Jaeger (Hg.), *Enzyklopädie der Neuzeit*, Bd. 10: *Physiologie – Religiöses Epos*, Stuttgart 2009, Sp. 1165–1188.

»Rumsfeld and Myers Briefing on Enduring Freedom. US Department of Defense News Transcript«, 7. Oktober 2001. URL: http://www.defense.gov/transcripts/transcript.aspx?transcriptid=2011 [17. 07. 2013].

Ryan, Yasmine, »Mali journalists despair over ›invisible war‹. Reporters struggle to work as travel bans are enforced and official information, such as death tolls, are not released«, in: *Aljazeera*, 27. Januar 2013. URL: http://www.aljazeera.com/indepth/features/2013/01/2013127154355125483.html [07. 08. 2013].

Sahlins, Marshall D., *Tribesmen*, Englewood Cliffs, NJ 1968.

Said, Edward W., *Orientalism*, New York 1978.

Sancho, Pedro, *An Account of the Conquest of Peru*, hg. v. Philip Ainsworth Means (Documents and Narratives Concerning the Discovery and Conquest of Latin America, Bd. 2), New York 1917.

Sarkesian, Sam C., »The American Response to Low-Intensity Conflict. The Formative Period«, in: David Charters und Maurice Tugwell (Hg.), *Armies in Low-Intensity Conflict. A Comparative Analysis*, London 1989, S. 19–48.

Scammell, Geoffrey Vaughan, »Indigenous Assistance in the Establishment of Portuguese Power in Asia in the Sixteenth Century«, in: Douglas M. Peers (Hg.), *Warfare and Empires. Contact and Conflict between European and non-European Military and Maritime Forces and Cultures* (An Expanding World, Bd. 24), Aldershot 1997, S. 139–149.

Schaper, Ulrike, *Koloniale Verhandlungen. Gerichtsbarkeit, Verwaltung und Herrschaft in Kamerun 1884–1916*, Frankfurt/Main 2012.

Schindler, Helmut, *Bauern und Reiterkrieger. Die Mapuche-Indianer im Süden Amerikas*, München 1990.

Schmidl, Erwin A. (Hg.), *Freund oder Feind? Kombattanten, Nichtkombattanten und Zivilisten in Krieg und Bürgerkrieg seit dem 18. Jahrhundert*, Frankfurt/Main 1995.

Schmidl, Erwin A., »›Asymmetrische Kriege‹. Alter Wein in neuen Schläuchen?«, in: Josef Schröfl und Thomas Pankratz (Hg.), *Asymmetrische Kriegführung. Ein neues Phänomen der Internationalen Politik?*, Baden-Baden 2004, S. 121–132.

Schmidl, Erwin A., »Kolonialkriege. Zwischen großem Krieg und kleinem Frieden«, in: Manfried Rauchensteiner und Erwin A. Schmidl (Hg.), *Formen des Krieges. Vom Mittelalter zum ›Low-Intensity-Conflict‹* (Forschungen zur Militärgeschichte, Bd. 1), Graz 1991, S. 111–138.

Schmidt, Rochus, *Geschichte des Araberaufstandes in Ost-Afrika. Seine Entstehung, seine Niederwerfung und seine Folgen*, Frankfurt/Oder 1892.

Schmieder, Ulrike, und Hans-Heinrich Nolte (Hg.), *Atlantik. Sozial- und Kulturgeschichte in der Neuzeit* (Edition Weltregionen, Bd. 20), Wien 2010.

Schneckener, Ulrich, *Transnationaler Terrorismus. Charakter und Hintergründe des ›neuen‹ Terrorismus*, Frankfurt/Main 2006.

Schröfl, Josef, und Thomas Pankratz (Hg.), *Asymmetrische Kriegführung. Ein neues Phänomen der Internationalen Politik?*, Baden-Baden 2004.

Schumacher, Frank, »›Niederbrennen, plündern und töten sollt ihr‹. Der Kolonialkrieg der USA auf den Philippinen (1899–1913)«, in: Thoralf Klein und Frank Schumacher (Hg.), *Kolonialkriege. Militärische Gewalt im Zeichen des Imperialismus*, Hamburg 2006, S. 109–144.

Scott, Wilbur J., David R. McCone und George R. Mastroianni, »Two US Combat Units in Iraq. Psychological Contracts when Expectations and Realities Diverge«, in: Steven Carlton-Ford und Morten G. Ender (Hg.), *The Routledge Handbook of War and Society. Iraq and Afghanistan*, London 2011, S. 56–67.

Seeley, John Robert, *The Expansion of England. Two Courses of Lectures*, Leipzig 1884.

Selby, John, »The Third China War, 1860«, in: Brian Bond (Hg.), *Victorian Military Campaigns*, London 1994, S. 71–104.

Selesky, Harold E., »Colonial America«, in: Michael Howard, George J. Andreopoulos und Mark R. Shulman (Hg.), *The Laws of War. Constraints on Warfare in the Western World*, New Haven, CT 1994, S. 59–85.

Shipway, Martin (Hg.), *The Rise and Fall of Modern Empires*, Bd. 4: *Reactions to Colonialism*, Farnham 2013.

Silver, Peter, *Our Savage Neighbors. How Indian War Transformed Early America*, New York 2008.

Simpson, Brad, »Indonesiens Kolonialkrieg in Osttimor 1975–1999«, in: Bernd Greiner, Christian Th. Müller und Dierk Walter (Hg.), *Heiße Kriege im Kalten Krieg* (Studien zum Kalten Krieg, Bd. 1), Hamburg 2006, S. 339–375.

Singer, Barnett, und John Langdon, *Cultured Force. Makers and Defenders of the French Colonial Empire*, Madison, WI 2004.

Slatta, Richard W., »›Civilization‹ Battles ›Barbarism‹. The Limits of Argentine Indian Frontier Strategies«, in: James C. Bradford (Hg.), *The Military and Conflict between Cultures. Soldiers at the Interface*, College Station, TX 1997, S. 130–159.

Slotkin, Richard, *Regeneration Through Violence. The Mythology of the American Frontier, 1600–1860*, Middleton, CT 1973.

Small Wars Manual, hg. v. United States Marine Corps, Washington, DC 1940.

Smith, Robert, »Nigeria – Ijebu«, in: Michael Crowder (Hg.), *West African Resistance. The Military Response to Colonial Occupation*, New York 1972, S. 170–204.

Smith, Tony, *The Pattern of Imperialism. The United States, Great Britain, and the Late-Industrializing World since 1815*, Cambridge 1981.

Spiers, Edward M., »The Use of the Dum Dum Bullet in Colonial Warfare«, in: *Journal of Imperial and Commonwealth History* 4 (1975), H. 1, S. 3–14.

Spiers, Edward M., *The Late Victorian Army 1868–1902*, Manchester 1992.

Starkey, Armstrong, »Conflict and Synthesis. Frontier Warfare in North America, 1513–1813«, in: George Raudzens (Hg.), *Technology, Disease and Colonial Conquests, Sixteenth to Eighteenth Centuries. Essays Reappraising the Guns and Germs Theories*, Leiden 2001, S. 59–84.

Starkey, Armstrong, »Lernen im Kolonialkrieg. Englisch-Nordamerika«, in: Dierk Walter und Birthe Kundrus (Hg.), *Waffen Wissen Wandel. Anpassung und Lernen in transkulturellen Erstkonflikten*, Hamburg 2012, S. 128–150.

Starkey, Armstrong, *European and Native American Warfare, 1675–1815*, Norman, OK 1998.

Steele, Ian Kenneth, *Betrayals. Fort William Henry and the Massacre*, New York 1990.

Steele, Ian Kenneth, *Warpaths. Invasions of North America*, New York 1994.

Stockwell, Anthony J., »›A widespread and long-concocted plot to overthrow government in Malaya?‹. The Origins of the Malayan Emergency«, in: Robert Holland (Hg.), *Emergencies and Disorder in the European Empires after 1945*, London 1994, S. 66–88.

Stockwell, Anthony J., »Imperialism and Nationalism in South-East Asia«, in: Judith M. Brown und William Roger Louis (Hg.), *The Oxford History of the British Empire*, Bd. 4: *The Twentieth Century*, Oxford 1999, S. 465–489.

Stockwell, Anthony J., »Insurgency and Decolonisation during the Malayan Emergency«, in: *Journal of Commonwealth & Comparative Politics* 25 (1987), H. 1, S. 71–81.

Stokes, Eric, *The Peasant Armed. The Indian Revolt of 1857*, hg. v. Christopher Alan Bayly, Oxford 1986.

Stora, Benjamin, »The ›Southern‹ World of the Pieds Noirs. References to and Representations of Europeans in Colonial Algeria«, in: Caroline Elkins und Susan Pedersen (Hg.), *Settler Colonialism in the Twentieth Century. Projects, Practices, Legacies*, London 2005, S. 225–241.

Strachan, Hew, »A General Typology of Transcultural Wars. The Modern Ages«, in: Hans-Henning Kortüm (Hg.), *Transcultural Wars from the Middle Ages to the 21st Century*, Berlin 2006, S. 85–103.

Strachan, Hew, »British Counter-Insurgency from Malaya to Iraq«, in: *RUSI Journal* 152 (2007), H. 6, S. 8–11.

Strachan, Hew, »The British Way in Warfare«, in: David Geoffrey Chandler und Ian F. W. Beckett (Hg.), *The Oxford Illustrated History of the British Army*, Oxford 1994, S. 417–434.

Strachan, Hew, *European Armies and the Conduct of War*, London 1983.

Strachan, Hew, *The Politics of the British Army*, Oxford 1997.

Streets, Heather, *Martial Races. The Military, Race and Masculinity in British Imperial Culture, 1857–1914*, Manchester 2004.

Stubbs, Richard, *Hearts and Minds in Guerilla Warfare. The Malayan Emergency, 1948–1960*, Singapore 2004.

Stucki, Andreas, »Bevölkerungskontrolle in asymmetrischen Konflikten. Zwangsumsiedlung und spanische Antiguerilla auf Kuba, 1868–1898«, in: Tanja Bührer, Christian Stachelbeck und Dierk Walter (Hg.), *Imperialkriege von 1500 bis heute. Strukturen – Akteure – Lernprozesse*, Paderborn 2011, S. 243–259.

Stucki, Andreas, »Die spanische Antiguerilla-Kriegführung auf Kuba 1868–1898. Radikalisierung – Entgrenzung – Genozid?«, in: *Zeitschrift für Geschichtswissenschaft* 56 (2008), H. 2, S. 123–138.

Stucki, Andreas, »Weylers Söldner. Guerillabekämpfung auf Kuba, 1868–1898«, in: Stig Förster, Christian Jansen und Günther Kronenbitter (Hg.), *Die Rückkehr der Condottieri? Krieg und Militär zwischen staatlichem Monopol und Privatisierung: Von der Antike bis zur Gegenwart* (Krieg in der Geschichte, Bd. 57), Paderborn 2010, S. 223–235.

Stucki, Andreas, *Aufstand und Zwangsumsiedlung. Die kubanischen Unabhängigkeitskriege 1868–1898*, Hamburg 2012.

Taj, Farhat, »The Year of the Drone Misinformation«, in: *Small Wars and Insurgencies* 21 (2010), H. 3, S. 529–535.

Taylor, Robert H., »Colonial Forces in British Burma. A National Army Postponed«, in: Karl Hack und Tobias Rettig (Hg.), *Colonial Armies in Southeast Asia*, London 2006, S. 195–209.

Teitler, Gerke, »The Mixed Company. Fighting Power and Ethnic Relations in the Dutch Colonial Army, 1890–1920«, in: Karl Hack und Tobias Rettig (Hg.), *Colonial Armies in Southeast Asia*, London 2006, S. 154–168.

The Conduct of Anti-Terrorist Operations in Malaya, hg. v. HQ Malaya Command, 2. Aufl., Kuala Lumpur 1954.

Thomas, Martin (Hg.), *The French Colonial Mind*, Bd. 2: *Violence, Military Encounters, and Colonialism*, Lincoln, NE 2011.

Thomas, Martin, »Order Before Reform. The Spread of French Military Operations in Algeria, 1954–1958«, in: David Killingray und David E. Omissi (Hg.), *Guardians of Empire. The Armed Forces of the Colonial Powers c. 1700–1964*, Manchester 1999, S. 198–220.

Thomas, Martin, Bob Moore und Lawrence J. Butler (Hg.), *Crises of Empire. Decolonization and Europe's Imperial States, 1918–1975*, London 2008.

Thomas, Martin, Bob Moore und Lawrence J. Butler, »Conclusion. Changing Attitudes to the End of Empire«, in: dies. (Hg.), *Crises of Empire. Decolonization and Europe's Imperial States, 1918–1975*, London 2008, S. 411–428.

Thomas, Martin, *Violence and Colonial Order. Police, Workers and Protest in the European Colonial Empires, 1918–1940*, Cambridge 2012.

Thompson, Robert, *Defeating Communist Insurgency. Experiences from Malaya and Vietnam* (Studies in International Security, Bd. 10), London 1967.

Thornton, John K., »African Soldiers in the Haitian Revolution«, in: *Journal of Caribbean History* 25 (1991), H. 58–80.

Thornton, John K., »Firearms, Diplomacy, and Conquest in Angola. Cooperation and Alliance in West Central Africa, 1491–1671«, in: Wayne E. Lee (Hg.), *Empires and Indigenes. Intercultural Alliance, Imperial Expansion, and Warfare in the Early Modern World*, New York 2011, S. 167–191.

Thornton, John K., »The Art of War in Angola, 1575–1680«, in: Douglas M. Peers (Hg.), *Warfare and Empires. Contact and Conflict between European and non-European Military and Maritime Forces and Cultures* (An Expanding World, Bd. 24), Aldershot 1997, S. 81–99.

Thornton, John K., »Warfare, Slave Trading and European Influence. Atlantic Africa 1450–1800«, in: Jeremy Black (Hg.), *War in the Early Modern World, 1450–1815*, London 1998, S. 129–146.

Todorov, Tzvetan, *Die Eroberung Amerikas. Das Problem des Anderen*, Frankfurt/Main 1985.

Tone, John Lawrence, »The Machete and the Liberation of Cuba«, in: *Journal of Military History* 62 (1998), H. 1, S. 7–28.

Tourret, Hubert, »L'évolution de la tactique du corps expéditionnaire français en Extrême-Orient«, in: Maurice Vaïsse (Hg.), *L'Armée française dans la guerre d'Indochine (1946–1954). Adaptation ou inadaptation?*, Bruxelles 2000, S. 173–184.

Trench, Charles Chenevix, *Charley Gordon. An Eminent Victorian Reassessed*, London 1978.

Trinquier, Roger, *La guerre moderne*, Paris 2008 [1961].

Trotha, Trutz von, »Genozidaler Pazifizierungskrieg. Soziologische Anmerkungen zum Konzept des Genozids am Beispiel des Kolonialkriegs in Deutsch-Südwestafrika, 1904–1907«, in: *Zeitschrift für Genozidforschung* 4 (2003), H. 2, S. 30–57.

Trotha, Trutz von, »›The Fellows Can Just Starve‹. On Wars of ›Pacification‹ in the African Colonies of Imperial Germany and the Concept of ›Total War‹«, in: Manfred F. Boemeke, Roger Chickering und Stig Förster (Hg.), *Anticipating Total War. The German and American Experiences, 1871–1914*, Cambridge 1999, S. 415–435.

Trotha, Trutz von, »Über den Erfolg und die Brüchigkeit der Utopie staatlicher Herrschaft. Herrschaftssoziologische Betrachtungen über den kolonialen und nachkolonialen Staat in Westafrika«, in: Wolfgang Reinhard (Hg.), *Verstaatlichung der Welt? Europäische Staatsmodelle und außereuropäische Machtprozesse* (Schriften des Historischen Kollegs, Kolloquien, Bd. 47), München 1999, S. 223–251.

Trotha, Trutz von, »Was war Kolonialismus? Einige zusammenfassende Befunde zur Soziologie und Geschichte des Kolonialismus und der Kolonialherrschaft«, in: *Saeculum* 55 (2004), S. 49–95.

Trotha, Trutz von, *Koloniale Herrschaft. Zur soziologischen Theorie der Staatsentstehung am Beispiel des ›Schutzgebietes Togo‹*, Tübingen 1994.

Tugwell, Maurice, »Adapt or Perish. The Forms of Evolution in Warfare«, in: David Charters und Maurice Tugwell (Hg.), *Armies in Low-Intensity Conflict. A Comparative Analysis*, London 1989, S. 1–17.

Turnbull, Clive, *Black War. The Extermination of the Tasmanian Aborigines*, Melbourne 1948.

Turney-High, Harry Holbert, *Primitive War. Its Practice and Concepts*, 2. Aufl., Columbia, SC 1971 [1949].

Tzoref-Ashkenazi, Chen, »Deutsche Hilfstruppen in Imperialkriegen 1776–1808«, in: Tanja Bührer, Christian Stachelbeck und Dierk Walter (Hg.), *Imperialkriege von 1500 bis heute. Strukturen – Akteure – Lernprozesse*, Paderborn 2011, S. 345–361.

Utley, Robert Marshall, »Cultural Clash on the Western North American Frontier. Military Implications«, in: James C. Bradford (Hg.), *The Military and Conflict between Cultures. Soldiers at the Interface*, College Station, TX 1997, S. 91–108.

Utley, Robert Marshall, »Total War on the American Indian Frontier«, in: Manfred F. Boemeke, Roger Chickering und Stig Förster (Hg.), *Anticipating Total War. The German and American Experiences, 1871–1914*, Cambridge 1999, S. 399–414.

Utley, Robert Marshall, *Custer. Cavalier in Buckskin*, Norman, OK 2001.

Utley, Robert Marshall, *Frontier Regulars. The United States Army and the Indian, 1866–1891*, Lincoln, NE 1973.

Utley, Robert Marshall, *Frontiersmen in Blue. The United States Army and the Indian, 1848–1865*, Lincoln, NE 1967.

Utley, Robert Marshall, *The Indian Frontier of the American West 1846–1890*, Albuquerque, NM 1984.

Vaïsse, Maurice (Hg.), *L'Armée française dans la guerre d'Indochine (1946–1954). Adaptation ou inadaptation?*, Bruxelles 2000.

Van Creveld, Martin, *Command in War*, Cambridge, MA 1985.

Van Creveld, Martin, *Supplying War. Logistics from Wallenstein to Patton*, Cambridge 1977.

Vandervort, Bruce, »Colonial Wars, 1815–1960«, in: Jeremy Black (Hg.), *European Warfare 1815–2000*, Basingstoke 2002, S. 147–171.

Vandervort, Bruce, *Indian Wars of Mexico, Canada and the United States, 1812–1900*, New York 2006.

Vandervort, Bruce, *Wars of Imperial Conquest in Africa, 1830–1914*, Bloomington, IN 1998.
Vann, Michael G., »Fear and Loathing in French Hanoi. Colonial White Images and Imaginings of ›Native‹ Violence«, in: Martin Thomas (Hg.), *The French Colonial Mind*, Bd. 2: *Violence, Military Encounters, and Colonialism*, Lincoln, NE 2011, S. 52–76.
Vargas Machuca, Bernardo de, *The Indian Militia and Description of the Indies*, hg. v. Kris Lane, Durham, NC 2008 [1599].
Varley, Paul, »Warfare in Japan 1467–1600«, in: Jeremy Black (Hg.), *War in the Early Modern World, 1450–1815*, London 1998, S. 53–86.
Vattel, Emer de, *Le droit des gens ou Principes de la loi naturelle. Appliqués à la conduit & aux affaires des Nations & des Souverains*, Bd. 2, London 1758.
Veltzé, Alois, *Die Schlacht bei Adua. 1. März 1896*, Wien 1904.
Veracini, Lorenzo, *Settler Colonialism. A Theoretical Overview*, Basingstoke 2010.
Vo Nguyen Giap, *Volkskrieg, Volksarmee*, München 1968.
Vogt, John, »Saint Barbara's Legion. Portuguese Artillery in the Struggle for Morocco, 1415–1578«, in: Douglas M. Peers (Hg.), *Warfare and Empires. Contact and Conflict between European and non-European Military and Maritime Forces and Cultures* (An Expanding World, Bd. 24), Aldershot 1997, S. 73–79.
Wade, Geoff, »Ming Chinese Colonial Armies in Southeast Asia«, in: Karl Hack und Tobias Rettig (Hg.), *Colonial Armies in Southeast Asia*, London 2006, S. 73–104.
Wagner, Walter, »Die k. (u.) k. Armee. Gliederung und Aufgabenstellung«, in: Adam Wandruszka und Peter Urbanitsch (Hg.), *Die Habsburgermonarchie 1848–1918*, Bd. 5: *Die bewaffnete Macht*, Wien 1987, S. 142–633.
Waldmann, Peter, *Terrorismus und Bürgerkrieg. Der Staat in Bedrängnis*, München 2003.
Wallerstein, Immanuel, *The Modern World System*, Bd. 1: *Capitalist Agriculture and the Origins of the European World-Economy in the Sixteenth Century. With a new Prologue*, Berkeley, CA 2011 [1974].
Wallerstein, Immanuel, *The Modern World System*, Bd. 2: *Mercantilism and the Consolidation of the European World Economy 1600–1750. With a new Prologue*, Berkeley, CA 2011.
Wallerstein, Immanuel, *The Modern World System*, Bd. 3: *The Second Era of Great Expansion of the Capitalist World Economy 1730–1840s. With a new Prologue*, Berkeley, CA 2011 [1989].
Wallerstein, Immanuel, *The Modern World System*, Bd. 4: *Centrist Liberalism Triumphant, 1789–1914. With a new Prologue*, Berkeley, CA 2011.
Walter, Dierk, »Asymmetrien in Imperialkriegen. Ein Beitrag zum Verständnis der Zukunft des Krieges«, in: *Mittelweg 36* 17 (2008), H. 1, S. 14–52.
Walter, Dierk, »Der nordamerikanische Imperialkrieg 1775–1783. Anmerkungen zum Charakter des amerikanischen Unabhängigkeitskrieges«, in: Tanja Bührer, Christian Stachelbeck und Dierk Walter (Hg.), *Imperialkriege von 1500 bis heute. Strukturen – Akteure – Lernprozesse*, Paderborn 2011, S. 93–109.
Walter, Dierk, »Heeresreformen«, in: Friedrich Jaeger (Hg.), *Enzyklopädie der Neuzeit*, Bd. 5: *Gymnasium – Japanhandel*, Stuttgart 2007, Sp. 277–289.

Walter, Dierk, »Imperialkriege. Begriff, Erkenntnisinteresse, Aktualität (Einleitung)«, in: Tanja Bührer, Christian Stachelbeck und Dierk Walter (Hg.), *Imperialkriege von 1500 bis heute. Strukturen – Akteure – Lernprozesse*, Paderborn 2011, S. 1–29.

Walter, Dierk, »Kein Pardon. Zum Problem der Kapitulation im Imperialkrieg«, in: *Mittelweg 36* 21 (2012), H. 3, S. 90–111.

Walter, Dierk, »Kolonialkrieg, Globalstrategie und Kalter Krieg. Die Emergencies in Malaya und Kenia 1948–1960«, in: Bernd Greiner, Christian Th. Müller und Dierk Walter (Hg.), *Heiße Kriege im Kalten Krieg* (Studien zum Kalten Krieg, Bd. 1), Hamburg 2006, S. 109–140.

Walter, Dierk, »›The Enemy Must Be Brought to Battle‹. Westliche Schlachtenniederlagen in Imperialkriegen«, in: *Mittelweg 36* 20 (2011), H. 1, S. 55–80.

Walter, Dierk, »Warum Kolonialkrieg?«, in: Thoralf Klein und Frank Schumacher (Hg.), *Kolonialkriege. Militärische Gewalt im Zeichen des Imperialismus*, Hamburg 2006, S. 14–43.

Walter, Dierk, *Preußische Heeresreformen 1807–1870. Militärische Innovation und der Mythos der ›Roonschen Reform‹* (Krieg in der Geschichte, Bd. 16), Paderborn 2003.

Walter, Dierk, und Birthe Kundrus (Hg.), *Waffen Wissen Wandel. Anpassung und Lernen in transkulturellen Erstkonflikten*, Hamburg 2012.

Walter, Dierk, *Zwischen Dschungelkrieg und Atombombe. Britische Visionen vom Krieg der Zukunft 1945–1971*, Hamburg 2009.

Wandruszka, Adam, und Peter Urbanitsch (Hg.), *Die Habsburgermonarchie 1848–1918*, Bd. 5: *Die bewaffnete Macht*, Wien 1987.

Ward, Matthew C., »›The European Method of Warring Is Not Practiced Here‹. The Failure of British Military Policy in the Ohio Valley, 1755–1759«, in: *War in History* 4 (1997), H. 3, S. 247–263.

Watson, I. Bruce, »Fortifications and the ›Idea‹ of Force in Early English East India Company Relations with India«, in: Douglas M. Peers (Hg.), *Warfare and Empires. Contact and Conflict between European and non-European Military and Maritime Forces and Cultures* (An Expanding World, Bd. 24), Aldershot 1997, S. 55–72.

Weber, David J., *The Spanish Frontier in North America*, New Haven, CT 1992.

Weigl, Gerald, »Der Fall Tenochtitlans. Challenge and Response an der neuen ›Frontera‹«, in: Thomas Kolnberger, Ilja Steffelbauer und Gerald Weigl (Hg.), *Krieg und Akkulturation* (Expansion – Interaktion – Akkulturation, Bd. 5), Wien 2004, S. 175–199.

Weigley, Russell F., *History of the United States Army*, New York 1967.

Weigley, Russell F., *The Age of Battles. The Quest for Decisive Warfare from Breitenfeld to Waterloo*, Bloomington, IN 1991.

Weigley, Russell F., *The American Way of War. A History of United States Military Strategy and Policy*, Bloomington, IN 1977.

Weinberg, Gerhard L., »Hitler's Image of the United States«, in: *American Historical Review* 69 (1964), H. 4, S. 1006–1021.

Wendt, Reinhard, *Vom Kolonialismus zur Globalisierung. Europa und die Welt seit 1500*, Paderborn 2007.

Wesseling, Hendrik Lodewyk, »Colonial Wars and Armed Peace, 1870–1914«, in: *Itinerario* 5 (1981), H. 2, S. 53–73.

Wesseling, Hendrik Lodewyk, »Colonial Wars. An Introduction«, in: Jaap A. de Moor und Hendrik Lodewyk Wesseling (Hg.), *Imperialism and War. Essays on Colonial Wars in Asia and Africa*, Leiden 1989, S. 1–11.

Westad, Odd Arne, *The Global Cold War. Third World Interventions and the Making of Our Times*, Cambridge 2005.

Wheeler, Douglas L., »African Elements in Portugal's Armies in Africa (1961–1974)«, in: *Armed Forces and Society* 2 (1976), H. 2, S. 233–250.

White, Richard, »The Winning of the West. The Expansion of the Western Sioux in the Eighteenth and Nineteenth Centuries«, in: *Journal of American History* 65 (1978), H. 2, S. 319–343.

White, Richard, *The Middle Ground. Indians, Empires, and Republics in the Great Lakes Region, 1650–1815*, Cambridge 1991.

Whitehead, Neil L., »Tribes Make States and States Make Tribes. Warfare and the Creation of Colonial Tribes and States in Northeastern South America«, in: R. Brian Ferguson und Neil L. Whitehead (Hg.), *War in the Tribal Zone. Expanding States and Indigenous Warfare*, Santa Fe, NM 1992, S. 127–150.

Whittingham, Daniel, »›Savage Warfare‹. C.E. Callwell, the Roots of Counter-Insurgency, and the Nineteenth Century Context«, in: *Small Wars and Insurgencies* 23 (2012), H. 4–5, S. 591–607.

Wickwire, Franklin, und Mary Wickwire, *Cornwallis and the War of Independence*, London 1971.

Williams, Glenn F., *Year of the Hangman. George Washington's Campaign Against the Iroquois*, Yardley, PA 2006.

Williams, M. J., »The Egyptian Campaign of 1882«, in: Brian Bond (Hg.), *Victorian Military Campaigns*, London 1994, S. 243–278.

Wilner, Alex S., »Targeted Killings in Afghanistan. Measuring Coercion and Deterrence in Counterterrorism and Counterinsurgency«, in: *Studies in Conflict and Terrorism* 33 (2010), H. 4, S. 307–329.

Wilson, Peter, »European Warfare 1450–1815«, in: Jeremy Black (Hg.), *War in the Early Modern World, 1450–1815*, London 1998, S. 177–206.

Wirz, Albert, »Körper, Kopf und Bauch. Zum Problem des kolonialen Staates im subsaharischen Afrika«, in: Wolfgang Reinhard (Hg.), *Verstaatlichung der Welt? Europäische Staatsmodelle und außereuropäische Machtprozesse* (Schriften des Historischen Kollegs, Kolloquien, Bd. 47), München 1999, S. 253–271.

Wojak, Irmtrud, und Susanne Meinl (Hg.), *Völkermord und Kriegsverbrechen in der ersten Hälfte des 20. Jahrhunderts*, Frankfurt/Main 2004.

Womack, Sarah, »Ethnicity and Martial Races. The Garde indigène of Cambodia in the 1880s and 1890s«, in: Karl Hack und Tobias Rettig (Hg.), *Colonial Armies in Southeast Asia*, London 2006, S. 107–125.

Wood, Gordon S., *Empire of Liberty. A History of the Early Republic, 1789–1815* (Oxford History of the United States, Bd. 4), Oxford 2009.

Wood, Gordon S., *The American Revolution. A History*, London 2003.
Woolman, David S., *Rebels in the Rif. Abd el Krim and the Rif Rebellion*, Stanford, CA 1968.
Wylde, Augustus B., *'83 to '87 in the Soudan. With an Account of Sir William Hewett's Mission to King John of Abyssinia*, Bd. 1, London 1888.
Zeuske, Michael, *Die Geschichte der Amistad. Sklavenhandel und Menschenschmuggel auf dem Atlantik im 19. Jahrhundert*, Stuttgart 2012.
Zielonka, Jan, *Europe as Empire. The Nature of the Enlarged European Union*, Oxford 2007.
Zimmerer, Jürgen, »Die Geburt des ›Ostlandes‹ aus dem Geiste des Kolonialismus. Die nationalsozialistische Eroberungs- und Beherrschungspolitik in (post-)kolonialer Perspektive«, in: *Sozial.Geschichte* 19 (2004), H. 1, S. 10–43.
Zimmerer, Jürgen, »Holocaust und Kolonialismus. Beitrag zu einer Archäologie des genozidalen Gedankens«, in: *Zeitschrift für Geschichtswissenschaft* 51 (2003), H. 12, S. 1098–1119.
Zirkel, Kirsten, »Military Power in German Colonial Policy. The Schutztruppen and Their Leaders in East and South-West Africa, 1888–1918«, in: David Killingray und David E. Omissi (Hg.), *Guardians of Empire. The Armed Forces of the Colonial Powers c. 1700–1964*, Manchester 1999, S. 91–113.
Zollmann, Jakob, *Koloniale Herrschaft und ihre Grenzen. Die Kolonialpolizei in Deutsch-Südwestafrika 1894–1915* (Kritische Studien zur Geschichtswissenschaft, Bd. 191), Göttingen 2010.